Schriften zum Medienrecht und Kommunikationsrecht

Herausgegeben von

Christian von Coelln, Karl-Nikolaus Peifer
und Karl-Eberhard Hain

10

Nicolas Harding

Staatliche Öffentlichkeitsarbeit in sozialen Netzwerken

Mohr Siebeck

Nicolas Harding, geboren 1994; Studium der Rechtswissenschaften an der Christian-Albrechts-Universität zu Kiel; 2018 Erstes Juristisches Staatsexamen; Wissenschaftlicher Mitarbeiter am Lehrstuhl für Öffentliches Recht an der Universität zu Kiel; 2022 Promotion; Rechtsreferendariat am Schleswig-Holsteinischen Oberlandesgericht.
orcid.org/0000-0002-7619-1304

ISBN 978-3-16-161792-8 / eISBN 978-3-16-161835-2
DOI 10.1628/978-3-16-161835-2

ISSN 2512-7365 / eISSN 2569-4359
(Schriften zum Medienrecht und Kommunikationsrecht)

Die Deutsche Nationalbibliothek verzeichnet diese Publikation in der Deutschen Nationalbibliographie; detaillierte bibliographische Daten sind über *http://dnb.dnb.de* abrufbar.

Das Buch wurde von Laupp & Göbel in Gomaringen auf alterungsbeständiges Werkdruckpapier gedruckt und gebunden.

Printed in Germany.

Vorwort

Die vorliegende Arbeit wurde im Sommersemester 2022 von der Rechtswissenschaftlichen Fakultät der Christian-Albrechts-Universität zu Kiel als Dissertation angenommen. Rechtsprechung und Literatur konnten bis Juli 2022 berücksichtigt werden.

Mein außerordentlicher Dank gilt Herrn Professor Dr. *Florian Becker*, LL.M., an dessen Lehrstuhl ich von April 2015 bis September 2021 – zunächst als studentische Hilfskraft und später als wissenschaftlicher Mitarbeiter – tätig sein durfte. Ich bedanke mich für die unermüdliche Unterstützung bei der Fertigstellung dieser Arbeit, die facettenreichen Einblicke in das wissenschaftliche Arbeiten, die ich in der Zeit an seinem Lehrstuhl erhalten habe, und vor allem für das herzliche Arbeitsumfeld.

Daneben gebührt mein besonderer Dank Herrn Professor Dr. *Sebastian Graf von Kielmansegg* für das zügige Erstellen eines Zweitgutachtens. Ferner bedanke ich mich bei Herrn Professor Dr. *Christian von Coelln*, Herrn Professor Dr. *Karl-Nikolaus Peifer* und Herrn Professor Dr. *Karl-Eberhard Hain* für die Aufnahme der Arbeit in die Schriftenreihe zum Medienrecht und Kommunikationsrecht.

Auch meinen ehemaligen Kolleginnen und Kollegen am Institut für Öffentliches Wirtschaftsrecht und dem Lorenz-von-Stein-Institut für Verwaltungswissenschaften bin ich für das überaus angenehme Miteinander und die darauf basierende Freundschaft zu größtem Dank verpflichtet. Die in erster Linie von viel Heiterkeit und Herzlichkeit geprägte Zeit werde ich ganz sicher nie vergessen. Ein besonderer Dank gilt darüber hinaus zum einen Herrn Dr. *Lennart Laude*, LL.M. für zahlreiche Anregungen und belebende Diskussionen im Bereich des Medien- sowie Kommunikationsrechts und zum anderen Frau *Anna-Lena Kersten* für die akribische Unterstützung bei der Korrektur der Arbeit.

Zuvörderst gilt mein Dank allerdings meiner Familie, die mich zu jeder Zeit meines Lebens liebevoll unterstützt hat. Ich kann nicht in Worte fassen, wie dankbar ich für ihre bedingungslose Hilfe bin. Ohne sie wäre es mir nicht möglich gewesen, diese Arbeit zu verfassen.

Kiel, Juli 2022 Nicolas Harding

Inhaltsverzeichnis

2. Kapitel: Die äußerungsunspezifischen Grenzen staatlicher Öffentlichkeitsarbeit und ihre Übertragbarkeit auf die Aktivität in sozialen Netzwerken ... 89

Einleitung

Das Internet und die ihm angehörigen sozialen Netzwerke haben sich in den letzten Jahren zu zentralen Plattformen gesellschaftlicher Kommunikation entwickelt. Nach einer Aussage des Statistischen Bundesamtes aus dem Jahr 2021 nutzen 78 % der 16 bis 25-Jährigen ihren Internetzugang zur Kommunikation in den sozialen Netzwerken; unter den 25 bis 44-Jährigen beläuft sich dieser Anteil auf 63 %.[1] Es war daher nur eine Frage der Zeit, bis auch der Staat die neuartigen Kommunikationsstrukturen zur Erfüllung seiner Öffentlichkeitsarbeit für sich entdecken würde. Inzwischen greifen hoheitliche Stellen mit einer bemerkenswerten Selbstverständlichkeit auf die Angebote des world wide webs zurück, um Kontakt mit den Bürgern aufzunehmen. Dass diese Entwicklung unter dem Gesichtspunkt beidseitiger Praktikabilität und Komfort nachvollziehbar, wenn nicht sogar geboten erscheint, ist nicht von der Hand zu weisen. Ein Festhalten an eingefahrenen, überholten Strukturen wäre nicht nur anachronistisch, sondern auch mit dem gemeinhin konturenlos als E-Government beschriebenen Streben nach einheitlicher elektronischer Kommunikation im Bereich von Staat und Verwaltung unvereinbar.

Dies darf jedoch nicht darüber hinwegtäuschen, dass es sich bei staatlicher Betätigung in sozialen Netzwerken und anderen Online-Plattformen um die unmittelbare Ausübung von Hoheitsgewalt handelt, die sich nach Art. 1 Abs. 3 GG an den Grundrechten zu messen lassen hat und nach Art. 20 Abs. 3 GG dem Vorrang und Vorbehalt des Gesetzes unterliegt. Dass das Internet bisweilen immer noch als rechtsfreier Raum verstanden wird, zeigen Phänomene wie „*Fakenews*" und „*hate speech*" indes in beachtlicher Dringlichkeit. Bei der Evolution der Kommunikation in sozialen Netzwerken und den zahlreichen sich daraus ergebenden Rechtsfragen handelt es sich daher um eine Materie, die in ihrer Bedeutung kaum überschätzt werden kann. Dies gilt insbesondere auch für die in der Diskussion um die Meinungsmacht sozialer Netzwerke zu selten in den Blick genommenen Grenzen staatlicher

---

[1] Statistisches Bundesamt, Private Haushalte in der Informationsgesellschaft – Nutzung von Informations- und Kommunikationstechnologien 2021, abrufbar unter https://www.destatis.de/DE/Themen/Gesellschaft-Umwelt/Einkommen-Konsum-Lebensbedingungen/IT-Nutzung/Publikationen/Downloads-IT-Nutzung/private-haushalte-ikt-2150400217004.pdf?__blob=publicationFile, zuletzt abgerufen am 20.07.2022.

Öffentlichkeitsarbeit im Internet. Es genügt ein Blick auf die über Accounts staatlicher Funktionsträger verbreiteten Netzwerkbeiträge, in denen parteipolitische Inhalte geteilt und Kritiker scharf angegangen werden, um zu erkennen, dass die Aktivität in den sozialen Netzwerken von erheblicher Relevanz ist.

Trotz ihrer Omnipräsenz haben sich bisher indes weder in Literatur noch in Rechtsprechung netzwerkspezifische Kommunikationsvorgaben entwickeln können. Das Bundesverfassungsgericht leitet die maßgeblichen Vorgaben für staatliches Informationshandeln im Internet auch heute noch aus seinen (Grundsatz-) Entscheidungen ab, die Flugblätter und Informationsbroschüren der Bundesregierung zum Gegenstand hatten. Dabei tritt die Kommunikation in den sozialen Netzwerken mittlerweile teilweise ersatzlos an die Stelle herkömmlichen informellen Staatshandelns, für das sich in Rechtsprechung und Literatur vergleichsweise konkrete, für sich genommen indes dubitative Vorgaben und Begrenzungen entwickelt haben. Das Zusammenspiel der steigenden Meinungsrelevanz hoheitlicher Aktivität in den sozialen Netzwerken und des strukturellen Regulierungsdefizits staatlicher Öffentlichkeitsarbeit sind Ausgangspunkt dieser Untersuchung. Im Zentrum der folgenden Ausführungen steht die Frage, inwiefern sich die hergebrachten Grenzen staatlichen Informationshandelns auf die Öffentlichkeitsarbeit staatlicher Stellen im Internet, insbesondere in sozialen Netzwerken, übertragen lassen oder ob es zum Schutze der Freiheit des gesellschaftlichen Willensbildungsprozesses vielmehr netzwerkspezifischer Vorgaben für das Informationshandeln staatlicher Funktionsträger bedarf.

Der besseren Überschaubarkeit halber werden die Grenzen staatlichen Informationshandelns nachfolgend in äußerungsspezifische und äußerungs*un*spezifische Grenzen unterteilt. Während die äußerungsspezifischen Grenzen staatlicher Öffentlichkeitsarbeit vorwiegend anhand hoheitlichem Informationshandeln entwickelt wurden, beanspruchen die äußerungs*un*spezifischen Grenzen ihre Geltung prinzipiell für alle Formen staatlichen Handelns. Einigkeit besteht indes dahingehend, dass die Grenzen für staatliches Informationshandeln ihren Ursprung unmittelbar im Verfassungsrecht haben, was – wie sich zeigen wird – nicht zuletzt auf ein gesetzgeberisches Regelungsdefizit zurückzuführen ist.

Der Gang der Untersuchung folgt „grenzübergreifend“ einem einheitlichen Muster: Um die Anwendbarkeit einer konkreten Grenzziehung auf die neuartigen Kommunikationsstrukturen in den sozialen Netzwerken bewerten zu können, ist die vorausgehende verfassungsrechtliche Herleitung der Vorgaben unverzichtbar. Sie ermöglicht die darauffolgende Darstellung der Grenzziehung für die herkömmlichen Erscheinungsformen staatlicher Öffentlichkeitsarbeit sowie ihre kritische Würdigung und die darauf basierende Untersuchung der Übertragbarkeit auf die staatliche Kommunikation in den sozialen Netzwerken. Es wird sich zeigen, dass ein akuter Handlungs- und

Anpassungsbedarf nicht nur im Hinblick auf die neuartigen Kommunikationstechnologien besteht. Vielmehr sind auch die herkömmlichen Vorgaben für das Informationshandeln zu großen Teilen defizitär und novellierungspflichtig.

Das erste Kapitel der Untersuchung entzieht sich dieser Struktur, da es unverzichtbar ist, den das weitere Vorgehen bestimmenden Untersuchungsgegenstand festzulegen und den Begriff der staatlichen Öffentlichkeitsarbeit zu definieren. Ein besonderes Augenmerk liegt dabei auf dem konstitutiven Merkmal der Staatlichkeit. Bei der Abgrenzung hoheitlicher Äußerungen von privaten und parteipolitischen Aussagen handelt es sich im Rahmen der herkömmlichen Erscheinungsformen staatlichen Informationshandelns wie bei der staatlichen Kommunikation in den sozialen Netzwerken um ein komplexes Unterfangen. Die Dichotomie von grundrechtlicher Freiheit und grundrechtlicher Bindung zwingt indes zum Aufstellen trennscharfer und praktikabler Abgrenzungskriterien. Des Weiteren erscheint es für die folgende Untersuchung unausweichlich, die sozialen Netzwerke und ihre Funktionsfähigkeit genau in den Blick zu nehmen. Der Fokus soll dabei auf den staatlicherseits bevorzugten Universalnetzwerken Facebook, Twitter und Instagram zu liegen.

Das zweite Kapitel der Untersuchung widmet sich den äußerungs*un*spezifischen Grenzen staatlicher Öffentlichkeitsarbeit, die ihre Geltung prinzipiell für alle Formen staatlichen Handelns beanspruchen. Ein erster Schwerpunkt liegt auf der Darstellung und Analyse der Kompetenzordnung des Grundgesetzes als formelle Grenze staatlicher Maßnahmen jeglicher Art. Sie ist für den informierenden Staat bedeutsam, da die ungeschriebene Aufgabe der Öffentlichkeitsarbeit gemeinhin als Annex zu den verfassungsrechtlichen Sachzuständigkeiten begriffen wird. Es erscheint daher angebracht, die verschiedenen Zuständigkeitsbereiche der Amtsträger auf Bundes- und Landesebene genau abzustecken, zusätzliche, anlassbezogene Informationszuständigkeiten zu diskutieren und die Übertragbarkeit der sich daraus ergebenden Ergebnisse auf die Staatskommunikation in den sozialen Netzwerken zu analysieren.

Eine weitere äußerungs*un*spezifische Grenze staatlicher Informationstätigkeit ist in den Grundrechten des Grundgesetzes zu sehen. Sie binden staatliche Funktionsträger nach Art. 1 Abs. 3 GG unabhängig vom Formalisierungsgrad des hoheitlichen Handelns und sind damit auch im Rahmen staatlicher Öffentlichkeitsarbeit von enormer Relevanz. Die Grundrechtsdogmatik staatlicher Öffentlichkeitsarbeit ist dabei stark von der Rechtsprechung des Bundesverfassungsgerichts geprägt, die allerdings – wie sich zeigen wird – in vielerlei Hinsicht nicht zu überzeugen vermag, sondern vielmehr modifikationsbedürftig ist. Während sich im Zusammenhang mit staatlicher Öffentlichkeitsarbeit allgemeingültige Aussagen bei der Frage nach der Eröffnung eines grundrechtlichen Schutzbereichs kaum treffen lassen, da die Frage nach der Eröffnung eines Schutzbereichs grundrechtsambivalent ist, ist die Bestimmung der Eingriffswirkung einer hoheitlichen Äußerung struktureller Natur. Gleiches gilt für den Umgang mit dem grundrechtlichen Gesetzesvorbehalt, der einem äußerungsrechtlichen Sonderregime der Rechtsprechung zum Opfer gefallen ist und damit einen erheblichen, an die grundrechtdogmatischen Kernfunktionen des Gesetzesvorbehalts anknüpfenden Novellierungsbedarf aufweist.

Die strukturellen Unterschiede zwischen herkömmlicher Öffentlichkeitsarbeit und Informationshandeln in den sozialen Netzwerken haben überdies einen nicht unerheblichen Einfluss auf die Eingriffsintensität der hoheitlichen Informationsmaßnahmen und die sich daraus ergebenden Anforderungen an die gesetzliche Rechtsgrundlage. Überdies bietet es sich an, im Zusammenhang mit den grundrechtsdogmatischen Besonderheiten staatlicher Öffentlichkeitsarbeit in den sozialen Netzwerken auf staatliches Des- und Fehlinformationshandeln als netzwerkspezifisches Grundrechtsproblem zu sprechen zu kommen. Zuletzt sind mit dem Transparenzgebot und dem allgemeinen Gesetzesvorbehalt noch zwei äußerungs*un*spezifische Grenzen staatlichen Informationshandelns in den Blick zu nehmen.

Im dritten Kapitel der Untersuchung werden die äußerungsspezifischen Grenzen staatlichen Informationshandelns dargestellt und auf ihre Übertragbarkeit auf die sozialen Netzwerke hin untersucht. Der Fokus liegt auf der die Rechtsprechung und Literatur prägenden politischen Neutralitätspflicht staatlicher Funktionsträger und dem rechtsstaatlichen Sachlichkeitsgebot. Der *modus operandi* gleicht dabei den Ausführungen des zweiten Kapitels, wobei bereits die Herleitung der Verfassungsgrundsätze als solche sowie die daraus folgenden Vorgaben für die Öffentlichkeitsarbeit staatlicher Funktionsträger im Allgemeinen einen erheblichen Untersuchungsbedarf aufweisen. Nicht minder komplex ist die Analyse der Übertragbarkeit und Anpassungsbedürftigkeit der äußerungsspezifischen Grenzen staatlicher Öffentlichkeitsarbeit auf die Aktivität in den sozialen Netzwerken. Der von der Netzwerkaufmachung vielfach vermittelte Eindruck absoluter Gleichrangigkeit aller Netzwerknutzer erweist sich dabei als trügerisch. Vielmehr geht von der Öffentlichkeitsarbeit staatlicher Stellen in den sozialen Netzwerken ein erhebliches Bedrohungspotential für die Freiheit der gesellschaftlichen Willensbildung aus, das wiederum die Anerkennung netzwerkspezifischer Grenzen für die Aktivität staatlicher Funktionsträger gebietet.

Die Untersuchung endet mit einem eine Schlussbetrachtung enthaltenden und die Ergebnisse der Untersuchung thesenförmig zusammenfassenden Abschnitt.

1. Kapitel

Begriff und Entwicklung staatlicher Öffentlichkeitsarbeit

Um sich den Grenzen staatlicher Öffentlichkeitsarbeit widmen zu können, ist es unverzichtbar, den Begriff der staatlichen Öffentlichkeitsarbeit im Vorwege möglichst präzise zu bestimmen. Gleichzeitig ist es für das weitere Verständnis von besonderer Bedeutung, sich die Entwicklung der staatlichen Öffentlichkeitsarbeit vor Augen zu führen. Nur so ist es möglich, die Handhabung in Rechtsprechung sowie Literatur nachzuvollziehen, diese zu analysieren und im Hinblick auf die neuartigen Kommunikationsstrukturen der sozialen Netzwerke weiterzuentwickeln.

A. Der Begriff der staatlichen Öffentlichkeitsarbeit

Der Begriff der staatlichen Öffentlichkeitsarbeit ist heute fester Bestandteil des politischen, wissenschaftlichen und gerichtlichen Sprachgebrauchs. Es handelt sich um einen Terminus, der sich nicht nur im Rahmen rechtswissenschaftlicher Fragestellungen wiederfindet, sondern beispielsweise auch in der kommunikationswissenschaftlichen Literatur großer Beliebtheit erfreut. Die verschiedenen Fachbereiche eint dabei, dass es keine einheitliche und anerkannte Definition oder Begriffsbestimmung gibt.

I. Staatliche Öffentlichkeitsarbeit als Form informalen Staatshandelns

Vollkommene Einigkeit herrscht jedoch dahingehend, dass staatliche Öffentlichkeitsarbeit eine Form des informalen Staatshandelns darstellt.[1] Im Ge-

[1] Vgl. nur *Drefs*, Die Öffentlichkeitsarbeit des Staates und die Akzeptanz seiner Entscheidungen, 2019, S. 38; *Franz*, Einführung in die Verwaltungswissenschaft, 2003, S. 308; *Gramm*, Der Staat 30 (1991), 51 (52); *Jensen*, Rechtsprobleme regierungsamtlicher Öffentlichkeitsarbeit im Internet-Zeitalter, 2006, S. 13; *Jung*, Das kommunale Amtsblatt – Inhalt, Ausgestaltung, Präsentation, 2021, S. 27 f.; *P. Kirchhof*, in: Isensee/Kirchhof., HStR Bd. V, 3. Aufl. 2005, § 99 Rn. 5; *Knebel/Schoss*, DÖV 2016, 105 (107); *Schoch*, in: Isensee/Kirchhof, HStR Bd. III, 3. Aufl. 2005, § 37 Rn. 53; *Zott*, Aktive Informationen des Staates im Internet – Mittelalterlicher Pranger oder modernes Steuerungsinstrument?, 2016, S. 71 ff.

gensatz zum formalen Staatshandeln, das sich als klassisch imperative Handlungsweise in Form von Ge- und Verboten in ausdifferenzierte Kategorien unterteilen lässt, gibt es im Bereich des entformalisierten Staatshandelns keine vergleichbaren Klassifizierungen für entsprechende Aktivitäten, aus denen sich bereits kraft Kategorisierung Folgen für Rechtmäßigkeitsanforderungen, Verfahren und Rechtsschutz ergeben.[2] Anders als bei den Typen formalen Hoheitshandelns, die ein besonderes Maß an Rechtsklarheit bieten, fehlt es nämlich an der rechtlichen Verbindlichkeit informierender Öffentlichkeitsarbeit und dem damit einhergehenden Regelungscharakter einer derartigen Maßnahme.[3] Alle Formen informalen Staatshandelns vereint, dass sie nicht auf die Herbeiführung einer konkreten Rechtsfolge gerichtet sind, diese aber sehr wohl auslösen können.[4] Zudem sind eventuelle Zwangsmaßnahmen mit Regelungscharakter zu einem späteren Zeitpunkt nicht ausgeschlossen.[5]

Gerade im Bereich der staatlichen Informationstätigkeit tritt diese Form hoheitlichen Realhandelns jedoch häufig neben oder sogar an die Stelle herkömmlicher Hoheitsakte. Obwohl sie an verschiedenen Orten gesetzlich vorgesehen ist,[6] handelt es sich bei staatlicher Öffentlichkeitsarbeit um eine Handlungsform, die synonym für informales Staatshandeln auch diskreditierend als „schlichtes Staats- und Verwaltungshandeln" bezeichnet wird,[7] wenngleich ihr häufig eine Wirkung innewohnt, die sich vor einem finalen und rechtsförmigen Staatsakt nicht verstecken muss.[8] Mittlerweile[9] ist anerkannt, dass der Staat auch außerhalb seiner rechtsförmigen Handlungswei-

---

[2] *Schoch*, in: Isensee/Kirchhof, HStR Bd. III, 3. Aufl. 2005, § 37 Rn. 23; 73.

[3] Grundlegend *Schoch*, in: Isensee/Kirchhof, HStR Bd. III, 3. Aufl. 2005, § 37 Rn. 90.

[4] Passend dazu *Schmidt-Aßmann*, Das allgemeine Verwaltungsrecht als Ordnungsidee, 2. Aufl. 2004, S. 18: „Alles Recht zielt auf Wirksamkeit"; vgl. auch *Franz*, Einführung in die Verwaltungswissenschaft, 2003, S. 308.

[5] *Gramm*, Der Staat 30 (1991), 51 (52).

[6] Bei weiter Auslegung des Begriffes werden zum Beispiel lebensmittelrechtliche Veröffentlichungen nach § 40 LFGB, umweltrechtliche Aufklärungen nach § 2 Abs. 1 Satz 2 Nr. 2 UBAG und Empfehlungen nach § 9 StrVG erfasst.

[7] *Franz*, Einführung in die Verwaltungswissenschaft, 2003, S. 308; *Schmidt-Aßmann*, Das allgemeine Verwaltungsrecht als Ordnungsidee, 2. Aufl. 2004, S. 348.

[8] Krit. dazu *Schoch*, in: Isensee/Kirchhof, HStR Bd. III, 3. Aufl. 2005, § 37 Rn. 122; *Schmidt-Aßmann*, Das allgemeine Verwaltungsrecht als Ordnungsidee, 2. Aufl. 2004, S. 351.

[9] Während der Verwaltungsrechtsweg früher nur für (polizeiliche) Verfügungen und damit Verwaltungsakte eröffnet war und in der Rechtsprechung daraufhin Verwaltungsakte fingiert wurden (vgl. nur BVerwG, DÖV 1967, 379 ff.), beschränkt die Generalklausel in § 40 Abs. 1 VwGO den Rechtsweg heute nicht auf rechtsförmliches Handeln; dazu *Beckmann*, NVwZ 2011, 842 (843); ausf. zur Entwicklung informalen Staatshandelns *Zott*, Aktive Informationen des Staates im Internet – Mittelalterlicher Pranger oder modernes Steuerungsinstrument?, 2016, S. 69 ff.

sen agieren und daher informal handeln dürfen muss. Sähe man informales Handeln des Staates per definitionem bereits als rechtswidrig an, würden die Bedürfnisse eines modernen Verfassungs- und Verwaltungsstaates schlichtweg ignoriert.[10] Allein die Existenz verschiedener Kategorien formalen Staatshandelns darf nicht darauf schließen lassen, dass informales Handeln per se unzulässig ist.[11] Da eine handhabbare Rechtsordnung die Vollprogrammierung jedweden Staatshandelns gar nicht leisten kann, lässt die Rechtsordnung vielmehr bewusst Raum für informale Verhaltensweisen, die im Vergleich zu rechtsförmlichen Staatshandeln keine Kategorie minderen Ranges ist.[12]

Dadurch, dass dem informalen Staatshandeln keine Formvorgaben zugrunde gelegt werden, ist es dem Hoheitsträger möglich, flexibel zu agieren und die Kommunikation zu beschleunigen. Die Akzeptanz informeller Informationsvermittlung durch staatliche Öffentlichkeitsarbeit basiert auf der Annahme, dass informales Handeln eine Wirkung entfaltet, die rechtsförmiges Agieren oftmals gar nicht erreichen kann.[13] Mitnichten befindet sich der Staat dabei in einem rechtsfreien Raum, der sich einer gerichtlichen Überprüfung entzieht.[14] Art. 20 Abs. 3 GG und die daraus resultierende Rechtsbindung gilt – genau wie die Grundrechtsbindung nach Art. 1 Abs. 3 GG – unabhängig vom Formalisierungsgrad für den Fall einer grundrechtsbeeinträchtigenden Maßnahme.[15] Damit bleiben die vermeintlichen Gefahren, die sich aus informalem Handeln ergeben, beherrschbar.[16] Gleichwohl handelt es sich bei informalem Staatshandeln und damit auch bei staatlicher Öffentlichkeitsarbeit stets um eine Herausforderung für die Rechtsordnung.

II. Abgrenzung zu anderen Formen informellen Staatshandelns

Uneinigkeit hingegen herrscht dahingehend, ob man staatliche Öffentlichkeitsarbeit als nur eine von mehreren verschiedenen Formen informellen staatlichen Informationshandelns zu verstehen hat oder ob staatliche Öffent-

---

[10] *Schoch*, in: Isensee/Kirchhof, HStR Bd. III, 3. Aufl. 2005, § 37 Rn. 101.

[11] Vgl. dazu *Schuppert*, Verwaltungswissenschaft: Verwaltung, Verwaltungsrecht, Verwaltungslehre, 2000, S. 245 f.

[12] *Schoch*, in: Isensee/Kirchhof, HStR Bd. III, 3. Aufl. 2005, § 37 Rn. 103.

[13] *Schoch*, in: Isensee/Kirchhof, HStR Bd. III, 3. Aufl. 2005, § 37 Rn. 93; *S. Augsberg*, DVBl. 2007, 733 (734); *Schmidt-Aßmann*, Das allgemeine Verwaltungsrecht als Ordnungsidee, 2. Aufl. 2004, S. 279.

[14] *Schmitz*, in: Stelkens/Bonk/Sachs, VwVfG, 9. Aufl. 2018, § 1 Rn. 144 f.

[15] *Schmidt-Aßmann*, Das allgemeine Verwaltungsrecht als Ordnungsidee, 2. Aufl. 2004, S. 349.

[16] *Schmidt-Aßmann*, Das allgemeine Verwaltungsrecht als Ordnungsidee, 2. Aufl. 2004, S. 351.

lichkeitsarbeit einen Oberbegriff für unterschiedliche Ausprägungen staatlichen Informationshandelns darstellt. Während es Stimmen in Literatur und Rechtsprechung gibt, die im Begriff der Öffentlichkeitsarbeit eine kategorisierende Typisierung sehen, gilt es sich dabei jedoch auch die Frage zu stellen, ob dem Begriff nicht vielmehr nur eine rein deskriptive Bedeutung zukommt, indem die staatliche Öffentlichkeitsarbeit schlichtweg einen Oberbegriff für verschiedenste Formen staatlichen Informationshandelns darstellt, mit der keine rechtliche Bewertung einhergeht.[17]

1. Literatur

Teilweise wird der Begriff der staatlichen Öffentlichkeitsarbeit eng und damit nur als ein Unterfall informellen und informativen Staatshandelns verstanden. So ist *Schoch* der Ansicht, dass ein weitreichendes Verständnis des Begriffes die Grenzen verschiedenartiger Typen staatlichen Informationshandelns verwische.[18] Er spricht davon, dass „ein bis zur Unkenntlichkeit verzerrter Begriff der ‚Öffentlichkeitsarbeit' propagiert" werde.[19] Dies sei schon deshalb verfassungsrechtlich nicht haltbar, weil die Anforderungen an das Staatshandeln je nach Einstufung als grundrechtsbeschränkende Informationsmaßnahme (z.B. im Rahmen der Gefahrenabwehr) oder als grundrechtsunspezifische Veröffentlichung immens divergieren.[20] Von staatlicher Öffentlichkeitsarbeit könne daher nur die Rede sein, wenn es sich bei der Verlautbarung inhaltlich um einen Akt der Selbstdarstellung handelt, mit dem die staatliche Stelle „ihre" Politik, Maßnahmen und Pläne illustriert.[21]

Ähnlich verhält es sich mit der Auffassung von *Mandelartz*, der unter Öffentlichkeitsarbeit nur die „gezielte, sachliche direkte und grundsätzlich dialogorientierte Information der Öffentlichkeit über die Politik der Regierung" versteht.[22] Sie sei zum einen von der Öffentlichkeitsaufklärung in Form von Aufklärungen, Warnungen und Empfehlungen zu unterscheiden, die nicht auf Dialog angelegt und keine Information über Sachpolitik, sondern Sachpolitik selbst sei.[23] Zum anderen müsse zwischen schon begrifflich stets sachlich gehaltener Öffentlichkeitsarbeit und dem werbenden wie reklamehaften Informationshandeln, bei dem es darum geht, die Zustimmung für

[17] Ausf. zum Begriff der Öffentlichkeitsarbeit auch *Dişçi*, Der Grundsatz politischer Neutralität, 2019, S. 24 ff.

[18] *Schoch*, in: Isensee/Kirchhof, HStR Bd. III, 3. Aufl. 2005, § 37 Rn. 72 f.; *ders.*, NVwZ 2011, 193 (194).

[19] *Schoch*, NVwZ 2011, 193 (194).

[20] *Schoch*, in: Isensee/Kirchhof, HStR Bd. III, 3. Aufl. 2005, § 37 Rn. 73.

[21] *Schoch*, in: Isensee/Kirchhof, HStR Bd. III, 3. Aufl. 2005, § 37 Rn. 76; dies bekräftigend *Müller-Franken*, AfP 2016, 301 (302).

[22] *Mandelartz*, DÖV 2009, 509 (513).

[23] *Mandelartz*, DÖV 2009, 509 (513).

politische Programme zu generieren, unterschieden werden.[24] Zu einem vergleichbaren Ergebnis gelangt *Gersdorf*, der staatliche Öffentlichkeitsarbeit von verhaltensbeeinflussender und -steuernder Informationstätigkeit durch den Staat abgrenzt und unter Öffentlichkeitsarbeit eine auf Dialog ausgerichtete „staatliche Kommunikation" versteht.[25]

In diese Richtung argumentiert auch *Drefs*, der den normativen Gehalt staatlicher Öffentlichkeitsarbeit in der Herstellung von Öffentlichkeit sieht.[26] Sie sei als transparenzsicherndes Instrument von anderen Formen hoheitlicher Öffentlichkeitskommunikation abzugrenzen, die ihrerseits wiederum originäre Staatstätigkeit darstellen.[27] Dies entspricht auch der Rechtsauffassung von *Mast*, der in der Öffentlichkeitsarbeit die wichtigste Erscheinungsform des auf demokratische Integration abzielenden Informationshandelns sieht.[28] Auch *Zott* geht davon aus, dass zwischen gezielter informationeller Steuerung und staatlicher Öffentlichkeitsarbeit unterschieden werden müsse.[29] Während die Öffentlichkeitsarbeit nur über zurückliegendes oder künftiges Verwaltungshandeln unterrichte, würden Maßnahmen informationeller Steuerung selbst unmittelbares Verwaltungshandeln darstellen.[30] So habe beispielsweise eine Aufklärungsmaßnahme, die nicht dem Feld der Öffentlichkeitsarbeit zuzurechnen sei, im Vergleich zu Letzterer immer ein bewertendes Element inne. Außerdem geht Zott davon aus, dass eine Warnung stets ein funktionales Äquivalent zur Allgemeinverfügung nach § 35 S. 2 VwVfG darstelle und somit keinesfalls Teil der nicht auf konkrete Rechtsfolgen abzielenden Öffentlichkeitsarbeit sein könne.[31]

Gröschner versteht unter dem Begriff der Öffentlichkeitsarbeit das Recht und die Pflicht der Bundesregierung zur Information über ihre politischen Ziele und Tätigkeiten.[32] Dieser Pflicht werde primär durch das Presseamt und

---

[24] *Mandelartz*, DÖV 2009, 509 (513 f.).

[25] *Gersdorf*, AfP 2016, 293 (294); ähnlich auch *Joerger*, Öffentlichkeitsarbeit, 1975, S. 11 und *Philipp*, Staatliche Verbraucherinformation im Umwelt- und Gesundheitsrecht, 1989, S. 2 f., die gleichzeitig jedoch davon ausgeht, dass es zu erheblichen Überschneidungen staatlicher Informationen kommen kann.

[26] *Drefs*, Die Öffentlichkeitsarbeit des Staates und die Akzeptanz seiner Entscheidungen, 2019, S. 107.

[27] *Drefs*, Die Öffentlichkeitsarbeit des Staates und die Akzeptanz seiner Entscheidungen, 2019, S. 107.

[28] *Mast*, Staatsinformationsqualität, 2020, S. 129 f.

[29] *Zott*, Aktive Informationen des Staates im Internet – Mittelalterlicher Pranger oder modernes Steuerungsinstrument?, 2016, S. 79 ff.

[30] *Zott*, Aktive Informationen des Staates im Internet – Mittelalterlicher Pranger oder modernes Steuerungsinstrument?, 2016, S. 80 f.

[31] *Zott*, Aktive Informationen des Staates im Internet – Mittelalterlicher Pranger oder modernes Steuerungsinstrument?, 2016, S. 84.

[32] *Gröschner*, DVBl. 1990, 619 (620).

die einzelnen Ministerien nachgekommen. Von der Öffentlichkeitsarbeit zu unterscheiden sei der Begriff der (verbraucherbezogenen) Öffentlichkeitsaufklärung im engeren Sinne, die nicht politische Ziele verfolge, sondern auf die „Bewußtseinsbildung des privat handelnden Individuums" abziele.[33] Als Oberbegriff für beide Formen informellen Handelns verwendet *Gröschner* dabei den Begriff der Öffentlichkeitsaufklärung im erweiterten Sinne.

Diese Ansichten verbindet, dass sie bereits durch die Bezeichnung einer Maßnahme als Akt staatlicher Öffentlichkeitsarbeit oder Öffentlichkeitsaufklärung eine rechtliche Beurteilung vornehmen wollen und somit im Begriff der Öffentlichkeitsarbeit einen normativen Begriff sehen. Dieses Verständnis wird allerdings scharf kritisiert. Von derartigen Begrifflichkeiten und der Idee, bereits durch die Bezeichnung einer Maßnahme könne sich ein rechtlicher Rahmen für diese ergeben, löst sich *S. Augsberg*, indem er auf eine rein begriffliche Unterscheidung weitestgehend verzichtet und primär zwischen Informationshandeln mit und ohne Drittbezug differenziert.[34] Dem Begriff der Öffentlichkeitsarbeit könne von vornherein nur eine deskriptive Funktion zukommen, deren Mehrwert überschaubar sei. Die „sog. Öffentlichkeitsarbeit der Regierung" ordnet *S. Augsberg* dem Informationshandeln ohne Drittbezug zu, da es sich bei ihr regelmäßig nur um eine Form der Selbstdarstellung und Unterrichtung über das eigene politische Programm handele.[35] Im Gegensatz dazu existiere auch eine Vielzahl von staatlichen Informationsmaßnahmen, die Interessen und Rechte Dritter berühre, unabhängig davon, ob die Veröffentlichung appellativer oder nur objektiv-feststellender Natur sei.[36] Die regierungsamtliche Öffentlichkeitsarbeit zähle im Gegensatz zu staatlichen Warnungen allerdings nicht dazu. Den rechtsstaatlichen Vorgaben für staatliches Informationshandeln könne insgesamt nur genügt werden, wen man die staatliche Informationstätigkeit mit Drittwirkung in einem zweiten Schritt präzise in Fallgruppen unterteile und für sie jeweils spezifische Zulässigkeitsvoraussetzungen herausarbeite.[37] Die konkrete Bezeichnung einer Informationsmaßnahme kann nach *S. Augsberg* dafür indes nie entscheidend sein.

Engel legt den Begriff der Öffentlichkeitsarbeit insgesamt weit aus: Er umfasse alle Formen staatlicher Äußerungen an die Öffentlichkeit unabhängig davon, ob die Äußerung nur erläuternd, werbend oder sogar warnend wirkt und ob sie nur zur Vorbereitung von, Information über oder Durchführung von Regierungshandeln dient.[38] Die staatliche Kommunikation

---

[33] *Gröschner*, DVBl. 1990, 619 (620); krit. zu dieser Rechtsauffassung *Porsch*, Warnungen und kritische Äußerungen als Mittel gemeindlicher Öffentlichkeitsarbeit, 1997, S. 39.

[34] *S. Augsberg*, DVBl. 2007, 733 (736).

[35] *S. Augsberg*, DVBl. 2007, 733 (736).

[36] *S. Augsberg*, DVBl. 2007, 733 (736 f.).

[37] *S. Augsberg*, DVBl. 2007, 733 (736).

[38] *Engel*, in: Isensee/Kirchhof, HStR Bd. IV, 3. Aufl. 2006, § 80 Rn. 3; s.a. *Goerlich*/

halte sich eben nicht an die formellen Grenzziehungen des Staats- und Verwaltungsrechts, sodass ein enges und normatives Begriffsverständnis fehlgehe.[39] Ebenso legt *Schürmann* den Begriff der Öffentlichkeitsarbeit im Ergebnis weit aus und versteht diesen nicht als normativen, sondern vielmehr als deskriptiven Begriff.[40] Dieser werde wegen seiner Akzessorietät zum konkreten Informationshandeln des Staates und der damit einhergehenden Situationsgebundenheit stets offen und juristisch zumeist wertlos bleiben.[41] Insbesondere lasse sich aus der reinen Begrifflichkeit nicht auf die juristische Frage der (Un-) Zulässigkeit einer getätigten Informationshandlung schließen.[42] Fragen bezüglich der Legitimation und der Grenzen staatlicher Öffentlichkeitsarbeit seien vielmehr unabhängig von lediglich veranschaulichenden Begriffen zu beantworten.

Dem schließt sich auch *Jensen*[43] an. Bei dem Begriff der (regierungsamtlichen) Öffentlichkeitsarbeit handele es sich um einen Oberbegriff für verschiedenste Formen staatlichen Informationshandelns. Selbstverständlich sei zwischen den unterschiedlichen Ausformungen zu differenzieren. Dies könne jedoch nicht durch die Bezeichnung einer Veröffentlichung beispielsweise als integrative Öffentlichkeitsarbeit auf der einen und Aufklärung oder Warnung auf der anderen Seite geschehen. Jeder hoheitlichen Veröffentlichung wohne – auch wenn sie ausschließlich der Warnung oder Empfehlung und damit dem Schutz der Bürger diene – ein selbstdarstellendes Element inne, das den vorangegangenen Begriffsbestimmungsversuchen zufolge nur für die „Öffentlichkeitsarbeit" charakteristisch sei.[44] Die notwendige Differenzierung sei daher auf der Ebene von Voraussetzungen und Rechtsfolgen, nicht aber auf Begriffsebene vorzunehmen.[45] Auch *Bilsdorfer* begreift die

---

Laier, ZUM 2008, 475 (478), die zwischen Öffentlichkeitsarbeit zum Zwecke der Selbstdarstellung und Öffentlichkeitsarbeit mittels Warnung differenzieren und somit den Oberbegriff der Öffentlichkeitsarbeit weit auslegen; kritisch zur weiten Auslegung des Begriffs der Öffentlichkeitsarbeit *Mast*, Staatsinformationsqualität, 2020, S. 131.

[39] *Engel*, in: Isensee/Kirchhof, HStR Bd. IV, 3. Aufl. 2006, § 80 Rn. 3.

[40] *Schürmann*, Öffentlichkeitsarbeit der Bundesregierung, 1992, S. 73 f.; *ders.*, NVwZ 1992, 852 (853); so wohl auch *Degenhart*, AfP 2009, 207 (208); *Gusy*, in: Hofmann-Riem/Schmidt-Aßmann/Voßkuhle (Hrsg.), GVwR Bd. II, 2. Aufl. 2012, § 23 Rn. 95 ff.; *Porsch*, Warnungen und kritische Äußerungen als Mittel gemeindlicher Öffentlichkeitsarbeit, 1997, S. 41; *Schwarzer*, Staatliche Öffentlichkeitsarbeit, 1999, S. 25.

[41] *Schürmann*, Öffentlichkeitsarbeit der Bundesregierung, 1992, S. 74.

[42] So auch *Studenroth*, AöR 125 (2000), 257 (265).

[43] *Jensen*, Rechtsprobleme regierungsamtlicher Öffentlichkeitsarbeit im Internet-Zeitalter, 2006, S. 12 ff.

[44] *Jensen*, Rechtsprobleme regierungsamtlicher Öffentlichkeitsarbeit im Internet-Zeitalter, 2006, S. 12; ähnlich auch *Gramm*, Der Staat 31 (1991), 51 (53); dies betont auch *Porsch*, Warnungen und kritische Äußerungen als Mittel gemeindlicher Öffentlichkeitsarbeit, 1997, S. 39 f.

[45] *Jensen*, Rechtsprobleme regierungsamtlicher Öffentlichkeitsarbeit im Internet-Zeitalter, 2006, S. 13.

staatliche Öffentlichkeitsarbeit als Oberbegriff für das an verschiedene Lebenssachverhalte angepasste Informationshandeln des Staates.[46] Insgesamt ist die rechtswissenschaftliche Literatur sich demnach uneinig, ob im Begriff der staatlichen Öffentlichkeitsarbeit ein normativer Rechtsbegriff zu sehen ist oder ob dem Begriff eine rein deskriptive Funktion zukommt.

2. *Rechtsprechung*

Der Begriff der Öffentlichkeitsarbeit ist in der Judikative stark von der Rechtsprechung des Bundesverfassungsgerichts geprägt. Es verwendete den Begriff im Wissen um den Begriffsstreit in seinen Urteilen zunächst eher beiläufig, ohne ihn rechtssicher zu definieren und den Streit damit zu entscheiden.[47] Zunächst stellte es jedoch fest, dass die Rede von zulässiger Öffentlichkeitsarbeit sein könne, wenn die Regierung oder gesetzgebende Körperschaft im Rahmen ihrer Organtätigkeit über Maßnahmen, Vorhaben und ihre Politik berichte.[48] Während dies noch den Schluss nahelegte, das Bundesverfassungsgericht würde unter Öffentlichkeitsarbeit nur selbstdarstellende Information über Fragen der eigenen Politik verstehen, verwendete der Zweite Senat den Begriff der Öffentlichkeitsarbeit in seiner bis heute noch prägenden Grundsatzentscheidung zum regierungsamtlichen Informationshandeln vom 2. März 1977[49] bereits in einem darüber hinausgehenden, weiteren Sinne. Bei staatlicher bzw. regierungsamtlicher Öffentlichkeitsarbeit handele es sich neben Erläuterungen und Darlegungen der der eigenen Politik auch um die „objektiv gehaltene Information über das Recht, das den Bürger unmittelbar angeht“ und damit um bürgerorientierte Transparenzmaßnahmen.[50]

Dieses weite Begriffsverständnis hat der Zweite Senat des Bundesverfassungsgerichts seitdem häufig aufgegriffen und geht in seiner ständigen Rechtsprechung mittlerweile davon aus, dass neben der Information über die Politik der Regierung auch die „sachgerechte, objektiv gehaltene Information über den Bürger unmittelbar betreffende Fragen und wichtige Vorgänge“ als Öffentlichkeitsarbeit zu qualifizieren ist.[51] Sie ist dabei gerade nicht auf die Darstellung der eigenen Angelegenheiten beschränkt, sondern erfasst auch Vorgänge außerhalb des eigenen Wirkungskreises. Diese Entwicklung vollzog sich auch in den aufsehenerregenden Entscheidungen des Ersten Senats

---

[46] *Bilsdorfer*, Polizeiliche Öffentlichkeitsarbeit in sozialen Netzwerken, 2019, S. 37.

[47] Vgl. BVerfGE 20, 56 (100); 40, 287 (292).

[48] BVerfGE 20, 56 (100).

[49] BVerfGE 44, 125 (127); auf diese Rechtsprechung nimmt beispielsweise auch der Verfassungsgerichtshof Rheinland-Pfalz für die landeverfassungsrechtlich zu bewertende Äußerung des Ministerpräsidenten Bezug, RhPfVerfGH, NVwZ 2007, 200 (201).

[50] BVerfGE 44, 125, (148).

[51] BVerfGE 63, 230 (243); 105, 252 (269); 136, 323 (333); 148, 11 (27); 154, 320 (337 f.).

„Osho"[52] und „Glykol"[53], in denen das Gericht darlegte, dass sich die Anforderungen an staatliches Informationshandeln im Laufe der Zeit geändert hätten; bereits damals ging es auf die wachsende Rolle der Massenmedien ein.[54] Es sei zwingend notwendig, dass von staatlicher Seite die Informationen zugänglich gemacht oder verbreitet werden, die erforderlich sind, um den Bürgern eine eigenverantwortliche Meinungsbildung und ein daran orientiertes Handeln zu ermöglichen. Die Zeiten, in denen regierungsamtliche Öffentlichkeitsarbeit „insbesondere auf die Darstellung von Maßnahmen und Vorhaben der Regierung, die Darlegung und Erläuterung ihrer Vorstellungen über künftig zu bewältigende Aufgaben und die Werbung um Unterstützung bezogen" war, sind dem Gericht zufolge vorbei.[55]

Sowohl der Erste als auch der Zweite Senat verwenden den Terminus der Öffentlichkeitsarbeit mithin nicht als rechtswissenschaftliche, rechtsfolgenauslösende Definition, sondern vielmehr als einen deskriptiven Oberbegriff, unter den sich neben der allgemeinen Information über politische Aktivitäten der Regierung mit werbendem Charakter auch Aufklärungen und konkrete Warnungen sowie andere Informationsformen wie beispielsweise Presseerklärungen subsumieren lassen. Von eingrenzender Bedeutung ist indes das Merkmal der Öffentlichkeit. Staatliches Informationshandeln, das die Sphäre der Staatlichkeit nicht passiert, entfaltet keine Außenwirkung und ist daher – wie es der Begriff der Öffentlichkeitsarbeit bereits nahelegt – nicht von den hier in Rede stehenden Äußerungen erfasst. Parlamentarische Informationsansprüche ziehen beispielsweise konkrete Informationsmaßnahmen nach sich, die den Kreis der Hoheitsträger nicht verlassen und demzufolge nicht als Bestandteil der staatlichen Öffentlichkeitsarbeit zu begreifen sind. Vielmehr kann von Öffentlichkeitsarbeit nur die Rede sein, wenn Informationen bewusst an die Öffentlichkeit gerichtet sind.

Durch die Rechtsprechung des Bundesverfassungsgerichts hat der Begriff der staatlichen Öffentlichkeitsarbeit auch Eingang in die verwaltungsgerichtliche und landesverfassungsgerichtliche Rechtsprechung gefunden, wo er für verschiedenartige Sachverhalte verwendet wird. So deklarierte das Bundesverwaltungsgericht neben appellativen Äußerungen der Bundesregierung in Bezug auf Jugendsekten[56] auch den Aufruf eines kommunalen Hoheitsträ-

---

[52] BVerfGE 105, 279, Gegenstand der Entscheidung waren staatliche Broschüren, in denen die sog. „Osho"-Bewegung als „Jugendsekte" und „pseudoreligiös" bezeichnet wurde.

[53] BVerfGE 105, 252, in dem Beschluss hatte sich das Bundesverfassungsgericht mit einer regierungsamtlichen Liste auseinanderzusetzen, auf der alle Weine aufgelistet waren, in denen die gesundheitsgefährdende Chemikalie Diethylenglykol festgestellt wurde.

[54] BVerfGE 105, 252 (268); 105, 279 (302); vgl. auch *Jung*, Das kommunale Amtsblatt – Inhalt, Ausgestaltung, Präsentation, 2021, S. 32 f.

[55] BVerfGE 105, 279 (302).

[56] BVerwG, NJW 1989, 2272 (2273 f.); NJW 1991, 1770 (1770 f.); wobei das BVerfG

gers an die Bürger, ein Zeichen gegen Extremismus zu setzen, als Bestandteil der staatlichen Öffentlichkeitsarbeit.[57] Unabhängig von der Frage nach der (Un-) Zulässigkeit einer Publikation erfasst der Begriff nach dem Verständnis des Bundesverwaltungsgerichts damit verschiedenste Formen hoheitlicher Äußerungen und Veröffentlichungen. Die staatliche Öffentlichkeitsarbeit lässt sich daher in der bundesverwaltungsgerichtlichen Rechtsprechung ebenfalls als ein Obergriff unterschiedlicher Informationsmaßnahmen des Staates begreifen.[58]

Gleiches gilt für die Rechtsauffassung der Verfassungsgerichte der Länder, die sich grundsätzlich stark an der Begrifflichkeit des Bundesverfassungsgerichts orientieren[59] und teilweise ausdrücklich Warnungen und Empfehlungen als Maßnahmen regierungsamtlicher Öffentlichkeitsarbeit qualifizieren.[60] Dieses weite Begriffsverständnis entspricht auch der allgemeinen verwaltungsgerichtlichen Praxis, in der zahlreiche Erscheinungsformen hoheitlichen Informationshandelns als staatliche Öffentlichkeitsarbeit bezeichnet werden.[61] Die jüngere Rechtsprechung qualifizierte – um nur einige Beispiele zu nennen – die polizeiliche Verbreitung von Bildern zum Zwecke der Social Media-Präsenz[62], polizeiliche Medieninformationen[63] und Warnungen des Landesdatenschutzbeauftragten[64] als staatliche Öffentlichkeitsarbeit. Dies zeigt, dass hoheitliches Informationshandeln ungeachtet des konkreten Inhalts in der Rechtsprechung insgesamt großzügig als Teil der staatlichen Öffentlichkeitsarbeit bezeichnet wird.[65]

letzteren Beschluss des BVerwG in seiner bereits oben angesprochenen Entscheidung für gegenstandslos erklärte. Gleichwohl waren sich BVerfG und BVerwG einig, dass regierungsamtliche Warnungen unabhängig von der Frage der Rechtmäßigkeit unter den Begriff der staatlichen Öffentlichkeitsarbeit zu subsumieren sind.

[57] BVerwG, NVwZ 2018, 433 (437); im konkreten Fall ging es um eine Äußerung des Düsseldorfer Oberbürgermeisters im Zusammenhang mit einer geplanten Versammlung der „DÜGIDA"-Bewegung. Er forderte die Einwohner der Stadt dazu auf, die Gebäudebeleuchtung abzuschalten, an einer Gegendemonstration teilzunehmen und so ein Zeichen gegen Rassismus zu setzen.

[58] Vgl. *Bilsdorfer*, Polizeiliche Öffentlichkeitsarbeit in sozialen Netzwerken, 2019, S. 36.

[59] Vgl. nur RhPfVerfGH, NVwZ 2007, 200 (201); ThürVerfGH, NVwZ 2016, 1408 (1411 f.); VerfGH Berlin, Urt. v. 20.02.2019 – VerfGH 80/18 Rn. 39 ff. – juris.

[60] NdsStGH, Urt. v. 24.11.2020 – StGH 6/19 Rn. 57 – juris.

[61] Vgl. OVG Münster, ZD 2020, 432; VGH Kassel, NVwZ 2003, 1000 f.; *Schürmann*, Öffentlichkeitsarbeit der Bundesregierung, 1992, S. 59 f. m.w.N.; a.A. NRWVerfGH, NVwZ 1992, 467 ff., wo eine Differenzierung zwischen Öffentlichkeitsarbeit und Öffentlichkeitsaufklärung befürwortet wird.

[62] VG Gelsenkirchen, Urteil vom 23. Oktober 2018 – 14 K 3543/18 Rn. 58 – juris.

[63] OVG Sachsen, Beschluss vom 15. September 2016 – 3 A 431/16 Rn. 15 – juris.

[64] VG Schleswig, Beschl. v. 05.11.2013 – 8 B 50/13 Rn. 14 – juris.

[65] *Schürmann* bezeichnet die Verwendung des Begriffs der „Öffentlichkeitsarbeit" in der Rechtsprechung zutreffend als „Subjektslehre", die all das als Öffentlichkeitsarbeit be-

3. Ergebnis

Es bleibt damit festzuhalten, dass sich weder in der rechtswissenschaftlichen Literatur noch in der Rechtsprechung eine allgemein anerkannte subsumtionsfähige Definition der staatlichen Öffentlichkeitsarbeit findet. Der Versuch, eine derartige Definition zu finden und zu formulieren, wurde gleichwohl in mehrfacher Hinsicht unternommen. Die Erfolglosigkeit der Bemühungen ist auf die Mannigfaltigkeit und Natur informalen Informationshandelns durch Hoheitsträger zurückzuführen, in der sich das Ziehen trennscharfer Grenzen schlichtweg verbietet. Dies führt dazu, dass Begrifflichkeiten in diesem Kontext von vornherein nur eine beschreibende Funktion zukommen kann. Es handelt sich bei staatlicher Öffentlichkeitsarbeit daher nicht um einen normativen Rechtsbegriff, sondern eine deskriptive Formulierung, die als unspezifischer Oberbegriff dient. Mit ihr allein soll und kann keine Aussage über die Zulässigkeit einer informierenden Maßnahme oder die an sie gerichteten Rechtmäßigkeitsanforderungen einhergehen.

Des Weiteren haben sich Definitionsversuche, die zwischen verschiedenen Formen staatlichen Informationshandelns differenzieren wollen, stets den Vorwurf einer gewissen Künstlichkeit gefallen zu lassen. Einer jeden Aufklärung oder Warnung wohnt auch die Bestätigung demokratischer Legitimation und damit ein integratives Element inne, das zu einer unausweichlichen Vermischung von Selbstdarstellung und Veröffentlichungszweck führt. Nach dem Vorbild Privater versucht auch der Staat, gleichzeitig „Hirn, Herz und Gemüt anzusprechen“[66], was eine präzise Kategorisierung kaum zulässt. Gleichwohl hat eine Unterscheidung zwischen den vielseitigen Formen staatlicher Öffentlichkeitsarbeit stattzufinden. Durch den Entwurf von Fallgruppen und akzessorischen Zulässigkeitsvoraussetzungen bzw. -grenzen, der sich aber insgesamt losgelöst von Begrifflichkeiten, sondern stets anhand des Einzelfalls zu vollziehen hat, kann eine rechtssichere Handhabung gewährleistet werden.[67] Insofern ist dem Bundesverfassungsgericht und den Stimmen in der Literatur, die den Begriff der staatlichen Öffentlichkeitsarbeit deskriptiv verwenden, zuzustimmen. Es handelt sich dabei nach der hier vertretenen Rechtsauffassung und in Anlehnung an *Schürmanns* Subjektlehre[68] um alles, was der Staat aktiv[69] zum Zwecke der Information, Werbung, Aufklärung und Warnung an die Öffentlichkeit adressiert, da es für das funktionierende Zusammenwirken von Staat und Gesellschaft von Bedeutung ist.

---

zeichnet, was der Staat an die Öffentlichkeit zum Zwecke der Information, Werbung, Aufklärung und Warnung adressiert; vgl. dazu ausf. *Schürmann*, Öffentlichkeitsarbeit der Bundesregierung, 1992, S. 60, 74; *ders.*, NVwZ 1992, 852 (853).

[66] *Gramm*, Der Staat 30 (1991), 51 (59).

[67] Vgl. *S. Augsberg*, DVBl. 2007, 733 (736 f.).

[68] *Schürmann*, Öffentlichkeitsarbeit der Bundesregierung, 1992, S. 60.

[69] Zur Differenzierung zwischen aktiver und reaktiver Informationstätigkeit des Staates vgl. *I. Augsberg*, Informationsverwaltungsrecht, 2014, S. 200 ff.

III. Adressatenkreis

„Staatliche Öffentlichkeitsarbeit“ setzt bereits dem Wortlaut nach das Vorhandensein von Staatlichkeit voraus. In ihr ist daher neben der Öffentlichkeitsarbeit gewissermaßen das zweite Tatbestandsmerkmal des Begriffs zu sehen. Deshalb ist auch notwendigerweise zu klären, was unter „dem Staat“ zu verstehen ist bzw. welches Staatsverständnis der Erörterung im Folgenden zugrunde zu legen ist. Würde man den Staat – was bisweilen nicht fernliegend erscheint – als exekutivisch geprägt verstehen, hätte dies möglicherweise zur Folge, dass die folgenden Ausführungen für die Bereiche der Legislative und Judikative nicht oder zumindest nur teilweise Geltung beanspruchen könnten. Im Folgenden soll deshalb dargelegt werden, inwiefern die verschiedenen Institutionen des Staatswesens als „Staat“ im Sinne staatlicher Öffentlichkeitsarbeit zu verstehen sind. Der Staat als singulärer Akteur kann jedoch nicht Ausgangspunkt dieser Frage sein. Vielmehr geht es darum, ein „Kollektiv“ ausfindig zu machen, welches die für eine Qualifizierung als hoheitlich erforderlichen Merkmale teilt.[70] Dass Äußerungen von Hoheitsträgern außerhalb ihrer Funktion als Amtsträger a priori nicht vom Begriff der Staatlichkeit erfasst werden, sei bereits an dieser Stelle in dem Bewusstsein, dass ebensolche Abgrenzungen als Weichenstellung zwischen verfassungsrechtlicher Bindung und grundrechtlicher Freiheit im Einzelfall höchst komplex ausfallen können, vorweggenommen.[71]

1. „Staat“ im Sinne staatlicher Öffentlichkeitsarbeit

Unabhängig davon, dass es sich bei der Frage danach, was „der Staat“ eigentlich ist, um eine der grundlegendsten suprajuristischen Fragestellungen handelt,[72] steht fest, dass ein allgemeines Staatsverständnis nur schwer zu ermitteln ist, da dieses insgesamt je nach konkretem Regelungsinteresse divergiert. Daran ändert auch die Tatsache nichts, dass es vom Grundgesetz und damit letztlich von einer einheitlichen Rechtsquelle an mehreren Stellen (zumindest gedanklich) vorausgesetzt wird. Bei genauerer Betrachtung verwundert dies jedoch nicht. So macht es logischerweise einen Unterschied, ob „der Staat“ als Völkerrechtssubjekt, in seiner Relation zu den ihm angehörigen Bundesländern oder gegenüber seinem Staatsvolk auftritt. Der Begriff des Staates ist daher gewissermaßen „kontextbezogen“ auszulegen.

Im Zusammenhang mit staatlicher Öffentlichkeitsarbeit ist der Staat als Akteur zu verstehen, der mit seinen Bürgern – am häufigsten durch die Institutionen der vollziehenden Gewalt – in Berührung gerät. Ein außenstaat-

---

[70] *Kocks*, in: Borucki/Schünemann (Hrsg.), Internet und Staat, 2019, S. 145.
[71] Ausführlich dazu unter 1. Kapitel, A. III. 3.
[72] Vgl. *Kelsen*, Der soziologische und juristische Staatsbegriff, 2. Aufl. 1928, § 1 S. 1 ff.

liches oder ein rein organisationsrechtliches Verständnis scheidet für den Bereich der Staatskommunikation von Vornherein aus. Den Staatsbegriff im Sinne staatlicher Öffentlichkeitsarbeit eng zu verstehen und darin zuvörderst eine exekutivisch geprägte Handlungseinheit zu sehen, entspräche trotz der besonderen Relevanz der auf die Exekutive zurückzuführenden Verlautbarungen allerdings (höchstens) dem Staatsverständnis des deutschen Konstitutionalismus des 19. Jahrhunderts und ginge entschieden zu kurz.[73] Vielmehr ist als „Staat" im Sinne staatlicher Öffentlichkeitsarbeit deshalb die Staatsgewalt in ihrer Gesamtheit als „Gegenüber" der Bürger zu verstehen.[74] Nur sie kann handelnd und kommunikativ tätig werden. Sofern das Grundgesetz selbst ausdrücklich vom „Staat" spricht, geht es dabei ebenfalls von diesem Staatsverständnis aus.[75]

Die rechtsstaatlichen Vorkehrungen des Grundgesetzes, die im Bereich der staatlichen Öffentlichkeitsarbeit Geltung beanspruchen, sollen die Staatsgewalt als Adressat limitieren, was ein anderes Staatsverständnis in diesem Kontext sinnlos erscheinen ließe.[76] Die umfassende, im Vergleich zum völkerrechtlichen und außenstaatlichen Verständnis[77] jedoch häufig als „enges Staatsverständnis" bezeichnete Interpretation erfasst neben den drei Staatsgewalten der Legislative, Judikative und Exekutive auf der Ebene des Bundes und der Länder in ihrer herkömmlichen Form auch privatrechtsförmiges Handeln der Verwaltung[78] sowie die mittelbare Staatsverwaltung

[73] Dazu und zur Verfassungsgeschichte insgesamt *Wahl*, in: Isensee/Kirchhof, HStR Bd. I, 3. Aufl. 2003, § 2.

[74] *Drefs*, Die Öffentlichkeitsarbeit des Staates und die Akzeptanz seiner Entscheidungen, 2019, S. 40; *Engel*, HStR Bd. IV, 3. Aufl. 2006, § 80 Rn. 3; *Müller-Franken*, AfP 2016, 301 (302); *Nellesen*, Äußerungsrechte staatlicher Funktionsträger, 2018, S. 66; *Schoch*, in: HStR Bd. III, 3. Aufl. 2005, § 37 Rn. 77; wohl auch *Dişçi*, Der Grundsatz politischer Neutralität, 2019, S. 21; *Gusy*, NVwZ 2015, 700 (702); *Huff*, NJW 2004, 403 (403 f.) und NJW 2001, 2951 (2951 f.), der in der Öffentlichkeitsarbeit auch eine notwendige Aufgabe für die Justiz, insbesondere das BVerfG, sieht.

[75] Vgl. *Isensee*, in: ders./Kirchhof, HStR Bd. II, 3. Aufl. 2004, § 15 Rn. 147.

[76] Vgl. *Isensee*, in: ders./Kirchhof, HStR Bd. II, 3. Aufl. 2004, § 15 Rn. 145 f.; vgl. sinngemäß BVerfGE 136, 326 (334).

[77] Im Verhältnis zu anderen Staaten wird der Staat nach der Lehre *Georg Jellineks* durch die drei Elemente Staatsgebiet, Staatsvolk und Staatsgewalt konstituiert, *Jellinek*, Allgemeine Staatslehre, 3. Aufl. 1914, S. 174 ff.; zum völkerrechtlichen Staatsbegriff allgemein *Isensee*, in: ders./Kirchhof, HStR Bd. II, 3. Aufl. 2004, § 15 Rn. 139 ff.

[78] Dabei handelt es sich heute um die ganz h.M., vgl. *Dreier*, in: ders. (Hrsg.), GG Bd. I, 3. Aufl. 2013, Art. 1 Abs. 3 Rn. 66 m.w.N.; a.A. *Ronellenfitsch*, in: Isensee/Kirchhof, HStR Bd. IV, 3. Aufl. 2006, § 98 Rn. 47; allerdings kann die Frage, ob im Einzelfall privatrechtliches Handeln oder hoheitliches Handeln in Privatrechtsform gegeben ist, gerade im Bereich der sog. gemischt-wirtschaftlichen Unternehmensbetätigung, schwierig zu beantworten sein. Vgl. dazu auch BVerfGE 128, 226 (244 ff.); ausf. *Herdegen*, in: Dürig/Herzog/Scholz, GG, 96. EL 2021, Art. 1 Abs. 3, Rn. 117 f.

durch (Gebiets-) Körperschaften und Anstalten sowie Stiftungen des öffentlichen Rechts und ihrer Organe.[79]

Im Zusammenhang mit staatlicher Öffentlichkeitsarbeit ist unter „dem Staat" daher jede Form hoheitlicher Gewalt zu verstehen. Dies entspricht im Ergebnis der weitestgehend lückenlosen Grundrechtsbindung nach Art. 1 Abs. 3 GG, wenngleich in den Grundrechten nur eine von mehreren Schranken staatlicher Öffentlichkeitsarbeit zu sehen ist.[80]

a) Legislative

Die Gesetzgebung genießt unter allen drei Formen der Staatsgewalt den größten Spielraum, da sie – anders als Exekutive und Judikative – nur der Verfassung unterworfen ist. Dies ergibt sich aus dem Wortlaut des Art. 20 Abs. 3 GG, der Exekutive und Judikative Gesetz und Recht unter Einbeziehung der Verfassung unterwirft.[81] Bei aller sich aus der Wechselwirkung supranationaler sowie föderaler Mehrebenensysteme ergebenden Komplexität der Gesamtrechtsordnung stellt das Parlament als Repräsentationsorgan des Volkes organschaftlich den zentralen Akteur legislativer Aufgabenwahrnehmung dar.[82] Bei der Wahrnehmung seiner Aufgaben übt das Parlament Staatsgewalt in seiner womöglich beispielhaftesten Form, regelmäßig nämlich durch den Beschluss von Parlamentsgesetzen, aus. Vertreten durch seinen Präsidenten ergeben sich neben seiner Kernaufgabe der Gesetzgebung durch Beschlussfassung noch weitere Aktionsmöglichkeiten, die zum Teil auch kommunikative Elemente beinhalten, sofern diesen eine Außenwirkung zukommt. In Anbetracht des Art. 42 Abs. 1 Satz 1 GG ist die Parlamentsöffentlichkeit indes als Regelfall zu betrachten. Auch die auf Kommunikation und Öffentlichkeit ausgerichteten Erscheinungsformen des Parlamentshandelns sind als Ausübung von Staatsgewalt zu begreifen, die dementsprechend gewissen Grenzziehungen unterliegt, sodass die Legislative als „Staat" im Sinne staatlicher Öffentlichkeitsarbeit zu qualifizieren ist.[83]

Anders verhält es sich allerdings bei Aktivitäten von Parlamentsfraktionen und einzelnen Abgeordneten. Die Abgeordneten sind zwar Mitglieder des Parlaments und als Teil der Legislative damit grundsätzlich auch der

---

[79] *Isensee*, in: ders./Kirchhof, HStR Bd. II, 3. Aufl. 2004, § 15 Rn. 149.

[80] Vgl. nur *Dreier*, in: ders. (Hrsg.), GG Bd. I, 3. Aufl. 2013, Art. 1 Abs. 3 Rn. 53; *Herdegen*, in: Dürig/Herzog/Scholz, GG, 96. EL 2021, Art. 1 Abs. 3 Rn. 107; *Müller-Franken*, in: Schmidt-Bleibtreu/Hofmann/Henneke, GG, 14. Aufl. 2017, Vorb. v. Art. 1 Rn. 36 ff.; *Nellesen* spricht von staatlichen Funktionsträgern und geht davon aus, dass dieser Begriff weiter ist als der des öffentlichen Amtes i.S.d. Art. 33 Abs. 2 GG, vgl. *Nellesen* Äußerungsrechte staatlicher Funktionsträger, 2018, S. 66 f.

[81] Vgl. *di Fabio*, in: Isensee/Kirchhof, HStR Bd. II, 3. Aufl. 2004, § 27 Rn. 18.

[82] Dazu ausf. *di Fabio*, in: Isensee/Kirchhof, HStR Bd. II, 3. Aufl. 2004, § 27 Rn. 19.

[83] So wohl auch *Mast*, Staatsinformationsqualität, 2020, S. 1781.

Verfassung unterworfen.[84] Indes besitzen die Abgeordneten aufgrund ihrer gleichsam weitreichenden wie bedeutenden Befugnisse eine nahezu einzigartige Stellung im Verfassungsstaat.[85] Würde man ihre nach außen gerichtete Kommunikation als unmittelbare Ausübung von Staatsgewalt ansehen und sie den Grenzen staatlicher Öffentlichkeitsarbeit unterwerfen, würde dies den Zweck einer Abgrenzung zwischen staatlichem und privatem Handeln verfehlen. Der einzelne Abgeordnete entzieht sich gewissermaßen der Dichotomie zwischen hoheitlichem und privatem Handeln, da nicht er allein, sondern vielmehr das Parlament in der Gesamtheit seiner Mitglieder Staatsgewalt ausübt.[86] Äußerungen in- oder außerhalb von sozialen Netzwerken sowie andere Handlungen von einzelnen Abgeordneten sind vor dem Hintergrund der Funktionsfähigkeit des Parlaments und der Bedeutung des freien Mandats der Abgeordneten zu bewerten und nicht als hoheitlich zu charakterisieren.

Ähnlich sind Kommunikationsakte von Parlamentsfraktionen zu beurteilen.[87] Auch wenn ihre Öffentlichkeitsarbeit gesetzlich vorgesehen ist,[88] nicht selten in sozialen Netzwerken praktiziert wird und ihr ein erhebliches politisches Gewicht zukommt, üben die Fraktionen selbst durch ihre Kommunikationsmaßnahmen keine öffentliche Gewalt aus.[89] In der Gesetzesbegründung des Bundesabgeordnetengesetzes wurde ausdrücklich darauf eingegangen, dass die vom Bundesverfassungsgericht für regierungsamtliches Handeln entwickelten Grundsätze nicht auf Parlamentsfraktionen übertragbar seien, da durch sie gerade keine Staatsgewalt ausgeübt werde.[90] Auch wenn die Frage nach dem rechtlichen Status der Parlamentsfraktionen im Bundes- sowie in den Landtagen damit weiterhin offen und nur schwer zu beantworten ist,[91] steht fest, dass sie mit ihrer Öffentlichkeitsarbeit keine

---

[84] *Wiefelspütz*, in: Morlok/Schliesky/Wiefelspütz. (Hrsg.), Parlamentsrecht, 2016, § 12 Rn. 18 m.w.N.

[85] *Wiefelspütz*, in: Morlok/Schliesky/Wiefelspütz. (Hrsg.), Parlamentsrecht, 2016, § 12 Rn. 3; vgl. dazu auch *Mast*, Staatsinformationsqualität, 2020, S. 177 f.

[86] BVerfGE 44, 308 (316); 80, 188 (217); 102, 224 (237); so auch *Mast*, Staatsinformationsqualität, 2020, S. 179 f.; *Nellsen*, Äußerungsrechte staatlicher Funktionsträger, 2018, S. 68.

[87] Vgl. auch *Nellesen*, Äußerungsrechte staatlicher Funktionsträger, 2018, S. 69; ambivalent *Mast*, Staatsinformationsqualität, 2020, S. 180 f., da dieser die Parlamentsfraktionen zwischen legitimer Parteilichkeit und staatlicher Institutionalisierung verortet.

[88] Vgl. § 47 Abs. 3 AbgG; § 3 Abs. 3 FraktionsG SH; § 47 Nr. 5 AbgG TH.

[89] Vgl. § 46 Abs. 3 AbgG; § 2 Abs. 3 FraktionsG SH; § 45 Abs. 1 AbgG TH; vgl. aber einschränkend *Herdegen*, in: Dürig/Herzog/Scholz, GG, 96. EL 2021, Art. 1 Abs. 3 Rn. 120; vgl. auch OVG Münster, NVwZ 2006, 363.

[90] BT-Drs. 12/4756, S. 7; vgl. *Braun/Jantsch/Klante*, Kommentar AbgG, 2001, § 47 Rn. 5; *Zeh*, in: Isensee/Kirchhof, HStR Bd. III, 3. Aufl. 2005, § 52 Rn. 7.

[91] *Zeh*, in: Isensee/Kirchhof, HStR Bd. III, 3. Aufl. 2005, § 52 Rn. 7.

Staatsgewalt ausüben und den Grenzen staatlicher Öffentlichkeitsarbeit nicht unterliegen.[92]

b) Exekutive

Durch die vollziehende Gewalt handelt der Staat unmittelbar. Die Aufgabe der Exekutive ist zum einen in der gestaltenden Regierung und zum anderen in der gesetzestreuen Umsetzung der sich daraus ergebenden Vorgaben zu sehen.[93] Sie setzt sich demgemäß aus der Regierung (Gubernative) und der Verwaltung (Administration) zusammen, wobei sich im Rahmen letzterer wiederum zwischen mittelbarer und unmittelbarer Staatsverwaltung differenzieren lässt.[94] Dieses Portfolio an Erscheinungsformen vollziehender Gewalt findet sich jeweils sowohl auf der Bundes- als auch auf der Landesebene und umfasst im Falle letzterer die Gemeinden und Gemeindeverbände als – auch aus Perspektive des staatlichen Informationshandelns – bedeutsamen Teil der mittelbaren Landesverwaltung.[95] Neben den gubernativen Kollegialorganen und ihren Mitgliedern sind also auch kommunale Wahlbeamte wie Bürgermeister und Landräte, die ob ihrer politisch geprägten Amtsfunktion verwaltend tätig werden, als Teil der vollziehenden Gewalt zu begreifen.[96] Trotz der nicht unerheblichen Abgrenzungsschwierigkeiten im Einzelfall sind gestaltendes Regieren und gesetzestreues Umsetzen prinzipiell voneinander zu trennen, da es sich bei der Bestimmung der Richtlinien der Politik und den damit zusammenhängenden politischen Entscheidungen um die Ausübung originär-grundgesetzlicher Kompetenzen durch ein Verfassungsorgan und keine Verwaltungstätigkeit handelt.[97] Allerdings steht für das Regierungshandeln gleichermaßen wie für die vielschichtigen Erscheinungsformen des mittelbaren wie unmittelbaren Verwaltungshandelns fest, dass die Exekutive bei ihrer Aufgabenwahrnehmung stets Staatsgewalt ausübt und mithin

[92] Vgl. auch *Friehe*, in: Uhle (Hrsg.), Information und Einflussnahme, 2018, S. 86 (110), der für die seiner Meinung nach notwendige Unterscheidung von privaten und hoheitlichen Äußerungen von Abgeordneten und Fraktionen die Finanzierung der Parlamentsfraktionen heranzieht.

[93] Grundlegend dazu *di Fabio*, in: Isensee/Kirchhof, HStR Bd. II, 3. Aufl. 2004, § 27 Rn. 22.

[94] Vgl. *di Fabio*, in: Isensee/Kirchhof, HStR Bd. II, 3. Aufl. 2004, § 27 Rn. 22; *Dreier*, in: ders. (Hrsg.), GG Bd. I, 3. Aufl. 2013, Art. 1 Rn. 61; *Grzeszick*, in: Dürig/Herzog/Scholz, GG, 96. EL 2021, Art. 20 Rn. 138 ff.; *Kunig/Kotzur*, in: v. Münch/Kunig, GG Bd. I, 7. Aufl. 2021 Art. 1 Rn. 82.

[95] Vgl. dazu *F. Kirchhof*, in: Dürig/Herzog/Scholz, GG, 96. EL 2021, Art. 83 Rn. 126.

[96] Vgl. auch *Mast*, Staatsinformationsqualität, 2020, S. 185 f.

[97] BVerfGE 105, 252 (269 f.); 105, 279 (30 f.); zur Abgrenzungsproblematik vgl. *Gusy*, NJW 2000, 977 (981); *Schröder*, in: Isensee/Kirchhof, HStR Bd. V, 3. Aufl. 2007, § 106 Rn. 29.

(grund-) gesetzlichen Grenzen unterliegt. Dies gilt sogar für privatrechtlich organisierte Verwaltungseinheiten[98] und insbesondere auch für die Öffentlichkeitsarbeit einzelner Vertreter der vollziehenden Gewalt wie etwa Regierungsmitglieder oder kommunale Wahlbeamte, die – wie sich zeigen wird – aufgrund der Mannigfaltigkeit ihrer Tätigkeitsbereiche den mit Abstand größten Anteil der Staatskommunikation in- und außerhalb sozialer Netzwerke ausmacht.[99]

c) Judikative

Der Rechtsprechung kommen mit dem Schutz des Einzelnen durch einen gerechten Richterspruch vor der demokratisch begründeten Herrschaft und der Gewährleistung demokratischer Gesetzesbindung im Kern zwei Aufgaben zu.[100] Sie nimmt durch die unabhängige Kontrolle der Exekutive und Legislative eine elementare Rolle im Zusammenspiel der drei Gewalten wahr. Primär kommt die Judikative dieser zentralen Aufgabe durch Richterspruch in Form von Urteilen und Beschlüssen nach. Dabei handelt es sich in allen Verfahrensarten, auch dem Zivilverfahren, um die unmittelbare Ausübung staatlicher Hoheitsgewalt.[101] Allerdings hat mit der Öffentlichkeitsarbeit von Gerichten mittlerweile auch eine Form des informellen Staatshandelns Eingang in den Alltag der Gerichte gefunden.[102] Von großem Einfluss war dabei sicherlich die Entscheidung des Bundesverwaltungsgerichts, in der das Gericht aus dem Grundgesetz eine Pflicht für die Justiz ableitete, Öffentlichkeitsarbeit zu betreiben.[103] Diese wurde in dem Urteil ausdrücklich als öffentliche Aufgabe und als Verwaltungshandeln der Justiz bezeichnet.[104]

Neben der Veröffentlichung von Gerichtsentscheidungen umfasst die Öffentlichkeitsarbeit der Justiz auch die Bekanntmachung aktueller Termine und allgemeiner Informationen über die Gerichtsbesetzung und das -verfahren. Unlängst wird für diese Form der Öffentlichkeitsarbeit primär auf das Internet[105] und seit kurzem auch auf die sozialen Netzwerke[106] zurückgegriffen. Bei all diesen Erscheinungsformen handelt es sich um die unmittelbare

---

[98] Vgl. dazu *Mast*, Staatsinformationsqualität, 2020, S. 186 f.

[99] So auch *Kocks*, in: Borucki/Schünemann (Hrsg.), Internet und Staat, 2019, S. 145.

[100] *Di Fabio*, in: Isensee/Kirchhof, HStR Bd. II, 3. Aufl. 2004, § 27 Rn. 25.

[101] Vgl. nur BVerfGE 52, 203 (207).

[102] Vgl. dazu ausführlich *Huff*, NJW 2004, 403 (403 ff.); *ders.*, NJW 2001, 2951 (2951 ff.).

[103] BVerwG, NJW 1997, 2694.

[104] BVerwG, NJW 1997, 2694 (2694).

[105] Vgl. https://www.bundesverfassungsgericht.de; https://www.bverwg.de; https://www.bundesgerichtshof.de; https://www.olg-hamm.nrw.de; https://www.ovg.nrw.de, jeweils zuletzt abgerufen am 20.07.2022.

[106] Vgl. https://www.twitter.com/BVerfG; https://www.twitter.com/BVerwG_de; https://www.twitter.com/BGH_Bund, jeweils zuletzt abgerufen am 20.07.2022.

Ausübung von Staatsgewalt durch Einrichtungen der Judikative. Sie unterliegen mithin auch den Grenzen staatlicher Öffentlichkeitsarbeit.

d) Exkurs: Parteien als Bestandteil der Staatlichkeit

Das soeben festgestellte umfassende Staatsverständnis, das der staatlichen Öffentlichkeitsarbeit im Folgenden zugrunde gelegt wird, wirft unter anderem die Frage auf, inwiefern neben der Staatsgewalt in ihren unmittelbaren und mittelbaren sowie öffentlich- und privatrechtlichen Erscheinungsformen auch im Zusammenhang mit politischen Parteien von „staatlicher" Öffentlichkeitsarbeit die Rede sein kann. Sie beteiligen sich häufig intensiv am öffentlichen und politischen Diskurs und nutzen dafür neben Parteizeitungen, Plakaten und Websites auch Profile in den sozialen Netzwerken. Zwar handelt es sich bei Parteien um Vereine des bürgerlichen Rechts.[107] Dass die konkrete Handlungsform allein für eine Charakterisierung als staatlich oder privat nicht maßgeblich sein kann, hat sich allerdings bereits dadurch gezeigt, dass auch privatrechtliches Handeln der Verwaltung unter den umfassenden Begriff der Staatsgewalt fällt.[108] Darüber hinaus lässt sich in einer parlamentarischen Demokratie eine gewisse Verflechtung zwischen der (legislativen[109]) Staatsgewalt und den Parteien nicht vollständig leugnen. Sie sind qua Verfassungsauftrag dazu verpflichtet, an der politischen Willensbildung des Volkes mitzuwirken (Art. 21 Abs. 1 Satz 1 GG) und nehmen damit auf den ersten Blick eine Vermittlerrolle zwischen Staat und Gesellschaft ein.[110] Der Wähler ist für eine politische Willensbildung auf eine Beeinflussung durch die Arbeit der Parteien angewiesen. Sie sind einerseits frei gebildete gemeinschaftliche Gruppierungen und andererseits mit spezifischen demokratiestaatlichen Transformationsfunktionen ausgestattete Institutionen.[111] Das Bundesver-

---

[107] Ausf. *Klein*, in: Dürig/Herzog/Scholz, GG, 96. EL 2021, Art. 21 Rn. 254; *Angelov*, Vermögensbildung und unternehmerische Tätigkeit politischer Parteien, 2006, S. 28; *Payandeh*, Der Staat 55 (2016), 519 (530).

[108] Siehe dazu bereits 1. Kapitel, A.III.1; BVerfGE 128, 226 (244 ff.); *Dreier*, in: ders. (Hrsg.), GG Bd. I, 3. Aufl. 2013, Art. 1 Abs. 3 Rn. 66; *Herdegen*, in: Dürig/Herzog/Scholz, GG, 96. EL 2021, Art. 1 Abs. 3 GG Rn. 122; a.A. statt vieler *Ronellenfitsch*, in: Isensee/Kirchhof, HStR Bd. IV, 3. Aufl. 2006, § 98 Rn. 47.

[109] Zu der zunehmenden parteipolitischen Einflussnahme auf die Exekutive *P. Kirchhof*, in: Isensee/Kirchhof., HStR Bd. XII, 3. Aufl. 2014, § 283 Rn. 22 f.

[110] *P. Kirchhof*, in: Isensee/Kirchhof., HStR Bd. XII, 3. Aufl. 2014, § 283 Rn. 20; *Payandeh*, Der Staat 55 (2016), 519 (529); anschaulich *Huber*, K&R 2004, 216 (219, 222), der von einer „verfassungsrechtlichen Institution sui generis zwischen Staat und Gesellschaft" spricht und Parteien eine „chamäleonhafte Rechtsstellung" attestiert; *Schönberger*, JZ 2017, 701 (703), ist der Meinung, Parteien ließen sich schlichtweg nicht in die binäre Unterscheidung zwischen Staat und Gesellschaft einfügen; kritisch zu all diesen Formulierungen *S. Augsberg*, JURA 2018, 1110 (1110 f.).

[111] *Möstl*, DÖV 2003, 106 (109).

fassungsgericht hat Letzteres ausdrücklich anerkannt und die Parteien als verfassungsrechtliche Institutionen bezeichnet, die „Funktionen eines Verfassungsorgans ausüben“[112], ohne sie dabei jedoch – trotz ihrer Beteiligtenfähigkeit im Rahmen eines Organstreitverfahrens vor dem Bundesverfassungsgericht – als Staatsorgan zu bezeichnen.[113]

Auch wenn die Frage nach der originären Staatsqualität der Parteien damit entschieden und dahingehend zu beantworten ist, dass Parteien nicht als Bestandteil „des Staates“ zu verstehen sind,[114] stellt sich dennoch die Frage, ob es sich bei parteipolitischer Kommunikation nicht gleichwohl um hoheitliche Öffentlichkeitsarbeit handelt. Diese Frage ist allerdings ebenfalls zu verneinen. Auch wenn den Parteien im Rahmen der demokratischen Willensbildung eine entscheidende Rolle zukommt und die Formulierungen des Bundesverfassungsgerichts eine staatliche Natur teilweise nahelegen,[115] nehmen sie keine hoheitlichen Aufgaben im Sinne von staatlicher Gewalt, sondern vielmehr parteispezifische und in einem von der Parteiendemokratie geprägten Staat einzigartige Aufgaben wahr.

Dass diese Aufgaben nicht dem Staat zuzuordnen und nicht als hoheitliche Tätigkeit zu qualifizieren sind, ist primär damit zu begründen, dass die Parteien verfassungsrechtlich dazu verpflichtet sind, unmittelbar an der Willensbildung des Volkes und gerade nicht an der Willensbildung des Staates mitzuwirken, vgl. Art. 21 Abs. 1 GG. Eine derartige Ein- bzw. Mitwirkung auf die private Willensbildung der Bürger ist einem jeden Staatsorgan grundsätzlich bereits deshalb verwehrt, weil sich dem Demokratieprinzip folgend die Meinungsbildung vom Volk zu den Staatsorganen zu entwickeln hat. Die Interessen und Meinungen, die unter Mitwirkung der Parteien Ergebnis der Volkswillensbildung geworden sind, sollen in die Willensbildung der Staatsorgane einfließen und so mittelbar zur Grundlage aller verbindlichen Hoheitsentscheidungen werden.[116] Auch wenn der Wille des Volkes auf diese

---

[112] BVerfGE 4, 27 (30); allerdings hat das BVerfG die Zulässigkeit eines verfassungsgerichtlichen Vorgehens gegen den parteiinternen Mitgliederentscheid der SPD über den Abschluss eines Koalitionsvertrags abgelehnt, da es sich dabei nicht um eine staatliche Maßnahme handele, BVerfG, Beschl. v. 06.12.2013 – 2 BvQ 55/1.

[113] BVerfGE 52, 63 (85); zur Beteiligtenfähigkeit einer Partei als „anderer Beteiligter“ vgl. nur BVerfGE 4, 27 (30 f.); 20, 119 (128 f.); 20, 134 (140); 24 260 (263); a.A. *Kunig*, in: Isensee/Kirchhof, HStR Bd. III, 3. Aufl. 2005, § 40 Rn. 127, der die Verfassungsbeschwerde für das einschlägige Verfahren vor dem BVerfG hält, weil so deutlich gemacht werden könne, dass die Nähe der Parteien zum Staat nie in Identität münden kann.

[114] Vgl. dazu auch BVerfG, NVwZ 2008, 658 (661).

[115] Z.B. sprach das BVerfG im Zusammenhang mit Parteien von „integrierenden Bestandteilen des Verfassungsaufbaus“ oder von „Funktionen eines Verfassungsorgans“, vgl. BVerfGE 1, 208 (225); 4, 27 (30).

[116] *Angelov*, Vermögensbildung und unternehmerische Tätigkeit politischer Parteien, 2006, S. 153.

Weise im Idealfall dem Willen der Staatsorgane entspricht und zwischen Willensbildung von Volk und Staatsorganen eine Wechselwirkung besteht, ist die Parteiarbeit danach eindeutig nicht der staatlichen Sphäre zuzuordnen und trotz teilweise personeller Identität der Akteure auf die gesellschaftliche Sphäre und eine Vermittlungsfunktion beschränkt.[117]

Ein anderes, die Parteien als Teil der staatlichen Gewalt begreifendes Verständnis ließe sich im Übrigen auch nicht mit der Rechtsprechung des Bundesverfassungsgerichts zu den Grenzen staatlicher Öffentlichkeitsarbeit vereinbaren. In seiner Grundsatzentscheidung bezüglich staatlicher Öffentlichkeitsarbeit hat es nämlich den Grundsatz der parteipolitischen Neutralität entwickelt, der es staatlichen Stellen grundsätzlich gebietet, sich „der offenen oder versteckten Werbung für einzelne der miteinander konkurrierenden politischen Parteien" zu enthalten.[118] Dass es einer jeden Partei und seinen Mitgliedern jedoch erlaubt sein muss, für sich bzw. ihre Meinungen und Interessen zu werben oder die politischen Inhalte und Entscheidungen anderer Parteien offen zu kritisieren, liegt auf der Hand.[119] Ein Staatsverständnis, welches den Parteien einen derart offenen Wettkampf verböte, wäre mit dem Verfassungsauftrag aus Art. 21 Abs. 1 GG unvereinbar. Demnach nehmen die Parteien in der bipolaren Rollenverteilung zwischen Staat und Gesellschaft zweifelsohne eine Vermittlungsfunktion ein, die jedoch auf ihre Funktion als Sprachrohr der gesellschaftlichen Willensbildung und ihre Verortung in der gesellschaftlichen Sphäre zurückzuführen ist.

e) Exkurs: EU-Organe als Bestandteil der Staatlichkeit

Es steht fest, dass es sich bei der Europäischen Union nicht um einen selbstständigen Staat, sondern vielmehr nur um einen „Staatenverbund"[120] handelt, sodass die Kommunikationstätigkeit von EU-Organen deshalb streng genommen gar nicht als „staatliche" Öffentlichkeitsarbeit bezeichnet werden kann. Außerdem stellt der unionsunmittelbare Verwaltungsvollzug – die Durchführung des Unionsrechts durch Unionsorgane selbst – die absolute Ausnahme dar.[121] Nichtsdestotrotz erscheint es durchaus berechtigt, sich die Frage zu stellen, inwiefern es Grenzziehungen für kommunikative Aktivitäten der EU gibt und ob sich diese auf Aktivitäten in sozialen Netzwerken übertragen lassen.

---

[117] BVerfGE 20, 56 (101 f.); 85, 264 (284 f.); 107, 339 (361); *Angelov*, Vermögensbildung und unternehmerische Tätigkeit politischer Parteien, 2006, S. 179, 172; *Möstl*, DÖV 2003, 106 (109).

[118] BVerfGE 44, 125 (149 f.), dazu ausführlich 3. Kapitel, A.II.

[119] Vgl. *Studenroth*, AöR 125 (2000), 257 (261).

[120] Prägend BVerfGE 89, 155 (184); vgl. ausf. *Nettesheim*, in: Grabitz/Hilf/Nettesheim, Das Recht der Europäischen Union Bd. I, 71. EL 2021, Art. 1 AEUV Rn. 59 f.

[121] *Streinz*, in: ders. (Hrsg.), EUV/AEUV, 3. Aufl 2018, Art. 4 EUV Rn. 51.

Üben die Organe, Einrichtungen und sonstigen Stellen der EU ihrerseits Hoheitsgewalt aus, sind sie dabei nach Art. 51 GRCh an die Grundrechte der Grundrechtecharta gebunden.[122] Des Weiteren hat jede natürliche wie juristische Person nach Art. 41 Abs. 1 GRCh einen Anspruch auf eine gute, unparteiische Verwaltung. Auch wenn der deutsche Wortlaut der Vorschrift darauf schließen lassen ließe, dass dieser Vorschrift eine unmittelbare Neutralitätspflicht zu entnehmen ist, zeigt der Vergleich mit dem englischen („fair") und französischen Wortlaut („équitable"), dass dem Grundrecht keine Neutralitäts-, sondern vielmehr eine Gerechtigkeitspflicht zu entnehmen ist.[123] Mithin ergeben sich die Grenzziehungen für die Unionsorgane – bis auf die einzelnen kompetenziellen Begrenzungen – unmittelbar aus dem Unionsrecht, das in dieser Untersuchung nicht zum Untersuchungsgegenstand gehört. Der Umstand, dass die Organe der EU in den sozialen Netzwerken durchaus aktiv sind[124], macht eine Untersuchung der unionsrechtlichen Grenzen staatlicher Öffentlichkeitsarbeit für die Organe der EU jedoch wünschenswert.[125]

f) Zwischenergebnis

Als „Staat" im Sinne staatlicher Öffentlichkeitsarbeit ist demnach die gesamte Staatsgewalt in allen ihren Erscheinungsformen zu verstehen. Auch wenn der Großteil der Staatskommunikation auf die unmittelbare Ausübung von Staatsgewalt – im Speziellen durch die Exekutivorgane – zurückzuführen ist, sind parallel zur umfassenden Grundrechtsbindung des Art. 1 Abs. 3 GG auch Äußerungen mittelbarer Verwaltungsträger und Hoheitsträger in Privatrechtsform denkbar als staatliche Öffentlichkeitsarbeit zu qualifizieren. Die Parteien üben ob ihrer vom Bundesverfassungsgericht regelmäßig betonten überragenden Bedeutung für die politische Willensbildung des Volkes keine Staatsgewalt aus und unterfallen damit nicht den Grenzen staatlicher Öffentlichkeitsarbeit. Eine Sonderrolle nehmen die Organe, Einrichtungen und sonstigen Stellen der Europäischen Union ein, die zum einen nicht als „staatlich" bezeichnet werden können und zum anderen Restriktionen unterliegen, die im Europarecht – genauer: der Grundrechtecharta – wurzeln

---

[122] *Terhechte*, in: von der Groeben/Schwarze/Hatje (Hrsg.), Europäisches Unionsrecht Bd. I, 7. Aufl. 2015, Art. 51 GRC, Rn. 6.

[123] Vgl. *Magiera*, in: Mayer/Hölscheidt, GRCh, 5. Aufl. 2019, Art. 41 Rn. 7.

[124] Bestes Beispiel dafür ist der Twitteraccount der Kommission mit über einer Millionen Abonnenten, https://www.twitter.com/EU_Commission und der Account des ehemaligen Kommissionspräsidenten Jean-Claude Juncker, der von etwa 700.000 Personen abonniert wird, https://www.twitter.com/JunckerEU, jeweils zuletzt abgerufen am 20.07.2022.

[125] Ein löblicher Beitrag zur Öffentlichkeitsarbeit der EU findet sich bei *Mast*, ZaöRV 2021, 443 ff.

und deshalb nicht vom Gegenstand der Untersuchung erfasst sind. Insgesamt ist außerdem zu betonen, dass eine Einstufung als Akt staatlicher Öffentlichkeitsarbeit noch nichts über die Rechtmäßigkeit oder Rechtswidrigkeit einer konkreten Äußerung zu sagen vermag. Diese Frage richtet sich nach den in einem nächsten Schritt individuell zu bestimmenden Grenzen staatlicher Öffentlichkeitsarbeit.

2. Abgrenzung privater und hoheitlicher Äußerungen

Auch wenn es nach dem soeben Gesagten nun möglich ist, den potenziellen Adressatenkreis für Grenzziehungen bei staatlicher Öffentlichkeitsarbeit zu benennen, darf nicht vergessen werden, dass Hoheitsträger grundsätzlich auch die Möglichkeit besitzen, sich abseits ihrer Amtsfunktion privatrechtlich oder parteipolitisch zu äußern. Dabei sind nur die staatlichen Organe Adressaten der Grenzziehungen staatlicher Öffentlichkeitsarbeit, da allein sie diese ausführen (können). Die private Person „hinter dem Amtswalter" unterliegt den Grenzen hingegen nicht, sondern kommt in den Genuss grundrechtlicher Freiheit. Eine Abgrenzung kann sich dabei, abgesehen von offensichtlichen Fällen hoheitlicher Amtswahrnehmung, im Einzelfall als schwierig erweisen. Die Unterscheidung ist allerdings essentiell.[126] Sie entscheidet darüber, ob sich eine Äußerung auf die Wahrnehmung der vom Bundesverfassungsgericht besonders geschützten Meinungsäußerungsfreiheit zurückführen lässt oder sich an den deutlich strengeren Maßstäben staatlicher Öffentlichkeitsarbeit zu messen lassen hat.

a) Notwendigkeit der Unterscheidung

Die Notwendigkeit der Unterscheidung privatrechtlicher und hoheitlicher Äußerungen ergibt sich grundsätzlich bereits aus der verfassungsrechtlichen Dichotomie privater Äußerungen, die in den Genuss grundrechtlicher Freiheit kommen, auf der einen Seite und hoheitlichen Äußerungen, die Ausdruck grundrechtsgebundenen Staatshandelns sind, auf der anderen Seite. Gleichwohl gibt es auch Zweifel an der Statthaftigkeit der prinzipiellen Abgrenzung von staatlichem und privatem bzw. parteipolitischem Informationshandeln, da sich diese im Hinblick auf die Personalunion von Hoheitsträgern und (führenden) Parteimitgliedern als besonders schwierig erweist und der Parteiendemokratie ein falsches Bild des Verhältnisses von Amtsträger und Parteimitglied zugrunde legt.

---

[126] Vgl. dazu *Kuch*, AöR 142 (2017), 491 (502); *Möstl*, in: Uhle (Hrsg.), Information und Einflussnahme, 2018, S. 49 (60); *Nellesen*, Äußerungsrechte staatlicher Funktionsträger, 2018, S. 79.

aa) Verfassungsrechtliche Dichotomie grundrechtlicher Freiheit und Grundrechtsbindung als Grund für die Unterscheidung

Die Freiheitsgrundrechte sind zuvörderst Abwehrrechte des Bürgers gegen den Staat. Um dieser Funktion gerecht zu werden und Konfusionen zu vermeiden, ist anerkannt, dass ein Hoheitsträger nicht gleichzeitig Adressat und Träger eines Grundrechts sein kann (sog. Konfusionsargument).[127] Während es einem Hoheitsträger daher auch im Zusammenhang mit Informationshandeln versagt ist, Grundrechte für sich zu beanspruchen, können die grundrechtsberechtigten Privatpersonen ihre Äußerungen prinzipiell auf die Kommunikationsfreiheiten, primär die Meinungsäußerungsfreiheit aus Art. 5 Abs. 1 Satz 1 Alt. 1 GG, stützen. In Rechtsprechung und Literatur ist anerkannt, dass dies auch für. die hinter einem Hoheitsträger stehende Privatperson möglich sein muss, da diese sich außerhalb ihrer amtlichen Funktion auf die Meinungsäußerungsfreiheit berufen können.[128] Ein anderes Verständnis, das Amtswaltern ihre Grundrechtsberechtigung auch außerhalb der Wahrnehmung staatlicher Aufgaben aberkennt, wäre mit dem auf größtmögliche Freiheit abzielenden Grundgedanken des grundgesetzlichen Grundrechtsschutzes nicht vereinbar. Ein Hoheitsträger verzichtet mit Amtsantritt nicht vollends auf seine freiheitlichen Grundrechte. Vielmehr gibt es fortan Situationen, in denen die Person in den Genuss grundrechtlicher Freiheit kommt und Situationen, in denen die Grundrechtsverpflichtung sein Handeln zu prägen hat. Umso bedeutender ist demnach die trennscharfe Abgrenzung der amtlichen von der privaten Sphäre.

Der Schutzbereich der Meinungsfreiheit wird im Fall privater Äußerungen insgesamt erstaunlich weit ausgelegt und erfasst bisweilen auch polemische und überspitzte Äußerungen.[129] Für die Frage nach der Rechtmäßigkeit einer konkreten Äußerung findet sodann eine Abwägung mit den der Meinungsfreiheit entgegenstehenden Rechtsgütern statt. Entgegenstehende Grundrechte Dritter kommen – anders als bei hoheitlichen Äußerungen – nicht unmittelbar, sondern nur im Rahmen einer mittelbaren Drittwirkung zum Tragen. Dabei ist zu berücksichtigen, dass die Meinungsfreiheit als eines der vornehmsten (Menschen-) Rechte nach der Rechtsprechung des Bundesverfassungsgerichts schlechthin konstituierend für die freiheitlich demokra-

---

[127] BVerfGE 15, 256 (262); 21, 362 (369 f.); 143, 246 (315); ausf. *Isensee*, in: ders./Kirchhof, HStR Bd. IX, 3. Aufl. 2011, § 199 Rn. 43; kritisch *Merten*, DÖV 2019, 41 ff.; vgl. auch *Dreier*, in: ders. (Hrsg.), GG Bd. I, 3. Aufl. 2013, Art. 19 III Rn. 59; *Schnapp*, in: Merten/Papier, HGR Bd. II, 2006, § 52 Rn. 27.

[128] BVerfGE 44, 125 (141); BVerwG, NVwZ 1997, 1220 (1220); BayVerfGH, NVwZ-RR 1994, 529 (532); vgl. *Studenroth*, AöR 125 (2000), 257 (271); *Payandeh*, Der Staat 55 (2016), 519 (523).

[129] Vgl. dazu *Kalscheuer*, KommJur 2018, 121 (122) mit passenden Beispielen aus der Rechtsprechung.

tische Grundordnung ist (sog. *Lüth*-Formel[130]), was zur Folge hat, dass der Freiheit der Rede im Rahmen der Abwägung grundsätzlich ein hohes Gewicht zukommt.[131] Das die Meinungsfreiheit beschränkende Gesetz ist daher seinerseits stets im Lichte der Meinungsfreiheit als konstituierendes Recht einschränkend auszulegen (sog. Wechselwirkungslehre).[132] Im Kern handelt es sich dabei um eine besonders strenge Anforderung an die Abwägung bzw. Verhältnismäßigkeitsprüfung zugunsten der Meinungsfreiheit.[133]

Ist eine Äußerung jedoch nicht als privat, sondern als hoheitlich zu qualifizieren, bedeutet dies, dass keine fallbezogene Abwägung zwischen den Rechtspositionen stattfindet. Die Äußerungen von Amtsträgern sind von vornherein weniger schutzwürdig als die möglicherweise entgegenstehenden Rechte Privater, da sie nicht auf der Wahrnehmung eines konstituierenden Grundrechts beruhen.[134] Dies führt dazu, dass ein Hoheitsträger neben den unmittelbar beschränkend wirkenden Grundrechten der Betroffenen verschiedenen rechtsstaatlichen wie demokratiesichernden Grenzen unterliegt. Des Weiteren bedarf es – anders als bei der Wahrnehmung grundrechtlicher Freiheiten – in der Regel auch einer gesetzlichen Ermächtigung für hoheitliches Informationshandeln.[135] Der Frage, ob es sich bei einer Äußerung um einen Hoheitsakt oder eine privatrechtliche Äußerung handelt, kommt mithin eine wegweisende Bedeutung zu.

bb) Personalunion von Amtsträger- und Parteimitgliedschaft als Grund gegen eine Unterscheidung?

Gleichzeitig ist jedoch zu berücksichtigen, dass inzwischen auch das Bundesverfassungsgericht – indes nicht frei von Widersprüchen[136] – festgestellt hat, dass eine strikte Trennung zwischen der Funktion als Hoheitsträger und Parteipolitiker nicht möglich ist.[137] Damit ist es auf eine Ansicht eingegangen,

---

[130] Diese ist zurückzuführen auf das wegweisende *Lüth*-Urteil des BVerfG, in dem es die bis heute maßgeblichen Grundsätze für die mittelbare Drittwirkung der Grundrechte entwickelte und die besondere Bedeutung der Meinungsfreiheit im freiheitlich-demokratischen Staat betonte, E 7, 198 ff.

[131] BVerfGE 7, 198 (208); 62, 230 (247); vgl. *Starck/Paulus*, in: v. Mangoldt/Klein/Starck, GG Bd. I, 7. Aufl. 2018, Art. 5 Rn. 1 u. 287; zum Konzept der Abwägung *Alexy*, Theorie der Grundrechte, 5. Aufl. 2006, S. 143 ff.: zu den sich daraus ergebenden Folgen, insb. der sog. „Wechselwirkungslehre" vgl. *Grabenwarter*, in: Dürig/Herzog/Scholz, GG, 96. EL 2021, Art. 5 Abs. 1, Abs. 2 Rn. 139 ff.

[132] St. Rspr. BVerfGE 7, 198 (208); 28, 191 (202); 42, 133 (141); 62, 230 (244); 101, 361 (391).

[133] *Starck/Paulus*, in: v. Mangoldt/Klein/Starck, GG Bd. I, 7. Aufl. 2018, Art. 5 Rn. 287.

[134] *Kalscheuer*, KommJur 2018, 121 (122).

[135] Vgl. dazu 2. Kapitel A.II.b).

[136] Vgl. *Nellesen*, Äußerungsrechte staatlicher Funktionsträger, 2018, S. 79.

[137] BVerfGE 138, 102 (118); weiterhin stellte es fest, dass „der Inhaber eines Regierungs-

die in der Literatur bereits vermehrt Anhänger gefunden und bei der Grundsatzentscheidung des Gerichts zur regierungsamtlichen Öffentlichkeitsarbeit sogar zu einem Sondervotum des BVR *Rottmann* geführt hatte.[138] Dieser tadelte in seiner abweichenden Meinungsdarstellung die geringe und seines Erachtens verfassungsrechtlich gar nicht bezweckte Distanz zwischen Amtsträger- und Parteimitgliedschaft.[139] Sein abweichendes Ergebnis sei darauf zurückzuführen, dass der Bürger nicht zwischen einem amtlichen Auftreten und einem Auftreten als Parteimitglied differenziere.[140] Interpositionelle Wechselwirkungen seien daher unvermeidbar und kein tragfähiger Grund für eine aufwändige Unterscheidung zwischen Regierungsamtsträger und Parteimitglied. Die Parteiendemokratie des Grundgesetzes verbiete die Identifikation eines Hoheitsträgers mit einer Partei daher nicht per se.[141]

Auch in der jüngeren Diskussion um die Zulässigkeit staatlicher Öffentlichkeitsarbeit und die Grundsätze (partei-) politischer Neutralität wurde der prinzipiellen Abgrenzung staatlicher von parteipolitischen Äußerungen mit starker Kritik begegnet.[142] In seinem jüngsten Urteil zu den Äußerungsbefugnissen des Bundeskanzlers kam es erneut zu einem Sondervotum durch BVRin *Wallrabenstein*, die die Argumentation BVR *Rottmanns* aufgreift und die Personalunion von Amtsträger und Parteimitglied in den Fokus rückt.[143] Auch nach *Payandeh* stehe die Abgrenzung privater und hoheitlicher Äußerungen im Widerspruch zur Aufgabe der Regierung und kommunalen Amtsträgerschaft, den ihr gewährten Gestaltungsspielraum parteipolitisch zu füllen.[144] Anstelle nicht überzeugungswürdiger Ausnahmen von den Grenzziehungen staatlicher Öffentlichkeitsarbeit erscheine es vorzugswür-

amts regelmäßig in seiner Doppelrolle als Bundesminister und Parteipolitiker wahrgenommen wird", vgl. auch BVerfGE 148, 11 (32); jüngst BVerfGE 154, 320 (339).

[138] Vgl. *Nellesen*, Äußerungsrechte staatlicher Funktionsträger, 2018, S. 75 f. m.w.N.; Sondervotum BVR *Rottmann*, BVerfGE 44, 125 (185 ff.); *Kuch*, AöR 142 (2017), 491 (498 ff.); *Payandeh*, Der Staat 55 (2016), 519 (531 f.); *Wieland*, in: FS Morlok, 2019, S. 533 (547 f.).

[139] Sondervotum BVR *Rottmann*, BVerfGE 44, 125 (183 ff.; 187); *Kuch*, AöR 142 (2017), 491 (500).

[140] Sondervotum BVR *Rottmann*, BVerfGE 44, 125 (183 ff.; 186 f.).

[141] Sondervotum BVR *Rottmann*, BVerfGE 44, 125 (183 ff.; 186); *Kuch*, AöR 142 (2017), 491 (500).

[142] Vgl. insb. *Payandeh*, Der Staat 55 (2016), 519 ff.; vgl. dazu auch *Kuch*, AöR 142 (2017), 491 ff.; *Krüper*, JZ 2015, 414 (417); *Tannenberger/Nemeczek*, NVwZ 2015, 215 (215 f.); *Wieland*, in: FS Morlok, 2019, S. 544 (547 f.).

[143] Sondervotum BVRin *Wallrabenstein* z. BVerfG, Urt. v. 15.06.2022 – 2 BvE 4/20 – juris.

[144] *Payandeh*, Der Staat 55 (2016), 519 (531); diese Erkenntnis deckt sich mit der Feststellung von BVR *Rottmann*, der davon ausgeht, dass es die Aufgabe der Parteien ist, durch die Arbeit in der Regierung das Parteiprogramm in Regierungshandeln umzuformen, BVerfGE 33, 125 (186).

dig, die parteipolitische Prägung mancher Ämter anzuerkennen und von einer strikten Trennung der privaten und staatlichen Sphäre abzusehen.[145] Dafür spreche sowohl die politisch geprägte Besetzung von Regierungsämtern und kommunalen Wahlbeamten als auch die politisch-demokratische Verantwortung der Amtsträger sowie die Wesensverschiedenheit von staatsleitender Gubernative und Administrative.[146] Einen Niederschlag finde das Sammelsurium an Bedenken in der praktischen Problematik der Abgrenzung amtlicher und privater Äußerungen.[147] Insgesamt überzeuge die Unterscheidung amtlicher von privaten Äußerungen demnach nicht.[148]

Den teilweise nachvollziehbaren Bedenken an der aufwändigen Abgrenzung hoheitlicher und staatlicher Äußerungen ist zu entgegnen, dass die prinzipielle Wesensverschiedenheit staatlichen und privaten Handelns das Fundament darstellt, auf dem das Grundgesetz und die von ihm ausgehenden Grenzziehungen für staatliches Informationshandeln fußen. Es wäre mit der Basis einer Vielzahl der grundgesetzlichen Wertungen schlichtweg nicht vereinbar, für die regierungsamtliche Öffentlichkeitsarbeit einen Sonderweg zu gehen, der die staatliche und die gesellschaftliche Sphäre verschmelzen ließe. Dass die Unterscheidung von privaten und hoheitlichen Äußerungen bisweilen künstlich und unergiebig wirken mag, ist insofern korrekt, als einem Hoheitsträger auch bei privatem Handeln stets ein gewisses und nicht zu unterschätzendes Maß an Amtsautorität zukommt.

Allerdings steht genauso fest, dass es eine Benachteiligung der Regierungsparteien mit sich bringen würde, wenn sich ein Regierungsmitglied ab Amtsantritt in keiner Weise privat äußern dürfte und jeder Verlautbarung – wenn auch großzügigeren Grenzen unterliegende – amtliche Qualität attestiert würde.[149] Außerdem handelt es sich bei dem besonderen Interesse an den staatlichen und privaten Äußerungen eines Amtsträgers und der von den Äußerungen ausgehenden Autorität um ein zu großen Teilen auf die Rolle der Medien im demokratischen Parteienwettbewerb zurückzuführendes Phänomen, das privaten bzw. parteipolitischen Äußerungen zwar zu einem faktischen „Amtsbonus" verhilft, diese aber schlichtweg nicht staatlich werden lässt.[150]

Eben weil die politischen (Regierungs-) Ämter durch Parteiangehörige besetzt sind, bedarf es zur Wahrung der Offenheit des politischen Willensbildungsprozesses und aus Gründen der Rechtssicherheit der Trennung zwi-

---

[145] *Payandeh*, Der Staat 55 (2016), 519 (532).

[146] *Payandeh*, Der Staat 55 (2016), 519 (532 f.).

[147] *Payandeh*, Der Staat 55 (2016), 519 (534 f.).

[148] *Payandeh*, Der Staat 55 (2016), 519 (536 f.); *Tannenberger/Nemeczek*, NVwZ 2015, 215 (215 f.).

[149] So auch *Payandeh*, Der Staat 55 (2016), 519 (534 f.).

[150] *Nellesen*, Äußerungsrechte staatlicher Funktionsträger, 2018, S. 96.

schen parteilichem und amtlichem Engagement.[151] Die demokratische Legitimation der die Regierungsverantwortung innehabenden Entscheidungsträger lässt die sie in ihre Position bringenden (parteipolitischen) Ziele zu den der Mehrheit dienenden Zielen des Staates werden.[152] Ab diesem – gewiss nur ideellen – Gleichlauf greifen sodann die dem Schutze der Minderheiten dienenden Vorkehrungen, die nur Ausfluss staatlicher (Grund-) Rechtsbindung sein können und eine Unterscheidung von staatlichem und privatem Handeln zwangsläufig voraussetzen.[153] Die von der Regierung kraft ihrer verfassungsrechtlichen Stellung zu treffenden staatsleitenden Entscheidungen können nie politisch neutral sein, da sie wesensnotwendigerweise Priorisierungen zugunsten einer (politischen) Seite und zu Lasten einer anderen Seite enthalten.[154] Allerdings wäre es schlichtweg falsch, aus diesem Umstand eine Nivellierung der Unterscheidung zwischen privater und regierungsamtlicher Sphäre herzuleiten.[155] Die Differenzierung manifestiert sich vielmehr darin, dass es einem Regierungsmitglied oder einem kommunalen Wahlbeamten wie Hoheitsträgern im Generellen – anders als Privaten – versagt ist, sich von vornherein einer Seite aufgrund der politischen Färbung zu verschließen.[156]

Der prinzipiellen Unterscheidung regierungsamtlicher und parteipolitischer Sphäre ist dabei nicht vorzuwerfen, dass sie unnatürlich oder gar künstlich sei, da sie den Hoheitsträger auf gekünstelte Art und Weise „aufspalte".[157] Die Abgrenzung wird nur der Tatsache gerecht, dass es faktisch Situationen gibt, in denen der Hoheitsträger den strengeren Grenzziehungen staatlicher Öffentlichkeitsarbeit nicht unterliegt und sich als Privatperson oder Parteipolitiker äußert – und umgekehrt.[158] Es geht bei der Einteilung der Sprecher-

---

[151] *Kuch*, AöR 142 (2017), 491 (525).

[152] *Kuch*, AöR 142 (2017), 491 (515); so grds. auch Sondervotum BVR *Rottmann*, BVerfGE 44, 125 (183 f.).

[153] *Kuch*, AöR 142 (2017), 491 (515).

[154] *Kuch*, AöR 142 (2017), 491 (516 f.); zu den Auswirkungen auf die politische Neutralitätspflicht vgl. 3. Kapitel, A.III.2.b).bb).

[155] So auch *Krüper*, JZ 2015, 414 (417).

[156] *Kuch*, AöR 142 (2017), 491 (516 f.).

[157] Ausdrücklich BVerfGE 148, 11 (34); *Barczak*, NVwZ 2015, 1014 (1015 f.); *Huber*, in: FS Morlok, 2019, S. 551 (552); *Möstl*, in: Uhle (Hrsg.), Information und Einflussnahme, 2018, S. 49 (61); krit. *Gusy*, NVwZ 2015, 700 (702); *Payandeh*, Der Staat 55 (2016), 519 (531 f.; 534); *Putzer*, DÖV 2015, 417 (422 f.); *Tannenberger/Nemeczek*, NVwZ 2015, 215 (215 f.).

[158] So auch das BVerfG, wenngleich es feststellt, dass der Versuch einer rigorosen Trennung zwischen Amtsträger und Privatperson fehlgeht, BVerfGE 138, 102 (118 f.); 148, 11 (34); RhPfVerfGH, NVwZ-RR 2014, 665 (667); *Barczak*, NVwZ 2015, 1014 (1015); *Friehe*, NJW 2018, 928 (934); *Mandelartz*, DÖV 2015, 327; *Möstl*, in: Uhle (Hrsg.), Information und Einflussnahme, 2018, S. 49 (61) hält die Abgrenzung für möglich und unerlässlich; *Nellesen*, Äußerungsrechte staatlicher Funktionsträger, 2018, 79; a.A. *Payandeh*, Der Staat 55 (2016), 519 (536); *Tanneberger/Nemeczek*, NVwZ 2015, 209 (216).

rollen insgesamt um eine visuelle und kontextuelle Bestätigung der Rezipientenerwartung an die Trennung von Amt und Parteipolitiker.[159] Durch die mit einer Charakterisierung als hoheitliche Äußerung einhergehende Pflicht zu (politischer) Neutralität soll verhindert werden, dass amtliche Ressourcen und die Autorität des Amtes zu privaten und insbesondere parteipolitischen Zwecken missbraucht werden.[160]

Dieser Missbrauch droht jedoch allein bei einer hoheitlichen Äußerung, die von privaten bzw. parteipolitischen Äußerungen, bei denen eine Missbrauchsgefahr von vornherein nicht besteht, abgegrenzt werden will.[161] Eine Reaktion auf die besondere politische Aufladung des Regierungsamtes ist nicht in der Nivellierung der Unterscheidung zwischen amtlichen und privaten Äußerungen zu suchen, die in einem auffälligen Widerspruch zur Dichotomie grundrechtlicher Freiheit und Grundrechtsbindung stünde. Vielmehr ist in der punktuellen Anpassung der Neutralitätsanforderungen für Äußerungen von Regierungsmitgliedern ein überzeugender Lösungsansatz für die parteiendemokratische Prägung staatsleitender Ämter zu sehen.[162]

Die Dichotomie zwischen grundrechtlicher Freiheit und staatlicher Bindung ist der Verfassung immanent und muss auch in Situationen Bestand haben, in denen eine Einteilung nicht ohne Weiteres möglich ist. Es handelt sich bei der Unterscheidung daher keinesfalls um eine künstliche Aufspaltung einer Person, sondern um die Verteilung unterschiedlicher Kommunikationsrollen, an die unterschiedliche Anforderungen gestellt werden.[163] Genau dies scheint auch das Bundesverfassungsgericht seinen Ausführungen zugrunde gelegt zu haben, als es im Anschluss an seine oben bereits erwähnte Feststellung, dass eine Trennung der Sphären kaum möglich sei,[164] die zuvor kritisierte Abgrenzung gleichwohl vornahm.[165]

Fälschlicherweise wird die Abgrenzung zwischen staatlicher und privater Äußerung häufig derart missverstanden, als sei es einem Hoheitsträger schlichtweg verboten, politisch „Farbe zu bekennen".[166] Dem ist jedoch ent-

---

[159] *Mast*, Staatsinformationsqualität, 2020, S. 372.

[160] Grundlegend BVerfGE 44, 125 (141 ff.); jüngst E 154, 320 (337 f.); *Nellesen*, Äußerungsrechte staatlicher Funktionsträger, 2018, S. 76; *Putzer*, DÖV 2015, 417 (423).

[161] *Nellesen*, Äußerungsrechte staatlicher Funktionsträger, 2018, S. 76; vgl. auch *Krüper*, JZ 2015, 414 (417).

[162] So auch *Krüper*, JZ 2015, 414 (417); deutlich großzügiger hingegen *Mast*, Staatsinformationsqualität, 2020, S. 369.

[163] RhPfVerfGH, NVwZ-RR 2014, 665 (667); *Möstl*, in: Uhle (Hrsg.), Information und Einflussnahme, 2018, S. 49 (60 f.).

[164] BVerfGE 138, 102 (118).

[165] Vgl. BVerfGE 138, 102 (118); 148, 11 (32); jüngst E 154, 320 (339).

[166] Vielmehr ist es üblich, dass sich regierungsamtliche Öffentlichkeitsarbeit und Stellungnahmen der die Regierung tragenden Parteien überschneiden, vgl. *Friehe*, in: Uhle (Hrsg.), Information und Einflussnahme, 2018, S. 86 (103).

gegenzuhalten, dass dies eine Frage des staatlichen Neutralitätsgebots und damit eine Frage der Grenzen staatlicher Öffentlichkeitsarbeit ist. Die Abgrenzung zwischen staatlichem und hoheitlichem Handeln ist jedoch vorab vorzunehmen und trifft selbst noch keine Aussage über die Rechtmäßigkeit einer privaten oder amtlichen Äußerung.[167] *Nellesen* bringt es auf den Punkt, indem er betont, dass es bei der Diskussion über die Abgrenzung von privaten und amtlichen Äußerungen mitnichten darauf ankommt, ob eine Abgrenzung im Einzelfall erhebliche Schwierigkeiten bereitet, sondern darauf, dass die Verfassung eine derartige Abgrenzung verlangt.[168] Auch der Umstand, dass Bürger die Differenzierung zwischen den unterschiedlichen Sprecherrollen nicht nachvollziehen können, darf kein Grund dafür sein, eine von der Verfassung gebotene Unterscheidung nicht vorzunehmen.[169] Die Schwierigkeiten bei der Abgrenzung sind dem die Parteien in den Mittelpunkt der politischen Willensbildung stellenden Demokratieverständnis des Grundgesetzes geschuldet.

Insgesamt ist die Frage der Sinnhaftigkeit einer Abgrenzung nicht allein eine verfassungsrechtliche. Auch auf einfachgesetzlicher Ebene hat die Abgrenzung zwischen der staatlichen und der privaten Sprecherrolle Auswirkungen. Dies gilt in besonderem Maße für die im Folgenden genau in den Blick zu nehmenden Aktivitäten staatlicher Funktionsträger in sozialen Netzwerken: So unterliegen Nutzerkonten öffentlicher Stellen regelmäßig der Impressumspflicht nach § 5 TMG.[170] Private Accounts werden in Ermangelung ihrer „Geschäftsmäßigkeit" von dieser Pflicht verschont und müssen daher im Gegensatz zu staatlichen Betreibern keine offenkundigen Angaben zur Verfügung stellen, die sie als Anbieter erkennen lassen. Dies zwingt den Rechtsanwender ebenfalls dazu, eine Abgrenzung hoheitlicher und privater Äußerungen vorzunehmen bzw. diese einer Sprecherrolle zuzuordnen. Ein

---

[167] *Möstl* spricht sich daher ausdrücklich dafür aus, die Abgrenzungsfrage wegen ihrer wegweisenden Funktion an den Beginn einer rechtlichen Beurteilung zu stellen, *Möstl*, in: Uhle (Hrsg.), Information und Einflussnahme, 2018, S. 49 (60); diametral *Payandeh*, Der Staat 55 (2016), 519 (535).

[168] *Nellesen*, Äußerungsrechte staatlicher Funktionsträger, 2019, S. 75; auch *Payandeh* betont, dass die Schwierigkeit einer Abgrenzung kein Grund für ihre Fehlerhaftigkeit ist, *Payandeh*, Der Staat 55 (2016), 519 (535); *Kuch*, AöR 142 (2017), 491 (524).

[169] *Nellesen*, Äußerungsrechte staatlicher Funktionsträger, 2019, S. 75; kritisch *Tannenberger/Nemeczek*, NVwZ 2015, 215 (216).

[170] Telemediengesetz (TMG) v. 26.02.2007 (BGBl. I S. 179), zuletzt geändert durch Art. 12 G zur Anpassung der Regelungen über die Bestandsdatenauskunft an die Vorgaben aus der Entscheidung des BVerfG vom 27.05.2020 v. 30.03.2021 (BGBl. I S. 448); vgl. dazu auch die Richtlinie des LfDI Baden-Württemberg zur Nutzung von sozialen Netzwerken durch öffentliche Stellen, abrufbar unter https://www.baden-wuerttemberg.datenschutz.de/wp-content/uploads/2020/02/DE_Richtlinie-zur-Nutzung-sozialer-Netzwerke-durch-öff.-Stellen-20200205.pdf, zuletzt abgerufen am 20.07.2022.

prinzipieller Verzicht auf die Charakterisierung ließe sich damit nicht vereinbaren.

cc) Fazit

Die Abgrenzung staatlicher von privaten oder parteipolitischen Äußerungen ist mithin bedeutsam und geboten. Die Relevanz ergibt sich in erster Linie aus der Kluft zwischen grundrechtlicher Freiheit auf der einen und Grundrechtsbindung auf der anderen Seite, die sich in den unterschiedlichen Grenzen der Äußerungsrechte manifestiert. Es ist nicht von der Hand zu weisen, dass die Abgrenzung der Sprecherrollen mit erheblichen Schwierigkeiten einhergeht, die prima facie gekünstelt wirken mögen. Gleichwohl ist an der prinzipiellen Unterscheidung als Voraussetzung politischer Neutralitätspflichten festzuhalten, da nur so einem Missbrauch amtlicher Ressourcen zugunsten und zulasten der Parteienlandschaft und der Freiheit der gesellschaftlichen Willensbildung begegnet werden kann.

Auch wenn die politische Aufladung der Regierungsämter unmittelbare Folge der grundgesetzlichen Parteiendemokratie ist, folgt daraus nicht die Nivellierung der Grenze zwischen staatlicher und privater Sphäre. Eine Möglichkeit, der parteipolitischen Prägung staatlichen Handelns gerecht zu werden, ist in der Anpassung der politischen Neutralitätspflichten zu sehen.[171] Diese setzt jedoch wiederum die prinzipielle Unterscheidung zwischen staatlicher und privater Sprecherrolle voraus, an der auch die Schwierigkeit der Abgrenzung nichts zu ändern vermag.

b) Abgrenzungskriterien

Bei der bedeutungsvollen Abgrenzung zwischen staatlichem Informationshandeln und privaten Äußerungen kommt es primär auf formale Kriterien an.[172] Sie, und nicht erst der konkrete Inhalt einer Äußerung, machen eine Verlautbarung bereits zu einem Hoheitsakt mit den oben beschriebenen Folgen.[173] Entscheidend ist, ob ein unvoreingenommener Beobachter[174] die Äußerung ihren Umständen nach als Wahrnehmung amtlicher Autorität oder als private Äußerung qualifiziert. Eine besondere Bedeutung kommt in diesem Zusammenhang dem Rückgriff auf staatliche Ressourcen zu.

---

[171] Vgl. dazu 3. Kapitel, A.III.2.b).

[172] BVerfGE 138, 102 (118 f.); 148, 11 (34); 154, 320 (340 f.) unter Verweis auf RhPfVerfGH, NVwZ-RR 2014, 665 (667); *Studenroth*, AöR 125 (2000), 257 (271).

[173] Beachte aber bereits an dieser Stelle BVerfGE 154, 320 (347 ff.).

[174] Die Begrifflichkeiten variieren. So soll es nach der Rechtsprechung auf den „mündigen, verständigen Bürger“ (BVerfG, Urt. v. 15.06.2022 – 2 BvE 4/20 Rn. 80 – juris); den „verständigen Beobachter“ (VGH Mannheim, DVBl. 1985, 170 [171]), den „aufgeschlossenen Durchschnittswähler“ (VGH Mannheim, NVwZ 1992, 504 [505]) oder den „unbefangenen Leser“ (BVerwG, NVwZ 1997, 1220 [1221]) ankommen.

Die zur Abgrenzung von Privatrecht zum Öffentlichen Recht beispielsweise im Rahmen der Eröffnung des Verwaltungsrechtswegs hinzugezogenen Abgrenzungstheorien helfen bei staatlichem Informationshandeln nur bedingt weiter. Während sich die auf ein Über-Unterordnungs-Verhältnis abstellende Subordinationstheorie[175] nicht mit Staatskommunikation verträgt, weil es in den meisten Fällen staatlicher Öffentlichkeitsarbeit keinen unmittelbaren Adressaten gibt, zu dem ein konkretes Rechtsverhältnis besteht, kommt die sog. modifizierte Subjekttheorie[176] in Ermangelung ausdrücklicher Ermächtigungsgrundlagen im Bereich des Informationshandelns häufig nicht zu tragfähigen Ergebnissen. Vielmehr entsteht der Eindruck, dass sich anstelle subsumtionsfester Theorien eine ausufernde Einzelfallrechtsprechung im Bereich staatlichen Informationshandelns gebildet hat. Für die oftmals sehr schwierige und bisweilen als unmöglich[177] bezeichnete Abgrenzung haben sich daher Fallgruppen entwickelt, bei deren Vorliegen von einer Staatsqualität der getätigten Äußerung auszugehen ist.

aa) Ausdrückliche Hinweise

Zunächst ist eine Äußerung immer dann als öffentlich-rechtlich zu qualifizieren, wenn sie ausdrücklich in amtlicher Eigenschaft erfolgt.[178] Davon ist auszugehen, wenn der Amtsträger sein Amt im Rahmen einer Äußerung besonders herausstellt oder explizit auf dieses hinweist, ohne dass es dabei auf den konkreten Inhalt der Äußerung ankommt. Die bloße Verwendung einer Amtsbezeichnung ist allerdings nicht als ausreichend zu erachten und

---

[175] *Detterbeck*, Allgemeines Verwaltungsrecht, 20. Aufl. 2022, § 2 Rn. 22 ff.; krit. *Ehlers/Schneider*, in: Schoch/Schneider, VwGO Bd. I, 42. EL 2022, § 40 Rn. 220; *Maurer/Waldhoff*, Allgemeines Verwaltungsrecht, 20. Aufl. 2020, § 3 Rn. 12.

[176] *Detterbeck*, Allgemeines Verwaltungsrecht, 20. Aufl. 2022, § 2 Rn. 27 ff.; *Ehlers/Schneider*, in: Schoch/Schneider, VwGO Bd. I, 42. EL 2022, § 40 Rn. 222 ff.; *Maurer/Waldhoff*, Allgemeines Verwaltungsrecht, 20. Aufl. 2020, § 3 Rn. 13; *Möstl*, in: Uhle (Hrsg.), Information und Einflussnahme, 2018, S. 49 (62), stellt auf die aus dem Bereich doppelfunktionaler (Polizei-) Maßnahmen bekannte sog. Schwerpunkttheorie ab. Um den Schwerpunkt einer Maßnahme auszumachen, sei sodann vor allem auf formale Kriterien abzustellen.

[177] Vgl. dazu das Sondervotum von BVR *Rottmann*, BVerfGE 44, 125 (181 [187]), in dem dieser die „doppelfunktionale" Stellung der Amtsträger auf das Demokratieprinzip und den Willen des Volkes zurückführt.

[178] BVerfGE 138, 102 (118 f.); BVerfG, Urt. v. 15.06.2022 – 2 BvE 4/20 Rn. 81 – juris; *Gröpl/Zembruski*, JURA 2016, 268 (272); *Kalscheuer*, KommJur 2018, 121 (123); *Nellesen*, Äußerungsrechte staatlicher Funktionsträger, 2019, S. 82; *Oebbecke*, NVwZ 2007, 30 (31); *Studenroth*, AöR 125 (2000), 257 (273 f.); wird die Amtsbezeichnung allerdings im Nachhinein von der Redaktion eingefügt, führt dies in Ermangelung der Einflussmöglichkeiten allein nicht dazu, eine Äußerung als hoheitlich anzusehen, ThürVerfGH, NVwZ 2016, 1408 (1410); vgl. jüngst auch BVerfGE 154, 320 (342 f.).

vermag den privaten Charakter einer Äußerung nicht aufzuheben.[179] Dies würde den Vorschriften der Beamtengesetze andernfalls zuwiderlaufen, die eine Führung der Amtsbezeichnung außerhalb des Dienstes ausdrücklich gestatten.[180] Der Verzicht auf die Verwendung der Amtsbezeichnung reicht daher im Gegenzug auch nicht aus, um eine Veröffentlichung als privat zu charakterisieren. Gleiches gilt für die Verwendung eines amtlichen Wappens auf einer privaten Internetseite.[181]

Wird die Amtsbezeichnung oder ein Wappen allerdings über eine (beiläufige) Erwähnung hinausgehend derart in den Vordergrund gerückt, dass sich der Umstand aufdrängt, der Hoheitsträger habe die Äußerung gerade in seiner amtlichen Eigenschaft abgeben wollen, etwa, weil er sich davon einen Vorteil erhofft, liegt eine bereits nach formalen Kriterien als hoheitlich zu qualifizierende Verlautbarung vor. Anders verhält es sich wiederum bei ausdrücklich in privater Eigenschaft getätigten Äußerungen. Auch wenn dem Hinweis eine indizielle Wirkung zukommt, kann dieser allein nie maßgeblich für die Kategorisierung der Sprecherrolle sein. Andernfalls wäre es ein Leichtes für Amtswalter, sich ihren Äußerungsgrenzen zu entziehen und sich auf die Meinungsäußerungsfreiheit zu stützen.[182] Maßgeblich muss sein, ob der Hoheitsträger die sich aus seinem Amt ergebenden Vorteile ausnutzt, was im Falle eines ausdrücklichen Verweises auf das von ihm bekleidete Amt der Fall ist, wohingegen der Hinweis auf eine private Äußerung die amtsimmanenten Vorteile, die eine (Grund-) Rechtsbindung zu rechtfertigen vermögen, nicht ausblenden kann.[183] Im Rahmen der – so viel sei an dieser Stelle vorweggenommen – letztlich vorzunehmenden Gesamtbetrachtung aller Umstände einer Informationsmaßnahme kann damit der ausdrückliche Verweis auf den privaten Charakter einer Äußerung nur ein Aspekt von mehreren sein.[184]

---

[179] BVerfGE 153, 320 (341 f.); vgl. auch VGH Kassel, NVwZ 2006, 610 (611) unter Verweis auf §§ 97 Abs. 2 Satz 1 und § 211 Abs. 1 HessBG; *Nellesen* differenziert weiter zwischen abstrakt-funktioneller und konkret-funktioneller Amtsbezeichnung, vgl. *Nellesen*, Äußerungsrechte staatlicher Funktionsträger, 2019, S. 84 ff.

[180] Vgl. auch § 86 Abs. 2 Satz 2 BBG, § 57 Abs. 2 Satz 2 LBG SH; der Verzicht auf die Verwendung der Amtsbezeichnung reicht daher im Gegenzug auch nicht aus, um eine Veröffentlichung als privat zu charakterisieren, vgl. BVerfGE 148, 11 (34 f.).

[181] *Oebbecke*, NVwZ 2007, 30 (31); a.A. *Studenroth*, AöR 125 (2000), 257 (273 f.); das BVerfG hat aus der Verwendung des Dienstwappens – allerdings auf einer ministeriellen Homepage – im Wege einer Gesamtschau die Staatlichkeit einer Veröffentlichung abgeleitet, BVerfGE 148, 11 (35 f.).

[182] So auch *Nellesen*, Äußerungsrechte staatlicher Funktionsträger, 2019, S. 82 f.

[183] *Nellesen*, Äußerungsrechte staatlicher Funktionsträger, 2019, S. 83.

[184] *Nellesen*, Äußerungsrechte staatlicher Funktionsträger, 2019, S. 83.

bb) Äußere Umstände

Der amtliche Charakter des Informationshandelns kann sich aber auch aus den Umständen der Äußerung ergeben. Ohne dass eine Amtsbezeichnung Erwähnung gefunden haben muss, reicht es aus, wenn ein ausschließlich Hoheitsträgern zur Verfügung stehendes amtliches Medium genutzt oder gezielt auf amtliche Ressourcen zurückgegriffen wird.[185] Insbesondere wenn amtliche Internetseiten[186], Amtsblätter[187] oder die Handlungsform der Pressemitteilung[188] zur Kommunikation genutzt werden, lässt sich allein aus diesem Umstand bereits der öffentlich-rechtliche Charakter einer Veröffentlichung ableiten. Gleiches gilt grundsätzlich für Äußerungen, die im Rahmen einer offiziellen Dienstreise oder einem Staatsbesuch getätigt werden.[189] Etwas anderes soll nach Auffassung des Bundesverfassungsgerichts allerdings gelten, wenn sich der Hoheitsträger ausdrücklich von seiner Rolle als Hoheitsträger distanziert und seinen „Rollenwechsel" unmissverständlich zu verstehen gibt, wobei die Anforderungen an die Distanzierung als hoch einzustufen sind.[190]

Das Verständnis des Bundesverfassungsgerichts geht sogar so weit, dass eine zunächst als parteipolitisch zu qualifizierende Informationsmaßnahme durch anschließende Veröffentlichung in einem amtlichen Medium insgesamt als hoheitlich und damit ggf. als verletzend zu beurteilen sein kann.[191] Das Gericht sieht in der amtlichen Verbreitung einen finalen Rückgriff auf staatliche Ressourcen, die den im Interview getätigten Äußerungen einen ungerechtfertigten Vorsprung im politischen Diskurs verleihen.[192]

Es gibt jedoch auch Grenzfälle, in denen sich aus den Umständen nicht eindeutig ergibt, ob die Informationspreisgabe als Hoheitsträger oder als private Person bzw. Parteipolitiker stattfindet. Bei Interviews und Diskussionsrunden ist es grundsätzlich sowohl denkbar, dass eine Person in ihrer

---

[185] BVerfGE 138, 102 (119 f.); 154, 320 (342); ThürVerfGH, NVwZ 2016, 1408 (1411); *Gröpl/Zembruski*, JURA 2016, 268 (272); *Kalscheuer*, KommJur 2018, 121 (123); *Oebbecke*, NVwZ 2007, 30 (31).

[186] BVerfGE 154, 320 (341) unter Verweis auf BVerfGE 138, 102 (118 f.); RhPfVerfGH, NVwZ-RR 2014, 665 (667).

[187] RhPfVerfGH, NVwZ-RR 2002, 78 (79 f.); VGH München, NVwZ 1992, 287 (288); VGH Mannheim, NVwZ 1992, 504 (505); *Barczak*, NVwZ 2015, 1014 (1016).

[188] BVerfGE 148, 11 (35 f.).

[189] BVerfG, Urt. v. 15.06.2022 – 2 BvE 4/20 Rn. 120 – juris.

[190] BVerfG, Urt. v. 15.06.2022 – 2 BvE 4/20 Rn. 130 – juris; krit. BVRin *Wallrabenstein*, die in ihrem Sondervotum die These vertritt, es sei „darauf abzustellen, ob ausnahmsweise ein Regierungsmitglied ausschließlich in Wahrnehmung seines Amtes spricht, sich also deutlich von seiner Parteifunktion distanziert", vgl. Sondervotum BVRin *Wallrabenstein* z. BVerfG, Urt. v. 15.06.2022 – 2 BvE 4/20 – juris.

[191] BVerfGE 154, 320 (350 f.).

[192] BVerfGE 154, 320 (350 f.); vgl. auch ThürVerfGH, NVwZ 2016, 1408 (1410 f.).

amtlichen als auch in ihrer privaten Funktion auftritt.[193] Wird weder ausdrücklich auf die Amtseigenschaft Bezug genommen noch auf eindeutig der Hoheitsgewalt zuzuordnende Mittel oder Medien zurückgegriffen, bedarf es einer differenzierten Gesamtschau dahingehend, ob ein sich aus den Umständen ergebender spezifischer Amtsbezug zu erkennen ist oder nicht. Dabei ist zu berücksichtigen, dass es nicht ausreichen kann, wenn ein etwaiger Bezug zur Amtsträgereigenschaft gegeben ist. Vielmehr muss ein nach außen erkennbarer Rückgriff auf amtliche Ressourcen gegeben sein, der es rechtfertigt, die Aussage insgesamt als hoheitlich anzusehen.[194] Bestehen Zweifel am spezifischen Amtsbezug einer Äußerung, wird teilweise eine Vermutungsregel zugunsten eines nichtamtlichen Charakters angeführt.[195] Diese findet ihre Rechtfertigung in der demokratiekonstituierenden Bedeutung der Meinungsfreiheit aus Art. 5 Abs. 1 S. 1 GG.

cc) Inhalt

Schließlich kann, sollte sich der öffentlich-rechtliche Charakter einer Äußerung nicht aus formalen Kriterien ergeben, auch aus dem Inhalt einer Verlautbarung auf deren hoheitliche Natur geschlossen werden. Der Inhalt ist allerdings ebenfalls nur dann als hoheitlich anzusehen, sofern amtliche Autorität dabei in spezifischer Weise in Anspruch genommen wird und die formalen Kriterien für die Einteilung der Sprecherrolle unergiebig sind. Dies ist insbesondere der Fall, wenn Äußerungen als Wahlwerbung für eine amtliche Position unter Hinweis auf bisherige Ämter und Amtserfolge dienen.[196] Trifft der Amtsträger Aussagen, die nur in Wahrnehmung seiner Amtsfunktion sinnvoll und als Privatäußerung anormal erscheinen, legt auch dies die Wahrnehmung der Amtsfunktion zumindest nahe.[197] Gleiches gilt, wenn der Hoheitsträger seine Äußerung mit Informationen belegt, zu denen er ausschließlich kraft seines Amtes Zugang besitzt und sich mithin gewissermaßen von anderen Bürgern „abhebt".

---

[193] Das BVerfG geht sogar davon aus, dass sich die Sprachrolle eines Hoheitsträgers innerhalb einer Veranstaltung mehrmals ändern kann, BVerfGE 138, 102 (119 f.); 154, 320 (342); kritisch *Gröpl/Zembruski*, JURA 2016, 268 (273); vgl. auch die Entscheidung des OVG Bautzen, LKV 2013, 227 (229), in der das Gericht es für „lebensfremd" hält, dass sich ein in seiner Amtsfunktion geladener Oberbürgermeister im Zuge „ausgelassener Stimmung" nach mehreren Stunden noch amtlich äußert.

[194] Vgl. *Barczak*, NVwZ 2015, 1014 (1016).

[195] RhPfVerfGH, NVwZ-RR 2014, 665 (668); BayVerfGH, NVwZ-RR 1994, 529 (533); *Barczak*, NVwZ 2015, 1014 (1016); *Möstl*, in: Uhle (Hrsg.), Information und Einflussnahme, 2018, S. 49 (62); krit. *Gröpl/Zembruski*, JURA 2016, 268 (273 f.).

[196] *Oebbecke*, NVwZ 2007, 30 (31); krit und i. E. ablehnend *Studenroth*, AöR 125 (2000), 257 (275 f.).

[197] *Studenroth*, AöR 125 (2000), 257 (275).

Dem folgend ist es durchaus denkbar, dass ein Hoheitsträger im Rahmen ein und derselben Äußerungsmaßnahme die konkrete Sprecherrolle wechselt und sich durch ressortspezifische Themenwahl teilweise in seiner Funktion als Amtsträger und teilweise – durch Verlassen der entsprechenden Themenbereiche – in seiner Rolle als Parteipolitiker äußert.[198] Auch wenn dieses Vorgehen künstlich wirken mag, ist es im Hinblick auf die Bedeutung des politischen Diskurses doch konsequent. Auch Amtsträgern muss es möglich sein, sich außerhalb ihrer hoheitlichen Funktion scharf zu äußern und an der Willensbildung aktiv teilzunehmen, ohne den amtsimmanenten Grenzen zu unterliegen. In seiner „Seehofer-Entscheidung" hat das Bundesverfassungsgericht die Themenwahl im Rahmen eines dpa-Interviews in Ermangelung formaler Abgrenzungskriterien letztlich sogar in den Mittelpunkt der Charakterisierung gestellt und die verfahrensgegenständlichen Äußerungen (zunächst) der parteipolitischen Sphäre zugewiesen.[199] Letztlich kann sich der öffentlich-rechtliche Charakter einer Informationsmaßnahme damit auch aus dem konkreten Inhalt einer Äußerung ergeben, wobei weiterhin primär auf die äußeren Umstände der Äußerung abzustellen ist.[200]

dd) Zusammenfassung

Entscheidend ist mithin vor allem, wie die Verlautbarung auf den Rezipienten wirkt und wie ein durchschnittlicher Adressat die Umstände der Äußerung deuten durfte. Eine primär auf den Inhalt einer Äußerung abstellende Abgrenzung geht fehl, da „im Moment der Verlautbarung" bereits feststehen muss, ob sich in privater oder amtlicher Funktion geäußert wird. Für die Abgrenzung von amtlichen und privaten Äußerungen muss das Augenmerk daher vorwiegend auf die äußeren Umstände gelegt werden. Wenn der Hoheitsträger sich ausdrücklich in seiner Funktion als Amtsträger äußert oder auf Mittel zurückgreift, die ihm nur kraft seines Amtes zur Verfügung stehen, nimmt er amtliche Autorität auf derart spezifische Art und Weise in Anspruch, dass sein Handeln als hoheitlich zu charakterisieren ist. Erst wenn die formalen Kriterien zu keinem eindeutigen Ergebnis kommen, ist hilfsweise auf den Inhalt der Äußerung abzustellen. Dabei ist allerdings Vorsicht geboten. Nicht jeder inhaltliche Amtsbezug macht eine Äußerung öffentlichrechtlich. Vielmehr ist in Grenzfällen – frei nach dem Grundsatz *in dubio pro libertate* – im Zweifel regelmäßig vom privaten Charakter einer Äußerung auszugehen.[201]

---

[198] Vgl. BVerfGE 138, 102 (119 f.); 154, 320 (350 f.).

[199] Vgl. BVerfGE 154, 320 (347).

[200] *Möstl*, in: Uhle (Hrsg.), Information und Einflussnahme, 2018, S. 49 (63); a.A. *Oebbecke*, NVwZ 2007, 30 (31 f.).

[201] Vgl. BayVerfGH, NVwZ-RR 1994, 529 (533); *Barczak*, NVwZ 2015, 1014 (1016); *Möstl*, in: Uhle (Hrsg.), Information und Einflussnahme, 2018, S. 49 (62).

c) Sonderfall: Typisierung staatlicher Accounts in sozialen Netzwerken

Im Folgenden sollen die Betätigungen staatlicher Stellen in sozialen Netzwerken in den Blick genommen werden.[202] Entscheidend ist auch dafür die oben dargestellte Abgrenzung privater und hoheitlicher Äußerungen, die sich in den sozialen Netzwerken anhand einer Charakterisierung der Accounts, die ein Amtsträger dort zur Kommunikation nutzt, zu vollziehen hat. Bei den sozialen Netzwerken handelt es sich, so viel steht jedenfalls fest, nicht um Kommunikationsmittel bzw. Medien, die per se nur durch Hoheitsträger genutzt werden. Anders als bei amtlichen Websites handelt es sich um Plattformen[203], die sowohl von Amtsträgern in ihrer Amtsfunktion als auch zur privaten Kommunikation genutzt werden können.

Dass eine Abgrenzung der besagten Sprecherrollen beim Rückgriff auf digitale Kommunikationsmöglichkeiten vonnöten ist und dass eine Nivellierung der Neutralitätspflichten für neuartige Kommunikationsstrukturen nicht zielführend sein kann, hat das Bundesverfassungsgericht bereits klargestellt.[204] Allerdings hat es das getan, ohne dem Normanwender konkrete Vorgaben an die Hand zu geben. Gleichwohl ist es auch in den sozialen Netzwerken entscheidungserheblich, wann ein Account unter Berücksichtigung der oben herausgearbeiteten Maßstäbe als hoheitlich zu charakterisieren ist, sodass er den Grenzziehungen staatlicher Öffentlichkeitsarbeit unterliegt.

aa) Die Gesamtheit eines Accounts als Anknüpfungspunkt der Typisierung

Wie bereits gezeigt, ist es Hoheitsträgern möglich, sich in ihrer Funktion als Amtsinhaber und in der Rolle des Parteipolitikers oder der Privatperson zu äußern. Ebenso steht fest, dass die Übergänge zwischen den Sprecherrollen gewissermaßen fließend sind, sodass der Diskurs einer differenzierten Betrachtung bedarf. Die Unterscheidung zwischen privaten und hoheitlichen Äußerungen ist auch für die Aktivität staatlicher Stellen in sozialen Netzwerken von Bedeutung, da sie zum einen der Rechtssicherheit dient und zum anderen unabdingbar ist, um die grundrechtlichen Freiheiten der hinter den Hoheitsträgern stehenden Privatpersonen und Parteipolitiker zu wahren. Gleichwohl lassen sich die Ausführungen zur Abgrenzung staatlicher und privater Äußerungen auf die Aktivität staatlicher Stellen in sozialen Netzwerken nicht ohne Weiteres übertragen. Anders als bei der Bestimmung der

---

[202] Vgl. dazu bereits *Harding*, NJW 2019, 1910 ff.

[203] Zu einer genauen Typisierung der verschiedenen sozialen Netzwerke und Plattformen, die an dieser Stelle jedoch (noch) nicht von Bedeutung ist, vgl. B.II.

[204] BVerfGE 154, 320 (343).

Sprecherrolle eines Hoheitsträgers im Rahmen von herkömmlichen Veranstaltungen des allgemeinen politischen Diskurses muss sich die Typisierung der Sprechernatur nach der Gesamtheit eines Accounts in den sozialen Netzwerken richten. Eine Betrachtung von Beitrag zu Beitrag geht insofern fehl. Der Account ist grundsätzlich im Wege einer Gesamtschau zu charakterisieren und entweder vollends der staatlichen oder der privaten Sphäre zuzuordnen.

Dies rührt zum einen daher, dass es dem unvoreingenommenen Rezipienten möglich sein muss, die Einordnung in die staatliche oder parteipolitische Sphäre vornehmen zu können, bevor er einen Account abonniert, da sie für die Entscheidung von Bedeutung von Bedeutung sein kann. Zum anderen lässt sich eine Parallele zur wettbewerbsrechtlichen Einordnung der geschäftlich betriebenen Profile im Netzwerk Instagram[205] ziehen. Das OLG Braunschweig stellte im Rahmen einer Unterlassungsklage für den Betrieb eines Instagram-Accounts durch eine Influencerin fest, dass die Aufspaltung eines einheitlichen Profils in geschäftliche und private Beiträge, die im Einzelfall zu typisieren sind, „lebensfremd und künstlich" sei.[206] Vielmehr komme es bei der Beurteilung auf eine Gesamtschau der objektiven Umstände an. Daher sei ein Typisierungsverständnis – so bereits die Vorinstanz –, das jeden Beitrag einzeln in den Blick nimmt und es dem Rezipienten abfordert, Beitrag für Beitrag den Charakter zu bestimmen, mit dem Schutzzweck des Wettbewerbsrechts nicht vereinbar.[207] So verhält es sich auch mit dem Schutzzweck der Grenzziehungen für staatliche Öffentlichkeitsarbeit. Nicht selten wird das die politische Neutralitätspflicht als wegweisende äußerungsspezifische Grenze staatlicher Öffentlichkeitsarbeit begründende Parteienrecht auch als Wettbewerbsrecht bezeichnet.[208]

Erst wenn feststeht, dass ein hoheitlicher Informationsakt gegeben ist, entfalten die in der Verfassung wurzelnden Grenzziehungen für staatliches Informationshandeln ihre Wirkung. Es wäre mit der Kommunikationsstruktur der sozialen Netzwerke und den hinter den Grenzen staatlicher Öffentlichkeitsarbeit stehenden Erwägungen schlechthin nicht vereinbar, die Beiträge eines Profils zunächst auf ihre Staatlichkeit hin zu untersuchen und dann den Reglementierungen staatlicher Öffentlichkeitsarbeit zu unterwerfen, wohingegen andere durch dasselbe Profil geteilte Äußerungen in den Genuss grundrechtlicher Freiheit kommen. Dem folgend ist es zwingend nötig, den Account eines Hoheitsträgers in einem sozialen Netzwerk gänzlich

---

[205] Zur Funktionsweise des Netzwerks vgl. 1. Kapitel, B.II.2.d).

[206] OLG Braunschweig, ZVertriebsR 2020, 268 (270).

[207] Vgl. LG Göttingen, Urteil v. 12.11.2019 – 3 O 22/19 – Rn. 23 ff. – juris.

[208] Allen voran *Morlok*, in: Dreier (Hrsg.), GG, Bd. II, 3. Aufl. 2015, Art. 21 Rn. 77: „In der Wettbewerbsdemokratie des Grundgesetzes ist das Parteienrecht Wettbewerbsrecht".

entweder der privaten oder der staatlichen Sphäre zuzuweisen.[209] Dieses Verständnis führt dabei keineswegs zu einer strukturellen Benachteiligung staatlicher Funktionsträger im Vergleich zu ihren Konkurrenten, die in Ermangelung einer Amtsträgereigenschaft jegliche Äußerungen außerhalb wie innerhalb sozialer Netzwerke auf die Meinungsäußerungsfreiheit stützen können. Den Hoheitsträgern ist es nämlich nicht versagt, neben ihren amtlichen Accounts in den sozialen Netzwerken auch entsprechend gekennzeichnete private oder parteipolitische Profile zu betreiben.[210] Außerdem kommen den privaten bzw. parteipolitischen Äußerungen der staatlichen Funktionsträger ein nicht zu unterschätzendes Maß an Amtsautorität und amtlicher Glaubwürdigkeit zu.

Allerdings ist bei der Abgrenzung staatlicher und privater Accounts in sozialen Netzwerken zu berücksichtigen, dass die sich aus der Rechtsprechung und Literatur ergebenden Maßstäbe für eine Abgrenzung von privaten zu hoheitlichen Äußerungen nicht anhand staatlicher Aktivität in sozialen Netzwerken entwickelt wurden. Sie werden den strukturellen Unterschieden digitaler und herkömmlicher Kommunikation nicht gerecht und müssen daher übertragen bzw. angepasst werden, um zu befriedigenden Ergebnissen zu gelangen. Dies ändert indes nichts daran, dass die Gegebenheiten der Kommunikation in den sozialen Netzwerken eine vergleichsweise trennscharfe Abgrenzung staatlicher und privater Äußerungen zulassen. Anders als bei Veranstaltungen des allgemeinen politischen Diskurses ist ein „Rollenwechsel" in den sozialen Netzwerken durch die rechtssichere Einordnung eines Accounts in die staatliche oder private Sphäre nicht ohne Weiteres möglich. Allerdings steht und fällt diese Einordnung offensichtlich mit den Kriterien der Abgrenzung.

bb) Accounts staatlicher Organe, Behörden und juristischen Personen des öffentlichen Rechts

Die Unterscheidung zwischen einem privaten und öffentlich-rechtlichen Account stellt sich auch im Internet nur dort, wo überhaupt eine privatrechtliche Natur des Accounts und der dort verbreiteten Beiträge in Betracht kommt. Wird ein Account von einem Staatsorgan, einer Behörde oder einer juristischen Person des öffentlichen Rechts zur Kommunikation betrieben, scheidet der private Charakter derartiger Betätigungen von vornherein

[209] So auch VerfGH Berlin, Urt. v. 20. Februar 2019 – VerfGH 80/18 – Rn. 44 – juris; NdsStGH, Urt. v. 24.11.2020 – StGH 6/19 Rn. 84 – juris.

[210] Vorbildlich war in dem der Entscheidung des NdsStGH zugrundeliegenden Sachverhalt mithin das Verhalten des Niedersächsischen Ministerpräsidenten Weil, der im Netzwerk Twitter zwei voneinander getrennte Accounts betreibt, die auch das Gericht separat behandelte, vgl. NdsStGH, Urt. v. 24.11.2020 – StGH 6/19 Rn. 84 – juris.

aus.[211] Die Auftritte der Bundesregierung[212], Landesregierungen[213], einzelner Ministerien[214], Körperschaften des öffentlichen Rechts[215] und Behörden[216] in den sozialen Netzwerken sind mithin stets hoheitlich und niemals privater Natur.[217]

cc) Personenbezogene Accounts

Schwieriger zu beurteilen und weitaus heikler sind personenbezogene Accounts von Amtsträgern in sozialen Netzwerken. Ein Profil soll im Folgenden als „personenbezogener Account" bezeichnet werden, wenn hinter dem Account in einem sozialen Netzwerk nicht eine Behörde oder ein Kollegialorgan, sondern eine einzelne Person steht. Dass die Beiträge teilweise nicht vom Accountinhaber selbst, sondern zuweilen von Angestellten, Mitarbeitern oder anderen Personen veröffentlicht werden, ist unerheblich. Maßgeblich ist, dass ein Beitrag dem Accountinhaber bereits dadurch zugerechnet wird, dass er unter seinem Namen veröffentlicht wird.

Um dies zu begründen, lassen sich in Fällen, in denen nicht jeder Beitrag eigenhändig vom Accountinhaber selbst verfasst wird, die Grundsätze des Stellvertretungsrechts der §§ 164 ff. BGB sowie die damit zusammenhängenden, in richterlicher Rechtsfortbildung entwickelten Grundsätze des Handelns unter fremdem Namen hinzuzuziehen.[218] Der Accountinhaber hat sich

---

[211] Vgl. *Drefs*, Die Öffentlichkeitsarbeit des Staates und die Akzeptanz seiner Entscheidungen, 2019, S. 41 f.

[212] Bspw. https://www.facebook.com/Bundesregierung; s.a. https://www.youtube.com/user/bundesregierung, jeweils zuletzt abgerufen am 20.07.2022.

[213] Bspw. https://www.twitter.com/RegierungBW; https://www.twitter.com/NdsLandesReg, jeweils zuletzt abgerufen am 22.07.2022.

[214] Bspw. https://www.twitter.com/BMI_Bund; https://www.twitter.com/BMAS_Bund; https://www.instagram.com/umweltministerium, jeweils zuletzt abgerufen am 20.07.2022.

[215] Bspw. https://www.twitter.com/ihkberlin; https://www.twitter.com/ihkkoeln; https://www.twitter.com/StadtMuenchen; https://www.twitter.com/stadt_kiel, jeweils zuletzt abgerufen am 20.07.2022.

[216] Bspw. https://www.twitter.com/polizeiberlin; https://www.twitter.com/Polizei_Ffm; https://www.twitter.com/PolizeiHamburg; https://www.twitter.com/bka; https://www.twitter.com/LkaBaWue; https://www.instagram.com/bundeskriminalamt; https://www.facebook.com/LKANiedersachsen; https://www.twitter.com/bpol_b, jeweils zuletzt abgerufen am 20.07.2022.

[217] Der ThürVerfGH hat den Twitter-Kanal und die Facebook-Seite des Freistaats Thüringen als offizielles Publikationsorgan der Regierung angesehen und die dort verbreiteten Äußerungen als hoheitlich qualifiziert, da es sich bei den sozialen Netzwerken um eine amtliche Publikationsform handele, ThürVerfGH, NVwZ 2016, 1408 (1411); der VGH Kassel hat die Facebook-Seite als offiziellen Account eines Bürgermeisters eingestuft, vgl. VGH Kassel, Beschl. v. 11.07.2017 – 8 B 1144/17 Rn. 27 – juris.

[218] So auch *Borges*, NJW 2011, 2400 (2400).

Äußerungen anderer Personen, die unter seinem Namen[219] publiziert werden, daher zurechnen zu lassen. Nach außen wird vom Accountinhaber die Verantwortung für den Inhalt seiner Beiträge deshalb auch übernommen, wenn andere Personen diese verfassen. Für diese den Regelfall darstellenden personenbezogenen Accounts stellt sich die Frage, ob sich die herkömmlichen Abgrenzungskriterien der Rechtsprechung und Literatur ohne Weiteres übertragen lassen oder ob derart schwerwiegende und strukturelle Unterschiede bestehen, dass eine andere Handhabung erforderlich ist.[220]

(1) Ausdrückliche Hinweise im Namen des Accounts

Bei personenbezogenen Accounts von Amtsträgern ist es grundsätzlich denkbar, dass Beiträge sowohl in privater Form als auch in der Rolle als Hoheitsträger veröffentlicht werden. Gleichwohl ist auch unter den personenbezogenen Accounts weiter zu unterscheiden. Es gibt Benutzerkonten in sozialen Netzwerken, die nur den natürlichen Namen der Person tragen, und Kontenbezeichnungen, die unmissverständlich auf ein öffentliches Amt des Accountinhabers hinweisen. Beinhaltet der Name des Accounts bereits einen ausdrücklichen Bezug zur Amtsträgereigenschaft des Accountinhabers,[221] handelt es sich um einen hoheitlichen Account, von dem folglich nur Beiträge öffentlich-rechtlicher Natur versendet werden können.[222]

---

[219] Es macht dabei keinen Unterschied, dass im Impressum eines Nutzerkontos oder innerhalb eines Beitrags darauf hingewiesen wird, dass nicht der Accountinhaber selbst der Verfasser eines Beitrags ist. Vielmehr findet eine Zurechnung gerade auch bei Offenkundigkeit der „Stellvertretung" statt.

[220] Bei den von einzelnen Abgeordneten geführten Accounts handelt es sich grundsätzlich auch um personenbezogene Accounts. Nicht selten werden diese bereits im Accountnamen mit dem Zusatz „MdB" oder „MdL" versehen. Gleichwohl lässt sich eine Abgrenzung zwischen privaten und hoheitlichen Accounts im Hinblick auf das freie Mandat der Betroffenen nicht vollziehen. Ausführlich dazu A.III.1.a).

[221] Ein solcher Bezug findet sich beispielsweise bei Olaf Scholz, der auf der Plattform Instagram seine Beiträge unter dem Namen „bundeskanzler" veröffentlicht, vgl. https://www.instagram.com/bundeskanzler, zuletzt abgerufen am 20.07.2022. Auch der Regierungssprecher Steffen Hebestreit stellt einen Amtsbezug her, indem er unter dem Kürzel „@RegSprecher" auftritt, https://www.twitter.com/RegSprecher, zuletzt abgerufen am 20.07.2022. Ebenso twittert der Regierungschef des Landes Berlin Michael Müller unter dem Accountnamen „Der Regierende Bürgermeister von Berlin" und dem Kürzel „@RegBerlin". Auch in der der Entscheidung des NdsStGH vom 24.11.2020 zugrundeliegenden Konstellation führte der Ministerpräsident des Landes Niedersachsens einen Account mit dem Kürzel „@MpStephanWeil", wenngleich die Bedeutung des Kürzels bei der Entscheidung wohl nicht ausschlaggebend war, vgl. NdsStGH, Urt. v. 24.11.2020 – StGH 6/19 – juris.

[222] Vgl. VerfGH Berlin, Urt. v. 20. Februar 2019 – VerfGH 80/18 – Rn. 44 – juris.

Zwar ist es einem Amtsträger grundsätzlich erlaubt, seine Amtsbezeichnung auch außerhalb seiner Amtsfunktion zu tragen.[223] Einem Amtsbezug im Namen des Accounts kommt eine aus der Autorität des Amtes fließende herausragende Gewichtung zu, die über einen einfachen Hinweis hinausgeht und die Einstufung des Accounts als hoheitlich rechtfertigt. Dieser Bezug zur Tätigkeit als Hoheitsträger ist nämlich in jedem Beitrag enthalten bzw. diesem durch die Verortung im Accountnamen – dem „Aushängeschild" eines Kontos – vorangestellt und wird derart in den Vordergrund gerückt, dass sich der Eindruck aufdrängt, es komme dem Accountinhaber gerade darauf an, hoheitlich aufzutreten. Der privatrechtliche Charakter einer Äußerung scheidet damit stets aus, wenn die Bezeichnung des Accounts einen prononcierten Hinweis auf die Eigenschaft als Amtsträger aufweist. Der Accountinhaber entscheidet sich in diesem Fall vielmehr im Vorwege dazu, ausschließlich in seiner Funktion als Hoheitsträger tätig zu werden.

(2) Herkömmliche Abgrenzung: Umstände und Inhalt der Äußerung

Allerdings entspricht der ausdrückliche Verweis auf die Funktion als Hoheitsträger in der Accountbezeichnung nicht dem Regelfall.[224] Vielmehr treten Hoheitsträger wie private Nutzer regelmäßig unter ihren bürgerlichen Namen auf. Die Frage, wann eine Äußerung in diesem Fall als hoheitlich zu charakterisieren ist, bedarf einer Gesamtbetrachtung im Einzelfall. Würde man die bisherigen Abgrenzungskriterien auch für die Profile in sozialen Netzwerken bemühen, wäre dort ebenfalls primär auf die äußeren Umstände der Äußerung abzustellen.

Eine schablonenartige Übertragung der größtenteils formalen Abgrenzungskriterien auf Kommunikation in sozialen Netzwerken erscheint jedoch nicht sinnvoll. Dies ist darauf zurückzuführen, dass es in sozialen Netzwerken kaum äußere bzw. formale Umstände gibt, die einer umfassenden Würdigung durch den Adressaten zugrunde gelegt werden können. Ein Hoheitsträger ist in den sozialen Netzwerken faktisch nicht in der Lage, in sichtbarer Weise auf staatliche Ressourcen zurückzugreifen, da die Aufmachung der Profile im Wesentlichen einheitlich ist und nur zu geringen Teilen zur Disposition der Accountinhaber steht.

Ein Accountinhaber kann neben den individuell bestimmbaren Bildern seines Accounts nur durch die Accountbeschreibung, der die Funktion eines „Impressums" zukommt, Einfluss auf die äußere Gestaltung des Profils neh-

[223] Vgl. dazu bereits A.III.3.b.

[224] Löbliche Ausnahme war die der Entscheidung des Niedersächsischen Staatsgerichtshofs zugrundeliegende Nutzung des als amtlich zu qualifizierenden Accounts des niedersächsischen Ministerpräsidenten Weil, der auf seine Amtsträgerschaft ausdrücklich hinwies, vgl. NdsStGH, Urt. v. 24.11.2020 – StGH 6/19 Rn. 84 – juris.

men. Den Inhalt eines Beitrags als Anknüpfungspunkt für eine Abgrenzung von hoheitlichen und privaten Accounts in sozialen Netzwerken zu wählen, geht gleichermaßen fehl, da nicht der Inhalt einzelner Beiträge für die Einstufung als staatlich oder privat maßgeblich sein kann.[225] Vielmehr ist ein Account insgesamt entweder der privaten oder der staatlichen Sphäre zuzuordnen. Die herkömmlichen Abgrenzungskriterien lassen sich mithin nicht unbesehen auf die Aktivität von Hoheitsträgern in sozialen Netzwerken übertragen.

(3) Angepasstes Abgrenzungskriterium für soziale Netzwerke: Das Impressum

Im Hinblick auf die begrenzte Gestaltungsmöglichkeit der Profile in sozialen Netzwerken und der damit einhergehenden erhöhten Schwierigkeit einer trennscharfen Abgrenzung ist zu untersuchen, ob es für die Annahme der Staatlichkeit eines Accounts als ausreichend zu erachten ist, wenn der Profilinhaber im „Impressum" seines Accounts wie so häufig auf sein Amt hinweist. In der Regel finden sich dort verschiedenste Informationen über den Accountinhaber. Neben allgemeinen Angaben über Alter, Herkunft und persönliche Interessen umfassen die Hinweise bei Hoheitsträgern oft auch Informationen über die Mitgliedschaft in einer Partei und einen Hinweis auf das Amt des Hoheitsträgers. Teilweise wird auch auf externe Websites verwiesen, die sowohl privater als auch amtlicher Natur sein können. Eine eindeutige Aussage über den entweder privaten oder hoheitlichen Charakter des Profils findet sich trotz aller Opportunität allerdings nur sehr selten.

Würde man die bisherigen Kriterien einer Abgrenzung in den sozialen Netzwerken zugrunde legen, wäre der bloße Hinweis auf die Amtsträgerschaft des Accountinhabers nicht als ausreichend zu erachten, da das Führen der Amtsbezeichnung diesem grundsätzlich gestattet ist und kein mit der Erwähnung im Accountnamen vergleichbares Gewicht besitzt.

(a) Strukturelle Unterschiede zwischen herkömmlicher und netzwerkspezifischer Öffentlichkeitsarbeit

Ausgangslage der überkommenen Abgrenzungskriterien ist die Wahrnehmung der herkömmlichen Erscheinungsformen staatlicher Öffentlichkeitsarbeit. Bisher gehen Rechtsprechung und Literatur davon aus, dass der Beobachter durch eine differenzierte Betrachtungsweise eine unvoreingenommene Gesamtschau verschiedenster Umstände vornehmen kann. Es bestehen allerdings erhebliche strukturelle Unterschiede zwischen der Aktivität des

[225] Anders wohl *Ferreau*, JuS 2017,758 (760); der VGH Kassel misst dem Inhalt einer Äußerung in den sozialen Netzwerken zumindest auch indizielle Bedeutung bei, vgl. VGH Kassel, Beschl. v. 11.07.2017 – 8 B 1144/17 Rn. 27 – juris.

Staates in sozialen Netzwerken auf der einen Seite und den herkömmlichen Erscheinungsformen staatlicher Öffentlichkeitsarbeit auf der anderen Seite.[226]

Die sozialen Netzwerke bieten den Nutzern neue Möglichkeiten, um ihr Äußerungsbedürfnis zu befriedigen. Durch sie wird jedoch aufgrund der bedürfnis- und interessenorientierten Nutzung sowie der algorithmengestützten Relevanzoptimierung der angezeigten Inhalte insgesamt einer isolationistischen Homogenisierung von Nutzergruppen Vorschub geleistet.[227] Dieses Phänomen hat zur Folge, dass dem einzelnen Nutzer zulasten allgemeiner und gängiger Informationen vermehrt Inhalte erscheinen, die den eigenen Präferenzen entsprechen.[228] Dies birgt die Gefahr einer schleichenden Realitätsverzerrung – gerade für extremistisch veranlagte Netzwerknutzer. Die Kommunikationsstruktur unter privaten Nutzern hat sich damit gewandelt und darf von staatlicher Seite aus nicht als „Einladung" angesehen werden, sich dieser Entwicklung anzuschließen. Vielmehr ist sie als Anlass für sachliches und vertrauensstiftendes Informationshandeln zu sehen und muss eine dem Staat zuzuordnende Antwort auf den „rauen Ton"[229] darstellen, der unter einigen Nutzergruppen auch gegenüber Fremden üblich ist.

Daneben ist die Verwendung sozialer Netzwerke im Bereich der staatlichen Öffentlichkeitsarbeit durchaus auch unter dem Gesichtspunkt, dass die Kommunikation zwischen Staat und Bürger vereinfacht wird, zu begrüßen. Sie ermöglicht staatlichen Funktionsträgern die „Umspielung journalistischer Gatekeeper zur direkten Publikumsansprache".[230] Dies ist nicht zuletzt auch auf die „Miniaturisierung der Hardware und ihre drahtlose Anbindung" an das Internet zurückzuführen.[231] Die Internetkommunikation ist zu einem omnipräsenten, gleichzeitig aber unbewussten Element des Alltäglichen und ständiger Interaktion geworden.[232]

Dies bedeutet, dass sich die Anzahl der Adressaten von Äußerungen in sozialen Netzwerken nicht mit der von Pressemitteilungen und Zeitschriftenbeiträgen vergleichen lässt. Durch die Möglichkeit, Beiträge anderer Nutzer

---

[226] Vgl. dazu auch *Wieland*, in: FS Morlok, 2019, S. 533 (533 f.).

[227] *Ingold*, Der Staat (56) 2017, 491 (508 f.); zur verzerrten Meinungsklimawahrnehmung *Schweiger*, Der (des)informierte Bürger im Netz, 2017, S. 128 ff.; vgl. auch *Kühling*, JZ 2021, 529 (530).

[228] *Ingold*, Der Staat (56) 2017, 491 (508) m.w.N.

[229] Zutreffend *Wieland*, in: FS Morlok, 2019, S. 533 (534): „Offenbar herrscht der Eindruck vor, wer im Internet wahrgenommen werden wolle, müsse sich diesem Sprachstil anpassen. Wer zurückhaltend formuliert, erregt keine Aufmerksamkeit.".

[230] *Raupp/Kocks*, in: Raupp/Kocks/Murphy (Hrsg.), Regierungskommunikation und staatliche Öffentlichkeitsarbeit, 2018, S. 7 (S. 14).

[231] Ausf. *Ingold*, Der Staat (56) 2017, 491 (508).

[232] *Ingold*, Der Staat (56) 2017, 491 (508); vgl. zur Rolle der sozialen Netzwerke für die Strukturierung des öffentlichen Kommunikationsraums auch *Kühling*, JZ 2021, 529 (530).

auf einfache Weise zu teilen und mit eigenen, nicht selten kritischen Kommentaren zu versehen, verbreiten diese sich vielmehr im Handumdrehen und erreichen Nutzer, die mit dem Hoheitsträger vormals in keinerlei Verbindung standen. Somit entstehen Kommunikationsbeziehungen teilweise „ungewollt".[233] Die Netzwerknutzer, die Maßnahmen staatlicher Öffentlichkeitsarbeit „ungewollt" zur Kenntnis nehmen, müssen die Möglichkeit haben, zu erkennen, ob sich ein an (verfassungs-) rechtliche Vorgaben gebundener Hoheitsträger oder die grundrechtliche Freiheit genießende Privatperson hinter einem Amtswalter an sie wendet.

Gleichzeitig steigt auch die Gefahr der Dekontextualisierung hoheitlicher Aussagen, der zur Verhinderung eines Missbrauchs durch die strikte Einhaltung der staatlichen Äußerungsgrenzen entgegengewirkt werden muss.[234] Zudem erscheinen die Beiträge den Adressaten stets in ihrem „Newsfeed", sodass sie diese nicht gezielt aufsuchen müssen. Obendrein ist es durchaus üblich, dass sich ein Hoheitsträger mehrmals täglich an seine Adressaten wendet, um auf das tagespolitische Geschehen und aktuelle Debatten Bezug zu nehmen, sodass die Abundanz der Äußerungen eindeutig gewachsen ist.[235] Ferner lassen sich die Beiträge ohne Weiteres mit Bildern oder Videos versehen, die auf die Nutzer in den Netzwerken eine deutlich authentischere Wirkung haben als Textpassagen.[236] Durch sie lassen sich beispielsweise leichter Emotionen bei den Rezipienten hervorrufen als durch Texte. Dies erhöht die Suggestivkraft der Beiträge, die der Adressat ohnehin bequemer und beiläufiger wahrnimmt als dies vormals der Fall war.

(b) Besondere Notwendigkeit der Unterscheidung

Berücksichtigt man die aufgezeigten Besonderheiten bei der Kommunikation in den sozialen Netzwerken, ist davon auszugehen, dass sich der Rezipient nicht selten gar nicht bewusst sein wird, Adressat staatlicher Öffentlichkeitsarbeit zu sein, die erheblichen Grenzen unterliegt. Hinzu kommt, dass es die sozialen Netzwerke den Hoheitsträgern ermöglichen, spielend leicht mit ihren Abonnenten in den Dialog zu treten, was bei den Abonnenten ein Gefühl der Nähe und Verbundenheit erzeugt, die dem Verhältnis zwischen Bürger und Amtsträger bisher fremd war. Für den Abonnenten mag es bisweilen so wirken, als begegne er dem Hoheitsträger „auf Augenhöhe" und als habe die Unterscheidung zwischen Anbietendem und Nutzendem an Bedeu-

---

[233] *Mast*, Staatsinformationsqualität, 2020, S. 100.

[234] *Mast*, Staatsinformationsqualität, 2020, S. 100.

[235] Ähnlich *Kocks*, in: Borucki/Schünemann (Hrsg.), Internet und Staat, 2019, S. 155 f.; vgl. auch *Borucki/Jun*, in: Raupp/Kocks/Murphy (Hrsg.), Regierungskommunikation und staatliche Öffentlichkeitsarbeit, 2018, S. 30.

[236] Vgl. zur Eingriffswirkung des Einsatzes von Bildmaterial im grundrechtlichen Kontext 2. Kapitel B.II.2.c).bb).

tung verloren.[237] Grund dafür ist, dass die sozialen Netzwerke keine hierarchischen Strukturen erkennen lassen. Dieser Schein trügt allerdings in der analogen Welt ebenso wie bei der Aktivität des Staates in sozialen Netzwerken.[238] Nichtsdestotrotz scheinen Bürger und Hoheitsträger diesem Irrglauben teilweise zu unterliegen, was dort, wo sich Beiträge in Sekundenschnelle an einen nahezu unbestimmbaren Adressatenkreis verbreiten lassen, zu Gefahren für die rechtsstaatlichen Grenzen staatlicher Öffentlichkeitsarbeit führt und praktikabler Lösungsansätze bedarf, die die Entwicklung der staatlichen Öffentlichkeitsarbeit hin zu den sozialen Netzwerken aufgreifen und die bisherigen Grenzen gegebenenfalls weiterentwickeln.

Einem Netzwerknutzer muss es vielmehr möglich sein, den Netzwerkauftritt eines Hoheitsträgers mit einem Blick auf den Account ohne Weiteres in die private oder hoheitliche Sphäre einzuordnen. Unsicherheiten bei der Abgrenzung vertragen sich nicht mit den aus der Meinungsrelevanz, Schnelllebigkeit und Eingriffsintensität folgenden Anforderungen an staatliches Informationshandeln in den sozialen Netzwerken.

Verstärkt wird dies durch den Umstand, dass sich ältere Beiträge in den sozialen Netzwerken auch Jahre später und durch die Suchfunktion der Netzwerke mit Leichtigkeit auffinden lassen. Für herkömmliche Äußerungsformate besteht eine vergleichbare Archivierungsform, die jederzeit bemüht werden kann, hingegen nicht. Eine kontextuelle Einordnung verbreiteter Beiträge aus der Vergangenheit in die staatliche oder private Sphäre setzt das Bestehen trennscharfer Abgrenzungskriterien voraus.

(c) Das „Impressum" als zentrales Abgrenzungskriterium

Da konkrete Auskünfte über den Charakter eines Accounts in den sozialen Netzwerken noch eine große Ausnahme darstellen und die Grenzen zwischen privater bzw. parteipolitischer und staatlicher Aktivität weiter zu verschwimmen drohen, muss dem bisweilen uferlos erscheinenden Eifer staatlicher Stellen in sozialen Netzwerken dadurch begegnet werden, dass jeder Hinweis auf die Amtsträgerschaft im „Impressum" eines Accounts als ausreichend erachtet wird, um einen Account als hoheitlich zu qualifizieren.[239] Darüber hinaus muss dies auch für den Fall gelten, in dem das „Impressum" des Accounts

---

[237] Vgl. *Friehe*, in: Uhle (Hrsg.), Information und Einflussnahme, 2018, S. 86 (91); *Ingold*, VerwArch 108 (2017), 240 (241); *ders.*, Der Staat 56 (2017), 491 (510, 514); s.a. *Schweiger*, Der (des)informierte Bürger im Netz, 2017, S. 55.

[238] Dazu grundlegend *Schoch*, in: Isensee/Kirchhof, HStR Bd. III, 3. Aufl. 2005, § 37 Rn. 56.

[239] Den Hinweis im Impressum einer Facebook-Seite wertet auch der VGH Kassel als gewichtiges Indiz, vgl. VGH Kassel, Beschl. v. 11.07.2017 – 8 B 1144/17 Rn. 27 – juris; vgl. für Twitter auch NdsStGH, Urt. v. 24.11.2020 – StGH 6/19 Rn. 84 – juris; Ferreau sieht in der Angabe einer amtlichen Emailadresse im Impressum eines Accounts die Verwendung amtlicher Ressourcen, vgl. *Ferreau*, JuS 2017, 758 (760).

keinerlei Hinweise darüber enthält, ob das Profil in privater oder amtlicher Funktion genutzt wird. Die Vermutungsregelung zugunsten der Meinungsfreiheit[240] ist in den sozialen Medien dahingehend umzukehren, dass bei unzureichender Informationslage im Zweifel von einem amtlichen Account auszugehen ist.[241] Etwas anderes gilt nur, wenn ausdrücklich darauf hingewiesen wird, dass das Profil zur privaten Kommunikation dient und sofern dies nicht zu dem Phänomen führt, dass staatliche Öffentlichkeitsarbeit unzulässiger Weise unter dem Deckmantel privater Äußerungen betrieben wird.

Auch wenn dieses Vorgehen gerade im Hinblick auf die überragende Bedeutung der Meinungsfreiheit grundrechtlich keineswegs unbedenklich ist, rechtfertigt die Gefahr faktisch nicht steuerbarer Äußerungen und die damit einhergehenden drohenden irreversiblen Folgen rechtswidriger Äußerungen ein derart weitreichendes Verständnis des Begriffs der hoheitlichen Äußerung in den sozialen Netzwerken. Dieses führt auch nicht zu einer unangemessenen Behandlung der hinter einem Hoheitsträger stehenden Privatperson. Vielmehr besteht für sie die Möglichkeit, sich durch eine strikte und konturenscharfe Trennung verschiedener Accounts den Grenzziehungen staatlicher Öffentlichkeitsarbeit zu entziehen.[242] Die Vermutungsregel zugunsten des hoheitlichen Charakters eines Accounts in sozialen Netzwerken ist die „Kehrseite" der mit einer Stellung als Amtsträger einhergehenden Befugnisse und dem erheblichen Maß an Amtsautorität und Glaubwürdigkeitsvorsprung,[243] die allen Äußerungen eines Amtsträgers – unabhängig davon, ob es sich bei ihnen im Einzelfall um eine private oder amtliche Äußerung handelt – in den sozialen Netzwerken zukommen und den anderen Teilnehmern am politischen Diskurs einen Wettbewerbsnachteil verleihen.[244] Gleichzeitig dient dieses Konzept dazu, die Willensbildung vom Volk zu den Staatsorganen hin zu garantieren und sicherzustellen, dass sich diese nicht umgekehrt vollzieht.

(d) Die indizielle Wirkung der „Twitter-Labels"

Nachdem das Netzwerk Twitter in den Vereinigten Staaten und einigen anderen Ländern bereits im Laufe des Jahres 2020 damit begonnen hat, regierungsamtliche Accounts mit einem „Label" zu kennzeichnen, wurde diese Funktion im Februar 2021 auch auf die staatlichen Accounts deutscher Regierungsmitglieder ausgeweitet.[245] Bei der Veröffentlichung eines Beitrags

[240] Vgl. A.III.2.b).

[241] Ähnlich *Gröpl/Zembruski*, JURA 2016, 268 (273 f.).

[242] Vgl. *Friehe*, in: Uhle (Hrsg.), Information und Einflussnahme, 2018, S. 86 (110).

[243] *Friehe*, in: Uhle (Hrsg.), Information und Einflussnahme, 2018, S. 86 (92).

[244] Zum Wettbewerbsvorteil der Regierungsparteien vgl. BVerfGE 154, 320 (343).

[245] Vgl. https://help.twitter.com/de/rules-and-policies/state-affiliated, zuletzt abgerufen am 20.07.2022.

durch einen seitens Twitter als regierungsamtlich eingestuften Account oder beim Besuch der zugehörigen Profilseite erscheint unterhalb des Accountnamens und oberhalb des „Impressums“ das Symbol einer Flagge und der Hinweis, dass es sich bei dem Accountinhaber um einen bzw. eine „Regierungsvertreter*in aus Deutschland“ handele. Zurückzuführen ist die Einführung der „Labels“ auf das Streben nach mehr Transparenz zugunsten der öffentlichen Meinungsbildung im sozialen Netzwerk Twitter.[246]

Auch wenn die Bestrebungen des Netzwerkbetreibers zweifelsohne zu begrüßen sind, darf der Einführung der „Twitter-Labels“ keine übermäßige Bedeutung beigemessen werden. Vielmehr ist der Qualifizierung eines Accounts durch einen privaten Netzwerkbetreiber höchstens eine indizielle Bedeutung für die Charakterisierung eines Accounts beizumessen. Die Frage, ob ein Accountbetreiber in den Genuss grundrechtlicher Freiheit kommt oder Adressat unmittelbarer Grundrechtsbindung ist, muss Ausfluss einer rechtstatsächlichen Untersuchung der Äußerungsumstände sein, die der rechtlichen Beurteilung einer Äußerung zwangsläufig vorgeschaltet ist und bei der die Einordnung durch das soziale Netzwerk nur ein Anhaltspunkt unter vielen sein kann.

Zudem erstreckt sich die Hinweispraxis von Twitter von vornherein nur auf einen ausgewählten Kreis staatlicher Funktionsträger. Nach den Richtlinien von Twitter liegt der Fokus „auf hochrangigen Beamten und juristischen Personen, die die offizielle Stimme des Nationalstaates im Ausland sind, insbesondere Accounts wichtiger Regierungsbeamter, darunter Außenminister, Institutionen, Botschafter, offizielle Sprecher und führende Diplomaten.“ Auch wenn etwaige Ungenauigkeiten bei der Amtsbezeichnung ihren Ursprung in der Übersetzung aus dem Englischen haben dürften,[247] führt die Selektion dazu, dass die Accounts kommunaler Hoheitsträger und die Accounts der Regierungsmitglieder der Länder von vornherein keinen Hinweis erhalten und auch auf Bundesebene kein einheitlicher Verteilungsmaßstab zu erkennen ist. Für eine rechtssichere Abgrenzung staatlicher und privater Accounts taugt die Einführung der „Twitter-Labels“ nicht.

Damit ist zwar die Opportunität und die hinter der Einführung von „Twitter-Labels“ stehende Idee einer transparenten Kommunikation und einer rechtssicheren Einteilung staatlicher und privater Sphären zu loben, wenngleich die Umsetzung in mehrfacher Hinsicht zu wünschen übriglässt. Insbesondere kann der Umstand, dass nur Teile der staatlichen Accounts durch den Hinweis des Netzwerks „zertifiziert“ und mit netzwerkspezifischer

---

[246] Vgl. dazu https://blog.twitter.com/en_us/topics/product/2020/new-labels-for-government-and-state-affiliated-media-accounts, zuletzt abgerufen am 20.07.2022.

[247] Der englische Wortlaut findet sich unter https://blog.twitter.com/en_us/topics/product/2020/new-labels-for-government-and-state-affiliated-media-accounts, zuletzt abgerufen am 20.07.2022.

Amtsautorität versehen werden, sogar zu Ungleichheiten bei der Kommunikation in den sozialen Netzwerken führen.

Während einige Hoheitsträger in den Augen der Netzwerknutzer durch das „Label" der staatlichen Sphäre zuzuordnen sind, gilt dies für andere Accounts, die in rechtstatsächlicher Hinsicht nicht weniger zur hoheitlichen Sphäre gehören als (willkürlich) markierte Accounts, nicht. Sie genießen in den Augen der Rezipienten möglicherweise ein geringeres Ansehen als die in den Genuss eines „Twitter-Labels" kommenden Hoheitsträger. Umgekehrt ist aus Sicht staatlicher Restriktionen denkbar, dass politisch geprägte Äußerungen von „gelabelten" Accountbetreibern in der Öffentlichkeit verglichen mit staatlichen Accounts ohne Hinweis besonders kritisch wahrgenommen werden, was eine Benachteiligung der durch die Netzwerkbetreiber gekennzeichneten Hoheitsträger zur Folge haben kann. Die mit der Selektion einhergehende Wahrnehmungsverzerrung überwiegt bei dem derzeitigen Stand der Kennzeichnungen das abstrakte Interesse an Transparenz und Rechtssicherheit, da (nach der hier vertretenen Rechtsauffassung) auch den Impressen der Hoheitsträger regelmäßig zu entnehmen ist, ob es sich um einen staatlichen oder privaten Account handelt. Jedenfalls ist in den – bisher nur von Twitter verwendeten und damit für eine netzwerkübergreifende Handhabung per se ungeeigneten – „Twitter-Labels" in keinem Fall eine konstitutive Voraussetzung für die Charakterisierung als staatlicher Account zu sehen.

3. Zwischenergebnis

Vom Begriff des „Staates" im Sinne staatlicher Öffentlichkeitsarbeit ist die gesamte Staatsgewalt in allen ihren Erscheinungsformen erfasst. Dieses Ergebnis bedeutet jedoch nicht, dass alle Formen staatlicher Gewalt den gleichen Grenzmaßstäben unterfallen. Es macht zweifellos einen Unterschied, ob sich ein Regierungsmitglied, der Präsident des Bundestages oder eine Behörde an die Öffentlichkeit wendet. Gemeinsam haben alle Formen der staatlichen Gewalt allerdings, dass sie sich an verfassungsrechtliche Grenzen zu halten haben und dass sich ihre Äußerungen im Gegensatz zu den Äußerungen Privater nicht auf die Wahrnehmung grundrechtlicher Freiheit zurückführen lassen. Aus diesem Grund ist die Abgrenzung von hoheitlichen zu privaten Äußerungen genau so bedeutend wie komplex. Gerade bei Betätigungen in sozialen Netzwerken, die an Gegenwartsnähe und Schnelllebigkeit nicht zu überbieten sind, drohen diese Grenzen allerdings zu verschwimmen. Gleichzeitig ist anzuerkennen, dass die sozialen Netzwerke bei besonnener Nutzung eine vergleichsweise trennscharfe Unterscheidung zwischen der staatlichen und privaten Sphäre ermöglichen. Anders als im Rahmen von

„Veranstaltungen des allgemeinen politischen Diskurses“[248] ist der Rollenwechsel in den sozialen Netzwerken nicht ohne Weiteres möglich, da für die Charakterisierung einer Informationsmaßnahme der Netzwerkaccount in seiner Gesamtheit maßgeblich ist. Eine rechtssichere Charakterisierung steht und fällt – damit schließt sich der Kreis zu den herkömmlichen Äußerungsformen – allerdings mit der Bestimmung der Abgrenzungskriterien.

Für die Einstufung ist wie bei herkömmlichen Äußerungsformen eine Gesamtschau vorzunehmen. Die Kriterien, die ein objektiver Beobachter herkömmlichen Äußerungsformen zugrunde legen konnte, um zwischen privaten und amtlichen Äußerungen zu unterscheiden, sind mit der Funktionsweise sozialer Netzwerke nicht kompatibel. Der zentrale Unterschied zu den Erscheinungsformen herkömmlicher Öffentlichkeitsarbeit von Seiten des Staates ist darin zu sehen, dass es bei der Aktivität in sozialen Netzwerken keine äußeren Umstände gibt, die zur Disposition des Profilinhabers stehen und einer Entscheidung zugrunde gelegt werden können. Letztlich beschränkt sich die Gestaltungsfreiheit auf das „Impressum“ des Profils, dem deshalb für die Unterscheidung eine besondere Bedeutung zukommt.[249]

Es wäre wünschenswert, wenn sich der Accountinhaber dort eindeutig über den entweder hoheitlichen oder privaten Charakter des Accounts äußern würde. Da dies auch von den Netzwerkbetreibern erkannt wurde, ist es durch die Einführung sog. „Twitter-Labels“ jüngst zu Charakterisierungsbemühungen gekommen, die bei aller Opportunität nach dem derzeitigen Stand der Markierungspraxis nicht überzeugen kann. Die auf die Entscheidung privater Netzwerkbetreiber zurückzuführende Wahrnehmungsverzerrung vermag durch das abstrakte Interesse an Transparenz und Rechtssicherheit nicht gerechtfertigt werden. Auch wenn die hinter den „Twitter-Labels“ stehende Idee und die Netzwerkbemühungen prinzipiell zu begrüßen sind, erscheint es vorzugswürdig, eine Kennzeichnungspflicht für staatliche Accounts anzunehmen und bei der rechtstatsächlichen Einteilung in die staatliche oder private Sphäre den „Twitter-Labels“ eine untergeordnete, allenfalls indizielle Bedeutung zukommen zu lassen.

Die Pflicht zur Kenntlichmachung ließe sich aus einem neben Neutralitätspflicht und Sachlichkeitsgebot tretenden rechtsstaatlichen Transparenzgebot staatlicher Stellen in sozialen Netzwerken ableiten.[250] Gesetzlich könnte dem durch eine Ausweitung der Impressumspflicht (vgl. § 5 TMG) oder Einführung einer Kennzeichnungspflicht (vgl. § 5a Abs. 6 UWG[251]) in

---

[248] Erstmals BVerfGE 138, 102 (119 f.).

[249] So auch NdsStGH, Urt. v. 24.11.2020 – StGH 6/19 – S. 27.

[250] So auch *Mast*, K&R 2016, 542 (543); zum Transparenzgebot in den sozialen Netzwerken vgl. auch 2. Kapitel D.II.

[251] Gesetz gegen den unlauteren Wettbewerb (UWG) in der Fassung der Bekanntmachung vom 03.03.2010 (BGBl. I S. 254), zuletzt geändert durch Art. 1 G zur Stärkung des fairen Wettbewerbs vom 26.11.2020 (BGBl. I S. 2568).

einem Gesetz für die staatliche Aktivität in sozialen Netzwerken, in dem neben Klarstellungen hinsichtlich der materiellen Grenzen staatlicher Öffentlichkeitsarbeit auch eine Pflicht zur Information über den Charakter des Accounts vorgesehen würde, nachgekommen werden. Gepaart mit der Suggestivwirkung der Beiträge in sozialen Medien und dem faktischen Unvermögen der Rezipienten, aufgrund äußerer Umstände trennscharf zwischen privaten und hoheitlichen Äußerungen unterscheiden zu können, erscheint es daher gerechtfertigt, im Bereich der sozialen Medien eine Vermutung dahingehend aufzustellen, dass sich ein Hoheitsträger dort – sollte sich nach außen nicht erkennbar etwas Anderes ergeben – in seiner Funktion als Amtsträger an seine Abonnenten wendet.

IV. Funktion und Legitimität staatlicher Öffentlichkeitsarbeit

Nachdem nun feststeht, welche Äußerungen als Öffentlichkeitsarbeit einzustufen sind und der Adressatenkreis verfassungsrechtlicher Grenzziehungen staatlicher Öffentlichkeitsarbeit bestimmt wurde, stellt sich die logische Frage nach der Funktion und den Erwägungsgründen hinter den Maßnahmen staatlicher Öffentlichkeitsarbeit. Dazu ist allerdings nicht allein die Intention des sich äußernden Hoheitsträgers in den Blick zu nehmen. Natürlich divergieren die Absichten hinter und Hoffnungen an die Äußerungen je nach Art der getätigten Kommunikationsmaßnahme. Der Zweck einer konkreten Warnung ist offensichtlich ein anderer als der Gedanke hinter einer primär werbenden Maßnahme, die das Vertrauen des Bürgers in die Verwaltung stärken soll – dazu bedarf es keiner weiterführenden Überlegungen. Gleichwohl ist es im Hinblick auf die Entwicklungen staatlicher Öffentlichkeitsarbeit dienlich, sich grundlegend zu überlegen, was die eine Staatskommunikation überhaupt erforderlich machendenden und sie – begreift man sie ungeachtet individueller Grundrechtseingriffe als grundlegenden Eingriff in den freien Willensbildungsprozess der Bevölkerung – rechtfertigenden Erwägungen sind und was sich der Staat von seiner Informationstätigkeit erhofft bzw. erhoffen darf. Dabei geht es nicht um die Frage, unter welchen Umständen der einzelne Bürger einen Anspruch auf staatliche Informationsvermittlung hat. Auch wenn es zwischen Informationsbegehren und Mitteilungsbedürfnis zweifelsohne Überschneidungen gibt, setzt ein individueller Informationsanspruch im Gegensatz zu den hier in Rede stehenden Beweggründen objektiver Natur stets ein subjektives Recht voraus. Im Folgenden soll es primär darum gehen, welche verschiedenen Verfassungsgrundsätze staatliches Informationshandeln unabhängig von subjektiven Informationsansprüchen gebieten und welche Ziele der staatliche Informationsvermittler mit seiner Aktivität verfolgt.

Als aufschlussreicher Ausgangspunkt dafür ist die grundlegende Entscheidung des Bundesverfassungsgerichts zur Öffentlichkeitsarbeit der Bundesregierung aus dem Jahr 1977 heranzuziehen. Seitdem das Gericht in diesem Urteil eine Verfassungspflicht zur Staatskommunikation festgestellt hat, steht nicht nur fest, dass der Staat kommunikativ tätig werden darf, sondern auch in mehrfacher Hinsicht informierend tätig werden muss.[252] Die Pflicht des Staates, mit seinen Bürgern aktiv zu kommunizieren, lässt sich verfassungsrechtlich im Kern aus den zwei grundlegenden Prinzipien der Demokratie (1.) und der Rechtsstaatlichkeit (2.) ableiten. Findet staatliche Öffentlichkeitsarbeit in diesen Prinzipien genügender Art und Weise statt, führt sie idealtypisch dazu, dass der Grundkonsens hinsichtlich der staatlichen Legitimation in der Bevölkerung ideomotorisch steigt, worin das Bundesverfassungsgericht gleichzeitig ebenfalls eine die Öffentlichkeitsarbeit rechtfertigende Staatsaufgabe von Verfassungsrang sieht (3.). Neben der Erfüllung dieses mehrschichtigen verfassungsrechtlichen Auftrags dient die Öffentlichkeitsarbeit des Staates teilweise auch dem (primitiven) Ziel, den Bürger rechtlich unverbindlich zu einem erwünschten Verhalten zu bringen, was gemeinhin auch als *„Nudging"* bezeichnet wird (4.).

1. Ableitung aus dem Demokratieprinzip

Das Demokratieprinzip ist das zentrale und gleichzeitig vielschichtigste Verfassungsprinzip des Grundgesetzes.[253] Ausgangspunkt der verschiedenen Ausformungen des Prinzips ist der in Art. 20 Abs. 2 Satz 1 GG festgesetzte Grundsatz, dass die Staatsgewalt vom Volke ausgeht. Seine besondere Bedeutung bekommt das Demokratieprinzip vom Grundgesetz unter anderem dadurch verliehen, dass es Grundlage wiederum wesentlicher Verfassungsdirektiven ist (z.B. Art. 38 Abs. 1, Art. 21 Abs. 1, Art. 20 Abs. 2 Satz 2, Art. 28 Abs. 1 GG). Diese Ausformungen des Demokratieprinzips dienen ob ihrer Vielfältigkeit allesamt dazu, den ungeordneten Volkswillen, der durch die Wahrung demokratischer Legitimationsketten nach Art. 20 Abs. 2 Satz 1 GG stets Fundament staatlicher Entscheidungen sein muss, zu ordnen und zu formalisieren.[254] Damit geht ein Verfassungsauftrag an die staatlichen Repräsentanten einher, die Ausübung staatlicher Gewalt an den Volkswillen zurückzubinden.[255] Die repräsentativen Staatsorgane und die beobachtende Öffentlichkeit befinden sich dabei in einem stetigen Wechselspiel zwischen

---

[252] BVerfGE 44, 125 (147); vgl. dazu *Schürmann*, Öffentlichkeitsarbeit der Bundesregierung, 1992, S. 19.

[253] Vgl. *Schürmann*, Öffentlichkeitsarbeit der Bundesregierung, 1992, S. 125; für einen Überblick der Vielschichtigkeit vgl. nur *Grzeszick*, in: Dürig/Herzog/Scholz, GG, 96. EL 2021, Art. 20 GG (Demokratie) Rn. 10 ff.

[254] Ausf. *Schürmann*, Öffentlichkeitsarbeit der Bundesregierung, 1992, S. 126 f. m.w.N.; vgl. auch *Sommermann*, in: v. Mangoldt/Klein/Starck, GG Bd. II, Art. 20 Rn. 170.

[255] *Drefs*, Die Öffentlichkeitsarbeit des Staates und die Akzeptanz seiner Entscheidungen, 2019, S. 52.

der Rezeption dieses öffentlichen Volkswillens und sachlicher sowie neutraler Steuerung desgleichen.[256]

Der Ordnung des Volkswillens und seiner Systematisierung sowie Sicherung durch den Wahlakt geht allerdings denknotwendig die Bildung eines kreativen Volkswillens voraus, der als Bindeglied zwischen Gesellschaft und Obrigkeit dient.[257] Insbesondere beschränkt sich die Teilhabe der Bürger am demokratischen Prozess nicht auf den punktuellen Wahlakt. Vielmehr nimmt das Volk durch die Bildung eines Volkswillens bzw. einer öffentlichen Meinung kontinuierlichen Einfluss auf die Handlungen der Staatsorgane.[258] Die Bildung eines Volkswillens kann dabei nur im Falle einer hinreichenden Information der Bürger über das Staatswesen und einem ausreichenden Maß an Transparenz hinsichtlich der anderen für die Wahlentscheidung entscheidungserheblichen Umstände den demokratiekonstituierenden Anforderungen des Grundgesetzes genügen.[259] Nur wenn den Bürgern alle Informationen zur Verfügung gestellt werden, mittels derer sie sich einen konkreten Eindruck von den zur Wahl stehenden Alternativen machen können, kann redlicherweise von einer freien öffentlichen Meinung gesprochen werden, ohne dass der Grundsatz demokratischer Legitimation zur inhaltsleeren Akklamation pervertiert würde.[260] Eine dergestalt informierte und funktionierende Öffentlichkeit ist eine fundamentale Bedingung der einer demokratischen Ordnung dienenden öffentlichen Meinungsbildung.[261]

---

[256] *Bröhmer*, Transparenz als Verfassungsprinzip, 2004, S. 39 f.

[257] *Bröhmer*, Transparenz als Verfassungsprinzip, 2004, S. 39; *Drefs*, in: Dreier/Fischer/van Raay u.a. (Hrsg.), Informationen der öffentlichen Hand – Zugang und Nutzen, 2016, S. 94 f.; *ders.*, Die Öffentlichkeitsarbeit des Staates und die Akzeptanz seiner Entscheidungen, 2019, S. 54 f.

[258] *von Coelln*, in: Uhle (Hrsg.), Information und Einflussnahme, 2018, S. 11 (18); vgl. auch *Landwers*, Behördliche Öffentlichkeitsarbeit im Recht, 2019, S. 46.

[259] BVerfGE 44, 125 (147); *Drefs*, in: Dreier/Fischer/van Raay u.a. (Hrsg.), Informationen der öffentlichen Hand – Zugang und Nutzen, 2016, S. 94 f.; *Engel*, in: Isensee/Kirchhof, HStR Bd. IV, 3. Aufl. 2006, § 80 Rn. 5; *Leisner*, Öffentlichkeitsarbeit der Regierung im Rechtsstaat, 1966, S. 83; *Porsch*, Warnungen und kritische Äußerungen als Mittel gemeindlicher Öffentlichkeitsarbeit, 1997, S. 70 f.; *Schürmann*, Öffentlichkeitsarbeit der Bundesregierung, 1992, S. 130 f.; *Sommermann*, in: v. Mangoldt/Klein/Starck, GG Bd. II, Art. 20 Rn. 160; anschaulich auch *P. Kirchhof*, Verwalten durch mittelbares Einwirken, 1977, S. 125: „Erst wenn sich der Staat seinen Bürgern verständlich gemacht hat, können diese ihm Autorität gewähren.“.

[260] *Drefs*, in: Dreier/Fischer/van Raay u.a. (Hrsg.), Informationen der öffentlichen Hand – Zugang und Nutzen, 2016, S. 96; *Jung*, Das kommunale Amtsblatt – Inhalt, Ausgestaltung, Präsentation, 2021, S. 30 f.; *Kempen*, Grundgesetz, amtliche Öffentlichkeitsarbeit und politische Willensbildung, 1975, S. 166; vgl. auch *Gusy*, in: Hofmann-Riem/Schmidt-Aßmann/Voßkuhle (Hrsg.), GVwR Bd. II, 2. Aufl. 2012, § 23 Rn. 95.

[261] *Bröhmer*, Transparenz als Verfassungsprinzip, 2004, S. 39 f.; *Zott*, Aktive Information des Staates im Internet – Mittelalterlicher Pranger oder modernes Steuerungselement?, 2016, S. 50.

Auch wenn die Medien für die Information der Bürger und die Entstehung eines demokratischen Anforderungen genügenden Volkswillens von großer Bedeutung sind, steht fest, dass sie nie die einzige Informationsquelle der Bevölkerung darstellen können.[262] Dies gilt zum einen, da auch die Medien ob ihrer entscheidenden Rolle in einer Demokratie auf die Schaffung allgemein zugänglicher Informationsquellen angewiesen sind. Zum anderen steht fest, dass die handelnden Staatsorgane selbst über ihre Tätigkeiten und Vorhaben informieren wollen und sollen.[263] Den Medien kommt zu großen Teilen auch eine Analyse- und Filterfunktion zu. Der Arbeit von Rundfunk und Presse ist das Informationshandeln des Staates damit vorgeschaltet.

Unabhängig davon, dass staatliches Informationshandeln auf den ersten Blick stets die Gefahr eines Eingriffs in die Willensbildung des Volkes birgt, ist sie doch unabdingbar und wird vom „mündigen Aktivbürger" als Idealbild des Grundgesetzes vorausgesetzt.[264] Dem ist zuzustimmen, da sich die Willensbildung des Volkes nicht aus eigener Kraft vollziehen kann und sich das Informationshandeln des Staates um ihrer demokratiesichernden Funktion willen an die Grenzen staatlicher Öffentlichkeitsarbeit hält.[265] Da die Grenzen der Öffentlichkeitsarbeit staatlicherseits gemeinhin befolgt werden und rechtserhebliche Verstöße glücklicherweise die Ausnahme darstellen, stellt der informierende, kommunizierende und diskutierende Staat auch den Regelfall dar. Dem Idealbild des Grundgesetzes folgend wird die Willensbildung des Volkes daher durch staatliche Informationen fundamentiert, ohne dabei durch sie gestört zu werden.[266] Auch wenn es sich bisweilen um einen recht schmalen Grat an zulässiger und zugleich notwendiger Öffentlichkeitsarbeit zu handeln scheint, ist die Öffentlichkeitsarbeit zu großen Teilen auf das Demokratieprinzip zurückzuführen und die Einhaltung ihrer Grenzen aus demokratiesichernden Erwägungen unausweichlich.

Neben der Information der Bevölkerung ist die Informationstätigkeit des Staates auch erforderlich, um eine effektive Oppositionsarbeit zu ermöglichen, welche Bestandteil des Staatsziels Demokratie und für die freiheitlich-demokratische Grundordnung konstitutiv ist.[267] Wie die Bildung einer öf-

---

[262] Zur Bedeutung der Medien für die Entstehung des Volkswillens vgl. *von Coelln*, in: Uhle (Hrsg.), Information und Einflussnahme, 2018, S. 11 (19 f.).

[263] *Bröhmer*, Transparenz als Verfassungsprinzip, 2004, S. 138 unter Verweis auf BVerfGE 44, 125 (147).

[264] *Schürmann*, Öffentlichkeitsarbeit der Bundesregierung, 1992, S. 118.

[265] *Drefs*, Die Öffentlichkeitsarbeit des Staates und die Akzeptanz seiner Entscheidungen, 2019, S. 154 f.

[266] *Bröhmer*, Transparenz als Verfassungsprinzip, 2004, S. 138; *Schürmann*, Öffentlichkeitsarbeit der Bundesregierung, 1992, S. 128; 148; vgl. auch BVerfGE 44, 125 (147 f.).

[267] *Leisner*, Öffentlichkeitsarbeit der Regierung im Rechtsstaat, 1966, S. 83; *Schürmann*, Öffentlichkeitsarbeit der Bundesregierung, 1992, S. 156; zu den Grundsätzen einer effektiven Opposition grundlegend BVerfGE 142, 25 (55 ff.).

fentlichen Meinung des Volkes setzen auch Überwachung und Kritik regierungsamtlichen Handelns durch die Opposition ein gewisses Maß an Informiertheit voraus. Staatliche Öffentlichkeitsarbeit ist insofern „oppositionsschaffend".[268]

2. Ableitung aus dem Rechtsstaatsprinzip

Über das Demokratieprinzip hinaus verpflichtet auch das Rechtsstaatsprinzip aus Art. 20 Abs. 3 GG[269] seine Adressaten zur Information der Bürger und damit zur Ausübung staatlicher Öffentlichkeitsarbeit.[270] Es ist somit Grund und Grenze staatlicher Informationstätigkeit zugleich. Ähnlich wie das Demokratieprinzip und seine Ausformungen besitzt das Rechtsstaatsprinzip verschiedene Einzelelemente, die gemeinsam den Typus „Rechtsstaat" prägen.[271] Nur selten ergeben sich aus dem Rechtsstaatsprinzip eindeutige Ge- oder Verbote. Häufig bedarf es daher einer Konkretisierung „nach den sachlichen Gegebenheiten"[272] des Einzelfalls. In seiner Funktion als Grundlage staatlicher Informationstätigkeit tritt das Rechtsstaatsprinzip häufig als Gebot der Rechtssicherheit auf.[273] Aus dem Gebot der Rechtssicherheit wiederum lässt sich eine Pflicht zur Verbreitung und Verständlichmachung von Rechtsnormen und Rechtsakten ableiten. Für formelle Bundes- und Landesgesetze als bedeutendste Rechtsakte unter dem Grundgesetz hat diese mit der Verkündigung im Amtsblatt nach Art. 82 Abs. 1 GG und den Vergleichsnormen der Landesverfassungen sogar eine ausdrückliche Normierung von Verfassungsrang erfahren.[274]

Das Rechtsstaatsprinzip begründet allerdings über die förmliche Verkündung einer Rechtsnorm hinaus eine Pflicht zur effektiven Verbreitung und Erläuterung staatlicher Rechtsregeln, die Entwicklungen in der Rechtsprechung umfassen kann.[275] Dies gilt auch für untergesetzliche Rechtsakte, de-

---

[268] *Leisner*, Öffentlichkeitsarbeit der Regierung im Rechtsstaat, 1966, S. 83 f.

[269] Das BVerfG verortet das Rechtsstaatsprinzip dort, vgl. BVerfGE 35, 41 (47); vgl. auch *Kotzur*, in: v. Münch/Kunig, GG Bd. I, 7. Aufl. 2021, Art. 20 Rn. 22; zur Problematik der genauen Verortung des Rechtsstaatsprinzips vgl. *Sommermann*, in: v. Mangoldt/Klein/Starck, GG Bd. II, 7. Aufl. 2018, Art. 20 Rn. 227.

[270] BVerfGE 44, 125 (148); *Bröhmer*, Transparenz als Verfassungsprinzip, 2004, S. 138; *Engel*, in: Isensee/Kirchhof, HStR Bd. IV, 3. Aufl. 2006, § 80 Rn. 5; *Schürmann*, Öffentlichkeitsarbeit der Bundesregierung, 1992, S. 156 ff.

[271] Ausf. *Kotzur*, in: v. Münch/Kunig, GG Bd. I, 7. Aufl. 2021, Art. 20 Rn. 141 ff.

[272] St. Rspr. d. BVerfG, vgl. nur BVerfGE 7, 89 (92 f.); 11, 64 (72); 35, 41 (47); 65, 283 (290); jüngst BVerfG, NJW 2019, 2837 (2839).

[273] Zur Rechtssicherheit als Bestandteil des Rechtsstaatsprinzips vgl. *Sommermann*, in: v. Mangoldt/Klein/Starck, GG Bd. II, 7. Aufl. 2018, Art. 20 Rn. 288 ff.

[274] *Schürmann*, Öffentlichkeitsarbeit der Bundesregierung, 1992, S. 158; Ähnlich *Hill*, JZ 1988, 277 (379); die Landesverfassungen der Länder sehen ebenfalls eine Verkündigung im Gesetzblatt vor, vgl. nur Art. 46 Abs. 1 LVerf SH.

[275] BVerfGE 44, 125 (148); ausf. *Gramm*, Der Staat 30 (1991), 51 (64); *F. Kirchhof*, DÖV 1982, 397 (399); *Schürmann*, Öffentlichkeitsarbeit der Bundesregierung, 1992, S. 160 f.

ren rechtsstaatliches Publizitätserfordernis sich in den Bekanntmachungsvorschriften der entsprechenden Gesetze wiederfindet.

Das Rechtsstaatsgebot verpflichtet den Staat damit insgesamt zur Schaffung einer Rechtsordnung, die nicht allein „auf dem Papier steht, sondern sich in der Außenwelt tatsächlich durchsetzt", was nur möglich ist, wenn der Rechtsunterworfene den wesentlichen Inhalt der Normbefehle kennt.[276] Insofern lässt sich das Bedürfnis nach staatlicher (Aufklärungs-) Öffentlichkeitsarbeit als Kehrseite hoher Komplexität gesetzlicher Regelungen und unverständlicher Gesetzessprache begreifen.[277] Die Information des Staates soll dem Bürger ermöglichen, sich rechtskonform zu verhalten. Sie dient damit zum einen dem Effektivitätsgedanken, da das Staatswesen bei entsprechenden Rechtskenntnissen „besser" funktioniert und zum anderen hilft sie dem Bürger dabei, seine eigenen Rechte zu wahren.[278] Gleichwohl bedeutet dies nicht, dass ein Bürger jede einzelne Norm kennen und über das Inkrafttreten oder Änderungen individuell informiert werden muss. Vielmehr verlangt das Rechtsstaatsprinzip Publikationsbemühungen des Rechtsetzers, deren Ausmaß sich nach dem technisch Möglichen, finanziell Zumutbaren und der allgemeinen Bedeutung einer Norm richtet.[279]

Eine Pflicht zur Information folgt neben den grundrechtlich verbürgten individuellen Informationsrechten[280] – allen voran Art. 5 Abs. 1 S. 1 Alt. 2 GG – auch aus der rechtsstaatlichen Verpflichtung zu effektivem Grundrechtsschutz. Die Wahrnehmung des verbürgten Grundrechtsschutzes ist ohne Information über potentielle Beeinträchtigungsmöglichkeiten – gerade auch durch Private – nicht realisierbar.[281] Der Staat muss daher rechtzeitig und in angemessener Weise über mögliche Grundrechtseingriffe, aber auch (grundrechtliche) Teilhaberechte informieren.[282] Erst die hinreichende Information befähigt den Bürger zu eigenverantwortlichem und einem an der eigenen Meinungsbildung orientierten Handeln.[283] Das Grundgesetz weist der Gesellschaft damit gleichzeitig eine aktive Rolle bei der Kontrolle staatlicher Handlungen zu.[284]

---

[276] *F. Kirchhof*, DÖV 1982, 397 (398 f.).

[277] *Gramm*, Der Staat 30 (1991), 51 (66).

[278] *Bröhmer*, Transparenz als Verfassungsprinzip, 2004, S. 138 f.

[279] *F. Kirchhof*, DÖV 1982, 397 (399).

[280] Vgl. dazu *Zott*, Aktive Information des Staates im Internet – Mittelalterlicher Pranger oder modernes Steuerungselement?, 2016, S. 125 ff.

[281] *Knirsch*, DÖV 1988, 25 (27); *Schürmann*, Öffentlichkeitsarbeit der Bundesregierung, 1992, S. 163 m.w.N.

[282] Vgl. *Hill*, JZ 1988, 377 (379); *Knirsch*, DÖV 1988, 25 (27); *Schürmann*, Öffentlichkeitsarbeit der Bundesregierung, 1992, S. 163 f.

[283] BVerfGE 105, 252 (269 f.); 105, 279 (302); *Schoch*, NJW 2012, 2844 (2844).

[284] *Drefs*, in: Dreier/Fischer/van Raay u.a. (Hrsg.), Informationen der öffentlichen Hand – Zugang und Nutzen, 2016, S. 100.

Diese Erwägungsgründe staatlicher Informations- und Öffentlichkeitsarbeit verlaufen somit an der Schnittstelle des Demokratie- und Rechtsstaatsprinzips, da die wirksame Kontrolle seitens der Bürger Informationen über die Motive und Modalitäten staatlichen Handelns voraussetzt.[285] Das rechtsstaatliche Informationsbedürfnis besteht zuvörderst in den Lebensbereichen, in denen der Staat über exklusives Wissen verfügt und kraft dieser zum Garant für potenziell gefährdete Bürger wird. Seiner Pflicht kommt er in diesen Fällen häufig durch Aufklärungen und konkrete Warnungen nach, die Ausfluss des rechtsstaatlichen Grundrechtsgewährleistungsgebots sind und im Falle einer Gefährdung bisweilen in einer verfassungsrechtlichen Handlungspflicht münden, wie sie im Grundrechtskatalog grundsätzlich die Ausnahme darstellt.[286]

3. „Staatspflege" als Aufgabe und Ergebnis erfolgreicher Öffentlichkeitsarbeit

Des Weiteren ist das Aufrechterhalten eines Grundkonsenses in der Bevölkerung hinsichtlich des Staates, der Staatsordnung und der Verfassung nach dem Bundesverfassungsgericht eine zentrale Aufgabe staatlicher Öffentlichkeitsarbeit.[287] Ein vitaler Staat ist für seinen Bestand auf die Zustimmung seiner Bürger existentiell angewiesen. Es besteht um der Freiheit des Einzelnen willen allerdings keinesfalls eine Pflicht für den Bürger zum Verfassungskonsens.[288] Der Gesinnungszwang muss in einem Rechtsstaat vielmehr von vornherein untersagt sein.[289] Die Idee der wehrhaften Demokratie erlaubt es seinen Mitgliedern, sich staatskritisch zu äußern und Staatshandeln (öffentlich) zu hinterfragen.

Dieses Phänomen stellte *Böckenförde* mit seinem berühmten Diktum, dass der „freiheitliche, säkularisierte Staat […] von Voraussetzungen, die er selbst nicht garantieren kann", lebt, fest.[290] Es wäre dennoch falsch, davon auszu-

---

[285] *Drefs*, in: Dreier/Fischer/van Raay u.a. (Hrsg.), Informationen der öffentlichen Hand – Zugang und Nutzen, 2016, S. 100.

[286] BVerfGE 105, 252 (269 f.); 105, 279 (302); *Knirsch*, DÖV 1988, 25 (27); *Schürmann*, Öffentlichkeitsarbeit der Bundesregierung, 1992, S. 130; nur im Ausnahmefall (vgl. etwa Art. 2 Abs. 2 S. 1, Art. 3 Abs. 1 GG) stellen die Grundrechte Leistungsrechte dar – grundsätzlich handelt es sich bei ihnen um Abwehrrechte.

[287] BVerfGE 44, 125 (147); *Drefs*, Die Öffentlichkeitsarbeit des Staates und die Akzeptanz seiner Entscheidungen, 2019, S. 155 ff.; *Gusy*, in: Hofmann-Riem/Schmidt-Aßmann/Voßkuhle (Hrsg.), GVwR Bd. II, 2. Aufl. 2012, § 23 Rn. 95; *Jung*, Das kommunale Amtsblatt – Inhalt, Ausgestaltung, Präsentation, 2021, S. 30; vgl. auch *Landwers*, Behördliche Öffentlichkeitsarbeit im Recht, 2019, S. 47.

[288] *Gersdorf*, AfP 2016, 293 (294); *Uhle*, in: Isensee/Kirchhof, HStR Bd. IV, 3. Aufl. 2006, § 82 Rn. 3; vgl. auch *Jellinek*, Allgemeine Staatslehre, 3. Aufl. 1914, S. 264.

[289] *Klein*, VVDStRL 37 (1979), S. 53 ff. (106).

[290] *Böckenförde*, in: ders., Staat, Gesellschaft, Freiheit, 1976, S. 60; s.a. *Drefs*, Die Öf-

gehen, dass der Staat chancenlos ist, die geistigen Voraussetzungen seiner eigenen Existenz und seines Erfolgs zumindest mitzugestalten.[291] Das staatliche Hinwirken auf die Erreichung eines größtmöglichen Konsens zugunsten des Staates und der Verfassung in der Bevölkerung ist ihm durchaus möglich und nicht selten Triebfeder staatlichen Handelns – insbesondere im Bereich des staatlichen Informationshandelns. Der sog. „Staatspflege"[292] oder „inneren Integration"[293], mit der sich *Smend* erstmals bereits 1928 in prägender Weise auseinandersetzte,[294] wird selbst in Ermangelung einer ausdrücklichen Erwähnung im Verfassungstext aus dem Sinnganzen des Grundgesetz folgend die Qualität einer Pflichtaufgabe von Verfassungsrang zugesprochen.[295]

Obschon das Bundesverfassungsgericht die Bedeutung dieser Aufgabe in nachvollziehbarer Weise betont,[296] handelt es sich bei der Erreichung einer flächendeckenden Zustimmung bis in alle Randbereiche einer pluralistischen Gesellschaft lediglich um ein ideelles Bestreben, da es einen einheitlichen gesellschaftlichen Konsens zugunsten des Staates bis in das letzte Detail nie geben wird. Darin ist im Hinblick auf die sich aus kritischen Anregungen ergebenden Entfaltungsmöglichkeiten des Staates und die Vorteile einer pluralistischen Gesellschaft jedoch keinesfalls eine Problematik oder gar eine Gefahr zu sehen. Vielmehr geht es bei Staatspflege und innerer Integration um das ergebnisorientierte Werben und um die Akzeptanz staatlicher Aufgabenerfüllung sowie fundamentaler, den Verfassungsstaat tragenden Grundwerte. Allerdings ist – der informalen Rechtsnatur der Staatspflege geschuldet – in diesem Zusammenhang nicht selten der Weg bereits das Ziel. Nicht selten erschöpft sich das Staatshandeln in einem Bemühen um ein

---

fentlichkeitsarbeit des Staates und die Akzeptanz seiner Entscheidungen, 2019, S. 157 f.; *Klein*, VVDStRL 37 (1979), S. 53 ff. (106); *Gramm*, Der Staat 30 (1991), 51 (66); a.A. wohl *Engel*, in: Isensee/Kirchhof, HStR Bd. IV, 3. Aufl. 2006, § 80 Rn. 5 im Hinblick auf BVerfGE 44, 125.

[291] *Gramm*, Der Staat 30 (1991), 51 (66); s.a. *Schürmann*, Öffentlichkeitsarbeit der Bundesregierung, 1992, S. 130.

[292] Zu dem Begriff der Staatspflege vgl. *Krüger*, in: Quaritsch (Hrsg.), Die Selbstdarstellung des Staates, 1977, S. 21.

[293] Zu dem Begriff der inneren Integration *Uhle*, in: Isensee/Kirchhof, HStR Bd. IV, 3. Aufl. 2006, § 82 passim.

[294] Erstmals *Smend*, Verfassung und Verfassungsrecht, 1928; *ders.* Staatsrechtliche Abhandlungen und andere Aufsätze, 3. Aufl. 1994, S. 119 ff.; dazu auch *Drefs*, Die Öffentlichkeitsarbeit des Staates und die Akzeptanz seiner Entscheidungen, 2019, S. 163 f.

[295] *Uhle*, in: Isensee/Kirchhof, HStR Bd. IV, 3. Aufl. 2006, § 82 Rn. 47; vgl. auch *Herzog*, in: Isensee/Kirchhof, HStR Bd. IV, 3. Aufl. 2006, § 72 Rn. 90 f.; *Isensee*, in: ders./Kirchhof, HStR Bd. IV, 3. Aufl. 2006, § 71 Rn. 83; *Klein*, VVDStRL 37 (1979), S. 53 ff. (104).

[296] BVerfGE 44, 125 (147).

positives Bild in der Öffentlichkeit.[297] Beim Streben nach Akzeptanz handelt es sich folglich um eine verfassungsrechtliche Aufgabe des Staates.

Die Staatspflege soll dazu dienen, die Akzeptanz der grundgesetzlichen Ordnung und ein an dieser Ordnung orientiertes Handeln der Bürger zu fördern, welches das Bekenntnis zum offenen Nationalstaat wie zum freiheitssichernden Verfassungsstaat einschließt.[298] In ihr ist die Bedingung für die Dauerhaftigkeit und Realität des Verfassungsstaates zu sehen.[299] Dieses Bestreben gewinnt an Lebendigkeit, wenn man es mit den weitaus greifbareren Verfassungsgrundsätzen und Staatsprinzipien füllt, die der Verwirklichung der Anforderungen dienen. Die identitätsstiftenden Grundsätze sind vor allem die Freiheit und Gleichheit des Einzelnen sowie das Demokratie-, Bundesstaats-, Sozialstaats- und Rechtsstaatsprinzip.[300] Es bedarf keiner genaueren Betrachtung, um festzustellen, dass es sich bei diesen Rechten und Prinzipien um den Verfassungskern des Grundgesetzes handelt.[301] Die Anerkennung dieser Grundsätze und die Ausrichtung des eigenen Handelns anhand dieser sind die Voraussetzung für das Erreichen dieses Staatsziels. Adressat der Verfassungspflicht des Hinwirkens auf die Erreichung sind alle drei Staatsgewalten.[302] Die Öffentlichkeitsarbeit nimmt dabei einen nicht unerheblichen Teil ein und bietet allen drei Staatsgewalten bzw. ihren Mitgliedern ein flexibles und vielseitiges Instrument zur inneren Integration, das sich von den formalen Handlungsformen der Staatsgewalt durch seine Multidimensionalität und Rechtsformlosigkeit abhebt.

Die Veranstaltung staatspflegender Öffentlichkeitsarbeit ist dabei schwerpunktmäßig (aber keinesfalls allein) bei der Staatsgewalt der Exekutive zu verorten. Ein zugriffsfester Kern an regierungsamtlicher Öffentlichkeitsarbeit ist sogar im Kernbereich der exekutiven Eigenverantwortung zu verorten.[303] Durch werbende und selbstdarstellende Maßnahmen, die die Legitimität anderer Handlungsweisen des Staates erläutern und diese verständlich

---

[297] Vgl. *Gramm*, Der Staat 30 (1991), 51 (64); zu unterscheiden ist die allgemeine Staatsakzeptanz von der Akzeptanz einzelner Entscheidungen, vgl. dazu *Drefs*, Die Öffentlichkeitsarbeit des Staates und die Akzeptanz seiner Entscheidungen, 2019, S. 166 ff.

[298] *Uhle*, in: Isensee/Kirchhof, HStR Bd. IV, 3. Aufl. 2006, § 82 Rn. 2; Rn. 5 m.w.N.

[299] Vgl. dazu auch *Isensee*, Das Volk als Grund der Verfassung, 1995, S. 90 ff.

[300] *Uhle*, in: Isensee/Kirchhof, HStR Bd. IV, 3. Aufl. 2006, § 82 Rn. 5; vgl. auch *Klein*, VVDStRL 37 (1979), S. 53 ff. (105 f.), der von „aus leidvoller geschichtlicher Erfahrung mit anderen politischen Ordnungssystemen erwachsene Idee demokratischer Rechtsstaatlichkeit“ spricht; grundlegend *Drefs*, Die Öffentlichkeitsarbeit des Staates und die Akzeptanz seiner Entscheidungen, 2019, S. 155 ff.

[301] Diese Werte sind auch Grundlage des auf *Dolf Sternberger* zurückzuführenden und u.a. von *Jürgen Habermas* popularisierten Begriff des Verfassungspatriotismus, vgl. ursprünglich *Sternberger*, Verfassungspatriotismus, 1982.

[302] *Uhle*, in: Isensee/Kirchhof, HStR Bd. IV, 3. Aufl. 2006, § 82 Rn. 59.

[303] *Schürmann*, Öffentlichkeitsarbeit der Bundesregierung, 1992, S. 201.

machen, ist es dem Staat möglich, auf Staatsakzeptanz hinzuwirken und die Grundbedingung seiner eignen Zukunft hinlänglich zu sichern.[304]

4. „Nudging" als Funktion staatlicher Öffentlichkeitsarbeit

Durch das Einwirken auf den Bürger im Wege staatlicher Öffentlichkeitsarbeit versucht der Staat nicht nur Einfluss auf das („Vertrauens"-) Verhältnis zwischen Bürger und öffentlicher Hand zu nehmen, sondern er nutzt den Kommunikationsweg auch, um rein innergesellschaftliche Verhaltens- und Meinungsstandards zu beeinflussen.[305] Anders als so oft tut er dies jedoch nicht ausschließlich durch verbindliche Ge- und Verbote. Vielmehr wirbt er auch für Handlungsweisen, denen der Angesprochene gegenüber anderen Handlungsalternativen Vorzug gewähren soll, obwohl die Rechtsordnung gewünschtes und unerwünschtes Verhalten gleichermaßen zulässt und dem Entscheidungshorizont des Einzelnen überlässt.[306] Bildlich gesprochen schiebt sich zwischen das freie Wollen und das die Handlungsfreiheit einschränkende rechtliche Dürfen eine dritte Ebene: Die von Seiten des Staates erwünschte Freiheitsausübung, für die nicht die Einhaltung der Rechtsordnung, sondern sozialmoralische oder altruistische Motive streiten.[307]

Diese Einflussnahme auf den Bürger geschieht für letzteren größtenteils unbewusst und wird heute gemeinhin als *„Nudging"* bezeichnet. Die öffentliche Hand verfügt nicht unmittelbar, sondern stößt (= *„to nudge"*) den Bürger in die gewollte Richtung, ohne ihn zu zwingen oder wirtschaftliche Anreize stark zu verändern.[308] Umschrieben wird dieses Vorgehen des Staates auch als „libertärer Paternalismus".[309] Wichtig für eine Kategorisierung ist, dass der Angesprochene trotz der unbewussten Einflussnahme durch den Staat in seiner Entscheidung frei bleibt und stets in der Lage ist, den *„Nudge"* ohne großen Aufwand zu umgehen. Für diese Form staatlichen Vorgehens kommen insbesondere Themenfelder in Betracht, in denen der Staat von verbindlichen Verboten absieht, was beispielsweise bei der Gesundheit des Einzelnen oder dem Umweltschutz der Fall ist.[310] Die Beeinflussung inner-

---

[304] Zur Bedeutung der Akzeptanz und die besondere Rolle der Öffentlichkeitsarbeit bei der Begründung derselben, vgl. *Drefs*, Die Öffentlichkeitsarbeit des Staates und die Akzeptanz seiner Entscheidungen, 2019, passim.

[305] So bereits *Gramm*, Der Staat 30 (1991), 51 (66 f.).

[306] Ausf. zu diesem Phänomen vgl. *Gramm*, Der Staat 30 (1991), 51 (64); *G. Kirchhof*, ZRP 2015, 136 (136); *Purnhagen/Reisch*, ZEuP 2016, 629 (635 ff.).

[307] Sehr anschaulich *Gramm*, Der Staat 30 (1991), 51 (67).

[308] Der Begriff ist auf *Cass Sunstein* und *Richard Thaler* zurückzuführen, vgl. grundlegend *Thaler/Sunstein*, Nudge. Wie man kluge Entscheidungen anstößt, 4. Aufl. 2014; vgl. auch *G. Kirchhof*, ZRP 2015, 136 (136); *Purnhagen/Reisch*, ZEuP 2016, 629 (635 ff.); *Smeddinck*, ZRP 2014, 245; *Sunstein/Reisch*, EuCML 2019, 93.

[309] Krit. zu diesem Begriff *G. Kirchhof*, ZRP 2015, 136 (136).

[310] *Smeddinck*, ZRP 2014, 425 (426); *Gramm*, Der Staat 30 (1991), 55 (66 f.).

gesellschaftlicher Verhaltensstandards durch sog. „*Nudges*“ ist in den verschiedensten Erscheinungsformen denkbar, staatliche Öffentlichkeitsarbeit ist nur eine von ihnen.

5. Zwischenergebnis

Es zeigt sich, dass sich der Staat vom Betreiben seiner Öffentlichkeitsarbeit zurecht einen Erfolg beim Bürger verspricht. Sachgerecht betriebene Öffentlichkeitsarbeit kommt ihm in mehrfacher Hinsicht zugute. Zum einen stärkt die Staatskommunikation das Vertrauen der Bürger in die staatliche Aufgabenerfüllung und die Geltung der den Verfassungsstaat tragenden Verfassungsgrundsätze. Von dem auf staatlicher Selbstdarstellung beruhenden Vertrauen seiner Bürger profitiert der Staat – insbesondere die Regierung – unmittelbar. Um die Akzeptanz, bei der es sich um eine elementare Voraussetzung des funktionierenden Verfassungsstaats handelt, zu gewährleisten, ist in der sog. Staatspflege auch eine Pflichtaufgabe von Verfassungsrang zu sehen, der sich der Staat mithin nicht entziehen darf. Die Präsentation regierungsamtlicher Erfolge und die Information über geplante Vorhaben beispielsweise vermögen die Chancen auf eine Wiederwahl (auch bei Einhaltung der Neutralitäts- und Sachlichkeitsvorgaben) zu erhöhen.

Allerdings ist die der Staatspflege dienende Selbstdarstellung – und das scheint bisweilen in Vergessenheit zu geraten – nur ein Aspekt der Staatskommunikation. Neben der staatspflegenden Funktion wird eine Pflicht zur staatlichen Öffentlichkeitsarbeit darüber hinaus aus den beiden zentralen Staatsprinzipien der Demokratie und des Rechtsstaats abgeleitet, die dieser Aufgabe ebenfalls Verfassungsrang verleihen. Staatskommunikation ist für die Bildung eines neutralen Volkswillens genauso wichtig wie für die Gewährung eines effektiven Grundrechtsschutzes und die Verbreitung sowie Erläuterung der geltenden Rechtsregeln. Dass sich die Staatskommunikation dabei nicht auf selbstdarstellende Maßnahmen beschränken kann, liegt nahe. Zuletzt dient staatliches Informationshandeln auch der Herbeiführung staatlicherseits erwünschter Verhaltensstandards durch informales Steuern ohne Zwang, indem der Staat unbewusste Anreize (sog. „Nudging“) schafft, die den Bürgern zu bestimmten Handlungen und Meinungsbildungen lenken sollen. Somit ist in der staatlichen Öffentlichkeitsarbeit aus mehreren Gründen eine Pflichtaufgabe des Staates zu sehen, die dieser auch zu seinem eigenen Wohl einsetzt.

B. Staatliche Öffentlichkeitsarbeit in sozialen Netzwerken

I. Historische Entwicklung

Zweifelsfrei begann die Entwicklung staatlicher Öffentlichkeitsarbeit weit vor der Etablierung digitaler Massenmedien und sozialer Netzwerke. Auch wenn die Öffentlichkeitsarbeit in Deutschland teilweise als „rein amerikanische Erfindung erst nach dem zweiten Weltkrieg" bezeichnet wird,[311] finden sich Elemente und Strukturen organisierter Staatskommunikation schon deutlich früher. Otto v. Bismarck war es, der die Bedeutung staatlicher Öffentlichkeitsarbeit erkannte, sie daraufhin vorantrieb und deshalb als Urbild staatlicher Öffentlichkeitsarbeit angesehen wird.[312] Er griff zur Kommunikation mit den Bürgern auf das sich in einem Wandel befindende Medium der Presse zurück. Die Presse war zu dieser Zeit kein souveränes Medium, auf das der Staat bloß zu seinen Gunsten zurückgriff. Vielmehr steuerte der Staat die Medien teilweise unmittelbar. Dies geschah allerdings nicht offensichtlich in Form von regierungsamtlicher Propaganda in staatlichen Medien, sondern unter dem Deckmantel eines objektiven Journalismus, sodass infolgedessen jegliche Kritik an der Politik Bismarcks von Seiten der Medien ausblieb. Während sich diese Form der Einflussnahme auf die Willensbildung des Volkes noch wesentlich von den Formen heutiger Öffentlichkeitsarbeit durch den Staat unterschied, veränderten sich die Erscheinungsformen und Umstände der Regierungskommunikation um die Jahrhundertwende enorm. Die wohl bedeutendste Entwicklung dieser Zeit war die Entstehung einer autonomen Massenpresse. Sinkende Preise und größere Auflagen, die sich an eine breitere Leseschicht richteten, führten dazu, dass sich der Einfluss des Staates auf die Presse verringerte und der Staat selbst aktiv tätig werden musste.[313] Der Medialisierungsschub brachte daher das Aufkommen eigenständiger staatlicher Öffentlichkeitsarbeit mit sich, da es notwendig wurde, staatliches Handeln Bürgern und Presse gegenüber zu legitimieren.[314] Es lässt sich insofern von einer Trennung zwischen Presse und Staat sprechen, die es zuvor so noch nicht gegeben hatte.

Mit dem Ausbruch des ersten Weltkriegs änderte sich diese Situation jedoch wieder schlagartig. Das Bild einer unabhängigen Presse wurde erschüttert, eine Zensur der Presse wiedereingeführt und die Öffentlichkeitsarbeit

---

[311] Vgl. *Kunczik*, in: Köhler/Schuster (Hrsg.), Handbuch Regierungs-PR, 2006, S. 45.

[312] Vgl. *Birkner*, in: Raupp/Kocks/Murphy (Hrsg.), Regierungskommunikation und staatliche Öffentlichkeitsarbeit, 2018, S. 75.

[313] Vgl. *Birkner*, in: Raupp/Kocks/Murphy (Hrsg.), Regierungskommunikation und staatliche Öffentlichkeitsarbeit, 2018, S. 77 f.

[314] Zum Verhältnis der amtlichen Öffentlichkeitsarbeit und der Presse vgl. *Gebhardt*, Publizistik 39 (1994), 175 (185 f.).

der Regierung schlug in Kriegspropaganda um.[315] Dies führte zu einem Glaubwürdigkeitsverlust von objektivem Journalismus und staatlicher Öffentlichkeitsarbeit. Gleichwohl fand in der Weimarer Republik die bisher womöglich größte Kampagne staatlicher Öffentlichkeitsarbeit statt.[316] Mit der organisierten Verbreitung einer als „Dolchstoßlegende" titulierten Verschwörungstheorie von Seiten des Staates sollte die Kriegsschuldanklage international wie national abgewehrt werden.[317] Zur systematischen Verbreitung der Kampagne wurde im Auswärtigen Amt ein Büro eingerichtet, dessen Aufgabe darin bestand, in- wie ausländische Presse mit Material zu versorgen.[318] Daneben wurden eine Zentralstelle zur Erforschung der Kriegsursachen und der Arbeitsausschuss deutscher Verbände ins Leben gerufen, die mit dem Kriegsschuldreferat des Auswärtigen Amtes eng zusammenarbeiteten.[319] Hermann Kantorowicz, der im Auftrag des parlamentarischen Untersuchungsausschusses ein Gutachten über die Frage der Schuld Deutschlands an der Auslösung des Ersten Weltkrieges verfasste, ging davon aus, dass vom Arbeitsausschuss täglich durchschnittlich 100 Artikel bezüglich der Kriegsschuldfrage veröffentlicht wurden.[320]

Der Tiefpunkt des objektiven Journalismus, der gleichzeitig den Höhepunkt hoheitlicher Einflussnahme auf die Bevölkerung in Form von staatlicher Propaganda darstellt, wurde nach der Machtergreifung der Nationalsozialisten erreicht. Neben dem Ausschluss von Kontrolle und Kritik durch unabhängige Medien wurde auf erschreckende Weise in personeller Hinsicht auf Zeitungsredaktionen eingewirkt, indem jüdische Redakteure vertrieben und getötet wurden.[321] Zentrale Figur staatlicher Propaganda im Dritten Reich war der Reichspropagandaleiter Joseph Goebbels.[322] Er war nach der Machtergreifung der Nationalsozialisten Leiter des neu geschaffenen

[315] *Birkner*, in: Raupp/Kocks/Murphy (Hrsg.), Regierungskommunikation und staatliche Öffentlichkeitsarbeit, 2018, S. 78 f.

[316] *Kunczik*, in: Köhler/Schuster (Hrsg.), Handbuch Regierungs-PR, 2006, S. 40.

[317] *Birkner*, in: Raupp/Kocks/Murphy (Hrsg.), Regierungskommunikation und staatliche Öffentlichkeitsarbeit, 2018, S. 79.

[318] *Kunczik*, in: Köhler/Schuster (Hrsg.), Handbuch Regierungs-PR, 2006, S. 40.

[319] *Kunczik*, in: Köhler/Schuster (Hrsg.), Handbuch Regierungs-PR, 2006, S. 40.

[320] *Kantorowicz*, Der Geist der englischen Politik und das Gespenst der Einkreisung Deutschlands, 1929, S. 449; vgl. *Birkner*, in: Raupp/Kocks/Murphy (Hrsg.), Regierungskommunikation und staatliche Öffentlichkeitsarbeit, 2018, S. 79; *Kunczik*, in: Köhler/Schuster (Hrsg.), Handbuch Regierungs-PR, 2006, S. 40.

[321] *Birkner*, in: Raupp/Kocks/Murphy (Hrsg.), Regierungskommunikation und staatliche Öffentlichkeitsarbeit, 2018, S. 79 f.

[322] *Birkner*, in: Raupp/Kocks/Murphy (Hrsg.), Regierungskommunikation und staatliche Öffentlichkeitsarbeit, 2018, S. 80; vgl. aber auch *Kunczik*, in: Köhler/Schuster (Hrsg.), Handbuch Regierungs-PR, 2006, S. 42.

Reichsministeriums für Volksaufklärung und Propaganda.[323] Dieses war zuständig für die inhaltliche Lenkung von jeglichen Medien, insbesondere Presse, Rundfunk und Film. Laut einer Verordnung vom 30. Juni 1933 war es die Aufgabe des Ministeriums, in geistiger Weise auf die Nation einzuwirken und für den Staat zu werben sowie über Staat, Kultur und Wirtschaft zu unterrichten.[324] Diesem Auftrag folgend hatte sich das NS-Regime ein Instrument geschaffen, das im In- wie im Ausland weitreichenden Einfluss auf das Leben der Bevölkerung nahm, da dem Ministerium praktisch kaum Zuständigkeitsbegrenzungen auferlegt wurden.[325] Neben der Einflussnahme auf die Presse diente das zu dieser Zeit höchst innovative Radio als eine der wichtigsten Propagandainstitutionen, da es ermöglichte, die Verlautbarungen des NS-Regimes beinahe flächendeckend zu verbreiten.[326] Der im Auftrag von Joseph Goebbels entwickelte „Volksempfänger" war aufgrund seines vergleichsweise niedrigen Preises für viele Familien erschwinglich, die sich ein Radiogerät zuvor nicht hatten leisten können, und trug massiv zum Erfolg der nationalsozialistischen Propaganda bei. Sie war darauf angelegt, die Bürger aktiv in die politischen Vorstellungen des NS-Regimes einzubinden und bei ihnen die Einsicht über Recht- sowie Zweckmäßigkeit der staatlichen Ideale und Maßnahmen hervorzurufen.[327]

In der Nachkriegszeit betrieb jede Besatzungsmacht bereits vor der Gründung der Bundesrepublik selbstständig Öffentlichkeitsarbeit. Nach ihrer Gründung bestand die Hauptaufgabe staatlicher Kommunikationstätigkeit darin, das Vertrauen in Staat und Gesellschaft wiederherzustellen. Dies gestaltete sich im Hinblick auf personelle Überschneidungen zur NS-Zeit allerdings nicht einfach, wenngleich das Ende der NS-Zeit ob aller Kontinuitäten eine Zäsur in der Geschichte der Regierungskommunikation darstellt.[328] Wenige Wochen nach seinem Amtseid rief Konrad Adenauer mit dem Presse- und Informationsamt der Bundesregierung (BPA) einen gewaltigen Apparat zur Regierungskommunikation ins Leben, dem weitere, der regierungsamtlichen Öffentlichkeitsarbeit dienende Organisationen folgen

[323] Erlass über die Errichtung des Reichsministeriums für Volksaufklärung und Propaganda vom 13. März 1933, RGBl. 1933 I, S. 104.

[324] Verordnung über die Aufgaben des Reichsministeriums für Volksaufklärung und Propaganda vom 30. Juni 1933, RGBl. 1933 I, S. 449.

[325] Vgl. *Schlüter*, Vom Kampfblatt zur Staatspropaganda, 2016, S. 51 f.

[326] *Birkner*, in: Raupp/Kocks/Murphy (Hrsg.), Regierungskommunikation und staatliche Öffentlichkeitsarbeit, 2018, S. 80.

[327] *Schlüter*, Vom Kampfblatt zur Staatspropaganda, 2016, S. 52.

[328] *Birkner*, in: Raupp/Kocks/Murphy (Hrsg.), Regierungskommunikation und staatliche Öffentlichkeitsarbeit, 2018, S. 80; *Grube*, in: Paulmann (Hrsg.), Auswärtige Repräsentationen. Deutsche Kulturdiplomatie nach 1945, 2005, S. 289 (291); *Kocks*, in: Borucki/Schünemann (Hrsg.), Internet und Staat, 2019, S. 151; *Kunczik*, in: Köhler/Schuster (Hrsg.), Handbuch Regierungs-PR, 2006, S. 42 f.

sollten.[329] Auch die Länder betrieben in dieser Zeit in nicht unerheblichem Maße regierungsamtliche Öffentlichkeitsarbeit.[330] Jedwede Maßnahmen staatlicher Öffentlichkeitsarbeit von Seiten des Bundes wie der Länder hatten in den ersten Jahren der Bundesrepublik gemein, dass sie in Ermangelung medialer Alternativen primär auf Presseinformation und damit eine mittelbare Verbreitung durch die Presse angewiesen waren.[331] Auch wenn die neue Generation an Journalisten dazu bereit war, kritisch über Vorhaben der Regierung zu berichten, waren sie zu dieser Zeit doch stark abhängig von der an sie gerichteten Informationsweitergabe durch den Staat.[332] Dies galt auch für die Rundfunkanstalten, die in den Nachkriegsjahren entstanden und neben dem Hörfunk ab Mitte der fünfziger Jahre auch auf das Fernsehen als neues Medium zurückgreifen konnten. Im Zuge dieses Medialisierungsschubs erging 1961 auch das erste Rundfunkurteil des Bundesverfassungsgerichts.[333] In dieser wegweisenden Entscheidung des Zweiten Senats erklärte das Gericht die Gründung eines vom Bund kontrollierten zweiten Fernsehprogramms in Form einer „Deutschland-Fernsehen-GmbH“ für unzulässig. Auch wenn die selbstständige Veranstaltung von Rundfunk durch den Staat damit auf Eis gelegt wurde, stellten der Rundfunk und insbesondere das Fernsehen wie vom Bundesverfassungsgericht prognostiziert in dieser Zeit den „eminenten ‚Faktor‘ der öffentlichen Meinungsbildung“ dar.[334] Das Fernsehen veränderte durch seine neuen Darstellungsmöglichkeiten und Formate nicht nur die Gesellschaft, sondern auch die Politik und die Öffentlichkeitsarbeit des Staates.[335]

Parallel zu diesen Entwicklungen im Bereich der Massenmedien griff der Staat zum Zwecke der Öffentlichkeitsarbeit auf die Verteilung eigener Druckschriften, das Aufhängen von Plakaten und das Veranstalten von Pressekonferenzen zurück. Derartige Formen staatlicher Öffentlichkeitsarbeit sind auch heute noch (Kern-) Bestandteil der staatlichen Kommunikationstätigkeit. Zwei zentrale, den gerichtlichen Umgang mit staatlichen Äußerungen bis heute prägende Entscheidungen des Bundesverfassungsgerichts sind auf Sachverhalte aus den 1980er Jahren zurückzuführen. In seiner „Osho“-

[329] *Kunczik*, in: Köhler/Schuster (Hrsg.), Handbuch Regierungs-PR, 2006, S. 43 f.

[330] *Kunczik*, in: Köhler/Schuster (Hrsg.), Handbuch Regierungs-PR, 2006, S. 42 f.

[331] Vgl. *Kunczik*, in: Köhler/Schuster (Hrsg.), Handbuch Regierungs-PR, 2006, S. 42.

[332] Vgl. dazu generell und zur Entwicklung hin zu einer Form der Medialisierung, in der der Staat selbst die Medienarbeit für sich entdeckt („an essential stragety of governing“), *Strömbäck*, The International Journal of Press/Politics, 13 (3), 228 (240); *Birkner*, in: Raupp/Kocks/Murphy (Hrsg.), Regierungskommunikation und staatliche Öffentlichkeitsarbeit, 2018, S. 82.

[333] BVerfGE 12, 205 ff.

[334] BVerfGE 12, 205 (260).

[335] *Birkner*, in: Raupp/Kocks/Murphy (Hrsg.), Regierungskommunikation und staatliche Öffentlichkeitsarbeit, 2018, S. 82.

Entscheidung hatte sich das Gericht mit der Rede eines Bundesministers bzw. einer darauf basierenden Veröffentlichung in einer Broschüre[336] auseinanderzusetzen und im „Glykol"-Beschluss ging es um die Erstellung einer Liste, auf der mit gesundheitsschädlichen Stoffen versehene Nahrungsmittel genannt wurden.[337]

Den wohl größten Einfluss auf die Entwicklung sämtlicher Kommunikationsformen und damit auch auf die staatliche Öffentlichkeitsarbeit hatte die Etablierung des Internets. Einen zentralen Meilenstein stellt die Freigabe des „World Wide Webs" im Jahr 1993 dar. Dieses ermöglichte es fortan jedermann, das Netz ohne besondere technische Kenntnisse zu nutzen, weshalb es häufig als Synonym für das Internet als solches verwendet wird.[338] Während diese Möglichkeit zunächst nur von einem überschaubaren Personenkreis genutzt wurde, entwickelte sich das „World Wide Web" in den Folgejahren zu einem Kommunikations- und Informationsnetzwerk, ohne das ein Zusammenleben heutzutage nicht mehr vorstellbar wäre und dessen weitere Entwicklung kaum vorhersehbar ist.[339] Während *Jensen* – symptomatisch für den Entwicklungsstand des Internets im Jahr 2006 – im Rahmen seiner Darstellung internetspezifischer Probleme im Zusammenhang mit regierungsamtlicher Öffentlichkeitsarbeit noch davon ausging, dass das Internet im Verhältnis zu den klassischen Massenmedien Rundfunk und Presse eine untergeordnete Rolle spielt,[340] ist heute festzustellen, dass dem Internet eine Rolle zuzusprechen ist, die in ihrer Bedeutung schlichtweg nicht überschätzt werden kann. Nachdem 2003 in Deutschland der Anteil der Internetnutzer die 50 %-Marke überschritt,[341] war 2020 in 99 % der Haushalte, in denen ein Jugendlicher lebt, ein Internetzugang vorzufinden.[342] Das Internet ist im Hinblick auf seine grenzenlose Reichweite ebenso wie im Hinblick auf seine Vielfältigkeit als einzigartig zu bezeichnen und veränderte die Kommunikationsstrukturen in allen gesellschaftlichen Bereichen.

Zunächst ermöglichte es das Internet seinen Nutzern durch simple Websites und Emailverkehr, Informationen preiszugeben und auf so bequemem wie schnellem Weg zu kommunizieren.[343] Diese Form der Kommunikation

---

[336] BVerfGE 105, 279 (284).

[337] BVerfGE 105, 252 (254).

[338] Zur damaligen Entwicklung m.w.N. *Hornung*, MMR 2004, 3 (4).

[339] Vgl. bereits *Jensen*, Rechtsprobleme regierungsamtlicher Öffentlichkeitsarbeit im Internet-Zeitalter, 2006, S. 1.

[340] *Jensen*, Rechtsprobleme regierungsamtlicher Öffentlichkeitsarbeit im Internet-Zeitalter, 2006, S. 1 f.

[341] *Hornung*, MMR 2004, 3 (4).

[342] JIM 2020, Basisuntersuchung zum Medienumgang 12– bis 19-Jähriger, S. 6, abrufbar unter https://www.mpfs.de/fileadmin/files/Studien/JIM/2020/JIM-Studie-2020_Web_final.pdf, zuletzt abgerufen am 20.07.2022.

[343] Ausführlich zu den Vorteilen des Internets für Informationsveröffentlichungen *Zott*,

etablierte sich für geschäftliche ebenso wie für private Beziehungen. Deshalb verwundert es auch nicht, dass staatliche Stellen dieser Entwicklung zeitnah nachkamen und von dort an ihre Informationen auch auf offiziellen Websites veröffentlichten.[344] Die Website der Bundesregierung[345] dient beispielsweise seit dem Jahr 2000 als Anlaufstelle des Bundeskabinetts im Internet und vermag seit ihrer Geburtsstunde erstaunliche Besucherzahlen vorzuweisen.[346] Neben den Maßnahmen klassischer Öffentlichkeitsarbeit wie der Publikation von Pressemitteilungen, Reden und Bildern dienten die Websites damals wie heute auch der unmittelbaren Kontaktaufnahme und Bereitstellung von Datenbanken.[347] Dieser Entwicklung haben sich mittlerweile nahezu alle Träger staatlicher Gewalt entgegen dem Vorwurf struktureller Modernisierungsfeindlichkeit angeschlossen.

Neben der Informationspreisgabe an den Bürger und die Vertreter der Presse ermöglicht der technische Fortschritt auch die Optimierung interner Arbeitsprozesse in der Verwaltung sowie eine Digitalisierung des Verwaltungsverfahrens. Diese Entwicklung wurde und wird auch heute noch fieberhaft als E-Government bezeichnet.[348] Die in dieser Untersuchung im Mittelpunkt stehenden Aktivitäten staatlicher Stellen in sozialen Netzwerken gehen über das vom ursprünglichen Begriff des E-Governments Erfasste und seine Zielsetzungen sogar hinaus. Als die (Mit-) Begründer dieser Bestrebung 2002 durch ihre „Speyrer Definition“[349] Uneinigkeiten und Ungenauigkeiten überwinden wollten, war die rasante Entwicklung des Internets – insbesondere die der sozialen Netzwerke – kaum prognostizierbar. Die sozialen Netzwerke sind jünger als der Begriff des E-Governments bzw. als die Erkenntnis, dass auch der Staat sich technischen Fortschritten nicht entziehen darf, und konnten daher in die ursprünglichen Anwendungsfelder des Electronic Governments nicht miteinbezogen werden. Daher beschränkte sich der Begriff ursprünglich auf den zur Optimierung der Verfahrensabläufe „kombinierten

---

Aktive Informationen des Staates im Internet – Mittelalterlicher Pranger oder modernes Steuerungsinstrument?, 2016, S. 240 ff.

[344] *Groß* ging bereits 2001 davon aus, dass es kaum Behörden geben dürfte, die nicht über eine eigene Website verfügen, DÖV 2001, 159 (159).

[345] Vgl. www.bundesregierung.de, zuletzt abgerufen am 20.07.2022.

[346] Vgl. zu dieser Entwicklung *Mandelartz/Grotelüschen*, NVwZ 2004, 647 (648).

[347] Vgl. *Jensen*, Rechtsprobleme regierungsamtlicher Öffentlichkeitsarbeit im Internet-Zeitalter, 2006, S. 4.

[348] Exemplarisch *Schliesky*, DVP 2013, 420 ff.

[349] Unter dem Begriff des Electronic Governments ist demnach „die Abwicklung geschäftlicher Prozesse im Zusammenhang mit Regieren und Verwalten (Government) mit Hilfe von Informations- und Kommunikationstechniken über elektronische Medien“ zu verstehen, *Reinermann/v. Lucke*, Electronic Government in Deutschland, 2. Aufl. 2002, S. 1; krit. dazu *Schliesky*, in: ders./Schulz (Hrsg.), Transparenz, Partizipation, Kollaboration – Web 2.0 für die öffentliche Verwaltung, S. 1 (2 ff.).

Einsatz von World Wide Web (WWW) mit elektronischer Post (E-Mail), elektronischen Datenaustausch (EDI) und darauf abgestimmten Datenbanksystemen."[350] Mittlerweile findet sich die Modebezeichnung des Electronic Governments auch in den Gesetzen der Länder und des Bundes wieder. Während mehrere Länder für eine Legaldefinition auf die weit gefasste Vorlage aus Speyer zurückgriffen, entschied sich der schleswig-holsteinische Gesetzgeber in § 2 Nr. 1 EGovG SH[351] dazu, höhere Anforderungen an den Anwendungsbereich des E-Governments zu stellen.[352] Insgesamt bleibt festzuhalten, dass es sich dabei in jedem Fall nicht um eine eigenständige Verwaltungsform handelt.[353] Vielmehr dient die Bezeichnung (nur) dazu, eine vielschichtige Entwicklung zu beschreiben und „greifbar" zu machen. Ob man die Aktivität staatlicher Stellen in sozialen Netzwerken als E-Government[354] oder „schon" als primär auf Transparenz und Partizipation ausgelegtes Open Government bzw. Government 2.0 (angelehnt an den Begriff des Web 2.0) bezeichnet,[355] ist von untergeordneter Bedeutung. Fest steht, dass die Kommunikation in sozialen Netzwerken mittlerweile fester Bestandteil der staatlichen Öffentlichkeitsarbeit ist.

Auch wenn es bereits in den 1990er Jahren Bestrebungen gab, Menschen über Online-Plattformen zu vernetzen, wurde mit Myspace das erste massenattraktive Online-Netzwerk erst 2003 entwickelt und mit Facebook das größte soziale Netzwerk im Jahr 2004 gegründet.[356] Ursprünglich wurde Letzteres von dem damaligen Harvard-Studenten Mark Zuckerberg entwickelt, um ein Portal für die Studierenden der Harvard-Universität ins Leben zu rufen, in dem diese ihre Kommilitoninnen und Kommilitonen suchen, finden und mit diesen kommunizieren konnten. Nachdem die Exklusivität zunächst durch das Erfordernis einer von der Universität verifizierten Email-

---

[350] *Reinermann/v. Lucke*, Electronic Government in Deutschland, 2. Aufl. 2002, S. 2.

[351] Gesetz zur elektronischen Verwaltung von Schleswig-Holstein (E-Government-Gesetz) v. 08.07.2009 (GVOBl. SH S. 398), zuletzt geändert durch Art. 18 LVO zur Anpassung von Rechtsvorschriften an geänderte Zuständigkeiten der obersten Landesbehörden und geänderte Ressortbezeichnungen v. 16.01.2019 (GVOBl. SH S. 30).

[352] Vgl. dazu ausführlich *Schliesky*, in: ders./Schulz (Hrsg.), Transparenz, Partizipation, Kollaboration – Web 2.0 für die öffentliche Verwaltung, S. 1 (2).

[353] *Schmitz*, in: Stelkens/Bonk/Sachs, VwVfG, 9. Aufl. 2018, § 3a Rn. 1.

[354] So wohl *Weis*, in: Hill/Martini/Wagner, Facebook (Hrsg.), Google & Co., 2013, S. 61.

[355] Vgl. *Heckmann*, ITRB 2011, 246 (247); *Janda*, in: Schliesky/Schulz (Hrsg.), Transparenz, Partizipation, Kollaboration – Web 2.0 für die öffentliche Verwaltung, S. 11 (13); ausführlich zum Begriff des Web 2.0 *Pille*, Meinungsmacht sozialer Netzwerke, 2016, S. 68 f.

[356] *Pille*, Meinungsmacht sozialer Netzwerke, 2016, S. 89 f.; zur Entwicklung der sozialen Netzwerke ausf. auch *Bilsdorfer*, Polizeiliche Öffentlichkeitsarbeit in sozialen Netzwerken, 2019, S. 108 f.

adresse gewahrt wurde, verbreitete sich das Netzwerk nach seiner Öffnung für jedermann im Jahr 2006 sehr rasch. Im ersten Quartal des Jahres 2021 konnte Facebook nach eigenen Angaben mehr als 1,8 Milliarden tägliche Nutzer verzeichnen.[357] Nach Facebook wurden im Jahr 2005 mit der Videoplattform YouTube und dem Kurznachrichtendienst Twitter im Jahr 2006 zwei soziale Netzwerke entwickelt und zugänglich gemacht, die für die staatliche Öffentlichkeitsarbeit ebenfalls von großer Bedeutung sind und zu ihrer rasanten Entwicklung beigetragen haben.[358] 2010 wurde das auf die Verbreitung von Fotos und Videos gerichtete soziale Netzwerk Instagram ins Leben gerufen und veröffentlicht, welches bereits 2012 von Facebook übernommen wurde und sich mit 18 Millionen Nutzern in Deutschland einer enormen Beliebtheit erfreut.[359]

All diese Netzwerke haben auch Hoheitsträger für sich entdeckt. Der Videoplattform YouTube ist die Bundesregierung bereits 2007 beigetreten und veröffentlicht dort neben Einblicken in alltägliche Abläufe auch wöchentlich erscheinende Podcasts der Bundeskanzlerin, in denen sie sich zu aktuellen Themen äußert. Via Twitter versorgt Regierungssprecher Steffen Seibert die Öffentlichkeit seit 2011 mit Bild- und Textmaterial als Sprachrohr der Bundesregierung. Der Bundesrat hat den Kurznachrichtendienst bereits im Jahr 2009 für sich entdeckt und ist mit über 12000 Beiträgen dort seitdem äußerst aktiv. Nachdem der Bundesgerichtshof seit 2019 Twitter zur Veröffentlichung seiner Pressemitteilungen nutzt, haben zusammen mit dem Bundesverfassungs- und Bundesverwaltungsgericht auch die prominentesten Vertreter der Judikative auf Bundesebene ein Profil in den sozialen Netzwerken. Viele Hoheitsträger besitzen in den verschiedenen Netzwerken jeweils einen Account, um eine möglichst breite Masse an Abonnenten zu erreichen, wobei die Beiträge in der Regel inhaltlich identisch sind. Zusätzlich besitzen nahezu alle Hoheitsträger (noch) eine herkömmliche Website, auf die in den Beiträgen der sozialen Netzwerke aufgrund der begrenzten Zeichenanzahl teilweise verwiesen wird. Die Reaktion auf tagespolitische Themen und die sich daraus ergebenden Debatten finden jedoch fast ausschließlich in den sozialen Netzwerken statt, weswegen sie Gegenstand dieser Untersuchung sind und im Folgenden genauer betrachtet werden sollen.

---

[357] Vgl. den Quartalsbericht v. 28.04.2021 S. 2, abrufbar unter https://s21.q4cdn.com/399680738/files/doc_news/Facebook-Reports-First-Quarter-2021-Results-2021.pdf, zuletzt abgerufen am 20.07.2022; zur Entwicklung der Nutzerzahlen *Pille*, Meinungsmacht sozialer Netzwerke, 2016, S. 95 f.

[358] Ausführlich *Jungherr/Schoen*, Das Internet in Wahlkämpfen, 2013, S. 72 ff.

[359] *Faßmann/Moss*, Instagram als Marketing-Kanal, 2016, S. 13; *Lettmann*, GRUR 2018, 1206 (1207).

II. Soziale Netzwerke

Wie bereits dargestellt verwenden viele Hoheitsträger für ihre Öffentlichkeitsarbeit soziale Netzwerke. Zumindest werden die von den staatlichen Stellen genutzten Portale im Internet stets als solche bezeichnet. Was genau allerdings ein soziales Netzwerk ausmacht und wie ein solches Netzwerk aufgebaut ist, ist häufig gar nicht bekannt. Diesen Fragen ist jedoch auf den Grund zu gehen – spielen die sozialen Netzwerke doch eine große Rolle für diese Untersuchung.[360] Daher soll im Folgenden erörtert werden, was unter dem Begriff des sozialen Netzwerks zu verstehen ist und wie die verschiedenen Angebote funktionieren.

1. Begriff des sozialen Netzwerks

Der Begriff des sozialen Netzwerks findet sich schon früh in Untersuchungen der verschiedenen sozialwissenschaftlichen Disziplinen.[361] Je nach Disziplin wurde und wird der Begriff unterschiedlich verwendet und definiert.[362] Vergleicht man die Gemeinsamkeiten nahezu aller Definitionsbemühungen, erscheint es überzeugend, insgesamt auf das Merkmal der „Vergesellschaftung"[363] von Individuen abzustellen. Bei den sozialen (Online-) Netzwerken[364] im Internet handelt es sich daher allgemein um Internetanwendungen, die zur „Vergesellschaftung der Informationsgesellschaft" soziale Beziehungen abbilden und ihre Pflege ermöglichen.[365] Im Vordergrund steht dabei für den Einzelnen die Vernetzung mit anderen Nutzern, mithin die Schaffung einer Verbindung zwischen den Profilen und die auf dieser Verbindung beruhende Kommunikation unter- und miteinander. Mit der Legaldefinition des Netzwerkdurchsetzungsgesetzes (§ 1 Abs. 1 S. 1 NetzDG[366]) legt der deutsche Gesetzgeber diesem Gesetz eine vergleichbar weite Definition zugrunde. Dem-

---

[360] Vgl. zur allgemeinen Bedeutung sozialer Netzwerke – insb. für junge Menschen – die Ergebnisse der ARD/ZDF-Onlinestudie von *Frees/Koch* aus dem Jahr 2018, abrufbar unter http://www.ard-zdf-onlinestudie.de/files/2018/0918_Frees_Koch.pdf, zuletzt abgerufen am 20.07.2022; vgl. auch die Ausführungen bei *Kühling*, JZ 2021, 529 (530).

[361] Vgl. *Kähler*, Zeitschrift für Soziologie 1975, 283 (285 f.).

[362] Vgl. *Fuhse*, Soziale Netzwerke, 2. Aufl. 2018, S. 175 f.; *Kähler*, Zeitschrift für Soziologie 1975, 283 (285 f.).

[363] So auch *Laude*, Automatisierte Meinungsbeeinflussung, 2021, S. 9.

[364] *Iben* bezeichnet die sozialen Onlinenetzwerke als sozialen Netzwerke im engeren Sinne, vgl. *Iben*, Staatlicher Schutz vor Meinungsrobotern, 2021, S. 30.

[365] *Pille*, Meinungsmacht sozialer Netzwerke, 2016, S. 89; vgl. auch *Bilsdorfer*, Polizeiliche Öffentlichkeitsarbeit in sozialen Netzwerken, 2019, S. 102 f.; *Iben*, Staatlicher Schutz vor Meinungsrobotern, 2021, S. 30.

[366] Gesetz zur Verbesserung der Rechtsdurchsetzung in sozialen Netzwerken (Netzwerkdurchsetzungsgesetz) v. 01.09.2017 (BGBl. I 3352), zuletzt geändert durch Art. 7 Rechtsextremismus-Bekämpfungsgesetz vom 30.03.2021 (BGBl. I S. 441).

nach soll es sich bei sozialen Netzwerken um Plattformen des Internets handeln, welche dazu bestimmt sind, dass Nutzer dort beliebige Inhalte mit anderen Nutzern teilen oder der Öffentlichkeit zugänglich machen.[367]

Die sozialen Netzwerke sind – symptomatisch für Anwendungen des Web 2.0 – als eine hybride Kommunikationsform zu qualifizieren, die zum einen Elemente der vertikalen Massenmedien wie Rundfunk oder Presse („one-to-many") und zum anderen Elemente der horizontalen Individualkommunikation („many-to-many") enthält.[368] Die Hybridität resultiert daraus, dass das Gros der Netzwerke kaum über Zugangsbeschränkungen verfügt und damit jedem Internetnutzer offen steht. Die Netzwerke machen mit ihren gigantischen Nutzerzahlen einen Großteil der gemeinhin als „Social Media" beschriebenen Internetangebote aus. Der nicht selten (unpräzise) als Synonym für soziale Netzwerke verwendete Begriff des „Social Media" erschöpft sich jedoch nicht in den sozialen Netzwerken, sondern erfasst neben diesen jegliche Form von Inhalts- und Kommunikationsaustausch durch webbasierte Anwendungen.[369] Das gleichwohl weit gefasste Verständnis sozialer Netzwerke und der Umstand, dass laufend neue Angebote und Modifikationen bestehender Netzwerke auf dem Markt erscheinen, führen dazu, dass eine abschließende Betrachtung sowie Einordnung aller sozialen Netzwerke nahezu unmöglich ist.[370]

Dessen ungeachtet und im Hinblick auf die unterschiedlichen Nutzerzahlen sowie inhaltlichen Ausrichtungen erscheint es sinnvoll, zwischen bereichsspezifischen Netzwerken und allgemeinen Netzwerken (Universalnetzwerken) zu unterscheiden.[371] Die bereichsspezifischen Netzwerke geben eine Thematik vor, die alle Nutzer des Netzwerks verbindet und zu einer Interessengemeinschaft macht.[372] Beispielsweise gibt es soziale Netzwerke, die der eigenen beruflichen Vermarktung dienen und damit darauf ausgerichtet sind,

---

[367] *Bilsdorfer* kritisiert zurecht, dass nicht zwischen dem sozialen Netzwerk als Kommunikationsplattform und dem Anbieter des Netzwerks differenziert wird, vgl. *Bilsdorfer*, Polizeiliche Öffentlichkeitsarbeit in sozialen Netzwerken, 2019, S. 105.

[368] Zu den verschiedenen Kommunikationsformen vgl. *Ingold*, Der Staat 56 (2017), 491 (506 ff.); *Laude*, Automatisierte Meinungsbeeinflussung, 2021, S. 16 ff.; *Pille*, Meinungsmacht sozialer Netzwerke, 2016, S. 68 f.; exemplarisch für Twitter auch *Rauchhaus*, Rundfunk und Staat, 2014, S. 224.

[369] *Kremer*, in: Auer-Reinsdorff/Conrad, Handbuch IT- und Datenschutzrecht, 3. Aufl. 2019, § 28 Rn. 73; *Pille*, Meinungsmacht sozialer Netzwerke, 2016, S. 74; s.a. *Bilsdorfer*, Polizeiliche Öffentlichkeitsarbeit in sozialen Netzwerken, 2019, S. 102.

[370] *Pille*, Meinungsmacht sozialer Netzwerke, 2016, S. 90.

[371] *Bilsdorfer*, Polizeiliche Öffentlichkeitsarbeit in sozialen Netzwerken, 2019, S. 107; *Iben*, Staatlicher Schutz vor Meinungsrobotern, 2021, S. 30 f.; *Pille*, Meinungsmacht sozialer Netzwerke, 2016, S. 90 f.; *Schulz/Dankert*, Die Macht der Informationsintermediäre, 2016, S. 24.

[372] *Pille*, Meinungsmacht sozialer Netzwerke, 2016, S. 92.

einen geschäftlichen Kontakt zu anderen Personen herzustellen bzw. diesen zu pflegen (z.B. LinkedIn[373], Xing[374]). Andere Modelle sind Partnervermittlungen (z.B. Parship[375]) oder Netzwerke für Menschen, die den gleichen Freizeitaktivitäten nachgehen (z.B. athlinks[376] für ambitionierte Ausdauersportler). Je nach Branche variiert die genaue Funktionsweise der einzelnen Netzwerke teilweise deutlich.

Für die Öffentlichkeitsarbeit staatlicher Stellen sind die bereichsspezifischen Netzwerke indes von sehr geringer Bedeutung. Wie bereits angedeutet nutzen Hoheitsträger für ihre Öffentlichkeitsarbeit überwiegend die Universalnetzwerke Facebook, Twitter, Instagram und YouTube. Im Gegensatz zu den bereichsspezifischen Netzwerken mit kleineren homogenen Mitgliederzahlen haben die Universalnetzwerke keine bestimmte Zielgruppe. Sie richten sich vielmehr an jedermann und zeichnen sich daher durch eine weitestgehend gesellschaftsrepräsentative und heterogene Nutzerschaft aus.[377] Der Primärzweck der Universalnetzwerke ist seit jeher in der Kommunikation mit anderen Nutzern zu sehen. Anders als die bereichsspezifischen Netzwerke sind die Universalnetzwerke nicht auf einen finalen Erfolg ausgerichtet (z.B. Jobvermittlung, Verabredungen zu sportlichen Aktivitäten), sondern erschöpfen sich in der kommunikativen Interaktion ihrer Mitglieder. Je nach Netzwerk liegt der Schwerpunkt teilweise auf kurzen und prägnanten Beiträgen, die in kleineren Intervallen erscheinen oder auf der Veröffentlichung von Fotos und Videos, die mit Nachrichten verbunden werden können. Der besondere Reiz sozialer Netzwerke geht davon aus, dass die Kommunikation unabhängig vom physischen Aufenthaltsort der Kommunizierenden stattfinden kann und dass die Nutzer aufgrund von Smartphone-Applikationen der Netzwerke praktisch jederzeit erreichbar sind.

Die kommunikative Persönlichkeitsentfaltung in sozialen Netzwerken ist dabei häufig von einem Drang zur Selbstdarstellung geprägt.[378] Dies gilt insbesondere für die Universalnetzwerke, in denen vordergründig Fotos und Videos veröffentlicht werden. Auch wenn das Angebot der Universalnetzwerke groß ist, bleibt festzuhalten, dass der Kreis der marktführenden Netzwerke klein und beständig ist. Dieser Umstand ist dem Konzept der Universalnetzwerke geschuldet, da diese ihre Wirkung erst vollständig entfalten können, wenn das Netzwerk möglichst viele Mitglieder hat. Betrachtet man die staatliche Aktivität in den sozialen Netzwerken, fällt auf, dass sich die staatlichen Funktionsträger hinsichtlich der Wahl ihrer Publikationsplatt-

[373] https://www.linkedin.com, zuletzt abgerufen am 20.07.2022.
[374] https://www.xing.com, zuletzt abgerufen am 20.07.2022.
[375] https://www.parship.de, zuletzt abgerufen am 20.07.2022.
[376] https://www.athlinks.com, zuletzt abgerufen am 20.07.2022.
[377] *Pille*, Meinungsmacht sozialer Netzwerke, 2016, S. 92.
[378] vgl. *Pille*, Meinungsmacht sozialer Netzwerke, 2016, S. 94.

formen nicht experimentierfreudig zeigen. Nachvollziehbarerweise ist ihre Aktivität darauf ausgelegt, möglichst viele Menschen zu erreichen, sodass sie für ihre Öffentlichkeitsarbeit auf die bewährten Kanäle vertrauen. Im Folgenden soll daher ein besonderes Augenmerk auf die staatlicherseits präferierten Netzwerke Facebook, Twitter und Instagram gelegt werden.

2. Funktionsweise sozialer Netzwerke

a) Allgemein

Am Beginn einer jeden (aktiven) Nutzung sozialer Netzwerke steht die dafür erforderliche Registrierung im Netzwerk. Erst im Anschluss an diese ist es möglich, einen Account zu erstellen, der den Ausgangspunkt aller Netzwerkaktivitäten darstellt. Für eine Registrierung sind das Ausfüllen eines Online-Formulars sowie die Zustimmung zu den Allgemeinen Geschäftsbedingungen der Netzwerke erforderlich.[379] Die zu akzeptierenden Geschäftsbedingungen der sozialen Netzwerke beinhalten meist Verhaltensregeln für das Miteinander der Nutzer (sog. „Netiquette") und eine datenschutzrechtliche Einwilligung in die Verarbeitung sowie Speicherung der in das Netzwerk eingestellten Daten und Informationen.[380] Zusätzlich ist häufig eine Einwilligung des Nutzers in die (temporäre) Speicherung individueller Browser-Informationen (sog. Cookie-Richtlinie) nötig, die es dem System ermöglicht, den Nutzer bei Aufruf des sozialen Netzwerks „wiederzuerkennen".[381] Die Pflichtangaben, die ein potenzielles Neumitglied bei der Registrierung zu machen hat, variieren je nach Netzwerk. Regelmäßig ist neben dem Namen, dem Alter, einer Wohnadresse und dem Geburtsdatum nur eine gültige Emailadresse vonnöten.

Rechtlich betrachtet schließen Betreiber und Nutzer bei der Registrierung in einem sozialen Netzwerk einen synallagmatischen Vertrag sui generis.[382] Ob der prima facie bestehenden Unentgeltlichkeit des Vertrages handelt es sich bei dem eingegangenen Schuldverhältnis nicht um ein Auftragsverhältnis. Es fehlt dazu am Element des Tätigwerdens im fremden Interesse.[383] Die Qualifizierung als Dienstleistungs- oder Werkvertrag scheitert an der fehlen-

---

[379] *Laude*, Automatisierte Meinungsbeeinflussung, 2021, S. 10 f.; *Pille*, Meinungsmacht sozialer Netzwerke, 2016, S. 97.

[380] *Laude*, Automatisierte Meinungsbeeinflussung, 2021, S. 11; *Pille*, Meinungsmacht sozialer Netzwerke, 2016, S. 97.

[381] *Laude*, Automatisierte Meinungsbeeinflussung, 2021, S. 11.

[382] *Laude*, Automatisierte Meinungsbeeinflussung, 2021, S. 11; zum Austauschcharakter des Vertrages vgl. *Bräutigam*, MMR 2012, 635 (638 f.); ausf. *Pille*, Meinungsmacht sozialer Netzwerke, 2016, S. 98 ff., 118 ff.; a.A. *Redeker*, IT-Recht, 7. Aufl. 2020, Rn. 1279 f.

[383] *Bräutigam*, MMR 2012, 635 (636).

den Entgeltlichkeit des zwischen Nutzer und Netzwerkbetreiber geschlossenen Vertrags. Vielmehr ergibt sich die Gegenseitigkeit des Vertrages aus der Gewährung von IT-Leistungen und Infrastruktur auf der einen und dem Austausch personenbezogener Daten der Nutzer auf der anderen Seite.[384] Letzteren kommt dabei in der längst begonnenen Zeit der Ökonomisierung von Daten und Informationen ein kaum zu überschätzender Wert zu. Der Verkauf von Nutzerdaten stellt für die sozialen Netzwerke eine erhebliche Einnahmequelle dar und ist mithin essentieller Bestandteil des auf „*do ut des*" ausgerichteten Nutzungsvertrags.[385]

Nach erfolgreicher Registrierung kann der Nutzer das den Dreh- und Angelpunkt jedweder persönlichen Selbstdarstellung in einem sozialen Netzwerk darstellende Profil individuell gestalten.[386] Neben Profilbildern und biografischen Informationen ist es möglich, einzelne Beiträge zu veröffentlichen, die sodann auf dem eigenen Profil als auch im Newsfeed anderer Nutzer erscheinen. Welche Nutzer in der Lage sind, den Beitrag eines anderen Nutzers zu sehen und auf diesen zu reagieren, hängt vom Netzwerk und den individuellen Privatsphäreeinstellungen des Verfassers ab. Die Reihenfolge und Anordnung der im Newsfeed erscheinenden Beiträge hängen wiederum von netzwerkspezifischen Algorithmen des jeweiligen Anbieters ab.[387]

b) Facebook

Bei dem von der Facebook Inc.[388] betriebenen weltweit größten Universalnetzwerk Facebook[389] ist es für Privatpersonen möglich, einen „normalen" Account (Facebook spricht von einem „Profil") zu erstellen, während es für Personen des öffentlichen Lebens und Unternehmen möglich ist, sog. Facebook-Seiten („Fanpages") einzurichten.[390] Private Profile und „Fanpages"

---

[384] *Bräutigam*, MMR 2012, 635 (639 f.); *Laude*, Automatisierte Meinungsbeeinflussung, 2021, S. 11; *Pille*, Meinungsmacht sozialer Netzwerke, 2016, S. 113 f.; *Wolff*, in: Hill/Martini/Wagner (Hrsg.), Facebook, Google & Co., 2013, S. 29 f.

[385] Zur Bedeutung der Datenerhebung für den Wettbewerb vgl. das Sondergutachten 68 der Monopolkommission, Wettbewerbspolitik: Herausforderung digitale Märkte, 2015, S. 44 ff.

[386] *Pille*, Meinungsmacht sozialer Netzwerke, 2016, S. 127 f.

[387] Dazu im Detail *Laude*, Automatisierte Meinungsbeeinflussung, 2021, S. 20 ff.; *Kühling*, JZ 2021, 529 (531 f.).

[388] Die europäische Tochtergesellschaft der Facebook Inc. ist die Facebook Ireland Limited, mit der alle Nutzer außerhalb von den USA und Kanada ihren Nutzungsvertrag geschlossen haben. Seit 2009 existiert auch eine Tochtergesellschaft in Deutschland, die für die Vermarktung von Werbung zuständig ist.

[389] Zur Dominanz Facebooks vgl. *Iben*, Staatlicher Schutz vor Meinungsrobotern, 2021, S. 31 m.w.N.; vgl. auch ausf. *Bilsdorfer*, Polizeiliche Öffentlichkeitsarbeit in sozialen Netzwerken, 2019, S. 108 ff.

[390] Zur Nutzung einer „Fanpage" auch *Laude*, Automatisierte Meinungsbeeinflussung,

unterscheiden sich im Hinblick auf ihre äußerliche Aufmachung nur geringfügig. Bei beiden findet sich neben einem Profil- und einem Titelbild eine rudimentäre Account- bzw. Profilbeschreibung, der sich fakultative Informationen über den Accountinhaber entnehmen lassen.[391] Diese wird gefolgt von einer chronologischen Auflistung aller veröffentlichten Beiträge. Die Beiträge anderer Nutzer sind zwischen Privatpersonen grundsätzlich nur einsehbar, wenn die Nutzer miteinander befreundet sind. Dazu ist – und dabei handelt es sich um eine Besonderheit von Facebook – das vorherige Versenden einer Freundschaftsanfrage vonnöten, die vom anderen Nutzer angenommen werden muss. Liegt die erforderliche Reziprozität vor, verbinden sich die Nutzer gegenseitig mit der Folge, dass die Beiträge des anderen nun vollständig einsehbar sind.[392]

Die Beiträge von Facebook-Seiten sind hingegen unabhängig von einer wechselseitigen Freundschaftsbestätigung für jeden Nutzer einsehbar. Darüber hinaus sind sie in der Regel sogar öffentlich geschaltet, sodass eine vorherige Registrierung bei Facebook für das Einsehen der Beiträge nicht erforderlich ist. Prinzipiell ist es daher jeder Person mit Internetzugang möglich, die Veröffentlichungen auf einer Facebook-Seite zur Kenntnis zu nehmen. Als registrierter Nutzer besteht darüber hinaus noch die Möglichkeit, die Facebook-Seite zu abonnieren, was zur Folge hat, dass alle neuen Beiträge der „Fanpage“ im persönlichen Newsfeed des Abonnenten, der Startseite des Nutzers, neben den Beiträgen der privaten Facebookfreunde erscheinen, ohne dass er die Beiträge gezielt in den einschlägigen Profilen aufsuchen muss.[393] Nutzen Hoheitsträger Facebook für ihre Öffentlichkeitsarbeit, betreiben sie regelmäßig eine Facebook-Seite und kein privates Profil, um mit ihren Abonnenten zu kommunizieren.[394] Der Empfängerkreis amtlicher Facebookseiten geht mithin über den eines privaten Profils hinaus. Außerdem bestätigt Facebook die Authentizität einer Facebook-Seite durch ein Verifizierungszeichen nach vorheriger Überprüfung, wenn das Profil tatsächlich im Namen der Person oder des Unternehmens betrieben wird.

Primärzweck des sozialen Netzwerks Facebook ist das Erstellen individueller Beiträge in Form von Texten, Bildern und Videos, die an alle befreundeten Nutzer und Abonnenten gerichtet sind. Aktuelle Beiträge erscheinen im Newsfeed der befreundeten Nutzer und Abonnenten, welche auf die Bei-

2021, S. 13 f.; vgl. zur Funktionsweise Facebooks ausf. *Tief*, Kommunikation auf Facebook, Twitter & YouTube, 2020, S. 21 f.; vgl. auch *Iben*, Staatlicher Schutz vor Meinungsrobotern, 2021, S. 31 f.

[391] Vgl. dazu auch *Tief*, Kommunikation auf Facebook, Twitter & YouTube, 2020, S. 21.

[392] Vgl. *Laude*, Automatisierte Meinungsbeeinflussung, 2021, S. 12.

[393] Vgl. zum „NewsFeed“ als Beispiel algorithmenbasierter Personalisierung *Iben*, Staatlicher Schutz vor Meinungsrobotern, 2021, S. 34 f.

[394] Vgl. *Milker*, NVwZ 2018, 1751 (1753).

träge reagieren können, indem sie den Inhalt mit einem „Gefällt mir“[395] versehen (sog. „Liken“), den Inhalt unter ihren Facebookfreunden teilen oder diesen kommentieren. Daneben ist es zusätzlich möglich, öffentliche und nichtöffentliche Gruppen zu erstellen und über einen Messenger Individualnachrichten zu versenden, die nur für die Kommunizierenden sichtbar sind. Hinzu kommt, dass jeder Nutzer andere Nutzer blockieren und ihre Kommentare unter eigenen Beiträgen entfernen kann. Das Blockieren führt dazu, dass der blockierte Nutzer die Beiträge des blockierenden Nutzers nicht mehr ansehen und mit dem Blockierenden nicht mehr kommunizieren kann.[396] Aus dieser Vielfalt an Kommunikationsmöglichkeiten ergibt sich der hybride Charakter Facebooks zwischen Massen- und Individualkommunikation wie er für die sozialen Netzwerke des Internets gerade typisch ist.

c) Twitter

Nach der Registrierung bei Twitter[397] muss sich der Nutzer – ähnlich wie bei Facebook – einen Account erstellen, über den er in Zukunft seine Beiträge (sog. „Tweets“) verbreiten kann.[398] Anders als bei Facebook, wo die Beiträge theoretisch einen nahezu grenzenlosen Umfang besitzen können, ist der Umfang von „Tweets“ auf 280 Zeichen (bis zum 07.11.2017 noch 140 Zeichen) und damit auf verhältnismäßig kurze Mitteilungen begrenzt.[399] Twitter wird daher gemeinhin auch als „Microblog“[400] eingestuft. Gleichwohl ist es möglich, die an andere Personen gerichteten Textmitteilungen mit Bildern und Videos zu versehen. Im Gegensatz zu Facebook ist für die Einsehbarkeit der „Tweets“ eines anderen Nutzers kein vorheriger Freundschaftsschluss erforderlich.[401] Vielmehr ist der Grundsystemeinstellung nach jedes Profil öffentlich, d.h. auch für Nicht-Nutzer sichtbar, was zur Folge hat, dass die Dunkelziffer von Rezipienten sehr hoch sein kann.[402]

---

[395] Mittlerweile hat Facebook auch andere Reaktionen wie z.B. „traurig“ oder „wütend“ eingeführt.

[396] Vgl. ausf. *Milker*, NVwZ 2018, 1751 (1752 f.).

[397] Ausf. *Bilsdorfer*, Polizeiliche Öffentlichkeitsarbeit in sozialen Netzwerken, 2019, S. 122 ff.

[398] Zur Funktionsfähigkeit des Netzwerks Twitter vgl. auch *Tief*, Kommunikation auf Facebook, Twitter & YouTube, 2020, S. 22 f.

[399] *Milker*, NVwZ 2018, 1751 (1752).

[400] Vgl. zu dem Begriff ausf. *Schmidt*, Social Media, 2. Aufl. 2018, S. 13 f.

[401] Etwas Anderes ist der Fall, wenn ein Nutzer seine Privatsphäreeinstellungen ausdrücklich dahingehend geändert hat, dass die eigenen Beiträge ausschließlich für bestätigte Abonnenten sichtbar sein sollen, vgl. auch *Laude*, Automatisierte Meinungsbeeinflussung, 2021, S. 12.; *Tief*, Kommunikation auf Facebook, Twitter & YouTube, 2020, S. 22 f.

[402] *Iben*, Staatlicher Schutz vor Meinungsrobotern, 2021, S. 35.

Als registrierter Nutzer ist es darüber hinaus möglich, andere Nutzer zu abonnieren („follow") mit der Folge, dass die aktuellsten Beiträge der abonnierten Personen auf der Twitter-Startseite („timeline") erscheinen. Ein Unterschied zu Facebook ist in der Aufmachung der Profile zu sehen, da es keine offiziellen „Fanpages" für Personen des öffentlichen Lebens, Künstler oder Unternehmen gibt. Auch sie müssen einen Account einrichten, der sich rein äußerlich nicht von einem privaten Account unterscheiden lässt.[403] Es besteht jedoch – und davon macht ein Großteil namhafter sowie amtlicher Nutzer Gebrauch – die Möglichkeit, die Echtheit des Accounts von Twitter verifizieren zu lassen. Voraussetzung dafür ist nach den Richtlinien des Netzwerks ein öffentliches Interesse an der Verifizierung des Accounts. Sie äußert sich durch einen kleinen blauen Haken neben dem Namen, der den Nutzer aufgrund erhöhter Glaubwürdigkeit zumindest faktisch zu einer exponierten Stellung im Vergleich zu den üblichen Nutzern verhilft.[404]

Ähnlich wie bei Facebook stehen registrierten Twitter-Nutzern neben dem Verfassen eigener „Tweets" verschiedene Handlungsmöglichkeiten zur Verfügung. Abgesehen vom „Liken" und Kommentieren fremder Beiträge ist es üblich, Beiträge anderer Nutzer zu teilen („retweeten") und mit eigenen Kommentaren zu versehen. Diese Funktion ermöglicht es, Beiträge Dritter mit den eigenen Abonnenten zu teilen und darüber zu diskutieren. Daneben besteht auch auf Twitter die Möglichkeit, andere Nutzer zu blockieren, sie „stumm" zu schalten und ihre Kommentare unter den eigenen Beiträgen zu entfernen. Das Blockieren als schärfste Reaktionsform mit „ultima ratio-Funktion" hat zur Folge, dass der blockierte Nutzer die Beiträge des Nutzers, der die Blockierung vorgenommen hat, nicht mehr einsehen kann. Auch Individualnachrichten lassen sich dann nicht mehr versenden.

d) Instagram

Bei der Plattform Instagram handelt es sich um ein Netzwerk, das in den letzten Jahren massiv gewachsen ist und sich auch unter staatlichen Funktionsträgern großer Beliebtheit erfreut. Es wurde bereits früh von Facebook aufgekauft und wird seitdem von der Facebook Ireland Limited bereitgestellt.[405] Strebt man eine Differenzierung zwischen den unterschiedlichen Universalnetzwerken an, ließe sich bei Facebook und Twitter von im Wesentlichen textbasierten Netzwerken und bei Instagram von – zumindest ursprünglich – im Wesentlichen auf visuellen Inhalten basierenden Netzwerken sprechen. Die Plattform Instagram unterscheidet sich letztlich auch nur im Hinblick auf den Inhalt von den soeben dargestellten Netzwerken Facebook

[403] Zu den sich daraus ergebenden Abgrenzungsschwierigkeiten vgl. A. III. 2.
[404] Vgl. dazu ausf. *Laude*, Automatisierte Meinungsbeeinflussung, 2021, S. 13 f.
[405] Ausf. *Fußmann/Moss*, Instagram als Marketing-Kanal, 2016, S. 13.

und Twitter. Die Funktionsweise und die Handlungsmodalitäten in den Netzwerken sind im Großen und Ganzen identisch. Auch die Verifizierung namhafter und amtlicher Accounts bei Instagram vollzieht sich wie bei Twitter durch ein neben dem Namen erscheinendes Verifizierungszeichen, das bei dem erforderlichen öffentlichen Interesse vergeben wird.

Eine Besonderheit Instagrams bestand ursprünglich darin, dass das Netzwerk zunächst über ein Jahr lang nur über eine Smartphone-Applikation für Geräte der Marke Apple aufrufbar war. Mittlerweile lässt sich das Netzwerk von Geräten mit anderen Betriebssystemen und über Webbrowser aufsuchen. Instagram ist damit wie auch Facebook und Twitter frei zugänglich und kostenlos. Die Profile des Netzwerks sind grundsätzlich für jedermann – auch ohne vorherige Registrierung – einsehbar, wenn die individuellen Privatsphäreeinstellungen nicht das (zustimmungsbedürftige) Abonnieren durch die anderen Nutzer vorsehen.

Der Fokus von Instagram liegt auf der Verbreitung von Bildern und Kurzvideos. Letztere können dabei eine Maximallänge von einer Minute haben.[406] Es besteht die Möglichkeit Bilder und Videos in Echtzeit aufzunehmen oder gespeicherte Bilder auf dem Profil hochzuladen. Der Nutzer hat die Wahl, ob er seinen visuellen Beitrag in Form eines nur für 24 Stunden abrufbaren Formats (sog. „Instagram Story"), einem 15-sekündigen, auf musikalische und bildliche Bearbeitung zugeschnitten Format (sog. „Reel"), als extrahierten Videobeitrag mit Überlänge (sog. „IGTV") oder als klassischen Beitrag (sog. „Post") in seinem Profil veröffentlicht.

Staatliche Funktionsträger greifen schwerpunktmäßig auf die im „Newsfeed" erscheinenden Bildbeiträge als klassisches Publikationsformat zurück, da diese nicht zuletzt auch unbegrenzt abrufbar sind und sich mit einem Begleittext versehen lassen. Insgesamt ist es ein Leichtes, die visuellen Inhalte durch eine systemeigene Bildbearbeitungssoftware zu modifizieren und optimieren. Sie können des Weiteren mit Text-Kommentaren und Hashtags sowie Markierungen anderer Nutzer versehen werden; allerdings ist es – anders als in den anderen Netzwerken – via Instagram nicht möglich, Textbeiträge ohne Bildbezug zu veröffentlichen. Dies ist im Hinblick auf die Öffentlichkeitsarbeit staatlicher Stellen nicht unproblematisch, da sich die Frage stellt, inwiefern Sachlichkeits- und Neutralitätsgebot auf Bildveröffentlichungen Anwendung finden oder für auf Bildern basierende Netzwerke angepasst werden müssen.[407]

---

[406] Allerdings ist es mittlerweile möglich, durch das neuerdings in die Applikation integrierte Instagram-TV (IGTV), bei dem es sich zunächst um eine eigenständige Applikation handelte, Videobeiträge zu verbreiten, die eine Länge von bis zu 60 Minuten aufweisen.

[407] Ausf. 3. Kapitel, A.IV. 3. u. B.III.1.

III. Anwendbarkeit des deutschen Rechts

Wie bereits festgestellt,[408] handelt es sich bei dem zwischen Netzwerkbetreiber und Nutzer geschlossenen Vertrag rechtstypisch um einen synallagmatischen Vertrag sui generis. Dieser Einordnung hat allerdings denknotwendig die Frage voranzugehen, inwiefern für die Bestimmung der Vertragsnatur das deutsche Recht einschlägig ist oder nicht. Nach dem in Art. 3 Abs. 1 und 2 der E-Commerce-Richtlinie[409] (umgesetzt in Deutschland durch § 3 TMG) enthaltenen Herkunftslandprinzip unterliegen die in einem Mitgliedsstaat niedergelassenen Dienstleister den Anforderungen des dort geltenden Rechts, auch wenn die Telemedien in einem anderen Mitgliedsstaat angeboten werden. Des Weiteren darf der freie Dienstleistungsverkehr von Dienstanbietern, die in einem anderen Mitgliedsstaat niedergelassen sind, nicht durch Regelungen eines anderen Mitgliedsstaates, die das Herkunftslandrecht nicht enthalten, eingeschränkt werden.[410] Dies könnte im Falle der sozialen Netzwerke, die ihre europäische Niederlassung aufgrund steuerlicher Vorteile allesamt nach Irland gelegt haben,[411] zur Folge haben, dass für die Vertragsbeziehungen zwischen Nutzern und Betreibern irisches Recht anwendbar ist.

Gleichwohl ist davon auszugehen, dass im Verhältnis von Netzwerknutzer und -betreiber das deutsche Recht Anwendung findet. Die Anwendbarkeit ergibt sich unter zwei Gesichtspunkten: Zum einen beinhaltet die der Umsetzung der E-Commerce-Richtlinie dienende Regelung des § 3 Abs. 3 Nr. 1 TMG einen Rechtswahlvorbehalt. Demzufolge geht eine Einigung der Vertragsparteien über die Anwendbarkeit des Rechts eines Mitgliedsstaates dem Herkunftslandprinzip vor. Eine derartige Vereinbarung zugunsten des deutschen Rechts findet sich in den Nutzungsbedingungen einiger Netzwerke.[412] Zum anderen sehen EuGH[413] und BGH[414] in Art. 3 der E-Commerce-Richt-

---

[408] Vgl. 1. Kapitel, B.II.2.

[409] Richtlinie 2000/31/EG des Europäischen Parlaments und des Rates vom 8. Juni 2000 über bestimmte rechtliche Aspekte der Dienste der Informationsgesellschaft, insbesondere des elektronischen Geschäftsverkehrs, im Binnenmarkt (»Richtlinie über den elektronischen Geschäftsverkehr«, ABlEU Nr. L 178 v. 17.07.2000, S. 1–16).

[410] Ausf. *Hausmann/Obergfell*, in: Fezer/Büscher/Obergfell, Lauterkeitsrecht: UWG, 3. Aufl. 2016, Internationales Lauterkeitsprivatrecht Rn. 121 f.; *Marly*, in: Grabitz/Hilf, Das Recht der Europäischen Union Bd. IV, 40. Aufl. 2009, Art. 3 E-Commerce-Richtlinie Rn. 9 ff.; *Martiny*, in: MüKo BGB Bd. XIII, 8. Aufl. 2021, § 3 TMG Rn. 21 ff.

[411] Vgl. dazu *Brauneck*, EuZW 2018, 624 ff.

[412] Wichtigster Anwendungsfall des Rechtswahlvorbehalts ist Facebook, vgl. Ziffer 4.4 der Nutzungsbedingungen, abrufbar unter https://www.facebook.com/terms, zuletzt abgerufen am 20.07.2022; ausf. *Pille*, Meinungsmacht sozialer Netzwerke, 2016, S. 98; *Solmecke/Dam*, MMR 2012, 71 (73).

[413] EuGH, Urt. v. 25.10.2011, eDate, C-509/09 und C-161/10 Rn. 61, EU:C:2011:685.

[414] BGH, NJW 2012, 2197 (2197); 2013 2348 (2348).

linie keine Kollisionsnorm i.S.d. Art. 23 Rom I-VO[415], sondern interpretieren die Vorschrift als Sachregelung, die trotz ihrer ausdrücklichen Erwähnung in den Erwägungsgründen der Rom I-VO[416] nach Art. 23 Rom I-VO einer Anwendbarkeit der Rom I-VO nicht im Weg stehen soll. Diese sieht in Art. 6 Abs. 1 Rom I-VO für den Fall, dass keine Vereinbarung zwischen den Vertragsparteien besteht, eine Regelung vor, die für Verbraucher mit Wohnsitz in Deutschland eine Anwendbarkeit des deutschen Rechts anordnet.[417]

Daraus ergibt sich für den Regelfall der Netzwerknutzung – sollte keine Vereinbarung existieren – zwischen Betreiber und Nutzer die Anwendbarkeit des deutschen Rechts. Darüber hinaus ist Art. 6 Abs. 2 Rom I-VO zu entnehmen, dass alle verbraucherschützenden Vorschriften auch im Falle einer abweichenden Vereinbarung zwischen Vertragsparteien ihre Wirkung entfalten. Für das Verhältnis von Verbrauchern und Netzwerkbetreibern ist mithin stets das deutsche (Vertrags-) Recht maßgeblich. Dies kann indes für das Rechtsverhältnis eines staatlichen Funktionsträgers zu einem Netzwerkbetreiber nicht gelten. Da für die in dieser Untersuchung angestrebte Beurteilung der Rechtmäßigkeit hoheitlicher Aktivitäten und Äußerungen in sozialen Netzwerken die unionsrechtlichen Regelungen zur Frage nach der Anwendbarkeit des nationalen (Vertrags-) Rechts obendrein keine Rolle spielen, kann eine endgültige Entscheidung über das Rechtsverhältnis staatlicher Accountinhaber und Plattformbetreiber offenbleiben. Maßgeblich für die Aktivitäten staatlicher Stellen in sozialen Netzwerken und ihr Verhältnis zu den Netzwerknutzern das nationale (Verfassungs-) Recht.[418]

IV. Netzwerkspezifische und netzwerkunspezifische Kommunikation

Betrachtet man die staatliche Kommunikation in den sozialen Netzwerken, so lassen sich die dort publizierten Beiträge und Aussagen in zwei unterschiedliche Kategorien unterteilen.[419] Sie gehören entweder der netzwerk-

---

[415] Verordnung (EG) Nr. 593/2008 des Europäischen Parlaments und des Rates vom 17. Juni 2008 über das auf vertragliche Schuldverhältnisse anzuwendende Recht (ABlEG Nr. L 177 v. 04.07.2008, S. 6–16).

[416] Erwägungsgrund 40 der Verordnung (EG) Nr. 593/2008 des Europäischen Parlaments und des Rates vom 17. Juni 2008 über das auf vertragliche Schuldverhältnisse anzuwendende Recht (ABlEG Nr. L 177 v. 04.07.2008, S. 6–16).

[417] So im Ergebnis auch *Pille*, Meinungsmacht sozialer Netzwerke, 2016, S. 99.

[418] Teilweise werden die Accounts staatlicher Funktionsträger in den sozialen Netzwerken als öffentliche Einrichtungen qualifiziert, vgl. *Milker/Schuster*, NVwZ 2021, 377 ff.; zur Qualifizierung amtlicher Websites als öffentliche Einrichtung vgl. *Duckstein/Gramlich*, SächsVBl. 2004, 121 ff.; grundlegend zum Begriff der öffentlichen Einrichtung bereits *Ossenbühl*, DVBl. 1973, 289 ff.

[419] Vgl. zur Typologie der polizeilichen Kommunikation in sozialen Netzwerken etwa *Ingold*, VerwArch 108 (2017), 240 (244 f.).

spezifischen oder netzwerkunspezifischen Kommunikation an.[420] Je nachdem, welchem Genre ein Beitrag unterfällt, genießt er weitreichenderen Schutz oder unterliegt strengeren Vorgaben. Während es sich bei der netzwerkunspezifischen Kommunikation um eine neben die herkömmlichen Erscheinungsformen staatlicher Öffentlichkeitsarbeit tretende Art der Informationsvermittlung handelt (1.), ist die netzwerkspezifische Kommunikation eine neuartige Erscheinungsform staatlicher Öffentlichkeitsarbeit (2.).

1. Netzwerkunspezifische Kommunikation

Im Folgenden soll der Begriff der netzwerkunspezifischen Kommunikation gebraucht werden, wenn es sich bei den in Rede stehenden Beiträgen eines staatlichen Funktionsträgers um Veröffentlichungen und Äußerungen in den sozialen Netzwerken handelt, die sich nicht von vornherein auf den Wirkungskreis des Netzwerks begrenzen, sondern auch auf anderen Wegen verbreitet werden (können).[421] Dies ist insbesondere der Fall, wenn die Kommunikationsstrukturen der sozialen Netzwerke als funktionales Äquivalent für „quasi-förmliche" Maßnahmen staatlicher Öffentlichkeitsarbeit genutzt werden.[422] Die Attraktivität der Nutzung sozialer Netzwerke speist sich in diesen Fällen aus der damit einhergehenden Möglichkeit einer „Umspielung journalistischer Gatekeeper", die eine gezielte Kommunikation frei von Selektion zur Folge hat.[423] Verwendet ein staatlicher Funktionsträger seinen Account in den sozialen Netzwerken zur zusätzlichen Verbreitung von Regierungserklärungen, amtlichen Stellungnahmen oder Warnungen, bedient dieser sich netzwerkspezifischer Publikationsmechanismen, ohne dass dieser Rückgriff Auswirkungen auf den originären Charakter einer Informationsmaßnahme hat.

Die netzwerkunspezifische Kommunikation ist trotz der neuartigen Verbreitungsmechanismen sowie der damit einhergehenden Reichweite, Veröffentlichungsdauer und schnelllebigen Reaktionsmöglichkeiten anderer Netzwerknutzer nach wie vor Ausdruck des herkömmlichen Subordinationsver-

---

[420] *Murphy*, Government Communications in a Digital Age, 2019, S. 120, spricht von „individual and organisational communications".

[421] Vgl. *Mast*, Staatsinformationsqualität, 2020, S. 89, 91.

[422] Nicht selten dominiert die Replikation bisheriger Kommunikationsmuster die Aktivität staatlicher Funktionsträger in den sozialen Netzwerken, vgl. *Raupp/Kocks*, in: Raupp/Kocks/Murphy (Hrsg.), Regierungskommunikation und staatliche Öffentlichkeitsarbeit, 2018, S. 7 (S. 13 f.); so bereits *Jensen*, Rechtsprobleme regierungsamtlicher Öffentlichkeitsarbeit im Internet-Zeitalter, 2006, S. 4.

[423] *Raupp/Kocks*, in: Raupp/Kocks/Murphy (Hrsg.), Regierungskommunikation und staatliche Öffentlichkeitsarbeit, 2018, S. 7 (S. 14); vgl. auch *Mast*, Staatsinformationsqualität, 2020, S. 92; *Thimm*, in: Kalina/Krotz/Rath/Roth-Ebner (Hrsg.), Mediatisierte Gesellschaften, 2018, S. 161 (S. 163).

hältnisses des sich äußernden Hoheitsträgers zu seinen Rezipienten. Auch wenn sie sich in den von Ebenbürtigkeit und Vertrautheit geprägten Newsfeed der sozialen Netzwerke einpflegt, ist die netzwerkunspezifische Kommunikation nur eine zusätzliche, stetig an Bedeutung gewinnende und von den strukturellen Neuerungen der Kommunikation in den sozialen Netzwerken profitierende Ausprägung herkömmlicher Erscheinungsformen staatlicher Öffentlichkeitsarbeit und damit Ausdruck eines hoheitlichen Kernanliegens.[424] Der genuin-amtliche Charakter der netzwerkunspezifischen Kommunikation spiegelt sich daher regelmäßig auch in der äußerlichen Aufmachung wider, indem ein besonders sachlich-distanzierter Sprachstil verwendet und im Falle audiovisueller Inhalte regelmäßig ein amtliches Umfeld gewählt wird.

2. Netzwerkspezifische Kommunikation

Auch bei der netzwerkspezifischen Kommunikation handelt es sich um genuin-hoheitliches Handeln eines staatlichen Funktionsträgers. Im Gegensatz zur netzwerkunspezifischen Kommunikation, die vom offensichtlich amtlichen Charakter der Äußerungen geprägt ist, zeichnet sich die netzwerkspezifische Kommunikation durch ein sich im Kommunikationsstil manifestierendes Absinken der Äußerungsformalität aus. Sie umfasst Handlungsstrukturen, die sich auf den Bereich der sozialen Netzwerke beschränken und im Vergleich zu den herkömmlichen Erscheinungsformen staatlicher Öffentlichkeitsarbeit sowie der netzwerkunspezifischen Kommunikation ein geringes Maß an amtlicher Autorität aufweisen. In den Bereich der netzwerkspezifischen Kommunikation fallen vor allem die auf Interaktion ausgelegten Spontanaktivitäten staatlicher Funktionsträger wie etwa das Kommentieren fremder Beiträge sowie das für die sozialen Netzwerke charakteristische auf positive Selbstdarstellung ausgelegte Informationshandeln.[425]

Die netzwerkspezifische Kommunikation erweckt damit regelmäßig (fälschlicherweise) den Eindruck einer Gleichrangigkeit staatlichen und privaten Handelns, bei der die Unterscheidung der verschiedenen Sprecherrollen an Bedeutung zu verlieren scheint.[426] Im Gegensatz zu der die herkömmlichen Erscheinungsformen staatlicher Öffentlichkeitsarbeit ergänzenden netzwerkunspezifischen Kommunikation ist die netzwerkspezifische Kommunikation für den Grundkonsens der Bevölkerung ungleich unbedeutsamer und damit nicht Ausdruck eines hoheitlichen Kernanliegens. Sie ist viel-

[424] Vgl. grundlegend zur Notwendigkeit staatlicher Öffentlichkeitsarbeit BVerfGE 44, 124 (147); zu den Funktionen staatlicher Öffentlichkeitsarbeit vgl. bereits 1. Kapitel A.IV.

[425] Vgl. bereits ähnlich *Jensen*, Rechtsprobleme regierungsamtlicher Öffentlichkeitsarbeit im Internet-Zeitalter, 2006, S. 4.

[426] Vgl. dazu auch *Ingold*, VerwArch 108 (2017), 240 (241).

mehr im Randbereich amtlicher Aufgabenwahrnehmung zu verorten, weshalb sie spiegelbildlich weniger Meinungsrelevanz besitzt. Gleichwohl genießt auch die netzwerkspezifische Kommunikation eine hinreichende Legitimation und Daseinsberechtigung, da sie der Anpassung staatlicher Funktionsträger an die neuartigen Kommunikationsstrukturen Vorschub leistet. Auch wenn ihre Meinungsrelevanz und Beeinträchtigungsintensität insgesamt ungleich geringer ist, unterliegt die netzwerkspezifische Kommunikation als Bestandteil der genuin-hoheitlichen Öffentlichkeitsarbeit staatlicher Funktionsträger den Grenzen staatlicher Öffentlichkeitsarbeit.

3. Zusammenfassung

Wie so häufig hängt der Erfolg staatlicher Öffentlichkeitsarbeit von verschiedenen Faktoren ab, weshalb sich staatliche Funktionsträger regelmäßig sowohl netzwerkspezifischer als auch netzwerkunspezifischer Kommunikation bedienen.[427] Während die netzwerkunspezifische Kommunikation im Hinblick auf das Zusammenspiel von herkömmlicher Amtsautorität und neuartiger Reichweite einen erhöhten Erörterungsbedarf aufweist, haben die Rechtsprobleme der netzwerkspezifischen Kommunikation ihren Ursprung darin, dass staatliche Funktionsträger in den sozialen Netzwerken ein Verhalten an den Tag legen, das gemeinhin primär von Privaten erwartet wird. Außerdem gilt es zu betonen, dass eine klare Trennung der Kommunikationsgenres vielfach nicht ohne Weiteres möglich ist, da einzelne Beiträge teilweise Elemente beider Kommunikationszweige aufweisen und diese miteinander vermengt werden. Diese Verzahnung ist für die Grundrechte Einzelner und die Freiheit der gesellschaftlichen Willensbildung besonders misslich. Der besseren Handhabbarkeit halber ist die prinzipielle Unterscheidung der Kommunikationsformen in den sozialen Netzwerken gleichwohl notwendig und angebracht. Salopp formuliert handelt es sich bei der netzwerkunspezifischen Kommunikation „nur“ um alten Wein in neuen Schläuchen, wohingegen die netzwerkspezifische Kommunikation eine neuartige Ausprägung staatlicher Öffentlichkeitsarbeit ist, die neben die herkömmlichen Erscheinungsformen tritt.

---

[427] So auch *Murphy*, Government Communications in a Digital Age, 2019, S. 200.

C. Zusammenfassung

Während sich die Frage nach dem Adressatenkreis der Grenzen staatlicher Öffentlichkeitsarbeit durch eine umfassende Einbeziehung aller Erscheinungsformen von staatlicher Gewalt recht eindeutig beantworten lässt, ist der Begriff der Öffentlichkeitsarbeit ob seiner Frequenz überraschend konturenlos. Der aus der Mannigfaltigkeit hoheitlichen Informationshandelns folgenden drohenden Unsicherheit wird indes am besten durch ein weites, rein deskriptives Begriffsverständnis staatlicher Öffentlichkeitsarbeit begegnet. Insbesondere kann und soll mit der Bezeichnung einer Publikation als Element staatlicher Öffentlichkeitsarbeit noch keine rechtliche Bewertung einer Äußerung einhergehen. Daher ist unter staatlicher Öffentlichkeitsarbeit alles zu verstehen, was der Staat aktiv zum Zwecke der Information, Werbung, Aufklärung und Warnung an die Öffentlichkeit adressiert, da es für das funktionierende Zusammenwirken von Staat und Gesellschaft von Bedeutung ist.

Die auf den ersten Blick recht eindeutige Bestimmung des Adressatenkreises wird in den sozialen Netzwerken dadurch erschwert, dass prinzipiell sowohl eine hoheitliche als auch eine private Betätigung denkbar sind. Die wegweisende Abgrenzung erweist sich in den sozialen Netzwerken jedoch als komplexes Unterfangen. Während in der Rechtsprechung für die Abgrenzung bisher primär die äußeren Umstände einer Äußerung maßgeblich waren und untersucht wurden, existieren bei den Profilen und Beiträgen in sozialen Netzwerken keine vergleichbaren Äußerungsumstände. Einen besonderen Stellenwert nimmt die der Gestaltungsfreiheit des Accountinhabers unterliegende Accountbeschreibung eines Netzwerkaccounts ein, da sich dieser regelmäßig die für eine Abgrenzung erforderlichen Informationen entnehmen lassen.

Im Hinblick auf diese Unterschiede und die Reichweite, Abundanz sowie Suggestivkraft der Beiträge in den sozialen Netzwerken erscheint ein extensives Verständnis hoheitlicher Accounts nicht nur gerechtfertigt, sondern sogar zwingend notwendig. Finden sich keine stichhaltigen Anhaltspunkte zum Charakter eines Accounts, spricht vieles dafür, den hoheitlichen Charakter eines Accounts in den sozialen Netzwerken ob der überragenden Bedeutung der Meinungsfreiheit zu vermuten und den Accountinhaber den Grenzen staatlicher Öffentlichkeitsarbeit zu unterwerfen. Diesen Restriktionen kann sich ein Hoheitsträger entziehen, indem er zwei organisatorisch voneinander getrennte Accounts für seine parteipolitische und seine hoheitliche Öffentlichkeitsarbeit betreibt. Um dieses unbedingt anzustrebende Maß an Rechtssicherheit flächendeckend zu gewährleisten, wäre die einfachgesetzliche Fixierung eines Transparenzgebotes erstrebenswert.

Bei den von staatlichen Stellen für ihre Öffentlichkeitsarbeit genutzten sozialen (Online-) Netzwerken handelt es sich beinahe ausschließlich um sog.

Universalnetzwerke, welche dazu bestimmt sind, dass Nutzer dort beliebige Inhalte mit anderen Nutzern teilen oder der Öffentlichkeit zugänglich machen und dergestalt ihre sozialen Kontakte pflegen. Auch wenn sie hinsichtlich ihrer Publikationsformate und Nutzungsschwerpunkte netzwerkspezifische Besonderheiten aufweisen, liegt allen Netzwerken eine gleichartige Funktionsweise zugrunde. Sie alle setzen für die Registrierung einen Vertragsschluss zwischen Nutzer und Plattform voraus, aus dem der Netzwerkbetreiber sein Recht zur Informationsverarbeitung der Nutzerdaten ableitet.

Phänomenologisch lassen sich Maßnahmen staatlicher Öffentlichkeitsarbeit in sozialen Netzwerken in zwei Kommunikationsarten unterteilen. Während die netzwerkunspezifische Kommunikation im Hinblick auf das Zusammenspiel von herkömmlicher Amtsautorität und neuartiger Reichweite einen erhöhten Erörterungsbedarf aufweist, haben die Charakteristika und Rechtsprobleme der netzwerkspezifischen Kommunikation ihren Ursprung darin, dass staatliche Funktionsträger in den sozialen Netzwerken ein neuartiges Verhalten an den Tag legen. Dabei ist allerdings zu berücksichtigen, dass eine trennscharfe Trennung der Kommunikationsgenres vielfach nicht ohne weiteres möglich ist, da einzelne Beiträge teilweise Elemente beider Kommunikationszweige aufweisen und eng miteinander verzahnt sind. In den folgenden Kapiteln werden sich einzelne Grenzziehungen der staatlichen Öffentlichkeitsarbeit für die Aktivität in den sozialen Netzwerken auf eine Kommunikationsart beschränken oder je nach Genre im Hinblick auf ihre Wirkweise unterschiedlich zu beurteilen sein, sodass die prinzipielle Unterscheidung nötig ist.

2. Kapitel

Die äußerungsunspezifischen Grenzen staatlicher Öffentlichkeitsarbeit und ihre Übertragbarkeit auf die Aktivität in sozialen Netzwerken

„In allen Grenzen ist auch etwas Positives."[1] Diese aus dem Kontext gerissene Aussage beinhaltet einen Wahrheitskern, der sich auch auf die staatliche Öffentlichkeitsarbeit übertragen lässt. So wie es Privaten etwa durch die Vorschriften der §§ 185 ff. StGB untersagt ist, sich grenzenlos gegenüber anderen Personen oder über andere Personen zu äußern, kann es Hoheitsträgern nicht gestattet sein, unbeschränkt am gesellschaftlichen oder politischen Diskurs teilzunehmen. Der Sinn und Zweck dieser Reduktion ist gleichsam für Private wie für Hoheitsträger auf die Idee eines geordneten Miteinanders zurückzuführen. Eine friedliche Gesellschaft, wie sie das Grundgesetz einer erfolgreichen Demokratie zugrunde legt, kann nur funktionieren, wenn jeder Einzelne die Rechte anderer respektiert und sich darauf verlassen kann, dass dies auch staatlicherseits geschieht. *In concreto* bedeutet dies, dass der Staat in Form seiner Funktionsträger die fundamentalen Verfassungsprinzipien und allgemeinen Rechtsgrundsätze bei seinem Kommunikationsverhalten zu berücksichtigen hat. Allerdings hat bereits die schwierige Frage der Abgrenzung privater und hoheitlicher Kommunikationsrollen gezeigt, dass es realitätsfern und unangemessen wäre, den Hoheitsträgern einen im Einzelfall zu bestimmenden Raum legitimer (politischer) Positionierung von vornherein abzuerkennen. Auch ihnen muss es unter (im Folgenden noch zu klärenden) Umständen erlaubt sein, Stellung zu beziehen. Die im weiteren Verlauf auf ihren Inhalt, ihre Wirkung sowie auf ihre Übertragbarkeit hinsichtlich staatlicher Kommunikation in sozialen Netzwerken zu untersuchenden Grenzen sind daher nicht als starre Beschränkungen der Äußerungsmöglichkeiten hoheitlicher Charaktere zu betrachten, sondern als anpassungsfähig und hinsichtlich neuer Entwicklungen wandelbar zu interpretieren.

Dass grenzenlose Äußerungen von Seiten des Staates ob ihrer Informalität und dem damit einhergehenden Mangel an rechtssicherer Greifbarkeit erhebliche Folgen haben können, wurde in Rechtsprechung und Literatur erkannt und hat dazu geführt, dass die Grenzziehungen für staatliches In-

[1] *Kant*, Prolegomena zu einer jeden künftigen Metaphysik die als Wissenschaft wird auftreten können, 1783, § 57.

formationshandeln bereits Gegenstand vielzähliger Gerichtsentscheidungen und akademischer Untersuchungen waren. Es verwundert mithin nicht, dass sich mit der Zeit ein umfassender Katalog von Ge- und Verboten entwickelt hat, der im Folgenden dargestellt und zur besseren Nachvollziehbarkeit in äußerungsspezifische und äußerungsunspezifische Grenzen unterteilt werden soll. Während Letztere prinzipiell für alle Formen staatlichen Handelns von Hoheitsträgern gelten, knüpfen die äußerungsspezifischen Restriktionen fast ausschließlich an die Handlungsform des Informationshandelns und den konkreten Inhalt einer Äußerung an, weshalb ihr Anwendungsbereich kleiner, ihre Wirkung sowie ihre Praxisrelevanz jedoch keineswegs geringer sind. Unter ihnen stechen das rechtsstaatliche Sachlichkeitsgebot und die politische Neutralitätspflicht heraus. Der Begriff der „Grenze" ist in diesem Zusammenhang indes nicht allzu eng zu verstehen und soll nicht allein (ausdrückliche) Äußerungsverbote umfassen und damit kein Synonym für den aus dem Grundrechtsvokabular bekannten Begriff der „Schranken" hoheitlicher Äußerungen darstellen. Vielmehr soll es um die konkreten rechtsstaatlichen Anforderungen an die Äußerungen von Hoheitsträgern, also das Zusammenspiel der Schranken mit den sog. „Schranken-Schranken", gehen, die gemeinsam den vereinheitlichenden Terminus der Grenze ausmachen.[2]

Diesen Grenzen und den sich mit ihnen befassenden Abhandlungen liegt zu großen Teilen ein überholtes Bild staatlicher Öffentlichkeitsarbeit zugrunde. Selbstverständlich werden auch heutzutage noch Plakate aufgehängt, Broschüren gedruckt und Reden gehalten. Ein wesentlicher Teil der Staatskommunikation hat sich allerdings ins Internet und dort vor allem in die sozialen Netzwerke verlagert. Das Bundesverfassungsgericht hat schon im Jahr 2002, als der rasante Technologiefortschritt und die Entwicklung sozialer Netzwerke noch in weiter Ferne waren, mit Blick auf die neuartigen Massenmedien darauf hingewiesen, dass sich die Öffentlichkeitsarbeit des Staates kontinuierlich weiterentwickeln würde: „Die staatliche Teilhabe an öffentlicher Kommunikation hat sich im Laufe der Zeit grundlegend gewandelt und verändert sich unter den gegenwärtigen Bedingungen fortlaufend weiter."[3] Nimmt man das Gericht an dieser Stelle beim Wort, erscheint es angebracht zu prüfen, ob sich aus der Fortentwicklung staatlicher Öffentlichkeitsarbeit, insbesondere dem Rückgriff auf soziale Netzwerke, etwaige Auswirkungen auf die Vorgaben für staatliche Kommunikationsmaßnahmen ergeben.

[2] So auch *Möstl*, in: Uhle (Hrsg.), Information und Einflussnahme, 2018, S. 49 (69); insgesamt ist allerdings festzuhalten, dass die Begrifflichkeiten „Schranke" und „Schranken-Schranke" ob ihrer Anschaulichkeit und Akzeptanz unpräzise sind.

[3] BVerfGE 105, 279 (301).

Bei den im Folgenden in den Blick zu nehmenden äußerungsunspezifischen Grenzen staatlicher Öffentlichkeitsarbeit handelt es sich um allgemeine Anforderungen an hoheitliches Informationshandeln, die nicht anhand von Maßnahmen staatlicher Öffentlichkeitsarbeit entwickelt wurden, sondern vielmehr für alle Formen staatlichen Handelns gelten. Ungeachtet ihrer Universalität ergeben sich aus diesen allgemeinen Grundsätzen für staatliches Handeln konkrete, von Rechtsprechung und Literatur bisweilen ausdifferenzierte Vorgaben für hoheitliches Informationshandeln. Um die anschließende Untersuchung trotz der strukturellen Unterschiede innerhalb der einzelnen Verfassungsvorgaben nachvollziehbar zu gestalten, wird im Folgenden ein möglichst einheitlicher *Modus Operandi* gewählt, demzufolge die in Rede stehende Vorgabe für das Informationshandeln des Staates eingangs grundlegend dargestellt und dann im Zusammenhang mit ihrem Einfluss auf die Öffentlichkeitsarbeit des Staates untersucht wird. Sodann soll der Fokus stets auf der Eruierung einer Übertragbarkeit der verfassungsrechtlichen Vorgaben auf die Kommunikation in sozialen Netzwerken liegen.

A. Die Kompetenzordnung

I. Die Bedeutung der Kompetenzordnung für die Formen herkömmlicher Öffentlichkeitsarbeit

Bei allen staatlichen Handlungsformen stellt die Kompetenzordnung des Grundgesetzes eine formelle Schranke für das Handeln der Hoheitsträger dar.[4] Gleichzeitig ist in ihr aber regelmäßig auch die rechtliche Grundlage für hoheitliches Informationshandeln zu sehen.[5] Während sich die Kommunikation von Privaten auf die grundrechtlichen Freiheiten stützen lässt, ist der Staat auf die Kompetenznormen so angewiesen wie er an sie gebunden ist.[6] Zur Erfüllung von Kommunikationsaufgaben ist er daher auch nur berechtigt, soweit die Kompetenzordnung ihn innerhalb ihrer Verbands- und Organkompetenzen für zuständig erklärt. Äußert sich ein staatlicher Funktionsträger außerhalb seiner Zuständigkeit, liegt ein Verstoß gegen die Kompetenzordnung vor und die Äußerung ist (formell) rechtswidrig.[7] Damit en-

---

[4] *Nellesen*, Äußerungsrechte staatlicher Funktionsträger, 2019, S. 45, spricht bei der Kompetenzordnung daher von einer „internen Grenze".

[5] Dass im Bereich des staatlichen Informationshandelns in der Kompetenznorm gleichzeitig auch die befugnisrechtliche Ermächtigung gesehen wird, ist eine äußerungsrechtliche Besonderheit, die später ausführlich thematisiert wird, vgl. 2. Kapitel B.II.3.

[6] BVerfGE 105, 252 (270); *Gersdorf*, AFP 2016, 293 (294); vgl. auch ausf. *Jung*, Das kommunale Amtsblatt – Inhalt, Ausgestaltung, Präsentation, 2021, S. 35 f.

[7] *Nellesen*, Äußerungsrechte staatlicher Funktionsträger, 2019, S. 45.

det auch das Äußerungsrecht eines Hoheitsträgers zwangsläufig an den Grenzen seiner Aufgabe.[8] Sinngemäß formulierte dies auch das Bundesverfassungsgericht in seiner grundlegenden Entscheidung zur Zulässigkeit staatlicher Öffentlichkeitsarbeit der Bundesregierung: „Öffentlichkeitsarbeit ist nur zulässig, soweit sie sich im Rahmen des vom Grundgesetz der Bundesregierung zugewiesenen Aufgaben- und Zuständigkeitsbereiches hält."[9]

1. Öffentlichkeitsarbeit als Annexkompetenz

Im Bereich der informalen Öffentlichkeitsarbeit sind wie in allen anderen Bereichen staatlichen Handelns die (föderalen) Kompetenzstrukturen zu berücksichtigen. Betrachtet man die Kompetenznormen des Grundgesetzes oder der Landesverfassungen, fällt indes rasch auf, dass es keine ausdrücklichen Aufgabenzuweisungen für staatliche Öffentlichkeitsarbeit oder staatliche Kommunikationstätigkeiten gibt, die die Zuständigkeit einzelner staatlicher Stellen explizit begründen könnten. Zwar finden sich vereinzelt einfachgesetzliche Regelungen, die eine Behörde zur Information der Öffentlichkeit ermächtigen oder sogar verpflichten (z.B. §40 LFGB oder §53 GWB). Diese Regelungen selbst können jedoch keine originäre Zuständigkeit begründen, sondern müssen sich vielmehr an der verfassungsrechtlichen Kompetenzverteilung messen lassen.

Die Zuständigkeit für die Veranstaltung von staatlicher Öffentlichkeitsarbeit ergibt sich in Ermangelung ausdrücklicher verfassungsrechtlicher Zuweisungen als Annex zur Erfüllung öffentlicher Aufgaben.[10] Die optimale und transparente Erfüllung der einem Hoheitsträger übertragenen Aufgaben erfordert nämlich nicht selten die Kommunikation mit dem Bürger und eine Information der Öffentlichkeit. Einfach gesagt darf derjenige, der eine Aufgabe wahrnimmt, über diese auch informieren.[11] Ob die Information der

---

[8] *Gramm*, NJW 1989, 2917 (2920) m. Verweis auf *Philipp*, Staatliche Verbraucherinformationen im Umwelt- und Gesundheitsrecht, 1989, § 5 S. 57 f.

[9] BVerfGE 44, 125 (149).

[10] Ausdr. NRWVerfGH, NVwZ 1992, 467 (468); OVG Münster, Urt. v. 20.09.2018 – 15 A 1752/15 Rn. 49 – juris; *Bilsdorfer*, Polizeiliche Öffentlichkeitsarbeit in sozialen Netzwerken, 2019, S. 172; *Degenhart*, in: Sachs (Hrsg.), GG, 9. Aufl. 2021, Art. 70 Rn. 37; *Gersdorf*, AFP 2016, 293 (294); *Gusy*, NVwZ 2015, 700 (701); *ders.* NJW 2000, 977 (980); *ders.*, in: Hofmann-Riem/Schmidt-Aßmann/Voßkuhle (Hrsg.), GVwR Bd. II, 2. Aufl. 2012, § 23 Rn. 97; *Ingold*, VerwArch 108 (2017), 240 (248); *Jung*, Das kommunale Amtsblatt – Inhalt, Ausgestaltung, Präsentation, 2021, S. 36 f.; *Möstl*, in: Uhle (Hrsg.), Information und Einflussnahme, 2018, S. 49 (67); *Philipp*, Staatliche Verbraucherinformationen im Umwelt- und Gesundheitsrecht, 1989, § 6 S. 60; *Porsch*, Warnungen und kritische Äußerungen als Mittel gemeindlicher Öffentlichkeitsarbeit, 1997, S. 82 f.; *Schürmann*, Öffentlichkeitsarbeit der Bundesregierung, 1992, S. 123; sinngemäß auch BVerfGE 105, 252 (270 f.); 138, 102 (114); 148, 11 (27); 154, 320 (336 f.).

[11] *Gusy*, NJW 2000, 977 (981).

Öffentlichkeit zur Erfüllung einer Aufgabe im Einzelfall erforderlich ist und inwiefern eine einfachgesetzliche Ausgestaltung dafür vonnöten ist, stellt eine andere, materielle Frage dar, auf die an dieser Stelle nicht vertieft einzugehen ist.

Bei Annexkompetenzen handelt es sich um ergänzende Aufgabenzuständigkeiten, die der Umsetzung und optimalen Wahrnehmung geschriebener Sachmaterien dienen, ohne dabei selbst eine ausdrückliche Erwähnung zu finden.[12] Sie stehen vielmehr in einem derart „unlösbaren" Verhältnis zum geschriebenen Sachbereich, dass eine Wahrnehmung der Aufgabe durch eine andere staatliche Einheit sinnlos erscheint.[13] Annexkompetenzen sind vor allem aus dem Bereich der Legislative bekannt. Gleichwohl sind sie nicht auf eine Staatsgewalt beschränkt, sondern finden sich gewaltübergreifend überall dort, wo Aufgabenzuweisungen sinnvollerweise eine Ergänzung erfahren müssen.[14] Besonders bedeutsam sind die Annexkompetenzen zum einen für sachbereichsspezifische Organisations- und Verfahrensregelungen und zum anderen für ordnungsrechtliche Befugnisse, die in einem engen Verhältnis zur Sachmaterie stehen.[15]

Während nicht selten zwischen einer ungeschriebenen[16] Annexkompetenz und einer ungeschriebenen Kompetenz kraft Sachzusammenhangs unterschieden wird, verwendet das Bundesverfassungsgericht die beiden Begriffe teilweise einheitlich, legt ihnen identische Kriterien zugrunde und spricht bisweilen sogar von einer „Annexkompetenz kraft Sachzusammenhangs"[17], was in Anbetracht des identischen Erwägungsgrundes – der Arrondierung geschriebener Zuständigkeiten[18] – durchaus sinnvoll erscheint.[19]

---

[12] *Broemel*, in: v. Münch/Kunig, GG Bd. II, Art. 70 Rn. 29; *Rozek*, in: v. Mangoldt/Klein/Starck, GG Bd. II, 7. Aufl. 2018, Art. 70 Rn. 48; *Uhle*, in: Dürig/Herzog/Scholz, GG, 96. EL 2021, Art. 70 Rn. 71; vgl. auch *Degenhart*, in: Sachs (Hrsg.), GG, 9. Aufl. 2021, Art. 70 Rn. 37.

[13] BVerfGE 22, 180 (209 f.); 77, 288 (299); 88, 203 (331); 109, 190 (215); vgl. ausf. *Rozek*, in: v. Mangoldt/Klein/Starck, GG Bd. II, 7. Aufl. 2018, Art. 70 Rn. 48.

[14] Vgl. BVerfGE 22, 180 (216 ff.); *F. Kirchhof*, in: Dürig/Herzog/Scholz, GG, 96. EL 2021, Art. 83 Rn. 64.

[15] BVerfGE 77, 288 (299); 88, 203 (331); zu ordnungsrechtlichen Annexkompetenzen vgl. insbesondere BVerfGE 8, 143 (148 ff.) und 132, 1 (6 ff.); 110, 141 (171 ff.).

[16] Krit. zum Begriff der „ungeschriebenen" Zuständigkeit *Uhle*, in: Dürig/Herzog/Scholz, GG, 96. EL 2021, Art. 70 Rn. 62, der sich für die Bezeichnung der „stillschweigend mitgeschriebenen" Kompetenzen ausspricht.

[17] BVerfG, NJW 1996, 2497 (2498); vgl. auch BVerfGE 98, 265 (299).

[18] Vgl. *Rozek*, in: v. Mangoldt/Klein/Starck, GG Bd. II, 7. Aufl. 2018, Art. 70 Rn. 44, der in der Annexkompetenz einen Unterfall der Kompetenz kraft Sachzusammenhang sieht, aber veranschaulichend davon ausgeht, dass die Annexkompetenz „in die Tiefe" und die Kompetenz kraft Sachzusammenhang „in die Breite" der Sachmaterie wirkt; a.A. *Maurer*, Staatsrecht I, 6. Aufl. 2010, § 10 Rn. 29; *Uhle*, in: Dürig/Herzog/Scholz, GG, 96. EL 2021, Art. 70 Rn. 65.

[19] *Rengeling*, in: Isensee/Kirchhof, HStR Bd. VI, 3. Aufl. 2008, § 135 Rn. 74.

In beiden Fällen handelt es sich jedenfalls nicht um eine selbstständige Kompetenzgrundlage, sondern eine ergänzende Verfassungsauslegung, die einen zwingenden Konnex oder einen zwingenden Sachzusammenhang fordert, der zwischen informierender Öffentlichkeitsarbeit und Sachmaterie in aller Regel gegeben sein wird. Im demokratischen Rechtsstaat werden Gesetzgebung, vollziehende Gewalt und Rechtsprechung transparent und damit öffentlich tätig, sodass Öffentlichkeitsarbeit mit der kompetenziellen Ermächtigung zur Aufgabenerfüllung zwingend einhergehen muss.[20] Die Aufgabe des staatlichen Informationshandelns gegenüber dem Bürger kann sinnvoll nur von der staatlichen Einheit wahrgenommen werden, die für die zugrundeliegende Materie in sachlicher Hinsicht zuständig ist. Sie lässt sich von ihr bereits aufgrund eines tatsächlichen Informationsvorsprungs und der gegebenen Sachnähe kaum zweckvoll trennen. Festzuhalten bleibt damit, dass sich die Öffentlichkeitsarbeit von staatlichen Stellen auf eine Annexkompetenz zur betroffenen Sachaufgabe stützen lässt. Geschriebene Zuständigkeiten für Informationshandeln sieht die Verfassung nicht vor. Findet sich mithin eine Aufgabenzuweisung für eine staatliche Stelle oder ein Organ, geht mit dieser Zuweisung auch die Zuständigkeit für den Betrieb staatlicher Öffentlichkeitsarbeit einher.

2. Die Kompetenzverteilung im föderalen Rechtsstaat (Verbandskompetenz)

Wird ein Hoheitsträger informierend tätig, bedarf es einer Aufgabenzuweisung für die in der Informationsmaßnahme behandelte Sachmaterie, aus deren Annex sich die Äußerungskompetenz für den konkreten Fall ergibt. Bei der Suche nach einer Zuständigkeitsregelung bietet es sich an, zwischen der sog. Organkompetenz und der Verbandskompetenz zu unterscheiden.[21] Während Letztere darüber entscheidet, ob die Länder oder der Bund[22] für eine Aufgabe zuständig sind und damit bestimmte Aufgaben einer Gebietskörperschaft zuweist, erklärt die Organzuständigkeit einen staatlichen Funktionsträger oder eine konkrete staatliche Einheit innerhalb der Gebietskörperschaft für zuständig.[23]

---

[20] *Philipp*, Staatliche Verbraucherinformationen im Umwelt- und Gesundheitsrecht, 1989, § 6 S. 70; *Philipp* differenziert weiter zwischen einer der Sachzuständigkeit immanenten Informationszuständigkeit und einer die Sachzuständigkeit ergänzenden Annexzuständigkeit für informierendes Staatshandeln. Die Grenzen verlaufen allerdings auch ihrem Verständnis nach fließend, vgl. S. 73.

[21] So für staatliches Informationshandeln auch *Voßkuhle/Kaiser*, JuS 2018, 343 (345).

[22] Auch die Kommunen sind selbstständige Verwaltungsträger; im föderalen Bundesstaat sind sie allerdings als mittelbare Landesverwaltung einzustufen und daher an dieser Stelle zu vernachlässigen; vgl. dazu prägnant *F. Kirchhof*, in: Dürig/Herzog/Scholz, GG, 96. EL 2021, Art. 83 Rn. 126 f.

[23] Der Begriff der Organzuständigkeit findet sich im deutschen (Verwaltungs-) Recht

Die Zuständigkeitszuweisung zwischen dem Bund und den Ländern erfolgt indes nicht staatsgewaltübergreifend und einheitlich. Vielmehr liegt ihr ein ausdifferenziertes System zugrunde, das Ausfluss zweier grundlegender Verfassungsprinzipien ist. Die Residualkompetenznorm des Art. 30 GG als grundlegende Vorschrift des bundesstaatlichen Systems und der Grundsatz der Gewaltenteilung statuieren rechtsdogmatisch die Aufgabenabgrenzung zwischen den selbstständigen Verwaltungsträgern des Bundes und der Länder. In den Art. 70 ff., 83 ff., 92 ff. GG haben diese Direktiven eine ausdifferenzierte Konkretisierung von Verfassungsrang erhalten.[24] Dabei ist zu berücksichtigen, dass die einen Großteil des disputablen Staatsinformationshandelns ausmachende regierungsamtliche Öffentlichkeitsarbeit im Kompetenzgefüge des Grundgesetzes eine Sonderrolle einnimmt und sich nach der Rechtsprechung des Bundesverfassungsgerichts anders als andere Verwaltungshandlungen nicht ohne Weiteres den Art. 83 ff. GG zugrunde legen lässt.[25]

a) Die Gewaltenteilung als Kompetenzschranke

Für die Frage, wem eine Zuständigkeit für eine hoheitliche Aufgabe zukommt, nimmt der Grundsatz der Gewaltenteilung eine erste großmaschige Einteilung vor. Beim Grundsatz der Gewaltenteilung handelt es sich um einen fundamentalen Rechtssatz des Grundgesetzes und ein Wesensmerkmal der Verfassungsstaatlichkeit, der seine Wirkung in vielerlei Hinsicht entfaltet.[26] Auch wenn der Inhalt des Rechtssatzes auf den ersten Blick simpel erscheint, ist diesem Grundsatz ein Sammelsurium verschiedener Gebrauchsmodi zu entnehmen. Das Bundesverfassungsgericht hat die Rolle der Gewaltenteilung wie folgt beschrieben: „Die […] als Grundsatz normierte organisatorische und funktionelle Unterscheidung und Trennung der Gewalten dient zumal der Verteilung von politischer Macht und Verantwortung sowie der Kontrolle der Machtträger; sie zielt auch darauf ab, daß staatliche Entscheidungen möglichst richtig, das heißt von den Organen getroffen wer-

---

nur sporadisch, da sich die Organzuständigkeit bei genauerer Betrachtung wiederum aus der sachlichen, örtlichen und instanziellen Zuständigkeit einer Behörde zusammensetzt, vgl. zu den verschiedenen Arten von Zuständigkeiten im Allgemeinen ausf. *Schuler-Harms*, in: Schoch/Schneider (Hrsg.), VwVfG Bd. III, 2. EL 2022, Vor § 3 Rn. 1 ff.; im Unionsrecht hingegen ist die Unterscheidung zwischen Verbands- und Organkompetenz anerkannt, vgl. etwa *Streinz*, in: ders. (Hrsg.), EUV/AEUV, 3. Aufl. 2018, Art. 352 AEUV Rn. 18.

[24] Anschaulich *Wittreck*, in: Dreier (Hrsg.), GG Bd. II, 3. Aufl. 2015, Art. 30 Rn. 21 f.; vgl. auch BVerfGE 105, 252 (270 f.).

[25] BVerfGE 105, 252 (271); *Huber*, JZ 2003, 290 (291).

[26] Grundlegend zur Gewaltenteilung *di Fabio*, in: Isensee/Kirchhof, HStR Bd. II, 3. Aufl. 2004, § 27 passim.

den, die dafür nach ihrer Organisation, Zusammensetzung, Funktion und Verfahrensweise über die besten Voraussetzungen verfügen, und sie will auf eine Mäßigung der Staatsgewalt insgesamt hinwirken."[27]

In seiner Funktion als Statut, das die am besten qualifizierte staatliche Einheit für zuständig zu erklären sucht, ist es auch für die Öffentlichkeitsarbeit des Staates von Bedeutung. Normativ findet sich der Grundsatz in Art. 20 Abs. 2 S. 2 GG wieder und ist ein vom Rechtsstaatsprinzip losgelöster demokratischer Verfassungsgrundsatz und nicht etwa nur ein Teil des Rechtsstaatsprinzips.[28] Gleichwohl entfaltet das Dogma erst im Zusammenspiel mit dem Rechtsbindungsgrundsatz aus Art. 20 Abs. 3 GG seine volle Wirkung und gipfelt in Form der verfassungsrechtlichen Organisations- und Kompetenzvorschriften.[29] Betrachtet man das Rechtsinstitut der Gewaltenteilung als Teil dieser Kompetenzordnung, ergibt sich daraus eine großteilige Aufgabenzuweisung für die Organe der drei Staatsgewalten Legislative, Exekutive und Judikative, die wie für alle Formen staatlichen Handelns auch für die informelle Öffentlichkeitsarbeit der Staatsgewalten von Bedeutung ist.[30]

Art. 20 Abs. 2 S. 2 GG nennt die Trias der staatlichen Grundfunktionen, in die sich jegliches Handeln des Staates einteilen lässt. Erst wenn diese Einteilung stattgefunden hat, kann der Suche nach einer konkreten Aufgabenzuweisung, die als Annexaufgabe auch die Information der Öffentlichkeit umfasst, nachgegangen werden. Wie bereits gezeigt[31] betreiben die Organe aller drei Staatsgewalten die ihnen obliegende Information der Öffentlichkeit. Der offensichtlich bedeutendste Anteil der Öffentlichkeitsarbeit geht dabei zweifelsohne von der Exekutive aus.[32] Aufgrund ihres breit gefächerten Funktionsfeldes und der vielfältigen Strukturen ist die Verteilung der Aufgabenzuständigkeiten innerhalb der gesetzesvollziehenden Gewalt gleichzeitig besonders komplex.

Zudem bedeutet die Aufgabenzuweisung an eine der drei Staatsgewalten nicht zwingend, dass es sich bei dem Gegenstand der Information um eine exklusive Materie handelt, die nur Teil der Öffentlichkeitsarbeit einer der Staatsgewalten sein kann. Vielmehr gibt es staatsgewaltübergreifende Themen, für die die Zuständigkeit mehrerer Gewalten gegeben sein kann. Der

[27] BVerfGE 68, 1 (86); 98, 218 (252).

[28] Vgl. *di Fabio*, in: Isensee/Kirchhof, HStR Bd. II, 3. Aufl. 2004, § 27 Rn. 4 m. Verweis auf *Schmidt-Aßmann*, in: Isensee/Kirchhof, HStR Bd. II, 3. Aufl. 2004, § 26 Rn. 46; a.A. *Nellesen*, Äußerungsrechte staatlicher Funktionsträger, 2019, S. 31.

[29] *Schmidt-Aßmann*, in: Isensee/Kirchhof, HStR Bd. II, 3. Aufl. 2004, § 26 Rn. 47.

[30] Vgl. dazu bereits *Kempen*, Grundgesetz, amtliche Öffentlichkeitsarbeit und politische Willensbildung, 1975, S. 27 ff.

[31] Vgl. 1. Kapitel, A.III.1.

[32] So bereits *Kempen*, Grundgesetz, amtliche Öffentlichkeitsarbeit und politische Willensbildung, 1975, S. 85.

Grundsatz der Gewaltenteilung soll im Labyrinth der Aufgabenzuweisung nur dazu dienen, eine gedankliche Vorauswahl möglicher Aufgabenträger auf horizontaler Ebene zu treffen und den potenziellen Kreis zuständiger Informationsmittler von vornherein möglichst klein zu halten.

b) Art. 30 GG als föderale Kompetenzzuordnungsnorm

In Art. 30 GG ist eine Grundsatznorm für den Bundesstaat zu sehen. Sie nimmt die vertikale Einteilung im Rahmen der verfassungsrechtlichen Aufgabenzuweisung vor, ohne dabei selbst Zuständigkeiten zu verteilen. Die Vorschrift ermächtigt den Bund zur Wahrnehmung staatlicher Aufgaben unter der Prämisse, dass das Grundgesetz diesem Aufgaben zuweist und erklärt korrelativ die Länder hinsichtlich aller anderen Staatsaufgaben für zuständig.[33] Auch wenn sich das Regel-Ausnahme-Verhältnis so liest, als läge die Verbandskompetenz in den meisten Fällen bei den Ländern, erklären eine ganze Reihe von Verfassungsnormen den Bund und seine Organe in ausdrücklicher Weise für zuständig. Im Zusammenspiel mit dem Gewaltenteilungsgrundsatz stellt Art. 30 GG einen ersten Schritt in der Aufstellung des bundesstaatlichen Geschäftsverteilungsplans dar.[34] Die Vorschrift statuiert ausdrücklich[35] das Bestehen einer lückenlosen föderalen Aufgabenwahrnehmungsdichotomie.[36]

Eine Konkretisierung erfährt die allgemeine Kompetenzverteilungsnorm dann innerhalb der einzelnen Gewalten durch die spezifizierenden Kompetenzvorschriften der Art. 70 ff., 83 ff. und 92 ff. GG.[37] Diese Vorschriften gehen Art. 30 GG als *leges speciales* vor und stellen den Kern der verfassungsrechtlichen Verbandskompetenzregelungen dar. Sie sind gewissermaßen das Produkt des föderalen Bundesstaatsprinzips und des Gewaltenteilungsgrundsatzes. Die Vorschriften konkretisieren den für alle staatlichen Aufgaben in Art. 30 GG festgelegten Grundsatz in staatsgewaltspezifischer Weise. Dass die (föderale) Verbandskompetenz auch bei staatlichem Informationshandeln und gerade dort zu berücksichtigen ist, hat das Bundesverfassungsgericht bereits früh festgestellt[38] und bis heute nicht vergessen.[39] Da-

---

[33] Ausführlich *März*, in: v. Mangoldt/Klein/Starck, GG Bd. II, 7. Aufl. 2018, Art. 30 Rn. 14 f.

[34] Anschaulich *Gröpl*, Staatsrecht I, 12. Aufl. 2020, § 15 Rn. 886.

[35] Das Bundesstaatsprinzip selbst, dessen Bestandteil auch eine Verteilung von Zuständigkeiten zwischen Bund und Länder ist, die in Art. 30 GG eine ausdrückliche Erwähnung findet, ist in Art. 20 Abs. 1 GG verankert, vgl. dazu *Bauer*, in: Dreier (Hrsg.), GG Bd. II, 3. Aufl. 2015, Art. 20 (Bundesstaatsprinzip) Rn. 22.

[36] *März*, in: v. Mangoldt/Klein/Starck, GG Bd. II, 7. Aufl. 2018, Art. 30 Rn. 1 f.

[37] *März*, in: v. Mangoldt/Klein/Starck, GG Bd. II, 7. Aufl. 2018, Art. 30 Rn. 2.

[38] BVerfGE 44, 125 (149).

[39] BVerfGE 105, 252 (270); 148, 11 (37).

bei wird es jedoch nicht müde zu betonen, dass es sich bei regierungsamtlichem Informationshandeln nicht um Verwaltungshandeln i.S.d. Art. 83 ff. GG handelt.[40]

3. Die Aufgabenzuweisung innerhalb der Gebietskörperschaften (Organkompetenz)

Die Organkompetenz betrifft die Frage, welcher Funktionsträger bzw. welche staatliche Einheit innerhalb der Gebietskörperschaft des Bundes oder der Länder im Einzelnen zuständig ist. Während diese Frage für die Legislative und Judikative keine Probleme aufwirft, ist die Bestimmung der Organzuständigkeit innerhalb der vollziehenden Gewalt ein komplexes Unterfangen. Gleichzeitig ist sie in Anbetracht der praktischen Relevanz von Informationsmaßnahmen, die auf Organe der Exekutive zurückzuführen sind, besonders wichtig und verlangt trennscharfe Aufgabenzuweisungen. Die Organkompetenz wird in ihrem wichtigsten Anwendungsbereich, der Zuständigkeit der gesetzesvollziehenden Verwaltung, wiederum in die sachliche, örtliche und instanzielle Zuständigkeit unterteilt.[41]

a) Legislative

Für die Öffentlichkeitsarbeit im Bereich der Legislative ergeben sich die Informationskompetenzen als Annex zu den Grundsätzen und Kompetenztiteln der Art. 70 ff. GG. Es besteht daher neben der Möglichkeit für den Landes- wie den Bundesgesetzgeber, im Bereich der ihm zugewiesenen Sachmaterien gesetzgeberisch tätig zu werden, gleichzeitig auch ein Informationsrecht über Gesetzesvorhaben und andere Angelegenheiten der Legislativorgane. Als hoheitliche Informationsmittler kommen der Bundestag und die Landesparlamente sowie der Bundesrat auf Bundesebene als Organ zur Mitwirkung der Länder an der Bundesgesetzgebung sowie einzelne Ausschüsse der Parlamente in Betracht. Außerdem sind die Parlamentspräsidenten in der Lage, stellvertretend für das Gesetzgebungsorgan das Wort zu ergreifen.

Da das Informationshandeln der am Gesetzgebungsverfahren Beteiligten aber ganz überwiegend in Form von Mitteilungen der keine Staatsgewalt ausübenden Fraktionen und durch die sich der Dichotomie von hoheitlichem und privatem Agieren entziehenden einzelnen Abgeordneten stattfindet, hält sich die informierende Aktivität der Landesparlamente und des Bundestages trotz ihrer unbestrittenen Befugnis zur Öffentlichkeitsarbeit wahrlich in

---

[40] BVerfGE 105, 252 (271); a.A. *Gusy*, NJW 2000, 977 (981): „Dadurch, dass Regierungsmitglieder Verwaltungsaufgaben wahrnehmen, werden diese Aufgaben noch nicht zu Regierungsaufgaben i.S. des Art. 65 GG."; vgl. auch *Murswiek*, NVwZ 2003,1 (7).

[41] Vgl. *Schuler-Harms*, in: Schoch/Schneider (Hrsg.), VwVfG Bd. III, 2. EL 2022, Vor § 3 Rn. 1 ff.

Grenzen. Nicht zu vergessen ist dabei, dass die Parlamente nach Art. 42 GG und den entsprechenden Vorschriften der Landesverfassungen öffentlich verhandeln und somit bereits von Verfassungs wegen die wohl bedeutsamste Informationsquelle gesetzgeberischer Tätigkeit eröffnen. Zusätzlich dienen Pressemitteilungen, Amtsblätter, Plenarprotokolle sowie Drucksachen der Parlamente der darüberhinausgehenden Information der Bevölkerung und machen den weit überwiegenden Anteil der legislativen Öffentlichkeitsarbeit aus. Allesamt haben diese Publikationsformate den dokumentierenden Charakter gemein, was dazu führt, dass die Inhalte in aller Regel – wie für Kollektivorgane meist üblich – realitätsgetreu und sachlich sind. Zudem besitzen sie i.d.R. keine grundrechtliche Eingriffsqualität.

b) Judikative

Die Aufgabenverteilung für die Öffentlichkeitsarbeit der Justiz ist ebenfalls erheblich einfacher nachzuvollziehen als die Kompetenzordnung innerhalb der Exekutive. Akzessorisch zur prozessualen Zuständigkeit ergibt sich auch die Verantwortlichkeit für die Information der Öffentlichkeit durch die Gerichte bzw. ihre Pressestellen und -sprecher. Eine darüber hinaus gehende Kommunikationsaktivität kann nur zulässig sein, wenn sie einen konkreten Bezug zu den Aufgaben des publizierenden Gerichts aufweist. Beispielhaft zu nennen sind Pressemitteilungen über personelle Entwicklungen oder – insbesondere bei den prestigeträchtigen Gerichten – Teilnahmen an Gedenk- oder Festveranstaltungen. Eine über anhängige Verfahren und getroffene Entscheidungen hinausgehende Öffentlichkeitsarbeit stellt allerdings die Ausnahme dar.

c) Exekutive

Anders verhält es sich allerdings bei der Öffentlichkeitsarbeit von Hoheitsträgern und staatlichen Stellen, die der vollziehenden Gewalt zuzuordnen sind. Dies liegt nicht zuletzt daran, dass – wie es der Begriff nicht unmittelbar vermuten lässt – unter Gesetzesvollzug nicht nur die Umsetzung der Gesetze in die Wirklichkeit, sondern darüber hinaus die Gestaltung des gesellschaftlichen und staatlichen Lebens im Allgemeinen verstanden werden muss.[42] Die Zuordnung zur Staatsgewalt der Exekutive bestimmt sich damit negativ und denkbar weit. Die Exekutive umfasst somit alles, was nicht Gesetzgebung und Rechtsprechung ist.[43] Hinsichtlich der im Einzelfall zu bestimmenden Organkompetenz für die vollziehende Gewalt bietet es sich an, weiter zwi-

---

[42] Vgl. *Maurer*, Staatsrecht I, 6. Aufl. 2010, § 18 Rn. 4.

[43] Vgl. bereits 1. Kapitel, A.III.1.b).; s.a. *Gröpl*, Staatsrecht I, 12. Aufl. 2020, § 17 Rn. 1239; *Maurer*, Staatsrecht I, 6. Aufl. 2010, § 18 Rn. 2; *ders./Waldhoff*, Allgemeines Verwaltungsrecht, 20. Aufl. 2020, § 1 Rn. 6.

schen der Regierung (Gubernative) und der Verwaltung (Administration) zu unterscheiden. Die Tätigkeit der Regierung ist vor allem geprägt durch gestaltendes Handeln mit dem Ziel der materiellen Staatsleitung.[44] In genau diesen Bereich fällt auch ein Großteil der enthusiasmierenden Öffentlichkeitsarbeit des Staates.[45] Unter der Staatsleitung ist vereinfacht gesagt die „Wahrnehmung der politischen Leitungsaufgaben, die der Staatstätigkeit die Richtung geben“[46], zu verstehen.

Auch wenn der Regierung damit eine fundamentale Aufgabe zukommt, darf der Begriff der „Staatsleitung“ nicht darüber hinwegtäuschen, dass staatsleitende Projekte häufig nur durch legitimierende Gesetze vollzogen werden können, sodass die Regierung im Anschluss an die Gesetzesvorbereitung auf eine Mitwirkung der Gesetzgebungsorgane angewiesen ist und gemeinsam mit ihnen staatsleitend in Erscheinung tritt.[47] Für das an dieser Stelle im Vordergrund stehende und der Staatsleitung dienende Informationshandeln bedarf es allerdings keiner parlamentarischen Mitwirkung. Vielmehr stellt es eine zentrale Aufgabe des Regierungshandelns selbst dar.[48]

In den Tätigkeitsbereich der Verwaltung als nichtstaatsleitendem Teil der Exekutive fällt der Vollzug von Gesetzen und damit die konkret-individuelle Anwendung abstrakt-genereller Rechtsnormen.[49] Allerdings wird die Verwaltung auch dort, wo es keine ausdrücklichen Rechtsnormen gibt, tätig. Ihr Handeln wird häufig in die Bereiche der Eingriffs- und Leistungsverwaltung eingeteilt, wobei das Informationshandeln als solches sich weder der einen noch der anderen Kategorie vollends unterordnen lässt, zumal ein und dieselbe Information je nach Perspektive Elemente beider Gattungen besitzen kann. Die Teilfunktionen der Exekutive lassen sich damit als gestaltendes Regieren und gesetzestreues Umsetzen durch die Verwaltung beschreiben.[50] Ihre Schnittstelle ist in den Ministerien auf Bundes- und auf Landesebene zu verorten, was gerade im Zusammenhang mit regierungsamtlichem Informationshandeln zu schwierigen Abgrenzungsfragen führen kann.[51] Die jeweiligen Minister sind staatsleitende Regierungsmitglieder und gleichzeitig Oberhaupt der jeweiligen Verwaltung in ihrem Geschäftsbereich (sog. Res-

---

[44] BVerfGE 11, 77 (85); 26, 338 (395 f.); 105, 279 (301); *Gröpl*, Staatsrecht I, 12. Aufl. 2020, § 17 Rn. 1241; s. auch *di Fabio*, in: Isensee/Kirchhof, HStR Bd. II, 3. Aufl. 2004, § 27 Rn. 22.

[45] Vgl. dazu krit. *Gusy*, NJW 2000, 977 (980 f.).

[46] *Stern*, Staatsrecht Bd. II, 1980, S. 681.

[47] BVerfGE 105, 279 (301); zur Staatsleitung durch Gesetz am Beispiel haushaltsrechtlicher Entscheidungen vgl. BVerfGE 70, 324 (355); vgl. auch *Maurer*, Staatsrecht I, 6. Aufl. 2010, § 18 Rn. 7.

[48] BVerfGE 105, 252 (268); 279 (301 f.).

[49] *Gröpl*, Staatsrecht I, 12. Aufl. 2020, § 17 Rn. 1243.

[50] Dazu *di Fabio*, in: Isensee/Kirchhof, HStR Bd. II, 3. Aufl. 2004, § 27 Rn. 22.

[51] Vgl. *Gusy*, NJW 2000, 977 (980 f.); *Murswiek*, NVwZ 2003, 1 (7).

sort).[52] Treten sie öffentlichkeitswirksam in Erscheinung, machen sie indes von ihrer für sich genommen ungeschriebenen Staatsleitungsaufgabe Gebrauch und handeln gubernativ. Einen besonders meinungsrelevanten Anteil der administrativen Staatstätigkeit nehmen überdies die Gemeinden und ihre staatlichen Funktionsträger wahr. Bei der Informationsaktivität kommunaler Amtswalter handelt es sich um einen Fall der mittelbaren Landesverwaltung.

4. Die einzelnen Kompetenzen für staatliche Öffentlichkeitsarbeit

Im Folgenden sollen nun die Aufgabenzuweisungen für die einzelnen staatlichen Funktionsträger und Organe dargestellt werden, die gleichzeitig auch als Kompetenzgrenzen fungieren. Der Fokus liegt dabei auf den Zuständigkeitsbereichen der staatlichen Funktionsträger und der Organe der Exekutive, deren Informationshandeln in besonderer Weise praxisrelevant ist und so Eingang in Rechtsprechung und Literatur gefunden hat.

a) Bundesorgane

Damit die Zuständigkeit eines Bundesorgans gegeben ist, muss das Grundgesetz dem Organ die Sachmaterie und ihre Aufgabenwahrnehmung zuweisen, vgl. Art. 30 GG. Falls dies nicht der Fall sein sollte, ergibt sich aus der Systematik der verfassungsrechtlichen Zuständigkeitsregelungen eine Zuständigkeit der Länder. Auch wenn damit eine Vermutungsregel zugunsten der Länder besteht, ist dem Grundgesetz die Zuständigkeit der Bundesorgane in vielen Fällen zu entnehmen. Dies gilt auch für das Tätigkeitfeld staatlicher Öffentlichkeitsarbeit, das wie gezeigt als Annex zu den im Grundgesetz vorgesehenen Kompetenzen zu begreifen ist.

aa) Die Bundesregierung als Kollegialorgan

Die Bundesregierung steht an der Spitze der Exekutive des Bundes. Auf dieser Ebene nimmt sie die Aufgabe der Staatsleitung wahr und ist gleichzeitig oberstes Organ der Bundesverwaltung. Die administrative Führungsaufgabe der Bundesregierung bezieht sich vor allem auf den Bereich der Bundeseigenverwaltung der Art. 87 ff. GG.[53] Dabei ist zu beachten, dass die Bundesregierung ihrerseits ein eigenständiges Verfassungsorgan und nicht etwa der Zusammenschluss einzelner Funktionsträger mit Organqualität ist.[54] Sie be-

[52] *Gröpl*, Staatsrecht I, 12. Aufl. 2020, § 17 Rn. 1246.

[53] *Brinktrine*, in: Sachs (Hrsg.), GG, 9. Aufl. 2021, Art. 62 Rn. 19; *Schröder*, in: v. Mangoldt/Klein/Starck, GG Bd. II, 7. Aufl. 2018, Art. 62 Rn. 30.

[54] *Hermes*, in: Dreier (Hrsg.), GG Bd. II, 3. Aufl. 2015, Art. 62 Rn. 7; *Brinktrine*, in: Sachs (Hrsg.), GG, 9. Aufl. 2021, Rn. 17; *Schröder*, in: v. Mangoldt/Klein/Starck, GG Bd. II, 7. Aufl. 2018, Art. 62 Rn. 5.

sitzt daher eigene Rechte und Pflichten staatsorganisationsrechtlicher Natur.[55] Häufig wird das Kollegium der Bundesregierung auch als Bundeskabinett bezeichnet. Es besteht aus den Teilorganen Bundeskanzler und Bundesminister, die ihrerseits wiederum als selbstständige Verfassungsorgane zu behandeln sind.[56] Die das Kollegialorgan in Anspruch nehmenden Aufgabenzuweisungsnormen sind im gesamten Grundgesetz verteilt.[57] Dass das Grundgesetz durch die Formulierung „Bundesregierung" in seinen Aufgaben- und Befugnisnormen allerdings stets ausschließlich das Kollegialorgan meint und die Aufgabenwahrnehmung durch ein Teilorgan ausschließt, lässt sich nicht mit letzter Sicherheit sagen. Es besteht jedoch eine Vermutung dahingehend, sofern sich eine andere Auslegung nicht verfassungsrechtlich begründen lässt.[58]

(1) Die Aufgabe der Staatsleitung als äußerungsrechtliche Kernkompetenz

Die wichtigste Aufgabe der Bundesregierung ist die bereits mehrfach erwähnte grundlegende Kompetenz zur politischen Staatsleitung auf Bundesebene.[59] Sie umfasst neben einem ungeschriebenen Portfolio an Aufgabentypen, zu dem sich die regierungsamtliche Öffentlichkeitsarbeit zählen lassen muss, auch die ausdrücklichen, aber unvollständigen Kompetenznormen des Grundgesetzes. Darüber hinaus ermächtigt sie die Bundesregierung zur Bestimmung der Ziele und Aufgaben des Gemeinwesens sowie ihrer Planung und Koordinierung.[60] *Stern* bringt es auf den Punkt, wenn er die Bundesre-

---

[55] Ausf. *Hermes*, in: Dreier (Hrsg.), GG Bd. II, 3. Aufl. 2015, Art. 62 Rn. 8.

[56] Vgl. zur Frage der Organqualität *Walter*, in: Dürig/Herzog/Scholz, GG, 96. EL 2021, Art. 93 Rn. 206; vgl. auch *Hermes*, in: Dreier (Hrsg.), GG, 3. Aufl. 2015, Art. 62 Rn. 10 ff.; zur inneren Ordnung der Bundesregierung vgl. *Detterbeck*, in: Isensee/Kirchhof, HStR Bd. III, 3. Aufl. 2005, § 66.

[57] Vgl. *Nellesen*, Äußerungsrechte staatlicher Funktionsträger, 2019, S. 181 mit einer Auflistung der Aufgabenzuweisungsnormen.

[58] BVerfGE 26, 338 (395); vgl. *Brinktrine*, in: Sachs (Hrsg.), GG, 9. Aufl. 2021, Art. 62 Rn. 11a; *Detterbeck*, in: Isensee/Kirchhof, HStR Bd. III, 3. Aufl. 2005, § 66 Rn. 11.

[59] Das Bestehen der Kompetenz ist unumstritten, BVerfGE 11, 77 (85); 26, 338 (395); 105, 252 (270); 105, 279 (301); 138, 102 (113); 148, 11 (27); *Gröpl*, Staatsrecht I, 12. Aufl. 2020, § 17 Rn. 1299; *Hermes*, in: Dreier (Hrsg.), GG Bd. II, 3. Aufl. 2015, Art. 62 Rn. 30; *Mager/Holzner*, in: v. Münch/Kunig, GG Bd. I, 7. Aufl. 2021 Rn. 17; *Schröder*, in: v. Mangoldt/Klein/Starck, GG Bd. II, 7. Aufl. 2018, Art. 62 Rn. 22; s.a. *Nellesen*, Äußerungsrechte staatlicher Funktionsträger, 2019, S. 181 m.w.N.

[60] Nach *Brinktrine* sind der „vorausschauende und planende Charakter der Staatsleitung, das Richtungweisende in der Gestaltung der gesellschaftl. Verhältnisse, weiterhin das Vermögen zu Anstoß und Innovation, zur Erkenntnis und Artikulation von Problemlagen, zur Auffindung von Lösungswegen und zur Setzung von Prioritäten" zu betonen, vgl. *Brinktrine*, in: Sachs (Hrsg.), GG, 9. Aufl. 2021, Art. 62 Rn. 27; s.a. *Schröder*, in: v. Mangoldt/Klein/Starck, GG Bd. II, 7. Aufl. 2018, Art. 62 Rn. 22; krit. *Hermes*, in: Dreier (Hrsg.), GG Bd. II, 3. Aufl. 2015, Art. 62 Rn. 33.

gierung mit ihren vielfältigen Leitungsbefugnissen als „Gravitationszentrum politischer Gestaltung und Leitung" bezeichnet.[61] Eine abschließende Auflistung aller staatsleitenden Regierungsaufgaben und ihrer Ausprägungen existiert nicht, da dies weder möglich noch gewollt ist.[62] Vielmehr handelt es sich bei der Aufgabe der Staatsleitung um eine innovationsoffene Gesamtaufgabe der Regierung zur Wahrnehmung des Freiraums politischer Gestaltungsfreiheit.[63] Diese obliegt grundsätzlich dem Kabinett, hält aber gleichzeitig auch Sachbereiche für die einzelnen Ministerien bereit, die für eine effiziente und bereichsspezifische Aufgabenwahrnehmung notwendig sind.[64]

Als Annex zu dieser ungeschriebenen Regierungsaufgabe ergibt sich auch die Kompetenz der Bundesregierung zur Öffentlichkeitsarbeit gegenüber der Bevölkerung. Normativer Anknüpfungspunkt für das „Recht zur politischen Meinungsäußerung"[65] sind – eine ausdrückliche Erwähnung der Staatsleitungskompetenz beinhaltet das Grundgesetz wie gezeigt nicht – die Art. 62 ff. GG. Teilweise wird auch für die Bundesregierung die Kompetenz zur Staatsleitung und Öffentlichkeitsarbeit aus Art. 65 GG abgeleitet.[66] Allerdings regelt die Vorschrift nur die Aufgabenverteilung innerhalb der Bundesregierung und enthält in ihrem zweiten Satz Teilorgankompetenzen zugunsten des Bundeskanzlers und der Bundesminister. Überzeugend ist es daher, für die Öffentlichkeitsarbeit der Bundesregierung auf die ungeschriebene Staatsleitungskompetenz abzustellen, die sich nicht aus einer einzelnen Verfassungsnorm, sondern vielmehr aus der Regelungssystematik der Art. 62 ff. GG und den anderen ausdrücklichen Aufgabenzuweisungsnormen ergibt, denen sich die Zuständigkeit für die verantwortliche Leitung des Ganzen der inneren und äußeren Politik stillschweigend entnehmen lässt.

---

[61] *Stern*, Staatsrecht Bd. I, 2. Aufl. 1984, S. 1009.

[62] BVerfGE 138, 102 (114); *Schröder*, in: Isensee/Kirchhof, HStR Bd. III, 3. Aufl. 2005, § 64 Rn. 4; vgl. auch *Nellesen*, Äußerungsrechte staatlicher Funktionsträger, 2019, S. 181; krit. *Schoch*, in: Isensee/Kirchhof, HStR Bd. III, 3. Aufl. 2005, § 37 Rn. 113.

[63] *Brinktrine*, in: Sachs (Hrsg.), GG, 9. Aufl. 2021, Art. 62 Rn. 27; *Kersten* spricht von einer „parakonstitutionellen Aufgabenzuweisung", *Kersten*, in: FS Battis, 2014, S. 239 (247).

[64] Vgl. *Hermes*, in: Dreier (Hrsg.), GG Bd. II, 3. Aufl. 2015, Art. 62 Rn. 33; darüber hinaus ist es der Bundesregierung gestattet, zur Aufgabenwahrnehmung auf weitere Personen wie etwa parlamentarische oder beamtete Staatssekretäre zurückzugreifen, *Mager/Holzner*, in: v. Münch/Kunig, GG Bd. I, 7. Aufl. 2021 Rn. 18.

[65] Vgl. BVerwG, NJW 1984, 2591; *Schürmann* bezeichnet das Recht zur politischen Meinungsäußerung als „ureigen", *Schürmann*, Öffentlichkeitsarbeit der Bundesregierung, 1992, S. 242.

[66] Vgl. *Epping*, in: BeckOK GG, 51. Ed. 2022, Art. 65 Rn. 23; *Gusy*, NJW 2000, 977 (980); *Zott*, Aktive Informationen des Staates im Internet – Mittelalterlicher Pranger oder modernes Steuerungsinstrument?, 2016, S. 169.

Auf der Grundlage dieser Annexkompetenz ist die Bundesregierung kollegial zuständig für die Information über die in den Bereich der Staatsleitung fallenden Angelegenheiten. Die Information der Bevölkerung ist ein integraler Bestandteil der Befugnis zur Staatsleitung und daher nicht nur zulässig, sondern notwendig.[67] In der Regel wird diese Aufgabe durch das Bundespresseamt als Informationsrohr[68] der Bundesregierung wahrgenommen, vgl. § 25 GGO.[69] Dieser Umstand ist zu großen Teilen darauf zurückzuführen, dass es für Äußerungen eines Kollegialorgans – anders als bei sich in Wahrnehmung ihrer Amtsfunktion äußernden natürlichen Personen – stets eines personifizierten oder institutionellen Vermittlers bedarf.

Fällt eine Information in den Zuständigkeitsbereich eines Ministeriums, entzieht sie sich nach Art. 65 S. 2 GG dem Aufgabenbereich des Kollegialorgans der Bundesregierung. Dies ist primär der Fall, wenn sich die einer Äußerung zugrundeliegende Materie einem einzelnen Ressort zuordnen lässt.[70] Auch in diesen Fällen kann das Bundespresseamt allerdings in Zusammenarbeit mit den einzelnen Ministerien informierend tätig werden, vgl. § 25 Abs. 2 GGO. Nicht selten nehmen die Bundesminister und ihre Ministerien diese Aufgabe jedoch eigenständig wahr, da sie – insbesondere im Falle einer Regierungskoalition – mitunter ein parteipolitisches Interesse daran haben, (positive) Informationen selbst zu verbreiten. Insbesondere auf den ministeriellen Homepages im Internet und den Accounts in den sozialen Netzwerken wird regelmäßig dezentral und nicht durch das allgemeine Presseamt informiert, wenn es sich bei den Inhalten nicht um kollegialorganschaftliche Angelegenheiten der Bundesregierung oder interdisziplinäre, ressortübergreifende Vorhaben und Maßnahmen handelt.

(2) Die administrative Organisationsgewalt der Bundesregierung

Neben der gubernativen Staatsleitung obliegt der Bundesregierung wie gezeigt auch die Aufgabe, die Bundesverwaltung nach Art. 86 GG zu koordinieren. Äußert sich die Bundesregierung öffentlich, etwa zu zwischenstaatlichen Beziehungen und damit zu Angelegenheiten im Bereich des Auswärtigen Dienstes (Art. 87 Abs. 1 GG), dann tut sie dies möglicherweise nicht in Wahrnehmung ihrer Regierungs-, sondern in Wahrnehmung der ihr zugewiesenen Bundeseigenverwaltungsaufgabe. Ihr obliegt nach den Art. 86

---

[67] Grundlegend BVerfGE 44, 125 (147 f.); vgl. auch BVerfGE 105, 252 (269); 105, 279 (301 f.); 138, 102 (114).

[68] Vgl. zum Bundespresseamt ausf. *Schürmann*, Öffentlichkeitsarbeit der Bundesregierung, 1992, S. 77 ff.

[69] Gemeinsame Geschäftsordnung der Bundesministerien vom 26.07.2000 (GMBl S. 526), zuletzt geändert durch Beschluss vom 17.08.2011 (GMBl S. 576).

[70] Vgl. dazu ausf. 1. Kapitel, A.I.1.d).aa).iii).

Abs. 1 GG die Organisation und Regelung der Bundesverwaltung, die offenkundig weitreichende Verwaltungskompetenzen nach sich zieht. Von dieser (Verwaltungs-) Aufgabe ist grundsätzlich auch eine Zuständigkeit für die administrative Information der Bevölkerung erfasst. Dies folgt aus der dem informationellen Annexgedanken immanenten Aussage, dass derjenige, der eine Aufgabe wahrnimmt, über diese auch informieren darf und muss.[71]

Ebenso wie es der Bundesregierung im Rahmen ihrer Staatsleitungsaufgabe aufgetragen ist, die Bevölkerung in angemessener Art und in angemessenem Umfang über regierungsamtliche Vorhaben und Entscheidungen zu unterrichten, gilt dies für die – im Übrigen nicht weniger vielschichtige – Aufgabe als oberste Bundesbehörde. Gleichwohl gehen das Bundesverwaltungs- sowie das Bundesverfassungsgericht und diesen folgend das Gros der Stimmen in der Literatur davon aus, dass die Äußerungen der Bundesregierung als Kollegialorgan und ihrer Mitglieder regelmäßig in Wahrnehmung ihrer regierungsspezifischen Staatsleitungsfunktion getätigt werden.[72] Diese wird – so zumindest in der Rechtsprechung des Bundesverwaltungsgerichts, die das Bundesverfassungsgericht wiederum adaptiert und seiner Rechtsprechung zugrunde gelegt hat – im Vergleich mit der administrativen Rolle der Bundesregierung als *aliud* bezeichnet.[73] Wo genau die Grenze zwischen Regierungs- und Verwaltungsaufgabe verläuft, wurde bisher jedoch noch nicht in greifbarer Weise herausgearbeitet. Dies ist nicht zuletzt auch darauf zurückzuführen, dass es nicht immer ohne Weiteres möglich ist, die Grenzen von gubernativer und administrativer Aufgabenwahrnehmung der Bundesregierung im Bereich der Bundesverwaltung trennscharf zu ziehen.[74] Den Sachmaterien der Bundesverwaltung kommt häufig auch eine große, bisweilen die Regierungsaufgabe der Staatsleitung tangierende oder gar überschneidende Bedeutung zu, sodass sich eine Äußerungskompetenz der Bundesregierung in nicht wenigen Fällen sowohl als Annex zur Regierungs- als auch als Annex zur Verwaltungszuständigkeit herleiten ließe.

In Anbetracht des *numerus clausus* der der Bundesverwaltung zuzuordnenden Sachmaterien (Art. 86 ff. GG) ist in der gubernativen Staatsleitungskompetenz allerdings die zentrale Aufgabenzuweisung für regierungsamtliche Öffentlichkeitsarbeit zu sehen, wenngleich dieses Sonderregime nicht unkritisch zu betrachten ist.[75] Dies gilt insbesondere, wenn von Seiten der Bun-

---

[71] Dazu bereits grundlegend 1. Kapitel, A.I.1.; BVerfGE 20, 56 (100); *Gusy*, NJW 2000, 977 (981).

[72] BVerwG, NJW 1989, 2272 (2273 f.); NJW 1991, 1770 (1772); BVerfGE 105, 252 (271); 105, 279 (307); *Bethge*, VVDStRL Bd. 57 (1998), 7 (48); *Nellesen*, Äußerungsrechte staatlicher Funktionsträger, 2019, S. 182 f.; krit. *Kersten*, in: FS Battis, 2014, S. 239 (247).

[73] BVerwG, NJW 1991, 1770 (1772); BVerfGE 105, 252 (271); 105, 279 (307).

[74] Vgl. *Detterbeck*, Allgemeines Verwaltungsrecht, 20. Aufl. 2022, § 1 Rn. 5; *Gusy*, NJW 2000, 977 (981); *Murswiek*, NVwZ 2003, 1 (7).

[75] Zutreffend *Gusy*, NJW 2000, 977 (981).

desregierung das Bundespresseamt als Informationsrohr eingeschaltet wird: Bei ihm handelt es sich um eine Oberste Bundesbehörde, die keine staatsleitenden und regierungsspezifischen Aufgaben wahrnehmen kann. Das dem Bundeskanzler unterstellte Bundespresseamt handelt damit als Behörde „von Natur aus“ administrativ, was zu komplexen Rechtsfragen führen kann, wenn das Bundespresseamt nämlich eine als regierungsamtlich und damit staatsleitend zu qualifizierende Äußerung der Bundesregierung oder eines Mitglieds weiterverbreitet. In diesen Fällen wäre die originäre Informationsmaßnahme auf die Art. 62 ff. GG zu stützen und die Weiterverbreitung Ausfluss der Art. 83 ff. GG. Rechtsprechung und Literatur gehen – ohne dies ausdrücklich zu benennen – im Ergebnis wohl von einer Vermutungsregel zugunsten der auf die Staatsleitungsaufgabe zurückzuführende Öffentlichkeitsarbeit aus.

(3) Der Schutz der freiheitlich-demokratischen Grundordnung

Neben der Staatsleitungs- und Bundeseigenverwaltungsaufgabe wird eine Kompetenz der Bundesregierung zum Schutz der freiheitlich-demokratischen Grundordnung diskutiert, die als Annex die Kompetenz für Äußerungen umfassen soll, die dem Schutz des freiheitlichen Verfassungsstaats dienen.[76] Der Begriff des Schutzes der freiheitlich-demokratischen Grundordnung ist denkbar weit und erstreckt sich auf die vielschichtige Bekämpfung verfassungsfeindlicher Bestrebungen als Ausdruck verfassungsimmanenter Werteentscheidungen.[77] Zurückzuführen ist diese einzigartige Kompetenz auf die Rolle der Bundesregierung im Verfassungsstaat des Grundgesetzes, das ihr – ohne dies ausdrücklich zu erwähnen – an verschiedenen Stellen Instrumente zur Verfügung stellt, die ein Eintreten für den freiheitlichen Verfassungsstaat und die Bekämpfung verfassungsfeindlicher Bestrebungen ermöglichen.[78]

Struktureller Ausfluss dieser ungeschriebenen Kompetenz sind beispielsweise die privilegierte Antragsberechtigung im Rahmen der abstrakten Normenkontrolle nach Art. 93 Abs. 1 Nr. 2 GG und § 76 Abs. 1 BVerfGG sowie die Antragsberechtigung im Rahmen des Grundrechtsverwirkungsverfahrens, § 36 BVerfGG.[79] Ein weiterer Anknüpfungspunkt ist im Amtseid der Regierungsmitglieder zu sehen, der nach Art. 64 Abs. 2 i.V.m. Art. 56 GG eine Pflicht zum Schutze des Grundgesetzes und der Schadensabwendung

---

[76] *Nellesen*, Äußerungsrechte staatlicher Funktionsträger, 2019, S. 183 f.; bewusst offen gelassen in BVerfGE 154, 320 (351 f.).

[77] BVerfGE 154, 320 (351); *Nellesen*, Äußerungsrechte staatlicher Funktionsträger, 2019, S. 183.

[78] *Nellesen*, Äußerungsrechte staatlicher Funktionsträger, 2019, S. 183 f.

[79] Vgl. auch *Nellesen*, Äußerungsrechte staatlicher Funktionsträger, 2019, S. 183.

enthält.[80] Erkennt die Bundesregierung demnach eine Gefahr für die freiheitlich-demokratische Grundordnung, kommt ihr eine Kompetenz für ein entschiedenes Entgegenwirken zu, die sich auch auf entschiedene Äußerungen erstreckt. Während sich das Bundesverfassungsgericht lange Zeit nicht abschließend zur Existenz und Reichweite einer derartigen „Schutzkompetenz" äußerte, steht nunmehr fest, dass sich die Bundesregierung bei der Kenntnisnahme eines Angriffs auf die freiheitlich-demokratische Grundordnung – an den überdies gewichtige Anforderungen zu stellen sind – nicht sehenden Auges in die Rolle des Beobachters gedrängt fühlen muss. Im sog. „Merkel-Urteil" attestierte der zweite Senat des Bundesverfassungsgerichts der Bundesregierung eine äußerungsrechtliche „Pflicht zum Schutz der freiheitlich-demokratischen Grundordnung" im Umgang mit verfassungsfeindlichen Bestrebungen.[81] Welche verfassungsrechtlichen Werteentscheidungen und Verfassungsgüter von dieser Schutzpflicht im Einzelfall erfasst werden können, erklärte das Gericht indes nicht.

(4) Die grundrechtliche Schutzpflicht

Teilweise wird auch eine grundrechtliche Schutzpflicht als Kompetenzursprung für Äußerungen der Bundesregierung bemüht.[82] Diese soll nach Ansicht der Befürworter vor allem zum Tragen kommen, wenn Grundrechtsbeeinträchtigungen durch Dritte drohen.[83] Allerdings ist die Anerkennung einer – für den Fall des Grundrechtsschutzes unbestrittenen – Staatsaufgabe oder Staatspflicht im weiteren Sinne nicht mit der kompetenziellen Aufgabenzuweisung zu verwechseln.[84] Das Bestehen von Schutzpflichten besagt für sich genommen nur, dass die Staatsgewalt Grundrechtsbeeinträchtigungen entgegenzuwirken hat. Welcher Einheit der Staatsgewalt diese Aufgabe im Einzelfall obliegt, stellt eine andere Frage dar. Hierin liegt auch der Unterschied zur Kompetenz der Bundesregierung zum Schutz der freiheitlich-demokratischen Grundordnung, die die Abwehr verfassungsfeindlicher Tendenzen der Bundesregierung an mehreren Stellen zuweist.

Eine Verpflichtung zum Schutz der Grundrechte ergibt sich für alle staatlichen Stellen bereits aus Art. 1 Abs. 3 GG. Die Kompetenzvorgaben der Verfassung dienen nicht zuletzt auch der Effektivität staatlichen Handelns, da sie sich im Idealfall danach richten, welche staatliche Stelle eine Aufgabe

---

[80] Vgl. die Parallele auf Landesebene, NdsStGH, Urt. v. 24.11.2020 – StGH 6/19 Rn. 58 – juris; vgl. auch RhPfVerfGH, NVwZ 2008, 897 (898).

[81] BVerfG, Urt. v. 15.06.2022 – 2 BvE 4/20 Rn. 116 – juris.

[82] Vgl. BVerwGE 82, 76 (81 f.); *Gusy*, NJW 2000, 977 (980); *Nellesen*, Äußerungsrechte staatlicher Funktionsträger, 2019, S. 183 f.

[83] Vgl. *Böhm*, JA 1997, 794 (797 f.); in diese Richtung auch BVerwG, NJW 1989, 2272 (2274).

[84] So auch *Gusy*, NJW 2000, 977 (980).

am besten wahrnehmen kann und diese dann rechtssicher für zuständig erklären. Die vage Annahme einer „Generalkompetenz" der Bundesregierung liefe diesem in der Gewaltenteilung verankerten Effektivitätsgrundsatz zuwider.[85] Vielmehr hat die Bundesregierung bei der Wahrnehmung ihrer ohnehin weit gefassten und ungeschriebenen Kompetenz zur Staatsleitung die sich aus den Grundrechten ergebenden Schutzpflichten zu beachten. Dies gilt auch für die sich aus der Staatsleitungsaufgabe ergebende Kompetenz zur Veranstaltung von Öffentlichkeitsarbeit.

(5) Relevanz in der Rechtsprechung

Während der Großteil der Aufsehen verursachenden verfassungsgerichtlichen Rechtsprechung in den letzten Jahren die Äußerungskompetenzen einzelner Regierungsmitglieder in ihrer Funktion als Bundesminister betraf, hatte das erste und grundlegende Urteil des Bundesverfassungsgerichts[86] zur Zulässigkeit staatlicher Öffentlichkeitsarbeit die Aktivität der ressortübergreifend als Kollektivorgan auftretenden Bundesregierung zum Gegenstand. In dem der Entscheidung zugrundeliegenden Sachverhalt warb die Bundesregierung in verschiedenen Formaten mit den von ihr in der letzten Legislaturperiode erzielten Erfolgen für eine Wiederwahl.[87] In seiner Entscheidung führte das Gericht die Zuständigkeit der Bundesregierung auf ihre Staatsleitungsaufgabe zurück und stellte fest, dass die Information der Öffentlichkeit erlaubt und bisweilen sogar zwingend sei, wobei insbesondere die föderale Kompetenzaufteilung als Kompetenzschranke für die Bundesregierung fungiere und ihr Eingriffe in den Länderbereich untersage.[88] Es erscheint nicht übertrieben, wenn man die Entscheidung als Geburtsstunde der verfassungsgerichtlichen Anerkennung staatlicher Öffentlichkeitsarbeit bezeichnet, die rückblickend als Ausgangspunkt weiterer wegweisender Entscheidungen des Bundesverfassungsgerichts und der Landesverfassungsgerichte zu betrachten ist, wenngleich diese wie bereits angedeutet fast ausschließlich Äußerungen staatsleitender Regierungsmitglieder zum Gegenstand hatten.

bb) Der Bundeskanzler

Das Grundgesetz überträgt dem Bundeskanzler verschiedene zentrale Regierungsaufgaben, durch die er erheblichen Einfluss auf die politische Staatsführung nehmen kann und soll. Die den Kanzler legitimierende und Staatsführung politisch prägende Kanzlerwahl nach Art. 63 GG ist aus zwei Gründen der wesentliche Vorgang der Regierungsbildung. Zum einen kommt dem

---

[85] Vgl. BVerfGE 68, 1 (86); 98, 218 (252).
[86] BVerfGE 44, 125.
[87] BVerfGE 44, 125 (127 f.).
[88] BVerfGE 44, 125 (149).

Bundeskanzler (unter Mitwirkung des Bundespräsidenten) nach Art. 64 GG ein „materielles Kabinettsbildungsrecht" zu.[89] Anders als teilweise auf Landesebene[90] trifft der Bundeskanzler die Entscheidung über die Besetzung der einzelnen Ressorts allein nach seinem politischen Ermessen, wenngleich Koalitionsvereinbarungen und Fraktionsinterna regelmäßig eine faktische Bindung erzeugen.[91] Diese Personalentscheidungen ermöglichen es dem Kanzler, seinerseits Einfluss auf die Aufgabenwahrnehmung in den Ministerien zu nehmen.

Zum anderen wird seine Einwirkung dadurch gesichert, dass er nach Art. 65 S. 1 GG die Richtlinien der Politik bestimmt. Wozu diese Richtlinienkompetenz den Bundeskanzler im Einzelfall ermächtigt und welcher Rechtsnatur eine vom Bundeskanzler erlassene Richtlinie ist, ist indes nicht abschließend geklärt.[92] Fest steht allerdings, dass es sich bei der Richtlinienbestimmung um eine besondere Form der Staatsleitung handelt.[93] Durch diese Kompetenz wird deutlich, dass der Bundeskanzler die politische Gesamtverantwortung der Bundesregierung gegenüber dem Parlament trägt, was sich insbesondere durch die Möglichkeit des Misstrauensvotums (Art. 67 GG) und der Vertrauensfrage (Art. 68 GG) manifestiert. Er wird von Verfassungs wegen daher in die Lage versetzt, nach seinem Ermessen politischen Einfluss auf alle Sachbereiche der Regierungsarbeit auszuüben.[94] Zur Durchsetzung seiner Richtlinien ist der Bundeskanzler gleichzeitig auch nach § 1 Abs. 2 GO BReg[95] berechtigt und verpflichtet. Die Zuständigkeit des Bundeskanzlers endet dort, wo ein unmittelbarer Bezug zur Staatsleitung des

---

[89] *Böckenförde*, Die Organisationsgewalt im Bereich der Regierung, 2. Aufl. 1998, S. 139f.

[90] Vgl. Art. 45 BayVerf; Art. 46 Abs. 4 BWVerf; Art. 98 Abs. 2 RhPfVerf.

[91] *Schröder*, in: v. Mangoldt/Klein/Starck, GG Bd. II, 7. Aufl. 2018, Art. 64 Rn. 5; Rn. 8ff.

[92] Vgl. *Böckenförde*, Die Organisationsgewalt im Bereich der Regierung, 2. Aufl. 1998, S. 206f.; *Detterbeck*, in: Isensee/Kirchhof, HStR Bd. III, 3. Aufl. 2005, § 66 Rn. 15; *Eschenburg*, DÖV 1954, 193; *Schröder*, in: v. Mangoldt/Klein/Starck, GG Bd. II, 7. Aufl. 2018, Art. 65 Rn. 12 m.w.N.; zur umstrittenen Frage nach den Adressaten und der Bindungswirkung der Richtlinien vgl. *Hermes*, in: Dreier (Hrsg.), GG Bd. II, 3. Aufl. 2015, Art. 65 Rn. 25f.

[93] *Detterbeck*, in: Isensee/Kirchhof, HStR Bd. III, 3. Aufl. 2005, § 66 Rn. 16; *Hermes*, in: Dreier (Hrsg.), GG Bd. II, 3. Aufl. 2015, Art. 65 Rn. 19; *Herzog*, in: Dürig/Herzog/Scholz, GG, 96. EL 2021, Art. 65 Rn. 3; *Schröder*, in: v. Mangoldt/Klein/Starck, GG Bd. II, 7. Aufl. 2018, Art. 65 Rn. 12.

[94] *Böckenförde*, Die Organisationsgewalt im Bereich der Regierung, 2. Aufl. 1998, S. 139f., spricht von einer „sachlichen Überordnung" des Bundeskanzlers gegenüber den Ministern; vgl. dazu auch *Nellesen*, Äußerungsrechte staatlicher Funktionsträger, 2019, S. 185.

[95] Geschäftsordnung der Bundesregierung vom 11.05.1951 (GMBl S. 137), zuletzt geändert durch Bek. vom 22.10.2002 (GMBl S. 848).

Bundes fehlt und die Staatsleitung einzelner Länder betroffen ist. Die Verortung dieser Grenze gestaltet sich häufig als schwierig, da bei der Betroffenheit mehrerer Länder nicht selten bundesstaatliche Interessen berührt werden, die wiederum Gegenstand der Bundesstaatsleitung sein können.

Mit dieser weitreichenden Richtlinienkompetenz geht als Annex auch eine umfangreiche Äußerungskompetenz für den Bundeskanzler einher. Anders als einzelne Minister ist er nicht auf bestimmte Sachbereiche beschränkt, sondern verfügt über eine allgemeine Informationskompetenz im gesamten Bereich der Regierungspolitik.[96] Die umfangreiche Äußerungskompetenz ist Spiegelbild der universellen Richtlinienkompetenz und konsequenter Ausdruck der besonderen Stellung des Bundeskanzlers im Regierungssystem des Grundgesetzes.[97] Das Bundesverfassungsgericht folgert aus diesem Umstand sogar, dass für das Amt des Bundeskanzlers eine kompetenzielle „Gleichsetzung mit dem Kollegialorgan Bundesregierung [...] näher" liege als für den einzelnen Bundesminister.[98] Die ausgedehnte Zuständigkeit des Bundeskanzlers kann dazu führen, dass eine parallele Äußerungskompetenz der Bundesminister und des Kanzlers bei ressortspezifischen Sachfragen gegeben ist. Zur Vermeidung widersprüchlicher Aussagen unterwirft § 12 GO BReg die Aussagen der Minister allerdings den Richtlinien des Kanzlers, was die hervorgehobene Stellung des Bundeskanzlers wiederum unterstreicht.

Anders als die Ministerien nimmt der Bundeskanzler die Aufgabe der Öffentlichkeitsarbeit allerdings in vielen Fällen nicht selbst wahr, sondern greift dafür auf das ihm als leitendes Organ der Bundesregierung unterstellte Bundespresseamt zurück. So werden beispielsweise die Homepage, die Accounts in den sozialen Netzwerken und ein Teil der Pressekonferenzen vom Bundespresseamt geführt und verwaltet.[99] Nichtsdestotrotz gibt es auch Situationen, in denen sich der Kanzler eigenständig und unmittelbar an die Öffentlichkeit richtet. Im Juni 2022 hatte sich das Bundesverfassungsgericht erstmals mit den Äußerungsbefugnissen des Bundeskanzlers auseinanderzusetzen.[100] Streitgegenständlich war die Frage nach der Verfassungskonformität von Aussagen der (nunmehr ehemaligen) Bundeskanzlerin *Angela Merkel* im Zusammenhang mit der aufsehenerregenden Wahl des Ministerpräsidenten Thüringens im Februar 2020, bei der der Kandidat der FDP, *Thomas Kemmerich*, im 3. Wahlgang u.a. mit den Stimmen der Mitglieder der AfD-Landtagswahl gewählt wurde und diese annahm. Die Bundeskanzlerin

---

[96] Jüngst BVerfG, Urt. v. 15.06.2022 – 2 BvE 4/20 Rn. 89 – juris; s.a. *Barczak*, NVwZ 2015, 1014 (1017); *Nellesen*, Äußerungsrechte staatlicher Funktionsträger, 2019, S. 185; *Schürmann*, Öffentlichkeitsarbeit der Bundesregierung, 1992, S. 175; vgl. auch *Detterbeck*, in: Isensee/Kirchhof, HStR Bd. III, 3. Aufl. 2005, § 66 Rn. 18.

[97] *Nellesen*, Äußerungsrechte staatlicher Funktionsträger, 2019, S. 185.

[98] BVerfG, Urt. v. 15.06.2022 – 2 BvE 4/20 Rn. 85 – juris.

[99] Vgl. *Schröder*, in: v. Mangoldt/Klein/Starck, GG Bd. II, 7. Aufl. 2018, Art. 64 Rn. 10.

[100] BVerfG, Urt. v. 15.06.2022 – 2 BvE 4/20 – juris.

kommentierte diesen Vorgang im Rahmen eines Auslandsbesuchs in Südafrika als „schlechten[n] Tag für die Demokratie“ und sprach sich dafür aus, „das Ergebnis wieder rückgängig“ zu machen. Im Rahmen seine Entscheidung stellte der zweite Senat fest, dass es zuvörderst die Aufgabe des Bundeskanzlers ist, für die Handlungsfähigkeit der Bundesregierung Sorge zu tragen und für die Erhaltung des Ansehens der Bundesrepublik Deutschland in der Staatengemeinschaft einzustehen.[101] Ferner ist der Entscheidung zu entnehmen, dass auch der Schutz der freiheitlich-demokratischen Grundordnung in den Aufgabenbereich des Bundeskanzlers fällt.[102]

cc) Die Bundesminister

Eine besonders große Bedeutung ist den Äußerungskompetenzen der Bundesminister beizumessen. Ihr Kompetenzgefüge ist vom Ressortprinzip aus Art. 65 S. 2 GG geprägt (1). Darüber hinaus wird für sie allerdings auch eine dem Schutz der freiheitlich-demokratischen Grundordnung dienende Äußerungskompetenz diskutiert, die sich von den für das Ressortprinzip prägenden Geschäftsbereichen der Ministerien löst (2.). Die Bedeutung der ministeriellen Äußerungskompetenzen findet ihren Niederschlag in der Abundanz in der jüngeren Rechtsprechung des Bundesverfassungsgerichts (3.).

(1) Die Ressortkompetenz der Bundesminister

Im Gegensatz zur umfangreichen Richtlinienkompetenz des Bundeskanzlers sieht das Grundgesetz für die Minister eine bereichsspezifische „Ressortkompetenz“ vor. Den Ministern ist ein abgegrenztes Tätigkeitsgebiet zugewiesen, für das sie auf Bundesebene als Ressortleiter fungieren, Art. 65 S. 2 GG. Mit dieser Kompetenz geht in erster Linie eine Letztentscheidungsbefugnis in Sach-, Organisations- und Personalfragen einher.[103] Die Geschäftsbereiche der einzelnen Ministerien sind von der Verfassung nicht vorgegeben, sondern werden vom Bundeskanzler bestimmt und durch seine Richtlinien begrenzt.[104] Neben der Teilhabe am Regierungsauftrag erfüllen die Ministerien verwaltungsorganisatorisch wie gezeigt auch die Aufgabe der Obersten Bundesbehörden. Ihnen kommt mithin eine Doppelfunktion zu, weshalb sie auch als bedeutsame Schnittstelle zwischen Politik und Verwaltung fungieren.[105]

---

[101] BVerfG, Urt. v. 15.06.2022 – 2 BvE 4/20 Rn. 100 ff. – juris.

[102] BVerfG, Urt. v. 15.06.2022 – 2 BvE 4/20 Rn. 116. – juris.

[103] *Hermes*, in: Dreier (Hrsg.), GG Bd. II, 3. Aufl. 2015, Art. 65 Rn. 28; ausf. *Detterbeck*, in: Isensee/Kirchhof, HStR Bd. III, 3. Aufl. 2005, § 66 Rn. 28 ff.

[104] Vgl. *Detterbeck*, in: Isensee/Kirchhof, HStR Bd. III, 3. Aufl. 2005, § 66 Rn. 25; wenngleich die Verfassung ihrem Wortlaut nach nur von der Existenz des Finanz-, Justiz-, und Verteidigungsministerium ausgeht, dazu *Schröder*, in: v. Mangoldt/Klein/Starck, GG Bd. II, 7. Aufl. 2018, Art. 64 Rn. 14.

[105] Ausf. *Detterbeck*, in: Isensee/Kirchhof, HStR Bd. III, 3. Aufl. 2005, § 66 Rn. 27.

Um dieser Aufgabe nachkommen zu können, bedarf es funktionssichernder Sachzuständigkeiten und abgrenzbarer Tätigkeitsbereiche sowie damit einhergehender Befugnisse, die der Vorschrift des Art. 65 S. 2 GG unmittelbar nicht zu entnehmen sind, als Annexzuständigkeit allerdings von ihr erfasst werden.[106] Bestandteil dieser Annexkompetenz ist unter anderem auch die Zuständigkeit des einzelnen Ministers für die bereichsspezifische Öffentlichkeitsarbeit. Ähnlich wie es der Bundeskanzler für die gesamte Regierungspolitik tut, tragen die Minister nach Art. 65 S. 2 GG die Verantwortung für den ihnen zugewiesenen Geschäftsbereich, die von ihnen nur sinnvoll wahrgenommen werden kann, wenn ihnen auch die Kompetenz für Informationshandeln gegenüber dem Bürger zusteht.[107]

Mit der Kompetenzanerkennung für die Öffentlichkeitsarbeit in den Geschäftsbereichen der Minister steht gleichzeitig auch fest, dass die über den eigenen Geschäftsbereich hinausgehende und einen anderen Geschäftsbereich berührende Öffentlichkeitsarbeit eine Kompetenzüberschreitung darstellt.[108] Gleichwohl geht § 25 GGO augenscheinlich davon aus, dass ressortübergreifende Öffentlichkeitsarbeit eines Ministeriums bei Beteiligung des Presseamts der Bundesregierung zulässig sein kann.[109] Es ist davon auszugehen, dass diese Vorgabe dem Umstand gerecht werden soll, dass es bisweilen nicht möglich sein wird, über eine komplexe Materie zu informieren, ohne die Sachbereiche anderer Ministerien wenigstens zu tangieren. Sollte dies einmal der Fall sein, gewährleistet die nach § 25 Abs. 5 GGO erforderliche Beteiligung des ressortunabhängigen Presseamts, dass die Information zumindest auf ihre Vereinbarkeit mit den vorgegebenen Richtlinien des Bundeskanzlers überprüft wird. Gleichzeitig wird so darauf hingewirkt, dass die Äußerung den Vorhaben der anderen Ministerien nicht widerspricht. Der Formulierung „ressortübergreifend" ist bei verfassungskonformer Auslegung der GGO zu entnehmen, dass ein nicht unerheblicher Bezug zu dem Geschäftsbereich des sich in seiner Funktion als Ressortleiter äußernden Ministers gegeben sein muss. Die sachbezugslose Öffentlichkeitsarbeit eines Ministers dürfte auch bei Beteiligung des Presseamts in Ermangelung einer verfassungsrechtlichen Äußerungskompetenz als rechtswidrig zu qualifizie-

---

[106] *Brinktrine* spricht von „funktionssichernden Hilfskompetenzen", *Brinktrine*, in: Sachs (Hrsg.), GG, 9. Aufl. 2021, Art. 65 Rn. 21; ähnlich *Schröder*, in: v. Mangoldt/Klein/Starck, GG Bd. II, 7. Aufl. 2018, Art. 65 Rn. 30; *Mager/Holzner*, in: v. Münch/Kunig, GG Bd. I, 7. Auf. 2021, Art. 65 Rn. 39.

[107] Vgl. BVerfGE 138, 102 (114 ff.); 148, 11 (38); 154, 320 (351 F.); *Barczak*, NVwZ 2015, 1014 (1017); *Hermes*, in: Dreier (Hrsg.), GG Bd. II, 3. Aufl. 2015, Art. 65 Rn. 30; *Nellesen*, Äußerungsrechte staatlicher Funktionsträger, 2019, S. 186; *Schröder*, in: v. Mangoldt/Klein/Starck, GG Bd. II, 7. Aufl. 2018, Art. 65 Rn. 31.

[108] So auch *Barczak*, NVwZ 2015, 1014 (1017).

[109] So auch *Möstl*, in Uhle (Hrsg.), Information und Einflussnahme, 2018, S. 49 (71).

ren und damit vom Anwendungsbereich des §25 Abs. 5 GGO ausgenommen sein.

(2) Ausnahme vom Ressortgrundsatz: Schutz der freiheitlich-demokratischen Grundordnung

Teilweise wird angenommen, dass sich ein Bundesminister in eng umrissenen Grenzen auch außerhalb seines Geschäftsbereichs und ohne konkreten Ressortbezug äußern dürfe.[110] Dies sei zulässig und widerspräche der Zuständigkeitsverteilung nicht, wenn sich der Bundesminister nicht in seiner Funktion als Ressortleiter, sondern als Mitglied des Bundeskabinetts zu Wort melde.[111] Diskutiert wird dies insbesondere im Zusammenhang mit der Idee einer Informationszuständigkeit des einzelnen Bundesministers, der sich die weitreichende Kompetenz der Bundesregierung als Kollegialorgan für den Schutz der freiheitlich-demokratischen Grundordnung zu eigen machen dürfe.[112] Diese Zuständigkeit der Bundesregierung umfasst das öffentliche Eintreten für freiheitliche Institutionen und die Verteidigung der Grundregeln eines demokratischen und pluralistischen Miteinanders.[113] Zu begründen sei diese ungeschriebene Ausnahme vom ministeriellen Ressortgrundsatz in erster Linie damit, dass verfassungsimmanente Wertentscheidungen von allen Verfassungsorganen – insbesondere den Bundesministern – kommunikativ vertreten werden dürften.[114]

Das Bundesverfassungsgericht hat die Frage danach, ob einem Bundesminister als Teil des Kollegialorgans der Bundesregierung eine von seiner Funktion als Ressortleiter zu trennende Äußerungskompetenz für Inhalte zukommt, die in den Zuständigkeitsbereich des Kabinetts fallen, bisher offen gelassen.[115] Für das Bestehen einer derartigen Kompetenz des einzelnen Bundesministers spricht aber grundsätzlich, dass es realitätsfern und wenig sinnvoll erscheint, wenn sich ein Minister der Öffentlichkeit gegenüber partout nicht über Inhalte äußern darf, die Gegenstand eines Kabinettsbeschlusses sind, waren oder sein werden, an denen ein eigener Mitwirkungsakt besteht, nur weil diese thematisch außerhalb seines Geschäftsbereichs liegen. Auch wenn §25 Abs. 1 GGO für diese Fälle eine grundsätzliche Informations-

[110] Vgl. *Nellesen*, Äußerungsrechte staatlicher Funktionsträger, 2019, S. 186 f.

[111] So *Nellesen*, Äußerungsrechte staatlicher Funktionsträger, 2019, S. 186 f.

[112] Zum Bestehen der Äußerungskompetenz der Bundesregierung vgl. 2. Kapitel A.I.4.a).aa).(3).; BVerfGE 138, 102 (116); *Gröpl/Zembrunski*, JURA 2016, 268 (278); *Möstl*, in: Uhle (Hrsg.), Information und Einflussnahme, 2018, S. 49 (77); *Nellesen*, Äußerungsrechte staatlicher Funktionsträger, 2019, S. 186 f.

[113] Auf Landesebene für das Amt des Ministerpräsidenten bejahend NdsStGH, Urt. v. 24.11.2020 – StGH 6/19 Rn. 58 ff. – juris.

[114] Vgl. die Ausführungen des Antragsgegners in BVerfGE, 154 320 (351 f.).

[115] BVerfGE 148, 11 (38); 154, 320 (351 f.).

befugnis des Presseamtes beinhaltet, kann es den einzelnen Kabinettsmitgliedern nicht verwehrt sein, sich gegenüber den Bürgern in diesem Kontext zu äußern und über den Inhalt bedeutender Entscheidungen zu informieren. Dies gilt in besonderem Maße, wenn es bei dem Informationsbegehren um den Schutz der freiheitlich-demokratischen Grundordnung und verfassungsimmanenter Wertentscheidungen sowie der „Grundregeln des demokratischen Zusammenlebens" geht, die kompetenziell der Bundesregierung (und innerkollegial am ehesten dem Bundeskanzler und Innenminister) zugewiesen werden.[116] Eine Pflicht zur Verteidigung freiheitlich-demokratischer Grundwerte ergibt sich bereits aus der Stellung eines Regierungsmitglieds in einem freiheitlichen Verfassungsstaat und der damit einhergehenden Amtsautorität. Eine ausdrückliche Manifestation findet sich überdies im Amtseid der Regierungsmitglieder wieder.[117] Daran ändert auch die Tatsache nichts, dass die Verteidigung der freiheitlich-demokratischen Grundordnung (nicht zuletzt auch aufgrund der Gewichtigkeit und Konturenlosigkeit) dem Kollegialorgan der Bundesregierung zugewiesen ist. Bejahrt man die Schutzkompetenz des Kollegialorgans, kann vielmehr für das einzelne Regierungsmitglied prinzipiell nichts anderes gelten.[118]

Die Stellung eines Regierungsmitglieds innerhalb des Kollegialorgans umfasst daher auch eine Kernkompetenz für Äußerungen, deren Ziel es ist, Angriffe auf die den Verfassungsstaat tragenden Prinzipien abzuwehren.[119] Ein effektiver Schutz der für den Verfassungsstaat und seine Funktion maßgeblichen Institutionen kann nur gewährleistet sein, wenn auch der einzelne Bundesminister kompetenziell dazu in der Lage ist, (spontan) auf Risiken für die freiheitlich-demokratische Grundordnung zu reagieren. Allerdings darf das Gewicht der Kompetenz nicht über die damit einhergehenden Eruierungsschwierigkeiten hinwegtäuschen: Einer sich auf diese Kompetenz stützenden Äußerung des einzelnen Regierungsmitglieds muss die Frage vorhergehen, ob eine realistische Gefahr für die freiheitlich-demokratische Grundordnung besteht, die entsprechende Informationsmaßnahmen rechtfertigt. Besteht eine strukturelle Gefahr für die freiheitlich-demokratische Grundordnung, die von einer politischen Partei ausgeht, stellt sich zudem die Frage nach dem Verhältnis der Informationsmaßnahmen zu den in Art. 21 Abs. 2

---

[116] *Nellesen*, Äußerungsrechte staatlicher Funktionsträger, 2019, S. 186 f.

[117] Nach Art. 64 Abs. 2 GG leisten die Bundesminister den in Art. 56 GG vorgesehenen Eid.

[118] Für die allgemeine Staatsleitungskompetenz betont dies das Bundesverfassungsgericht immer wieder: „Für die Äußerungsbefugnisse eines einzelnen Mitglieds der Bundesregierung kann nichts Anderes gelten als für die Bundesregierung als Ganzes." vgl. BVerfGE 138, 102 (116); 148 11 (31); krit. indes *Möstl*, in: Uhle (Hrsg.), Information und Einflussnahme, 2018, S. 49 (77 f.).

[119] Vgl. auch NdsStGH, Urt. v. 24.11.2020 – StGH 6/19 Rn. 98 – juris.

und 3 GG vorgesehenen Sanktionsmöglichkeiten.[120] Letztlich dürfte es sich dabei um gerichtlich (voll) überprüfbare Entscheidungen handeln, die nichtsdestotrotz von einer umfassenden Einschätzung des Regierungsmitglieds im Einzelfall abhängen.

Um das Ressortprinzip des Art. 65 Abs. 2 GG indes nicht zu verwässern, ist die Ausnahme für diese Form der ministeriellen Öffentlichkeitsarbeit besonders restriktiv zu handhaben.[121] Eine großzügige Handhabung dieser Informationskompetenz könnte im Ergebnis zu einer äußerungsrechtlichen Universalzuständigkeit jedes Kabinettsmitglieds führen, die ausweislich des Zuständigkeitskatalogs der Art. 62 ff. GG jedoch allein dem Bundeskanzler zustehen soll. Daher ist die Informationskompetenz einzelner Bundesminister auf ein für die effektive Verteidigung des funktionierenden Verfassungsstaats notwendiges Minimum zu beschränken. Sie sollte dem Minister das spontane Reagieren auf akute Ereignisse ermöglichen. Primär sind in diesen Fällen jedoch das Bundespresseamt als Sprachrohr der Bundesregierung und der Bundeskanzler für die Information der Bevölkerung zuständig. Dennoch steht fest, dass sich dem Amt eines Verfassungsorgans, insbesondere eines Bundesministers, eine Kompetenz zur Kommunikation rechtsstaatlicher und demokratischer Fundamentalfragen und der Verteidigung entsprechender Werte entnehmen lassen muss.

(3) Relevanz in der Rechtsprechung

Äußerungen von Bundesministern haben in den letzten Jahren immer wieder für Aufsehen gesorgt und das Bundesverfassungsgericht mehrfach beschäftigt. Von besonderer Bedeutung war das Urteil des Bundesverfassungsgerichts im Zusammenhang mit den Äußerungen der damaligen Bundesfamilienministerin Manuela Schwesig, die sich 2014 in einem Zeitungsinterview zum Wahlkampf der NPD in Thüringen äußerte.[122] Das Bundesverfassungsgericht kam zu dem Ergebnis, dass sich die Sprecherrolle eines Amtsträgers in einem Interview mehrfach ändern könne und dass die Äußerung über den Wahlkampf der NPD in der Rolle der Parteipolitikerin getätigt wurde.[123]

Ein Jahr später veröffentlichte die damalige Bildungsministerin Johanna Wanka auf der Homepage des Ministeriums eine kritische Stellungnahme mit

---

[120] Ausf. dazu 3. Kapitel, A.III.2.b).cc).

[121] Vgl. dazu zutreffend *Nellesen*, Äußerungsrechte staatlicher Funktionsträger, 2019, S. 187.

[122] BVerfGE 138, 102.

[123] BVerfGE 138, 102 (124 f.); dazu auch 1. Kapitel, B. III. 2.; wie *Nellesen* zutreffend feststellt, bestehen – unterstellt man den amtlichen Charakter der Äußerung – erhebliche Zweifel an der verfassungsrechtlichen Kompetenzwahrung, wenn sich die Bundesfamilienministerin über den Wahlkampf in einem Bundesland äußert, *Nellesen*, Äußerungsrechte staatlicher Funktionsträger, 2019, S. 187 f.

dem Titel „Rote Karte für die AfD". Nach erfolgreichem Eilverfahren[124] machte die AfD in einem Organstreitverfahren vor dem Bundesverfassungsgericht daraufhin eine Verletzung ihrer Rechte aus Art. 21 Abs. 1 GG geltend.[125] Inwiefern ein Verstoß gegen die Kompetenzordnung des Grundgesetzes neben der festgestellten Missachtung des Neutralitätsgebots zu einer Verfassungswidrigkeit der Äußerung führt, ließ das Bundesverfassungsgericht allerdings offen.[126]

In seiner jüngsten Entscheidung hatte sich das Bundesverfassungsgericht mit Aussagen des Bundesinnenministers Horst Seehofer in einem dpa-Interview auseinanderzusetzen, in dem er sich über das parlamentarische Verhalten der AfD-Mitglieder echauffierte.[127] Hinsichtlich der verfassungsfeindlichen Tendenzen der Partei und des in dem Interview explizit kritisierten Verhaltens diskutierte das Gericht die ministerielle Sonderkompetenz zur Abwehr schwerwiegender Angriffe auf die freiheitlich-demokratische Grundordnung, sah von einer ausdrücklichen Anerkennung der Zuständigkeit allerdings letztlich ab.[128]

Die für das staatliche Informationshandeln und seine grundrechtliche Relevanz wegweisenden Entscheidungen „Glykol"[129] und „Osho"[130] hatten ebenfalls jeweils Äußerungen des Bundesministers Heiner Geißler zum Gegenstand. Auch wenn die Äußerungskompetenz für derartige Warnungen gegeben war und die Problematik des Informationshandelns primär die Frage des Grundrechtseingriffes betraf, prüfte das Bundesverfassungsgericht (wenn auch nur ungenau[131]) die Zuständigkeit der Bundesregierung für die entsprechenden Veröffentlichungen.[132] Die praktische Relevanz bundesministerieller Äußerungen und Warnungen – gerade auch in den sozialen Netzwerken – lässt sich mit der Sachnähe der Ministerien begründen. Äußerungen des Bundeskanzlers sind häufiger allgemeinpolitischer Natur und nehmen daher oft weniger Einfluss auf Debatten der Öffentlichkeit.

[124] BVerfGE 140, 225.

[125] BVerfGE 148, 11 ff.

[126] BVerfGE 148, 11 (37 f.).

[127] BVerfGE 154, 320 ff.

[128] BVerfGE 154, 320 (351 f.).

[129] BVerfGE 105, 252 ff.

[130] BVerfGE 105, 279 ff.

[131] Das Gericht vermischt in seinen Urteilen die Zuständigkeiten des einzelnen Bundesministers und der Bundesregierung als Kollegialorgan. Konsequenterweise hätte zwischen Äußerungen des Ministers und Äußerungen, die auf die gesamte Bundesregierung zurückzuführen sind, differenziert werden müssen.

[132] BVerfGE 105, 252 (270 f.); 105, 279 (308 ff.).

dd) Der Bundespräsident

Der Bundespräsident wird gemeinhin als Staatsoberhaupt bezeichnet, auch wenn die Verfassung diesen Begriff gar nicht kennt.[133] Er ist ein Verfassungsorgan, das vom Grundgesetz mit eigenen Kompetenzen versehen wird, die sich keiner der drei Staatsgewalten ohne Weiteres zuordnen lassen.[134] Selbstverständlich übt aber auch das Staatsoberhaupt bei der Wahrnehmung seiner Kompetenzen Staatsgewalt in unmittelbarer Form aus und ist an Gesetz und Recht (Art. 20 Abs. 3 GG – insbesondere die Grundrechte, Art. 1 Abs. 3 GG) gebunden.[135] Er steht damit trotz seiner protokollarischen Erstrangigkeit nicht über dem Recht und ist daher auch nicht kompetenziell ungebunden.[136]

Die Aufgabenfelder des Bundespräsidenten sind vielfältig und reichen von der völkerrechtlichen Vertretung des Bundes (Art. 59 Abs. 1 GG) bis zur Ausfertigung der Bundesgesetze (Art. 82 Abs. 2 GG).[137] Zur besseren Übersichtlichkeit lassen sich die vielseitigen Aufgaben des Bundespräsidenten einzelnen Funktionen unterordnen, wobei die Grenzen zwischen diesen Funktionen wiederum fließend sind.[138] Das Amt ist geprägt von einer Repräsentations-, Kontroll-, Beurkundungs-, Reserve- und Integrationsfunktion.[139] Ähnlich wie bei den anderen Staatsorganen sind nicht alle Kompetenzen des Bundespräsidenten ausdrücklich in der Verfassung zu finden, sondern teilweise auf eine ergänzende Auslegung der Verfassung zurückzuführen.[140] Alles in allem kommt dem Bundespräsidenten mit seinen vielfältigen Funktionen und den sie ergänzenden ungeschriebenen Aufgabenbereichen ein weitreichender Zuständigkeitsbereich zu.

---

[133] *Herzog*, in: Dürig/Herzog/Scholz, GG, 96. EL 2021, Art. 54 Rn. 3; *Nellesen*, Äußerungsrechte staatlicher Funktionsträger, 2019, S. 139; *Nettesheim*, in: Isensee/Kirchhof, HStR Bd. II, 3. Aufl. 2005, § 61 Rn. 12 ff.

[134] BVerfGE 136, 277 (319); 136, 323 (331); vgl. *Fink*, in: v. Mangoldt/Klein/Starck, GG Bd. II, 7. Aufl. 2018, Art. 54 Rn. 4 f.; *Nettesheim*, in: Isensee/Kirchhof, HStR Bd. II, 3. Aufl. 2005, § 61 Rn. 13.

[135] BVerfGE 136, 323 (333); *Nettesheim*, in: Isensee/Kirchhof, HStR Bd. II, 3. Aufl. 2005, § 61 Rn. 13.

[136] *Nellesen*, Äußerungsrechte staatlicher Funktionsträger, 2019, S. 140.

[137] Eine übersichtliche Zusammenfassung findet sich bei *Herzog*, in: Dürig/Herzog/Scholz, GG, 96. EL 2021, Art. 54 Rn. 68.

[138] Vgl. ausf. *Eder*, „Rote Karte" gegen „Spinner"?, 2017, S. 93 ff.

[139] Vgl. dazu *v. Arnauld*, in: v. Münch/Kunig, GG Bd. I, 7. Aufl. 2021, Art. 54 Rn. 7; *Heun*, in: Dreier (Hrsg.), GG Bd. II, 3. Aufl. 2015, Art. 54 Rn. 14; *Nettesheim*, in: Isensee/Kirchhof, HStR Bd. II, 3. Aufl. 2005, § 61 Rn. 31 ff.; *Nierhaus/Brinktrine*, in: Sachs (Hrsg.), GG, 9. Aufl. 2021, Art. 54 Rn. 4.

[140] Eine Auflistung der geschriebenen Kompetenzen findet sich bei *Nellesen*, Äußerungsrechte staatlicher Funktionsträger, 2019, S. 136; zu den ungeschriebenen Kompetenzen vgl. *v. Arnauld*, in: v. Münch/Kunig, GG Bd. I, 7. Aufl. 2021, Art. 54 Rn. 6; *Herzog*, in: Dürig/Herzog/Scholz, GG, 96. EL 2021, Art. 54 Rn. 69.

Mit der Zuweisung einer Aufgabe an den Bundespräsidenten geht auch für diesen die Aufgabe der Information und Öffentlichkeitsarbeit als Annex einher. Die Besonderheit für das Amt des Bundespräsidenten ist dabei darin zu sehen, dass er als Staatsoberhaupt ein besonders weites Aufgabenfeld besitzt und sich dementsprechend zu unterschiedlichen Themen äußern darf. Die Integrationsfunktion als wohl vielschichtigste[141] aller Aufgaben seines Amtes umfasst die Wahrung und Förderung des Gemeinwesens im Sinne einer friedlichen Gesellschaft.[142] Sobald sich Gefahren für ein friedliches Miteinander abzeichnen oder der Bundespräsident auf gesellschaftliche Missstände hinzuweisen sucht, kann er sich kompetenziell auf diese Integrationsfunktion stützen. Gleichwohl sind die Äußerungskompetenzen des Bundespräsidenten nicht vollkommen unbegrenzt.[143] Äußert sich der Bundespräsident über eine Materie, die nicht im Zusammenhang mit einer seiner Staatsfunktionen steht, so handelt auch er kompetenz- und damit formell rechtswidrig. Eine äußerungsrechtliche Kompetenzüberschreitung dürfte für das Amt des Bundespräsidenten in Anbetracht der weit gefassten (Repräsentations- und Integrations-) Kompetenzen jedoch selten sein.[144]

In der Rechtsprechung des Bundesverfassungsgerichts hat die „Spinner-Entscheidung"[145] für Aufsehen gesorgt, in der der damalige Bundespräsident Joachim Gauck abwertend über die Mitglieder der NPD sprach und diese – wie es dem Namen der Entscheidung unschwer zu entnehmen ist – als „Spinner" bezeichnete. Hinsichtlich der Äußerungskompetenz des Bundespräsidenten führte das Gericht aus, dass dieser in Erfüllung seiner Repräsentations- und Integrationsaufgabe selbst darüber entscheiden könne, wie und bei welcher Gelegenheit er sich zum Gemeinwohl der Bevölkerung und möglichen Ursachen der Gefährdung äußert.[146] Der Gestaltungsspielraum ist nach der Rechtsprechung des Bundesverfassungsgerichts so groß, dass auch die Themenwahl als solche dem Bundespräsidenten obliegt und vom Gericht nur darauf überprüft werden kann, ob die Materie von der Integrationsfunktion offensichtlich nicht erfasst ist.[147] Dies wurde in der Literatur weitestgehend einheitlich dahingehend gedeutet, dass bei Äußerungen des Bundes-

---

[141] Zum vagen Verständnis der Integrationsfunktion des Bundespräsidenten in der Literatur vgl. *Nellesen*, Äußerungsrechte staatlicher Funktionsträger, 2019, S. 146 f. m. anschaulichem Verweis auf *Herzog*, in: Dürig/Herzog/Scholz, GG, 96. EL 2021, Art. 54 Rn. 88 ff.; vgl. auch *Eder*, „Rote Karte" gegen „Spinner"?, 2017, S. 86 ff.

[142] BVerfGE 136, 323 (335).

[143] BVerfGE 136, 323 (333); *Nellesen*, Äußerungsrechte staatlicher Funktionsträger, 2019, S. 142 f.; a.A. *Spitzlei*, JuS 2018, 856 (858).

[144] *Spitzlei* geht überspitzt davon aus, dass die Zuständigkeit keine Grenze für die Äußerungsbefugnis des Bundespräsidenten darstellt, vgl. *Spitzlei*, JuS 2018, 856 (858).

[145] BVerfGE 136, 323.

[146] BVerfGE 136, 323 (335 f.).

[147] BVerfGE 136, 323 (336).

präsidenten nur eine „Evidenzkontrolle"[148] im Hinblick auf den Verstoß gegen Kompetenzzuweisungen, das Sachlichkeitsgebot und die Neutralitätspflicht besteht. Dies lässt sich vor allem damit erklären, dass die Handlungen sowie Äußerungen des Bundespräsidenten nicht auf die Erlangung politischen Einflusses abzielen.[149]

b) Landesorgane

Ist eine Sachmaterie von Verfassungs wegen den Ländern zugewiesen, ergibt sich daraus, dass es den Organen des Bundes – sofern es sich beispielsweise aufgrund von Überregionalität oder Beteiligungen durch den Bundesrat nach Art. 50 f. GG nicht gleichzeitig auch um eine Angelegenheit von Bundesinteresse handelt[150] – grundsätzlich nicht erlaubt ist, sich diesbezüglich öffentlich zu äußern. Dass es den Organen der Länder in diesen Fällen aber gestattet sein muss, sich an ihre Bürger zu wenden, steht außer Frage. Von enormer Bedeutung ist daher die Ausgestaltung der Kompetenzverteilung innerhalb der (Flächen-) Länder, bei der die Gemeinden und Gemeindeverbände eine wichtige Rolle einnehmen. Während die mittelbare Landesverwaltung durch die Kommunen in den Flächenländern eine neben die unmittelbare Landesverwaltung durch Landesbehörden und die staatsleitende Gubernative tretende Verwaltungsebene darstellt, der sich ihrerseits übertragene wie originäre Informationskompetenzen entnehmen lassen, existiert diese Struktur in den Stadtstaaten nicht.[151] Im Folgenden ist in Anbetracht der Relevanz von Äußerungen kommunaler Hoheitsträger zwischen diesen und Informationshandeln der Landesorgane zu unterscheiden.

aa) Die Landesregierung und ihre Mitglieder

Für die Äußerungsrechte und Zuständigkeiten der Landesregierungen, Landesminister und Ministerpräsidenten lässt sich systematisch zu großen Teilen auf die Ausführungen zur regierungsamtlichen Kompetenzverteilung auf Bundesebene verweisen.[152] Im Vordergrund steht daher auch auf Landes-

---

[148] Vgl. *Spitzlei*, JuS 2018, 856 (858); krit. *Cornils*, in: FS Hufen, 2015, S. 151 (156 f.).

[149] Krit. dazu und zur Auswirkung dieses Verständnisses auf die inhaltsbezogenen Grenzen der Öffentlichkeitsarbeit vgl. 3. Kapitel, A.III.2.b).

[150] Vgl. zur „Doppelrelevanz" vieler Sachfragen ausf. *Masing*, Parlamentarische Untersuchungen privater Sachverhalte, 1998, S. 119 ff.

[151] In Anbetracht der praktischen Bedeutung staatlicher Öffentlichkeitsarbeit kommunaler Hoheitsträger sollen etwaige Besonderheiten der Stadtstaaten im Folgenden ausgeblendet werden.

[152] Vgl. nur RhPfVerfGH, NVwZ 2008, 897 (898); SaarlVerfGH, NVwZ-RR 2010, 785 (785); ThürVerfGH, NVwZ 2016, 1408 (1411); NdsStGH, Urt. v. 24.11.2020 – StGH 6/19 Rn. 56 f. – juris.

ebene die Aufgabe der Staatsleitung (1.). Darüber hinaus ist der Schutz der freiheitlich-demokratischen Grundordnung von Bedeutung (2.). Außerdem ist festzustellen, dass das Amt des Ministerpräsidenten ein breites Portfolio an Aufgaben für den Amtsinhaber bereithält (3.). Eine relevante Kompetenzschranke für Informationsmaßnahmen der Landesregierungen und ihrer Mitglieder ist im Kernbereich der kommunalen Selbstverwaltung zu sehen (4.).

(1) Staatsleitungskompetenz auf Landesebene

Die primäre Kompetenzquelle stellen die Landesverfassungen der Bundesländer dar, die Parallelvorschriften zu den Art. 64 ff. GG enthalten. Der Landesregierung wird damit auf Landesebene die Aufgabe der Staatsleitung übertragen, in der auch für die Regierungsmitglieder der zentrale Ursprung der Äußerungskompetenz zu sehen ist.[153] Zudem wird dem Ministerpräsidenten von den Landesverfassungen eine mit dem Amt des Bundeskanzlers vergleichbare Richtlinienkompetenz gewährt. Er gibt die Regierungspolitik in ihren wesentlichen Zügen vor und trägt die Verantwortung seiner Politik und der darauf beruhenden Entscheidungen. Im Gleichlauf zur Bundesebene übertragen die Landesverfassungen den Landesministern die Zuständigkeit für ihre entsprechenden Geschäftsbereiche.[154]

Mit der Richtlinienzuständigkeit des Ministerpräsidenten und den Ressortzuständigkeiten der Landesminister gehen als Annexkompetenzen die Zuständigkeiten für die informierende Öffentlichkeitsarbeit einher, die eine nicht zu übersehende Wesensverwandtschaft zu den Kompetenzen der Bundesregierung und ihrer Mitglieder aufweisen.[155] Gleichzeitig ist auch die Landesregierung das leitende Organ der Landesverwaltung, der prinzipiell die Errichtung und Koordinierung der Landesbehörden obliegt. Ähnlich wie im Verhältnis der Bundesregierung zur Bundesverwaltung stellen sich Abgrenzungsfragen im Bereich der Staatsleitung und Landesverwaltung, die von Bedeutung für das Informationshandeln der Landesregierungen und seine kompetenziellen Grundlagen sein können. Allerdings ist auch auf Landesebene davon auszugehen, dass sich die Äußerungskompetenzen in erster Linie aus der staatsleitenden Stellung der Landesregierung ergeben.[156]

---

[153] Vgl. ThürVerfGH, NVwZ 2016, 1408 (1411 f.); NdsStGH, Urt. v. 24.11.2020 – StGH 6/19 Rn. 56 – juris.

[154] Vgl. nur Art. 36 Verf SH; Art. 55 Verf NRW; Art. 51 BayVerf.; Art. 37 NdsVerf; so auch RhPfVerfGH, NVwZ 2007, 200 (201).

[155] Vgl. RhPfVerfGH, NVwZ 2007, 200 (201).

[156] So zumindest auch RhPfVerfGH, NVwZ 2007, 200 (201); vgl. zu dieser Erkenntnis auf Bundesebene 2. Kapitel, A.I.4.aa).(2).

(2) Der Schutz der freiheitlich-demokratischen Grundordnung als Kompetenzgrundlage

Auch die Aufgabe des Schutzes der freiheitlich-demokratischen Grundordnung ist auf die Landesregierungen und ihre Mitglieder zu übertragen. Wie auf der Ebene der Bundesregierung gezeigt ist die regierungsamtliche Stellung im Verfassungsstaat der Grund für diese besondere ungeschriebene Aufgabenzuweisung. Den Landesregierungen der Länder kommt eine vergleichbare Sonderrolle zu, die sich in strukturellen Privilegien manifestiert. So sind neben der Bundesregierung beispielsweise auch die Landesregierungen im Rahmen der abstrakten Normenkontrolle vor dem Bundesverfassungsgericht antragsberechtigt, vgl. Art. 93 Abs. 1 Nr. 2 GG, § 76 Abs. 1 BVerfGG. Gleiches gilt für rechtsstaatskonstitutive Verfahren vor den Landesverfassungsgerichten der Länder. Aus dieser Stellung ergibt sich die verfassungsrechtliche Pflicht, die freiheitlich-demokratische Souveränität der Bundesrepublik und der Länder zu verteidigen. Diese Aufgabe umfasst das entschiedene Zurückweisen verfassungsfeindlicher Tendenzen in der Bevölkerung.

Während das Bundesverfassungsgericht die Existenz der sich aus der besonderen Stellung im Verfassungsstaat ergebenden Äußerungskompetenz für die Mitglieder der Bundesregierung lange Zeit offen gelassen hat[157] und erst in seiner jüngsten Entscheidung anerkannte,[158] hat der Niedersächsische Staatsgerichtshof in einer Entscheidung zu parteiisch-wertenden Äußerungen des niedersächsischen Ministerpräsidenten diese Äußerungskompetenz bereits zuvor aus der Bindung an Recht und Gesetz und aus dem von Regierungsmitgliedern abzulegenden Amtseid hergeleitet.[159] Sie umfasst nach der Auffassung des Gerichts eine Informationskompetenz für Äußerungen, die der Wahrung und Verteidigung verfassungsrechtlich besonders geschützter Institutionen und Werte dienen.[160] Diese Informationszuständigkeit mit Ausnahmecharakter erstreckt sich dabei nicht nur auf die Landesregierung als Kollegialorgan, sondern stellt auch eine Kompetenz für das einzelne Regierungsmitglied dar.[161]

In dem vom Staatsgerichtshof entschiedenen Fall ging es um Äußerungen des Ministerpräsidenten Stephan Weil im sozialen Netzwerk Twitter, in denen dieser eine Veranstaltung der NPD kritisierte und zur Gegendemonstration aufrief. Ausgangspunkt war ein Aufruf der NPD zu einem Aufzug,

---

[157] Vgl. BVerfGE 154, 320 (351 f.).

[158] BVerfG, Urt. v. 15.06.2022 – 2 BvE 4/20 Rn. 116 – juris.

[159] NdsStGH, Urt. v. 24.11.2020 – StGH 6/19 Rn. 58 – juris; ähnlich bereits zuvor RhPfVerfGH, NVwZ 2008, 897 (898).

[160] NdsStGH, Urt. v. 24.11.2020 – StGH 6/19 Rn. 58 – juris.

[161] Vgl. NdsStGH, Urt. v. 24.11.2020 – StGH 6/19 Rn. 98 – juris.

der am Funkhaus des Norddeutschen Rundfunks in Hannover vorbeiführen sollte, weil dieser in der Zeit zuvor kritisch über einen hochbetagten SS-Mann berichtet hatte, der wiederum kurze Zeit nach Ausstrahlung des Beitrags in seinem Haus überfallen wurde. In den Beiträgen bei Twitter warf der Ministerpräsident der Partei „[r]echtsextreme Hetze gegen Journalistinnen und Journalisten, gegen den öffentlich-rechtlichen Rundfunk und gegen die Pressefreiheit" vor. Das Gericht stützte diese Äußerungen indes nicht auf die Staatsleitungskompetenz des Ministerpräsidenten, sondern geht davon aus, dieser sei durch das Informationshandeln „seiner verfassungsrechtlichen Aufgabe und Pflicht nachgekommen, das freiheitlich-demokratische Selbstverständnis der Bundesrepublik Deutschland und des Landes Niedersachsen zu bewahren und die Bevölkerung für demokratiegefährdende Entwicklungen zu sensibilisieren sowie das bürgerschaftliche Engagement zu stärken".[162] Das Institut der Freien Presse ist nach Auffassung des Gerichts eine wesensnotwendige Voraussetzung der freiheitlich-demokratischen Grundordnung und damit von der Schutzaufgabe des Ministerpräsidenten gedeckt.

Neben dem Institut der Freien Presse kommen noch viele weitere Wertentscheidungen der freiheitlich-demokratischen Grundordnung in Betracht, die vom Schutzauftrag der (Landes-) Regierungen erfasst werden und als Anlass für regierungsamtliche Äußerungen dienen können. Auch eine Auseinandersetzung mit den politischen Bestrebungen einer Partei kann – sofern diese in einem Widerspruch zur verfassungsmäßigen Ordnung des Bundeslandes oder des Bundes steht – Anlass zu einer Kommunikationsmaßnahme geben.[163] Es ist zudem davon auszugehen, dass diese Äußerungskompetenz nicht allein beim Ministerpräsidenten liegt. Vielmehr obliegt die Wahrnehmung der Schutzaufgabe allen Regierungsmitgliedern.[164] Allerdings ist auch auf Landesebene zu berücksichtigen, dass diese Aufgabe Sonderrechtscharakter hat und dass eine weitläufige Interpretation dieser Aufgabenzuweisung nicht zu einer Gefährdung des von Verfassungs wegen vorgesehen Richtlinien- und Ressortprinzips führen darf.[165]

---

[162] NdsStGH, Urt. v. 24.11.2020 – StGH 6/19 Rn. 91 – juris.

[163] RhPfVerfGH, NVwZ 2008, 897 (898); allerdings stehen Äußerungen eines Regierungsmitglieds zu den politischen Ansichten einer Partei in einem latenten Spannungsverhältnis zur parteipolitischen Neutralitätspflicht, von der Ausnahmen nur in engen Grenzen anzunehmen sind, dazu 3. Kapitel, A.III.2.b).cc).

[164] So auch RhPfVerfGH, NVwZ 2008, 897 (898); vgl. NdsStGH, Urt. v. 24.11.2020 – StGH 6/19 Rn. 58 – juris.

[165] Vgl. auch *Harding*, NVwZ 2021, 147 (148).

(3) Der Ministerpräsident als „Staatsnotar" des Landes

Neben der Rolle des „Regierungschefs", der durch die Bestimmung der Richtlinien die Politik der Landesregierung vorgibt und lenkt, nimmt der Ministerpräsident auch die Aufgabe des ranghöchsten Verfassungsorgans und damit die Rolle des „Landesoberhaupts" wahr, die auf Bundesebene dem Bundespräsidenten obliegt.[166] Aufgrund dieser Doppelrolle[167] lassen sich die oben für den Bundespräsidenten entwickelten Maßstäbe jedoch nicht ohne Weiteres auf den Ministerpräsidenten übertragen. Anders als der Bundespräsident dies auf Bundesebene tut, agiert der Ministerpräsident sehr wohl in der legitimen Intention, seinen politischen Einfluss zu sichern.

Dies wirkt sich allerdings primär auf die inhaltsbezogenen Grenzen[168] seiner Äußerungen aus und ist überdies praktisch kaum zu handhaben, da neben die Funktion des amtlichen Regierungschefs und des privaten Parteipolitikers noch die unpolitische Rolle als Landesoberhaupt tritt, was erhebliche Abgrenzungsschwierigkeiten zur Folge hat.[169] Allerdings wird das Auftreten als repräsentatives Landesoberhaupt die absolute Ausnahme darstellen. Vielmehr nimmt sich der Ministerpräsident dieser Rolle nur an, wenn er im Bundesrat agiert und sein Bundesland vertritt oder die staatsoberhauptsspezifischen Funktionen wie etwa die amtsimmanente Notarfunktion wahrnimmt und an der Gesetzesausfertigung mitwirkt.[170] Gleichwohl sind die sachlichen (Äußerungs-) Kompetenzen der Ministerpräsidenten bei Landesangelegenheiten damit noch weitreichender als die des Bundeskanzlers bei Bundesangelegenheiten. Kompetenzrechtlich bleibt indes festzuhalten, dass auch für den Ministerpräsidenten kaum Konstellationen auf Landesebene

---

[166] Vgl. RhPfVerfGH, NVwZ 2007, 200 (201); *Hufen*, LKRZ 2007, 41 (44); *Nellesen*, Äußerungsrechte staatlicher Funktionsträger, 2019, S. 191; krit. *Uhlitz*, DÖV 1966, 293 (295 f.).

[167] Diese wird von *Hufen* besonders hervorgehoben, vgl. *Hufen*, LKRZ 2007, 41 (44).

[168] Krit. zu den in Rspr. und Lit. gezogenen Konsequenzen für das Amt des Bundespräsidenten 3. Kapitel, A.III.2.b).aa).

[169] *Barczak*, NVwZ 2015, 1015 (1017); *Herdegen*, in: Isensee/Kirchhof, HStR Bd. VI, 3. Aufl. 2008, § 129 Rn. 50; *Hufen*, LKRZ 2007, 41 (44); *Nellesen*, Äußerungsrechte staatlicher Funktionsträger, 2019, S. 191; S. 193.

[170] Ob der Ministerpräsident eines Landes im Bundesrat in seiner Funktion als Oberhaupt des Landes agiert, ist im Hinblick auf den Wortlaut des Art. 51 GG nicht ganz eindeutig, da dieser von „Mitgliedern der Regierungen der Länder" spricht. Bei einem Blick in die Landesverfassungen wird hingegen deutlich, dass die den Ministerpräsidenten zur Vertretung des Landes berufenden Vorschriften teilweise der den Bundespräsidenten nach Art. 59 GG ermächtigenden Vorschrift nachempfunden sind. Allerdings beauftragen die Verfassungen mancher Länder auch die Landesregierung mit der Vertretung und sehen nur eine Übertragbarkeit dieser Aufgabe auf den Ministerpräsidenten vor. In diese Richtung aber *Herdegen*, in: Isensee/Kirchhof, HStR Bd. VI, 3. Aufl. 2008, § 129 Rn. 50; ausf. bereits *Uhlitz*, DÖV 1966, 293 ff.

denkbar sind, die keine Berührungspunkte zu seiner Aufgabenzuweisung besitzen und von seiner „Landesleitungskompetenz" nicht umfasst sind.[171]

(4) Der Kernbereich kommunaler Selbstverwaltung als Kompetenzschranke

Allerdings gibt es neben den Angelegenheiten, die der Verbandskompetenz des Bundes unterfallen und damit dem Aufgabenbereich der Länder ausgenommen sind, mit den kommunalen Angelegenheiten eine weitere Kompetenzschranke für Äußerungen von Regierungsmitgliedern auf Landesebene. Während für Bundesorgane feststeht, dass diese sich nicht zu kommunalen Angelegenheiten äußern dürfen, da es sich dabei föderal betrachtet um eine Landesmaterie handelt, ist eine Zuständigkeit für Regierungsmitglieder des Landes im Zusammenhang mit kommunalen Materien auf den ersten Blick nicht derart abwegig, da es sich bei den (Verwaltungs-) Angelegenheiten der Gemeinden und Gemeindeverbände um einen Fall der mittelbaren Landesverwaltung handelt. Gleichwohl existiert eine klare Kompetenzgrenze zwischen dem Land und seinen Kommunen.[172]

Dieses Verhältnis lässt sich indes nicht mit der durch das Organ des Bundesrats verflochtenen Beziehung von Bund und Ländern vergleichen, da zwischen den Ländern und seinen Kommunen keine entsprechende Wechselwirkung besteht.[173] Vielmehr sind die Kommunen trotz ihrer Rolle als Teil der Landesverwaltung rechtlich in vielerlei Hinsicht vollends selbstständig zu behandeln.[174] Dies gilt in erster Linie für Selbstverwaltungsangelegenheiten, die ihren Ursprung im Kernbereich kommunaler Eigenverantwortung haben, der über Art. 28 Abs. 2 GG und entsprechende Regelungen in den Landesverfassungen einen verfassungsrechtlichen Schutz genießt. In diesem Bereich ist es den Ländern prinzipiell untersagt, auf kommunale Angelegenheiten einzuwirken.

Die Folge dieser Souveränität für das Informationshandeln ist darin zu sehen, dass die Zuständigkeit der Kommunen für ihre eigenen Angelegenheiten die Kompetenzgrenze für Äußerungen der Landesorgane darstellt. Über Angelegenheiten der örtlichen Gemeinschaft einer Kommune darf sich die Landesregierung – Gleiches gilt für ihre Mitglieder – daher im Grunde nicht äußern.[175] Allerdings muss auch bei diesem Grundsatz berücksichtigt

---

[171] Vgl. auch *Hufen*, LKRZ 2007, 41 (45).

[172] Etwas Anderes gilt in den Stadtstaaten, die an dieser Stelle zu vernachlässigen sind.

[173] *Nellesen*, Äußerungsrechte staatlicher Funktionsträger, 2019, S. 193.

[174] Allerdings gibt es auch im Verhältnis der Länder zu ihren Kommunen kompetenzielle Bruchstellen. Neben der Möglichkeit der Einwirkung durch die Landesgesetzgebung ermöglichen insbesondere die Kommunalaufsicht, das Konnexitätsprinzip und die sog. Aufgaben zur Erfüllung nach Weisung eine Einflussnahme der Länder.

[175] *Nellesen*, Äußerungsrechte staatlicher Funktionsträger, 2019, S. 193 f.; bewusst offenlassend ThürVerfGH, NVwZ 2016, 1408 (1412).

werden, dass Konstellationen im Zusammenhang mit kommunalen Angelegenheiten denkbar sind, die auch eine Äußerungszuständigkeit der Landesregierung bzw. ihrer Mitglieder, insbesondere des Ministerpräsidenten, begründen können. Bei überregionalen Themen oder Angelegenheiten von allgemeinem, landesweitem Interesse, die ihren Ursprung in Angelegenheiten der kommunalen Selbstverwaltung haben oder eine Vielzahl von Gemeinden eint, kann im Einzelfall auch eine Informationskompetenz auf Landesebene gegeben sein.

bb) Kommunale Organe

Wie bereits gezeigt, stellen die kommunalen Gebietskörperschaften organisatorisch wie kompetenziell selbstständige Verwaltungsträger dar, wenngleich sie in der föderalen Zuständigkeitsverteilung des Bundesstaats der mittelbaren Landesverwaltung zuzuordnen sind. Unter ihnen nehmen – nicht zuletzt aus der Perspektive des staatlichen Informationshandelns – die Gemeinden und ihre Organe eine besonders bedeutsame Rolle ein. Die Aufgabenverteilung innerhalb einer Gemeinde bemisst sich dabei nach den Gemeindeordnungen der Länder, die bisweilen auch als „Verfassungen der Gemeinden" bezeichnet werden und bis auf die Unterschiede in den Stadtstaaten unter den Flächenländern weitestgehend einheitlich ausgestaltet sind.

Die Kompetenzverteilung innerhalb der Gemeinden ist in Anbetracht der Tatsache, dass es auf kommunaler Ebene im Wesentlichen nur zwei präsente Organe gibt, überschaubar. Eine Gemeindeaufgabe kann entweder dem willensbildenden Kollegialorgan der Gemeinde, dem Gemeinderat, oder dem willensausführenden Organ der Gemeinde, dem (Ober-) Bürgermeister als kommunaler Wahlbeamter, obliegen.[176] Unabhängig von ausdrücklichen Kompetenzzuweisungen innerhalb der Gemeindeordnungen ist es prinzipiell vorgesehen, dass die Gemeindevertretung als demokratisch legitimiertes Kollegialorgan die wesentlichen Entscheidungen innerhalb der Gemeinde trifft, wohingegen der (Ober-) Bürgermeister als Leiter der Verwaltung die laufenden Geschäfte der Gemeinde wahrnimmt und die Gemeinde nach außen hin vertritt.[177]

Darüber hinaus besitzt der (Ober-) Bürgermeister einer Gemeinde aber auch noch eine originär kommunalpolitische Funktion.[178] Neben seiner ad-

---

[176] Dazu ausf. *Gern/Brüning*, Deutsches Kommunalrecht, 4. Aufl. 2019, Kapitel 9 Rn. 402 ff.; s.a. *Burgi*, Kommunalrecht, 6. Aufl. 2019, § 12 Rn. 18 ff.; zum Begriff des kommunalen Wahlbeamten vgl. *Mast*, Staatsinformationsqualität, 2020, S. 184 ff.; eine Ausnahme findet sich in Hessen, wo die Verwaltungsleitung dem kollegialen Gemeindevorstand obliegt.

[177] *Burgi*, Kommunalrecht, 6. Aufl. 2019, § 12 Rn. 19; *Gern/Brüning*, Deutsches Kommunalrecht, 4. Aufl. 2019, Kapitel 9 Rn. 405; zur Repräsentationsfunktion des Bürgermeisters vgl. *zu Hohenlohe*, VerwArch Bd. 107 (2016), 62 (79 f.).

[178] BVerwG, NVwZ 2018, 433 (434); *zu Hohenlohe*, VerwArch Bd. 107 (2016), 62 (77).

ministrativen Funktion nimmt der Bürgermeister einer Gemeinde auch staatsleitende Aufgaben wahr, die durchaus Parallelen zu den Aufgaben der Regierungsmitglieder auf Bundes- und Landesebene aufweisen.[179] Allerdings ist sein Mandat – anders als im Falle der Bundes- und Landesregierung – seit der flächendeckenden Einführung der Direktwahl auf eine erhöhte demokratische Legitimation durch die Bevölkerung der Gemeinde zurückzuführen.[180] Es umfasst zweifelsohne die Kompetenz, sich am politischen Diskurs über spezifische Ortsangelegenheiten zu beteiligen und die Bevölkerung über gemeindliche Angelegenheiten zu informieren.[181] Diese Informationskompetenz hat in einigen Gemeindeordnungen sogar eine ausdrückliche Normierung gefunden.[182]

Ihm kommt als Oberhaupt der Gemeinde neben seiner Repräsentations- auch eine Integrationsfunktion zu, wenngleich dies nicht zur Folge hat, dass seine Amtsnatur mit der einzigartigen Stellung des Bundespräsidenten im Verfassungsstaat gleichzusetzen ist.[183] Neben diesen originären Amtsaufgaben fungiert der (Ober-) Bürgermeister teilweise auch als Sprachrohr[184] des willensbildenden Gemeinderats und ist damit bisweilen für Informationshandeln zuständig, das seiner willensausführenden Organkompetenz auf den ersten Blick gar nicht unmittelbar unterliegt.

Begreift man den Bürgermeister einer Gemeinde jedoch als Gemeindeoberhaupt in administrativer und gubernativer Hinsicht, wird deutlich, dass sich keine Sachmaterien mit unmittelbarem Bezug zur örtlichen Gemeinschaft der Gemeinde finden lassen, die der Informationskompetenz des Bürgermeisters entzogen werden. Legt man diese Aufgabenverteilung dem kommunalen Informationshandeln zugrunde, bestehen an der Zuständigkeit des Bürgermeisters für die Öffentlichkeitsarbeit einer Gemeinde im Ergebnis keine Zweifel.[185] Insgesamt führt dies dazu, dass die Verbandszuständigkeit

---

[179] BVerwG, NVwZ 2018, 433 (434); *Mast*, Staatsinformationsqualität, 2020, S. 186; vgl. in diesem Zusammenhang auch *Gärditz*, NWVBl. 2015, 165 (168).

[180] *zu Hohenlohe*, VerwArch Bd. 107 (2016), 62 (77 ff.); *Nellesen*, Äußerungsrechte staatlicher Funktionsträger, 2019, S. 226; ausf. *Gern/Brüning*, Deutsches Kommunalrecht, 4. Aufl. 2019, Kapitel 9 Rn. 467 ff.

[181] Ausf. BVerwG, NVwZ 2018, 433 (434); grundlegend *Porsch*, Warnungen und kritische Äußerungen als Mittel gemeindlicher Öffentlichkeitsarbeit, 1997, S. 104 ff.; *Burgi*, Kommunalrecht, 6. Aufl. 2019, § 13 Rn. 40; *Mast*, Staatsinformationsqualität, 2020, S. 184 f.; *Nellesen*, Äußerungsrechte staatlicher Funktionsträger, 2019, S. 215.

[182] Vgl. nur § 16a GO SH, in NRW wurde die Unterrichtung der Gemeinde dem Gemeinderat zugewiesen, vgl. § 23 GO NRW.

[183] *Ferreau*, NVwZ 2017, 1259 (1261); *Mast*, Staatsinformationsqualität, 20020, S. 186; *Milker*, JA 2017, 647 (653); *Nellesen*, Äußerungsrechte staatlicher Funktionsträger, 2019, S. 219 f.; so aber i.E. wohl *zu Hohenlohe*, VerwArch Bd. 107 (2016), 62 (81 f.).

[184] So auch *Porsch*, Warnungen und kritische Äußerungen als Mittel gemeindlicher Öffentlichkeitsarbeit, 1997, S. 104 f.

[185] *Burgi*, Kommunalrecht, 6. Aufl. 2019, § 13 Rn. 40; *zu Hohenlohe* Bd. 107 (2016), 62

der Gemeinde als Annex eine Äußerungskompetenz des (Ober-) Bürgermeisters beinhaltet.[186]

Eine die Äußerungskompetenz des Bürgermeisters begründende Verbandszuständigkeit der Gemeinden ist außerhalb ausdrücklich geregelter Sachmaterien stets gegeben, wenn eine Angelegenheit betroffen ist, die unmittelbar in der örtlichen Gemeinschaft der Gemeinde wurzelt oder einen spezifischen Bezug zu den Angelegenheiten der Gemeinde aufweist.[187] Das BVerwG führt in seiner prominenten „DÜGIDA"-Entscheidung zu den Angelegenheiten der örtlichen Gemeinschaft, die eine Äußerungskompetenz des Bürgermeisters begründen, aus: „Angelegenheiten der örtlichen Gemeinschaft iSv Art. 28 II 1 GG sind diejenigen Bedürfnisse und Interessen, die in der örtlichen Gemeinschaft wurzeln oder auf sie einen spezifischen Bezug haben, die also den Gemeindeeinwohnern gerade als solchen gemeinsam sind, indem sie das Zusammenleben und -wohnen der Menschen in der Gemeinde betreffen."[188]

Maßgeblich ist insofern die spezifische Ortsbezogenheit der einer Informationsmaßnahme zugrundeliegenden Angelegenheit. Allerdings genügt der bloße Umstand, dass der Bürgermeister für die eigene Gemeinde spricht, dem Anspruch spezifischer Ortsbezogenheit nicht, da unter Berufung auf die im Selbstverwaltungsrecht wurzelnde Allzuständigkeit der Gemeinde auch allgemeinpolitische Fragen ohne unmittelbaren Ortsbezug zum Gegenstand der Äußerungen gemacht werden könnten.[189] Der Bürgermeister als Repräsentant der Gemeinde besitzt allerdings nur ein kommunalpolitisches und kein allgemeinpolitisches Mandat.[190]

Zu den kommunalen Wahlbeamten und äußerungsbefugten Organen kommunaler Gebietskörperschaften gehören auch die Landräte als Repräsentanten der Landkreise. Bei diesen handelt es sich um Gemeindeverbände, die die öffentlichen Aufgaben der kreisangehörigen Gemeinden und Ämter selbstverantwortlich wahrnehmen, soweit diese dazu aufgrund ihrer Größe und Leistungsfähigkeit nicht in der Lage sind.[191] Ähnlich wie auf gemeindli-

---

(65 ff.); *Nellesen*, Äußerungsrechte staatlicher Funktionsträger, 2019, S. 219 f.; *Porsch*, Warnungen und kritische Äußerungen als Mittel gemeindlicher Öffentlichkeitsarbeit, 1997, S. 104 f.

[186] So auch *Nellesen*, Äußerungsrechte staatlicher Funktionsträger, 2019, S. 215; *Porsch*, Warnungen und kritische Äußerungen als Mittel gemeindlicher Öffentlichkeitsarbeit, 1997, S. 104 f.

[187] BVerfG, NVwZ-RR 2014, 538 (539) m. Verweis auf BVerfGE 79, 127 (151); BVerwG, NVwZ 1991, 682 (682); NVwZ 2018, 433 (434); *zu Hohenlohe*, VerwArch Bd. 107 (2016), 62 (78); *Porsch*, Warnungen und kritische Äußerungen als Mittel gemeindlicher Öffentlichkeitsarbeit, 1997, S. 86 f.; *Wahnschaffe*, NVwZ 2016, 1767 (1769).

[188] BVerwG, NVwZ 2018, 433 (434).

[189] Für die Zuständigkeit der Gemeindevertretung vgl. BVerwG, NVwZ 1991, 682 (683).

[190] BVerwG, NVwZ 1991, 682 (683) unter Verweis auf BVerfGE 79, 127 (147).

[191] Ausf. dazu *Burgi*, Kommunalrecht, 6. Aufl. 2019, § 20 Rn. 9 ff.

cher Ebene existieren mit dem Kreistag und dem Landrat zwei sich ergänzende Organe, wobei auch hier die Verwaltung und Vertretung des Kreises inklusive der Aufgabe kreisspezifischen Informationshandelns dem willensausführenden Organ und damit dem Landrat obliegt. Sofern sich das Informationshandeln allerdings auf Angelegenheiten der Gemeinden bezieht, sind primär die (Ober-) Bürgermeister der betroffenen Gemeinden zuständig, soweit sie dazu selbst in der Lage sind. Die Öffentlichkeitsarbeit des Landrats bezieht sich in der Regel auf kreisspezifische und damit gemeindeübergreifende Themen, deren Brisanz sich meist in Grenzen hält, was nicht zuletzt auch im Hinblick auf die Länge der demokratischen Legitimationskette angebracht erscheint.

c) *Zusammenfassung*

Bei der Frage nach der Zuständigkeit handelt es sich um die zentrale formelle Grenze für jegliches Hoheitshandeln. Konsequenterweise ist es daher auch im Rahmen der staatlichen Öffentlichkeitsarbeit stets zu berücksichtigen. Die Bedeutung der Zuständigkeitsregelungen zeigt sich auch darin, dass sich die Rechtsprechung im Rahmen einer jeden Entscheidung im Zusammenhang mit staatlichem Informationshandeln auch der Zuständigkeit der informierenden Stelle widmet. Es bleibt festzuhalten, dass sich auf der Ebene der (landes-) verfassungsrechtlichen Kompetenzordnungen zunächst keinerlei Zuweisungen für Informationshandeln finden. Vielmehr ergibt sich die Zuständigkeit für die Öffentlichkeitsarbeit als Annex zur Erfüllung der normierten und anerkannten öffentlichen Aufgaben.

Während die Verteilung innerhalb der rechtsprechenden und gesetzgebenden Gewalt nachvollziehbar ist und zu großen Teilen keiner aufwändigen Untersuchung bedarf, bereitet die Organisation der Zuständigkeiten innerhalb der vollziehenden Gewalt nicht unerhebliche Schwierigkeiten, die ein sich an Gewaltenteilung und Bundesstaatsprinzip orientierendes Vorgehen unausweichlich machen. Von besonderer praktischer wie auch methodischer Relevanz ist die Zuständigkeitsverteilung innerhalb der Gubernative. Um fundamentale Rechtsgrundsätze wie die Richtlinienkompetenz und den Ressortgrundsatz nicht zu unterlaufen, ist es ratsam, die Äußerungskompetenzen der Bundes- und Landesminister eng zu fassen und trennscharf zwischen Äußerungen der einzelnen Minister, des Kollegialorgans der Bundes- bzw. Landesregierung und des ressortübergreifenden Bundeskanzlers und Ministerpräsidenten zu unterscheiden, was bisweilen von der Rechtsprechung versäumt wird. Dem Bundeskanzler und den Ministerpräsidenten kommt auf Bundes- bzw. auf Landesebene eine weitreichendere Äußerungskompetenz hinsichtlich regierungsamtlicher Sachmaterien zu. Eine Sonderrolle nimmt der keiner Staatsgewalt unmittelbar zuzuordnende Bundespräsident ein. In Wahrnehmung seiner Integrationsfunktion besitzt er ein kompetenziell nahezu unbegrenztes Äußerungsmandat. Auf kommunaler Ebene liegt die Kompetenz für Informationshandeln monopolartig beim (Ober-) Bürgermeister einer Gemeinde. Allerdings wird das Äußerungsrecht des Bürgermeisters von vornherein dadurch eingeschränkt, dass seinem Anliegen ein örtlicher, in der Gemeinde wurzelnder Bezug zugrunde liegen muss.

II. Die Übertragbarkeit der Vorgaben auf die Kommunikation in sozialen Netzwerken

1. Grundsätzliche Wirkung der Kompetenzvorgaben auch für die Kommunikation in sozialen Netzwerken

In seinem Grundsatzurteil zur Öffentlichkeitsarbeit der Bundesregierung hat das Bundesverfassungsgericht festgestellt, dass die Kompetenzverteilung im Falle staatlichen Informationshandelns stets zu berücksichtigen ist, ohne dabei etwaige Einschränkungen im Hinblick auf die Art und Weise der Informationsvermittlung vorzunehmen.[192] Allerdings ist zu beherzigen, dass die Entwicklungen der Kommunikationsstrukturen hin zur Aktivität staatlicher Funktionsträger in sozialen Netzwerken im Jahre 1971 noch nicht annähernd vorhersehbar waren. In seiner jüngeren Rechtsprechung greift das Gericht diese Feststellungen gleichwohl auf, bestätigt ihren Grundgehalt und verweist auf die zentrale Rolle der Massenmedien sowie die Entwicklung der Kommunikationstechniken.[193] Es ist daher davon auszugehen, dass es sich bei dem Erfordernis einer Zuständigkeitszuweisung um eine jeglicher Staatsaktivität immanente Vorgabe handelt, die ihre Wirkung unabhängig von der konkreten Form einer Maßnahme und damit auch ungeachtet der Informationsplattform oder des Kommunikationsmediums entfaltet.[194]

Dem lässt sich auch nicht entgegenhalten, dass das Bundesverfassungsgericht in seiner Rechtsprechung davon ausgeht, dass sich die Öffentlichkeitsarbeit der Bundesregierung mittlerweile von einer punktuellen hin zu einer flächendeckenden und damit stets verfügbaren sowie thematisch breit aufgestellten Informationsverbreitung entwickelt habe.[195] Auch die flächendeckende Informationsversorgung durch staatliche Funktionsträger hat in kompetenziell geordneten Bahnen zu verlaufen und darf schon gar nicht in nicht in einer pauschalen Kompetenzüberschreitungsbefugnis der Regierung münden. Ein vollumfassendes Informationsangebot des Staates dient viel-

---

[192] BVerfGE 44, 125 (149).

[193] BVerfGE 105, 279 (301 ff., 306); 148, 11 (37 f.).

[194] Vgl. *Gersdorf*, AfP 2016, 293 (294); *Mandelartz/Grotelüschen*, NVwZ 2004, 647 (650); Ausarbeitung der Wissenschaftlichen Dienste des Bundestages, Ausarbeitung WD-3-3000-157/15 vom 21.07.2015, S. 4 f.

[195] BVerfGE 105, 279 (301 f.).

mehr einer Anpassung der Art und Frequenz staatlicher Öffentlichkeitsarbeit im Hinblick auf die Gefahr einseitiger und interessengeleiteter Informationsversorgung innerhalb neuartiger Kommunikationsstrukturen. Dies gilt in besonderem Maße in „einer auf ein hohes Maß an Selbstverantwortung der Bürger bei der Lösung gesellschaftlicher Probleme ausgerichteten politischen Ordnung.“[196]

Die Aussagen des Gerichts haben heute in Anbetracht der Gefahren rund um die Verbreitung unwahrer Informationen und die Eingriffsmöglichkeiten in die Freiheit des gesellschaftlichen Willensbildungsprozesses mehr Bedeutung denn je. Gerade in den sozialen Netzwerken, die ein Sammelbecken für Gefährdungen des lauteren Kommunikationsprozesses darstellen, muss den zur Wahrheit verpflichteten[197] staatlichen Stellen eine reiche Äußerungsbefugnis zustehen.[198] Diese ist gleichzeitig jedoch durch die ihr immanenten Aufgabenzuweisungsvorgaben zu begrenzen. Es handelt sich bei dem Erfordernis einer kompetenziellen Grundlage für staatliches Handeln um einen rechtsstaatlichen Minimalstandard, der auch in sozialen Netzwerken einzuhalten ist.[199]

Selbst wenn die Ausgestaltung des faktischen Kommunikationsverhältnisses zwischen einem Hoheitsträger und einem Netzwerknutzer durch die Nutzungsvereinbarungen des Netzwerkbetreibers prima facie privatrechtlich konnotiert ist,[200] ist staatliches Handeln in Privatrechtsform durchgehend an die Kompetenzordnung des Grundgesetzes bzw. der Landesverfassungen gebunden.[201] Es wäre widersprüchlich, wenn das „Ausweichen“ auf soziale Netzwerke ein entgrenztes Mandat für Hoheitsträger begründen würde, das formell-verfassungsrechtlichen und föderalen Strukturen zuwiderläuft. Die Umgehung fundamentaler, staatlichem Handeln immanenter Rechtsgrundsätze durch Rückgriff auf neuartige Kommunikationsformen hält einer verfassungsrechtlichen Überprüfung nicht stand. Vielmehr sind, so schließt sich der Kreis zur Rechtsprechung des Bundesverfassungsgerichts, die Weiterent-

---

[196] BVerfGE 105, 279 (302).

[197] Zur Qualifizierung staatlicher Desinformation als Grundrechtseingriff vgl. 2. Kapitel, B.III.; zum rechtsstaatlichen Richtigkeitsgebot 3. Kapitel, B.I.4.

[198] Zum Erfordernis einer im Einzelfall ermächtigenden Befugnisnorm und der Divergenz von Kompetenzzuweisung und Befugnisregelung vgl. 2. Kapitel, B.3.c).bb).(1).

[199] *Ingold*, VerwArch 108 (2017), 240 (246).

[200] Vgl. BGH NJW 2002, 363 (364) für das Rechtsverhältnis der Nutzer von Ebay; allerdings ist der Rechtsverkehr auf Plattformen wie Ebay von Handlungen geprägt, die einen Rechtsbindungswillen besitzen; in den auf Kommunikation ausgelegten sozialen Netzwerken existiert zwischen den einzelnen Nutzern indes keine (privatrechtliche) Rechtsbeziehung.

[201] *Ingold*, VerwArch 108 (2017), 240 (246); wie bereits gezeigt sind die viele Beiträge in den sozialen Netzwerken auch für Personen sichtbar, die den Nutzungsbedingungen der Netzwerke nicht zugestimmt haben, vgl. Kapitel 1, B.II.2.

wicklungen der öffentlichen Kommunikation bei der Anwendung der Kompetenzgrenzen gebührend zu berücksichtigen.[202]

2. *Anpassung der Kompetenzvorgaben für die Kommunikation in sozialen Netzwerken*

Grundsätzlich gelten die oben dargestellten Kompetenzverteilungen unter den Hoheitsträgern auch bei der Kommunikation in sozialen Netzwerken fort. Indes bedarf es geringfügiger Anpassungen, die sich aus der Eigenart netzwerkspezifischer Kommunikation ergeben.

a) Anlassbezogene Kompetenzerweiterung für netzwerkspezifische Kommunikation

Anders als in den Fällen herkömmlicher Öffentlichkeitsarbeit bieten die sozialen Netzwerke den Hoheitsträgern ein permanentes Öffentlichkeitsforum, das es so bisher nicht gegeben hat. Es ermöglicht die unmittelbare Kommunikation mit anderen Nutzern – sowohl hoheitlicher als auch privater Natur – und bietet Reaktionen auf tagespolitische und gegenwärtige Geschehen eine Bühne. In einem stets verfügbaren Forum ist damit eine große Chance für die Aktualität staatlicher Öffentlichkeitsarbeit zu sehen.[203] Eine sich an den neuartigen Kommunikationsentwicklungen orientierende Öffentlichkeitsarbeit staatlicher Stellen ist bei Achtung der ihr obliegenden Grenzen sogar dazu in der Lage, den für die freiheitlich-demokratische Grundordnung bedeutsamen dezentralen Willensbildungsprozess der Adressaten zu fördern. Hinsichtlich falscher Tatsachenbehauptungen Privater und gezielter Meinungsbeeinflussung sog. social bots, die sich zudem gar nicht als solche zu erkennen geben, bietet eine aktuelle Informationsversorgung durch den an Sachlichkeit, Neutralität und Transparenz gebundenen Staat in den sozialen Netzwerken die Möglichkeit eines Korrektivs fälschlicher oder tendenziöser Beiträge, die von einem Willen zur Willensbeeinflussung getragen sind. Auch für die Aufgabenwahrnehmung von Presse und Rundfunk ist diese Form der Öffentlichkeitsarbeit von unmittelbarem Vorteil, da sie im Rahmen ihrer aktuellen Berichterstattungen auf ebenso aktuelle Informationen und Stellungnahmen der Hoheitsträger angewiesen sind.

Gleichzeitig birgt die Nutzung sozialer Netzwerke aufgrund der technischen Gegebenheiten und ihrer simplen Bedienbarkeit – eine Mitteilung in einem sozialen Netzwerk ist leichter und schneller zu versenden als eine Pressekonferenz zu veranstalten ist – die Gefahr laufender Kompetenzüber-

---

[202] BVerfGE 105, 279 (301).

[203] So auch *Drefs*, Die Öffentlichkeitsarbeit des Staates und die Akzeptanz seiner Entscheidungen, 2019, S. 132; vgl. auch *Raupp/Kocks*, in: Raupp/Kocks/Murphy (Hrsg.), Regierungskommunikation und staatliche Öffentlichkeitsarbeit, 2018, S. 7 (S. 13).

schreitungen von Seiten der Hoheitsträger. Dies liegt zum einen daran, dass der Kommunikation in sozialen Netzwerken von Teilen der Hoheitsgewalt noch nicht mit der nötigen Weitsicht begegnet wird. Teilweise erweckt die Öffentlichkeitsarbeit staatlicher Stellen in sozialen Netzwerken den Eindruck, als würden diese die sozialen Netzwerke als nahezu rechtsfreien Raum betrachten, in dem sich ihre Äußerungen den rechtlichen Vorgaben für staatliches Informationshandeln entziehen.[204] Zum anderen verleiten die Unsicherheiten bei der Charakterisierung staatlicher Accounts in sozialen Netzwerken zu Kompetenzüberschreitungen, da sich die hinter einem Amtsträger stehende Privatperson nicht an verfassungsrechtlich determinierte Kompetenzen zu halten hat, sondern grundrechtliche Freiheit genießt. Nimmt ein Hoheitsträger irrigerweise an, sich nicht in seiner Funktion als Hoheitsträger zu äußern, hat dies neben Neutralitätspflichtverletzungen und Verstößen gegen das Sachlichkeitsgebot beinahe unvermeidlich Kompetenzüberschreitungen zur Folge, die grundsätzlich die Rechtswidrigkeit entsprechender Äußerungen zur Folge haben.

Auch wenn Kompetenzüberschreitungen in den sozialen Netzwerken wie bei den herkömmlichen Erscheinungsformen staatlicher Öffentlichkeitsarbeit prinzipiell inakzeptabel sind, ist bei der Beurteilung der Kompetenzwahrung in angemessener Weise auf die Neuheiten der Kommunikationsmuster in den sozialen Netzwerken zu reagieren. Den widerstreitenden Interessen und mit der Nutzung sozialer Netzwerke einhergehenden Schwierigkeiten wird man unter Kompetenzgesichtspunkten am ehesten gerecht, indem den Hoheitsträgern dort einen etwas größeren kompetenziellen Spielraum gewährleistet wird. Die Aufgabenzuweisungsnormen der Gesetze und der Verfassung sind dahingehend zu interpretieren, dass sie es Hoheitsträgern in den sozialen Netzwerken erlauben, auf an sie adressierte Nachrichten und aktuelle Mitteilungen sowie tagespolitisches Geschehen von überragender Bedeutung zu reagieren, ohne dass mit den entsprechenden Äußerungen ein Kompetenzverstoß einhergeht.

---

[204] An dieser Stelle sei nur exemplarisch auf die Aktivität verschiedener Polizeidirektionen und -reviere in den sozialen Netzwerken verwiesen, die ihre Accounts dazu nutzen, Bilder von zugelaufenen Tieren zu veröffentlichen, um diesen Spitznamen zu geben und als Maskottchen „vorzustellen" (vgl. Polizei München, Tweet vom 11.01.2018, https://www.twitter.com/PolizeiMuenchen/status/951377170982670336; Polizei Mainz, Tweet vom 07.06.2017, https://www.twitter.com/polizeimainz/status/872433858746167296, jeweils zuletzt abgerufen am 20.07.2022); eine fehlerhafte Bewertung der Rechtserheblichkeit und Relevanz staatlichen Informationshandelns in den sozialen Netzwerken sowie eine defizitäre Sachkenntnis des Accountbetreibers war überdies einem Tweet der Bundespolizei NRW zu entnehmen, in der diese auf die Nachfrage, weshalb sie sich zu Sachfragen außerhalb ihres Zuständigkeitsbereichs äußere, entgegnete: „Weil wir es können und es uns Spaß macht zu informieren. Für Informationen benötigen wir noch nichtmal eine Aufgabe. Krass oder? Wenn Sie damit unzufrieden sind, können Sie uns einfach entfolgen. Das funktioniert bei Twitter ganz einfach! *ST".

Rechtsdogmatisch handelt es sich dabei um anlassbezogene Kompetenzerweiterungen für die spezifische Kommunikation in sozialen Netzwerken.[205] Das die Flexibilität der Zuständigkeitsvorgaben begrenzende Merkmal ist dabei in dem Erfordernis eines konkreten Anlasses für die Kompetenzerweiterung zu sehen. Um einer Entgrenzung der Kompetenzschranken entgegenzuwirken, sind die Anforderungen an den Äußerungsanlass indes als ausgesprochen hoch einzustufen. Vom Vorliegen eines entsprechenden Anlasses ist nur auszugehen, wenn Äußerungen ein das überregionale Allgemeininteresse betreffendes tagespolitisches Geschehen zum Gegenstand haben. Beispielswiese zu nennen sind Naturkatastrophen, Trauerfälle, Jubiläen und vergleichbare Ereignisse von allgemeiner Bedeutung. Zusätzlich ist es erforderlich, dass der thematisierte Sachbereich nicht dem Kompetenzbereich einer anderen staatlichen Einheit zugewiesen wird.[206] Nur wenn es sich um eine einen Anlass nationaler Tragweite handelt, der kompetenziell nicht von der Sachzuständigkeit eines anderen staatlichen Funktionsträgers erfasst wird, ist die anlassbezogene Kompetenzerweiterung anzunehmen. Gleiches gilt für Antworten auf an Hoheitsträger adressierte Beiträge oder Nachrichten, da diese nicht als „Einfallstor" für kompetenzferne Sachausführungen missbraucht werden dürfen. Vielmehr sind die anlassbezogenen Kompetenzerweiterungen insgesamt restriktiv auszulegen.

Zu begründen ist diese Interpretation der Zuständigkeitsvorgaben mit der demokratiesichernden und staatspflegenden Funktion staatlicher Öffentlichkeitsarbeit. Sie gebietet es, dass Hoheitsträger sich den Bedürfnissen und Anliegen der Bevölkerung annehmen und auf Anregungen angemessen reagieren können.[207] Die sozialen Netzwerke bieten mit ihren neuartigen Kommunikationsstrukturen eine Plattform, auf der diesen Zielen wie nie zuvor und ohne erheblichen Aufwand nachgekommen werden kann. Es wäre nicht zielführend und anachronistisch, die Kommunikationsmöglichkeiten der sozialen Netzwerke im Hinblick auf starre Kompetenzschranken zu begrenzen und eine bei konkretem Anlass über die Zuständigkeitsverteilung hinausgehende Informations- bzw. Kommunikationsmaßnahme generell als (formell) rechtswidrig einzustufen. Allerdings steht fest, dass sich der Staat bei der Wahrnehmung seiner Aufgaben – unabhängig davon, dass es sich um so

---

[205] Vgl. zum Begriff der netzwerkspezifischen Kommunikation grundlegend 1. Kapitel B.IV. 2.

[206] Äußert sich der Bundesaußenminister durch einen Netzwerkbeitrag etwa zum Jubiläum des Grundgesetzes oder einer Naturkatastrophe auf dem Bundesgebiet, greift die anlassbezogene Kompetenzerweiterung; Verfasst er einen Beitrag zur Finanzpolitik der EZB, ist dieser als Kompetenzüberschreitung zu bewerten, da Letzteres thematisch in den Zuständigkeitsbereich des Bundesfinanzministers fällt.

[207] In diese Richtung, allerdings ohne Bezug zur Kommunikation in den sozialen Netzwerken auch *Möstl*, in: Uhle (Hrsg.), Information und Einflussnahme, 2018, S. 49 (77 f.).

bedeutsame Aufgaben wie die Demokratiesicherung und Staatspflege handelt – an die Vorgaben der Verfassung halten muss, die auch die Zuständigkeitsverteilung unter den Hoheitsträgern umfasst. Es wäre mit den rechtsstaatlichen Vorgaben der Verfassung nicht zu vereinbaren, in den sozialen Netzwerken einen kompetenzfreien Raum zu schaffen und dessen Existenz mit dem Streben nach Staatsakzeptanz und Demokratiesicherung zu rechtfertigen.

Es überzeugt vielmehr, punktuelle und anlassbezogene Überschreitungen oder Ausdehnungen der Kompetenzvorschriften zu akzeptieren, wenn ein entsprechend gewichtiger Äußerungsanlass gegeben ist und kein Eingriff in den Kompetenzbereich eines anderen Funktionsträgers gegeben ist. In diesen Fällen handelt es sich um netzwerkspezifische Kommunikation, die formell als besondere Annexkompetenz zu begreifen ist und der trotz des unstreitig hoheitlichen Charakters im Vergleich zu den herkömmlichen Informationsmaßnahmen staatlicher Öffentlichkeitsarbeit ein geringeres Maß an amtlicher Autorität zukommt. Nicht zuletzt wird dieses Phänomen auch durch die Frequenz netzwerkspezifischer Kommunikation unterstützt. Während das staatliche Informationshandeln in seiner bisherigen Form nur punktuell Einfluss auf den Alltag der Bürger genommen hat, findet die netzwerkspezifische Kommunikation der Hoheitsträger immerwährend statt und gehört damit zum Alltag der Adressaten. Zum einen kommt ihr daher – abzustellen ist wie im Rahmen der Abgrenzung privater von hoheitlichen Accounts auf die Sichtweise des Rezipienten – häufig ein geringeres Maß an Bedeutsamkeit zu. Zum anderen ist ihr inhaltlich oftmals und abgesehen von Einzelfällen kein besonders hoher Stellenwert beizumessen, der sich mit der Bedeutung herkömmlicher Öffentlichkeitsarbeit nicht ohne Weiteres vergleichen lässt.

Die Kompetenzerweiterung umfasst die Möglichkeit, netzwerkspezifisch und damit komprimiert auf gewichtige Anlässe und an Hoheitsträger adressierte Nachrichten zu reagieren; ausführliche Sachdebatten werden hingegen nicht erfasst. Kumulativ darf die Sachmaterie nicht dem Zuständigkeitsbereich eines anderen Funktionsträgers zugewiesen sein. Liegen die Voraussetzungen vor, sind die sind anlassbezogene Kompetenzerweiterungen der netzwerkspezifischen Kommunikation zum Zwecke der Staatspflege allerdings möglich.

b) Keine anlassbezogene Kompetenzerweiterung für netzwerkunspezifische Öffentlichkeitsarbeit herkömmlicher Art

Etwas Anderes muss allerdings gelten, wenn die sozialen Netzwerke nicht für die eben aufgezeigte netzwerkspezifische Kommunikation, sondern als funktionales Äquivalent für „quasi-förmliche" Maßnahmen staatlicher Öffentlichkeitsarbeit wie etwa für amtliche Stellungnahmen, Regierungserklärungen, Warnungen oder einen konkreten Appell an die Bevölkerung genutzt werden. In diesen Fällen ist in den sozialen Netzwerken nur ein zusätzlicher Kommunikationskanal zu sehen, der die Verbreitung der Informationen zu optimieren hilft, aber keineswegs Einfluss auf den originären Charakter einer Informationsmaßnahme haben kann.[208] Für die netzwerkunspezifische Öffentlichkeitsarbeit formieren sich die Zuständigkeitsregelungen unabhängig davon, ob die Maßnahmen auch in den sozialen Netzwerken verbreitet werden, zu strikten Grenzziehungen für das staatliche Informationshandeln. Anders als bei netzwerkspezifischer, einen Anlassbezug vorweisender Kommunikation in sozialen Netzwerken kommt den herkömmlichen Erscheinungsformen staatlicher Öffentlichkeitsarbeit, für die in den Netzwerken nur ein zusätzliches Verbreitungsmedium zu sehen ist, trotz ihrer Informalität eine aus Sicht der Rezipienten verbindlichere Wirkung zu, die das Einhalten der Kompetenzschranken erfordert. Würde man für die Kompetenzgrenzen der Maßnahmen staatlicher Öffentlichkeitsarbeit blindlings auf das Verbreitungsmedium abstellen, würde eine Umgehung der Zuständigkeitsvorschriften drohen.

Wann es sich bei einer Maßnahme staatlicher Öffentlichkeitsarbeit um netzwerkspezifische Kommunikation handelt und in welchen Fällen die sozialen Netzwerke nur dazu dienen, eine zusätzliche Informationsplattform für konventionelle Äußerungen amtlichen Charakters darzustellen, ist im Einzelfall zu entscheiden. Kein Fall netzwerkspezifischer Kommunikation liegt jedenfalls vor, wenn die Informationen kanalübergreifend publiziert werden und ein erhöhtes Maß amtlicher Autorität aufweisen. Im Gegensatz dazu legen allein über die Accounts in den sozialen Netzwerken verbreitete Spontanreaktionen auf aktuelle Ereignisse und Aufforderungen das Vorliegen netzwerkspezifischer Kommunikation nahe. Darüber hinaus ist die beim Rezipienten herbeigeführte Wirkung einer Informationsmaßnahme bedeutsam: Je höher das Maß an amtlicher Autorität einer Äußerung und je größer der Anschein rechtlicher Bindung ist, desto näher liegt es, dass kein Fall netzwerkspezifischer Kommunikation gegeben ist. Handelt es sich bei einer Äußerung aus Sicht des Rezipienten um eine spontane Reaktion besonders informeller und unverbindlicher Natur, indiziert dies das Vorliegen der Netzwerkspezifika.

Da dieses Verständnis keinesfalls zu einer Nivellierung der Kompetenzvorgaben für staatliches Handeln in den sozialen Netzwerken führen darf, ist der Begriff der netzwerkspezifischen Kommunikation wie gezeigt restriktiv zu verwenden. Allerdings wäre den Hoheitsträgern ein sachgemäßes Nutzen der sozialen Netzwerke ohne die anlassbezogene Lockerung der Kompetenzschranken für dortige Äußerungen nicht möglich. Der Mehrwert staatlicher

---

[208] Vgl. zum Begriff der netzwerkunspezifischen Kommunikation grundlegend 1. Kapitel B.IV. 1.

Öffentlichkeitsarbeit in sozialen Netzwerken ergibt sich aus der Spontanität und Flexibilität der dort geteilten Inhalte.

Festzuhalten bleibt damit, dass die netzwerkspezifische Kommunikation, die eine neue Form des bisherigen Informationshandelns der Hoheitsträger darstellt, weniger strengen Kompetenzvorgaben unterliegt als die bisherigen, nunmehr zusätzlich über die sozialen Netzwerke als funktionales Äquivalent zur Verfügung gestellten Informationsmaßnahmen von Seiten des Staates. Dieses Verständnis läuft nicht auf eine Kompetenzüberschreitungsbefugnis staatlicher Stellen in sozialen Netzwerken hinaus, wenn man die Äußerungskompetenzen in den sozialen Netzwerken als anlassbezogene Kompetenzerweiterungen versteht, die nicht dazu missbraucht werden dürfen, die Kompetenzverteilung des Grundgesetzes zu unterlaufen und deshalb insgesamt eng auszulegen sind.

III. Ergebnis

Die Kompetenzordnung des Grundgesetzes und der Landesverfassungen als formelle Grenze für staatliches Informationshandeln findet auch bei der Kommunikation in sozialen Netzwerken seine Anwendung. Als immanente Grenze staatlichen Handelns ließe sich ein anderes Verständnis nicht mit der Verfassung vereinbaren. Allerdings sind die Vorgaben in den Fällen netzwerkspezifischer Kommunikation im Hinblick auf ihre Tragweite und Bedeutung teilweise zu relativieren. Reagiert ein Hoheitsträger auf aktuelle Ereignisse von überragender Bedeutung oder explizit an ihn gerichtete Aufforderungen, ist in außerhalb der amtsspezifischen Sachzuständigkeit zu verortenden Reaktionen kein rechtswidriges Überschreiten seiner Aufgabenzuweisungen zu sehen, wenn die thematisierte Sachmaterie nicht einem anderen Funktionsträger zugewiesen wird. Vielmehr unterfällt dies dem Begriff anlassbezogener Kompetenzerweiterungen für netzwerkspezifische Kommunikation.

Etwas Anderes gilt, wenn es sich bei den Äußerungen um konventionelle Öffentlichkeitsarbeit handelt, denen ein erhöhtes Maß an Rechtserheblichkeit zukommt und für die der Auftritt in den sozialen Netzwerken nur einen zusätzlichen Kanal darstellt. Andernfalls würde das Kommunikationsmedium allein über die Geltung der Kompetenzschranken entscheiden, was ein Unterlaufen der verfassungsrechtlichen Vorgaben für staatliches (Informations-) Handeln zur Folge hätte. Zwingend ist die anlassbezogene Kompetenzerweiterung daher eng auszulegen und auf bedeutsame Anlässe von nationaler Bedeutung zu beschränken, die nicht dem Kompetenzbereich eines anderen Funktionsträgers zugewiesen sind.

B. Die Grundrechte des Grundgesetzes

Bei den Grundrechten des Grundgesetzes handelt es sich um Grenzen staatlichen Handelns, die nach Art. 1 Abs. 3 GG alle Formen der Staatsgewalt bei ihren Handlungen unmittelbar binden. Auch wenn eine Aussage über ihren Gehalt und ihre Auswirkungen für die staatliche Öffentlichkeitsarbeit nur mit Blick auf den konkreten Inhalt einer Kommunikationsmaßnahme und die sich dahinter verbergende Intention der staatlichen Funktionsträger getroffen werden kann, sind die Grundrechte von Seiten des Staates bei allen Handlungen stets zu beachten. Sie gehören insofern zu den äußerungsunspezifischen Grenzen staatlichen Handelns und bieten ihren Trägern einen lückenlosen Schutz gegen ungerechtfertigte Eingriffe der Staatsgewalt, der sich unweigerlich auch auf das staatliche Kommunikationsverhalten als grundrechtsgebundene Ausübung von Staatsgewalt auswirkt.

Im Folgenden sollen diese Auswirkungen untersucht und auf ihre Übertragbarkeit auf die Kommunikation in den sozialen Netzwerken überprüft werden. Da die Kommunikationsaktivität staatlicher Stellen so vielfältig ist wie die Schutzintensität der verschiedenen Grundrechte des Grundrechtkatalogs, soll es primär darum gehen, allgemeine Aussagen über die Grundrechtsstrukturen im Zusammenhang mit staatlicher Öffentlichkeitsarbeit zu treffen. Der Vielschichtigkeit der grundgesetzlichen Grundrechtsdogmatik ist es überdies geschuldet, dass sich die Übertragbarkeit der Grenzziehungen staatlicher Öffentlichkeitsarbeit auf die sozialen Netzwerke nicht pauschal beantworten lässt. Daher soll die Öffentlichkeitsarbeit staatlicher Stellen im Folgenden vielmehr den Ausgangspunkt der Untersuchung darstellen, woraufhin dann punktuell auf die Frage der Übertragbarkeit einzelner Elemente einzugehen ist.

I. Anwendbarkeit der Grundrechte des Grundgesetzes

Auch wenn der Aussagegehalt des Art. 1 Abs. 3 GG auf den ersten Blick eindeutig erscheint und festzustehen scheint, dass staatliches Handeln einer Grundrechtsbindung unabhängig von seiner Erscheinungsform unterliegt, ist es durchaus ratsam, die Anwendbarkeit der grundgesetzlichen Grundrechte auf die Aktivität staatlicher Stellen in sozialen Netzwerken positiv festzustellen. Dies bedarf im Hinblick auf die Handlungsform und das Tätigkeitsfeld „Internet" keiner weitreichenden Ausführungen. Auch wenn der Menschenrechtsrat der Vereinten Nationen dies erst mit einer Resolution aus dem Jahr 2012 und damit erstaunlich spät feststellte,[209] steht längst fest, dass

[209] Resolution des Menschenrechtsrats vom 16. Juli 2012, A/HC/RES/20/8, abrufbar unter https://www.un.org/Depts/german/menschenrechte/a-hrc-res-20-8.pdf, zuletzt abgerufen am 20.07.2022.

die außerhalb des Internets geltenden (Grund-) Rechte der Bürger als Abwehrrechte gegen den Staat auch im Internet und damit in den sozialen Netzwerken ihre Geltung beanspruchen müssen. Ein anderes Verständnis ließe sich mit der lückenlosen Bindung von allen Formen staatlicher Gewalt nicht vereinbaren, sodass im Hinblick auf die Handlungsform kein wirkliches Bindungs- bzw. Anwendbarkeitsproblem besteht.

Allerdings erweist sich die Anwendbarkeit der grundgesetzlichen Grundrechte im Hinblick auf ihr Verhältnis zu den Grundrechten der Unionsgrundrechtecharta, die nach Art. 51 Abs. 1 GRCh bei der Durchführung des Unionsrechts seitens der Mitgliedstaaten zu berücksichtigen sind, als diskussionswürdig. Es wäre hinsichtlich der bezweckten Vereinheitlichung des Grundrechtsschutzes innerhalb der Europäischen Union zumindest denkbar, die mitgliedsstaatlichen Grundrechte im Anwendungsbereich der Unionsgrundrechte prinzipiell hinter diesen zurücktreten zu lassen.[210]

Dort, wo das Unionsrecht konkrete Vorgaben macht (sog. unionsrechtlich determinierter Bereich) und etwaige Regelungsspielräume für die Mitgliedsstaaten nicht vorsieht, entspricht dies im Ergebnis der Rechtsprechung des EuGH[211], der sich mittlerweile auch das Bundesverfassungsgericht in seiner noch jungen „Recht auf Vergessen II“-Rechtsprechung angenähert hat.[212] Daneben hat das Bundesverfassungsgericht in seiner „Recht auf Vergessen I“-Entscheidung eine parallele Anwendbarkeit der nationalen und der Unionsgrundrechte im Bereich des unionsrechtlich nicht vollständig determinierten Rechts konstatiert.[213] Diese neuen Entwicklungen in der Rechtsprechung des Bundesverfassungsgerichts könnten die Aktivität staatlicher Stellen in sozialen Netzwerken in ein neues Licht rücken, sollte es sich bei der Aktivität staatlicher Stellen in sozialen Netzwerken um die „Durchführung“ des Rechts der Europäischen Union handeln, Art. 51 GRCh. Von Bedeutung könnte in diesem Zusammenhang die datenschutzrechtliche Verantwortlichkeit für einen staatlichen Account sein, die sich wiederum nach der Datenschutz-Grundverordnung[214] bemisst.

---

[210] Vgl. zu diesem Streit übersichtlich *Kingreen*, in: Calliess/Ruffert, EUV/AEUV, 6. Aufl. 2022, Art. 51 GRCh Rn. 8 ff.

[211] Vgl. EuGH, Urt. v. 10.07.2014, Hernández, Rs. C-198/13, EU:C:2014:2055.

[212] BVerfGE 152, 216.

[213] BVerfGE 152, 152.

[214] Verordnung (EU) 2016/679 des Europäischen Parlaments und des Rates vom 27. April 2016 zum Schutz natürlicher Personen bei der Verarbeitung personenbezogener Daten, zum freien Datenverkehr und zur Aufhebung der Richtlinie 95/46/EG, ABl. L 119 S. 1, ber. ABl. L 314 S. 72 und ABl. 2018 L 127 S. 2.

1. Die sozialen Netzwerke als unionsrechtlich determinierter Rechtsbereich?

Wie bereits dargelegt differenziert das Bundesverfassungsgericht in seiner Rechtsprechung hinsichtlich der Frage, wann die Mitgliedsstaaten Unionsrecht durchführen, zwischen den sog. unionsrechtlich determinierten und den nicht determinierten Bereichen des Rechts, in denen es keine konkreten Rechtsetzungsvorgaben seitens der Europäischen Union gibt. Diese Erkenntnis des Gerichts ist im Hinblick auf die gemeinsame Rechtsprechungshistorie mit dem EuGH[215] und die Diskussionen in der rechtswissenschaftlichen Literatur[216] keinesfalls selbstverständlich.

Während es sich zunächst lange Zeit gegen die weitgreifende Rechtsprechung des EuGH in der Rechtssache *Åkerberg Fransson*[217] zur Auslegung des Art. 51 Abs. 1 GRCh gewehrt hatte,[218] steht nunmehr fest, dass sich das Bundesverfassungsgericht der vom EuGH befürworteten Kumulationstheorie[219] angeschlossen hat und den Unionsgrundrechten einen großen Anwendungsbereich zugesteht, der für die nationalen Grundrechte nur eine Reservefunktion vorsieht. Wegweisend war in diesem Zusammenhang die „Recht auf Vergessen"-Rechtsprechung des Bundesverfassungsgerichts, in der das Gericht mit der eigenständigen Anwendung der Unionsgrundrechte Neuland betrat und mit der das Gericht Abstand von der bis dahin vertretenen Alternativitätsthese nahm.[220] Dies gilt insbesondere für Regelungen, die durch das Unionsrecht vollständig vereinheitlicht bzw. determiniert sind.

Von besonderer Bedeutung ist in diesem Zusammenhang die Geltung der Datenschutz-Grundverordnung, durch deren Rechtsform von Seiten der Europäischen Union unmittelbar geltendes Recht in allen Mitgliedsstaaten geschaffen wurde. Bis auf einzelne Öffnungsklauseln ist in ihr damit auch nach der Rechtsprechung des Bundesverfassungsgerichts ein die Anwendbarkeit der nationalen Grundrechte im Wege des Anwendungsvorrangs ausschließender vollends vereinheitlichter Rechtsrahmen zu sehen.[221] Grundrechtliche Erwägungen im Bereich der Datenschutz-Grundverordnung sind damit

---

[215] Vgl. insbesondere BVerfGE 133, 277 (316).

[216] Vgl. nur *S. Augsberg*, DÖV 2010, 153 (158f.); *Jarass*, Charta der Grundrechte der EU, 4. Aufl. 2021, Art. 51 GRCh Rn. 23f.; *Kingreen*, in: Calliess/Ruffert, EUV/AEUV, 6. Aufl. 2022, Art. 51 GRCh Rn. 13; *Ohler*, NVwZ 2013, 1433 (1436f.); *Terhechte*, in: von der Groeben/Schwarze/Hatje (Hrsg.), Europäisches Unionsrecht Bd. I, 7. Aufl. 2015, Art. 51 GRC Rn. 9ff.

[217] EuGH, Urt. v. 26.02.2013, Åkerberg Fransson, Rs. C–617/10, EU:C:2013:105.

[218] Vgl. insbesondere BVerfGE 133, 277 (316).

[219] Vgl. *Kingreen*, in. Calliess/Ruffert, EUV/AEUV, 6. Aufl. 2022, Art. 51 GRCh Rn. 12.

[220] BVerfG, NJW 2020, 300ff.; 314ff.; vgl. in zutreffender Weise einordnend *Kühling*, NJW 2020, 275ff.

[221] BVerfG, NJW 2020, 314 (316).

grundsätzlich anhand der Unionsgrundrechtecharta zu messen, sofern sich der in Rede stehende Sachverhalt nicht im Bereich einer Öffnungsklausel wie etwa Art. 85 Abs. 2 DSGVO befindet.[222]

Betreibt ein staatlicher Funktionsträger Öffentlichkeitsarbeit in den sozialen Netzwerken, so ist er nach der hier vertretenen Rechtsauffassung datenschutzrechtlich mitverantwortlich für die Verarbeitung personenbezogener Daten nach Art. 26 DSGVO.[223] Damit bewegt sich der Staat bei der Aktivität in sozialen Netzwerken stets im unionsrechtlich determinierten Bereich der Datenschutz-Grundverordnung und führt bei der Verarbeitung personenbezogener Daten Unionsrecht i.S.d. Art. 51 Abs. 1 GRCh durch. Die Datenschutz-Grundverordnung stellt damit den die Staatsgewalt unmittelbar bindenden Rechtsrahmen für die Verarbeitung personenbezogener Daten in den sozialen Netzwerken dar und führt dazu, dass die Unionsgrundrechte von staatlicher Seite zu berücksichtigen sind.

2. Folgen der unionsrechtlichen Determinierung durch die Datenschutz-Grundverordnung

Fraglich ist, wie sich der Umstand, dass sich der Staat bei seiner Aktivität in sozialen Netzwerken im unionsrechtlich determinierten Regelungsbereich der Datenschutz-Grundverordnung bewegt, letztlich auf die Anwendbarkeit der grundgesetzlichen Grundrechte auswirkt. Dem oben Gesagten und der Rechtsprechung des Bundesverfassungsgerichts nach sind unter Geltung der vollständig vereinheitlichten Datenschutz-Grundverordnung „grundsätzlich nicht die deutschen Grundrechte, sondern allein die Unionsgrundrechte maßgeblich“.[224] Es wäre allerdings fatal, dem folgend darauf zu schließen, dass die staatliche Öffentlichkeitsarbeit in sozialen Netzwerken allein den Unionsgrundrechten unterliegt. Auch wenn sich die Entscheidung des Bundesverfassungsgerichts so lesen ließe, als trete die Grundrechtecharta bei datenschutzrechtlicher Implementierung vollends an die Stelle der nationalen Grundrechte, kann dies nur im Hinblick auf das Recht der personenbezogenen Daten und damit für Art. 7, 8 GRCh und ihr Verhältnis zum Recht auf informationelle Selbstbestimmung als Ausprägung des allgemeinen Persönlichkeitsrechts aus Art. 2 Abs. 1 i.V.m. Art. 1 Abs. 1 GG gelten.

Die Datenschutz-Grundverordnung dient der gesetzlichen Ausgestaltung des Rechts der personenbezogenen Daten und beansprucht daher nur im Hinblick auf dieses Recht ihre abschließende Geltung. Dies ergibt sich aus Art. 1 Abs. 2 DSGVO sowie den Erwägungsgründen der Verordnung, die

---

[222] BVerfG, NJW 2020, 314 (316).

[223] Vgl. dazu grundlegend 2. Kapitel C.III.1.a).; vgl. auch *Bilsdorfer*, Polizeiliche Öffentlichkeitsarbeit in sozialen Netzwerken, 2019, S. 125 ff.

[224] BVerfG, NJW 2020, 314 (316).

dem Schutz natürlicher Personen zu dienen bestimmt ist und demzufolge gewährleisten soll, „dass ihre Grundrechte und Grundfreiheiten und insbesondere ihr Recht auf Schutz personenbezogener Daten ungeachtet ihrer Staatsangehörigkeit oder ihres Aufenthaltsorts gewahrt bleiben."[225] Dass die datenverarbeitende Aktivität staatlicher Stellen in sozialen Netzwerken mittelbar auch andere Grundrechte berührt, kann nicht dazu führen, dass dem gesamten grundgesetzlichen Grundrechtskatalog seine Anwendbarkeit in den sozialen Netzwerken abgesprochen wird. Vielmehr ist davon auszugehen, dass sich die Determinierung im Grundrechtsbereich im Gleichlauf zur Verordnungsebene auf den unmittelbar mit der Datenschutz-Grundverordnung bezweckten Schutz der personenbezogenen Daten beschränkt.

Ein anderes Verständnis würde auch den vom Bundesverfassungsgericht in seiner Antiterrordatei-Entscheidung getroffenen Ausführungen zuwiderlaufen, nach denen der abstrakte Bezug eines Sachverhalts zum Unionsrecht nicht ausreichen kann, um von einer Durchführung des Unionsrechts i.S.d. Art. 51 Abs. 1 GRCh auszugehen und auf die das Gericht in seiner „Recht auf Vergessen"-Entscheidungen trotz seiner europarechtsfreundlichen Rechtsanwendung ausdrücklich verweist.[226] Zwischen der unionsrechtlich determinierten datenschutzrechtlichen Verantwortlichkeit staatlicher Stellen in sozialen Netzwerken und der Ausübung anderer grundrechtlicher Freiheiten wie etwa der Meinungsäußerungs- oder der Berufsfreiheit ist kein den Anwendungsbereich innerstaatlicher Grundrechtsverbürgungen ausschließender Zusammenhang gegeben. Andernfalls würde dies dazu führen, dass die Wahrnehmung grundrechtlicher Freiheiten in vielen Bereichen, in denen personenbezogene Daten verarbeitet werden – was wiederum im Internet eine zwingende Begleiterscheinung staatlicher wie privater Öffentlichkeitsarbeit ist – allein an den Unionsgrundrechten zu messen wäre. Ein derartiges Verständnis kann weder vom Unionsgesetzgeber gewollt sein noch würde dies vor dem Bundesverfassungsgericht Bestand haben.

Im Ergebnis sind daher in den sozialen Netzwerken grundsätzlich und ungeachtet anderer unionsrechtlicher Implikationen die Grundrechte des Grundgesetzes bis auf das Recht auf informationelle Selbstbestimmung als Ausfluss des allgemeinen Persönlichkeitsrechts aus Art. 2 Abs. 1 i.V.m. Art. 1 Abs. 1 GG anzuwenden. Dieses wird im Zuge der datenschutzrechtlichen (Mit-) Verantwortlichkeit staatlicher Stellen in sozialen Netzwerken nach der Datenschutz-Grundverordnung von den Unionsgrundrechten der Art. 7 und Art. 8 GRCh verdrängt.

Hinzu kommt, dass nicht alle Ausformungen des allgemeinen Persönlichkeitsrechts in den unionsrechtlich determinierten Bereich der Datenschutz-

---

[225] Erwägungsgrund 2 der Verordnung (EU) 2016/679 vom 27. April 2016, Abl. L119/1.
[226] BVerfG, NJW 2020, 300 (301) m. Verweis auf BVerfGE 133, 277 (316).

Grundverordnung und damit in den Anwendungsbereich der Unionsgrundrechtecharta fallen. Während die mit der unionsgrundrechtlich besonders geschützten Verarbeitung personenbezogener Daten gleichzusetzenden Grundrechtsausformungen wie das Recht auf informationelle Selbstbestimmung keine Anwendung finden, ist etwa der soziale Geltungsanspruch des Einzelnen oder das Recht auf Gewährleistung der Vertraulichkeit und Integrität informationstechnischer Systeme als eigenständige Ausprägung des allgemeinen Persönlichkeitsrechts grundgesetzlich geschützt. Auch wenn alle Grundrechte ihren Ursprung im allgemeinen Persönlichkeitsrecht haben, handelt es sich bei ihnen um selbstständige voneinander zu unterscheidende Grundrechtspositionen. Die Datenschutz-Grundverordnung beansprucht die unionsweite Determinierung nur hinsichtlich der Verarbeitung personenbezogener Daten, wohingegen der Grundrechtsschutz anderer Persönlichkeitsrechtsausformungen nicht unionsrechtlich ausgestaltet werden sollte.

II. Die Grundrechtsdogmatik staatlicher Öffentlichkeitsarbeit

Auch staatliche Öffentlichkeitsarbeit lässt sich aus der grundrechtlichen Perspektive am besten beurteilen, wenn man das Verhalten der Grundrechtsträger und des Staates sowie ihr Verhältnis zueinander in die bekannten Kategorien des grundrechtlichen Schutzbereichs, des Grundrechtseingriffs und der verfassungsrechtlichen Rechtfertigung einteilt. Nachfolgend soll dies unter Berücksichtigung der besonderen Umstände einer Kommunikation in sozialen Netzwerken geschehen.

1. Eröffnung des grundrechtlichen Schutzbereichs bei staatlichem Informationshandeln

Grundsätzlich ist die Eröffnung des persönlichen und sachlichen Schutzbereichs der Grundrechte im Zusammenhang mit staatlicher Öffentlichkeitsarbeit in vielerlei Hinsicht denkbar. Je nach konkretem Äußerungsinhalt kommt eine ganze Palette an Grundrechten als Grenze staatlicher Öffentlichkeitsarbeit in Betracht. Allerdings hat das Bundesverfassungsgericht ein grundrechtliches Sonderregime entwickelt, das bisweilen auch als „Dammbruch" gegenüber einer rechtsdogmatischen Erfassung staatlichen Informationshandelns bezeichnet wird[227] und demzufolge die Eröffnung des sachlichen Schutzbereichs eines Grundrechts im Falle staatlicher Öffentlichkeitsarbeit nicht ohne Weiteres anzunehmen ist (a). Allerdings ist die grundrechtliche Schutzbereichsdogmatik des Gerichts erheblicher Kritik begegnet (b), die sich das Bundesverfassungsgericht mittlerweile zu Herzen genommen zu haben scheint (c).

[227] *Schoch*, NVwZ 2011, 193 (194).

a) Die „Glykol"- und „Osho"-Rechtsprechung des Bundesverfassungsgerichts

In den bereits mehrfach erwähnten Beschlüssen des Bundesverfassungsgerichts „Glykol"[228] und „Osho"[229] hatte das Gericht zum einen über die Eröffnung des sachlichen Schutzbereichs der Berufsfreiheit aus Art. 12 Abs. 1 GG und zum anderen über die Religions- und Weltanschauungsfreiheit aus Art. 4 Abs. 1 u. 2 GG zu entscheiden. In der Rechtssache „Glykol" ging es um die Veröffentlichung einer regierungsamtlichen Liste von Weinen, in denen gesundheitsschädliches Diethylenglykol festgestellt worden war, die einen erheblichen Umsatzrückgang für einige in der Weinwirtschaft tätige Unternehmen mit Sitz in Deutschland und Österreich zur Folge hatte. In dem am selben Tag veröffentlichten Schwesterbeschluss „Osho" hatte das Gericht über die im Zuge einer parlamentarischen Anfrage und einer Diskussion im Anschluss an eine Tagung getätigten Äußerungen der Bundesregierung und ihrer Mitglieder zu entscheiden, die überdies in einer Informationsbroschüre veröffentlicht wurden. Die sog. „Osho"-Bewegung wurde in diesem Fall staatlicherseits als „Jugendsekte", „pseudoreligiös" und „destruktiver religiöser Kult" bezeichnet.[230]

Dass diese Erscheinungsformen staatlicher Öffentlichkeitsarbeit in einem Spannungsverhältnis zur Berufs- und Religionsfreiheit der Betroffenen stehen, bedarf im Grunde keiner weitreichenden Ausführungen. Prima facie scheint die Beurteilung der Verfassungskonformität des Informationshandelns eine Frage der verfassungsrechtlichen Rechtfertigung des informalen Grundrechtseingriffs zu sein. Das Bundesverfassungsgericht trifft seine schwerpunktmäßigen Ausführungen in beiden Beschlüssen allerdings bereits auf der Ebene des sachlichen Schutzbereichs. Dies führt zu Irritationen und wird daher kritisch als „grundrechtliches Sonderregime"[231] bezeichnet, das im Zusammenhang mit staatlichem Informationshandeln gemeinhin auch auf andere Grundrechte zu übertragen ist.

Das Bundesverfassungsgericht hat im Rahmen seines „Glykol"-Beschlusses die These entwickelt, die Berufs- bzw. Wettbewerbsfreiheit schütze von vornherein nicht „vor der Verbreitung von inhaltlich zutreffenden und unter Beachtung des Gebots der Sachlichkeit sowie mit angemessener Zurückhaltung formulierten Informationen durch einen Träger von Staatsgewalt."[232] Dies begründet das Gericht damit, dass Art. 12 Abs. 1 GG den Erfolg im Wettbewerb nicht garantiere und auch eine „uneingeschränkte Selbstdarstellung am Markt" nicht verbürge.[233] Unter Zugrundelegung dessen stellt

[228] BVerfGE 105, 252.
[229] BVerfGE 105, 279.
[230] Vgl. BVerfGE 105, 279 (281).
[231] *Huber*, JZ 2003, 290.
[232] BVerfGE 105, 252 (272).
[233] BVerfGE 105, 252 (265 f.).

das Gericht im Hinblick auf die Eröffnung des sachlichen Schutzbereichs der Berufsfreiheit Folgendes fest: „Marktbezogene Informationen des Staates beeinträchtigen den grundrechtlichen Gewährleistungsbereich der betroffenen Wettbewerber nicht, sofern der Einfluss auf wettbewerbserhebliche Faktoren ohne Verzerrung der Marktverhältnisse nach Maßgabe der rechtlichen Vorgaben für staatliches Informationshandeln erfolgt.“[234] Zu den rechtlichen Vorgaben des Informationshandelns zählt das Gericht vor allem die Einhaltung der grundgesetzlichen Zuständigkeitsordnung sowie der Anforderungen an Richtigkeit und Sachlichkeit der staatlichen Informationen.[235] Hält sich der staatliche Funktionsträger bei seiner Äußerung an diese Vorgaben, ist der Gewährleistungsbereich des Grundrechts nach Auffassung des Gerichts nicht betroffen und der Schutzbereich gar nicht erst eröffnet.

Diesem Verständnis schließt sich das Gericht in seinem am selben Tag erschienen „Osho“-Beschluss im Hinblick auf die Religions- und Weltanschauungsfreiheit aus Art. 4 Abs. 1 u. 2 GG an. Diese gebiete keinen Schutz dagegen, dass „sich staatliche Organe mit den Trägern des Grundrechts öffentlich – auch kritisch – auseinandersetzen.“[236] Der Gewährleistungsgehalt sei erst berührt, wenn sich staatliche Organe unter Verletzung ihrer weltanschaulichen Neutralitätspflicht abwertend über eine religiöse oder weltanschauliche Gemeinschaft äußern.[237] Solange diese Vorgaben eingehalten werden – dies war nach der Ansicht des Gerichts bei den der Entscheidung zugrundeliegenden Äußerungen zumindest teilweise der Fall – ist (auch) im Rahmen von Art. 4 Abs. 1 u. 2 GG davon auszugehen, dass der sachliche Schutzbereich des Grundrechts nicht eröffnet ist.[238]

Damit verlagert das Bundesverfassungsgericht den Schwerpunkt der Verfassungskonformitätsprüfung in seiner Rechtsprechung in den Schutzbereich der von der Öffentlichkeitsarbeit betroffenen Grundrechte. Zusammengefasst lässt sich festhalten, dass staatliche Öffentlichkeitsarbeit, die sich an die verfassungsrechtlichen Vorgaben hält, nach der Auffassung des Bundesverfassungsgerichts den Schutzbereich der Grundrechte nicht berührt.[239] Erst wenn ein Verstoß gegen die Vorgaben der Verfassung gegeben ist, gelangt das Bundesverfassungsgericht zu den Fragen der Eingriffsqualität und verfassungsrechtlichen Rechtfertigung. Die Beantwortung dieser Fragen bereitet dann häufig – schließlich werden die Vorgaben der Verfassung staatlicherseits missachtet – keine weiteren Probleme, sodass regelmäßig von der

[234] BVerfGE 105, 252 (268); vgl. auch *Huber*, JZ 2003, 290 (291).

[235] BVerfGE 105, 252 (268); vgl. *Voßkuhle/Kaiser*, JuS 2018, 343 (344).

[236] BVerfGE 105, 279 (294).

[237] BVerfGE 105, 279 (294 f.); vgl. *Huber*, JZ 2003, 290 (293).

[238] BVerfGE 105, 279 (295).

[239] Diese Rechtsprechungslinie wurde von anderen Gerichten adaptiert, vgl. VGH München, NVwZ 2003, 998.

Verfassungswidrigkeit der Äußerungen auszugehen ist. So kommt das Gericht im „Osho"-Beschluss zu dem nachvollziehbaren Ergebnis, dass die Äußerungen des Ministers teilweise verfassungswidrig waren. Um diesen Prozess deutlich zu machen, verabschiedet sich das Gericht von den herkömmlichen Terminologien der Grundrechtsprüfung und benutzt den Begriff des „Gewährleistungsgehalts", der wohl so zu verstehen ist, dass das von ihm Erfasste inhaltlich über den herkömmlichen Begriff des sachlichen Schutzbereichs hinausgeht und vielmehr eine Symbiose der Grundrechtskategorien Schutzbereich, Eingriff und Rechtfertigung darstellt.[240] Gleichwohl verortet das Gericht die diesbezüglichen Ausführungen auf der Ebene des Schutzbereichs, da es in beiden Beschlüssen zu dem Ergebnis kommt, dass der Schutzbereich der Grundrechte (teilweise) als nicht eröffnet anzusehen ist.

b) Kritik an der Rechtsprechung des Bundesverfassungsgerichts

Dass es massive Kritik an der Rechtsprechungslinie gab, verwundert bei genauerer Betrachtung der Aussagen des Gerichts wenig. Sie vermögen in vielerlei Hinsicht nicht zu überzeugen. Dementsprechend deutlich fiel und fällt das Echo in der rechtswissenschaftlichen Literatur aus. *Huber* hält die „dogmatische Konzeption beider Beschlüsse für kaum vertretbar."[241] *Schoch* spricht von „Verwirrung stiftenden Entscheidungen", einem „Dammbruch" gegenüber den Versuchen zur rechtsstaatlichen Disziplinierung staatlichen Informationshandelns" und einer „rechtsstaatlichen Ratlosigkeit".[242] *Murswiek* ist der Meinung, dass das Gericht durch „schlampige Formulierung[en]" für „Unklarheit" gesorgt habe.[243]

Bei derart scharfer Kritik aus unterschiedlichen Federn handelt es sich um keinen Zufall. Vielmehr bestehen – trotz einer möglichen Nachvollziehbarkeit des Ergebnisses – zahlreiche Zweifel an dogmatischen Maßstäben des Gerichts.[244] Diese beginnen bereits bei der Wahl der Begrifflichkeiten. Anstatt

---

[240] So *Murswiek*, NVwZ 2003, 1 (3).

[241] *Huber*, JZ 2003, 290 (290).

[242] *Schoch* führt dies zurück auf eine „unsaubere Analyse des Realbereichs, fehlende Sensibilität für Art und Bedeutung informaler Praktiken sowie unzureichende rechtsdogmatische Reflexion zur Einpassung informaler Verhaltensmuster in die geltende Rechtsordnung", *Schoch*, in: Isensee/Kirchhof, HStR Bd. III, 3. Aufl. 2005, § 37 Rn. 113; Rn. 169; *ders.*, NVwZ 2011, 193 (193).

[243] *Murswiek*, NVwZ 2003, 1 (2).

[244] Vgl. nur *F. Becker/Blackstein*, NJW 2011, 490 (491); *Bumke*, Die Verwaltung 37 (2004), 3 (4 ff.).; *Dreier*, in: ders. (Hrsg.), GG Bd. I, 3. Aufl. 2013, Art. 1 Rn. 128; *Faßbender*, NJW 2004, 816 (817); *Guckelberger*, in: Hill/Schliesky (Hrsg.), Die Vermessung des virtuellen Raums, 2012, S. 79 (82); *Holzner*, NVwZ 2010, 489 (490); *Kersten*, in: FS Battis, 2014, S. 239 (246 f.); *Kühn*, Bürgerbeeinflussung durch Berichterstattung staatlicher Stellen, 2018, S. 299 f.; *Martini/Kühl*, DÖV 2013, 573 (576); *dies.*, JURA 2014, 1221 (1226); *Schmidt*, Staatliches Informationshandeln als Grundrechtseingriff, S. 97 ff.; *Schoch*, in:

sich an die weitestgehend konturenscharfen Grundrechtskategorien des Schutzbereichs, des Eingriffs und der verfassungsrechtlichen Rechtfertigung zu halten, ist in den Beschlüssen die Rede von der „Beeinträchtigung im Gewährleistungsbereich“[245] und „Schutz vor Grundrechtsbeeinträchtigungen“.[246] Was das Gericht mit dieser Wortwahl genau bezweckt, bleibt nur zu vermuten.

Auf der einen Seite sprechen die Ausführungen des Gerichts zur Spezialität der Berufsfreiheit aus Art. 12 Abs. 1 GG im Verhältnis zur allgemeinen Handlungsfreiheit aus Art. 2 Abs. 1 GG im „Glykol“-Beschluss dafür, dass die Richter grundsätzlich von der Eröffnung des Schutzbereichs der Berufsfreiheit ausgegangen sind.[247] Auf der anderen Seite weist der Begriff des Gewährleistungsbereichs, der nach der Vorstellung des Gerichts gerade nicht betroffen sein soll, unter terminologischen Gesichtspunkten eine nicht zu übersehende Wesensverwandtschaft zum Begriff des sachlichen Schutzbereichs auf, was wiederum dafür spricht, dass der sachliche Schutzbereich der Berufsfreiheit nach der Vorstellung des Gerichts nicht eröffnet war.[248] Es lässt sich jedenfalls nicht mit letzter Gewissheit sagen, ob es sich bei der Veröffentlichung der diskreditierenden Liste im Ergebnis um einen gerechtfertigten Grundrechtseingriff handelt, ob es aufgrund der Sachlichkeit und inhaltlichen Richtigkeit bereits an der Eingriffswirkung der Maßnahme oder sogar an der Eröffnung des sachlichen Schutzbereichs fehlt.

Bisweilen wird vermutet, das Gericht habe mit dem terminologischen Experiment versucht, einem ausufernden Schutzbereichsverständnis entgegenzuwirken und bereits auf der Ebene des sachlichen Schutzbereichs Einschränkungen vorzunehmen, um einer konturenlosen Rechtfertigungspflicht für staatliches Informationshandeln entgegenzuwirken.[249] Letzteres wird allerdings lediglich durch die Begriffswahl und die misslungene Schwerpunktsetzung indiziert.

Bei dem Versuch, aus dem Schwesterbeschluss in der Rechtssache „Osho“ Erkenntnisse zu gewinnen, erhärtet sich der anfängliche Verdacht, das Gericht wolle den Schutzbereich der Grundrechte nicht eröffnet wissen. Das

---

Isensee/Kirchhof, HStR Bd. III, 3. Aufl. 2005, § 37 Rn. 111 ff.; *Voßkuhle/Kaiser*, JuS 2018, 343 (344); *Zott*, Aktive Information des Staates im Internet – Mittelalterlicher Pranger oder modernes Steuerungsinstrument?, 2016, S. 158 f.; Vgl. aber auch *Hofmann-Riem*, Der Staat 43 (2004), 204 (213 ff.).

[245] BVerfGE 105, 252 (273).

[246] BVerfGE 105, 279 (300); *Murswiek* kritisiert überdies die inkonsistente Begriffswahl innerhalb der einzelnen Beschlüsse, vgl. *Murswiek*, NVwZ 2003, 1 (2).

[247] BVerfGE 105, 252 (279); *Murswiek*, NVwZ 2003, 1 (2).

[248] BVerfGE 105, 252 (279); *Murswiek*, NVwZ 2003, 1 (2).

[249] *Kühn*, Bürgerbeeinflussung durch Berichterstattung staatlicher Stellen, 2018, S. 301 f.

Bundesverfassungsgericht geht in dieser Entscheidung nämlich ausdrücklich davon aus, dass der Schutzbereich der Religionsfreiheit bei Wahrung des staatlichen Neutralitätsgebots nicht eröffnet sei.[250] Dieser Ansatz vermag jedoch in keinerlei Hinsicht zu überzeugen. Die vom Gericht getroffenen Erwägungen im Zusammenhang mit der Neutralitätspflicht der Regierung und dem Zurückhaltungsgebot bei staatlichem Informationshandeln wären richtigerweise auf der Ebene der verfassungsrechtlichen Rechtfertigung eines Grundrechtseingriffs zu verorten, wo sie als sog. „Schranken-Schranken" fungieren. Bei der Frage nach der Eröffnung des sachlichen Schutzbereichs eines Grundrechts geht es hingegen darum, ob eine staatliche Handlung thematisch in den gewährleisteten Freiheitsbereich fällt und nicht, ob das Handeln pflicht- oder gar rechtswidrig war.[251]

Dass das Bundesverfassungsgericht in der Rechtssache „Osho" gleichwohl davon ausgeht, der Schutzbereich der Religionsfreiheit sei nicht eröffnet, legt es nahe, dass das Gericht dies auch in seinem „Glykol"-Beschluss feststellen wollte und sich dort nur undeutlich ausdrückte. Dieses Ergebnis läuft einer letztlich aus der Bedeutung der Grundrechte folgenden großzügigen Schutzbereichsauslegung entschieden zuwider.[252] Es mündet vielmehr in einer unerfreulichen Schutzbereichsrelativierung, die das rechtsstaatliche Verteilungsprinzip zwischen Schutzbereich, Grundrechtseingriff und verfassungsrechtlicher Rechtfertigung als Ausfluss der grundsätzlich unbeschränkten Freiheit des Bürgers und der grundsätzlich begrenzten und rechtfertigungspflichten Staatsgewalt umkehrt.[253] Eine Verengung des grundrechtlichen Schutzbereichs zur Umgehung der auf Rechtfertigungsebene durchzuführenden Abwägung vermag aus grundrechtsdogmatischer Perspektive indes nicht zu überzeugen.[254]

Dass das Vorgehen des Gerichts dogmatisch nicht zielführend sein kann, zeigt sich auch in der auf diese Entscheidungen Bezug nehmenden Rechtsprechung anderer Gerichte. Der VGH München nimmt das Bundesverfassungsgericht in einer Entscheidung zu staatlichen Publikationen im Zusammenhang mit den Aktivitäten der Scientology-Sekte beim Wort und versteht die Ausführungen des Gerichts dahingehend, dass im Falle einer die Grenzen neutraler und sachlicher Information überschreitenden Äußerung eines Hoheitsträgers der Schutzbereich betroffener Grundrechte eröffnet und ein

---

[250] BVerfGE 105, 279 (295).

[251] *Murswiek*, NVwZ 2003, 1 (3).

[252] Gleichwohl ist der Grundsatz „*in dubio pro libertate*" stets mit größtmöglicher Vorsicht zu genießen, vgl. *Peine*, in: Merten/Papier, HGR Bd. III, 2009, § 57 Rn. 45.

[253] Ausf. *Bethge*, in: Merten/Papier, HGR Bd. III, 2009, § 58 Rn. 63 ff.; *Huber*, JZ 2003, 290 (293).

[254] Vgl. zur Problematik einer einengenden Schutzbereichsauslegung im Allgemeinen *I. Augsberg/S. Augsberg*, AöR 132 (2007), 539 (577 f.).

Grundrechtseingriff gegeben ist, der durch hinreichend gewichtige Tatsachen gerechtfertigt sein müsse, um keine Grundrechtsverletzung darzustellen.[255]

Auch wenn es sich dabei um die gewollte Adaption der verfassungsgerichtlichen Rechtsauffassung durch den VGH handelt, ist dieses Verständnis nicht überzeugend: Ein die Neutralitätspflicht sowie das Sachlichkeitsgebot verletzender Akt staatlicher Öffentlichkeitsarbeit kann einer Rechtfertigung nicht zugänglich sein. Eine Konstellation, in der ein Verstoß gegen das Neutralitäts- oder Sachlichkeitsgebot und damit ein Verstoß gegen fundamentale Verfassungsvorgaben für staatliches Informationshandeln gegeben ist, der durch gewichtige Tatsachen gerechtfertigt sein kann, erscheint vielmehr ausgeschlossen. Es ist allenfalls vorstellbar, dass sich aufgrund schwerwiegender Interessen die konkreten Anforderungen an eine staatliche Äußerung verschieben können, sodass davon auszugehen ist, dass es sich bei scharfen Äußerungen eines Hoheitsträgers im Einzelfall nicht um einen Verstoß gegen das Sachlichkeits- oder Neutralitätsgebot handelt. Diese Erwägungen sind dogmatisch jedoch auf der Rechtfertigungsebene zu verorten und haben auf der Ebene des Schutzbereichs „nichts zu suchen".[256] Dass der VGH München dennoch an den Vorgaben des Bundesverfassungsgerichts festhält, führt dazu, dass die Frage nach der verfassungsrechtlichen Rechtfertigung eines Grundrechtseingriffs bei staatlichem Informationshandeln zu einem stumpfen Schwert verkümmert, was der allgemeinen Grundrechtsdogmatik indes wesensfremd ist.

c) Die jüngere Rechtsprechung des Bundesverfassungsgerichts und die Rechtsprechung des Bundesverwaltungsgerichts

Inwiefern die scharfe Kritik an der Rechtsprechung des Bundesverfassungsgerichts zu einem Überdenken der gerichtlichen Handhabung des Grundrechtsschutzbereichs bei staatlichem Informationshandeln geführt hat, lässt sich letztlich kaum herausfinden. Es lässt sich allerdings beobachten, dass das Bundesverfassungsgericht in seiner jüngeren Rechtsprechung zu staatlicher Öffentlichkeitsarbeit im Hinblick auf die Eröffnung des sachlichen Schutzbereichs betroffener Grundrechte zu grundrechtsdogmatischer Normalität zurückgekehrt ist. Bereits im ersten Urteil des Gerichts zu staatlichem Informationshandeln nach den kritisierten Beschlüssen aus dem Jahr 2002 untersuchte das Gericht die Eröffnung des Schutzbereichs der Pressefreiheit im Zusammenhang mit der Veröffentlichung eines Verfassungsschutzberichts in ausführlicher Weise und bejahte die Eröffnung.[257] Auch die daran

[255] VGH München, NVwZ 2003, 998 (998) unter Verweis auf BVerfGE 105, 279.

[256] So *Murswiek*, NVwZ 2003, 1 (3), zur bundesverfassungsgerichtlichen „Osho"-Entscheidung.

[257] BVerfGE 113, 63 (76).

anknüpfende Prüfung des Gerichts bewegt sich nachvollziehbar in den bekannten Kategorien des Grundrechtseingriffs und der verfassungsrechtlichen Rechtfertigung des Eingriffs.

In seiner Entscheidung zu den Äußerungen der Bundeszentrale für politische Bildung über den emeritierten Professor der Politikwissenschaften Konrad Löw aus dem Jahr 2011 nahm das Gericht einen Eingriff in das allgemeine Persönlichkeitsrecht aus Art. 2 Abs. 1 i.V.m. Art. 1 Abs. 1 GG an.[258] Auch wenn die Ausführungen zur Eröffnung des sachlichen Schutzbereichs überschaubar ausfallen, leitet das Gericht den Schutz des sozialen Geltungsanspruchs aus dem allgemeinen Persönlichkeitsrecht ab und geht unter Annahme eines mittelbaren Grundrechtseingriffs davon aus, dass der Schutzbereich des allgemeinen Persönlichkeitsrechts eröffnet ist.[259] Wenngleich es sich bei dem Beschluss um eine Entscheidung handelt, der vergleichsweise wenig Beachtung zugekommen ist, sind die Ausführungen des Gerichts zur Eröffnung des Schutzbereichs unter dogmatischen Gesichtspunkten nicht zu beanstanden.[260] Dies ist im Vergleich zu den Beschlüssen „Glykol“ und „Osho“ zweifelsohne als Fortschritt zu betrachten.

Im Rahmen seiner Entscheidung zur Verfassungskonformität der lebensmittelrechtlichen Vorschrift des § 40 Abs. 1a LFGB hat das Bundesverfassungsgericht einen Eingriff in die Berufsfreiheit der betroffenen Gastronomen angenommen, ohne dabei auf die Richtigkeit und Sachlichkeit der Äußerungen sowie die Wahrung der verfassungsrechtlichen Zuständigkeitsvorgaben einzugehen.[261] Während dies im „Glykol“-Beschluss auf Ebene des Schutzbereichs noch ausführlich diskutiert wurde, führt das Gericht nunmehr schlichtweg aus, dass die lebensmittelrechtlichen Veröffentlichungen „einem Eingriff in die Berufsfreiheit aber in ihrer Zielgerichtetheit und Wirkung gleich[kommen] und [...] darum an Art. 12 Abs. 1 GG zu messen“ seien.[262]

Dem ist für die konkrete Eingriffswirkung einer lebensmittelrechtlichen Informationsmaßnahme zwar noch nicht viel zu entnehmen; gleichwohl ist bereits etwas dadurch gewonnen, dass das Gericht zweifelsohne – wenn auch stillschweigend – von der Eröffnung des grundrechtlichen Schutzbereichs aus Art. 12 Abs. 1 GG ausgeht. Es bewegt sich damit wieder[263] in den gewohnten Kategorien und hat sich scheinbar vom nebulösen Begriff des „Gewährleistungsgehalts“ der Berufsfreiheit verabschiedet. Zudem widmet sich das Ge-

---

[258] BVerfG, NJW 2011, 511 (511 f.).

[259] BVerfG, NJW 2011, 511 (511).

[260] Allerdings sind andere Aspekte der Entscheidung durchaus kritisch zu sehen, vgl. bereits *Schoch*, NVwZ 2011, 193 (195 f.).

[261] BVerfGE 148, 40 (50 f.).

[262] BVerfGE 148, 40 (51).

[263] Vgl. BVerfG, NJW 1999, 3404 (3404 f.).

richt der Richtigkeit der Informationen nicht auf der Ebene des sachlichen Schutzbereichs, sondern erst im Rahmen der verfassungsrechtlichen Rechtfertigung.[264] Dabei handelt es sich um ein nachvollziehbares und konsistentes Vorgehen des Gerichts, dem für sich genommen keine Bedenken gegenüberstehen.

Dieser erfreulichen Entwicklung bedurfte es in der verwaltungsgerichtlichen Rechtsprechung gar nicht erst, da die Verwaltungsgerichte ihre Entscheidungen zur staatlichen Öffentlichkeitsarbeit stets auf dogmatisch nachvollziehbare Weise trafen. Allen voran das Bundesverwaltungsgericht hatte – anders als das Bundesverfassungsgericht – mit der Einordnung des informalen Staatshandelns in die grundrechtlichen Strukturen keine dogmatischen Schwierigkeiten. Als letzte Instanz in der dem verfassungsgerichtlichen „Glykol"-Beschluss zugrundeliegenden verwaltungsgerichtlichen Entscheidung führte es im ersten Leitsatz der Entscheidung Folgendes aus: „Der Schutzbereich des Grundrechts auf Berufsfreiheit gem. Art. 12 I GG ist grundsätzlich auch dann berührt, wenn die beruflichen Entfaltungsmöglichkeiten eines Unternehmers durch öffentliche negative Äußerungen staatlicher Stellen über seine konkret angesprochenen Erzeugnisse oder Leistungen nachhaltig eingeschränkt werden."[265]

Dies erkannte das Bundesverwaltungsgericht bereits 1990 und geht auch in seiner jüngeren Rechtsprechung davon aus, dass der sachliche Schutzbereich der Grundrechte bei staatlichen Informationsmaßnahmen wie Warnungen und anderen Schutzmaßnahmen grundsätzlich eröffnet und die Frage der Recht- bzw. Verfassungsmäßigkeit einer hoheitlichen Äußerung auf der Ebene des Grundrechtseingriffs und der verfassungsrechtlichen Rechtfertigung zu klären ist.[266]

Im Rahmen seiner prominenten „DÜGIDA"-Entscheidung stellte das Bundesverwaltungsgericht fest, dass die in Rede stehenden Äußerungen des Oberbürgermeisters der Stadt Düsseldorf die Versammlungsfreiheit der „DÜGIDA"-Anhänger in Schutzbereich eröffnender Weise beeinträchtigt haben, aber hinsichtlich ihrer Intensität unterhalb der Schwelle des Grundrechtseingriffs blieben.[267] Auch wenn sich dies im Hinblick auf den konkreten Aufruf des Bürgermeisters und die Bedeutung der Versammlungsfreiheit zweifelsfrei hätte anders beurteilen lassen, besteht in dogmatischer Hinsicht kein Anlass zu Kritik. Das vom Bundesverwaltungsgericht und nunmehr auch vom Bundesverfassungsgericht ihren Entscheidungen zugrunde gelegte Verständnis vermag zu überzeugen und entspricht der allgemeinen Grund-

---

264 BVerfGE 148, 40 (55).

265 BVerwG, NJW 1991, 1766.

266 Vgl. BVerwG, NVwZ-RR 2015, 425 (425 f.); vgl. bereits BVerwG, NJW 1996, 3161 (3161) unter Verweis auf BVerwG, NJW 1991, 1766.

267 BVerwG, NJW 2018, 433 (435).

rechtsdogmatik, die von der Informalität staatlicher Öffentlichkeitsarbeit nicht außer Kraft gesetzt wird.

d) Zusammenfassung

Insgesamt lässt sich damit eine erfreuliche Entwicklung in der Rechtsprechung des Bundesverfassungsgerichts festmachen. Nachdem es in den – im Ergebnis größtenteils nicht zu beanstandenden – Beschlüssen „Glykol“ und „Osho“ in dogmatisch nur sehr schwer zu vertretener Art und Weise davon ausgegangen ist, dass der Schutzbereich der Grundrechte bei Informationshandeln, das sich an die verfassungsrechtlichen Vorgaben hält, nicht eröffnet sei, verlagert das Gericht diese Ausführungen mittlerweile auf die Ebene des Grundrechtseingriffs und seiner verfassungsrechtlichen Rechtfertigung. Dies entspricht der allgemeinen Grundrechtsdogmatik, nach der der Schutzbereich eines Grundrechts im Zweifel weit auszulegen ist und Einschränkungen auf der Ebene des Eingriffs oder der Rechtfertigung zu verorten sind.

Damit einhergehend hat sich das Gericht nach einem kurzen verbalen Ausflug wieder auf die bewährten Grundrechtsterminologien beschränkt und den verwirrenden Begriff des Gewährleistungsbereichs (hoffentlich) ad acta gelegt. Dass der Schutzbereich der entsprechenden Grundrechte bei staatlichem Informationshandeln regelmäßig eröffnet sein wird, ist auch keine große Überraschung, geht es doch allein darum, ob eine staatliche Handlung thematisch in einen grundrechtlichen Freiheitsbereich fällt. In Anbetracht des vom Grundgesetz gewährten flächendeckenden Grundrechtsschutzes wird durch staatliche Öffentlichkeitsarbeit meist der Schutzbereich eines Grundrechts – sei es auch „nur“ der Schutzbereich der allgemeinen Handlungsfreiheit – einschlägig sein. Entscheidend ist insofern die Frage nach der Eingriffswirkung staatlichen Informationshandelns.[268]

Auf die Eröffnung des Schutzbereichs eines Grundrechts hat die Art der Kommunikation keinerlei Auswirkungen. Sie ist ein von den anderen Grundrechtskategorien des Eingriffs und der Rechtfertigung zu trennendes „Tatbestandsmerkmal“ der Grundrechtsprüfung. Die Untersuchung des Schutzbereichs dient der Bestimmung, ob ein Grundrecht im Einzelfall in sachlicher und persönlicher Hinsicht einschlägig ist. Anknüpfungspunkt dieser Bestimmung ist eine der konkreten Wirkung einer Äußerungsform und deren Zulässigkeit übergeordnete Einordnung und Kategorisierung bestimmter Lebensbereiche. Auf die Kategorisierung der Lebensbereiche kann die Erscheinungsform einer staatlichen Informationsmaßnahme – anders als auf die Eingriffswirkung und die verfassungsrechtliche Rechtfertigung informationsspezifischer Grundrechtseingriffe – keinen Einfluss nehmen. Bis auf die wenigen Fälle normgeprägter Grundrechte handelt es sich bei den

---

[268] Dazu sogleich, 2. Kapitel D.II.2.

Schutzbereichen der Grundrechte um überrechtliche Kategorien, auf die auch die Nutzung sozialer Netzwerke keinen Einfluss hat.

2. *Staatliche Öffentlichkeitsarbeit als Grundrechtseingriff*

Wie eingangs bereits angedeutet ist die Frage danach, ob von staatlichen Informationsmaßnahmen eine Eingriffswirkung ausgeht, von wegweisender Bedeutung für die Beurteilung ihrer Recht- bzw. Verfassungsmäßigkeit. Sie entscheidet darüber, ob eine staatliche Handlung oder Äußerung einer verfassungsrechtlichen Rechtfertigung bedarf, aus der sich wiederum die konkreten Vorgaben für staatliches Informationshandeln ergeben. Ihr kommt damit die Funktion eines Bindeglieds zwischen der Eröffnung eines grundrechtlichen Schutzbereichs und der verfassungsrechtlichen Rechtfertigung eines Grundrechtseingriffs zu. Nur wenn letzterer gegeben ist, stellt sich überhaupt die Frage nach der verfassungsrechtlichen Rechtfertigung einer staatlichen Maßnahme. Auch wenn feststeht, dass es sich bei staatlicher Öffentlichkeitsarbeit mit Eingriffswirkung regelmäßig um einen Fall des sog. mittelbar-faktischen Eingriffs handelt (a), stellt sich die Frage, wann staatlichem Informationshandeln die erforderliche Eingriffswirkung zukommt (b) und wie diese Erkenntnisse auf die Aktivität staatlicher Stellen in sozialen Netzwerken zu übertragen sind (c).

a) *Staatliche Öffentlichkeitsarbeit als mittelbar-faktischer Grundrechtseingriff*

Ein Grundrechtseingriff ist das staatliche Eindringen in den Schutzbereich eines Grundrechts, das eine Rechtfertigungspflicht auslöst.[269] Dass Maßnahmen staatlicher Öffentlichkeitsarbeit nur in den seltensten Fällen die Voraussetzungen des klassischen Eingriffsbegriffs erfüllen, verwundert bei genauerer Betrachtung der Eingriffskriterien nicht. Ein klassischer Grundrechtseingriff setzt ein finales, unmittelbares, rechtsförmiges und imperatives Staatshandeln voraus.[270] Kommuniziert der Staat durch die ihn repräsentierenden Hoheitsträger mit seinen Bürgern, fehlt es regelmäßig an der Rechtsförmigkeit und Imperativität des staatlichen Handelns. Da dies für weite Teile staatlichen Realhandelns oder sog. „schlichten" Verwaltungshandelns gilt, dem – wenngleich es informales Staatshandeln stets gegeben hat – eine stetig wachsende Bedeutung zukommt,[271] wurde in der Rechtsprechung und

---

[269] Grundlegend *Eckhoff*, Der Grundrechtseingriff, 1992, S. 8 f.

[270] BVerfGE 105, 279 (300); ausführlich zum klassischen Grundrechtseingriff vgl. *Peine*, in: Merten/Papier, HGR Bd. III, 2009, § 57 Rn. 20 ff.; *Stern*, in: ders./Becker, GR-Kommentar, 3. Aufl. 2019, Einl. Rn. 164 f.

[271] *Schoch*, in: Isensee/Kirchhof, HStR Bd. III, 3. Aufl. 2005, § 37 Rn. 22; Rn. 30; vgl. zum sog. „Nudging" 1. Kapitel, A.IV. 4.

Literatur zum Schutz der Grundrechtsträger der sog. moderne oder auch erweiterte Eingriffsbegriff[272] entwickelt, der alle grundrechtsverkürzenden Auswirkungen auf den Schutzbereich eines Grundrechts und damit vor allem auch mittelbare und faktische Grundrechtseingriffe erfasst und unter Rechtfertigungsvorbehalt stellt.[273] Dass es sich bei grundrechtsverkürzendem Informationshandeln von Seiten des Staates um einen solchen Fall des sog. mittelbar-faktischen Grundrechtseingriffs handeln kann, ist mittlerweile als feststehend anzusehen,[274] wenngleich streng genommen ein Unterschied zwischen mittelbaren und faktischen Grundrechtseingriffen besteht.[275] Für den faktischen Grundrechtseingriff ist es charakteristisch, dass dem staatlichen Handeln der rechtliche Zuschnitt sowie die Unmittelbarkeit der Eingriffswirkung fehlt, sodass es sich bei ihnen um vermeintlich „weiche" Maßnahmen handelt, von denen jedoch eine Einschüchterungswirkung ausgeht.[276] Die konkrete Eingriffswirkung geht dabei von staatlicher Seite aus. Ein mittelbarer Grundrechtseingriff hingegen zeichnet sich dadurch aus, dass die grundrechtsbeschränkende Wirkung nicht unmittelbar auf eine staatliche Handlung bzw. Äußerung zurückzuführen ist, sondern dass die den Grundrechtsträger belastenden Folgen von privaten Handlungen ausgehen, die wiederum auf die Informationstätigkeit des Staates zurückzuführen sind.[277] Da die Grenzen im Einzelfall jedoch schwierig zu bestimmen sind und Maßnahmen staatlicher Öffentlichkeitsarbeit häufig mittelbare und faktische Eingriffselemente kombinieren, werden die Begriffe häufig im selben Atemzug genannt oder durch den (an sich ungenauen[278]) Begriff des mittelbar-faktischen Grundrechtseingriffs beschrieben.[279]

Bereits bei oberflächlicher Betrachtung des modernen Eingriffsbegriffs als Supernym mittelbarer und faktischer Grundrechtseingriffe wird deutlich,

---

[272] *Peine*, in: Merten/Papier, HGR Bd. III, 2009, § 57 Rn. 31; *Stern*, in: ders./Becker, GR-Kommentar, 3. Aufl. 2019, Einl. Rn. 166.

[273] BVerfGE 105, 279 (303); 110, 177 (191); 113, 63 (76); *Bethge*, VVDStRL Bd. 57 (1998), 7 (40); *Dreier*, in: ders. (Hrsg.), GG Bd. I, 3. Aufl. 2013, Art. 1 Rn. 125; *Peine*, in: Merten/Papier, HGR Bd. III, 2009, § 57 Rn. 31.

[274] Staatliches Informationshandeln wird nicht selten als Paradebeispiel für mittelbar-faktische Eingriffswirkungen angeführt, vgl. *Bethge*, in: Merten/Papier, HGR Bd. III, 2009, § 58 Rn. 20; Vgl. auch *Voßkuhle/Kaiser*, JuS 2018, 343 (344).

[275] Vgl. *Bethge*, in: Merten/Papier, HGR Bd. III, 2009, § 58 Rn. 40; *Dreier*, in: ders. (Hrsg.), GG Bd. I, 3. Aufl. 2013, Art. 1 Rn. 125; wohl auch *Peine*, in: Merten/Papier, HGR Bd. III, 2009, § 57 Rn. 29; *Voßkuhle/Kaiser*, JuS 2009, 313 (313).

[276] Einen faktischen Grundrechtseingriff annehmend BVerwG, NJW 2018, 716 (719).

[277] Einen mittelbaren Grundrechtseingriff annehmend BVerfGE 113, 63 (76 f.).

[278] *Bethge*, in: Merten/Papier, HGR Bd. III, 2009, § 58 Rn. 40; *Dreier*, in: ders. (Hrsg.), GG Bd. I, 3. Aufl. 2013, Art. 1 Rn. 125.

[279] BVerfGE 105, 279 (300 f.); BVerwG, NJW 2018, 716 (719 f.); *Hillgruber*, in: Isensee/Kirchhof, HStR Bd. IX, 3. Aufl. 2011, § 200 Rn. 91; *Voßkuhle/Kaiser*, JuS 2009, 313 (313).

dass dieser weitestgehend konturenlos und wertungsoffen ist, was in Verbindung mit den nach allgemeiner Grundrechtsdogmatik weit auszulegenden Schutzbereichen der Grundrechte nicht unkritisch zu sehen ist und zu einem massiven Rechtfertigungsdruck staatlichen Handelns führen kann.[280] Um einer nicht mehr zu verantwortenden Uferlosigkeit der Grundrechtsgeltung[281] und einer Bagatellisierung der verfassungsrechtlichen Rechtfertigung staatlichen Handelns entgegenzuwirken, sind an die Eingriffswirkung staatlichen Informationshandelns – wie an alle Formen informellen Staatshandelns – gewisse, im Folgenden zu erörternde Anforderungen zu stellen. Nur wenn diese Voraussetzungen erfüllt sind, ist in staatlichen Informationsmaßnahmen ein Grundrechtseingriff zu sehen. Dies gilt vor dem Hintergrund, dass nicht jede Grundrechtsbeeinträchtigung einen rechtfertigungspflichtigen Grundrechtseingriff darstellt.[282]

b) Die Eingriffsqualität staatlicher Öffentlichkeitsarbeit

Es liegt wie bereits gezeigt auf der Hand, dass nicht jede Kommunikationsmaßnahme des Staates einen Grundrechtseingriff darstellen kann, der eine verfassungsrechtliche Rechtfertigungspflicht nach sich zieht.[283] Vielmehr sind gewisse Anforderungen an die Eingriffsqualität zu stellen, um einer Bagatellisierung der Grundrechtskategorien, die sich aus dem Zusammenspiel mit der Weite grundgesetzlicher Schutzbereiche ergeben würde, vorzubeugen. Unter welchen Voraussetzungen die informativen Beeinträchtigungen eines Grundrechts als Eingriff in den Schutzbereich zu begreifen sind, wird allerdings nicht immer einheitlich beurteilt und bereitet der Rechtsprechung noch immer Schwierigkeiten. Das Bundesverfassungsgericht hat es bisher versäumt, die genauen Anforderungen an das Vorliegen eines Eingriffs durch staatliches Informationshandeln herauszuarbeiten und darzustellen. Gleichwohl ist es als Konsens in Rechtsprechung und Literatur anzusehen, dass vor allem die Finalität und die Schwere der Beeinträchtigung eines Grundrechts durch die Kommunikationsmaßnahme in die Wertung miteinzufließen haben.[284] Das Bundesverfassungsgericht geht im Allgemeinen davon aus, dass

---

[280] *Bethge*, in: Merten/Papier, HGR Bd. III, 2009, § 58 Rn. 56; *Dreier*, in: ders. (Hrsg.), GG Bd. I, 3. Aufl. 2013, Art. 1 Rn. 127.

[281] *Bethge*, in: Merten/Papier, HGR Bd. III, 2009, § 58 Rn. 58.

[282] *Bethge*, in: Merten/Papier, HGR Bd. III, 2009, § 58 Rn. 21; *Dreier*, in: ders. (Hrsg.), GG Bd. I, 3. Aufl. 2013, Art. 1 Rn. 125; *Schmidt*, Staatliches Informationshandeln als Grundrechtseingriff, 2004, S. 65.

[283] Vgl. nur *Bethge*, in: Merten/Papier, HGR Bd. III, 2009, § 58 Rn. 21; *Schmidt*, Staatliches Informationshandeln als Grundrechtseingriff, 2004, S. 65.

[284] Jüngst BVerfGE 148, 40 (50 f.) m. Verweis auf E 105, 252 (273); 110, 177 (191); 118, 1 (20); BVerwG, NVwZ-RR 2005, 425 (426); vgl. *Bethge*, in: Merten/Papier, HGR Bd. III, 2009, § 58 Rn. 38; *di Fabio*, JZ 1993, 689 (695); *Dreier*, in: ders. (Hrsg.), GG Bd. I, 3. Aufl.

eine staatliche Maßnahme, die nach Zielsetzung und Wirkung einem klassischen Grundrechtseingriff entspricht, als mittelbar-faktischer und damit rechtfertigungsbedürftiger Eingriff zu qualifizieren ist.[285]

Dies überträgt das Gericht auch im Speziellen auf staatliches Informationshandeln und verweist in seiner jüngeren Rechtsprechung bei der Frage nach der Eingriffsqualität staatlicher Öffentlichkeitsarbeit auf seine im Rahmen des „Glykol“- und „Osho“-Beschlusses getroffenen Ausführungen, nach denen eine staatliche Informationsmaßnahme, die hinsichtlich ihrer Zielsetzung und Wirkung einen Ersatz für rechtsförmiges Staatshandeln darstellt, den gleichen rechtlichen Bindungen unterliegen muss wie dieses.[286] Während die dogmatische Verortung der Ausführungen durch das Gericht im Rahmen der in Rede stehenden Beschlüsse aus dem Jahr 2002 noch unklar war, diskutiert das Gericht die Finalität und Wirkung der Informationsmaßnahmen nach seiner Rückkehr zu grundrechtsdogmatischer Neutralität[287] nunmehr unmissverständlich im Rahmen der Frage nach der Eingriffsqualität einer Maßnahme staatlicher Öffentlichkeitsarbeit.[288] Dies lässt sich wohl dahingehend deuten, dass das Bundesverfassungsgericht nach der massiven Kritik[289] an der grundrechtlichen Dogmatik der Beschlüsse aus dem Jahr 2002 eingesehen hat, dass es sich bei den entsprechenden Passagen zur Qualität und Auswirkung der Grundrechtsbeeinträchtigung um Ausführungen handelt, die nicht auf der Ebene des Schutzbereichs, sondern vielmehr auf der Ebene des Grundrechtseingriffs zu verorten sind.

In seiner jüngsten Entscheidung zum staatlichen Informationshandeln im Lebensmittelrecht nach der Vorschrift des § 40 Abs. 1a LFGB stellt das Bundesverfassungsgericht ausdrücklich fest, dass die zielgerichtete Veröffentlichung lebensmittelrechtlicher Informationen einen mittelbar-faktischen Eingriff in die Berufsfreiheit darstellt, wenn die Markt- und Wettbewerbssituation in zielgerichteter und nicht unerheblicher Weise beeinflusst wird.[290] Erst in einem nächsten Schritt widmet es sich dann unter Eröffnung eines neuen

2013, Art. 1 Rn. 126; *Eckhoff*, Der Grundrechtseingriff, 1992, S. 246 f., S. 252 f.; *Gusy*, NJW 2000, 977 (983); *Heintzen*, VerwArch 81 (1990), 532 (542); *Holzner*, NVwZ 2010, 489 (490); *Hobusch*, JA 2019, 278 (280 f.); *Kühn*, Bürgerbeeinflussung durch Berichterstattung staatlicher Stellen, 2018, S. 302; *Murswiek*, DVBl. 1997, 1021 (1023); *Schmidt*, Staatliches Informationshandeln als Grundrechtseingriff, 2004 S. 68 ff.; *Voßkuhle/Kaiser*, JuS 2009, 313 (313 f.); grds. krit. aber hinsichtlich staatlichen Informationshandelns zustimmend *Sachs*, in: ders. (Hrsg.), GG, 9. Aufl. 2021, vor Art. 1, Rn. 86 u. Rn. 88.

[285] BVerfGE 113, 63 (76); 116, 202 (222); 118, 1 (20); 148, 40 (51).

[286] BVerfGE 113, 63 (76); 148, 40 (50 f.) m. Verweis auf BVerfGE 105, 252 (273); 105, 279 (303).

[287] Vgl. bereits 2. Kapitel, B.II.1.c).

[288] BVerfGE 113, 63 (76 f.);148, 40 (51); vgl. auch im Allgemeinen BVerfG, NVwZ 2007, 1168 (1169).

[289] Vgl. exemplarisch *Murswiek*, NVwZ 2003, 1 (3 ff.).

[290] BVerfGE 148, 40 (51).

Gliederungsabschnitts der Frage nach der verfassungsrechtlichen Rechtfertigung des auf dieser Vorschrift beruhenden Informationshandelns.[291] Insofern ist der jüngeren Rechtsprechung des Bundesverfassungsgerichts zu entnehmen, dass die Zielrichtung des staatlichen Informationshandelns und die Wirkung beim Adressaten für die Beurteilung der Eingriffsqualität maßgeblich sind. Die Frage nach der verfassungsrechtlichen Rechtfertigung ist ein davon zu trennender Aspekt, in den jedoch zwangsläufig auch die Schwere des Eingriffs miteinzufließen hat. Dieses Verständnis entspricht nunmehr auch der – wie gezeigt in ihrer Gesamtheit von Beginn an weitaus überzeugenderen – Rechtsprechung des Bundesverwaltungsgerichts, das für die Feststellung der Eingriffsqualität von vornherein zu einem großen Teil auf die Finalität des Informationshandelns und die über eine bloße Begleiterscheinung hinausgehende Wirkung der Öffentlichkeitsarbeit abstellte.[292]

Mithin sind für die Kategorisierung als mittelbar-faktischer Grundrechtseingriff primär die Zielrichtung und Eingriffswirkung der Informationsmaßnahme entscheidend. Handelt es sich demnach um ein sog. funktionales Äquivalent zu einem klassischen, rechtsförmigen Grundrechtseingriff – dieser Begriff wurde vom Bundesverfassungsgericht entwickelt[293] und wird seitdem in Rechtsprechung und Literatur (bisweilen inflationär und ungenau) rezipiert[294] –, liegt eine Beeinträchtigung des Grundrechtsschutzbereichs vor, die als moderner bzw. mittelbar-faktischer Grundrechtseingriff zu qualifizieren ist und eine Rechtfertigungspflicht nach sich zieht.

aa) Die Zielrichtung staatlichen Informationshandelns

Insgesamt sind die Anforderungen an die Finalität des staatlichen Handelns nicht allzu hoch zu stellen.[295] Während das Bundesverwaltungsgericht zunächst nur beabsichtigte Wirkungen staatlicher Öffentlichkeitsarbeit als Grundrechtseingriff bewertete,[296] geht die Rechtsprechung insgesamt nun-

---

[291] BVerfGE 148, 40 (52).

[292] BVerwG, NJW 1985, 2774 (2776 f.); NJW 1989, 2272 (2273); NJW 1991, 1766 (1767 f.); vgl. dazu auch *Kühn*, Bürgerbeeinflussung durch Berichterstattung staatlicher Stellen, 2018, S. 312 f.

[293] Erstmals BVerfGE 105, 252 (273); 105, 279 (303).

[294] Vgl. ausf. 2. Kapitel, B.II.3.c).aa); BVerfGE 148, 40 (51); BVerwG, NVwZ-RR 2015, 425 (426); NJW 2020, 1155 (1159); BayVGH, NZS 2012, 227 (228); OVG Münster, LMuR 2020, 92 (95); OVG Münster, ZUM 2020, 646 (654); VG Düsseldorf, ZD 2019, 574 (575); *Barczak*, NVwZ 2015, 1014 (1018); *Bethge*, in: Merten/Papier, HGR Bd. III, 2009, § 58 Rn. 21; *Hillgruber*, in: Isensee/Kirchhof, HStR Bd. IX, 3. Aufl. 2011, § 200 Rn. 90; in sehr zutreffender Weise krit. *Kühn*, Bürgerbeeinflussung durch Berichterstattung staatlicher Stellen, 2018, S. 302 f.

[295] Vgl. nachdrücklich *Sachs*, in: ders. (Hrsg.), GG, 9. Aufl. 2021, vor Art. 1, Rn. 86.

[296] BVerwG, NJW 1985, 2774 (2776); vgl. auch *Heintzen*, VerwArch 81 (1990), 532 (542 f.).

mehr davon aus, dass auch unbeabsichtigte, aber gleichzeitig vorhersehbare Beeinträchtigungen als Grundrechtseingriff zu bewerten sind, sofern es sich nicht um rein zufällige Auswirkungen einer Informationsmaßnahme handelt.[297] Damit wird deutlich, dass es sich bei dem modernen Eingriffsbegriff für staatliches Informationshandeln gerade im Hinblick auf seine mittelbare Komponente zu großen Teilen um die Lösung eines Zurechnungsproblems handelt, an das keine überhöhten Anforderungen zu stellen sind.[298]

Dies ist nur konsequent, da überspannte Anforderungen an die Finalität gerade im Bereich der staatlichen Öffentlichkeitsarbeit spiegelbildlich eine Absenkung des Grundrechtsschutzes zu Lasten der Grundrechtsträger bedeuten würde. Bisweilen wird daher sogar vertreten, dass das Merkmal der Finalität keine notwendige Bedingung für das Vorliegen eines Grundrechtseingriffs sei.[299] Gleichzeitig wird durch die Festlegung gewisser Anforderungen an die Zielrichtung und Wirkung der Öffentlichkeitsarbeit – insbesondere den Ausschluss zufälliger und unvorhersehbarer Eingriffswirkungen – indes einer Eingriffsbagatellisierung entgegengewirkt, die letztlich Effektivitäts- und Funktionsverluste staatlicher Gewalt zur Folge haben könnte. Wenngleich die Finalität im Vergleich zu ihrer Bedeutung für den klassischen Eingriffsbegriff bei der Eingriffswirkung staatlicher Öffentlichkeitsarbeit eine untergeordnete Rolle spielt, ist es dennoch erforderlich, dass sich der Informationsmittler über die Wirkung seiner Äußerungen im Klaren ist oder dies zumindest hätte sein können.[300]

Es ist daher als ausreichend zu erachten, wenn sich im Nachhinein feststellen lässt, dass der Hoheitsträger die Eingriffswirkung seines Informationshandeln ex ante hätte erkennen können.[301] Fehlt die Zielrichtung und damit das kognitive bzw. voluntative Element hinter einer Kommunikationsmaßnahme gänzlich, ist nur unter besonderen Umständen und besonderer Schwere der Eingriffswirkung von einem Grundrechtseingriff im grundrechtsdogmatischen Sinne auszugehen. Die Frage nach der Eingriffs-

---

[297] BVerwG, NJW 1989, 2272 (2273); NJW 1991, 1766 (1768); NVwZ-RR 2015, 425 (426); *Bethge*, in: Merten/Papier, HGR Bd. III, 2009, § 58 Rn. 16; *Gusy*, NJW 2000, 977 (983); *Voßkuhle/Kaiser*, JuS 2009, 313 (313 f.).

[298] So auch *di Fabio*, JZ 1993, 689 (695); *Voßkuhle/Kaiser*, JuS 2009, 313 (313); vgl. auch *Hillgruber*, in: Isensee/Kirchhof, HStR Bd. IX, 3. Aufl. 2011, § 200 Rn. 84 ff.; *Peine*, in: Merten/Papier, HGR Bd. III, 2009, § 57 Rn. 36 ff.

[299] *Dreier*, in: ders. (Hrsg.), GG Bd. I, 3. Aufl. 2013, vor Art. 1 Rn. 126; *Kramer/Monsees*, JURA 2016, 985 (990); *Murswiek*, NVwZ 2003, 1 (2); *Sachs*, in: ders. (Hrsg.), GG, 9. Aufl. 2021, vor Art. 1, Rn. 86.

[300] So auch *Kühn*, Bürgerbeeinflussung durch Berichterstattung staatlicher Stellen, 2018, S. 314 f.; a.A. wohl *Sachs*, in: ders. (Hrsg.), GG, 9. Aufl. 2021, vor Art. 1, Rn. 86.

[301] Strenger insoweit *Kühn*, Bürgerbeeinflussung durch Berichterstattung staatlicher Stellen, 2018, S. 314 ff., der davon ausgeht, dass der staatliche Funktionsträger die Möglichkeit der Nachteilszufügung erkennen und in Kauf nehmen muss.

qualität staatlicher Öffentlichkeitsarbeit ist durch eine wertende Gesamtbetrachtung der Umstände des Einzelfalls zu beantworten, in der die Finalität neben der Eingriffswirkung indes nur eine von zwei Komponenten ist.

bb) Die Eingriffswirkung staatlichen Informationshandelns

Während die Finalität bzw. Zweckrichtung der staatlichen Öffentlichkeitsarbeit als subjektive Komponente des modernen bzw. mittelbar-faktischen Eingriffsbegriffs aus der Sicht des Hoheitsträgers zu bestimmen ist, ist die Wirkung der Informationsmaßnahme dem Charakter der Grundrechte als Abwehrrechte des Bürgers gegen den Staat folgend aus der Perspektive des Grundrechtsträgers zu beantworten. Sie ist dabei keinesfalls von geringerer Bedeutung als die Zweckrichtung des Handelns. Sie dient vielmehr dazu, zwischen Grundrechtsbeeinträchtigungen geringerer Intensität, die bisweilen auch abfällig als Grundrechtsbelästigung bezeichnet werden,[302] und Grundrechtseingriffen zu unterscheiden.[303]

Die Schwierigkeit der Beurteilung der Eingriffswirkung ist darin zu sehen, dass es sich dabei stets um eine Einzelfallentscheidung handelt, die im Gegensatz zum klassischen Grundrechtseingriff eine Wertung auf Eingriffsebene erfordert und nicht selten von subjektiven Faktoren geprägt ist.[304] Auch wenn ein derartiger „Bagatellvorbehalt" im Hinblick auf eine mögliche Versubjektivierung des Grundrechtsschutzes kritisch zu sehen ist,[305] muss die dem Grundrechtseingriff zugrundeliegende Dichotomie zwischen Geringfügigkeit und Erheblichkeit staatlicher Grundrechtsbeeinträchtigungen aufrecht erhalten werden.

Zum einen steht fest, dass nicht jegliches Staatshandeln einer Rechtfertigungspflicht unterworfen werden kann. Zum anderen spricht auch in diesem Zusammenhang vieles dafür, wie auch auf voluntativer Ebene keine zu hohen Anforderungen an die Eingriffswirkung des staatlichen Handelns zu stellen, um einen effektiven Grundrechtsschutz zu gewähren und die Weite des Grundrechtsschutzbereichs nicht leerlaufen zu lassen.

Dem folgend ist davon auszugehen, dass es an der erforderlichen Eingriffswirkung einer Grundrechtsbeeinträchtigung nur fehlt, wenn es sich um eine den Grundrechtsträger reflexiv erreichende Grundrechtsbelästigung handelt, die der Staat dem Bürger im Gegenseitigkeitsrechtsverhältnis ohne Weiteres zumuten kann.[306] Entfaltet die staatliche Öffentlichkeitsarbeit hin-

---

[302] Vgl. dazu *Peine*, in: Merten/Papier, HGR Bd. III, 2009, § 57 Rn. 49 f.

[303] So auch *Stern*, in: ders./Becker, GR-Kommentar, 3. Aufl. 2019, Einl. Rn. 170.

[304] *Peine*, in: Merten/Papier, HGR Bd. III, 2009, § 57 Rn. 49.

[305] *Hillgruber*, in: Isensee/Kirchhof, HStR Bd. IX, 3. Aufl. 2011, § 200 Rn. 95; *Peine*, in: Merten/Papier, HGR Bd. III, 2009, § 57 Rn. 49.

[306] *Bethge*, in: Merten/Papier, HGR Bd. III, 2009, § 58 Rn. 25.

gegen eine darüber hinausgehende Wirkung, ist davon auszugehen, dass ein Grundrechtseingriff nach dem modernen bzw. erweiterten Eingriffsbegriff gegeben ist. Es sei an dieser Stelle allerdings darauf hingewiesen, dass sich die unterhalb der Eingriffsäquivalenz zu verortenden Informationshandlungen keiner rechtlichen, vor allem staatsorganisationsrechtlichen Bindung entziehen;[307] es besteht nur keine sich aus der Abwehrfunktion der Grundrechte ergebende Rechtfertigungspflicht. Bei einem vergleichsweise großzügigen Eingriffsverständnis darf nicht in Vergessenheit geraten, dass mit der Anerkennung der Eingriffsqualität keinesfalls die Rechtswidrigkeit einer staatlichen Maßnahme festgestellt wird. Vielmehr ist die Maßnahme dann einer verfassungsrechtlichen Rechtfertigung des Eingriffs zugänglich, die wiederum im Einzelfall zu untersuchen ist.

c) Die Eingriffsqualität staatlicher Öffentlichkeitsarbeit in sozialen Netzwerken

Wie bei der staatlichen Öffentlichkeitsarbeit im Allgemeinen steht auch bei der Öffentlichkeitsarbeit in sozialen Netzwerken fest, dass dieser wie jener in Ermangelung konkreter Rechtsformen regelmäßig keine klassische Eingriffsqualität zukommen kann. Es bestehen daher keinerlei Zweifel daran, dass die Aktivität einer staatlichen Stelle in einem sozialen Netzwerk nur als Grundrechtseingriff i.S.d. „modernen" Grundrechtseingriffs zu qualifizieren ist. Auch wenn sich die konkrete Eingriffsintensität einer Informationsmaßnahme in den sozialen Netzwerken wie in allen anderen Erscheinungskonstellationen nur im Einzelfall bestimmen lässt, ist es möglich, abstrakte Aussagen über die Eingriffsqualität des staatlichen Informationshandelns in den sozialen Netzwerken zu treffen. Dabei können auch in den sozialen Netzwerken nur die Zielrichtung und die Wirkung des Staatshandelns maßgeblich sein. Die Anforderungen bedürfen der „präzeptoralen"[308] Rolle des postmodernen Staates folgend indes einer strukturellen Anpassung.

aa) Die Zielrichtung staatlicher Öffentlichkeitsarbeit in sozialen Netzwerken

Die Intention hinter einer staatlichen Informationshandlung kann in sozialen Netzwerken wie bei ihren herkömmlichen Erscheinungsformen sehr unterschiedlich sein. Regelmäßig wird die Zielrichtung einer Informationsmaßnahme in einem sozialen Netzwerk noch seltener als bei den herkömmlichen Erscheinungsformen staatlicher Öffentlichkeitsarbeit nicht der eines Ge- oder Verbots entsprechen und auf eine finale Grundrechtebeeinträchtigung gerichtet sein. Mit der Aktivität staatlicher Stellen in sozialen Netz-

---

[307] *Bethge*, in: Merten/Papier, HGR Bd. III, 2009, § 58 Rn. 25.
[308] Dazu *di Fabio*, JZ 1993, 689 (690).

werken werden häufig andere Ziele verfolgt, die zur Zeit der Festlegung des klassischen Eingriffsbegriffs schlichtweg noch nicht vorhersehbar waren. Die Äußerungspalette in den sozialen Netzwerken reicht von sympathiewerbenden und selbstdarstellenden Maßnahmen bis hin zu konkreten Warnungen und Aufrufen.[309]

Charakteristisch für die Äußerungen und Verlautbarungen in den sozialen Netzwerken ist indes, dass diese allesamt ein gewisses Mindestmaß an Finalität hinsichtlich ihrer auf Reichweite und Relevanz zurückzuführenden Eingriffswirkung besitzen. Die Kenntnis der Kommunikationsstrukturen in den sozialen Netzwerken verwehrt es dem Urheber, sich (im Nachhinein) auf den Standpunkt zu stellen, mit der Informationsmaßnahme keinen Grundrechtseingriff herbeigeführt haben zu wollen. Vielmehr muss sich der hoheitliche Nutzer eines sozialen Netzwerks gleichsam wie ein privater Nutzer seiner Reichweite und der Tatsache, dass die Äußerung von den Nutzern des Netzwerks wahrgenommen und gegebenenfalls weiterverbreitet werden wird, bewusst sein. Dieser Umstand wirkt sich zwangsläufig auf die Zielrichtung und Finalität einer Äußerung in den sozialen Netzwerken aus. Die Abonnenten eines staatlichen Accounts wirken wie ein Multiplikator,[310] dessen bewusster Einsatz – zumindest aber dessen billigende Inkaufnahme – dem staatlichen Funktionsträger unwiderleglich zu unterstellen ist.

Die sich aus der Informationshandlung ergebenden Folgen sind insofern keine zufälligen mehr, sondern weisen einen hinreichenden Bezug zur Informationstätigkeit des Hoheitsträgers auf, die dieser erkennen und berücksichtigen muss. Dies hat wiederum zur Folge, dass die Finalität hinsichtlich der Eingriffswirkung des Informationshandelns dem in den sozialen Netzwerken agierenden Funktionsträger prinzipiell unterstellt werden kann, was der allgemeinen Einwicklung im Umgang mit mittelbar-faktischen Grundrechtseingriffen entspricht und diesen voranschreiten lässt. Während zunächst nur im Falle unmittelbar bezweckter Folgen von einer Eingriffswirkung auszugehen war, werden mittlerweile auch unbeabsichtigte Folgen vom „modernen“ Grundrechtseingriff erfasst, sofern diese nicht unvorhersehbar waren.[311] Die Vorhersehbarkeit der Eingriffswirkung ist in den Fällen staatlicher Öffentlichkeitsarbeit in sozialen Netzwerken nunmehr grundsätzlich gegeben. Die Eingriffsqualität staatlicher Öffentlichkeitsarbeit in den sozialen Netzwerken ist mit Blick auf die prinzipiell als hinreichend zu qualifizierende Finalität stets anzunehmen, wenn einer Informationsmaßnahme die erforderliche Eingriffswirkung zukommt.

---

[309] Vgl. den Aufruf des Düsseldorfer Bürgermeisters zu einer Gegendemonstration, BVerwG, NVwZ 2018, 433 (436).

[310] Die Weiterverbreitungsmöglichkeiten in den sozialen Netzwerken sind häufig Ausgangspunkt sog. Schneeball- oder Viraleffekte, vgl. *Holznagel*, MMR 2018, 18 (19); *Mafi-Gudarzi*, ZRP 2019, 65 (65).

[311] Vgl. *Dreier*, in: ders. (Hrsg.), GG Bd. I, 3. Aufl. 2013, vor Art. 1 Rn. 127.

bb) Die Wirkung staatlicher Öffentlichkeitsarbeit in sozialen Netzwerken

Während sich die Zielrichtung einer staatlichen (Informations-) Maßnahme als subjektive Komponente nur erahnen lässt, ist es möglich, über die Eingriffswirkung staatlicher Öffentlichkeitsarbeit in sozialen Netzwerken und die damit einhergehende Schwere der Grundrechtsbeeinträchtigung konkretere Feststellungen zu treffen. Im Gegensatz zur Finalität bemisst sich die Feststellung der Eingriffswirkung aus der Sicht der Informationsadressaten und steht damit in einem diametralen Verhältnis zur subjektiven Komponente des Eingriffsbegriffs. Der staatlichen Öffentlichkeitsarbeit in sozialen Netzwerken kommt unter verschiedenen Gesichtspunkten eine im Vergleich zu den herkömmlichen Formen staatlicher Öffentlichkeitsarbeit besondere Wirkung zu.[312]

(1) Die Reichweite als Faktor der Eingriffsintensivierung

Die besondere Eingriffswirkung ergibt sich zu großen Teilen aus der Reichweite der in den sozialen Netzwerken getroffenen Äußerungen und geteilten Informationen. Diese hat das Bundesverfassungsgericht auch im Rahmen seiner Entscheidung zur Verfassungskonformität der lebensmittelrechtlichen Informationsvorschrift des §40 Abs. 1 LFGB berücksichtigt und bei der Beurteilung der Eingriffswirkung amtlicher Publikationen im Internet auf die Zugänglichkeit und die unüberschaubare Verbreitung abgestellt.[313] Der Gedanke einer mit der Verbreitung im Internet einhergehenden unüberschaubaren Vervielfachung der Informationsrezipienten beschränkt sich dabei nicht auf die lebensmittelrechtlichen Publikationen der zuständigen Behörden, sondern ist im Gegenteil mit besonderem Nachdruck auf die sozialen Netzwerke zu übertragen.

Wie bereits angedeutet sind die Adressaten in den sozialen Netzwerken neben ihrer Funktion als Rezipient auch Multiplikatoren der Informationen, da sie die Inhalte häufig weiterverbreiten. Reagiert ein mit dem sich äußernden Hoheitsträger in Verbindung stehender Abonnent der Mitteilung auf den Beitrag, indem er diesen kommentiert, teilt oder mit „Gefällt mir" versieht, wird diese Reaktion seinem persönlichen Netzwerk algorithmusbedingt an-

---

[312] Vgl. zur gesteigerten Eingriffswirkung staatlichen Informationshandelns im Internet im Allgemeinen *F. Becker/Blackstein*, NJW 2011, 490ff.; *Ossenbühl*, NVwZ 2011, 1357 (1358); *Zott*, Aktive Informationen des Staates im Internet – Mittelalterlicher Pranger oder modernes Steuerungsinstrument?, 2016, S. 245ff.; krit. *Mast*, Staatsinformationsqualität, 2020, S. 91 f., der richtigerweise betont, dass es falsch wäre, staatlichen Beiträgen im Internet pauschal eine über herkömmliche Erscheinungsformen staatlicher Öffentlichkeitsarbeit hinausgehende Breitenwirkung zuzuschreiben, da auch herkömmliche Informationsmaßnahmen dazu in der Lage sind, ein großes Publikum zu erreichen.

[313] BVerfGE 148, 40 (53); vgl. auch *Guckelberger*, in: Hill/Schliesky (Hrsg.), Die Vermessung des virtuellen Raums, 2012, S. 79 (85).

gezeigt, ohne dass die Mitglieder seines Netzwerks in unmittelbarer Beziehung zu dem Hoheitsträger stehen und ohne dass dies zwangsläufig im Sinne einer bewussten Weiterverbreitung gewollt ist.[314] In zutreffender Weise wird dieser Mechanismus auch als „Schneeball- oder Viraleffekt" bezeichnet.[315]

Dem Beitrag in einem sozialen Netzwerk kommt damit eine ungemeine Reichweite zu, ohne dass es der aktiven Verbreitung durch die Presse oder den Rundfunk bedarf, wenngleich auch die Medien entsprechende Beiträge aus den sozialen Netzwerken aufgreifen und verwerten. Wie bereits für das Internet im Allgemeinen festgestellt, ist der Kreis der Personen, der Zugriff auf verbreitete Informationen erhält, häufig ungleich größer als bei den herkömmlichen Erscheinungsformen staatlicher Öffentlichkeitsarbeit.[316] Auch wenn informationelle Maßnahmen staatlicher Funktionsträger in der Form herkömmlicher Öffentlichkeitsarbeit dazu in der Lage waren, ein großes Publikum zu erreichen, handelte es sich bei diesen enorm breitenwirksamen Veröffentlichungen und Äußerungen regelmäßig nur um Einzelfälle,[317] wohingegen die sozialen Netzwerke fortwährend ein nahezu flächendeckendes Publikum bereithalten. Die Gefahr einer sog. „Prangerwirkung" einzelner Beiträge, in denen sich mit Personen (-gruppen) auseinandergesetzt wird, steigt mit der Multiplikation der Rezipienten in nie da gewesene Sphären. Dieser Umstand und die sich daraus ergebenden Besonderheiten der Kommunikation in sozialen Netzwerken wirken sich unweigerlich auf die Schwere der Grundrechtsbeeinträchtigung aus.[318]

(2) Die unbegrenzte Veröffentlichungsdauer als Faktor der Eingriffsintensivierung

Des Weiteren unterliegen die Beiträge in den sozialen Netzwerken einer faktisch nicht begrenzbaren Dokumentierung.[319] Wird ein Beitrag in den sozi-

---

[314] *Mast*, Staatsinformationsqualität, 2020, S. 100; vgl. zur Reichweite staatlicher Öffentlichkeitsarbeit in sozialen Netzwerken auch die Ausführungen unter 1. Kapitel, A.III.2.c).bb).

[315] Vgl. *Herberger*, in: Weth/Herberger/Wächter/Sorge (Hrsg.), Daten- und Persönlichkeitsschutz im Arbeitsverhältnis, 2. Aufl. 2019, A.V. Rn. 20; *Holznagel*, MMR 2018, 18 (19); *Mafi-Gudarzi*, ZRP 2019, 65 (65); *Mast*, Staatsinformationsqualität, 2020, S. 100, spricht von einer „viralen Hebelwirkung".

[316] *F. Becker/Blackstein*, NJW 2011, 490 (493); zurecht vor einer Pauschalisierung warnend *Mast*, Staatsinformationsqualität, 2020, S. 91 f.

[317] *Mast*, Staatsinformationsqualität, 2020, S. 91 f., führt insofern Anzeigen und Beiträge in bundesweit erscheinenden Zeitungen als Beispiel an.

[318] Vgl. zur Eingriffsschwere der sog. „Prangerwirkung" staatlichen Informationshandelns VGH Mannheim, NVwZ 2013, 1022 (1025).

[319] Anschaulich *Ossenbühl*, NVwZ 2011, 1357 (1358): „Das Internet vergisst nicht."; vgl. auch *Guckelberger*, in: Hill/Schliesky (Hrsg.), Die Vermessung des virtuellen Raums, 2012, S. 79 (85).

alen Netzwerken auf einem öffentlichen Profil publiziert, verliert der Autor regelrecht die Kontrolle über die Verbreitung inner- und außerhalb des Netzwerks. Anders als verbale Äußerungen oder lineare Informationsmaßnahmen sind die Beiträge in den Netzwerken prinzipiell stets verfügbar und für jedermann stets einsehbar. Innerhalb eines Netzwerks ist es anderen Nutzern ab dem Moment der Veröffentlichung ohne Weiteres möglich, den Beitrag des Hoheitsträgers jederzeit weiterzuverbreiten. Der genaue Adressatenkreis ist damit genauso wie die zeitliche Wirkung der verbreiteten Informationen unvorhersehbar. Hinzu kommt, dass die Netzwerkbeiträge für netzwerkfremde Personen zusätzlich über Suchmaschinen auffindbar sind. Auch außerhalb des Netzwerks ist die Verbreitung der Informationen durch das Verschicken des individuellen Beitrag-Links möglich.

Bei der Verbreitung des Beitrags innerhalb des Netzwerks sowie bei der Weitergabe des Beitrag-Links ist allerdings zu beachten, dass es dem Accountinhaber möglich ist, den Beitrag von seinem Account zu löschen. Die Informationen tauchen dann weder innerhalb des Netzwerkes auf, noch führt das Öffnen des Beitrag-Links zu einem Ergebnis. Der unüberschaubaren Weiterverbreitung ist damit bei Bedarf – z.B., weil der Hoheitsträger Kritik geerntet hat und sich von seinen Aussagen distanzieren möchte – durch ein Entfernen des Beitrags entgegenzuwirken.

Hinsichtlich der Veröffentlichungsdauer sind allerdings nicht nur die unmittelbaren Verbreitungen der Netzwerkinhalte innerhalb und außerhalb der Netzwerke in den Blick zu nehmen. Neben der Weitergabe der originären Inhalte besteht die Möglichkeit, Vervielfältigungen der Beiträge anzufertigen, deren Verbreitung sich von Seiten des (staatlichen) Accountinhabers nicht beeinflussen lässt.[320] Von enormer Bedeutung ist in diesem Zusammenhang das Anfertigen sog. Screenshots, also das Aufnehmen einer Bildschirmfotografie. Durch das Erstellen eines Screenshots erzeugt der Auslöser eine neue, eigenständige Bild-Datei, die sich unabhängig vom originären Inhalt des Netzwerkbeitrags verbreiten lässt. Von der Erstellung eines Screenshots wird nicht selten Gebrauch gemacht, da sich – gerade auch im Rahmen von Presseerzeugnissen oder Online-Medien – ein konkreter Bezug zu in den sozialen Netzwerken getätigten Aussagen und verbreiteten Informationen herstellen lässt. Auf die Verbreitung und den Gebrauch der Dateien hat der ursprüngliche Autor – auch wenn der originäre Netzwerkinhalt gelöscht wurde – keinerlei Einfluss. Gleichzeitig suggerieren Informationen aus den sozialen Netzwerken eine nicht zu unterschätzende Authentizität und Aktualität, die durch das Anfertigen und Verbreiten von Screenshots in dekon-

---

[320] Vgl. zu sog. sekundären Speicherorten ausf. *Zott*, Aktive Informationen des Staates im Internet – Mittelalterlicher Pranger oder modernes Steuerungsinstrument?, 2016, S. 249 f.

textualisierender Weise aufrechterhalten werden können, was – insbesondere bei staatlichen Äußerungen – im Hinblick auf die Gefahr gezielter Des- und Fehlinformation[321] verheerende Folgen haben kann.[322]

Diese internettypischen und netzwerkspezifischen Mechanismen hatte der Verwaltungsgerichtshof des Landes Baden-Württemberg zwar nicht im Blick, als er in seinem Urteil zum Informationshandeln nach dem Verbraucherinformationsgesetz im Zusammenhang mit lebensmittelrechtlichen Rechtsverstößen ausführte, dass „Verwaltungshandeln durch ‚Information' [...] irreversibel" sei.[323] Die vom Gericht entschieden begründete Feststellung trifft heute allerdings mehr zu denn je. Verlässt ein Gedanke durch die Manifestation in einem Beitrag in den sozialen Netzwerken die geistige Sphäre eines Hoheitsträgers, kann dieser nicht mehr eingefangen und umfassend beseitigt werden.[324] Die faktischen Wirkungen der Maßnahmen staatlicher Öffentlichkeitsarbeit können auch durch Richtigstellungen, Gegendarstellungen und vergleichbare Korrekturversuche nur begrenzt behoben werden.[325] Sind die Adressaten einer staatlichen Aussage erst einmal „ins Gerede gekommen", führt an der (andauernden) Eingriffswirkung des staatlichen Handelns kein Weg mehr vorbei.[326] Hierin liegt ein wichtiger Unterschied zu rechtsförmlichen Maßnahmen staatlicher Natur: Die prima facie mild und konturenlos anmutende Wirkung des informellen staatlichen Informationshandelns ist – anders als eine belastende Verfügung – nicht vergleichsweise reversibel.

Ähnlich argumentierte auch das OVG Berlin-Brandenburg in einer Entscheidung zu der Veröffentlichung einer sog. „Smiley-Liste"[327] im Internet. Das Gericht ging davon aus, dass ein durch die Publikation „eingetretener Rückgang bei den Kunden nicht ohne weiteres umkehrbar ist und voraussichtlich über ein etwaiges Obsiegen im Hauptsacheverfahren fortwirken würde."[328] Darüber hinaus stellt es darauf ab, dass es Privatpersonen möglich sei, die staatlichen Beiträge im Internet individuell zu speichern. Die veröf-

---

[321] Zum (netzwerkspezifischen) Problem staatlicher Des- und Fehlinformation vgl. 2. Kapitel B.III.

[322] Vgl. *F. Becker/Blackstein*, NJW 2011, 490 (493); *Mast*, Staatsinformationsqualität, 2020, S. 100.

[323] VGH Mannheim, NVwZ 2011, 443 (444).

[324] So bereits für staatliches Informationshandeln im Allgemeinen VGH Mannheim, NVwZ 2011, 443 (444); vgl. zutreffend auch *Zott*, Aktive Informationen des Staates im Internet – Mittelalterlicher Pranger oder modernes Steuerungsinstrument?, 2016, S. 246.

[325] VGH Mannheim, NVwZ 2011, 443 (444); *Ibler*, in: FS Hartmut Maurer, 2001, S. 149; *Käß*, WiVerw 2002, 197 (208).

[326] *Ibler*, in: FS Hartmut Maurer, 2001, S. 149.

[327] Vgl. dazu grundlegend *F. Becker/Harms*, in: Möstl (Hrsg.), Europäisierung des Lebensmittelrechts. Verrechtlichung der Lebensmittelwirtschaft, 2017, S. 83 ff.

[328] OVG Berlin-Brandenburg, Beschl. v. 28.05.2014 – OVG 5 S 21,14 – Rn. 16 – juris.

fentlichten Informationen seien damit auf unbestimmte Dauer in der Welt.[329] Mit der individuellen Speicherung und der damit einhergehenden Weiterverbreitungsmöglichkeit greift das Gericht einen Aspekt auf, der heute – wie die Möglichkeit der Aufnahme von Screenshots zeigt – von ungleich größerer Bedeutung ist.

(3) Der Einsatz von Bildmaterial als Faktor der Eingriffsintensivierung

Die Intensivierung der Eingriffswirkung staatlicher Öffentlichkeitsarbeit in sozialen Netzwerken kann sich darüber hinaus aus dem Einsatz von Bildmaterial und audiovisuellen Inhalten ergeben.[330] Wie gezeigt waren die sozialen Netzwerke Twitter und Facebook bei ihrer Entstehung noch auf textbasierte Beiträge zugeschnitten.[331] Allerdings hat sich das Format der Netzwerke dahingehend geändert, dass es mittlerweile auch in diesen und damit in allen sozialen Netzwerken durchaus üblich ist, Bildmaterial zu veröffentlichen.[332] Die sozialen Netzwerke sind ihrer Gesamtheit nach zu großen Teilen auf eine visuelle Selbstinszenierung ausgelegt.[333] Der Staat kommt mit der Verbreitung von Fotos und Videos mithin nur der Erwartung der Bürger nach.[334] Prinzipiell hindert den Staat nichts an der audiovisuellen und bildlichen Aktivität in den sozialen Netzwerken. Vielmehr steht es dem Staat grundsätzlich zu, die Spezifika der Netzwerke aufzugreifen und die Kommunikation an die Typologie der Netzwerke anzupassen.[335]

Darüber hinaus ist es häufig einfacher und bisweilen unumgänglich, im Rahmen des staatlichen Informationshandelns auf bildliche Quellen zurückzugreifen. Es ist durchaus vorstellbar, dass schriftliche Beschreibungen zu fehlerhaften Vorstellungen führen, wohingegen die Bebilderung eines Beitrags für Klarheit sorgt und sich mithin durchaus positiv auf das Informationsinteresse der Rezipienten auswirken kann.[336]

---

[329] OVG Berlin-Brandenburg, Beschl. v. 28.05.2014 – OVG 5 S 21,14 – Rn. 16 – juris; vgl. auch *Zott*, Aktive Informationen des Staates im Internet – Mittelalterlicher Pranger oder modernes Steuerungsinstrument?, 2016, S. 246.

[330] Von besonderer Relevanz ist die Veröffentlichung von Bildmaterial auch aus dem Blickwinkel des Sachlichkeitsgebots, vgl. dazu 3. Kapitel B.III.1.

[331] Vgl. 1. Kapitel B.II.2.

[332] Vgl. dazu *Rußmann*, in: Raupp/Kocks/Murphy (Hrsg.), Regierungskommunikation und staatliche Öffentlichkeitsarbeit, 2018, S. 177 f.; vgl. auch *Mast*, Staatsinformationsqualität, 2020, S. 222 ff.

[333] *Friehe*, in: Uhle (Hrsg.), Information und Einflussnahme, 2018, S. 86 (100).

[334] *Friehe*, in: Uhle (Hrsg.), Information und Einflussnahme, 2018, S. 86 (100).

[335] *Mast*, Staatsinformationsqualität, 2020, S. 224; vgl. auch *Milker*, NVwZ 2018, 1751 (1758); den Einsatz von Bildmaterial im Rahmen staatlicher Öffentlichkeitsarbeit befürwortend auch *Ossenbühl*, NVwZ 2011, 1357 (1361); *Wollenschläger*, VerwArch 102 (2011), 20 (48).

[336] *Guckelberger*, in: Hill/Schliesky (Hrsg.), Die Vermessung des virtuellen Raums, 2012,

Die Verbreitung von Bildern in sozialen Netzwerken im Rahmen staatlicher Öffentlichkeitsarbeit ist damit grundsätzlich zulässig. Allerdings nimmt die Verwendung visueller und audiovisueller Inhalte erheblichen Einfluss auf die Eingriffswirkung der publizierten Beiträge.[337] Abgesehen von ekelerregendem Bildmaterial, das zweifelsfrei eine Ausnahme im Rahmen der staatlichen Öffentlichkeitsarbeit (insbesondere in den sozialen Netzwerken) darstellen dürfte,[338] ergibt sich die Eingriffsintensität aus der bis hin zur Realitätsverzerrung reichenden Wahrnehmungsbeeinflussung der Rezipienten. Dies ist in erster Linie auf die audiovisuellen und bildlichen Darstellungen attestierte Suggestivwirkung zurückzuführen.[339] Aufgrund ihrer Unmittelbarkeit eignen sie sich für eine empathische und affektive Rezeption und sind damit Vor- und Nachteil zugleich.[340]

Außerdem hat die ein Bild verbreitende Stelle durch die Belichtung, Ausleuchtung und Vergrößerung bzw. Verkleinerung des Bildmaterials die Möglichkeit, auf die Wahrnehmung durch den Rezipienten Einfluss zu nehmen.[341] Insbesondere ist es so möglich, Bilder zu verbreiten, die eine dramatisierende Wirkung auf den Rezipienten entfalten.[342] Der Einsatz von Bildmaterial und die konkrete Aufbereitung desselben sind von unmittelbarer Bedeutung dafür, ob und wie sich ein Rezipient mit dem Inhalt eines Beitrags auseinandersetzt. Eine geschickte Kombination von Bild- und Textelementen – wie sie für die sozialen Netzwerke charakteristisch ist – kann dazu führen, dass Rezipienten sich mit Themen auseinandersetzen, die sie womöglich ohne das „Aktivierungspotenzial" des Bildes nicht oder zumindest nicht in gleichem Maße zur Kenntnis genommen hätten.[343] Der bewusste Einsatz von Bild-

S. 79 (98); *Zott*, Aktive Informationen des Staates im Internet – Mittelalterlicher Pranger oder modernes Steuerungsinstrument?, 2016, S. 296; vgl. auch *Mast*, Staatsinformationsqualität, 2020, S. 223 m.w.N.

[337] Vgl. auch die Beispiele bei *Tschorr*, NJW 2020, 3755 (3758), in denen der Veröffentlichung von Bildmaterial im Zusammenhang mit Textbeiträgen die einen Grundrechtseingriff begründende Missbilligung einer politischen Gruppierung zu entnehmen ist; *Guckelberger*, in: Hill/Schliesky (Hrsg.), Die Vermessung des virtuellen Raums, 2012, S. 79 (84 f.).

[338] Bestes Beispiel ist die sog. „Ekelliste von Pankow", auf der Hygieneverstöße in Gastronomiebetrieben aufgeführt und mit Bildern belegt wurden, die „an Deutlichkeit keine Wünsche offenlassen", vgl. dazu *F. Becker/Blackstein*, NJW 2011, 490 (490); vgl. zur Zulässigkeit des Einsatzes affektiven Bildmaterials auch 3. Kapitel B.III.1.b).

[339] Vgl. auch *Mafi-Gudarzi*, ZRP 2019, 65 (65).

[340] *Mast*, Staatsinformationsqualität, 2020, S. 223.

[341] *Zott*, Aktive Informationen des Staates im Internet – Mittelalterlicher Pranger oder modernes Steuerungsinstrument?, 2016, S. 295.

[342] *Rußmann*, in: Raupp/Kocks/Murphy (Hrsg.), Regierungskommunikation und staatliche Öffentlichkeitsarbeit, 2018, S. 178.

[343] Grundlegend *Zott*, Aktive Informationen des Staates im Internet – Mittelalterlicher Pranger oder modernes Steuerungsinstrument?, 2016, S. 299.

material dient mithin auch der Generierung von Aufmerksamkeit.[344] Außerdem lassen sich Bilder im Vergleich zu Texten schneller wahr- und einfacher in das Langzeitgedächtnis aufnehmen.[345]

(4) Die Veröffentlichung nicht anonymisierten Bildmaterials als Grundrechtseingriff

Eine besondere Eingriffswirkung und Grundrechtsrelevanz weist die Veröffentlichung nicht anonymisierter Bilder und die Verbreitung von im Zusammenhang mit Versammlungen entstandenem Bildmaterial in den sozialen Netzwerken auf.[346] Veröffentlicht ein staatlicher Funktionsträger Bildmaterial, auf dem natürliche Personen erkennbar abgelichtet werden, geht mit der Publikation ein Eingriff in das Persönlichkeitsrecht des Betroffenen einher, der enormen Rechtfertigungsanforderungen unterliegt, die nur in den seltensten Fällen gegeben sein werden.[347] Der einzige realistische Anwendungsfall für die Rechtmäßigkeit einer nicht autorisierten Veröffentlichung nicht anonymisierten Bildmaterials ist in der konkreten Gefahrenabwehr durch Warnungen und Strafverfolgung durch behördliche Fahndungsbemühungen zu sehen.[348]

Zusätzliche (grundrechtliche) Brisanz erhält die Veröffentlichung entsprechenden Bildmaterials, wenn es sich dabei um die Verbreitung von Fotografien handelt, die im Rahmen von oder Zusammenhang mit Versammlungen angefertigt worden sind.[349] Auch wenn es den veröffentlichenden Stellen regelmäßig nicht um die Verbreitung personenbezogenen Bildmaterials, sondern die Darstellung der Einsatzentwicklung oder um vertrauenserweckende Öffentlichkeitsarbeit[350] geht, stellt in diesen Fällen nämlich nicht nur

[344] *Rußmann*, in: Raupp/Kocks/Murphy (Hrsg.), Regierungskommunikation und staatliche Öffentlichkeitsarbeit, 2018, S. 178.

[345] *Rußmann*, in: Raupp/Kocks/Murphy (Hrsg.), Regierungskommunikation und staatliche Öffentlichkeitsarbeit, 2018, S. 178; *Witt*, Blickverhalten und Erinnerung bei emotionaler Anzeigewerbung, 1977, S. 126; *Zott*, Aktive Informationen des Staates im Internet – Mittelalterlicher Pranger oder modernes Steuerungsinstrument?, 2016, S. 300.

[346] Vgl. dazu auch die Ausarbeitung der Wissenschaftliche Dienste des Bundestags, Ausarbeitung WD 3-3000-157/15, S. 8 f.

[347] *Ingold*, VerwArch 108 (2017), 240 (254 f.); richtigerweise ist im Falle der Veröffentlichung nicht anonymisierten Bildmaterials davon auszugehen, dass gleichzeitig auch der Anwendungsbereich der DSGVO und der GRCh eröffnet ist; zur unionsrechtlichen Unzulässigkeit entsprechender Veröffentlichungen vgl. *Bilsdorfer*, Polizeiliche Öffentlichkeitsarbeit in sozialen Netzwerken, 2019, S. 266 ff.; insb. 282 f.

[348] Vgl. unter Verweis auf § 24 KUG *Ingold*, VerwArch 108 (2017), 240 (254).

[349] Vgl. dazu OVG Münster, ZUM 2020, 646 ff.; vgl. dazu auch die Ausarbeitung der Wissenschaftliche Dienste des Bundestags, Ausarbeitung WD 3-3000-157/15, S. 11 f.

[350] Dieser Sachverhalt lag der Entscheidung des OVG Münster, ZUM 2020, 646 ff., zugrunde.

die Aufnahme als solche bereits einen rechtfertigungsbedürftigen Eingriff in die „innere" Versammlungsfreiheit der Veranstaltungsteilnehmer dar, sondern auch in der Verbreitung der Aufnahmen in den sozialen Netzwerken ist ein Grundrechtseingriff in die Versammlungsfreiheit aus Art. 8 Abs. 1 GG zu sehen.[351]

Das vom Bundesverfassungsgericht bereits mehrfach im Zusammenhang mit der bedeutsamen Versammlungsfreiheit betonte „Gefühl des Überwachtwerdens"[352] und die damit einhergehende Abschreckungswirkung wird auch im Falle einer punktuellen Verbreitungspraxis in rechtfertigungsbedürftiger Weise berührt.[353] Die besondere Eingriffsintensität ergibt sich dabei schwerpunktmäßig aus dem Zusammenwirken der verlorenen Steuerbarkeit, die eintritt, sobald ein Bild in den sozialen Netzwerken preisgegeben wird, und der Unvorhersehbarkeit anschließender Veröffentlichungen. Im Zusammenhang mit der Veröffentlichung nicht anonymisierten Bildmaterials wird insofern auch von einem „Bilderverbot" gesprochen.[354]

(5) Zusammenfassung

Aus dem soeben Dargelegten folgt nicht, dass jede Informationsmaßnahme in den sozialen Netzwerken als Grundrechtseingriff zu werten ist. Geht von einer Informationsmaßnahme indes eine Grundrechtsbeeinträchtigung aus, ist davon auszugehen, dass ihr im Vergleich zu den anderen Erscheinungsformen staatlichen Informationshandelns eine ihr von Natur aus innewohnende erhöhte Eingriffswirkung innewohnt. Grundrechtsbeeinträchtigungen in den sozialen Netzwerken erfüllen damit grundsätzlich die Anforderungen an das Vorliegen eines „modernen" Grundrechtseingriffs. Zurückzuführen ist dies auf die gesteigerte und unabdingbare Reichweite sowie die „Dokumentierungsfunktion" der Netzwerke.[355] Gepaart mit dem Umstand, dass die hoheitlichen Verlautbarungen in den sozialen Netzwerken den Nutzern gewissermaßen aufgedrängt werden, indem sie in dem der Privatsphäre zuzuordnenden „Newsfeed" erscheinen, kommt den Maßnahmen staatlicher Öffentlichkeitsarbeit dort eine erhöhte Eingriffswirkung zu.

---

[351] Vgl. OVG Münster, ZUM 2020, 646 (654); *Ingold*, VerwArch 108 (2017), 240 (254 f.); *Tschorr*, NJW 2020, 3755 (3756 f.).

[352] Dazu BVerfGE 122, 342 (369).

[353] Vgl. OVG Münster, ZUM 2020, 646 (654), das einen unmittelbaren Grundrechtseingriff annimmt und davon ausgeht, dass es für die Rechtfertigung des Eingriffs einer bereichsspezifischen Befugnisregelung im Versammlungsrecht bedarf; *Tschorr*, NJW 2020, 3755 (3757).

[354] *Ingold*, VerwArch 108 (2017), 240 (254).

[355] Es ist allerding nicht davon auszugehen, dass jeder Beitrag in den sozialen Netzwerken auf Ewigkeit gespeichert wird, vgl. *Zott*, Aktive Informationen des Staates im Internet – Mittelalterlicher Pranger oder modernes Steuerungsinstrument?, 2016, S. 250 f.

Verstärkt wird diese Diagnose dadurch, dass die staatlichen Stellen in den sozialen Netzwerken gleichermaßen wie die privaten Nutzer auf die gestalterischen Möglichkeiten der Netzwerke zurückgreifen und vermehrt Bildmaterial benutzen. Die Verwendung von Bildern und anderen audiovisuellen Inhalten beeinflusst die Art der Kenntnisnahme in für den Initiator positiver Weise. Mit der erhöhten Aufmerksamkeit und Reichweite geht allerdings (abseits individueller Eingriffe in das Persönlichkeitsrecht Abgebildeter) auch eine erhöhte Eingriffswirkung einher, die es erforderlich macht, neben den staatsorganisationsrechtlichen Vorgaben auch die grundrechtliche Rechtfertigungspflicht staatlicherseits zu berücksichtigen. Nichtsdestotrotz bleibt die konkrete Frage nach der Eingriffswirkung eine Frage des Einzelfalls. Es gilt dabei nur, das soeben Festgestellte gebührend zu berücksichtigen.

d) Fazit

Die Entwicklung vom präzeptoralen hin zum „influenzierenden" Staat macht es erforderlich, die Diskussionen über die Eingriffswirkung staatlichen Informationshandelns weiterzuentwickeln, wenngleich auch heute noch Unsicherheiten im Umgang mit den Handlungsformen des präzeptoralen Staates bestehen.[356] Gerade im Zusammenhang mit dem Verständnis und Begriff des Grundrechtseingriffs, dem im Hinblick auf die Frage nach der Rechtfertigungspflicht staatlichen Handelns eine grundrechtsdogmatische Schlüsselrolle zukommt, bedarf es daher einer stetigen Weiterentwicklung und Anpassung an die äußeren wie inneren Gegebenheiten des staatlichen (Informations-) Handelns. Ohne eine zeitgemäße Ausweitung des Eingriffskonzepts würden die Grundrechtsgarantien ihren Sinn verlieren.[357]

So wie im Zuge der Etablierung des modernen Eingriffsbegriffs feststand, dass der Grundrechtseingriff als solcher nicht auf einen bestimmten Eingriffstypus – damals die rechtsförmige Regelung mit unmittelbarer Rechtswirkung – zu beschränken ist,[358] verhält es sich auch mit dem Verhältnis des Grundrechtseingriffs zu den neuen Kommunikationsstrukturen. Greift der Staat auf neuartige Verhaltensmuster zurück, muss für diese gleichermaßen ein umfassender Grundrechtsschutz gewährleistet werden.[359] Dafür sind sich innerhalb der für den modernen Eingriffsbegriff maßgeblichen Kategorien der Finalität und Eingriffswirkung die Besonderheiten der sozialen Netzwerke vor Augen zu führen. Auch wenn der Finalität bei der Beurteilung der Eingriffsqualität insgesamt eine eher indizielle Rolle zukommt, ist davon

---

[356] Vgl. *Dreier*, in: ders (Hrsg.)., GG Bd. I, 3. Aufl. 2013, vor Art. 1 Rn. 126.

[357] *Gusy*, NJW 2000, 977 (983).

[358] *Bethge*, in: Merten/Papier, HGR Bd. III, 2009, § 58 Rn. 19.

[359] Vgl. auch *Ingold*, VerwArch 108 (2017), 240 (242).

auszugehen, dass die von der Öffentlichkeitsarbeit in den sozialen Netzwerken ausgehenden Grundrechtsbeeinträchtigungen insgesamt ein erhöhtes Maß an Finalität aufweisen, da sich ein Hoheitsträger der Reichweite seiner Äußerungen durchaus bewusst ist und dies bei seiner Aktivität in den sozialen Netzwerken zu berücksichtigen hat.

Darüber hinaus ist die konkrete Eingriffswirkung bei den Adressaten der Öffentlichkeitsarbeit auch gemeinhin als erheblich einzustufen. Dies ist wiederum auf die enorme Reichweite der staatlichen Öffentlichkeitsarbeit in den sozialen Netzwerken als solche und die „Dokumentierungswirkung" der Netzwerke zurückzuführen. Diese Umstände sind bei der Frage nach der Eingriffsqualität einer staatlichen Informationsmaßnahme in den sozialen Netzwerken zu berücksichtigen und entsprechend zu gewichten.

3. Der grundrechtliche Gesetzesvorbehalt

Im Rahmen der sich an den Grundrechtseingriff anschließenden Frage nach der verfassungsrechtlichen Rechtfertigung des Eingriffs stellt der grundrechtliche Gesetzesvorbehalt[360] ein unabdingbares Kernelement dar. Deshalb und da es überdies kaum möglich ist, verallgemeinernde und grundrechtsübergreifende Aussagen über die Rechtfertigung informationeller Grundrechtseingriffe zu treffen, erscheint es zielführend, im Folgenden darauf einzugehen, inwiefern dem grundrechtlichen Gesetzesvorbehalt Vorgaben für die informationelle Rechtsgrundlagenbildung zu entnehmen sind und wie sich auch in diesem Zusammenhang der Umstand auswirkt, dass die Hoheitsträger durch den Rückgriff auf die sozialen Netzwerke eine neuartige Kommunikationsbeziehung zu den Bürgern eingehen. Nach der Herleitung des grundrechtlichen Gesetzesvorbehalts (a) und der Beleuchtung der inhaltlichen Aussagen (b) liegt der Fokus auf dem staatsinformationsspezifischen Gewicht des Vorbehalts (c), wobei ein besonderer Fokus auf der Rechtsprechung des Bundesverfassungsgerichts und einer kritischen Auseinandersetzung mit dem Begriff des funktionalen Eingriffsäquivalents liegen soll, bevor es um die Übertragbarkeit der Vorgaben auf die staatliche Öffentlichkeitsarbeit in den sozialen Netzwerken geht (d).

a) Die Herleitung des grundrechtlichen Gesetzesvorbehalts

Bei der grundrechtlichen Ausprägung des Gesetzesvorbehalts handelt es sich um einen Sonderfall des Vorbehalts, der mit dem allgemeinen Gesetzesvorbehalt nicht ohne Weiteres gleichgesetzt werden darf.[361] Während der allge-

---

[360] Zum rechtsstaatlichen und demokratiesichernden, allgemeinen Gesetzesvorbehalt vgl. 2. Kapitel C.I.

[361] Vgl. *Ossenbühl*, in: Isensee/Kirchhof, HStR Bd. V, 3. Aufl. 2007, § 101 Rn. 21; *Sachs*, in: ders. (Hrsg.), GG, 9. Aufl. 2021, Art. 20 Rn. 113; *Sommermann*, in: v. Mangoldt/Klein/Starck, GG Bd. II, 7. Aufl. 2018, Art. 20 Rn. 275 f.

meine Gesetzesvorbehalt dazu dient, den Gesetzgeber und sein Bestimmungsrecht zu stärken, wendet sich der grundrechtliche Gesetzesvorbehalt (auch) gegen den Gesetzgeber und engt diesen in seiner Freiheit ein.[362] Dies rührt daher, dass der grundrechtliche Gesetzesvorbehalt nicht nur Eingriffs-, sondern auch Ausprägungs- und Ausgestaltungsvorbehalte enthält.[363] Sie machen es dem Gesetzgeber zur Aufgabe, den Grundrechten Grenzen zu ziehen und Grundrechtskollisionen aufzulösen.[364] Gleichzeitig erlaubt der grundrechtliche Gesetzesvorbehalt dem Gesetzgeber an sich verbotenes Staatshandeln in Gesetzesform und lässt damit Abweichungen von bestimmten Grundrechtsgewährleistungen zu,[365] wohingegen der rechtsstaatliche Gesetzesvorbehalt der Verwaltung ein Handeln ohne Gesetz gerade verbietet.[366]

Auch wenn das Bundesverfassungsgericht betont, dass sich sein Vorbehaltsverständnis geändert habe und bekräftigt, dass der Gesetzgeber losgelöst vom Merkmal des Grundrechtseingriffs zur Gesetzgebung verpflichtet sein kann,[367] ist in der Eingriffskomponente des Gesetzesvorbehalts nach wie vor die wichtigste und populärste Facette des grundrechtlichen Gesetzesvorbehalts zu sehen. Zurückzuführen ist dieses Verständnis auf einen aus dem 19. Jahrhundert stammenden Grundsatz, der besagt, dass Eingriffe in Freiheit und Eigentum einer gesetzlichen Grundlage bedürfen.[368] Wenngleich sich die komplexe Thematik des allgemeinen wie grundrechtlichen Gesetzesvorbehalts in dieser These keineswegs erschöpft,[369] stellt sie doch Ausgangspunkt und Schnittstelle der verschiedenen Vorbehaltsaspekte dar.[370]

---

[362] *Ossenbühl*, in: Isensee/Kirchhof, HStR Bd. V, 3. Aufl. 2007, § 101 Rn. 21.

[363] *Ossenbühl*, in: Isensee/Kirchhof, HStR Bd. V, 3. Aufl. 2007, § 101 Rn. 21.

[364] *Ossenbühl*, in: Isensee/Kirchhof, HStR Bd. V, 3. Aufl. 2007, § 101 Rn. 36.

[365] *Sachs*, in: ders. (Hrsg.), GG, 9. Aufl. 2021, Vor Art. 1 Rn. 101.

[366] *Sachs*, in: ders. (Hrsg.), GG, 9. Aufl. 2021, Art. 20 Rn. 113.

[367] Grundlegend BVerfGE 49, 89 (126); *Ossenbühl*, in: Isensee/Kirchhof, HStR Bd. V, 3. Aufl. 2007, § 101 Rn. 49; vgl. auch *Kotzur*, in: von Münch/Kunig, GG Bd. I, 7. Aufl. 2021, Art. 20 Rn. 157; *Schulze-Fielitz*, in: Dreier (Hrsg.), GG Bd. II, 3. Aufl. 2015, Art. 20 (Rechtsstaat) Rn. 114; *Sommermann*, in: v. Mangoldt/Klein/Starck, GG Bd. II, 7. Aufl. 2018, Art. 20 Rn. 275 ff.

[368] *Ossenbühl*, in: Isensee/Kirchhof, HStR Bd. V, 3. Aufl. 2007, § 101 Rn. 21; *Sommermann*, in: v. Mangoldt/Klein/Starck, GG Bd. II, 7. Aufl. 2018, Art. 20 Rn. 275 f.; ausf. *Jesch*, Gesetz und Verwaltung, 1961, S. 117 ff.; *Krebs*, Vorbehalt des Gesetzes und Grundrechte, 1975, S. 17 ff.

[369] Vgl. insb. 2. Kapitel, B.I.1.

[370] Vgl. *Hillgruber*, in: Isensee/Kirchhof, HStR Bd. IX, 3. Aufl. 2011, § 201 Rn. 27; teilweise wurde sogar vertreten, dass dem allgemeinen Gesetzesvorbehalt neben dem grundrechtlichen Vorbehalt keine eigenständige Wirkung zukäme, vgl. *Vogel*, VVDStRL 24 (1966), 125 (151).

Dies liegt nicht zuletzt auch daran, dass mit der unter einem grundrechtlichen Gesetzesvorbehalt stehenden allgemeinen Handlungsfreiheit aus Art. 2 Abs. 1 GG und ihrer Funktion als „Auffanggrundrecht“[371] eine flächendeckende Gültigkeit des Gesetzesvorbehalts aus Art. 2 Abs. 1 GG für den Bürger belastende Maßnahmen einhergeht, die die Schwelle zum Grundrechtseingriff in die allgemeine Handlungsfreiheit überschreiten.[372] Zusätzlich ist davon auszugehen, dass der allgemeine Gesetzesvorbehalt in diesen Fällen „unterirdisch“ fortwirkt.[373] Daher ist regelmäßig auch die Eingriffskomponente des grundrechtlichen Gesetzesvorbehalts gemeint, wenn unpräzise vom Grundsatz des Vorbehalts des Gesetzes als solchem die Rede ist.

Liegt ein staatlicher Grundrechtseingriff vor, kann dieser von vornherein grundsätzlich nur gerechtfertigt sein, wenn sich die eingreifende Maßnahme auf ein Gesetz stützen lässt, das seinerseits verfassungskonform ist. Der normative Beleg für den grundrechtlichen Eingriffsvorbehalt findet sich häufig in den Grundrechtsbestimmungen selbst wieder. Im Grundrechtskatalog des Grundgesetzes existieren Grundrechte mit ausdrücklich normierten einfachen und qualifizierten Gesetzesvorbehalten. Sie legen zum einen ausdrücklich fest, dass ein Grundrechtseingriff nur gerechtfertigt sein kann, wenn es für diesen Eingriff eine verfassungskonforme Rechtsgrundlage gibt. Zum anderen beinhalten die qualifizierten Gesetzesvorbehalte konkrete grundrechtsspezifische Anforderungen an die gesetzliche Grundlage für das staatliche Handeln.

Weiter wird teilweise zwischen mittelbaren und unmittelbaren Eingriffsvorbehalten unterschieden. Die Differenzierung lässt sich begrifflich daran festmachen, dass in den Grundrechtsbestimmungen teilweise davon die Rede ist, dass Grundrechtsbeschränkungen „durch Gesetz“ oder „aufgrund eines Gesetzes“ vorgenommen werden dürfen. Während im letzteren Fall eine untergesetzliche Rechtsnorm für die Ermächtigung zum Grundrechtseingriff ausreichen soll (mittelbarer Eingriffsvorbehalt), soll im Falle des unmittelbaren Grundrechtseingriffs eine parlamentsgesetzliche Ermächtigungsgrundlage vonnöten sein.[374] Da Art. 80 GG für den Erlass von Rechtsverordnungen seinerseits ein ermächtigendes Parlamentsgesetz fordert, kommt der sprachlichen Differenzierung zwischen unmittelbaren und mittelbaren Eingriffsvorbehalten gemeinhin jedoch eine vergleichsweise geringe Bedeutung

---

[371] Vgl. nur *Dreier*, in: ders., GG Bd. I, 3. Aufl. 2013, Art. 2 Abs. 1 Rn. 26 f.; *Stern/Sachs/Dietlein*, Staatsrecht Bd. IV/1, 2006, § 111 S. 1927; zur allgemeinen Handlungsfreiheit im System der Grundrechte ausf. *di Fabio*, in: Dürig/Herzog/Scholz, GG, 96. EL 2021, Art. 2 Abs. 1 Rn. 1 ff.

[372] Vgl. dazu *Lerche*, in: Merten/Papier, HGR Bd. III, 2009, § 62 Rn. 43.

[373] *Lerche*, in: Merten/Papier, HGR Bd. III, 2009, § 62 Rn. 43.

[374] Vgl. grundlegend zum Begriff des mittelbaren und unmittelbaren Vorbehalts *Sommermann*, in: v. Mangoldt/Klein/Starck, GG Bd. II, 7. Aufl. 2018, Art. 20 Rn. 277.

zu.[375] Vielmehr steht fest, dass es für diese Fälle eines legitimierenden Gesetzgebungsakts bedarf. Wie dieser Legitimationsakt wiederum ausgestaltet werden muss, ist eine eigenständige Frage.[376]

Darüber hinaus gibt es im Grundrechtskatalog des Grundgesetzes auch Grundrechte, die in ihren Bestimmungen keinen Eingriffsvorbehalt vorsehen. Man spricht in diesem Zusammenhang von sog. vorbehaltlos gewährleisteten Grundrechten. Dieser Begriff ist jedoch nicht unmissverständlich, da feststeht, dass auch die vorbehaltlos gewährleisteten Grundrechte einschränkbar sind, sofern es für Eingriffe in das entsprechende Grundrecht eine gesetzliche Ermächtigungsgrundlage gibt.[377] Obschon es an einer Normierung des grundrechtsspezifischen Eingriffsvorbehalts fehlt, sind die Grundrechte daher genau genommen nicht vorbehaltlos gewährleistet. Vielmehr existiert ein ungeschriebener Gesetzesvorbehalt, der auf die Herbeiführung eines schonenden Ausgleichs des betroffenen Grundrechts und seiner verfassungsimmanenten Schranken gerichtet ist.[378] Dieser lässt sich auf verschiedene Weise herleiten, wenngleich ein und dieselbe Idee hinter der Argumentation steckt: Greift der Staat in die Grundrechte seiner Bürger ein, handelt es sich dabei in jedem Fall um eine wesentliche Entscheidung, der ein so hoher Stellenwert beizumessen ist, dass der Parlamentsgesetzgeber über sie zu entscheiden hat.

An dieser Stelle weist der grundrechtliche Gesetzesvorbehalt eine nicht unerhebliche Schnittmenge zu dem durch die Wesentlichkeitstheorie des Bundesverfassungsgerichts geprägten allgemeinen Vorbehalt des Gesetzes auf,[379] da alle grundrechtsrelevanten Entscheidungen als „wesentlich" im Sinne der Wesentlichkeitstheorie gelten.[380] Im Falle eines Grundrechtseingriffs in den Schutzbereich eines vorbehaltlos gewährleisteten Grundrechts liegt die Grundrechtsrelevanz der Entscheidung auf der Hand. Dieser Gedanke verbirgt sich letztlich auch hinter dem in diesem Zusammenhang vielfach angeführten „Erst-recht-Schluss" zu den ausdrücklich unter Gesetzesvorbehalt stehenden Grundrechten: Wenn schon die Grundrechte, die unter Gesetzesvorbehalt stehen, nur durch oder aufgrund eines Gesetzes ein-

---

[375] *Hillgruber*, in: Isensee/Kirchhof, HStR Bd. IX, 3. Aufl. 2011, § 201 Rn. 30; *Lerche*, in: Merten/Papier, HGR Bd. III, 2009, § 62 Rn. 8.

[376] Dazu sogleich unter b).

[377] BVerfGE 83, 130 (142); 108, 282 (297); *Hillgruber*, in: Isensee/Kirchhof, HStR Bd. IX, 3. Aufl. 2011, § 201 Rn. 29; *Papier*, in: Merten/Papier, HGR Bd. III, 2009, § 64 Rn. 22.

[378] *Hillgruber*, in: Isensee/Kirchhof, HStR Bd. IX, 3. Aufl. 2011, § 201 Rn. 29; *Papier*, in: Merten/Papier, HGR Bd. III, 2009, § 64 Rn. 22; ausf. zur Einschränkbarkeit vorbehaltlos gewährleisteter Grundrechte vgl. *Hillgruber*, in: Isensee/Kirchhof, HStR Bd. IX, 3. Aufl. 2011, § 201 Rn. 13 ff.

[379] *Sommermann*, in: v. Mangoldt/Klein/Starck, GG, 7. Aufl. 2018, Art. 20 Rn. 277 f.; ausf. zum allgemeinen Gesetzesvorbehalt vgl. 2. Kapitel C.

[380] *Ossenbühl*, in: Isensee/Kirchhof, HStR Bd. V, 3. Aufl. 2007, § 101 Rn. 21.

schränkbar sind, dann muss dies für die vorbehaltlosen Grundrechte, die ihrer Konzeption nach intensiven Schutz vor staatlichen Eingriffen gewähren sollen, erst recht gelten.[381]

All dies bekräftigt auch das Bundesverfassungsgericht, indem es davon ausgeht, dass die Frage, „[w]ann es einer Regelung durch den parlamentarischen Gesetzgeber bedarf, [...] sich nur im Blick auf den jeweiligen Sachbereich und die Eigenart des betroffenen Regelungsgegenstandes beurteilen [lässt]. Die verfassungsrechtlichen Wertungskriterien sind dabei den tragenden Prinzipien des Grundgesetzes, insbesondere den dort verbürgten Grundrechten zu entnehmen [...]. Zwar führt allein der Umstand, dass eine Regelung politisch umstritten ist, nicht dazu, dass diese als wesentlich verstanden werden müsste [...]. Nach der Verfassung sind die Einschränkung von grundrechtlichen Freiheiten und der Ausgleich zwischen kollidierenden Grundrechten aber dem Parlament vorbehalten, um sicherzustellen, dass Entscheidungen von solcher Tragweite aus einem Verfahren hervorgehen, das der Öffentlichkeit Gelegenheit bietet, ihre Auffassungen auszubilden und zu vertreten, und die Volksvertretung dazu anhält, Notwendigkeit und Ausmaß von Grundrechtseingriffen in öffentlicher Debatte zu klären [...].“[382]

b) Die Aussagen des grundrechtlichen Gesetzesvorbehalts

Wenn ein Grundrechtseingriff festgestellt wurde und damit feststeht, dass das staatliche Handeln unter den Vorbehalt eines ermächtigenden Gesetzes fällt, entfaltet der grundrechtliche Gesetzesvorbehalt seine zweistufige Wirkung. Zum einen beantwortet der grundrechtliche Gesetzesvorbehalt die Frage danach, *ob* eine gesetzliche Grundlage für das Staatshandeln erforderlich ist. Zum anderen ist dem grundrechtlichen Gesetzesvorbehalt zu entnehmen, *wie* (detailliert) die Regelung ausgestaltet sein muss.[383] Während dem ersten Segment des Vorbehalts vergleichsweise leicht mit Zustimmung oder Ablehnung zu begegnen ist, handelt es sich bei der Frage nach der Ausgestaltung der Ermächtigungsgrundlage um ein facettenreiches Unterfangen, das regelmäßig den Schwerpunkt einer Untersuchung darstellen wird.

Dass die Frage nach dem „Ob“ einer gesetzlichen Regelung im Falle des grundrechtlichen Gesetzesvorbehalts im Vergleich zum allgemeinen Gesetzesvorbehalt keine Schwierigkeiten bereitet, ist darauf zurückzuführen, dass

---

[381] Vgl. *Dreier*, in: ders. (Hrsg.), GG Bd. I, 3. Aufl. 2013, Vorb. vor Art. 1, Rn. 141 m.w.N.

[382] BVerfGE 108, 282 (311 f.).

[383] Ausf. BVerfGE 139, 19 (47 f.); vgl. auch BVerfGE 58, 257 (277 f.); 83, 130 (152); 102, 254 (337); vgl. auch *Grzeszick*, in: Dürig/Herzog/Scholz, GG, 96. EL 2021, Art. 20 Abs. 3 Rn. 75; *Schulze-Fielitz*, in: Dreier (Hrsg.), GG Bd. II, 3. Aufl. 2015, Art. 20 (Rechtsstaat) Rn. 129; *Sommermann*, in: v. Mangoldt/Klein/Starck, GG Bd. II, 7. Aufl. 2018, Art. 20 Rn. 291.

sich die Frage nach der grundrechtlichen Relevanz[384] einer staatlichen Maßnahme nicht stellt. Liegt ein Grundrechtseingriff vor, bedeutet dies zwangsläufig, dass eine gesetzliche Grundlage für das Staatshandeln erforderlich ist. Zu erörtern ist sodann „nur", wie detailliert die Ermächtigungsgrundlage ausgestaltet sein muss. Der grundrechtliche Gesetzesvorbehalt weist damit ebenso wie der allgemeine Gesetzesvorbehalt ein untrennbares Verhältnis zum Bestimmtheitsgrundsatz auf.[385]

Daraus folgt, dass der Gesetzgeber die Voraussetzungen für die Zulässigkeit eines Grundrechtseingriffs hinreichend klar und bestimmt festzulegen hat, sodass sie sich der gesetzlichen Grundlage entnehmen lassen.[386] Insbesondere dürfen Grundrechtseingriffe nicht in das unüberprüfbare Ermessen der Verwaltung gestellt werden.[387] Inwiefern der Gesetzgeber gehalten ist, eine bereichsspezifische und detaillierte Befugnisnorm zu erlassen und von allgemeingültigen Generalklauseln abzusehen, bemisst sich nach der Intensität der Maßnahme und den Besonderheiten des jeweiligen Gegenstandes.[388] Je schwerer der Grundrechtseingriff für die Betroffenen ausfällt, desto detaillierter und bereichsspezifischer muss die ermächtigende Rechtsgrundlage vom Gesetzgeber ausgestaltet werden.

Auch wenn diese Aussage prima facie nachvollziehbar und eindeutig erscheint, gilt es zu berücksichtigen, dass die Intensität einzelner Grundrechtseingriffe für den Gesetzgeber mitunter kaum vorhersehbar ist. Nicht wenige Lebenssachverhalte weisen von Natur aus eine hohe Komplexität und Dynamik auf, was dazu führt, dass eine punktgenaue Vorhersehbarkeit aller Sachverhaltsentwicklungen im Zeitpunkt des Normerlasses nicht möglich ist.[389] Gleichzeitig steht fest, dass der Gesetzgeber die Exekutive mit entsprechenden, an den Lebenssachverhalten ausgerichteten Rechtsgrundlagen ausstatten muss, da der Verwaltung andernfalls in Situationen, in denen

---

[384] Die Frage stellt sich regelmäßig i.R.d. allgemeinen Gesetzesvorbehalts, vgl. dazu 2. Kapitel, C.I.1.b).; vgl. auch *Stern*, in: ders./Becker, GR-Kommentar, 3. Aufl. 2019, Einl. Rn. 165.

[385] BVerfGE 110, 33 (53); 115, 320 (365 f.); 128, 282 (317); 134, 141 (184); vgl. *Sachs*, in: ders. (Hrsg.), GG, 9. Aufl. 2021, Art. 20 Rn. 128; vgl. auch *Grzeszick*, in: Dürig/Herzog/Scholz, GG, 96. EL 2021, Art. 20 Abs. 3 Rn. 111; *Schulze-Fielitz*, in: Dreier (Hrsg.), GG Bd. II, 3. Aufl. 2015, Art. 20 (Rechtsstaat) Rn. 129.

[386] BVerfGE 82, 209 (224); 120, 378 (407 f.); 128, 282 (317); 134, 141 (184); *Sommermann*, in: v. Mangoldt/Klein/Starck, GG Bd. II, 7. Aufl. 2018, Art. 20 Rn. 278.

[387] BVerfGE 49, 89 (127); 80, 137 (161); 83, 130 (142); *Ossenbühl*, in: Isensee/Kirchhof, HStR Bd. V, 3. Aufl. 2007, § 101 Rn. 30; *Sachs*, in: ders. (Hrsg.), GG, 9. Aufl. 2021, Art. 20 Rn. 115.

[388] BVerfGE 48, 210 (221); 58, 257 (277 f.); 139, 19 (47); 141, 143 (170).

[389] *Sommermann*, in: v. Mangoldt/Klein/Starck, GG Bd. II, 7. Aufl. 2018, Art. 20 Rn. 289; vgl. auch *Schulze-Fielitz*, in: Dreier (Hrsg.), GG Bd. II, 3. Aufl. 2015, Art. 20 (Rechtsstaat) Rn. 133 ff.

Grundrechtseingriffe schlichtweg erforderlich sind, die Hände gebunden sein könnten. Bisweilen führt dies dazu, dass der Gesetzgeber auf Generalklauseln und unbestimmte Rechtsbegriffe zurückgreifen muss, um den Spagat zwischen gesetzgeberischer Legitimation und Unvorhersehbarkeit einzugehen. Dass dies nicht selten zu Lasten der Bestimmtheit geschieht, ist nicht von der Hand zu weisen. Die Verwendung unbestimmter Rechtsbegriffe und Generalklauseln darf nicht dazu führen, dass sich der Gesetzgeber seiner Verantwortung entzieht. Vielmehr darf der Erlass einer Generalklausel sowie die Verwendung unbestimmter Rechtsbegriffe nur eine Ausnahme darstellen, deren Einsatz einer stetigen Überwachung durch die Gerichte unterliegt.[390]

c) Die Vorgaben des grundrechtlichen Gesetzesvorbehalts für staatliches Informationshandeln

Greift eine Maßnahme staatlicher Öffentlichkeitsarbeit in ein Grundrecht ein, ist zur Rechtfertigung des informationellen Grundrechtseingriffs aufgrund des grundrechtlichen Gesetzesvorbehalts ein Gesetz nötig. Abseits vereinzelter spezialgesetzlicher[391] Ermächtigungsgrundlagen für staatliche Informationsmaßnahmen finden sich jedoch kaum gesetzliche Vorgaben für die staatliche Öffentlichkeitsarbeit, aus denen sich Anforderungen an das staatliche Informationshandeln entnehmen lassen. Dass die Öffentlichkeitsarbeit der Bundesregierung und anderer Hoheitsträger trotz ihrer Eingriffswirkung und unter Berücksichtigung des Vorangestellten nicht flächendeckend für rechts- bzw. verfassungswidrig erklärt wurde, ist auf die Rechtsprechung des Bundesverfassungsgerichts zurückzuführen, deren Kernaussagen zum grundrechtlichen Gesetzesvorbehalt bei staatlicher Öffentlichkeitsarbeit auch von den Verwaltungsgerichten weitergetragen werden.

aa) Die Rechtsprechung des Bundesverfassungsgerichts

Als Ausgangspunkt der verfassungsgerichtlichen Rechtsprechung zum grundrechtlichen Gesetzesvorbehalt bei staatlichem Informationshandeln sind erneut die „Glykol"- und die „Osho"-Entscheidung des Bundesverfassungsgerichts aus dem Jahr 2002 zu betrachten.[392] Sie stellen auch heute noch die Grundlage für staatliche Öffentlichkeitsarbeit mit grundrechtsbeeinträchtigender Wirkung dar.[393]

---

[390] Zur Problematik informationsrechtlicher Generalklauseln vgl. 2. Kapitel B.II.3.c).

[391] Vgl. §40 Abs. 1a LFGB; §2 Abs. 1 Satz 2 Nr. 2 UBAG; §9 StrVG.

[392] BVerfGE 105, 252; 105, 279.

[393] BVerfGE 148, 40 (51); BVerwG, NVwZ-RR 2015, 425 (426) unter Verweis auf BVerfGE 105, 279.

(1) Kernaussagen des Gerichts

Im „Osho"-Beschluss traf das Gericht grundlegende Ausführungen zur Geltung des grundrechtlichen Gesetzesvorbehalts für das Informationshandeln des Staates, die die Rechtsprechung geprägt haben und nach wie vor dominieren.[394] Das Gericht ging in dem Beschluss davon aus, dass es für die in Rede stehenden Äußerungen, die es zuvor als Grundrechtsbeeinträchtigung eingestuft hatte,[395] keiner über die Aufgabenzuweisung als solche hinausgehende Ermächtigungsgrundlage bedurfte.[396] Erst wenn es sich bei einer staatlichen Informationsmaßnahme um ein funktionales Eingriffsäquivalent handele, sei eine ausdrückliche Befugnisnorm von Verfassungs wegen geboten.[397] Dies sei nach Auffassung des Gerichts vor allem darauf zurückzuführen, dass mittelbar-faktische Grundrechtsbeeinträchtigungen im Allgemeinen und das Informationshandeln des Staates im Speziellen keiner sinnvollen Regulierbarkeit zugänglich seien.[398] Da in den vom Gericht in den Blick genommenen Warnungen kein derartiges Eingriffsäquivalent zu sehen war – vielmehr wurden die Grundrechtsbeeinträchtigungen unterhalb der Äquivalenzschwelle verortet –, erachtete das Gericht die einschlägige Aufgabenzuweisung als ausreichend. Einer gesetzlichen Ermächtigungsgrundlage oder gar bereichsspezifischen Befugnisnorm bedurfte es daher nicht.

Die Warnung der Bundesregierung ließ sich nach Auffassung des Gerichts vielmehr auf die nicht ausdrücklich in der Verfassung erwähnte Aufgabe der Staatsleitung stützen. Sie hat ihren Ursprung vielmehr in den Kompetenznormen der Art. 62 ff. GG und erstreckt sich über eine Annexkompetenz zur Staatsleitung auch auf die regierungsamtliche Öffentlichkeitsarbeit.[399] Zwar sei es grundsätzlich wichtig, dass der Gesetzgeber die Voraussetzungen für bewusste und unmittelbare Grundrechtseingriffe festlege. Bei mittelbar-faktischen Grundrechtsbeeinträchtigungen, die aus komplexen Geschehensabläufen resultieren, sei dies allerdings bisweilen gar nicht möglich.[400] Etwas anderes könne und müsse eben nur gelten, wenn die in Rede stehende Informationsmaßnahme ein funktionales Eingriffsäquivalent zu einem klassischen Grundrechtseingriff darstellen würde.

---

[394] Ursprung des vom BVerfG aufgegriffenen Ansatzes ist wiederum die Rechtsprechung des BVerwG zur regierungsamtlichen Warnung vor Jugendsekten aus dem Jahr 1989, vgl. BVerwG, NJW 1989, 2272 (2273 f.).

[395] Zur Kritik an der Begrifflichkeit der Grundrechtsbeeinträchtigung vgl. 2. Kapitel D.II.1.b).; *Stern* geht davon aus, dass staatliches Informationshandeln als solches grundrechtsrelevant sei, vgl. *Stern*, in: ders./Becker, GR-Kommentar, 3. Aufl. 2019, Einl. Rn. 165.

[396] BVerfGE 105, 279 (303 ff.).

[397] BVerfGE 105, 279 (303).

[398] BVerfGE 105, 279 (304 f.).

[399] Vgl. dazu 2. Kapitel, A.I.4.a).aa).

[400] BVerfGE 105, 279 (304).

Mit dieser Begründung hat das Bundesverfassungsgericht den Grundsatz vom Vorbehalt des Gesetzes für staatliche Öffentlichkeitsarbeit in nicht unerheblichem Maße aufgeweicht.[401] Die Einschränkung eines der fundamentalsten Rechtsgrundsätze der Verfassung wird in der Rechtsprechung des Bundesverfassungsgerichts und der anderen Gerichte auch heute noch aufrechterhalten.[402] Die Rechtsprechung geht davon aus, dass es für staatliche Öffentlichkeitsarbeit, in der kein funktionales Eingriffsäquivalent zu sehen ist, keiner gesetzlichen Ermächtigungsgrundlage bedarf (2). Darüber hinaus attestiert die Rechtsprechung dem staatlichen Informationshandeln eine kategorische, regulatorische Unbeherrschbarkeit (3).

(2) Der Begriff des funktionalen Eingriffsäquivalents und seine Verwendung

Wie sich den vorhergehenden Ausführungen unschwer entnehmen lässt, spielt die Frage danach, ob in einer staatlichen Informationsmaßnahme ein funktionales Eingriffsäquivalent zu einem klassischen Grundrechtseingriff zu sehen ist, in der Rechtsprechung eine nicht unerhebliche Rolle für die Rechtfertigung des Staatshandelns und die Anforderungen an die gesetzliche Grundlage des Informationshandelns.[403] Dies ist in erster Linie auf die Ausführungen des Bundesverfassungsgerichts im Rahmen seines „Glykol"-Beschlusses zurückzuführen, in dem es hinsichtlich der warnenden Äußerungen darlegt, dass durch „die Wahl eines solchen funktionalen Äquivalents eines Eingriffs [...] die besonderen Bindungen der Rechtsordnung nicht umgangen werden [können]; vielmehr müssen die für Grundrechtseingriffe maßgebenden rechtlichen Anforderungen erfüllt sein."[404] Im „Osho"-Beschluss vertieft das Gericht, was unter den rechtlichen Anforderungen zu verstehen ist und stellt klar, dass auch der grundrechtliche Gesetzesvorbehalt seine Wirkung in Form des Erfordernisses einer parlamentsgesetzlichen Grundlage für mittelbar-faktisch wirkendes Informationshandeln nur entfaltet, wenn dieses ein funktionales Äquivalent zu einem herkömmlichen Grundrechtseingriff darstellt.[405]

[401] *Zott*, Aktive Informationen des Staates im Internet – Mittelalterlicher Pranger oder modernes Steuerungsinstrument?, 2016, S. 169; krit. auch *Bumke*, Die Verwaltung 37 (2004), 3 (20 f.); allgemein zur Anwendbarkeit des Grundsatzes vom Vorbehalt des Gesetzes auf staatliches Informationshandeln *Engel*, Die staatliche Informationstätigkeit in den Erscheinungsformen Warnung, Empfehlung und Aufklärung, 2000, S. 203 ff.

[402] Vgl. dazu *Nellesen*, Äußerungsrechte staatlicher Funktionsträger, 2019, S. 35 f. m.w.N.

[403] Die Rechtsprechung wurde mittlerweile auch vom Bundesverwaltungsgericht adaptiert, vgl. BVerwG, NJW 2015, 2358 (2363).

[404] BVerfGE 105, 252 (273).

[405] BVerfGE 105, 279 (303).

Das Bundesverfassungsgericht setzt den Begriff des funktionalen Äquivalents zum Grundrechtseingriff damit in einen unmittelbaren Zusammenhang mit den rechtlichen Anforderungen an das Staatshandeln, zu denen auch der grundrechtliche Gesetzesvorbehalt gehört. Die Aussage des Gerichts als solche ist dabei indes über jeden Zweifel erhaben: Dass der Staat sich seinen (verfassungs-) rechtlichen Vorgaben nicht dadurch entziehen kann, dass er anstelle rechtsförmiger Ge- und Verbote auf informelle Maßnahmen zurückgreift, liegt auf der Hand. Dass sich der grundrechtliche Gesetzesvorbehalt auch auf informationelle Maßnahmen erstrecken muss, ist die rechtsstaatliche Konsequenz der legitimen Erweiterung der Handlungspalette staatlicher Stellen. Es bestehen vielmehr Zweifel an den Interpretationen dieser verfassungsgerichtlichen Ausführungen durch Rechtsprechung und Literatur sowie an der Frequenz, in der der Begriff des funktionalen Eingriffsäquivalents gebraucht wird. Dies rechtfertigt eine genaue und kritische Betrachtung der Bezeichnung und der sich dahinter verbergenden Wertungen.[406]

(a) Die zweistufige Rechtmäßigkeitsprüfung des Bundesverfassungsgerichts

Es besteht die Gefahr, das Bundesverfassungsgericht so zu verstehen, als bedürfe es nach seiner Rechtsprechung für staatliches Informationshandeln nur einer gesetzlichen Grundlage, wenn dieses ein funktionales Äquivalent zu einem klassischen Grundrechtseingriff darstellt, wohingegen der Vorbehalt für andere Formen staatlichen Informationshandelns mit inäqualem Eingriffscharakter keinerlei Wirkung entfalte. Diesem Trugschluss ist es auch zu verdanken, dass die Frage, ob eine Informationsmaßnahme ein funktionales Eingriffsäquivalent zu einem klassischen Grundrechtseingriff darstellt, grundrechtsdogmatisch häufig auf der Ebene der verfassungsrechtlichen Rechtfertigung diskutiert wird. Es handelt sich dabei indes um eine Frage der Eingriffsqualität, die demzufolge bereits auf Ebene des Grundrechtseingriffs zu klären ist.

Allerdings ist zu beherzigen, dass sich ein Missverständnis bei der Lektüre des unmittelbar auf den „Glykol"- Beschluss folgenden bundesverfassungsgerichtlichen „Osho"-Beschlusses[407] gewissermaßen aufdrängt. Schließlich spricht das Gericht in dem Beschluss eindeutig davon, dass der Vorbehalt des Gesetzes nur greife, wenn in einer staatlichen Informationsmaßnahme ein funktionales Eingriffsäquivalent zum klassischen Grundrechtseingriff zu sehen sei.[408] Insgesamt ist die Unklarheit im Zusammenhang mit der Verortung

---

[406] Ausf. und zutreffend auch *Kühn*, Bürgerbeeinflussung durch Berichterstattung staatlicher Stellen, 2018, S. 304 ff.

[407] BVerfGE 105, 279.

[408] BVerfGE 105, 279 (303 f.).

der Begrifflichkeit auf die dogmatische Vermengung durch das Gericht in den in Bezug genommenen Beschlüssen zurückzuführen.[409]

Das Gericht ließe sich mithin so interpretieren, als gäbe es mittelbar-faktische Grundrechtseingriffe unterhalb der funktionalen Eingriffsäquivalenz, die dem grundrechtlichen Gesetzesvorbehalt nicht unterliegen bzw. sich auf Aufgabenzuweisungen stützen lassen, und Grundrechtseingriffe, die als Äquivalent zu klassischen Grundrechtseingriffen zu qualifizieren sind, was wiederum das Erfordernis einer ermächtigenden Befugnisnorm zur Folge hat.[410] Die Konsequenz wäre dann, dass es zwei informationsspezifische Eingriffstypen gäbe, denen eine Maßnahme staatlicher Öffentlichkeitsarbeit mit Eingriffswirkung zugeordnet werden muss und die ihrerseits unterschiedliche Anforderungen an die verfassungsrechtliche Rechtfertigung und den Vorbehalt des Gesetzes stellen.

Dass dies nicht gewollt sein kann, sondern mehr der dogmatischen Ungenauigkeit des Bundesverfassungsgerichts in seinen Entscheidungen aus dem Jahr 2002 geschuldet ist, zeigt eine Analyse der neueren Rechtsprechung des Bundesverfassungsgerichts[411] sowie die hinter den missinterpretierten Ausführungen stehenden Wertungen. Es erscheint vielmehr naheliegend, dass das Bundesverfassungsgericht der besseren Handbarkeit halber eine sich in zwei Stufen vollziehende, ausdifferenzierte Rechtmäßigkeitsprüfung für staatliches Informationshandeln etablieren wollte.[412] Dafür hätte es jedoch keines informationsrechtlichen Sonderregimes[413] und der Einführung des bis dato in diesem Zusammenhang unbekannten Begriffs der Grundrechtsbeeinträchtigung bedurft, die den Grundsatz vom Vorbehalt des Gesetzes Seite an Seite paralysieren. Dass je nach Eingriffsintensität einer Informationsmaßnahme unterschiedliche Anforderungen an die Ermächtigungsgrundlage zu stellen sind, ergibt sich bereits aus einem allgemeiner Dogmatik folgenden Grundrechts- und Rechtsstaatsverständnis.

Das starre Kategorisieren staatlicher Informationsmaßnahmen erscheint indes nicht zielführend und widerspricht dem informellen Naturell staatlicher Öffentlichkeitsarbeit. Um unter Berücksichtigung dessen zu tragfähigen Ergebnissen zu gelangen, bedarf es keines grundrechtlichen Sonderregimes. Vielmehr muss ein derartiges Vorgehen zu den bekannten Grundrechtsstrukturen zurückkehren und sich von ihrem Spezialcharakter frei machen.

---

[409] Vgl. *Zott*, Aktive Informationen des Staates im Internet – Mittelalterlicher Pranger oder modernes Steuerungsinstrument?, 2016, S. 167 ff.

[410] *Kühn*, Bürgerbeeinflussung durch Berichterstattung staatlicher Stellen, 2018, S. 303.

[411] Vgl. nur BVerfGE 148, 40 (50 f.); BVerfG, NJW 2020, 1155 (1159); *Lück/Penski*, DÖV 2020, 506 (513).

[412] *Kühn*, Bürgerbeeinflussung durch Berichterstattung staatlicher Stellen, 2018, S. 303.

[413] *Huber*, JZ 2003, 290.

(b) Die Abkehr vom äußerungsrechtlichen Sonderregime

Um Licht in das terminologische Dunkel zu bringen, ist es durchaus hilfreich, sich den Begriff des funktionalen Eingriffsäquivalents genau vor Augen zu führen. Von einem Äquivalent ist generell immer dann die Rede, wenn es sich bei dem in Rede Stehenden um einen gleichwertigen Ersatz handelt. Übertragen auf die Grundrechtskategorie des Eingriffs ist dies im Verhältnis des modernen zum klassischen Grundrechtseingriff der Fall, wenn Ersterer hinsichtlich seiner Zielrichtung und Wirkung einem klassischen, rechtsförmigen Grundrechtseingriff entspricht.[414] Im Falle des staatlichen Informationshandelns liegt ein gleichwertiger Ersatz zum herkömmlichen Rechtsakt vor, wenn eine staatliche Stelle sich final und in nicht unerheblich grundrechtsbeeinträchtigender Weise zu Lasten eines Grundrechtsträgers äußert, sodass das Konglomerat aus Finalität und Wirkung einem klassischen Grundrechtseingriff gleicht. Der Begriff des funktionalen Eingriffsäquivalents staatlichen Informationshandelns ist mithin von vornherein als Synonym informativen Hoheitshandelns mit mittelbar-faktischer Eingriffswirkung zu verstehen.[415]

Nichts anderes sagt das Bundesverfassungsgericht, wenn es bei der Bestimmung der Eingriffsqualität staatlicher Realakte auf die Zielrichtung und Wirkung des Handelns verweist. Diese Diagnose bestätigen die Richter überdies selbst im ersten Leitsatz ihrer Entscheidung zur Verfassungsmäßigkeit der lebensmittelrechtlichen Vorschrift des § 40 Abs. 1a LFGB, indem es dort heißt, dass „[s]taatliches Informationshandeln […] an Art. 12 Abs. 1 GG zu messen [ist], wenn es in seiner Zielsetzung und seinen mittelbar-faktischen Wirkungen einem Eingriff in die Berufsfreiheit als funktionales Äquivalent gleichkommt."[416] Auch wenn feststeht, dass jegliches Staatshandeln an den Grundrechten zu messen und davon auszugehen ist, dass das Gericht meint, staatliches Informationshandeln sei unter den von ihm aufgezeigten Bedingungen rechtfertigungspflichtig, ist dem Leitsatz zu entnehmen, dass das Bundesverfassungsgericht mittelbar-faktisch wirkendem Informationshandeln eine Eingriffswirkung attestiert, wenn es sich dabei um ein funktionales Äquivalent zum klassischen Grundrechtseingriff handelt. Dies wiederum ist der Fall, wenn es hinsichtlich Finalität und Wirkung einem rechtsförmlichen Ge- oder Verbot entspricht.

Zu diesem Ergebnis kommt auch das Bundesverwaltungsgericht in seiner „DÜGIDA"-Entscheidung, wenn es die Eingriffsintensität der in Rede ste-

---

[414] BVerfGE 105, 252 (273); *Kühn*, Bürgerbeeinflussung durch Berichterstattung staatlicher Stellen, 2018, S. 303; *Schoch*, NVwZ 2011, 193 (195); ausf. 2. Kapitel D.II.2.

[415] *Kühn*, Bürgerbeeinflussung durch Berichterstattung staatlicher Stellen, 2018, S. 302; vgl. auch *Schoch*, NJW 2012, 2844 (2846).

[416] BVerfGE 148, 40.

henden Äußerungen des Oberbürgermeisters der Stadt Düsseldorf in ihrer Gesamtschau als gering einstuft und davon ausgeht, dass es keiner über eine Aufgabenzuweisung hinausgehenden Ermächtigungsgrundlage bedürfe, da das Grundrecht auf Versammlungsfreiheit nur in einem Randbereich betroffen sei.[417] Diese im Ergebnis nicht zwingend zu missbilligende Überlegung ist dabei keinesfalls Ausfluss eines äußerungsrechtlichen Sonderregimes. Vielmehr ist sie das Resultat eines allgemeinen Grundrechtsverständnisses. Auch wenn das Gericht in Anlehnung an das verfassungsgerichtliche Sondervokabular von einer Grundrechtsbeeinträchtigung spricht, ist davon auszugehen, dass im vorliegenden Fall ein Grundrechtseingriff von nur schwacher Intensität gegeben war. Aus dem grundrechtlichen Gesetzesvorbehalt ergibt sich dann das Erfordernis einer gesetzlichen Ermächtigungsgrundlage, dem im Hinblick auf die geringe Eingriffsintensität der Maßnahme durch eine Aufgabenzuweisungsnorm entsprochen werden kann.[418]

Nur so lässt sich auch die Folgerechtsprechung des Bundesverfassungsgerichts in der Rechtssache „Löw“ verstehen,[419] in der das Gericht den Begriff des funktionalen Eingriffsäquivalents mit keiner Silbe erwähnte. Gleichwohl ist seinen Ausführungen zu entnehmen, dass es von einer Eingriffswirkung der in Rede stehenden Äußerungen ausgeht, da es diesen – um vor Art. 2 Abs. 1 i.V.m. Art. 1 Abs. 1 GG Bestand haben zu können – eine Rechtfertigungspflicht attestiert. Auch in diesem Zusammenhang greift das Bundesverfassungsgericht unter Verweis auf seine „Osho“-Entscheidung auf die ungeschriebene Staatsleitungskompetenz zurück und betont, dass eine besondere gesetzliche Ermächtigungsgrundlage im konkreten Fall nicht erforderlich sei.[420] Die Aussagen des Gerichts lassen sich nur durchschauen, wenn man davon ausgeht, dass das Gericht – ohne dies in dogmatisch nachvollziehbarer Weise darzulegen – einen Grundrechtseingriff annimmt, diesen als nur schwachen Eingriff mittelbar-faktischer Wirkung einstuft und ebendeswegen eine Aufgabenzuweisungsnorm als gesetzliche Grundlage des staatlichen Handelns ausreichen lässt.[421] Bedauerlicherweise werden die Ausführungen des Gerichts – mag das Ergebnis überzeugend sein – diesen Anforderungen nicht gerecht.

Unter Zugrundelegung dieses Verständnisses lassen sich auch die Ausführungen des Bundesverfassungsgerichts aus seinem „Osho“-Beschluss trotz

---

[417] BVerwG, NVwZ 2018, 433 (434 f.).

[418] Zur Kritik an der Qualifizierung organisationsrechtlicher Aufgabennormen als Befugnisnormen sogleich, vgl. 2. Kapitel D.II.3.c).bb).

[419] BVerfG, NJW 2011, 511; vgl. bereits 2. Kapitel B.II.1.c).

[420] BVerfG, NJW 2011, 511 (512).

[421] Vgl. dazu auch *Kühn*, Bürgerbeeinflussung durch Berichterstattung staatlicher Stellen, 2018, S. 306; zu der Frage, ob eine Aufgabenzuweisungsnorm prinzipiell als Ermächtigungsgrundlage in Betracht kommt, vgl. 2. Kapitel D.II3.c).bb).(1).

ihrer dogmatischen Ungenauigkeiten und terminologischen Fehltritte besser nachvollziehen. Es liegt auf der Hand, dass der grundrechtliche Vorbehalt des Gesetzes nicht rechtsformakzessorisch ist. Vielmehr stellt der Vorbehalt des Gesetzes wie bereits gezeigt einen rechtsstaats- und grundrechtsspezifischen Reflex auf staatliches Handeln, dem eine Eingriffswirkung zukommt, dar. Fehlt es an der Finalität oder der Erheblichkeit einer Informationsmaßnahme, ist diese schlichtweg nicht als Grundrechtseingriff zu bewerten, was dazu führt, dass der grundrechtliche Gesetzesvorbehalt seine Wirkung nicht entfaltet. Diese Feststellung umfasst notwendigerweise auch die Frage danach, ob ein funktionales Eingriffsäquivalent gegeben ist oder nicht.

Nichtsdestotrotz hat sich Staatshandeln, dem keine Eingriffswirkung zukommt, an den allgemeinen, grundrechtsunspezifischen und verfassungsunmittelbaren Vorgaben messen zu lassen. Insbesondere unterliegt es dem rechtsstaatlichen und demokratiesichernden Gesetzesvorbehalt sowie der Kompetenzordnung als formale Schranke allen staatlichen Handelns. Darüber hinaus existieren inhaltsspezifische Grenzen staatlicher Öffentlichkeitsarbeit, die ihre Wirkung losgelöst von der Frage nach dem Grundrechtseingriff entfalten.[422] Das Staatsagieren ist mithin an inhaltsspezifischen und objektiven Rechtmäßigkeitsanforderungen zu messen, die ihre Wirkung für alle Formen der Ausübung von Staatsgewalt entfalten, ohne dabei einer individuellen Rechtfertigungspflicht zu unterliegen, die wiederum auf den Eingriffscharakter zurückzuführen ist. Um zu diesem Ergebnis zu gelangen, bedarf es wie nunmehr gezeigt keiner äußerungsspezifischen zweistufigen Rechtmäßigkeitsprüfung, die das Bundesverfassungsgericht in seinen Beschlüssen in kaum nachvollziehbarer Weise etablieren wollte.[423]

Die inkonsistente Rechtsprechung des Bundesverfassungsgerichts hat dazu geführt, dass der Begriff des funktionalen Eingriffsäquivalents vielfach falsch rezipiert und auf der Ebene der verfassungsrechtlichen Rechtfertigung eines Grundrechtseingriffs angeführt wurde. Auch heute bereiten der Begriff und seine Bedeutung noch Probleme. Dabei bestehen nach dem soeben Dargelegten keine Zweifel daran, dass es sich bei der Frage, ob in der Äußerung eines Hoheitsträgers ein funktionales Eingriffsäquivalent zu sehen ist, einzig und allein um eine Frage der Eingriffswirkung staatlicher Öffentlichkeitsarbeit als solcher handelt.[424] Der von den Gerichten und der Literatur vielfach rezipierte Begriff des funktionalen Eingriffsäquivalents verliert durch diese objektive Betrachtung seine überinterpretierte Funktion als „*gatekeeper*" für

[422] Dazu 3. Kapitel.

[423] So auch *Kühn*, Bürgerbeeinflussung durch Berichterstattung staatlicher Stellen, 2018, S. 313.

[424] Vgl. auch *Schoch*, der davon ausgeht, dass Warnungen als funktionales Eingriffsäquivalent zu sehen sind und dem grundrechtlichen Gesetzesvorbehalt unterfallen, *Schoch* in: Isensee/Kirchhof, HStR Bd. III, 3. Aufl. 2005, § 37 Rn. 112.

die Frage, ob es einer parlamentsgesetzlichen Befugnisnorm oder ungeschriebener Aufgabenzuweisungen bedarf.

Es handelt sich beim funktionalen Eingriffsäquivalent um ein Synonym für informelles Staatshandeln mit mittelbar-faktischer Eingriffswirkung, das eine Rechtfertigungspflicht und damit das Erfordernis einer Ermächtigungsgrundlage – sei sie ungeschriebener, bereichsspezifischer, ermächtigender oder kompetenzieller Natur – nach sich zieht. Wie detailliert diese Rechtsgrundlage wiederum ausgestaltet sein muss, stellt eine davon zu trennende und im Einzelfall zu beantwortende Frage dar, der im Folgenden nachzugehen sein wird. Bedauerlicherweise haben die Gerichte es bisher nicht geschafft, den Irrungen in Rechtsprechung und Literatur entgegenzuwirken, indem sie ihre im Ergebnis nicht zu beanstandenden Überlegungen in dogmatisch zufriedenstellender Weise ordnen.

(3) Die regulatorische Unbeherrschbarkeit staatlichen Informationshandelns

Zusätzlich zu den Anforderungen an die funktionale Eingriffsäquivalenz einer staatlichen Informationsmaßnahme geht das Bundesverfassungsgericht davon aus, dass die staatliche Öffentlichkeitsarbeit als solche einer gesetzlichen Regulierung nicht zugänglich sei. Es übernimmt damit die Rechtsauffassung des Bundesverwaltungsgerichts, das seinerseits davon ausgegangen war, dass eine gesetzliche Regelung im Hinblick auf die Vielgestaltigkeit der möglichen Eingriffslagen praktisch nicht möglich sei.[425] Das Bundesverfassungsgericht thematisiert die Probleme im Zusammenhang mit einer möglichen Normierung im Anschluss an die Feststellung, dass die konkrete Informationsmaßnahme in Ermangelung funktionaler Äquivalenz den grundrechtlichen Gesetzesvorbehalt nicht aktiviere. Die dann folgenden Ausführungen weisen den Charakter eines *obiter dictum* auf und betreffen den Fall, dass man in den Äußerungen der Bundesregierung einen rechtfertigungspflichtigen und unter Gesetzesvorbehalt stehenden Grundrechtseingriff sehen sollte. Das Gericht geht davon aus, dass die Art und Weise des staatlichen Vorgehens sowie seine konkreten Folgen für den Bürger kaum prognostizierbar und äußerst vielfältig sind.[426] Dem geschuldet sei es für den Gesetzgeber von vornherein nur möglich, das Informationshandeln in denkbar weit gefassten Generalklauseln zu regeln.

Während das Bundesverfassungsgericht in einem älteren Beschluss noch davon ausging, dass sich der Inhalt einer gesetzlichen Regelung im Falle staatlicher Öffentlichkeitsarbeit in der Ausformung des Verhältnismäßigkeitsgrundsatz erschöpfen müsste, greift das Gericht diesen Gedanken in seiner jüngeren Rechtsprechung nicht mehr auf.[427] Der Gewinn an Messbar-

[425] BVerwG, NJW 1989, 2272 (2274).
[426] BVerfGE 105, 279 (304 f.).
[427] Vgl. BVerfG, NJW 1989, 3269 (3270).

keit und Berechenbarkeit sei im Ergebnis gleichwohl so gering, dass es keiner einfachgesetzlichen Ermächtigungsgrundlage bedürfe.[428] Etwas anderes ergebe sich überdies auch nicht aus der demokratischen oder rechtsstaatlichen Komponente des Vorbehalts. Vielmehr sei es der Materie geschuldet, dass eine einfachgesetzliche Normierung nicht zu einem rechtsstaatlich befriedigenderen Ergebnis führen kann. Das Ausmaß der nachteiligen Konsequenzen einer staatlichen Äußerung hinge von einer Vielzahl unterschiedlichster Faktoren ab, die wiederum häufig auf das unkalkulierbare Verhalten Dritter zurückzuführen seien.[429] Kurzum stellt das Gericht daher fest, dass sich die „Voraussetzungen dieser Tätigkeit […] nicht sinnvoll regeln [lassen].“[430] Weder der allgemeine Gesetzesvorbehalt, der auf das Rechtsstaats- und Demokratieprinzip zurückzuführen ist, noch der grundrechtliche Gesetzesvorbehalt forderten unter diesen konkreten Umständen eine gesetzliche Ermächtigung, die über eine Aufgabenzuweisungsnorm hinausgeht.

bb) Kritik an der Rechtsprechung des Bundesverfassungsgerichts

Wie bereits im Hinblick auf die dogmatischen Verfehlungen im Zusammenhang mit dem grundrechtlichen Schutzbereich bei staatlichem Informationshandeln und der Eingriffswirkung staatlicher Öffentlichkeitsarbeit dargelegt, besteht auch erheblicher Anlass für Kritik hinsichtlich der gerichtlichen Handhabung des grundrechtlichen Gesetzesvorbehalts.

(1) Kein Schluss von der Aufgabe auf die Befugnis

In seiner kritischen Auseinandersetzung mit dem grundrechtlichen Sonderregime staatlicher Öffentlichkeitsarbeit bezeichnet *Peter M. Huber* den sog. „Schluss von der Aufgabe auf die Befugnis“ als juristische Todsünde des deutschen Rechts.[431] Gemeint damit sind die Situationen, in denen keine ausdrückliche Befugnisnorm für eine staatliche Maßnahme existiert und eine Kompetenznorm als ausreichend angesehen wird. Dieses Vorgehen ist im Zusammenhang mit regierungsamtlicher Öffentlichkeitsarbeit unter Rekurs auf die ungeschriebene Aufgabe der Staatsleitung indes durchaus üblich. Die Qualifikation als Todsünde rührt daher, dass Aufgabenzuweisungs- und Befugnisnormen normtechnisch grundverschiedener Natur sind.[432]

---

[428] BVerfGE 105, 279 (305).

[429] BVerfGE 105, 279 (305).

[430] BVerfGE 105, 279 (304).

[431] *Huber*, JZ 2003, 290 (295); vgl. auch *Schoch*, NJW 2012, 2844 (2846).

[432] Vgl. *F. Mayer*, Das Opportunitätsprinzip in der Verwaltung, 1962, S. 21; vgl. auch *Wegmer*, Die staatshaftungsrechtliche Relevanz behördlicher Informationstätigkeit, 2016, S. 116 f.

Wie es die normtypischen Bezeichnungen schon anpreisen, legen Aufgabenzuweisungsnormen konkrete Aufgabenfelder fest und übertragen Kompetenzen auf staatliche Einheiten, wohingegen Befugnisnormen die Verwaltung mit konkreten Befugnissen in Form von Ermächtigungsgrundlagen ausstatten. Die Befugnisnormen konkretisieren damit die durch eigenständige Zuständigkeitsregelungen festgelegten Aufgabenfelder (zumindest idealiter) in grundrechtskonformer Art und Weise. Aufgabennormen beinhalten keinen zwingenden Rechtssatz und stellen damit zwar eine konstitutive Voraussetzung, aber keine Rechtsgrundlage für staatliches Handeln dar.[433] Sie stecken nur den Rahmen ab, innerhalb dessen sich ein Hoheitsträger, gestützt auf konkretisierende Befugnisnormen, entfalten kann.[434]

Letztere besitzen einen rechtsstaatlichen Mehrwert im Vergleich zu den Aufgabenzuweisungsnormen, da sie konkrete Vorgaben für das Staatshandeln in Form von Tatbestand und Rechtsfolge normieren, an die sich die vollziehende Gewalt nach dem Grundsatz vom Vorrang des Gesetzes zu halten hat. Der demokratisch in besonderer Weise legitimierte Gesetzgeber ist im Rahmen des einer Befugnisnorm zugrundeliegenden Gesetzgebungsprozesses dazu gezwungen, sich mit der grundrechtskonformen Ausgestaltung eines Lebenssachverhalts auseinanderzusetzen. Nur, wenn der Gesetzgeber dieser kerndemokratischen Aufgabe nachgekommen ist, wird er seiner Stellung im grundgesetzlichen Verfassungsstaat gerecht.

Der Unterscheidung zwischen Aufgabenzuweisungs- und Befugnisnormen sowie deren strikter Trennung wurde ursprünglich zunächst im Polizei- und Ordnungsrecht als Paradebeispiel des besonderen Eingriffsverwaltungsrechts eine belangvolle Bedeutung beigemessen.[435] In diesem Rechtsbereich stellte sich bereits früh die Frage danach, ob die Polizei auf der Grundlage von Kompetenzvorschriften Maßnahmen ergreifen darf, was weitestgehend einhellig verneint wurde.[436] Allerdings beschäftigen sich Literatur und Rechtsprechung auch heute noch mit dem Verhältnis von Aufgabenzuweisung und Befugnis im Gefahrenabwehrrecht.[437] Die Überlegungen beschränken sich indes nicht auf den Rechtskreis des Ordnungsrechts, sondern sind vielmehr als Ausfluss des grundrechtlichen Gesetzesvorbehalts auf jegliche Erschei-

---

[433] *F. Mayer*, Das Opportunitätsprinzip in der Verwaltung, 1962, S. 21.

[434] *F. Mayer*, Das Opportunitätsprinzip in der Verwaltung, 1962, S. 21.

[435] Vgl. *Knemeyer*, VVDStRL 35 (1977), 221 (229, Fn. 23); *Samper/Honnacker*, Polizeiaufgabengesetz, 14. Aufl. 1987, Art. 2 Erl. 1; *Schiedermair*, Einführung in das bayrische Polizeirecht, 1961, S. 101; *Thiel*, Polizei- und Ordnungsrecht, 4. Aufl. 2020, § 6 Rn. 3.

[436] Vgl. *Knemeyer*, VVDStRL 35 (1977), S. 221 (229, Fn. 23) m.w.N.; *F. Mayer*, Das Opportunitätsprinzip in der Verwaltung, 1962, S. 21 f.

[437] Vgl. OVG Lüneburg, NJW 2006, 391 (393); *Hebeler*, NVwZ 2011, 1364 (1366).

nungsformen staatlichen Handelns mit Eingriffscharakter zu übertragen.[438] Dies folgt daraus, dass das heutige Verständnis vom Vorbehalt des Gesetzes den Gesetzgeber dazu verpflichtet, über konstitutionelle Aufgabenzuweisungen hinausgehende Gesetze zu erlassen, die das Handeln der Exekutive festlegen, begrenzen und vorhersehbar machen. Anders als eine omnipotente Staatsgewalt zwingt die Gewaltenteilung vielmehr zu einem zwischen Aufgabe und Befugnis differenzierenden Normverständnis.[439]

Die strenge Differenzierung zwischen Aufgabenzuweisung und Befugnis ist – wie gezeigt als unmittelbarer Ausfluss des grundrechtlichen Gesetzesvorbehalts – von besonderer Bedeutung, wenn mit dem staatlichen Handeln Grundrechtseingriffe verbunden sind. Geht hingegen keine Eingriffswirkung von einer staatlichen Maßnahme aus, ist es legitim, diese auf Aufgabenzuweisungsnormen zu stützen. Andernfalls würde sich der Sinn und Zweck aller Zuständigkeitsregelungen in ihrer rein deklaratorischen Wirkung erschöpfen und auf einen befugnisnormativen Totalvorbehalt für staatliches Handeln hinauslaufen, dem einhellig widersprochen werden muss. Daher ist bei der Frage danach, ob sich staatliche Öffentlichkeitsarbeit auf eine Aufgabenzuweisungsnorm stützen lässt, zwischen Öffentlichkeitsarbeit mit und ohne Eingriffswirkung zu unterscheiden, wobei (nur) Letztere das Vorliegen einer ermächtigenden Befugnisnorm nicht erfordert.[440] Sobald von der Informationsmaßnahme eines Hoheitsträgers eine Eingriffswirkung ausgeht, stellt eine kompetenzielle Aufgabenzuweisungsnorm bereits normtechnisch keine ausreichende Ermächtigungsgrundlage dar. Mit diesem Grundsatz steht es im Widerspruch, wenn das Bundesverfassungsgericht die regierungs-

---

[438] So wohl auch *Knemeyer*, VVDStRL 35 (1977), S. 221 (229, Fn. 23): „Dem Prinzip des Vorbehalts des Gesetzes wird dadurch Rechnung getragen, daß nur eine Befugnisnorm die Schranke entgegenstehender Rechte des einzelnen beseitigen vermag."; vgl. auch *Engel*, Die staatliche Informationstätigkeit in den Erscheinungsformen Warnung, Empfehlung und Aufklärung, 2000, S. 219 f.; *F. Mayer*, Das Opportunitätsprinzip in der Verwaltung, 1962, S. 22.

[439] Vgl. *F. Mayer*, Das Opportunitätsprinzip in der Verwaltung, 1962, S. 22; i.E. auch *Engel*, Die staatliche Informationstätigkeit in den Erscheinungsformen Warnung, Empfehlung und Aufklärung, 2000, S. 230.

[440] Vgl. *Huber*, JZ 2003, 290 (295), der sogar noch darüber hinaus geht und der Meinung ist, dass Informationshandeln der Regierung mit Eingriffswirkung keiner gesetzlichen Grundlage bedarf, sofern es der Unterrichtung des Parlaments oder vergleichbaren Aufgaben dient. Auch dabei handelt es sich jedoch um eine Frage, die auf Ebene der im Rahmen der verfassungsrechtlichen Rechtfertigung vorzunehmenden Abwägung widerstreitender Interessen zu entscheiden ist und von der Frage nach der Erforderlichkeit einer gesetzlichen Grundlage in Form einer Befugnisnorm zu unterscheiden ist; vgl. auch *Schoch*, in: Isensee/Kirchhof, HStR Bd. III, 3. Aufl. 2005, § 37 Rn. 73.

amtliche Öffentlichkeitsarbeit mit Eingriffswirkung auf die (ungeschriebene) Kompetenz zur Staatsleitung stützt und davon ausgeht, es bedürfe keiner Befugnisnorm.

(2) Normierungspflicht und Regulierbarkeit

Zusätzlich zum „Schluss von der Aufgabe auf die Befugnis" geht das Bundesverfassungsgericht wie bereits gezeigt davon aus, dass die Öffentlichkeitsarbeit der Bundesregierung einer Normierung nicht zugänglich sei.[441] Es ist bemerkenswert, dass die entsprechenden Zeilen des Gerichts nicht für noch mehr Aufsehen gesorgt haben, als sie es schon getan haben.[442] Eine dezidierte Auseinandersetzung mit den Aussagen des Gerichts von Seiten der verwaltungsgerichtlichen Rechtsprechung wäre ebenfalls durchaus wünschenswert gewesen, ist aber weitestgehend ausgeblieben. Konstellationen, in denen die Gerichte darauf verweisen, dass die Äußerung eines Hoheitsträgers in Ermangelung einer ausreichenden Ermächtigungsgrundlage rechtswidrig war, beschränken sich bedauerlicherweise auf Einzelfälle, was wohl dahingehend zu deuten ist, dass die Ansichten des Bundesverfassungsgerichts seitens der Verwaltungsgerichte über das nach § 31 Abs. 1 BVerfGG[443] zwingende Maß hinaus geteilt oder zumindest nicht hinterfragt werden.[444]

In Ermangelung entsprechender Hinweise ist indes davon auszugehen, dass dies auch für die Ausführungen des Gerichts zur Normierbarkeit staatlicher Öffentlichkeitsarbeit gilt. Die Aussagen des Gerichts zur fehlenden Regulierbarkeit haben den Charakter einer Generalausrede, die den Grundsatz vom Vorbehalt des Gesetzes ins Leere laufen lässt. Dass eine normative Fixierung der Vorgaben für staatliche Öffentlichkeitsarbeit mit Eingriffswirkung möglich ist, zeigen neben den spezialgesetzlichen[445] Ermächtigungsgrundlagen für Informationsmaßnahmen staatlicher Stellen auch die allge-

---

[441] BVerfGE 105, 279 (304); zur allgemeinen Übertragbarkeit des Grundsatzes „*Impossiblum nulla est obligato*" auf den Gesetzgeber: *Klement*, DÖV 2005, 507 (508).

[442] Vgl. *F. Becker/Blackstein*, NJW 2011, 490 (491); *Bumke*, Die Verwaltung 37 (2004), 3 (20 f.); *Guckelberger*, in: Hill/Schliesky (Hrsg.), Die Vermessung des virtuellen Raums, 2012, S. 79 (87 f.); *Huber*, JZ 2003, 290 (294 f.); *Klement*, DÖV 2005, 507 (510 ff.); *Kühn*, Bürgerbeeinflussung durch Berichterstattung staatlicher Stellen, 2018, S. 318 ff.; *Wegmer*, Die staatshaftungsrechtliche Relevanz behördlicher Informationstätigkeit, 2016, S. 117 f.; befürwortend allerdings *Landwers*, Behördliche Öffentlichkeitsarbeit im Recht, 2019, S. 124 f.

[443] Gesetz über das Bundesverfassungsgericht vom 11. August 1993, BGBl. I S. 1473, zuletzt geändert durch Art. 4 G zur Umsetzung der RL (EU) 2016/680 im Strafverfahren sowie zur Anpassung datenschutzrechtlicher Bestimmungen an die VO (EU) 2016/679 vom 20.11.2019 (BGBl. I S. 1724).

[444] BVerwG, NJW 2006, 1303 (1304); NVwZ-RR 2015, 425 (426).

[445] Vgl. nur § 40 Abs. 1a LFGB; § 53 GWB.

meinen kommunalen Unterrichtungspflichten[446] in den Gemeindeordnungen der Länder.[447]

Auch der Unionsgesetzgeber hat ausdrückliche Ermächtigungsgrundlagen für Informationsmaßnahmen erlassen oder diese in Richtlinien vorgesehen.[448] Wenngleich es sich bei den Gesetzgebungsmaßnahmen der Europäischen Union gleichermaßen um Regelungen spezieller Rechtsgebiete handelt, ist diesem gesetzgeberischen Vorgehen zu entnehmen, dass es durchaus möglich ist, Vorgaben für die Öffentlichkeitsarbeit des Staates gesetzlich festzulegen. Dieser Eindruck wird bei einem Blick in die Gemeinsame Geschäftsordnung der Bundesministerien verstärkt. Dort ist in § 25 GGO die Presse- und Öffentlichkeitsarbeit der Bundesregierung als Kollegialorgan sowie der einzelnen Ministerien geregelt. Auch wenn die Normierungen nach § 1 Abs. 2 Satz 1 GGO rein organisatorischer Natur sind und dazu dienen, die Zusammenarbeit der Ministerien untereinander zu strukturieren, hat sich der Verwaltungsvorschriftengeber mit der Bedeutung und Wirkkraft regierungsamtlicher Öffentlichkeitsarbeit auseinandergesetzt und diese einer Normierung unterzogen. Die Behauptung, eine staatliche Handlungsform sei von Natur aus normativ nicht zu erfassen, ist mithin nur schwer nachvollziehbar.

Die Argumentation des Bundesverfassungsgerichts stützt sich zu großen Teilen darauf, dass die Wirkung staatlicher Öffentlichkeitsarbeit schlichtweg nicht vorhersehbar sei.[449] Da bei staatlichem Informationshandeln die konkrete Wirkung einer Maßnahme von weitestgehend autonomen Entscheidungen Dritter abhängt, ist die Prognose ehrlicherweise besonders unsicher.[450] Dabei ist jedoch zu berücksichtigen, dass der Gesetzgeber nicht die Wirkung einer staatlichen Maßnahme normieren soll, sondern „nur" das der Wirkung zugrundeliegende Staatshandeln erlauben muss.[451] Die konkreten Folgen einer staatlichen Maßnahme lassen sich nur in den seltensten Fällen vorhersagen, was der Grund dafür ist, dass der Gesetzgeber auf ein abstrakt-generell wirkendes Instrument zurückgreift, dessen Anknüpfungspunkt immer ein hoheitliches Verhalten ungeachtet seiner Wirkung im Einzelfall sein muss.[452] Gegenstand der Normierung muss daher das staatliche Verhalten als

---

[446] Vgl. § 20 GO BW; § 23 GO NRW; § 16a GO SH; wobei sich der Anwendungsbereich der Unterrichtungsregelungen nicht auf die Öffentlichkeitsarbeit der Gemeinden bezieht oder konkrete Äußerungsbefugnisse legitimiert, vgl. *Peters*, in: BeckOK Kommunalrecht NRW, 16. Ed. 2021, § 23 GO Rn. 4.

[447] So auch *F. Becker/Blackstein*, NJW 2011, 490 (491).

[448] Vgl. Art. 10 VO 178/2002/EG; Art. 8 Abs. 1 S. 1 lit. f RL 2001/95/EG; dies betont auch *Guckelberger*, in: Hill/Schliesky (Hrsg.), Die Vermessung des virtuellen Raums, 2012, S. 79 (87 f.).

[449] *Klement*, DÖV 2005, 507 (511).

[450] *Kühn*, Bürgerbeeinflussung durch Berichterstattung staatlicher Stellen, 2018, S. 319.

[451] *Klement*, DÖV 2005, 507 (511).

[452] Zutreffend *Klement*, DÖV 2005, 507 (511): „Denn ein Gesetzesvorbehalt für eine

solches sein, in dessen Gesamtbetrachtung nur die generelle oder typische Eingriffswirkung miteinfließen kann. Da dies bei staatlichen Handlungsformen generell-abstrakter Natur jedoch nicht schädlich ist, wird der Gesetzgeber mithin nicht dazu gezwungen, etwas Unmögliches zu erbringen.

Eine die Normierungspflicht von der einzelfallbezogenen Prognose des Gesetzgebers abhängig machende Versubjektivierung widerspricht indes der Rolle der Grundrechte im Rechtsstaat.[453] Der grundrechtliche Gesetzesvorbehalt fordert eine Ermächtigungsgrundlage für Staatshandeln mit Eingriffswirkung vielmehr unabhängig davon, ob diese für den Gesetzgeber vorhersehbar war.[454] Andernfalls würde der Grundrechtsträger für das Unvermögen des Gesetzgebers, die Auswirkungen staatlichen Handelns zu erkennen und dies der Normierung staatlichen Handelns zugrunde zu legen, mit dem Verlust seines grundrechtlichen Abwehranspruchs teuer bezahlen.[455] Dieses Verständnis läuft indes nicht auf einen unerwünschten Totalvorbehalt für jegliches Staatshandeln hinaus, da ja auf Ebene des Schutzbereichs und mehr noch auf der Ebene des Grundrechtseingriffs der Großteil aller Staatshandlungen dem Anwendungsbereich des grundrechtlichen Gesetzesvorbehalts entzogen wird.[456] Ist dem Gesetzgeber darüber hinaus die Eingriffswirkung staatlichen Handelns bzw. deren bereichsspezifische Symptomatik bewusst, ist eine Normierung erst recht erforderlich.

Dass es sich bei den spezialgesetzlichen Vorschriften zu großen Teilen um Generalklauseln mit weit gefassten Tatbestandsvoraussetzungen handelt, steht dem Wert einer Normierung nicht prinzipiell entgegen.[457] Zwar folgen aus dem grundrechtlichen Gesetzesvorbehalt bisweilen hohe Anforderungen an die Ermächtigungsgrundlagen für staatliches Informationshandeln, denen mit einer weit gefassten Generalklausel nicht begegnet werden kann.[458] Dies gilt naturgemäß für Maßnahmen staatlicher Öffentlichkeitsarbeit eines

---

faktische Beeinträchtigung ist ein Gesetzesvorbehalt für das Verhalten, nicht für die Wirkung – wenngleich der Gesetzesvorbehalt gerade wegen der Wirkung entsteht.“.

[453] Vgl. *Klement*, DÖV 2005, 507 (512); in diese Richtung auch *Guckelberger*, in: Hill/Schliesky (Hrsg.), Die Vermessung des virtuellen Raums, 2012, S. 79 (87 f.).

[454] *Eckhoff*, Der Grundrechtseingriff, 1992, S. 247; *Engel*, Die staatliche Informationstätigkeit in den Erscheinungsformen Warnung, Empfehlung und Aufklärung, 2000, S. 218 f.; *Klement*, DÖV 2005, 507 (512); a.A. *Kühn*, Bürgerbeeinflussung durch Berichterstattung staatlicher Stellen, 2018, S. 319 unter Verweis auf *Bethge*, in: Merten/Papier, HGR Bd. III, 2009, § 58 Rn. 106; letzterer übt jedoch im selben Atemzug Kritik an der Handhabung des Gesetzesvorbehalts aus und betont, dass der Gesetzesvorbehalt für jede Form staatlichen Handelns ohne Rücksicht auf ihren Formalisierungsgrad gilt.

[455] *Klement*, DÖV 2005, 507 (512).

[456] Vgl. *Klement*, DÖV 2005, 507 (512 f.).

[457] So auch *Bumke*, Die Verwaltung 37 (2004), 3 (20); a.A. *Landwers*, Behördliche Öffentlichkeitsarbeit im Recht, 2019, S. 124 f.

[458] Vgl. etwa BVerfGE 148, 40 (57 ff.).

Rechtsgebiets, denen typischerweise und regelmäßig eine erhöhte Eingriffswirkung zukommt.

Gleichwohl besitzen auch Generalklauseln mit den sie prägenden unbestimmten Rechtsbegriffen Einbruchstellen für rechtsstaatlich gebotene Abwägungen, die bei der Heranziehung normtechnisch unzureichender Aufgabenzuweisungsvorschriften gekünstelt begründet und in dogmatisch schwer zu vertretender Art und Weise vorgenommen werden müssen. Wie das Bundesverfassungsgericht letztlich selbst feststellt, sind Generalklauseln für nur schwer vorhersehbare Lebenssachverhalte und heterogene Eingriffskonstellationen prädestiniert.[459] Ob ihrer Vielschichtigkeit enthalten sie – wenn auch weit gefasste – Tatbestandsvoraussetzungen und Rechtsfolgenelemente, die das Handeln der vollziehenden Gewalt beschränken und vorhersehbar machen. Insofern ist es zu kurz gedacht, wenn das Bundesverfassungsgericht davon ausgeht, dass generalklauselartige Befugnisnormen im Vergleich zu Aufgabenzuweisungsnormen keinen Mehrwert besäßen.[460]

Sollte sich im Rahmen einer gerichtlichen Überprüfung ergeben, dass eine Generalklausel den Anforderungen des Gesetzesvorbehalts in einer bestimmten Situation nicht genügt und dass es stattdessen einer bereichsspezifischen und bestimmten Befugnisnorm bedarf, wäre möglicherweise gefürchteten Rechtslücken mit dem sog. Chaosgedanken[461] und einem Auftrag an den Gesetzgeber zu begegnen, zumal sich diese Problematik beim Rückgriff auf unzureichende Aufgabennormen erst recht ergäbe. Wichtiger ist jedoch die Tatsache, dass vielen Situationen durch die Bereitstellung äußerungsrechtlicher Generalklauseln in rechtsstaatlich konformer Weise begegnet werden kann.[462] Für die Verfassungskonformität eines ermächtigenden Gesetzes ist es nicht selten ausreichend, wenn der Gesetzgeber in einer Prognoseentscheidung die für ihn erkennbaren Belange ermittelt und diese seiner Normierung zugrunde legt.[463] Dies gilt erst recht für den Regelungsbereich mittelbar-faktischer Grundrechtseingriffe durch staatliches Realhandeln, für das der grundrechtliche Gesetzesvorbehalt nicht immer ein detailliertes Spezialgesetz fordert, sondern sich bisweilen auch mit Generalklauseln zufriedengibt.

---

[459] BVerfG, NJW 2018, 2619 (2622) unter Verweis auf E 48, 48 (56); 92, 1 (12).

[460] So aber wohl BVerfGE 105, 279 (305).

[461] Dieser Gedanke besagt, dass ein an und für sich verfassungswidriger Zustand aufrechterhalten werden muss, da die alternative Rechtslage von der Verfassung noch weiter entfernt wäre als der gegenwärtige Zustand, vgl. dazu *Schulze-Fielitz*, in: Dreier (Hrsg.), GG Bd. II, 3. Aufl. 2013, Art. 20 (Rechtsstaat) Rn. 90.

[462] Ähnlich *Klement*, DÖV 2005, 507 (515); *Kühn*, Bürgerbeeinflussung durch Berichterstattung staatlicher Stellen, 2018, S. 320.

[463] *Huber*, JZ 2003, 290 (295).

Darüber hinaus ist es aus rechtsstaatlicher wie demokratiesichernder Perspektive durchaus fragwürdig, eine offensichtlich defizitäre Regelung im Hinblick auf den Normierungsaufwand für den Gesetzgeber als ausreichend zu erachten. Dass die Konsequenzen für den einzelnen Grundrechtsträger häufig von einer Vielzahl unterschiedlicher Faktoren abhängen, stellt bei genauerer Betrachtung keine Besonderheit staatlicher Öffentlichkeitsarbeit dar, sondern ist Bestandteil der zweifelsohne schwierigen Kernaufgabe des Gesetzgebers, die vollziehende Gewalt mit (verfassungskonformen) Befugnisnormen auszustatten. Es ist nahezu unvermeidbar, dass es bei der Normierung von Eingriffsbefugnissen zu Divergenzen zwischen der *ex ante*- und der *ex post*-Betrachtung kommt, da sich rechtssicher erst bei Letzterer feststellen lässt, ob ein konkret-individueller Grundrechtseingriff gegeben ist oder nicht.[464]

Die prinzipielle Ausklammerung einer ganzen Handlungsform aus dem Bereich des Normierbaren überschreitet eine rechtsstaatliche Grenze und wird der dem Gesetzgebungsverfahren häufig immanenten Krux nicht gerecht. Daher fordern gerade – anders als es das Bundesverfassungsgericht sieht[465] – die rechtsstaatliche, grundrechtsschützende und den Rechtsschutz gewährleistende Funktion des Gesetzesvorbehalts unter diesen Umständen eine ausdrückliche gesetzliche Ermächtigung durch Generalklausel oder – idealiter – Spezialgesetz. Es ist mit der Vorstellung des modernen Rechtsstaates nicht vereinbar, wenn dieser seit geraumer Zeit selbst die Augen vor bedeutenden Entwicklungen im Bereich des Realhandelns verschließt und normtechnisch unzureichende Ermächtigungsgrundlagen als rechtfertigungsfähig ansieht.

(3) Beweggründe des Bundesverfassungsgerichts

Es ist sehr selten, dass die Kritik an Entscheidungen des Bundesverfassungsgerichts so eindeutig negativ ausfällt, wie dies bei der „Glykol“- und „Osho“-Entscheidung der Fall war.[466] Es ist nicht nur unwahrscheinlich, sondern schlichtweg unvorstellbar, dass dem Gericht bei der Beschlussfassung nicht bewusst war, welche fundamentalen und dogmatischen Ungereimtheiten die Entscheidungsbegründungen enthalten würden. Vielmehr gibt es eine Erklärung für die offensichtlich ergebnisorientierte Argumentation des Bundesverfassungsgerichts, die zumindest erahnen lässt, weshalb das Gericht unter Verwerfung seines Systemverständnisses zu dem Ergebnis kommt, dass sich die Äußerungen der Bundesregierung auf ihre Staatsleitungsfunktion stützen lassen. Die als akute Warnungen verfassten Äußerungen der Bun-

[464] *Huber*, JZ 2003, 290 (294).
[465] BVerfGE 105, 279 (305).
[466] Besonders prägnant *Murswiek*, NVwZ 2003, 1 ff.

desregierung dienten in rechtssystematischer Hinsicht der Gefahrenabwehr; ging es im „Glykol"-Beschluss um die Warnung vor gesundheitsschädlichen Nahrungsmitteln und im „Osho"-Beschluss um die von einer „Jugendsekte" ausgehenden Gefahren für Kinder und Jugendliche.

Kompetenziell ist die Aufgabe der Gefahrenabwehr allerdings fest in den Händen der Länder zu verorten. Dem Bund steht für entsprechende Äußerungen präventiver Natur daher dem Grunde nach keine Verbandskompetenz zu.[467] Vielmehr haben die Länder die Möglichkeit, ausdrückliche Ermächtigungsgrundlagen für staatliches Informationshandeln zum Zwecke der Gefahrenabwehr zu schaffen, zumal die polizeilichen Generalklauseln in den Polizeigesetzen der Länder eine taugliche(re) Grundlage für die präventive Öffentlichkeitsarbeit der Ordnungsbehörden darstellen würden, wenn vom Vorliegen einer Gefahr für die öffentliche Sicherheit auszugehen ist.[468]

Mit der Einordnung einer staatlichen (Informations-) Maßnahme in die Sphäre des Gefahrenabwehrrechts steht gleichzeitig fest, dass es von vornherein auf Bundesebene auch keine verfassungskonforme Ermächtigungsnorm für dergestalt kompetenzwidriges Handeln der Bundesregierung geben konnte. Der Rückgriff auf die ungeschriebene Staatsleitungskompetenz von Seiten des Gerichts war mithin der einzige Weg, die Äußerungen der Bundesregierung für verfassungskonform zu erklären.[469] Es liegt gleichwohl auf der Hand, dass die Beweggründe – mag man sie im Ergebnis hinsichtlich der Effektivität des bundesregierungsamtlichen Handelns auch für nachvollziehbar halten – einen Verstoß gegen fundamentale Verfassungsgrundsätze nicht zu rechtfertigen vermögen.

cc) Zusammenfassung

Es bleibt festzuhalten, dass das Bundesverfassungsgericht den grundrechtlichen Gesetzesvorbehalt für die Maßnahmen staatlicher Öffentlichkeitsarbeit zu großen Teilen ausgehebelt hat und dass dieser Umstand auch heute noch in der Rechtsprechung rezipiert und aufrechterhalten wird. Auch wenn die Beweggründe des Gerichts im Ergebnis nachvollziehbar sind, missachtet das Gericht wichtige Verfassungsgrundsätze und etabliert ein grundrechtliches Sonderregime für staatliches Informationshandeln, das in der Ignoranz des grundrechtlichen Gesetzesvorbehalts gipfelt. Es geht davon aus, dass es einer gesetzlichen Regelung in Form einer Befugnisnorm nur bedarf, wenn die Maßnahme staatlicher Öffentlichkeitsarbeit ein funktionales Eingriffsäqui-

---

[467] Als Ausnahmen von diesem Grundsatz sind die anerkannten gefahrenabwehrrechtlichen Annexkompetenzen für Bundesbehörden wie z.B. das Hausrecht und die Polizeigewalt des Bundestagspräsidenten nach Art. 40 Abs. 2 GG zu begreifen.

[468] Vgl. *Heintzen*, VerwArch 81 (1990), 532 (549).

[469] Vgl. *Heintzen*, VerwArch 81 (1990), 532 (550).

valent zum klassischen Grundrechtseingriff darstellt. Dabei verwirft es die eigens für mittelbar-faktisches Eingriffshandeln aufgestellten Maßstäbe und versucht, mittels eines Sonderregimes eine zweistufige Rechtmäßigkeitsprüfung für staatliches Informationshandeln zu etablieren.

Sofern es sich bei einer Informationsmaßnahme nicht um ein funktionales Eingriffsäquivalent handeln sollte, lässt sich diese nach der Rechtsprechung des Bundesverfassungsgerichts auch auf eine Aufgabenzuweisung stützen, wobei es für die Öffentlichkeitsarbeit der Bundesregierung die ungeschriebene Staatsleitungskompetenz heranzieht, die auch eine Annexkompetenz für das Informationshandeln der Bundesregierung umfasst. Das Gericht geht zudem davon aus, dass eine etwaige Rechtsgrundlage der Aufgabenzuweisung gegenüber keinen nennenswerten Mehrwert habe, da sie im Hinblick auf die Vielfältigkeit der Öffentlichkeitsarbeit als solche denkbar weit gefasst werden müsste.

Auch wenn nicht von der Hand zu weisen ist, dass eine einfachgesetzliche Rechtsgrundlage für das Informationshandeln der Bundesregierung oder anderer Hoheitsträger generalklauselartig und weit zu fassen wäre, folgt daraus keine Rechtfertigung dafür, eine zweifelsohne unzureichende Vorschrift mittels einer juristischen Missetat als ausreichend anzuerkennen. Dass eine Aufgabenzuweisungsnorm von Natur aus nicht zu Grundrechtseingriffen ermächtigen kann, ergibt sich bereits aus der normtechnischen Wesensverschiedenheit von Aufgaben- und Befugnisnormen, die das Gericht bewusst ignoriert.

Der grundrechtliche Gesetzesvorbehalt fordert für die Maßnahmen staatlicher Öffentlichkeitsarbeit wie für alle anderen Formen staatlichen Handelns mit Eingriffswirkung das Vorliegen einer ermächtigenden Befugnisnorm, die ihrerseits den Anforderungen an die Verfassungsmäßigkeit zu genügen hat. Fehlt es jedoch an einer tauglichen Ermächtigungsgrundlage, ist der von der Öffentlichkeitsarbeit ausgehende Grundrechtseingriff von vornherein keiner Rechtfertigung zugänglich.

Die Rechtsprechung des Bundesverfassungsgerichts ist daher entschieden zurückzuweisen. Für Maßnahmen staatlicher Öffentlichkeitsarbeit mit Eingriffswirkung bedarf es von Verfassungs wegen ermächtigender Befugnisnormen. Inwiefern diese wiederum bereichsspezifisch und detailliert oder aber generalklauselartig geformt werden müssen, ist eine Frage der zweiten Komponente des grundrechtlichen Gesetzesvorbehalts, die die Bestimmtheit einer Norm betrifft und sich wiederum nach der Eingriffsintensität des in Rede stehenden Informationshandelns und ihrer Vorhersehbarkeit bemisst. Sie stellt sich bereits nicht, wenn das Geflecht aus der Dementierung einer Eingriffswirkung staatlichen Informationshandelns durch die schleierhafte Verwendung des Begriffs eines funktionalen Eingriffsäquivalents und dem an sich unzulässigen Schluss von der Aufgabe auf die Befugnis den grundrechtlichen Gesetzesvorbehalt zu einer Hülle ohne Inhalt verkümmern lässt.

d) Die Übertragbarkeit der Vorgaben auf staatliche Öffentlichkeitsarbeit in sozialen Netzwerken

Da die Rechtsprechung des Bundesverfassungsgerichts und die darauf basierende Rechtsprechung der Verwaltungsgerichte wie aufgezeigt in verschiedener Hinsicht nicht zu überzeugen vermag, sind die von den Gerichten aufgestellten Maßstäbe auch nicht auf die Öffentlichkeitsarbeit staatlicher Stellen in sozialen Netzwerken zu übertragen. Würde man der bisherigen Rechtsprechungslinie folgen, hinge die Frage nach dem Erfordernis einer gesetzlichen Ermächtigungsgrundlage davon ab, ob es sich bei der in Rede stehenden Informationsmaßnahme um ein funktionales Eingriffsäquivalent zum klassischen Grundrechtseingriff handelt. Es erscheint indes – nicht zuletzt auch im Hinblick auf die Kritik am Umgang mit der Begrifflichkeit des funktionalen Eingriffsäquivalents[470] – vorzugswürdig, dem Verhältnis vom grundrechtlichen Gesetzesvorbehalt zur staatlichen Öffentlichkeitsarbeit in sozialen Netzwerken durch ein allgemeiner Grundrechtsdogmatik folgendes Verständnis Herr zu werden.

aa) Maßnahmen staatlicher Öffentlichkeitsarbeit in sozialen Netzwerken als funktionales Eingriffsäquivalent?

Würde man die Rechtsprechung des Bundesverfassungsgerichts zur Auswirkung des grundrechtlichen Gesetzesvorbehalts auf staatliches Informationshandeln trotz der aufgezeigten Defizite auch für die Öffentlichkeitsarbeit in sozialen Netzwerken aufrechterhalten, hätte dies zur Folge, dass das Erfordernis ermächtigender Befugnisnormen für staatliches Handeln mit Eingriffswirkung in den sozialen Netzwerken keinerlei oder zumindest nur eine überschaubare Wirkung entfalten würde. Auch wenn – entgegen der überholten sog. Lehre vom Totalvorbehalt[471] – davon auszugehen ist, dass staatliches (Informations-) Handeln ohne grundrechtliche Eingriffsrelevanz und abseits anderer „wesentlicher“ Entscheidungen keiner gesetzlichen Ermächtigung bedarf, vermag eine „Freistellung“ der Kommunikation in den sozialen Netzwerken vom Erfordernis einer gesetzlichen Grundlage nicht zu überzeugen. Daher und in Anbetracht der grundlegenden Kritik an der Rechtsprechung des Bundesverfassungsgerichts vermag ein Festhalten an den vom Gericht aufgestellten Maßstäben nicht zu überzeugen. Da die Vorstellungen des Gerichts von der Eingriffswirkung staatlicher Öffentlichkeitsarbeit in ihren herkömmlichen Erscheinungsformen als überholt und nahezu realitätsfern einzustufen sind, gilt dies erst recht für die Aktivität staatlicher Funktionsträger in sozialen Netzwerken.

---

[470] 2. Kapitel B.II.3.c).aa).(2).

[471] Dazu *Jesch*, Gesetz und Verwaltung, 1961, S. 34

Die schematische Übertragung der Vorgaben des Gerichts würde bedeuten, dass es einer ausdrücklichen Ermächtigungsgrundlage nur bedürfte, wenn eine Informationsmaßnahme in einem sozialen Netzwerk als funktionales Eingriffsäquivalent zu klassischen Grundrechtseingriffen zu qualifizieren wäre. Da die Anforderungen an die Äquivalenz in der Rechtsprechung wie dargelegt (zu) hoch sind und dazu dienen, eine nur sehr schwer nachvollziehbare Zweistufigkeit in der Prüfung der verfassungsrechtlichen Rechtfertigung staatlichen Informationshandelns mit Eingriffswirkung zu etablieren, liefe dieses Verständnis darauf hinaus, dass die Öffentlichkeitsarbeit in sozialen Netzwerken sich trotz ihrer genuin-erhöhten Eingriffsintensität permanent unterhalb der Schwelle eines funktionalen Eingriffsäquivalents bewegt, sodass es fast nie einer Befugnisnorm, sondern höchstens kompetenzieller Aufgabenzuweisungsnormen bedürfte.

Diese Prämisse ist darauf zurückzuführen, dass die staatliche Öffentlichkeitsarbeit in sozialen Netzwerken im Vergleich zu den der verfassungs- und verwaltungsgerichtlichen Rechtsprechung zugrundeliegenden Vorstellung von der Eigenart staatlicher Informationshandlungen strukturelle Unterschiede aufweist. Die den Entscheidungen des Bundesverfassungsgerichts zur funktionalen Eingriffsäquivalenz zugrundeliegenden Vorstellungen von der staatlichen Öffentlichkeitsarbeit haben sich spätestens mit der Nutzung der sozialen Netzwerke durch staatliche Funktionsträger in grundlegender Weise verändert. Während sich die Rechtsprechung früher wie gezeigt schwerpunktmäßig mit zweckgerichteten Marktbeeinflussungen und Gruppendiffamierungen in Form konkreter Warnungen auseinandersetzen musste, zeichnet sich die staatliche Öffentlichkeitsarbeit in den sozialen Netzwerken trotz eines unvermeidbaren Überschneidungsbereichs mit den netzwerkunspezifischen Kommunikationsformen durch ihre immense Reichweite und die Dokumentierungswirkung der Beiträge aus.[472]

Die ohnehin nur schwer nachvollziehbare und an dogmatischen Ungenauigkeiten leidende Interpretation des Bundesverfassungsgerichts zum grundrechtlichen Gesetzesvorbehalt und staatlichen Informationshandeln samt ihres undurchsichtigen Schlüsselbegriffs des funktionalen Eingriffsäquivalents ist mithin für die Eigenart der Öffentlichkeitsarbeit in den sozialen Netzwerken weitgehend ungeeignet. Die Kommunikation in den sozialen Netzwerken erhält ihre Brisanz nicht durch Informationsmaßnahmen, die hinsichtlich ihrer Wirkung und Finalität klassischen Grundrechtseingriffen entsprechen, sondern durch ihre meinungsbeeinflussende Suggestivkraft und Omnipräsenz. Die Anforderungen an die Interpretation des grundrechtlichen Gesetzesvorbehalts im Zusammenhang mit staatlicher Öffentlich-

[472] Zur Eingriffswirkung der staatlichen Öffentlichkeitsarbeit in sozialen Netzwerken vgl. 2. Kapitel D.II.2.c).

keitsarbeit in sozialen Netzwerken haben sich im Vergleich zu den die Rechtsprechung und Literatur zu großen Teilen prägenden Entscheidungen und den diesen Entscheidungen zugrundeliegenden Verlautbarungskonstellationen bedeutend gewandelt. Die Interpretation hat sich an der sich aus den Netzwerkspezifika ergebenden Gefahrenlage zu orientieren.

bb) Lösung nach den allgemeinen Aussagen des grundrechtlichen Gesetzesvorbehalts

Befolgt man die allgemeinen Aussagen des grundrechtlichen Gesetzesvorbehalts, lassen sich rechtsstaatlich zufriedenstellende Ergebnisse für die Handhabung staatlicher Öffentlichkeitsarbeit in den sozialen Netzwerken erzielen. Ausgangspunkt ist die Annahme, dass es für die Öffentlichkeitsarbeit staatlicher Stellen in sozialen Netzwerken immer dann einer gesetzlichen Ermächtigungsgrundlage bedarf, wenn sie die Schwelle zum faktischen Grundrechtseingriff überschreitet, ohne dass es auf das Vorliegen eines funktionalen Eingriffsäquivalents ankommt.[473] Ein Rückgriff auf Aufgabenzuweisungsnormen verbietet sich dafür aufgrund der strukturellen Divergenz zu ermächtigenden Befugnisnormen. In Anbetracht der Vielfältigkeit staatlicher Öffentlichkeitsarbeit und der damit einhergehenden Intensitätspalette – insofern ist den Ausführungen des Bundesverfassungsgerichts zur Unvorhersehbarkeit konkreter Eingriffswirkungen zuzustimmen – ist es indes als zulässig zu erachten, dem Erfordernis legitimierender Ermächtigungsgrundlagen mit weitgefassten Generalklauseln zu begegnen, die die Aktivität staatlicher Stellen in sozialen Netzwerken erfassen und regulieren.

Derartige Generalklauseln beinhalten das für informelles Staatshandeln ausschlaggebende Maß an Flexibilität bei gleichzeitiger Einhaltung rechtsstaatlicher Grundprinzipien. Sie sind dazu in der Lage, informationelle Grundrechtseingriffe bei angemessener Anwendung zu rechtfertigen. Der bewusste und kontrollierte Einsatz von unbestimmten Rechtsbegriffen und Ermessensspielräumen ist dazu prädestiniert, den rechtsstaatlichen Spagat zwischen Rechtssicherheit und Unvorhersehbarkeit zu bilden, zumal unbestimmte Rechtsbegriffe einer vollumfänglichen gerichtlichen Überprüfung unterliegen, in der der Äußerungskontext hinreichend berücksichtigt werden kann.[474] Überdies ließen sich grundlegende Unsicherheiten von vornherein durch das Festlegen wichtiger Legaldefinitionen vermeiden, wie es in mo-

---

[473] Zur Kritik an der konturenlosen Verwendung des Begriffs des funktionalen Eingriffsäquivalents vgl. ausf. 2. Kapitel B.II.3.c).aa).(2).

[474] Das Paradebeispiel für den Einsatz weitreichender Generalklauseln zur Rechtfertigung vielseitiger Grundrechtseingriffe sind die gefahrenabwehrrechtlichen Generalklauseln des Polizei- und Ordnungsrechts, die unter anderem auch für sog. „Gefährderansprachen" herangezogen werden vgl. dazu grundlegend *Kießling*, DVBl. 2012, 1210 ff.

derneren Gesetzen des besonderen Verwaltungsrechts und Rechtsakten der EU nicht selten der Fall ist.[475]

Darüber hinaus ist es aber auch durchaus möglich, dass äußerungsrechtliche Generalklauseln dem grundrechtlichen Gesetzesvorbehalt ab einer im Einzelfall zu bestimmenden Eingriffsintensität nicht mehr genügen. Sollte sich ein bestimmter Typus von informationellem Grundrechtseingriff mit erhöhter Eingriffsintensität etablieren, der den Behörden, Gerichten und dem Gesetzgeber aufgrund von Wiederkehr und Vorhersehbarkeit „bekannt" ist, ist diesem von Seiten des Gesetzgebers durch bereichsspezifische und detaillierte Regelungen zu begegnen.[476] Eine weitgefasste Generalklausel wird den rechtsstaatlichen Anforderungen an legitimierende Rechtssätze dann nicht mehr gerecht. Dies ist wiederum Ausfluss der Bestimmtheitskomponente des (grundrechtlichen) Gesetzesvorbehalts, die den Gesetzgeber dazu verpflichtet, staatliche Maßnahmen, von denen intensive und vorhersehbare Grundrechtseingriffe ausgehen, detailliert zu regeln, um das Handeln des Staates transparent zu machen und den Gestaltungsspielraum der Exekutive zu verringern. Eine derartige Konkretisierungspflicht kann sich beispielsweise auch aus der Zugehörigkeit zu einem bestimmten Regelungsbereich, in dem die Grundrechtseingriffe erfahrungsgemäß besonders intensiv ausfallen, ergeben. Solange dies jedoch nicht der Fall ist, können auch Generalklauseln den Anforderungen des grundrechtlichen Gesetzesvorbehalts genügen.

Die sozialen Netzwerke sind in diesem Zusammenhang als ein kohärenter Regelungsbereich zu betrachten. Auch wenn die Öffentlichkeitsarbeit staatlicher Stellen dort wie gezeigt ein erhöhtes Intensitätspotenzial aufweist, ist davon auszugehen, dass äußerungsrechtliche Generalklauseln den Vorgaben des grundrechtlichen Gesetzesvorbehalts regelmäßig genügen werden. Einen Anhaltspunkt könnte in diesem Zusammenhang die aus der Sicht einer potentiellen Ermächtigungsgrundlage als reines Innenrecht[477] normhierarchisch defizitäre Regelung in der Gemeinsamen Geschäftsordnung der Bundesministerien bieten. Die Vorschrift des § 25 GGO verteilt die Zuständigkeiten für die Presse- und Öffentlichkeitsarbeit der Bundesregierung zwischen dem

[475] Vgl. etwa § 2 LFGB; § 2 IZG SH; § 3d NetzDG; Art. 2 f. VO (EG) 178/2002.

[476] Bisweilen wird sogar angenommen, dass die gefahrenabwehrrechtlichen Standardermächtigungen im Hinblick auf die Eingriffsintensität der auf sie gestützten Maßnahmen nicht ausreichen; ein Beispiel ist die Dauerobservation rückfallgefährdeter Sexualstraftäter, vgl. OVG Münster, DVBl. 2013, 1267 ff.; vgl. aber auch BVerfG, KommJur 2013, 73 (75).

[477] Vgl. zur Rechtsnatur der GOBReg *Schröder*, in: v. Mangoldt/Klein/Starck, GG Bd. II, 7. Aufl. 2018 Art. 65 Rn. 41; die GGO wird normhierarchisch noch unterhalb der GOBReg verortet, vgl. *Busse*, GOBReg, 3. Online Aufl. 2018, Einleitung Rn. 11; vgl. auch *Voßkuhle/Kaufhold*, JuS 2016, 314 (314).

Presse- und Informationsamt, dem Kollegialorgan der Bundesregierung und den einzelnen Ministerien.

§ 25 Abs. 1 und Abs. 4 Satz 1 GGO erwecken trotz ihres nach § 1 Abs. 2 Satz 1 GGO ausgewiesenen organisationsrechtlichen Charakters den Anschein einer weit gefassten und nahezu voraussetzungslosen Befugnisnorm.[478] Allerdings scheitert die Einstufung als mögliche Ermächtigungsgrundlage für regierungsamtliches Informationshandeln wie gezeigt bereits an der Normqualität. Nichtsdestotrotz zeigt die Erwähnung in der Gemeinsamen Geschäftsordnung, dass sich die Bundesregierung mit der Bedeutung staatlicher Öffentlichkeitsarbeit auseinandergesetzt und diese einer (wenn auch nur internen) Normierung zugeführt hat. Mit einer vergleichbaren Vorschrift in Form eines Parlamentsgesetzes und in netzwerkgerechter Ausformung wäre indes schon viel gewonnen.

cc) Beispiel: Bildmaterial von Versammlungen

Durch die allgemeinen Aussagen des grundrechtlichen Gesetzesvorbehalts ist unter anderem auch der staatlichen Veröffentlichung von Bildaufnahmen in den sozialen Netzwerken Herr zu werden. Ein relevanter Anwendungsfall sind die staatlicherseits durch die Polizei oder zuständigen Versammlungsbehörden angefertigten Bildaufnahmen von Versammlungen, auf denen einzelne Personen identifizierbar sind.[479] Anders als in der Rechtsprechung bisher angenommen, erscheint es dabei überzeugend, die Verbreitung des Bildmaterials in den sozialen Netzwerken getrennt von der Anfertigung der Bilder zum Zwecke der späteren Preisgabe zu betrachten und in beiden Maßnahmen jeweils rechtfertigungsbedürftige Eingriffe in die grundrechtlichen Freiheiten der Versammlungsteilnehmer zu erkennen.[480]

Bei der an dieser Stelle im Fokus stehenden Veröffentlichung von zuvor auf einer Versammlung aufgenommenen Bildern in den sozialen Netzwerken

---

[478] § 25 Abs. 1 GGO lautet: „Das Presse- und Informationsamt der Bundesregierung informiert mit den Mitteln der Öffentlichkeitsarbeit die Bürgerinnen und Bürger sowie die Medien über die Ziele und die Vorhaben der Bundesregierung."; § 25 Abs. 4 Satz 1 GGO lautet: „Jedes Bundesministerium informiert die Bürgerinnen und Bürger sowie die Medien durch seine Presse- und Öffentlichkeitsarbeit über seine Arbeit und Ziele.".

[479] Vgl. den der Entscheidung des OVG Münster, ZUM 2020, 646 ff., zugrundeliegenden Sachverhalt; dazu auch *Tschorr*, NJW 2020, 3755 (3756 f.).

[480] Das OVG Münster betrachtet das Anfertigen der Bildaufnahme und die anschließende Veröffentlichung hingegen als einheitlichen Grundrechtseingriff, von dem eine grundrechtsrelevante Abschreckungswirkung ausgeht, wenngleich es bei der Frage nach der gesetzlichen Ermächtigungsgrundlage Regelungen diskutiert, die sowohl an die Anfertigung als auch an die Veröffentlichung anknüpfen und davon ausgeht, dass sich die Rechtmäßigkeit von Anfertigung und Veröffentlichung des Bildmaterials spiegelbildlich zueinander verhalten, vgl. OVG Münster, ZUM 2020, 646 (650 f., 654).

handelt es sich um einen gezielten und unmittelbaren Grundrechtseingriff in die innere Versammlungsfreiheit der Versammlungsteilnehmer.[481] Die Veröffentlichung derartigen Bildmaterials zieht im Hinblick auf die Intensität des Grundrechtseingriffs sowie seiner Vorhersehbarkeit das Erfordernis einer spezialgesetzlichen Ermächtigungsgrundlage nach sich,[482] ohne dass es dafür eines äußerungsrechtlichen Sonderregimes bedarf. Vielmehr ergibt sich die Forderung nach einer bereichsspezifischen Befugnisnorm, die Zweck und Ausmaß des Grundrechtseingriffs erkennen lässt, bereits aus dem allgemeinen, oben aufgezeigten Verständnis des grundrechtlichen Gesetzesvorbehalts.[483] Aufgrund der Vorhersehbarkeit des staatlichen Handelns, der zu erwartenden Wiederkehr vergleichbarer Eingriffskonstellationen sowie der Unmittelbarkeit der hoheitlichen Eingriffswirkungen entzieht sich diese publizistische Aktivität in den sozialen Netzwerken nicht der Normierbarkeit.[484]

Während Aufgabenzuweisungsnormen nach der hier vertretenen Rechtsauffassung bereits normtechnisch nicht in Betracht zu ziehen sind, steht die die demokratiekonstituierende Bedeutung der Versammlungsfreiheit aus Art. 8 Abs. 1 GG zu schützen bestimmte sog. Polizeifestigkeit der Versammlung darüber hinaus auch einem Rückgriff auf Generalklauseln des allgemeinen Gefahrenabwehrrechts entgegen. Für die Veröffentlichung von Bildmaterial, das auf oder von einer Versammlung aufgenommen wurde, bedarf es vielmehr einer spezialgesetzlichen Ermächtigungsgrundlage, die durch ihre hinreichende Bestimmtheit der Bedeutung und Tragweite der Versammlungsfreiheit gerecht wird und daher konsequenterweise in den Versammlungsgesetzen zu verorten wäre.[485]

Ein Anhaltspunkt könnte dabei in der die Bildveröffentlichung von Beschuldigten und Zeugen regelnden Vorschrift des § 131b StPO zu sehen sein,

---

[481] Daneben ist auch von einem Eingriff in das allgemeine Persönlichkeitsrecht in seiner Ausformung als Recht auf informationelle Selbstbestimmung aus Art. 2 Abs. 1 i.V.m. Art. 1 Abs. 1 GG auszugehen, das als subsidiär einzustufen ist, vgl. *Tschorr*, NJW 2020, 3755 (3757); so wohl auch OVG Münster, ZUM 2020, 646 (650 f.), das die Persönlichkeitsrechte der Versammlungsteilnehmer in der Klagebefugnis anspricht, in der Begründetheit aber ignoriert; vgl. dazu auch grundlegend *Bilsdorfer*, Polizeiliche Öffentlichkeitsarbeit in sozialen Netzwerken, 2019, S. 343 ff.

[482] OVG Münster, ZUM 2020, 646 (650 f.).

[483] Das OVG Münster hält am äußerungsrechtlichen Sonderregime des BVerfG fest und zieht Aufgabenzuweisungsnormen für eine Rechtfertigung des Grundrechtseingriffs prinzipiell in Betracht. Allerdings sieht es in der Veröffentlichung von Bildmaterial, das auf einer Versammlung entstanden ist und Personen erkennen lässt, ein funktionales Eingriffsäquivalent, sodass es vom Erfordernis einer gesetzlichen Grundlage ausgeht und Kompetenznormen nicht ausreichen lässt, vgl. OVG Münster, ZUM 2020, 646 (655).

[484] So auch OVG Münster, ZUM 2020, 646 (654).

[485] So auch OVG Münster, ZUM 2020, 646 (652).

die zum Schutz des allgemeinen Persönlichkeitsrechts hohe Anforderungen an die Bildverbreitung der Betroffenen stellt, und nach § 131c StPO sogar unter einem Richtervorbehalt steht.[486] Bei ihr handelt es sich um eine spezialgesetzliche Regelung, die der generellen Ermittlungsbefugnis aus § 161 StPO im grundrechtssensiblen Bereich der nichtanonymisierten Bildveröffentlichung vorgeht.[487] Da es an einer entsprechenden Rechtsgrundlage im Versammlungsrecht nach wie vor fehlt, ist es staatlichen Funktionsträgern – insbesondere den Ordnungs- bzw. Versammlungsbehörden oder der Polizei – nicht gestattet, Aufnahmen von Versammlungen zu veröffentlichen, auf denen einzelne Versammlungsteilnehmer identifiziert werden können.

dd) Gesetzesvorschlag für eine informationelle Befugnisnorm der Bundesregierung

Unter Zugrundelegung des oben Festgestellten drängt sich das Erfordernis einer gesetzlichen Grundlage für staatliches Informationshandeln in den sozialen Netzwerken bei einem genaueren Blick auf die Vorgaben des grundrechtlichen Gesetzesvorbehalts auf. Abseits des aufgezeigten Sonderfalls der Veröffentlichung von Bildern, die im Zusammenhang mit einer Versammlung entstanden sind und einzelne Versammlungsteilnehmer erkennen lassen, ließe sich dem Erfordernis nach einer gesetzlichen Regelung für die publizistische Tätigkeit staatlicher Funktionsträger durch eine Generalklausel begegnen. Über den zu Informationsmaßnahmen ermächtigenden Inhalt dieser Norm hinaus wäre es denkbar, in dem Gesetz Regelungen für die Zurechnung von Äußerungen und die Verarbeitung personenbezogener Daten i.S.d Art. 6 Abs. 1 lit. e i.V.m. Art. 6 Abs. 3 lit. b DSGVO zu treffen.

Ein möglicher Regelungsort für Mitglieder der Bundesregierung wäre das NetzDG, das sich derzeit nur an die Betreiber der sozialen Netzwerke richtet und das privatrechtliche Verhältnis zwischen den Nutzern in den Blick nimmt. Zu beachten ist indes, dass es sich bei der Aufgabe staatlicher Öffentlichkeitsarbeit dogmatisch um einen Zuständigkeitsannex handelt, der einer bundeseinheitlichen Regelung für Landesregierungen und ihre Mitglieder sowie kommunale Wahlbeamte kompetenziell im Weg steht. Der folgende Vorschlag könnte in seinen Grundzügen allerdings auch als Vorbild für mögliche Normierungen auf Landesebene dienen. Darüber hinaus wäre es denkbar, neben Regelungen wie der Nachstehenden, die auf die Tätigkeit der Gubernative zugeschnitten sind, generalklauselartige Befugnisnormen für Behörden in den Landesverwaltungsgesetzen zu schaffen.

---

[486] Von besonderer Bedeutung ist die in der Regelung enthaltene Subsidiaritätsklausel, die der Bildveröffentlichung *ultima ratio*-Charakter verleiht, vgl. dazu *Schultheis*, in: KK-StPO, 8. Aufl. 2019, § 131b Rn. 2 f.

[487] Vgl. *Schultheis*, in: KK-StPO, 8. Aufl. 2019, § 131b Rn. 3 m.w.N.; a.A. für Phantombilder AG Torgau, NStZ-RR 2003, 112 ff.

„§ X Informationsbefugnis

(1) Jedes Regierungsmitglied ist dazu befugt, im Rahmen seiner ihm durch Art. 65 S. 2 GG zugewiesenen Kompetenz über bevorstehende Angelegenheiten wie ergriffene Maßnahmen seines Ressorts zu informieren. Diese Befugnis umfasst auch das Recht, ein Profil in den sozialen Netzwerken zu betreiben und dieses für Maßnahmen staatlicher Öffentlichkeitsarbeit zu nutzen. Entscheidet sich ein Regierungsmitglied dazu, die sozialen Netzwerke zu nutzen, muss der amtliche Charakter des Accounts durch einen unverkennbaren Hinweis deutlich gemacht werden.

(2) Neben der Information über die eigene Politik ist jedes Regierungsmitglied dazu befugt, anlassbezogen zu kommunizieren. Anlassbezogene Kommunikation liegt vor, wenn das Regierungsmitglied auf ein wichtiges Ereignis von überregionaler Tragweite oder ein Vorkommnis von vergleichbarer Bedeutung reagiert. Die anlassbezogene Kommunikation ist ausgeschlossen, wenn sie thematisch in den Zuständigkeitsbereich eines anderen Funktionsträgers fällt. Die Befugnis zu anlassbezogener Kommunikation umfasst ebenfalls die Berechtigung, einen Dialog mit anderen Nutzern der sozialen Netzwerke zu führen.

(3) Im Rahmen seiner Öffentlichkeitsarbeit hat sich das Regierungsmitglied parteipolitisch neutral zu verhalten. Außerdem unterliegt es dem Richtigkeits- und Sachlichkeitsgebot."

e) Fazit

Auch wenn feststeht, dass die Maßnahmen staatlicher Öffentlichkeitsarbeit an den Grundrechten zu messen sind, hat sich hinsichtlich des grundrechtlichen Gesetzesvorbehalts ein besonders problematisches Sonderregime entwickelt, was auf die irreführende Rechtsprechung des Bundesverfassungsgerichts zurückzuführen ist. Die Rechtsauffassung, staatliches Informationshandeln würde sich in Ermangelung rechtssicherer Vorhersehbar- und Normierbarkeit allgemeiner Grundrechtsdogmatik entziehen, ist samt ihres Schlüsselbegriffs des funktionalen Eingriffsäquivalents entschieden zurückzuweisen. Den Maßnahmen staatlicher Öffentlichkeitsarbeit ist durch eine konsequente und grundrechtsdogmatischen Standards genügende Anwendung des grundrechtlichen Gesetzesvorbehalts zu begegnen, die auch die Besonderheiten bei der Kommunikation in den sozialen Netzwerken aufgreift.

Die genaue Betrachtung der strukturellen Kommunikationsunterschiede zwischen herkömmlicher Öffentlichkeitsarbeit und Informationshandeln in den sozialen Netzwerken macht in besonderer Weise deutlich, weshalb das vom Bundesverfassungsgericht etablierte Sonderregime nicht zu überzeugen vermag: Ein Festhalten am Erfordernis eines funktionalen Eingriffsäquivalents hätte zur Folge, dass Verlautbarungen in den sozialen Netzwerken trotz ihrer zuvor festgestellten genuin-erhöhten Eingriffsintensität keiner gesetzlichen Grundlage bedürften, sondern weiterhin auf ungeschriebene Kompetenzzuweisungen gestützt werden könnten. Dies würde unter Missachtung jeglicher Standards allgemeiner Grundrechtsdogmatik den Sinn und Zweck des grundrechtlichen Gesetzesvorbehalts konterkarieren.

Eine rechtssichere Handhabung der Kommunikation in den sozialen Netzwerken ist aus dem Blickwinkel des grundrechtlichen Gesetzesvorbehalts möglich, indem sich der Gesetzgeber an die Vorgaben des Gesetzesvorbehalts hält und die sozialen Netzwerke als kohärenten Regelungsbereich begreift, in dem die Eingriffsintensität staatlicher Öffentlichkeitsarbeit erhöht ist, sodass es gesetzlicher Ermächtigungsnormen bedarf. In Anbetracht von Vielfalt und Schnelllebigkeit spricht vieles dafür, für eine verfassungsrechtliche Rechtfertigung der kommunikativen Grundrechtseingriffe äußerungsrechtliche Generalklauseln zu etablieren. Allerdings sind auch Konstellationen denkbar, in denen generalklauselartige Rechtsgrundlagen den Vorgaben des grundrechtlichen Gesetzesvorbehalts nicht genügen, da Eingriffsintensität und Regelungsmaterie bereichsspezifische Spezialnormen erfordern. Die Veröffentlichung von auf einer Versammlung entstandenem Bildmaterial, das einzelne Versammlungsteilnehmer erkennen lässt, wurde bereits als ein solcher Fall eingestuft.

III. Staatliche Des- und Fehlinformation als netzwerkspezifisches Grundrechtsproblem

Es ist alles andere als fernliegend, dass – auch wenn sich das Gepräge staatlicher Öffentlichkeitsarbeit durch den Einsatz moderner Kommunikationsstrukturen gewandelt hat – durch staatliches Informationshandeln in den sozialen Netzwerken je nach Art und Inhalt der Informationsmaßnahme in den Schutzbereich eines Grundrechts eingegriffen werden kann. Äußert sich ein Hoheitsträger abfällig über eine Glaubensgemeinschaft[488] oder diskreditiert er eine Person[489] öffentlich, liegt es auf der Hand, dass sich das Handeln anhand der Glaubensfreiheit und dem Recht auf Ehrschutz als Bestandteil des Persönlichkeitsrechts zu messen lassen hat. Da diese offensichtlichen Grundrechtseingriffe nur vereinzelt auftreten und die Frage einer möglichen Rechtfertigung von der Betrachtung im Einzelfall lebt, soll der Fokus im Folgenden exemplarisch auf einer für das Informationshandeln in den sozialen Netzwerken bedeutsamen Grundrechtsproblematik liegen, die symptomatisch für die Kommunikationsentwicklung in den sozialen Netzwerken ist.

Dabei handelt es sich um die Einwirkung staatlicher Des- und Fehlinformation auf die Meinungsbildungs- und Informationsfreiheit der Adressaten. Auch wenn es sich bei der Desinformation prima facie nicht um ein netzwerkspezifisches Problem handelt, das zwangsläufig von den Kommunikationsstrukturen der sozialen Netzwerke abhängig ist, zeigt ein Blick auf das In-

[488] Vgl. nur BVerfGE 105, 279.
[489] Vgl. nur BVerfG, NJW 2011, 511.

formationsverhalten von Staatsoberhäuptern und Regierungsmitgliedern anderer Staaten das potenzielle Ausmaß an netzwerkspezifischer Fehl- und Desinformation.[490] Die sich daraus ergebenden Gefahren für die gesellschaftliche Meinungsbildung, um die es im Folgenden aus grundrechtlicher Perspektive gehen soll, liegen auf der Hand. Die Frage, ob ein Akt staatlicher Fehl- oder Desinformation gegeben ist, weist dabei „von Natur aus" eine nicht unerhebliche Schnittmenge mit den sich aus dem äußerungsspezifischen Richtigkeitsgebot ergebenden Anforderungen an staatliches Informationshandeln auf. Letzteres wird – weitestgehend losgelöst vom grundrechtlichen Kontext – im 3. Kapitel dieser Untersuchung thematisiert werden.[491] Vorliegend geht es indes um die grundrechtliche Perspektive staatlicher Fehl- und Desinformation.

1. Schutzbereich der Meinungs- und Informationsfreiheit, Art. 5 Abs. 1 Satz 1 Alt. 1 und Alt. 2 GG

Die Kommunikationsgrundrechte der Meinungs- und Informationsfreiheit sind unter mehreren Gesichtspunkten fundamental für die Aktivität der Grundrechtsträger in sozialen Netzwerken. Während feststeht, dass sich ein Hoheitsträger nicht auf die Meinungsfreiheit berufen kann, schützt sie den Grundrechtsträger vor inhaltlicher Zensur und verleiht dem Einzelnen das Recht, die Art und Weise der Kommunikation – und damit auch die sozialen Netzwerke als Plattform – frei zu wählen. Die mittelbare Drittwirkung der Kommunikationsgrundrechte[492] schützt die Netzwerknutzer sogar gegenüber den privaten Betreibern der sozialen Netzwerke und vor von ihnen veranlassten ungerechtfertigten Meinungsbeschränkungen.[493]

Darüber hinaus kommt Art. 5 Abs. 1 GG im Kontext staatlicher Öffentlichkeitsarbeit aber womöglich noch eine weitere Schutzdimension zu, die in den vergangenen Jahren (bedauerlicherweise) vermehrt in den Vordergrund rechtlicher Diskussionen gerückt ist. Es geht um die Frage, ob Grundrechte dem Einzelnen – zusätzlich zu den die Hoheitsträger bindenden einschlägigen objektiven Verfassungsprinzipien – einen subjektiven Schutz gegen staatliche Fehlinformation, die medial häufig auch als „Fakenews" bezeichnet werden, verleihen. Auch wenn systematische Fehlinformationen nicht selten aus privater Feder stammen, ist die Gefahr staatlicher Einflussnahme auf den sich

[490] Grundlegend dazu auch. *Holznagel*, MMR 2018, 18 ff.; *Mafi-Gudarzi*, ZRP 2019, 65 ff.; *Schmalenbach*, NVwZ 2005, 1357 ff.

[491] Vgl. dazu 3. Kapitel B.I.4.; vgl. auch *I. Augsberg*, Informationsverwaltungsrecht, 2014, S. 204 f.

[492] Sofern denn „nur" eine mittelbare Drittwirkung anzunehmen ist, vgl. BVerfG, NJW 2019, 1935 (1936); *F. Becker*, NVwZ 2019, 1385 (1390).

[493] Besonders großzügig OLG München, NJW 2018, 3115 (3116 f.); grundlegend *Friehe*, NJW 2020, 1697 (1699 f.).

von Verfassungs wegen staatsfrei zu gewährleistenden Willensbildungsprozess in der Gesellschaft durch Fehlinformation und Indoktrination nicht von der Hand zu weisen.

Die sozialen Netzwerke ermöglichen den Hoheitsträgern ebenso wie privaten Nutzern eine schnelllebige und stets verfügbare Kommunikation, die sich auf die Quantität der Informationsmaßnahmen staatlicher Funktionsträger auswirkt. Dieser Umstand verleitet staatliche Stellen in Verbindung mit der Tatsache, dass die netzwerkspezifische Kommunikation[494] in den Netzwerken das Gefühl von Gleichrangigkeit zwischen Autor und Rezipient beflügelt, dazu, vorschnell und auf unsicherer Tatsachengrundlage zu informieren. Darüber hinaus besteht die Gefahr gezielter Desinformation, die von Staatsoberhäuptern anderer Staaten bereits systematisch praktiziert wurde.[495] Sowohl Fehl- als auch Desinformation sind indes grundrechtlich höchst bedenklich.

a) Schutzbereich der Meinungsfreiheit: Meinungsbildung

Auf den ersten Blick erscheint die Eröffnung des Schutzbereichs der Meinungsfreiheit bei staatlichem Informationshandeln fernliegend, da durch die Aktivität des Staates nicht in das Recht der Netzwerknutzer eingegriffen wird, sich innerhalb des Netzwerks frei zu äußern. Allerdings umfasst das Grundrecht der Meinungsfreiheit auch die der Meinungsäußerung vorgeschaltete Komponente der individuellen Meinungsbildung. Sie ist ein notwendiges „Durchgangsstadium" des Meinungsäußerungsprozesses und zwischen der Informations- und Meinungsäußerungsfreiheit zu verorten.[496] Eine Einbeziehung in den Schutzbereich der einen umfassenden Schutz gewährleistenden Meinungsfreiheit nach Art. 5 Abs. 1 Satz 1 GG vermag hinsichtlich der engen Verknüpfung zwischen Meinungsbildung und -äußerung am ehesten zu überzeugen.[497] Auch nach der Europäischen Menschenrechtskon-

---

[494] Vgl. zum Begriff der netzwerkspezifischen Kommunikation 1. Kapitel, B.III.3.b).

[495] Vgl. exemplarisch „Donald Trump vergleicht sich in der Corona-Krise mit Winston Churchill", ZEIT ONLINE vom 11.09.2020, abrufbar unter https://www.zeit.de/politik/ausland/2020-09/bob-woodward-donald-trump-coronavirus-winston-churchhill, zuletzt abgerufen am 20.07.2022; vgl. zum Phänomen „Fakenews" ausf. *Holznagel*, MMR 2018, 18 ff.

[496] Vgl. zum Verhältnis von Informations- zur Meinungsbildungsfreiheit *Fechner*, in: Stern/Becker, GR-Kommentar, 3. Aufl. 2018, Art. 5 Rn. 86; vgl. auch *Grabenwarter*, in: Dürig/Herzog/Scholz, GG, 96. EL 2021, Art. 5 Abs. 1, Rn. 76; *Schmalenbach*, NVwZ 2005, 1357 (1357).

[497] Vgl. BVerfGE 8, 104 (112); 20, 56 (98); 61, 1 (8); *Fechner*, in: Stern/Becker, GR-Kommentar, 3. Aufl. 2018, Art. 5 Rn. 86; *Grabenwarter*, in: Dürig/Herzog/Scholz, GG, 96. EL 2021, Art. 5 Abs. 1, Rn. 75; *Jestaedt*, in: Merten/Papier, HGR Bd. IV, 2011, § 102 Rn. 35; *Schulze-Fielitz*, in: Dreier (Hrsg.), GG Bd. II, 3. Aufl. 2013, Art. 5 Abs. 1 Rn. 67; *Starck/Paulus*, in: v. Mangoldt/Klein/Starck, GG Bd. I, 7. Aufl. 2018, Art. 5 Rn. 99.

vention ist in dem für eine freie Meinungsbildung konstitutiven Indoktrinierungsschutz ein wesentlicher Bestandteil der Meinungsfreiheit aus Art. 10 EMRK zu sehen.[498] Die Meinungsbildungsfreiheit als Ausprägung des Art. 5 Abs. 1 Satz 1 GG ist überall dort von besonderer Bedeutung, wo die Gefahr (einseitiger) staatlicher Meinungsbeeinflussung besteht. Es liegt daher auf der Hand, dass diese Freiheit in einem potentiellen Konfliktverhältnis zur Öffentlichkeitsarbeit des Staates steht, wenngleich die individuelle Meinungsbildung auf das Vorhandensein entsprechender Informationen angewiesen ist. Das Interesse der Grundrechtsträger beschränkt sich jedoch naturgemäß nur auf wahre Informationen.

Unabhängig davon, dass es sich beim Meinungsbildungsprozess um einen inneren Vorgang handelt, der sich für gewöhnlich nicht in einer nach außen erkennbaren Handlung manifestiert, ist der Vorgang grundrechtlich geschützt.[499] Ebendieser Schutz ist hinsichtlich der subtilen Einflussmöglichkeiten auf den Willensbildungsprozess zwingend erforderlich. Andernfalls bestünde ein Widerspruch zu der vom Bundesverfassungsgericht in ständiger Rechtsprechung betonten gesamtheitlichen Gewährleistung des Art. 5 Abs. 1 GG und dem darin enthaltenen für die freiheitlich-demokratische Grundordnung konstituierenden Schutz vor staatlichen Einwirkungen, zumal das Bundesverfassungsgericht die Meinungsfreiheit gemeinhin als „geistige Freiheit“ bezeichnet.[500] Dies gilt insbesondere für die Aktivität staatlicher Funktionsträger in sozialen Netzwerken. Von ihr geht eine erhebliche Gefahr gezielter Einflussnahme auf den Meinungs- und Willensbildungsprozess aus.

b) Schutzbereich der Informationsfreiheit

Die Informationsfreiheit umfasst das Recht, sich aus allgemein zugänglichen Quellen zu unterrichten. Sie ist der Meinungsbildung damit vorgeschaltet und stellt ein eigenes Grundrecht dar, Art. 5 Abs. 1 Satz 1 Alt. 2 GG. Verbreitet ein Hoheitsträger aktiv Informationen über einen Account in den sozialen Netzwerken, so handelt es sich bei diesen in der Regel um allgemein zugängliche Quellen, sodass der sachliche Schutzbereich der positiven Informationsfreiheit eröffnet ist.[501] Dem Bürger ist es dann von Verfassungs wegen

---

[498] Vgl. etwa EGMR, Urt. v. 06.10.2009 – 45216/07 (Appell Irrgang u.a./Deutschland); *Frowein/Peukert*, EMRK, 3. Aufl. 2009, Art. 10 Rn. 3; *Grabenwarter/Pabel*, EMRK, 7. Aufl. 2021, § 23 Rn. 4.

[499] So auch *Bilsdorfer*, Polizeiliche Öffentlichkeitsarbeit in sozialen Netzwerken, 2019, S. 238; a.A. *Starck/Paulus*, in: v. Mangoldt/Klein/Starck, GG Bd. I, 7. Aufl. 2018, Art. 5 Rn. 99.

[500] Vgl. nur BVerfGE 57, 295 (316); 90, 241 (247); 124, 300 (330).

[501] Vgl. zum Merkmal der allgemeinen Zugänglichkeit grundlegend unten, 2. Kapitel, C.III.1.c).

gestattet, die staatlicherseits geschaffenen Informationsquellen seiner persönlichen Meinungsbildung zugrunde zu legen.[502]

Während feststeht, dass das Grundrecht auf Informationsfreiheit die staatliche Zugangsverhinderung und Manipulation von der Allgemeinheit zugänglich gemachten und damit in den Schutzbereich des Grundrechts fallenden (privaten) Informationen verbietet,[503] ist zunächst zu klären, inwiefern fehlerhafte Informationen überhaupt vom Schutzbereich der Informationsfreiheit erfasst werden.[504] Dabei gilt es zu berücksichtigen, dass der Begriff der Information sehr weit auszulegen ist.[505] Sowohl Meinungen als auch Tatsachenbehauptungen sind unabhängig von ihrem konkreten Inhalt als Information i.S.d Art. 5 Abs. 1 Satz 1 Alt. 2 GG anzusehen.[506] Auch unwahre Tatsachenbehauptungen, sog. „fehlerhafte Informationen", fallen in den Schutzbereich der Informationsfreiheit. Das dem sachlichen Schutzbereich der Informationsfreiheit Konturen verleihende Merkmal ist nicht etwa die „Wahrheit" einer Information, sondern das Merkmal der allgemeinen Zugänglichkeit, wobei dies einer Schutzbereichseröffnung im Falle aktiver Information des Staates im Internet ebenfalls nicht im Wege steht.

Die Informationsfreiheit aus Art. 5 Abs. 1 Satz 1 Alt. 2 GG entfaltet ihre weitreichende Schutzwirkung dadurch, dass sie neben ihrer positiven auch eine negative Schutzrichtung besitzt.[507] Es wäre daher denkbar, in Maßnahmen staatlicher Des- und Fehlinformation auch einen Eingriff in die negative Informationsfreiheit zu sehen, da dieser u.U. ein Recht auf „Verschontbleiben" von staatlichen Informationen zu entnehmen ist.[508] Allerdings handelt es sich bei den fehlerhaften Informationen in den sozialen Netzwerken nur selten um „aufgedrängte" Informationen, die man für einen Grundrechtsein-

---

[502] Die Informationsfreiheit ist insofern das speziellere Grundrecht, wenn ein über die geistige Sphäre hinausgehendes Verhalten zur Meinungsbildung erforderlich ist, *Grabenwarter*, in: Dürig/Herzog/Scholz, GG, 96. EL 2021, Art. 5 Abs. 1, Rn. 76.

[503] *Ingold*, Desinformationsrecht, 2011, S. 45 f.

[504] Vgl. *Bilsdorfer*, Polizeiliche Öffentlichkeitsarbeit in sozialen Netzwerken, 2019, S. 240.

[505] *Fechner*, in: Stern/Becker, GR-Kommentar, 3. Aufl. 2018, Art. 5 Rn. 139; *Grabenwarter*, in: Dürig/Herzog/Scholz, GG, 96. EL 2021, Art. 5 Abs. 1, Rn. 1004; vgl. auch *Wendt*, in: v. Münch/Kunig, GG Bd. I, 7. Aufl. 2021, Art. 5 Rn. 49; zum Begriff der Information auch *I. Augsberg*, Informationsverwaltungsrecht, 2014, S. 30 f.

[506] BVerfGE 103, 44 (60); *Dörr*, in: Merten/Papier, HGR Bd. IV, 2011, § 103 Rn. 25; *Grabenwarter*, in: Dürig/Herzog/Scholz, GG, 88. EL 2019, Art. 5 Abs. 1, Rn. 1004.

[507] Vgl. etwa *Fechner*, in: Stern/Becker, GR-Kommentar, 3. Aufl. 2018, Art. 5 Rn. 149; *Grabenwarter*, in: Dürig/Herzog/Scholz, GG, 92. EL 2020, Art. 5 Abs. 1, Rn. 1018 f.; *Schulze-Fielitz*, in: Dreier (Hrsg.), GG Bd. I, 3. Aufl. 2013, Art. 5 Abs. 1 Rn. 84; zur Differenzierung ausführlich auch unten, 2. Kapitel, C.II.1.c).

[508] Vgl. *Grabenwarter*, in: Dürig/Herzog/Scholz, GG, 94. EL 2021, Art. 5 Abs. 1, Rn. 1018.

griff fordern müssen wird, um nicht jede Konfrontation mit staatlichen Informationen unter Rechtfertigungszwang zu stellen.[509] Die aufdrängende Wirkung ist für die Eröffnung des Schutzbereichs der negativen Informationsfreiheit allerdings konstitutiv.[510] Maßgeblich kann daher im vorliegenden Fall staatlicher Des- und Fehlinformation nur die positive Informationsfreiheit sein.

Ihre abwehrrechtliche Dimension entfaltet die Informationsfreiheit indes nur, wenn die Verbreitung fehlerhafter Staatsinformationen als Handlungsmodalität vom Schutzbereich der Informationsfreiheit erfasst würde. Anders als bei der Einflussnahme auf die Informationsverbreitung Dritter fehlt es im Falle staatlicher Des- und Fehlinformation an der für die Eröffnung des Schutzbereichs der positiven Informationsfreiheit erforderlichen äußeren Einwirkung auf eine Informationsquelle.[511] Verbreitet ein staatlicher Funktionsträger fehlerhafte Informationen, wirkt er nicht auf eine Quelle ein, sondern schafft eine (fehlerhafte) Informationsquelle. Der abwehrrechtliche Anknüpfungspunkt im Zusammenhang mit staatlicher Des- und Fehlinformation ist daher im Hervorrufen fehlerhafter Vorstellungen beim Bürger und der damit einhergehenden Einwirkung auf die Freiheit der Meinungsbildung zu sehen.

Die Informationsfreiheit ist hingegen als „technisches“ Kommunikationsgrundrecht zu interpretieren, dem „nur“ eine Werkzeugfunktion zur anschließenden Meinungsbildung zukommt. Sie schützt den freien Zugang zu Informationsquellen und die mit diesem Zugang in Verbindung stehenden Erschließungs-, Speicherungs- und Aufbereitungsmethoden; nicht allerdings den Informationsgehalt selbst.[512] Da das Problem der staatlichen Fehlinformation nicht den Zugang und Umgang mit Informationen des Staates betrifft – der Zugang zu den Informationen wird dem Staat vielmehr gelegen kommen –, sondern informationsinhaltsbezogener Natur ist, fehlt es an einer dem Schutzbereich unterfallenden Handlungsmodalität. Der Schutzbereich

---

[509] *Grabenwarter*, in: Dürig/Herzog/Scholz, GG, 94. EL 2021, Art. 5 Abs. 1 Rn. 1019; *Kühling*, in: BeckOK Informations- und Medienrecht, 32. Ed. 2021, Art. 5 Rn. 44.

[510] Vgl. auch *Bilsdorfer*, Polizeiliche Öffentlichkeitsarbeit in sozialen Netzwerken, 2019, S. 241; *Fechner*, in: Stern/Becker, GR-Kommentar, 3. Aufl. 2018, Art. 5 Rn. 149; *Grabenwarter*, in: Dürig/Herzog/Scholz, GG, 96. EL 2021, Art. 5 Abs. 1, Rn. 1018; *Ingold*, Desinformationsrecht, 2011, S. 46 f.

[511] So auch *Bilsdorfer*, Polizeiliche Öffentlichkeitsarbeit in sozialen Netzwerken, 2019, S. 241.

[512] *Fechner*, in: Stern/Becker, GR-Kommentar, 3. Aufl. 2018, Art. 5 Rn. 147; *Schulze-Fielitz*, in: Dreier (Hrsg.), GG Bd. I, 3. Aufl. 2013, Art. 5 Abs. 1 Rn. 83; *Starck/Paulus*, in: v. Mangoldt/Klein/Starck, GG Bd. I, 7. Aufl. 2018, Art. 5 Rn. 118; vgl. dazu auch *Grabenwarter*, in: Dürig/Herzog/Scholz, GG, 94. EL 2021, Art. 5 Abs. 1, Rn. 76, der betont, dass der Schutzbereich der Informationsfreiheit erst eröffnet ist, wenn ein über die geistige Sphäre hinausgehendes Verhalten zur Informationsaufnahme erforderlich ist.

der Informationsfreiheit nicht eröffnet. Der Einfluss auf die freie Meinungsbildung der Grundrechtsträger bemisst sich allein nach der Meinungsfreiheit des Art. 5 Abs. 1 Satz 1 Alt. 1 GG.[513]

2. Des- und Fehlinformation als Grundrechtseingriff

Der Informalität staatlicher Öffentlichkeitsarbeit ist es wie bereits ausführlich aufgezeigt geschuldet, dass die Voraussetzungen eines Grundrechtseingriffs im klassischen Sinne im Zusammenhang mit staatlicher Öffentlichkeitsarbeit nur schwerlich als gegeben angesehen werden können.[514] Im Mittelpunkt steht daher der „moderne" Eingriffsbegriff, der mittelbare Eingriffswirkungen gleichermaßen erfasst wie faktische Einwirkungen aufgrund staatlichen Handelns.[515] In den grundrechtlich geschützten Meinungsbildungsprozess kann dabei insbesondere eingegriffen werden, indem von staatlicher Seite aus fehlerhafte Informationen verbreitet werden, die der Adressat seiner Meinungsbildung (unbewusst) zugrunde legt.[516]

Dies setzt indes voraus, dass der Grundrechtsträger die Fehlerhaftigkeit und Unwahrheit einer Information nicht kennt. Vielmehr muss er die fehlerhaften Inhalte der Öffentlichkeitsmaßnahme seiner Willens- und Meinungsbildung in dem Glauben, sie seien zutreffend, zugrunde legen. Weiß der Adressat einer Information hingegen, dass die staatlicherseits an ihn gerichtete Information nicht der Wahrheit entspricht, fehlt es prinzipiell an der erforderlichen Eingriffswirkung des Informationshandelns. Die Maßnahme ist nur am objektivrechtlichen Richtigkeitsgebot zu messen, das zwar eine Schnittmenge zum fehlinformativen Grundrechtseingriff in die Meinungsbildungsfreiheit aufweist, diesen jedoch überlagert.[517]

Bei unbewusst falschen oder versehentlich inkorrekt preisgegebenen Informationen handelt es sich in Ermangelung der erforderlichen Finalität des Staatshandelns ebenfalls nicht um rechtserhebliche Grundrechtseingriffe in die Meinungsbildungsfreiheit. Vielmehr ist davon auszugehen, dass in unbewussten Fehlinformationen nur Grundrechtsbeeinträchtigungen ohne Eingriffsqualität zu sehen sind. Etwas Anderes kann allerdings gelten, wenn die

[513] Zum Einfluss der negativen wie positiven Informationsfreiheit auf das Erfordernis einer gesetzlichen Grundlage für Maßnahmen staatlicher Öffentlichkeitsarbeit vgl. 2. Kapitel, C.II.1.c).

[514] Vgl. auch *Ingold*, Desinformationsrecht, 2011, S. 49.

[515] Ausführlich zum Begriff des modernen Eingriffsbegriffs und den sich daraus ergebenden Folgen *Peine*, in: Merten/Papier, HGR Bd. III, 2009, § 57 Rn. 31 ff.; 2. Kapitel B.II.2., passim.

[516] *Bilsdorfer*, Polizeiliche Öffentlichkeitsarbeit in sozialen Netzwerken, 2019, S. 243 unter Verweis auf *Ingold*, Desinformationsrecht, 2011, S. 48; *Schmalenbach*, NVwZ 2005, 1357 (1357).

[517] Dazu 3. Kapitel B.I.4.

mit der fehlerhaften Verbreitung der Informationen einhergehenden Wirkungen besonders gravierend sind, sodass die subjektive Komponente des modernen Eingriffsbegriffs vollends überlagert wird. Gerade in Fällen, in denen dem Staat eine Pflicht zur Weitergabe von Informationen obliegt, da er für diese als Primärquelle fungiert,[518] kommt fehlerhaften Informationen eine besonders intensive Eingriffswirkung zu, die von erhöhter Gefahr für den Willensbildungsprozess der Bürger ist. Gleiches gilt für besonders sensible Informationen des Staates, die der Einzelne höchstpersönlichen Entscheidungen zugrunde legen wird. Eine gesteigerte Form fehlerhafter und beeinflussender Staatskommunikation ist die sog. Desinformation.[519] Sie fordert als Sonderfall staatlicher Fehlinformation eine von manipulativer Intention getragene und auf Unwahrheiten beruhende Fehlinformation der Bürger und wiegt damit besonders schwer.[520]

Während das Vorliegen eines Grundrechtseingriffs in die Meinungsbildung im Falle planbasierter staatlicher Desinformation regelmäßig als gegeben angesehen werden kann – die Finalität und Intensität der Eingriffswirkung erreichen in diesen Fällen ein als besonders hoch und verwerflich einzustufendes Maß –,[521] ist es einleuchtend, dass das nicht von Desinformationsabsicht getragene fehlerhafte Informationshandeln im Hinblick auf seine Finalität und Intensität eine Erheblichkeitsschwelle überschreiten muss, um als rechtfertigungsbedürftiger Grundrechtseingriff eingestuft zu werden.[522] Selbst wenn sich ein staatlicher Funktionsträger der möglichen Fehlerhaftigkeit einer von ihm preisgegebenen Information im Klaren ist, kann nicht jede in den sozialen Netzwerken verbreitete fehlerhafte Information pauschal als Eingriff in die Meinungsbildungsfreiheit gewertet werden, da es staatlichen Funktionsträgern möglich sein muss, auf unsicherer

[518] Zu nennen sind beispielsweise die aus der Arbeit von Geheimdiensten stammenden Informationen (dazu *Tinnefeld*, ZD 2013, 581 ff.) oder Ergebnisse lebensmittelrechtlicher Untersuchungen; eine aus dem Informationsmonopol resultierende Weitergabepflicht wird – in engen Grenzen – vom EGMR im Zusammenhang mit Art. 10 Abs. 1 S. 2 EMRK diskutiert, EGMR, Urt. v. 31.07.2012 – 45835/05 (Shapovalov/Ukraine); vgl. auch VGH München, NJW 2014, 1687 (1688); VG Köln, ZUM-RD 2014, 699 (672).

[519] Dazu *Ingold*, Desinformationsrecht, 2011, S. 21 ff.; vgl. auch *Mafi-Gudarzi*, ZRP 2019, 65 ff.

[520] *Ingold*, Desinformationsrecht, 2011, S. 26 f.; vgl. auch *Fickentscher*, DVBl. 2021, 490 (492).

[521] Zur Eingriffswirkung staatlicher Desinformation vgl. *Ingold*, Desinformationsrecht, 2011, S. 50, 52; vgl. auch *Schmalenbach*, NVwZ 2005, 1357 (1357 f.).

[522] Dabei handelt es sich um eine grundrechtsübergreifende Forderung, vgl. dazu bereits ausf. 2. Kapitel, B.II.2.a); *Bethge*, in: Merten/Papier, HGR Bd. III, 2009, § 58 Rn. 38; *Voßkuhle/Kaiser*, JuS 2009, 313 (313); für den Fall staatlicher Desinformation *Ingold*, Desinformationsrecht, 2011, S. 52.

Tatsachenbasis informativ tätig zu werden und Warnungen sowie Prognosen abzugeben.[523]

Prinzipiell ist die Öffentlichkeitsarbeit des Staates eher als „Voraussetzung einer Meinungsbildung denn als Grundrechtseingriff in die selbige“ zu sehen.[524] Ein abseits bewusster Desinformation zu großzügig gehandhabtes Eingriffsverständnis im Zusammenhang mit fehlerhaftem Informationshandeln des Staates würde dieses unter einen Rechtfertigungsdruck stellen, dem es regelmäßig nicht standhalten können wird. Jeder Eingriff in die Meinungsbildungsfreiheit zieht das Erfordernis einer hinreichend bestimmten und den Anforderungen des qualifizierten Gesetzesvorbehalts aus Art. 5 Abs. 2 GG genügenden Informationsgrundlage nach sich. Es erscheint allerdings – auch wenn die Bedeutung der Kommunikationsfreiheiten für den gesellschaftlichen Willensbildungsprozess nicht überschätzt werden kann – überzogen, Grundrechtsbeeinträchtigungen mit nur geringer Eingriffsintensität, die weder Grundrechtssensibilität besitzen noch von einer Fehlinformationsabsicht getragen sind, an diesen strengen Vorgaben zu messen. Der Bestimmung des Grundrechtseingriffs kommt im Zusammenhang mit fehlerhaftem Informationshandeln staatlicher Stellen insofern eine originäre „*gatekeeper*“-Funktion zu.

Die Schwierigkeit besteht darin, die Höhe der für das Vorliegen eines Grundrechtseingriffs erforderlichen Erheblichkeitsschwelle zu bestimmen. Basal sind auch hier die den Eingriffsbegriff prägenden Merkmale der Finalität und Eingriffswirkung des staatlichen Handelns. Da die Eingriffsintensität staatlicher Fehlinformation im Hinblick auf die von staatlicher Öffentlichkeitsarbeit ausgehende Amtsautorität allerdings nie als nur gering angesehen werden kann, steht und fällt die der Annahme eines Grundrechtseingriffs vorausgehende Verortung der Erheblichkeitsschwelle im Falle staatlicher Fehlinformation mit den Anforderungen an die subjektive Komponente des staatlichen Handelns.[525] Dabei ist vor allem in den Blick zu nehmen, inwiefern die in Rede stehende Informationsmaßnahme darauf abzielt, die Adressaten und ihre Meinungsbildung zu beeinflussen. Bisher wurden Informationsmaßnahmen, die auf eine nachhaltige Verhaltenslenkung abzielen, als besonders eingriffsintensiv qualifiziert.

---

[523] *Bilsdorfer*, Polizeiliche Öffentlichkeitsarbeit in sozialen Netzwerken, 2019, S. 244.

[524] *Ingold*, Desinformationsrecht, 2011, S. 49 f.

[525] Dies deckt sich im Ergebnis mit den Anforderungen an staatliches Informationshandeln, die sich aus dem rechtsstaatlichen Richtigkeitsgebot ergeben, das schwerpunktmäßig subjektiver Natur ist, vgl. 3. Kapitel B.I.4.; vgl. auch *I. Augsberg*, Informationsverwaltungsrecht, 2014, S. 204; *Mast*, Staatsinformationsqualität, 2020, S. 260.

a) Verhaltenslenkung als maßgebliches Eingriffskriterium von Fehlinformation

In Anbetracht der Sensibilität der Meinungsbildungsfreiheit sowie der großen Indoktrinierungsgefahr auf der einen und dem staatlichen Interesse daran, bei (gegenwärtiger) Gefahr auf ungesicherter Tatsachenbasis informativ tätig zu werden, auf der anderen Seite, bietet es sich an, zwischen bewusst verhaltenslenkender Öffentlichkeitsarbeit mittels Warnungen, Empfehlungen oder konkreten Handlungsanregungen und unspezifischer, nicht verhaltenslenkender Öffentlichkeitsarbeit in Form von Öffentlichkeitsaufklärung zu differenzieren.[526] Während im Falle einer fehlerhaften Information durch unmittelbar verhaltenslenkende Öffentlichkeitsarbeit regelmäßig von einer Eingriffswirkung auszugehen ist, fehlt es im Falle unspezifischer Öffentlichkeitsarbeit trotz ihrer Fehlerhaftigkeit am Überschreiten der für die Annahme eines Grundrechtseingriffs erforderlichen voluntativen Erheblichkeitsschwelle.[527]

Diese Unterscheidung fußt auf der Annahme, dass bewusst verhaltenslenkendes Informationshandeln zwangsweise mit der die Annahme eines Grundrechtseingriffs rechtfertigenden Finalität einhergeht.[528] Dem ist zuzustimmen, da einer angestrebten Lenkung der bürgerlichen Freiheitsausübung stets eine voluntativer Entschluss vorausgehen muss. Im Gegensatz dazu fehlt es im Falle nicht verhaltenslenkender, unspezifischer Öffentlichkeitsarbeit regelmäßig an der voluntativen Komponente des staatlichen Informationshandelns. Vielmehr steht die sachliche Aufklärung der Adressaten im Vordergrund. Hier sind Einflüsse auf die Freiheitsbetätigung bloß als „Nebenfolge" zu qualifizieren,[529] wenngleich in diesen Fällen ein Verstoß gegen das rechtsstaatliche Richtigkeitsgebot anzunehmen ist, das im Gegensatz zur Meinungsbildungsfreiheit indes objektiv-rechtlicher Natur ist.[530]

Allerdings ist auch dieser – grundsätzlich angebrachten – Differenzierung ihr Problem auf die Stirn geschrieben, stellt sich doch notwendigerweise die

---

[526] Zurückzuführen ist Unterscheidung auf *Schoch*, in: Isensee/Kirchhof, HStR Bd. III, 3. Aufl. 2005, § 37 Rn. 74.

[527] *Bilsdorfer*, Polizeiliche Öffentlichkeitsarbeit in sozialen Netzwerken, 2019, S. 244 unter Verweis auf *Schoch*, in: Isensee/Kirchhof, HStR Bd. III, 3. Aufl. 2005, § 37 Rn. 74; vgl. *Ingold*, Desinformationsrecht, 2011, S. 50.

[528] *Bilsdorfer*, Polizeiliche Öffentlichkeitsarbeit in sozialen Netzwerken, 2019, S. 244; vgl. auch *Schoch*, in: Isensee/Kirchhof, HStR Bd. III, 3. Aufl. 2005, § 37 Rn. 74.

[529] *Schoch*, in: Isensee/Kirchhof, HStR Bd. III, 3. Aufl. 2005, § 37 Rn. 74.

[530] Allerdings kann auch nicht verhaltenslenkendes Informationshandeln einen Grundrechtseingriff in die Meinungsbildungsfreiheit darstellen, wenn es – etwa aufgrund thematischer Sensibilität – eine derart hohe Eingriffsintensität aufweist, dass die voluntative Komponente des Staatshandelns verdrängt wird, vgl. auch *Ingold*, Desinformationsrecht, 2011, S. 50.

nur schwer und kaum pauschal zu beantwortende Anschlussfrage, wann staatliche Öffentlichkeitsarbeit auf Verhaltenssteuerung abzielt, oder besser: Wann sie dies nicht tut.[531] Jede auf den ersten Blick „nur" selbstdarstellende Kommunikationsmaßnahme ist zumindest in der Theorie dazu geeignet, das sich im nächsten Wahlakt manifestierende Verhalten des Wählers zugunsten des Hoheitsträgers bzw. der ihn tragenden Partei zu steuern und somit im Ergebnis massiv verhaltenssteuernd zu sein.

Es ist zudem fraglich, ob diese Art der „schleichenden" Einflussnahme auf das Verhalten der Grundrechtsträger, die womöglich erst bei einem genaueren Hinsehen als verhaltenslenkend eingestuft werden kann, nicht besonders bedrohlich für den Willensbildungsprozess der Rezipienten ist. Anders als im Falle unmittelbar verhaltenslenkender Informationsmaßnahmen in Form von Warnungen und konkreten Verhaltensempfehlungen kann sich der Adressat einer nur subtil beeinflussenden Informationsmaßnahme kaum darüber im Klaren sein kann, dass er sein Verhalten an den verhaltenslenkenden und überdies fehlerhaften Informationen des Staats orientiert.[532] Gerade aus der Perspektive staatlicher Fehlinformationen muss daher maßgeblich sein, inwiefern eine staatliche Informationsmaßnahme auf den Willensbildungsprozess des Grundrechtsträgers lenkend Einfluss nehmen kann. Beherzigt man dies, sind auch allgemein gehaltene Behauptungen im politischen Kontext von Bedeutung und als potentiell (wahl-) verhaltenslenkend einzustufen.[533] Staatliche Fehlinformationen, die sich lenkend auf die Freiheitsausübung jeglicher Art auswirken, überschreiten mithin die Grenze zum faktischen Grundrechtseingriff in die Meinungsbildungsfreiheit.

b) Übertragung auf die Kommunikation in den sozialen Netzwerken

Übertragt man zuvor Gesagtes auf die Kommunikationsstrukturen der sozialen Netzwerke, bestätigt sich, dass in der Verhaltenslenkung nicht das die Eingriffsqualität unwahrer Informationsmaßnahmen bestimmende Kriterium gesehen werden darf. Das staatliche Informationshandeln in den sozialen Netzwerken besitzt aufgrund der erhöhten Reichweite und der sich einer Steuerung entziehenden Speicherungs- sowie Weiterverbreitungsmöglichkei-

---

[531] A.A. *Schoch*, in: Isensee/Kirchhof, HStR Bd. III, 3. Aufl. 2005, § 37 Rn. 74, der davon ausgeht, dass so ein „rechtsdogmatisch anschlussfähiges Modell" entwickelt werden kann.

[532] Wie gezeigt handelt es sich beim „Nudging", der unbemerkten Einflussnahme auf das Verhalten Privater, um eine der Funktionen staatlicher Öffentlichkeitsarbeit, vgl. 1. Kapitel A.IV. 4.

[533] Deutlich strenger *Ingold*, Desinformationsrecht, 2011, S. 50, der einen Grundrechtseingriff bei Informationshandeln im politischen Kontext erst annehmen will, wenn eine unbeeinflusste Meinungsbildung unmöglich geworden ist; so auch *Bilsdorfer*, Polizeiliche Öffentlichkeitsarbeit in sozialen Netzwerken, 2019, S. 244 f.

ten eine genuin erhöhte Eingriffswirkung.[534] Auch nicht von einer Desinformationsabsicht getragene, aber aufsehenerregende Fehlinformationen sind besonders anfällig für verheerende sog. Schneeball- und Viraleffekte.[535] Zudem wird die Eingriffswirkung in den sozialen Netzwerken durch die Verwendung audio-visueller Inhalte und die damit einhergehende Suggestivwirkung staatlichen Informationshandelns in erheblicher Weise potenziert.[536] Anders als bei den herkömmlichen Erscheinungsformen staatlicher Öffentlichkeitsarbeit kann es für das Vorliegen eines faktischen Grundrechtseingriffs auf eine anvisierte Verhaltenslenkung daher nicht ankommen. Der Großteil der netzwerkspezifischen Kommunikation[537] würde unabhängig von ihrer reichweitenbedingten und suggestiven Eingriffsintensität auf diese Weise einer verfassungsrechtlichen Rechtfertigungspflicht entzogen.

Verbreitet ein staatlicher Funktionsträger fehlerhafte Informationen in den sozialen Netzwerken, muss es für die Annahme eines Grundrechtseingriffs in die Meinungsbildungsfreiheit daher als ausreichend zu erachten sein, wenn dieser die Falschheit der publizierten Information *ex ante* kannte oder zumindest hätte erkennen können. Die subjektive Komponente des fehlinformativen Grundrechtseingriffs ist mithin bereits bei Vorliegen eines kognitiven Elements als gegeben anzusehen, ohne dass es darüber hinaus eines Willensfaktors bedarf. Während davon auszugehen ist, dass den staatlichen Accountbetreibern in den sozialen Netzwerken die mit den dortigen Kommunikationsstrukturen einhergehende genuin erhöhte Eingriffsintensität bekannt ist, handelt es sich beim kognitiven Erfordernis hinsichtlich der Wahrhaftigkeit einer publizierten Informationsmaßnahme allerdings um ein im Einzelfall zu bestimmendes Finalitätskriterium.

Wenn feststeht, dass der staatliche Funktionsträger die Unwahrheit einer Tatsache oder Fehlerhaftigkeit einer Information kannte oder hätte kennen müssen, begründet dies bereits das Vorliegen eines fehlinformativen Grundrechtseingriffs, da die intensitätspotenzierenden Strukturen für die staatliche Öffentlichkeitsarbeit als gegeben anzusehen sind.[538] Dieses Verständnis speist sich im Hinblick auf die begrenzten Korrekturmöglichkeiten im Falle einer *ex post* festgestellten Fehlerhaftigkeit bereits verbreiteter Informationen auch aus der Idee einer präventiven Rechtswirkung. Entscheidet sich ein Hoheitsträger dazu, Informationen einem schier unüberschaubaren Kreis potenzieller Rezipienten zur Verfügung zu stellen, treffen ihn erhöhte pro-

---

[534] Dies im Zusammenhang mit dem Phänomen von „Fakenews" betonend *Fickentscher*, DVBl. 2021, 490 (491 f.); vgl. zur Eingriffsqualität im Allgemeinen 2. Kapitel, B.II.2.c).bb).

[535] *Holznagel*, MMR 2018, 18 (19); *Mafi-Gudarzi*, ZRP 2019, 65 (65).

[536] Vgl. *Mafi-Gudarzi*, ZRP 2019, 65 (65).

[537] Zum Begriff der netzwerkspezifischen Kommunikation vgl. ausf. 1. Kapitel B.IV. 3.

[538] Vgl. dazu auch im Einzelnen 2. Kapitel B.II.2.c).bb).

zedurale Pflichten, die sich im Falle ihrer Verletzung in der Annahme eines Grundrechtseingriffs manifestieren.[539]

c) Zusammenfassung

Die Bestimmung der Eingriffswirkung staatlicher Fehlinformationen ist wegweisender Natur und daher genau ins Auge zu fassen. Um den Staat nicht unter immensen Rechtfertigungsdruck zu stellen, muss fehlerhaftes Informationshandeln des Staates eine Eingriffsschwelle überschreiten, um eine Rechtfertigungspflicht auszulösen. Während planbasierte Desinformation des Staates diese Schwelle mit Leichtigkeit überschreitet, bedarf es im Hinblick auf nicht von Desinformationsabsicht getragene Fehlinformationen einer differenzierten Betrachtungsweise. Für die herkömmlichen Erscheinungsformen staatlicher Öffentlichkeitsarbeit liegt eine Unterscheidung zwischen unspezifischer und verhaltenslenkender Öffentlichkeitsarbeit daher nahe. Bei der Frage nach der Verhaltenslenkung staatlichen Informationshandelns ist es zur Erzielung zufriedenstellender Ergebnisse erforderlich, auf eine nachhaltige Einwirkung auf den Willensbildungsprozess der Informationsrezipienten abzustellen.

Unter Heranziehung der allgemeinen Indikatoren der Finalität und Eingriffswirkung ist sodann im Einzelfall die Eingriffsqualität fehlerhafter Informationen zu untersuchen. Nimmt man nun die Kommunikation staatlicher Funktionsträger in den sozialen Netzwerken in den Blick, ergibt sich ein neues Bild. Im Hinblick auf die strukturell erhöhte Eingriffswirkung der Öffentlichkeitsarbeit in sozialen Netzwerken sind keine erhöhten Anforderungen an die Finalität des staatlichen Handelns zu stellen. Vielmehr ist es in Anbetracht der intensitätspotenzierenden Kommunikationsstrukturen als ausreichend zu erachten, wenn der Accountbetreiber die Fehlerhaftigkeit der von ihm verbreiteten Informationen ex ante kannte oder zumindest hätte kennen können.

3. Rechtfertigung des Eingriffs

Greift der Staat fehl- oder desinformativ in den Meinungsbildungsprozess eines Grundrechtsträgers, der die Unwahrheit einer Information nicht erkennt, ein, begegnet dieses Vorgehen großen rechtsstaatlichen Bedenken, die sich aus grundrechtlicher Perspektive in besonders hohen Rechtfertigungsanforderungen niederschlagen.[540] Die Kommunikationsgrundrechte sind nach der Rechtsprechung des Bundesverfassungsgerichts „schlechthin kon-

---

[539] Zu dieser prozeduralen Komponente vgl. auch im Allgemeinen *I. Augsberg*, Informationsverwaltungsrecht, 2014, S. 244 ff.

[540] Vgl. zu den rechtsstaatlichen Bedenken gegen die „staatliche Lüge“ *Schmalenbach*, NVwZ 2005, 1357 (1357 f.).

stituierend für die freiheitlich-demokratische Grundordnung"[541], weswegen staatliche Grundrechtseingriffe in diesem Bereich stets einem erheblichen Rechtfertigungsdruck unterliegen. Nichts anderes gilt für den auf die innere Meinungsbildung seiner Bürger Einfluss nehmenden Staat. Dies ergibt sich wiederum nicht zuletzt auch aus der demokratiesichernden Funktion freier Meinungsbildung, die der Idee des Grundgesetzes nach ihren freiheitlichen Ursprung im Volk als Souverän selbst hat und von dort aus über hinreichend nachvollziehbare Legitimationsketten Grundlage staatlicher Entscheidungen werden muss. Legt man dieses Verständnis den oben aufgezeigten Grundrechtseingriffstypen zugrunde, bestehen erhebliche Zweifel daran, ob die gezielte und planmäßige Beeinflussung der Meinungsbildung im Wege staatlicher Desinformation und Indoktrinierung überhaupt rechtfertigungsfähig ist.[542]

Auch wenn sich die Brisanz gezielter Einflussnahme auf die Meinungsbildung der Grundrechtsträger aufdrängt, entspricht es der allgemeinen Grundrechtsdogmatik, dass auch besonders schwere Grundrechtseingriffe prinzipiell einer Rechtfertigung zugänglich sein können. Die Eingriffsrechtfertigung wird staatlichem Handeln vom Grundgesetz einzig im Falle einer Beeinträchtigung der Menschenwürde aus Art. 1 Abs. 1 GG von vornherein abgesprochen und als abwägungsresistent bezeichnet.[543] Dadurch, dass die staatliche Desinformation darauf gerichtet ist, Fehlvorstellungen bei ihren Adressaten zu erzielen, ist der Staat auf einen Transformationsakt der Grundrechtsträger und die Mitwirkung der Adressaten angewiesen. Er macht sie mithin nicht zum reinen Objekt staatlichen Handelns, sondern lebt von ihrer kognitiven Mitwirkung, weshalb die Menschenwürdegarantie durch Desinformationsmaßnahmen damit in der Regel nicht tangiert wird.[544]

Hinzu kommt, dass aus staatlicher Feder stammende Fehlinformationen – anders als dies prima facie vermutet werden könnte – einen erheblichen, das Informationsinteresse der Rezipienten überwiegenden Gemeinwohlbezug aufweisen können.[545] Eine Rechtfertigung ist mithin zumindest denkbar,

---

[541] BVerfGE 7, 198 (208); 62, 230 (247); 93, 266 (292 f.).

[542] Vgl. *Ingold*, Desinformationsrecht, 2011, S. 54; vgl. auch *Bumke*, Die Verwaltung 37 (2004), 3 (21); zum fehlenden Gemeinwohlbezug staatlicher Desinformation und den Folgen für die verfassungsrechtliche Rechtfertigung vgl. *Schmalenbach*, NVwZ 2005, 1357 (1358).

[543] BVerfGE 75, 369 (380); grundlegend *Dreier*, in: ders., GG Bd. I, 3. Aufl. 2013, Art. 1 Abs. 1 Rn. 46; s.a. *Herdegen*, in: Dürig/Herzog/Scholz, GG, 96. EL 2021, Art. 1 Abs. 1 Rn. 73; *Kunig/Kotzur*, in: v. Münch/Kunig, GG Bd. I, 7. Aufl. 2021, Art. 1 Rn. 37; *Starck*, in: v. Mangoldt/Klein/Starck, GG Bd. I, 7. Aufl. 2018, Art. 1 Rn. 34.

[544] *Ingold*, Desinformationsrecht, 2011, S. 58 f.

[545] *Schmalenbach*, NVwZ 2005, 1357 (1358), führt in diesem Kontext beispielsweise eine Desinformationskampagne der Bundesregierung aus dem Jahr 1977 an, mit der sie Pressevertreter im Zuge der Entführung des Arbeitgeberpräsidenten Hans Martin Schleyer

wenngleich die Rechtfertigungsanforderungen an einen gezielten Eingriff in die als höchstsensibel einzustufende Meinungsbildungsfreiheit als besonders hoch anzusehen sind. Dies spiegelt sich unmittelbar in den Anforderungen an die gesetzliche Ermächtigungsgrundlage wider, die im Falle gezielter Desinformation nach dem grundrechtlichen Gesetzesvorbehalt jedenfalls erforderlich ist.[546] Insbesondere kann der die Meinungsbildungsfreiheit zu schützen bestimmte qualifizierte Gesetzesvorbehalt des Art. 5 Abs. 2 GG nicht ohne Weiteres durch Verweis auf verfassungsimmanente Schranken umgangen werden.[547] Eine gesetzliche Grundlage müsste im Hinblick auf die Schwere des Eingriffs vielmehr sogar *en détail* bereichsspezifische Vorgaben für die Verbreitung fehlerhafter Informationen enthalten, was im Ergebnis wiederum allein dem äußeren Erscheinungsbild nach als Fremdkörper im Rechtsstaat begriffen werden könnte.[548] Eine derartige Ermächtigungsnorm könnte aufgrund ihres generellen Charakters womöglich sogar mehr Schaden anrichten als exekutive Einzelmaßnahmen, die in Ermangelung einer gesetzlichen Grundlage als rechtswidrig einzustufen wären.[549]

Teilweise wird daher in eng auszulegenden Ausnahmesituation ein ungeschriebenes Notstandsrecht des Staates als Befugnisnorm bemüht, wobei in der aktiven und womöglich politisch motivierten Entscheidung zugunsten eines Regelungsverzichts eine verfassungswidrige Umgehung des Gewaltenteilungsgrundsatzes zu sehen ist.[550] Es kann aus demokratiesichernder und rechtsstaatlicher Perspektive nicht überzeugen, fehlinformative Eingriffe in die Meinungsbildungsfreiheit, gegen deren gesetzgeberische Legitimierung sich bewusst entschieden wurde, auf ungeschriebene Exekutivermächtigungen zu stützen, deren Existenz für sich genommen bereits zweifelhaft ist. Vielmehr steht fest, dass es grundsätzlich einer bereichsspezifischen Befugnisnorm bedarf, um fehlinformative Eingriffe in die Meinungsbildungsfreiheit zu legitimieren. Auch wenn es gemeinwohlbezogene Belange von Verfassungsrang gibt, die einen Eingriff rechtfertigen können, fehlt es (derzeit) an der erforderlichen Grundlage von Gesetzesrang.

dahingehend täuschte, dass sich das Sondereinsatzkommando GSG 9 an der Fahndung nach den RAF-Terroristen beteiligte. Allerdings wird man in dieser und vergleichbaren Konstellationen von einem über Gemeinwohlinteressen hinausgehenden Notstand ausgehen müssen.

[546] Vgl. *Ingold*, Desinformationsrecht, 2011, S. 57; *Schmalenbach*, NVwZ 2005, 1357 (1359); zum grundrechtlichen Gesetzesvorbehalt im Allgemeinen und für die staatliche Öffentlichkeitsarbeit im Besonderen vgl. 2. Kapitel B.II.3.

[547] *Schmalenbach*, NVwZ 2005, 1357 (1359).

[548] *Schmalenbach*, NVwZ 2005, 1357 (1359 f.).

[549] *Schmalenbach*, NVwZ 2005, 1357 (1360), spricht daher treffenderweise von einem Dilemma und betont, dass gesellschaftspsychologische Erwägungen Verfassungsgrundsätze wie den grundrechtlichen Gesetzesvorbehalt nicht außer Kraft setzen können.

[550] *Schmalenbach*, NVwZ 2005, 1357 (1360).

4. Zwischenergebnis

Staatliche Fehlinformation besitzt ein erhebliches Bedrohungspotential für die Meinungsbildung ihrer Rezipienten. Individualgrundrechtlich betrachtet fällt die Meinungsbildungsfreiheit in den Schutzbereich der Meinungsfreiheit aus Art. 5 Abs. 1 Satz 1 GG, da in ihr ein unabdingbares Durchgangsstadium für die freie Meinungsäußerungsfreiheit zu sehen ist. In Anbetracht der Bandbreite fehlerhaften Informationshandelns von Seiten des Staates kommt der Bestimmung der Eingriffsqualität fehlinformativer Äußerungen eine „*gatekeeper*"-Funktion hinsichtlich der damit einhergehenden Rechtfertigungslast zu. Während die von Desinformationsabsicht getragene Fehlinformation staatlicher Stellen im Hinblick auf ihre Auswirkungen und das ihr zugrundeliegende Maß an Finalität ohne Weiteres als Grundrechtseingriff zu qualifizieren ist, gestaltet sich die Bestimmung der Eingriffsqualität sonstiger Fehlinformation als schwierig.

Für die herkömmlichen Erscheinungsformen staatlicher Öffentlichkeitsarbeit bietet es sich an, mit *Schoch* zwischen verhaltenslenkender und unspezifischer Öffentlichkeitsarbeit zu unterscheiden.[551] Während fehlerhafte Informationen mit verhaltenslenkender Funktion die Voraussetzungen eines Grundrechtseingriffs erfüllen, ist davon auszugehen, dass sich Maßnahmen staatlicher Öffentlichkeitsarbeit, die nicht auf eine Verhaltenssteuerung abzielen, regelmäßig unterhalb der Eingriffsschwelle bewegen, wenngleich die Abgrenzung durchaus prekär ist. Richtungweisend sollte dabei stets die Erheblichkeit der Einwirkung auf den Willensbildungsprozess der Rezipienten sein.

Für die Kommunikation in den sozialen Netzwerken gelten hingegen andere Maßstäbe. Im Hinblick auf die genuin erhöhte Eingriffswirkung der Öffentlichkeitsarbeit in sozialen Netzwerken sind keine erhöhten Anforderungen an die Finalität des staatlichen Handelns zu stellen. Vielmehr ist es angesichts der intensitätspotenzierenden Kommunikationsstrukturen als ausreichend zu erachten, wenn der Accountbetreiber die Fehlerhaftigkeit der von ihm verbreiteten Informationen ex ante kannte oder zumindest hätte kennen können.

In Anbetracht der Empfindlichkeit des Meinungsbildungsprozesses und der erhöhten Eingriffsschwelle unterliegen Fehl- und Desinformation durch staatliche Stellen in jedem Fall sehr hohen Rechtfertigungsanforderungen, die sich bereits im Erfordernis einer bereichsspezifischen Befugnisnorm manifestieren. Auch wenn eine prinzipielle Rechtfertigung der „staatlichen Lüge" im Hinblick auf einzelne gemeinwohlbezogene Fehlinformationsmaßnahmen nicht ausgeschlossen ist, fehlt es derzeit an einer legitimierenden Ermächtigungsgrundlage, was letztlich zu großen Teilen auch auf die rechts-

[551] Erstmals *Schoch*, in: Isensee/Kirchhof, HStR Bd. III, 3. Aufl. 2005, § 37 Rn. 74.

staatliche Eigenartigkeit einer Befugnis zur staatlichen Fehl- und Desinformation zurückzuführen dürfte.

C. Der allgemeine Vorbehalt des Gesetzes

Der Vorbehalt des Gesetzes ist ein Teil des aus zwei Komponenten bestehenden Grundsatzes der Gesetzmäßigkeit der Verwaltung. Neben dem sog. Vorrang des Gesetzes, demzufolge ein Handeln des Staates nicht gegen bestehende Gesetze verstoßen darf, besagt der Vorbehalt des Gesetzes im Kern, dass es für bestimmte Tätigkeiten der vollziehenden Gewalt einer gesetzlichen Grundlage bedarf.[552] Dieser zunächst banal erscheinende Grundsatz entfaltet für die Eingriffsverwaltung allerdings eine gravierende Wirkung und ist im Bereich der staatlichen Öffentlichkeitsarbeit seit jeher von besonderer Bedeutung. Er weist erhebliche Überschneidungen zu dem bereits gründlich in den Blick genommenen grundrechtlichen Gesetzesvorbehalt auf und ist nicht immer ohne Weiteres von der grundrechtlichen Komponente zu trennen. Dennoch besitzt der allgemeine Grundsatz vom Vorbehalt des Gesetzes eine über den grundrechtlichen Gesetzesvorbehalt hinausgehende Bedeutung, die im Speziellen für die staatliche Öffentlichkeitsarbeit von Bedeutung ist. Im Folgenden sollen daher zunächst überblicksartig die grundlegenden Aussagen des allgemeinen Gesetzesvorbehalts erarbeitet werden, bevor die konkreten Auswirkungen auf das Informationshandeln des Staates dargestellt werden.

I. Grundlagen des Gesetzesvorbehalts

Den Grundsatz vom Vorbehalt des Gesetzes beinhaltet das Grundgesetz an verschiedenen Stellen und in unterschiedlicher Intensität.[553] Die prominentesten Ausprägungen des Grundsatzes sind der grundrechtliche Gesetzesvorbehalt und der allgemeine, ungeschriebene Grundsatz vom Vorbehalt des Gesetzes. Während Letzterer seine Wirkungen für jegliches Staatshandeln entfaltet, kommt der grundrechtliche Gesetzesvorbehalt nur zum Tragen, wenn von staatlicher Seite aus in die Grundrechte des Einzelnen eingegriffen wird. In ihm ist insofern ein Sonderfall des allgemeinen Gesetzesvorbehalts für rechtfertigungsbedürftige Grundrechtseingriffe zu sehen, der allerdings nicht identisch ist und einen eigenen (engeren) Anwendungsbereich besitzt.[554]

---

[552] Grundlegend *Kotzur*, in: v. Münch/Kunig, GG Bd. I, 7. Aufl. 2021, Art. 20 Rn. 153 f.

[553] Vgl. die Übersicht bei *Ossenbühl*, in: Isensee/Kirchhof, HStR Bd. V, 3. Aufl. 2007, § 101 Rn. 35 ff.

[554] *Ossenbühl*, in: Isensee/Kirchhof, HStR Bd. V, 3. Aufl. 2007, § 101 Rn. 36; 51.

Wie sich zeigen wird, sind die beiden Grundsätze nichtsdestotrotz eng miteinander verzahnt und auch für das Bundesverfassungsgericht nicht immer einfach voneinander zu trennen. Gleichwohl soll es im Folgenden allein um den allgemeinen Gesetzesvorbehalt gehen, da der subjektive grundrechtliche Gesetzesvorbehalt bereits im Rahmen der Grundrechtsdogmatik staatlicher Öffentlichkeitsarbeit thematisiert wurde.[555]

1. Herleitung

Normativer Ausgangspunkt des allgemeinen Gesetzesvorbehalts sind das in Art. 20 Abs. 3 GG wurzelnde Rechtsstaatsprinzip und das Demokratieprinzip aus Art. 20 Abs. 2 GG, das im Zusammenhang mit dem Vorbehalt des Gesetzes bisweilen in Vergessenheit zu geraten scheint.[556] Die im Schatten des Rechtsstaatsprinzips stehende demokratische Komponente des Gesetzesvorbehalts rührt daher, dass es sich bei dem Grundsatz um eine zentrale Frage der Gewaltenteilung handelt, die die Frage nach dem erforderlichen Maß an demokratischer Legitimation für exekutivische Entscheidungen des Staates betrifft.[557] Das Parlament nimmt unter den drei Staatsgewalten wegen des hohen Maßes an personell-demokratischer Legitimation und aufgrund seines transparenzsichernden Gesetzgebungsverfahrens eine erhabene Position ein.[558] Die zentrale Frage des Gesetzesvorbehalts lautet daher, wann es für das Handeln der vollziehenden Gewalt einer gesetzlichen Grundlage bedarf, die Ausfluss des auf die Rolle des Parlaments im demokratischen Rechtsstaat zurückzuführenden demokratiesichernden und transparenzwahrenden Gesetzgebungsverfahrens ist.

Gleichzeitig schützen die Gesetze nach der Vorstellung des Grundgesetzes bei entsprechender Regelungsdichte den einzelnen Bürger, da sie idealiter durch ihre Voraussetzungen und Vorgaben seine Rechtsstellung sichern.[559] Darüber hinaus machen die Gesetze das Handeln des Staates vorhersehbar und dienen damit in nicht unerheblichem Maße der Rechtssicherheit.[560] Mit-

---

[555] Vgl. 2. Kapitel B.II.3.

[556] BVerfGE 40, 237 (248 f.); 47, 46 (78 f.); 49, 89 (126); *Grzeszick*, in: Dürig/Herzog/Scholz, GG, 96. EL 2021, Art. 20 Abs. 3 Rn. 101; *Gusy*, NJW 2000, 977 (982); vgl. ausf. *Obler*, AöR 131 (2006), 336 (341), der in anschaulicher Weise davon ausgeht, dass sich die beiden Begründungsansätze im Vorbehalt des Gesetzes „treffen"; *Ossenbühl* betont zudem, dass das Verhältnis von der rechtsstaatlichen und demokratischen Komponente des (allgemeinen) Gesetzesvorbehalts noch nicht hinreichend geklärt ist, vgl. *Ossenbühl*, in: Isensee/Kirchhof, HStR Bd. V, 3. Aufl. 2007, § 101 Rn. 51.

[557] Vgl. dazu *Ossenbühl*, DÖV 1980, 545 ff.

[558] *Obler*, AöR 131 (2006), 336 (341); *Sommermann*, in: v. Mangoldt/Klein/Starck, GG Bd. II, 7. Aufl. 2018, Art. 20 Rn. 186 ff.; ausf. zur Entwicklung des Gesetzesvorbehalts *Ossenbühl*, in: Isensee/Kirchhof, HStR Bd. V, 3. Aufl. 2007, § 101 Rn. 11 ff.

[559] *Obler*, AöR 131 (2006), 336 (341).

[560] *Huster/Rux*, in: BeckOK GG, 51. Ed. 2022, Art. 20 Rn. 173.

hin ergibt sich die Bedeutung des Gesetzesvorbehalts aus einer breiten Palette rechtsstaatlicher und demokratischer Gesichtspunkte.

Mit dem Vorbehalt des Gesetzes geht damit auch ein Delegationsverbot für Entscheidungen, die allein von der gesetzgebenden Gewalt zu treffen und nicht übertragbar sind, einher.[561] In diesen Fällen spricht man von einem thematisch streng genommen über den allgemeinen Gesetzesvorbehalt hinausgehenden Parlamentsvorbehalt, der nur gewahrt ist, wenn eine formellgesetzliche Grundlage in der Form eines detaillierten Parlamentsgesetzes existiert.[562] Ist im allgemeinen Sprachgebrauch vom Gesetzesvorbehalt die Rede, wird damit häufig der Parlamentsvorbehalt als besondere Form des allgemeinen Gesetzesvorbehalts gemeint. Im Gegensatz zum Parlamentsvorbehalt kann dem allgemeinen Grundsatz vom Vorbehalt des Gesetzes jedoch auch durch eine auf parlamentarischer Ermächtigung beruhenden untergesetzlichen (materiellen) Rechtsgrundlage genügt werden, da auch ein materielles Gesetz zur Vorhersehbarkeit staatlichen Handelns beiträgt, der Rechtssicherheit dient und Ausfluss demokratischer Legitimationsprozesse sein kann.[563]

Ein verfassungsrechtlicher Ausdruck des seinen Ursprung in den höchsten Grundsätzen der Verfassung habenden allgemeinen Gesetzesvorbehalts ist in Art. 80 Abs. 1 GG zu sehen, da diese Vorschrift der vollziehenden Gewalt den Erlass untergesetzlicher Rechtsnormen erlaubt, sofern sie durch ein hinreichend detailliertes Parlamentsgesetz dazu ermächtigt wurde.[564] Sie sichert auch für untergesetzliche Rechtsnormen einen Mindesteinfluss des Parlaments und ist damit demokratiesichernder Natur. Im Folgenden soll der Parlamentsvorbehalt als Ausprägung des allgemeinen Gesetzesvorbehalts den Ausgangspunkt der Untersuchung darstellen.

2. *Wesentlichkeitstheorie*

Die Beantwortung der Frage danach, welche Entscheidungen dem Parlamentsgesetzgeber obliegen und wie detailliert er diese legislativ auszugestalten hat, ist in verschiedenen Gedankenschritten zu vollziehen. Zunächst bleibt festzuhalten, dass der früher vereinzelt befürworteten sog. Lehre vom Totalvorbehalt[565], die für jegliches Handeln des Staates eine gesetzliche

---

[561] *Ossenbühl*, in: Isensee/Kirchhof, HStR Bd. V, 3. Aufl. 2007, § 101 Rn. 14.

[562] BVerfGE 58, 257 (268); *Ossenbühl*, in: Isensee/Kirchhof, HStR Bd. V, 3. Aufl. 2007, § 101 Rn. 14 f.; *Schulze-Fielitz*, in: Dreier (Hrsg.), GG Bd. II, 3. Aufl. 2015, Art. 20 Rn. 119; *Sommermann*, in: v. Mangoldt/Klein/Starck, GG Bd. II, 7. Aufl. 2018, Art. 20 Rn. 274, vgl. auch *Kotzur*, in: v. Münch/Kunig, GG Bd. I, 7. Aufl. 2021, Art. 20 Rn. 156.

[563] *Schulze-Fielitz*, in: Dreier (Hrsg.), GG Bd. II, 3. Aufl. 2015, Art. 20 Rn. 123.

[564] Vgl. zum Verhältnis des Gesetzesvorbehalts und Art. 80 Abs. 1 GG auch BVerfGE 150, 1 (99 ff.).

[565] *Jesch*, Gesetz und Verwaltung, 1961, S. 34.

Grundlage fordert, entschieden entgegenzutreten ist, da sie der vollziehenden Gewalt den verfassungsrechtlich anerkannten „Kernbereich exekutivischer Eigenverantwortung“[566] aberkennen würde.[567] Die Exekutive bedarf um ihrer Handlungsfähigkeit willen gewisser Freiräume und muss die Möglichkeit haben, selbst durch untergesetzliche Rechtsnormen gestaltend tätig zu werden.

Daher hat das Bundesverfassungsgericht in seiner Rechtsprechung die sog. Wesentlichkeitstheorie entwickelt.[568] Ihr zufolge sind alle „für die Verwirklichung der Grundrechte wesentliche[n]“ Entscheidungen im Staat dem Parlament vorbehalten.[569] Erst wenn der Gesetzgeber tätig geworden ist, darf die Exekutive in den wesentlichen Bereichen sich auf die gesetzliche Grundlage stützend tätig werden. Eine angemessene Handhabung dieser „Theorie“ sichert die demokratische Legitimation wesentlicher Entscheidungen und die Schaffung eines rechtlichen Rahmens, ohne der Exekutive ihre Handlungs- und Reaktionsfähigkeit abzuerkennen.

Die maßgebliche Folgefrage drängt sich damit allerdings auf: Wann ist eine Entscheidung so wesentlich, dass sie eine formell-gesetzliche (Vor-) Entscheidung seitens des Gesetzgebers erforderlich macht? Die Kriterien für die Feststellung dessen, was als „wesentlich“ zu behandeln ist, sind nicht abschließend festgelegt und laufen in der Regel auf eine Gesamtbetrachtung der äußeren Umstände sowie berührten Interessen einer Entscheidung und ihrer Folgen hinaus.[570] Einigkeit besteht allerdings dahingehend, dass vor allem die Grundrechtsrelevanz einer Maßnahme und die von ihr ausgehende Eingriffswirkung wesentlich sind und das Erfordernis einer parlamentsgesetzlichen Grundlage nach sich ziehen können.[571]

---

[566] BVerfGE 67, 100 (139) m. Verweis auf *Scholz*, AöR 105 (1980), 564 (598); *Ossenbühl*, in: Isensee/Kirchhof, HStR Bd. V, 3. Aufl. 2007, § 101 Rn. 66 ff.

[567] BVerfGE 98, 218 (251 f.); *Ossenbühl*, in: Isensee/Kirchhof, HStR Bd. V, 3. Aufl. 2007, § 101 Rn. 23; *Sommermann*, in: v. Mangoldt/Klein/Starck, GG Bd. II, 7. Aufl. 2018, Art. 20 Rn. 274.

[568] Inwiefern es sich dabei überhaupt um eine „Theorie“ handelt, diskutiert *Ossenbühl*, in: Isensee/Kirchhof, HStR Bd. V, 3. Aufl. 2007, § 101 Rn. 52.

[569] BVerfGE 34, 165 (192 f.); 41, 251 (259 f.); 49, 89 (126); 61, 260, (275); 88, 103, (116); 98, 218 (251); *Sommermann*, in: v. Mangoldt/Klein/Starck, GG Bd. II, 7. Aufl. 2018, Art. 20 Rn. 274 f.

[570] *Schulze-Fielitz*, in: Dreier (Hrsg.), GG Bd. II, 3. Aufl. 2015, Art. 20 Rn. 113; zur Unbestimmtheit des Begriffs der Wesentlichkeit vgl. *Kotzur*, in: v. Münch/Kunig, GG Bd. I, 7. Aufl. 2021, Art. 20 Rn. 158 m.w.N.

[571] BVerfGE 34, 165 (192 f.); 47, 46 (79); 101, 1 (34); *Ossenbühl*, in: Isensee/Kirchhof, HStR Bd. V, 3. Aufl. 2007, § 101 Rn. 57; *Schulze-Fielitz*, in: Dreier (Hrsg.), GG Bd. II, 3. Aufl. 2015, Art. 20 Rn. 113; bspw. wird aber auch ein sog. institutioneller Vorbehalt des Gesetzes für bedeutende staatsorganisatorische Entscheidungen, die keine Eingriffswirkung entfalten, diskutiert, vgl. dazu ausf. *Obler*, AöR 131 (2006), 336.

Sofern nicht ein sog. vorbehaltlos gewährleistetes Grundrecht in Rede steht, ergibt sich das Erfordernis einer gesetzlichen Grundlage für einen Grundrechtseingriff in diesen Fällen zusätzlich auch aus dem ausdrücklichen grundrechtlichen Gesetzesvorbehalt, der wegen des durch Art. 2 Abs. 1 GG gewährleisteten nahezu lückenlosen Freiheitsschutzes seinerseits sehr weitreichend ist.[572] Das Bundesverfassungsgericht spricht insofern von einem subjektiven Rechten dienenden Gesetzesvorbehalt auf der einen und einem demokratiesichernden Gesetzesvorbehalt auf der anderen Seite, wobei es nach dieser Feststellung nicht weiter zwischen den beiden Anknüpfungspunkten unterscheidet.[573]

Liegt ein Grundrechtseingriff vor, ist damit auch von einer grundrechtlichen Relevanz der Maßnahme auszugehen. Nach der Intention des Bundesverfassungsgerichts ist der den demokratiesichernden Gesetzesvorbehalt aktivierende Begriff der Grundrechtsrelevanz sogar noch weiter zu verstehen als der grundrechtliche Eingriffsbegriff, der den grundrechtlichen Gesetzesvorbehalt aktiviert.[574] Das Bundesverfassungsgericht bezeichnet es als „entscheidende[n] Fortschritt […], daß der Vorbehalt des Gesetzes von seiner Bindung an überholte Formeln (Eingriff in Freiheit und Eigentum) gelöst und von seiner demokratisch-rechtsstaatlichen Funktion her auf ein neues Fundament gestellt wird, auf dem aufbauend Umfang und Reichweite dieses Rechtsinstituts neu bestimmt werden können."[575]

Neben den Rechtsbereichen genuin gesteigerter Grundrechtsrelevanz unterliegen auch fundamentale Grundsatzentscheidungen von allgemeinpolitischer Bedeutung dem Parlamentsvorbehalt, da diese effektiv nur in Gesetzesform und nicht etwa durch einzelne Exekutiventscheidungen getroffen werden können.[576] Gerade im Bereich der grundgesetzlichen Staatszielbestimmungen drängt sich die Bedeutung und Tragweite der zu treffenden Entscheidungen dadurch auf, dass die Staatszielbestimmungen ihren Weg in die Verfassung gefunden haben und damit nach Auffassung des Verfassungsgesetzgebers von besonderer Relevanz sind.[577] Das Bundesverfassungsgericht geht davon aus, dass es die Aufgabe des Gesetzgebers „ist, – losgelöst vom

---

[572] *Ossenbühl*, in: Isensee/Kirchhof, HStR Bd. V, 3. Aufl. 2007, § 101 Rn. 21; *Sommermann*, in: v. Mangoldt/Klein/Starck, GG Bd. II, 7. Aufl. 2018, Art. 20 Rn. 277; vgl. dazu 2. Kapitel B.II.3.a).

[573] Vgl. BVerfGE 105, 279 (303).

[574] BVerfGE 49, 89 (126); ausf. *Ossenbühl*, in: Isensee/Kirchhof, HStR Bd. V, 3. Aufl. 2007, § 101 Rn. 57 f.

[575] BVerfGE 47, 46 (78 f.).

[576] *Schulze-Fielitz*, in: Dreier (Hrsg.), GG Bd. II, 3. Aufl. 2015, Art. 20 Rn. 114; *Sommermann*, in: v. Mangoldt/Klein/Starck, GG Bd. II, 7. Aufl. 2018, Art. 20 Rn. 274 ff.

[577] *Sommermann*, in: v. Mangoldt/Klein/Starck, GG Bd. II, 7. Aufl. 2018, Art. 20 Rn. 280.

Merkmal des ‚Eingriffs' – in grundlegenden normativen Bereichen, zumal im Bereich der Grundrechtsausübung, soweit diese staatlicher Regelung zugänglich ist, alle wesentlichen Entscheidungen selbst zu treffen".[578]

3. *Bestimmtheit*

Die zweite Komponente des Gesetzesvorbehalts betrifft die Frage danach, wie detailliert eine gesetzliche Regelung ausgestaltet sein muss, um den rechtsstaatlichen Anforderungen des Grundsatzes zu genügen.[579] Diese als „Gebot verstärkter Regelungsdichte"[580] bezeichnete Konsequenz ist auch nur folgerichtig, da eine inhaltsleere Regelung, der sich keine konkreten Vorgaben für das Handeln der vollziehenden Gewalt entnehmen lassen, den Grundsatz unterlaufen würde.

Auch ein Vergleich zu Art. 80 Abs. 1 GG bekräftigt das Gebot: Im Umkehrschluss zum allgemeinen Gesetzesvorbehalt, der dieser Vorschrift ideell zugrundeliegt, kann eine einfache Ermächtigung zum Erlass untergesetzlicher Rechtsnormen in den Fällen, in denen der Gesetzesvorbehalt ein Parlamentsgesetz fordert, nicht ausreichen. Vielmehr bedarf es in diesem Fall konkreter und vorhersehbarer Vorgaben, die auf parlamentsgesetzlicher Ebene zu treffen sind. Der Vorbehalt des Gesetzes weist damit – wie bereits i.R.d. grundrechtlichen Gesetzesvorbehalts dargelegt – eine unauflösbare Verbindung zum verfassungsrechtlichen Bestimmtheitsgrundsatz auf.[581]

„Je intensiver die Grundrechtsbetroffenheit, umso bestimmter muss die Befugnisnorm sein."[582] Das Bundesverfassungsgericht spricht – erstmals im Rahmen seines wegweisenden ersten Volkszählungsurteils – davon, dass unter Umständen eine „bereichsspezifische"[583] Befugnisnorm erforderlich ist, die das Ausmaß des staatlichen Handelns und die Eingriffsintensität einer Maßnahme erkennen lässt. Parlamentsgesetzliche Generalklauseln sind unter diesem Gesichtspunkt nicht unproblematisch, wenngleich sie im Ergebnis aufgrund der Unvorhersehbarkeit der Lebenssachverhalte in einigen Fällen unabdingbar sind.[584] Sie müssen allerdings die Ausnahme darstellen und dürfen nicht zum Tragen kommen, wenn es sich bei der auf sie gestützten Maßnahme um eine besonders eingriffsintensive handelt, die zudem noch vom

---

[578] BVerfGE 49, 89 (126).

[579] *Ossenbühl*, in: Isensee/Kirchhof, HStR Bd. V, 3. Aufl. 2007, § 101 Rn. 30; vgl. zur Wechselwirkung der Bestimmtheit des Rechts und des (allgemeinen) Gesetzesvorbehalts *Grzeszick*, in: Dürig/Herzog/Scholz, GG, 96. EL 2021, Art. 20 Abs. 3 Rn. 75; vgl. bereits 2. Kapitel B. II.3.b).

[580] *Staupe*, Parlamentsvorbehalt und Delegationsbefugnis, 1986, S. 30 f.; 136 ff.

[581] *Ossenbühl*, in: Isensee/Kirchhof, HStR Bd. V, 3. Aufl. 2007, § 101 Rn. 30.

[582] *Ossenbühl*, NVwZ 2011, 1357 (1360).

[583] Vgl. BVerfGE 65, 1 (46); 115, 320 (365); 130, 151 (202); 150, 1 (99 f.).

[584] Zur Problematik der Generalklauseln vgl. 2. Kapitel B.II.3.c).bb).(3).

Gesetzgeber vorherseh- und damit gesetzlich fixierbar war. Inwiefern es einer bereichsspezifischen sowie detaillierten Regelung bedarf und inwiefern der vollziehenden Gewalt durch unbestimmte und generalklauselartige Regelungen ein Spielraum überlassen werden kann, bemisst sich wiederum nach der Wesentlichkeit einer Maßnahme.

4. Zusammenfassung

Der Grundsatz vom Vorbehalt des Gesetzes besagt damit zunächst, dass es für manche Entscheidungen des Staates einer gesetzlichen Grundlage bedarf, um die demokratische Legitimationskette zu wahren und staatliches Handeln vorhersehbar zu machen. Während untergesetzliche Rechtsnormen als materielle Gesetze diesen Anforderungen grundsätzlich gerecht werden können, gibt es nach der sog. Wesentlichkeitstheorie allerdings auch Entscheidungen, die von so großer Bedeutung sind, dass sie allein vom Parlamentsgesetzgeber als Organ höchster demokratischer Legitimation getroffen werden dürfen. Insbesondere die Entscheidungen, die Grundrechtsrelevanz besitzen und von besonderer politischer Bedeutung sind, obliegen allein dem Gesetzgeber. In aller Regel ergibt sich das Erfordernis einer gesetzlichen Ermächtigungsgrundlage für die staatlichen Maßnahmen in diesen Fällen zusätzlich aus dem subjektiv-grundrechtlichen Gesetzesvorbehalt der einzelnen Betroffenen.

Wird eine Entscheidung für wesentlich befunden, geht damit als zweite Komponente des Gesetzesvorbehalts gleichzeitig auch einher, dass das Gesetz detailliert ausgestaltet und damit hinreichend bestimmt sein muss, sodass sich drohende Eingriffswirkungen möglichst gut vorhersehen lassen und möglichst wenig unberechenbaren Spielraum für die vollziehende Gewalt beinhalten.

II. Der allgemeine Vorbehalt des Gesetzes für staatliches Informationshandeln

Betrachtet man die Rechtsprechung des Bundesverfassungsgerichts zur staatlichen Öffentlichkeitsarbeit, finden sich wie an anderer Stelle gezeigt grundlegende Ausführungen zu der Frage, ob es für Informationsmaßnahmen einer parlamentsgesetzlichen Rechtsgrundlage bedarf. Bei genauerer Lektüre der durchaus zu hinterfragenden Passagen fällt auf, dass sich die Ausführungen der Gerichte nur auf die grundrechtliche Komponente des Gesetzesvorbehalts und die damit eng verbundene Untersuchung, ob in einer Informationsmaßnahme ein funktionales Eingriffsäquivalent zu einem klassischen Grundrechtseingriff zu sehen ist, beziehen.[585] Dass sich das Erforder-

---

[585] Vgl. ausf. 2. Kapitel B.II.3.c).aa).

nis einer gesetzlichen Grundlage darüber hinaus auch aus der rechtsstaatlichen und demokratiesichernden Komponente des Verfassungsgrundsatzes ergeben kann, ist in der Rechtsprechung und Literatur bisher weitestgehend außer Acht gelassen worden. Auch wenn das Bundesverfassungsgericht in der „Osho"-Entscheidung die demokratiesichernde Funktion des Gesetzesvorbehalts betont, wurden daraus nicht die erforderlichen Konsequenzen für das Erfordernis einer Rechtsgrundlage gezogen.[586] Sollte sich nämlich herausstellen, dass die staatliche Öffentlichkeitsarbeit als solche von besonderer Grundrechtsrelevanz oder allgemeinpolitischer Bedeutung ist, kann sich auch aus diesem Umstand das Erfordernis einer parlamentsgesetzlichen Regelungsgrundlage ergeben.[587]

III. Die Übertragbarkeit der Vorgaben auf die Kommunikation in sozialen Netzwerken

Da es sich beim Grundsatz vom Vorbehalt des Gesetzes um eine jeglichem Staatshandeln immanente (äußerungsunspezifische) Vorgabe handelt, beansprucht diese auch für die Kommunikation in sozialen Netzwerken ihre Geltung.[588] Unabhängig davon, dass mit einzelnen Maßnahmen des Staates in den sozialen Netzwerken individuelle Grundrechtseingriffe einhergehen können, die ihrerseits den speziellen subjektiv-grundrechtlichen Gesetzesvorbehalt aktivieren,[589] stellt sich an dieser Stelle der Untersuchung die Frage, inwiefern die Aktivität staatlicher Stellen als solche das Bestehen einer ausdrücklichen Ermächtigungsgrundlage oder eines parlamentsgesetzlichen Rechtsrahmens erforderlich macht. Ersteres kann nur der Fall sein, wenn die Nutzung sozialer Netzwerke für staatliches Informationshandeln im Hinblick auf ihre Wesentlichkeit per se anders zu handhaben ist als die bisherige Öffentlichkeitsarbeit als solche. Dabei kann sich die Wesentlichkeit aus der erhöhten Grundrechtsrelevanz der zugrundeliegenden Aktivität in den sozialen Netzwerken oder der allgemeinpolitischen Bedeutung dieses Handlungsfeldes ergeben. Möglicherweise führt die kumulative Relevanz zu dem Erfordernis einer parlamentsgesetzlichen Regelung der Aktivität staatlicher Stellen in sozialen Netzwerken.

---

[586] BVerfGE 105, 279 (305).

[587] So *Stern*, in: ders./Becker, GR-Kommentar, 3. Aufl. 2019, Einl. Rn. 165.

[588] Vgl. *Ingold*, VerwArch 108 (2017), 240 (248); *Knebel/Schoss*, DÖV 2016, 105 (108).

[589] Vgl. dazu 2. Kapitel, B.II.2.

1. Erhöhte Grundrechtsrelevanz der Aktivität staatlicher Stellen in sozialen Netzwerken

Um eine erhöhte Grundrechtsrelevanz der Aktivität staatlicher Stellen in sozialen Netzwerken im Vergleich zu den Erscheinungsformen herkömmlicher Öffentlichkeitsarbeit anzunehmen, müsste sie ein erhöhtes Maß an Grundrechtssensibilität aufweisen. Dies wäre der Fall, wenn die Nutzung sozialer Netzwerke durch die Bürger grundrechtlich in besonderer Weise ausgeprägt und ausgestaltungsbedürftig wäre. Allerdings ist die Nutzung sozialer Netzwerke auf den ersten Blick grundrechtlich nicht eigens. Es gibt insbesondere kein Grundrecht, das die Aktivität in sozialen Netzwerken als solche gesondert erfasst. Vielmehr ist in den sozialen Netzwerken nur ein neuer Raum für die Ausübung verschiedener Freiheitsgrundrechte zu sehen. Gleichwohl ist die Nutzung sozialer Netzwerke durch den Staat unter verschiedenen Gesichtspunkten beachtlich.

a) Datenschutzrechtliche Erwägungen

Das Datenschutzrecht in Deutschland hat sich wie in der gesamten EU einem grundlegenden Wandel unterzogen. Mit dem Inkrafttreten der Datenschutz-Grundverordnung[590] löste diese zu großen Teilen das bis dahin geltende Bundesdatenschutzgesetz[591] ab, dem nunmehr nur noch eine Konkretisierungsfunktion in den unionsrechtlich durch sog. Öffnungsklauseln vorgesehenen Räumen zukommt.[592] Primäres Anliegen der Datenschutz-Grundverordnung und Grund für die Wahl dieser Rechtsform ist der vereinheitlichte Schutz natürlicher Personen bei der Verarbeitung personenbezogener Daten innerhalb der Europäischen Union.

Der sachliche Anwendungsbereich der DSGVO umfasst jegliche Verarbeitung personenbezogener Daten bis auf die in Art. 2 Abs. 2 DSGVO normierten Ausnahmen, die sich vor allem auf die private Verarbeitung (sog. Haushaltsausnahme) und die Verfolgung von Straftaten beschränken. Die im Zusammenhang mit dem Datenschutz in Rede stehenden Grundrechte sind das Recht auf den Schutz personenbezogener Daten aus Art. 8 GRCh und das allgemeine Persönlichkeitsrecht des Art. 2 Abs. 1 und Art. 1 Abs. 1 GG in seiner Ausprägung als Recht auf informationelle Selbstbestimmung auf na-

---

[590] Verordnung (EU) 2016/679 des Europäischen Parlaments und des Rates vom 27. April 2016 zum Schutz natürlicher Personen bei der Verarbeitung personenbezogener Daten, zum freien Datenverkehr und zur Aufhebung der Richtlinie 95/46/EG (Datenschutz-Grundverordnung), ABl. L 119 S. 1, ber. ABl. L 314 S. 72 und ABl. 2018 L 127 S. 2.

[591] Bundesdatenschutzgesetz (BDSG) vom 30. Juni 2017, BGBl. I S. 2097, zuletzt geändert durch Art. 12 Zweites Datenschutz-Anpassungs- und Umsetzungsgesetz EU vom 20.11.2019, BGBl. I S. 1626.

[592] Vgl. nur *Kühling*, NJW 2017, 1985 (1986).

tionaler Ebene, wobei den Unionsgrundrechten spätestens seit der Datenschutz-Novelle ein höherer Stellenwert beizumessen ist als den nationalen Grundrechten. Im Bereich der DSGVO entfaltet Art. 8 GRCh nach Art. 51 GRCh seine Tragweite nämlich auch, wenn mitgliedsstaatliche Stellen agieren.[593] Das Grundrecht gewährleistet ein durch die DSGVO konkretisiertes Abwehrrecht gegen Eingriffe von Grundrechtsverpflichteten. Versteht man die Vorgaben der DSGVO daher als unmittelbaren Ausfluss (unions-) grundrechtlicher Freiheit, wie es die Erwägungsgründe zur DSGVO nahelegen, könnte sich aus einem Verstoß gegen die Regelungen der DSGVO die erhöhte Grundrechtsrelevanz der Aktivität staatlicher Stellen in sozialen Netzwerken ergeben.

Die Aktivität staatlicher Stellen in sozialen Netzwerken war unter datenschutzrechtlichen Aspekten mehrfach Gegenstand juristischer Untersuchungen.[594] Anlass dafür ist die weitreichende Datenerhebung von Seiten der Netzwerkbetreiber, wenngleich auch einzelne Beiträge in den sozialen Netzwerken von datenschutzrechtlicher Bedeutung sein können.[595] Die Erhebung und Verarbeitung personenbezogener Daten ist nach den Vorgaben der DSGVO nur erlaubt, wenn die in der Verordnung vorgesehenen Zulässigkeitsvoraussetzungen von Seiten des Verantwortlichen eingehalten werden. Auch wenn es sich dabei dogmatisch nicht um ein präventives Verbot mit Erlaubnisvorbehalt handelt, wird die Intention des Gesetzgebers, die personenbezogenen Daten zu schützen, deutlich.[596]

Nach Art. 6 Abs. 1 lit. a DSGVO bedarf es für die Verarbeitung der Daten grundsätzlich einer Einwilligung der Betroffenen oder der Erfüllung eines anderen Rechtmäßigkeitstatbestandes aus Art. 6 Abs. 1 lit. b – f DSGVO. Darüber hinaus sieht Art. 9 DSGVO bestimmte Kategorien personenbezogener Daten vor, die aufgrund ihrer Sensibilität einer Verarbeitung grundsätzlich nicht zugänglich sein sollen und einzig unter besonders strengen und detaillierten Voraussetzungen zulässigerweise verarbeitet werden dürfen. Außerdem legt die Verordnung in den Art. 12 ff. DSGVO Informations-

---

[593] Inwiefern es sich bei dem Verhältnis zwischen den nationalen und den Unionsgrundrechten im sog. „nichtdeterminierten Bereich" um ein Alternativitäts- oder Parallelitätsverhältnis handelt, war lange Zeit umstritten. Die Entscheidung des Bundesverfassungsgerichts zum sog. „Recht auf Vergessen I" spricht jedoch dafür, dass es sich der eine parallele Anwendbarkeit der Rechtssphären befürwortenden „Kumulationsthese" angeschlossen hat und dass auch in diesem Bereich primär die Unionsgrundrechte ihre Wirkung entfalten. Das BVerfG prüft demzufolge mitgliedstaatliches Handeln im Anwendungsbereich der DSGVO am Maßstab der Unionsgrundrechte, vgl. BVerfG, NJW 2020, 300.

[594] Vgl. nur *Engeler*, MMR 2017, 651; *Hoffmann/Schulz/Brackmann*, ZD 2013, 122; *Ingold*, VerwArch 108 (2017), 240.

[595] Zur datenschutzrechtlichen Relevanz einzelner Beiträge der Polizei, vgl. *Bilsdorfer*, Polizeiliche Öffentlichkeitsarbeit in sozialen Netzwerken, 2019, S. 148 ff.

[596] Vgl. *Albers/Veit*, in: BeckOK Datenschutzrecht, 40. Ed. 2022, Art. 6 DSGVO Rn. 2.

pflichten für den Zeitpunkt der Datenverarbeitung sowie ein Widerspruchsrecht und ein „Recht auf Vergessenwerden“ des Betroffenen fest. Hält der für die Datenverarbeitung Verantwortliche die Vorgaben der DSGVO nicht ein, treffen ihn die in den Art. 82 ff. DSGVO vorgesehenen Sanktionen und die Pflicht, den Verfügungen der zuständigen Aufsichtsbehörden, die bis hin zu einer Verarbeitungsuntersagung reichen, Folge zu leisten.

aa) Die Rechtsprechung des EuGH zur Verantwortlichkeit von Facebook-Fanpages

Es liegt nahe, drohende Verstöße gegen das Datenschutzrecht allein auf die Betreiber der sozialen Netzwerke zurückzuführen und nur sie als „Verantwortliche“ i.S.d Art. 4 Nr. 7 DSGVO zu betrachten, da die Erhebung und Verarbeitung der über sog. Cookies[597] generierten Daten[598] unter der Schirmherrschaft der Netzwerkbetreiber geschieht und durch die (staatlichen) Nutzer der Netzwerke nicht unmittelbar veranlasst wird. Den Betreibern der Accounts in sozialen Netzwerken kommt auf den ersten Blick in datenschutzrechtlicher Hinsicht eher eine untergeordnete Rolle zu.

Gleichwohl handelt es sich bei den Betreibern von Facebook-Fanpages und anderen offiziellen Accounts in sozialen Netzwerken um „Verantwortliche“ i.S.d. DSGVO. Zumindest für Erstere hat dies der EuGH im Rahmen eines Vorabentscheidungsverfahrens rechtsverbindlich entschieden.[599] Auch wenn die Entscheidung noch die Verantwortlichkeit nach dem BDSG betraf, stellte das Gericht entgegen vieler Erwartungen in der Literatur[600] und entgegen der in dieser Sache ergangenen verwaltungsgerichtlichen Rechtsprechung[601] fest, dass der Betreiber des Netzwerks und der Betreiber einer Fanpage des Netzwerks gemeinsam im datenschutzrechtlichen Sinne verantwortlich sind. Der den Begriff der Verantwortlichkeit beinhaltende § 3 Abs. 7 BDSG a.F. wurde im Hinblick auf Art. 2 lit. d RL 95/46/EG[602] und dessen

[597] Cookies sind kleine Textdateien, die der Browser automatisch erstellt und die auf dem Endgerät des Nutzers gespeichert werden. Ein Cookie erfasst Informationen zum Nutzerverhalten, auch über den Besuch einer Internetseite hinaus.

[598] Inwiefern es sich bei den generierten IP-Adressen um personenbezogene Daten handelt, ist umstritten, vgl. dazu *Bilsdorfer*, Polizeiliche Öffentlichkeitsarbeit in sozialen Netzwerken, 2019, S. 128 f.

[599] EuGH, Urt. v. 05.06.2018, ULD Schleswig-Holstein/Wirtschaftsakademie Schleswig-Holstein, C-210/16, EU:C:2018:388; mittlerweile auch BVerwG, Urt. v. 11.09.2019 – 6 C 15/18 – Rn. 21, juris; vgl. ausf. *Bilsdorfer*, Polizeiliche Öffentlichkeitsarbeit in sozialen Netzwerken, 2019, S. 126 ff.

[600] Vgl. *Hoffmann/Schulz/Brackmann*, ZD 2013, 122 ff.; *Petri*, ZD 2015, 103 ff.

[601] VG Schleswig, ZD 2014, 51 ff.; OVG Schleswig, ZD 2014, 643 ff.

[602] Richtlinie 95/46/EG des Europäischen Parlaments und des Rates vom 24. Oktober 1995 zum Schutz natürlicher Personen bei der Verarbeitung personenbezogener Daten und zum freien Datenverkehr, ABl. L 281 S. 31, ber. 2017 L 40 S. 78.

Wortlaut durch den EuGH europarechtskonform dahingehend ausgelegt, dass auch eine gemeinsame Verantwortlichkeit mehrerer Personen gegeben sein kann.

Für Facebook-Fanpages geht der EuGH davon aus, dass der für eine gemeinsame Verantwortlichkeit erforderliche Mitwirkungsakt eines Fanpage-Betreibers darin zu sehen ist, dass dieser durch die Erstellung einer Fanpage einen „Anreiz" für mögliche Besucher setzt. Dies gelte dem Gericht zufolge auch für Besucher, die kein Mitglied des Netzwerks Facebook sind, da Fanpages auch ohne gültigen Account des Netzwerks einsehbar sind. Zudem erhält der Betreiber die Möglichkeit, die von Facebook verarbeiteten Daten der Besucher – wenn auch nur anonymisiert – einzusehen und von ihnen zu profitieren. Durch eine Parametrierung – also das Einwirken auf die Kriterien der Auswertungsstatistiken[603] – könne der Betreiber einer Fanpage sogar Einfluss auf die Erhebung und Verarbeitung der Daten durch das Netzwerk nehmen, auch wenn er selbst keine unmittelbare Verarbeitung vornimmt.[604] Nach Rechtsauffassung des Gerichts besitzt dieser daher einen nicht unerheblichen Einfluss auf den Zweck und die Mittel der Datenverarbeitung, der als ausreichend anzusehen ist, um von einer gemeinsamen Verantwortlichkeit der Netzwerk- und Fanpagebetreiber auszugehen, da nur so ein umfassender Schutz personenbezogener Daten gewährleistet werden könne.[605]

Allerdings sei – so betont es der EuGH im Anschluss an sein Ergebnis – die gemeinsame Verantwortlichkeit nicht gleichzusetzen mit einer gleichartigen Verantwortlichkeit.[606] Damit überlässt der EuGH den zuständigen Behörden im Falle eines datenschutzrechtlichen Verstoßes einen Spielraum für die Festlegung individueller Verantwortlichkeitsgewichtung und die sich daraus ergebenden Sanktionen.[607]

Auch wenn die Ausführungen des EuGH mit der Auslegung der Richtlinie 95/46/EG die alte Rechtslage betrafen, ist davon auszugehen, dass diese auch für die Bestimmungen der DSGVO ihre Geltung beanspruchen.[608] Die Ver-

---

[603] Vgl. *Petri*, EuZW 2018, 534 (540).

[604] EuGH, Urt. v. 05.06.2018, ULD Schleswig-Holstein/Wirtschaftsakademie Schleswig-Holstein, C-210/16 Rn. 35 f., EU:C:2018:388; vgl. auch im Anschluss BVerwG, Urt. v. 11.09.2019 – 6 C 15/18 – Rn. 21, juris.

[605] Vgl. *Härting/Gössling*, NJW 2018, 2523 (2524); *Sigel/Bilsdorfer*, VBlBW 2021, 11 (13).

[606] EuGH, Urt. v. 05.06.2018, ULD Schleswig-Holstein/Wirtschaftsakademie Schleswig-Holstein, C-210/16 Rn. 43, EU:C:2018:388.

[607] *Härting/Gössling*, NJW 2018, 2523 (2524 f.).

[608] Vgl. *Bilsdorfer*, Polizeiliche Öffentlichkeitsarbeit in sozialen Netzwerken, 2019, S. 141; *Conrad/Treeger*, in: Auer-Reinsdorff/Conrad (Hrsg.), Handbuch IT- und Datenschutzrecht, 3. Aufl. 2019, § 34 Rn. 334; *Härting/Gössling*, NJW 2018, 2523 (2525); *Kollmar*, NVwZ 2019, 1740 (1743); *Sigel/Bilsdorfer*, VBlBW 2021, 11 (13).

ordnung sieht in Art. 26 DSGVO die gemeinsame Verantwortlichkeit mehrerer (juristischer) Personen für eine Datenverarbeitung ausdrücklich vor. Zentrale Voraussetzung für die gemeinsame Verantwortlichkeit nach der DSGVO ist eine nach Art. 26 Abs. 1 Satz 2 DSGVO erforderliche Vereinbarung über die Zuständigkeiten bei der Erfüllung datenschutzrechtlicher Verpflichtungen zwischen den einzelnen Verantwortlichen, die dem Transparenz- und Wahrheitsgebot unterliegt. Darüber hinaus besteht eine Mitteilungspflicht über die Vereinbarung nach Art. 26 Abs. 2 Satz 2 DSGVO. Sowohl das Fehlen einer ausdrücklichen Vereinbarung als auch ein Verstoß gegen die Vorgaben des Art. 26 DSGVO sind nach Art. 83 Abs. 4 lit. a DSGVO bußgeldbewehrt und haben keinen Einfluss auf das tatsächliche Vorliegen einer gemeinsamen Verantwortlichkeit und die sich daraus ergebenden Konsequenzen wie die gesamtschuldnerische Haftung nach Art. 82 Abs. 4 DSGVO.[609]

Andernfalls ließe sich die mit den Regelungen der DSGVO bezweckte Rechtsfolge einer gemeinsamen Verantwortlichkeit – die Erweiterung des Kreises möglicher Anspruchsgegner zugunsten der Betroffenen – ohne Weiteres umgehen. Mittlerweile hat Facebook auf das Urteil des EuGH und das Inkrafttreten der DSGVO reagiert und eine Mustervereinbarung i.S.d. Art. 26 Abs. 1 Satz 2 DSGVO mit allen Fanpage-Betreibern getroffen.[610] Es steht mithin fest, dass der Fanpage-Betreiber neben dem Betreiber des gesamten Netzwerks Facebook im datenschutzrechtlichen Sinne verantwortlich für die Verarbeitung personenbezogener Daten ist. Bei der Verwendung einer Facebook-Fanpage ließe sich im Hinblick auf Art. 8 GRCh angesichts der datenschutzrechtlichen Verantwortlichkeit staatlicher Fanpage-Betreiber eine erhöhte grundrechtliche Relevanz staatlicher Öffentlichkeitsarbeit bei Facebook annehmen.

bb) Übertragbarkeit der Vorgaben auf andere soziale Netzwerke

Fraglich ist, inwiefern die Ausführungen des EuGH verallgemeinerungsfähig und auf die Aktivität staatlicher Funktionsträger in den anderen sozialen Netzwerken übertragbar sind.

(1) Keine Parametrierung

Gegenstand der Rechtsprechung des EuGH war eine Fanpage des sozialen Netzwerks Facebook, die hinsichtlich der Einsichtsmöglichkeiten für den Betreiber einen Sonderfall staatlicher Aktivität in sozialen Netzwerken dar-

---

[609] *Spoerr*, in: BeckOK Datenschutzrecht, 40. Ed. 2022, Art. 26 DSGVO Rn. 49.

[610] https://www.facebook.com/legal/terms/page_controller_addendum, zuletzt abgerufen am 22.07.2022.

stellt. Von besonderer Bedeutung für die Entscheidung war nämlich der Umstand, dass Facebook bei dem Betrieb einer Fanpage anonymisierte Nutzerdaten an den Betreiber der Fanpage weiterleitet (sog. Facebook Insights). Dem Betreiber einer Fanpage wird so die Möglichkeit eröffnet, konkrete Rückschlüsse auf sein Besucherpublikum zu ziehen und darauf basierend seine Inhalte anzupassen.

Ein vergleichbarer Mechanismus findet sich in den anderen Netzwerken allerdings nicht. Einzig bei Instagram, das seit 2012 zur Facebook Inc. gehört, besteht die Möglichkeit, durch die Nutzung eines „Instagram Business Accounts" Einsicht in statistische Daten zum eigenen Account zu nehmen.[611] Reguläre Instagram-Profile – und diese werden für staatliche Accounts regelmäßig genutzt – sehen diese Möglichkeit indes nicht vor.[612] Gleiches gilt für reguläre Profile bei Facebook, wobei staatliche Stellen dort regelmäßig auf die Fanpage-Funktion zurückgreifen. Die vom EuGH als „Parametrierung" bezeichnete Möglichkeit der Einwirkung auf die Auswertungsstatistiken und ihre Kriterien, der der EuGH einen hohen Stellenwert beimisst, ist in anderen Netzwerken daher regelmäßig nicht vorgesehen.

In seiner auf dem Urteil zu den Facebook-Fanpages aufbauenden Folgerechtsprechung zur gemeinsamen Verantwortlichkeit im Datenschutzrecht geht der EuGH abstrahierend davon aus, dass die nicht unmittelbar an der Verarbeitung mitwirkenden Parteien durch Organisation und Koordinierung der Verarbeitung Einfluss auf die unmittelbar verantwortlichen Stellen nehmen müssen, um mitverantwortlich i.S.d. Art. 26 Abs. 1 Satz 1 DSGVO zu sein.[613] Während die erforderliche Einflussnahme bei den Facebook-Fanpages zu großen Teilen noch in der Einwirkungsmöglichkeit auf die Auswertungskriterien zu sehen war, bietet das Verhältnis von Netzwerk zu Profilinhaber im Falle der anderen Anbieter keinen vergleichbaren Anknüpfungspunkt. In Ermangelung der Einwirkungsmöglichkeit auf die Auswertungsstatistiken der Netzwerke spricht daher einiges dafür, den Mitwirkungsakt der Profilinhaber an der Datenverarbeitung als niedrig einzustufen, zumal ihnen die Daten ihrer Profilbesucher nicht übermittelt werden. Dieser Umstand könnte zunächst gegen den Einfluss auf die Organisation und Koordinierung der Datenverarbeitung sprechen. Zudem fehlt es an einer nach Art. 26 Abs. 1 Satz 2 DSGVO erforderlichen Vereinbarung zwischen den Netzwerkbetreibern und den Profilinhabern, wenngleich diese trotz ihrer Erwähnung in Art. 26 Abs. 1 Satz 2 DSGVO nur deklaratorischer Natur und eine bußgeldbewehrte Folge der gemeinsamen Verantwortlichkeit nach Art. 26 Abs. 1 Satz 1 DSGVO sein dürfte.

---

[611] *Sigel/Bilsdorfer*, VBlBW 2021, 11 (14).
[612] *Sigel/Bilsdorfer*, VBlBW 2021, 11 (14).
[613] EuGH, Urt. v. 10.07.2018, Zeugen Jehovas, C-25/17 Rn. 75, EU:C:2018:551.

(2) Die Einrichtung eines Accounts als Anreiz für potenzielle Netzwerknutzer

Allerdings ist es in allen anderen Netzwerken – so wie im Falle der Facebook-Fanpages – für nichtregistrierte Besucher qua Grundeinstellung möglich, die Beiträge öffentlicher Profile einzusehen. Die Accounts staatlicher Stellen greifen meist gezielt auf diese Einstellung zurück,[614] da sie so ihre Reichweite erhöhen und Menschen erreichen können, die die entsprechenden Netzwerke für gewöhnlich nicht nutzen. Diese sind in der Lage, die Informationsmaßnahmen der staatlichen Stellen zu rezipieren, ohne dafür einen Account in den Netzwerken zu erstellen, der den Abschluss eines Nutzungsvertrags zwischen Netzwerkbetreiber und -nutzer voraussetzt. Nach der Rechtsprechung des EuGH spricht neben den von Facebook gewährten Einsichtsmöglichkeiten auch dieser Umstand für eine datenschutzrechtliche Verantwortlichkeit der Profilbetreiber, da allein durch die Einrichtung eines staatlichen und öffentlich zugänglichen Accounts Anreize für potenzielle Netzwerknutzer geschaffen werden, die die anschließende Datenverarbeitung durch das Netzwerk erst ermöglichen.[615] Inwiefern in dem Verhältnis des Netzwerkbetreibers zum Inhaber eines öffentlich zugänglichen Netzwerkprofils eine gemeinsame Festlegung der Mittel und des Zwecks der Datenverarbeitung i.S.d. Art. 26 Abs. 1 Satz 1 DSGVO zu sehen ist, ist abseits der Facebook-Fanpages bisher ungeklärt.

Einziger Anknüpfungspunkt der für eine datenschutzrechtliche Verantwortlichkeit erforderlichen Mitwirkung eines Profilinhabers kann damit die Einrichtung eines Netzwerkprofils sein, infolge derer die personenbezogenen Daten der Besucher von Seiten des Netzwerks verarbeitet werden.[616] Dass die Netzwerkbetreiber dabei ein eigenes, sich von den Interessen des Profilinhabers unterscheidendes Interesse verfolgen, ist für eine gemeinsame Verantwortlichkeit indes nicht schädlich.[617]

Im Hinblick auf den Wortlaut des Art. 26 Abs. 1 Satz 1 DSGVO scheint die Inbetriebnahme eines Profils als solche allerdings kaum auszureichen, da von einer Festlegung der Verarbeitungsmittel oder des Verarbeitungszwecks keine Rede sein kann. Eine konkrete Mitwirkung an der Verarbeitung durch den Profilinhaber erscheint vielmehr fernliegend, hat dieser doch weder Ein-

[614] Den Zugang zu einem staatlichen Account von einer „Genehmigung" des Accountinhabers abhängig zu machen wäre zudem im Hinblick auf die Informationsfreiheit aus Art. 5 Abs. 1 S. 1 Alt. 2 GG fragwürdig.

[615] EuGH, Urt. v. 05.06.2018, ULD Schleswig-Holstein/Wirtschaftsakademie Schleswig-Holstein, C-210/16 Rn. 35 u. 41, EU:C:2018:388.

[616] *Bilsdorfer*, Polizeiliche Öffentlichkeitsarbeit in sozialen Netzwerken, 2019, S. 236 ff., sieht in diesem Umstand sogar einen mittelbar-faktischen Grundrechtseingriff des Staates in das Recht auf informationelle Selbstbestimmung der Netzwerknutzer; Gleiches gilt für den Eingriff in Art. 8 Abs. 1 GRCh, vgl. S. 378 ff.

[617] *Spoerr*, in: BeckOK Datenschutzrecht, 40. Ed. 2022, Art. 26 DSGVO Rn. 28.

fluss- noch Einsichtsmöglichkeiten hinsichtlich der Verarbeitung personenbezogener Daten. Der Rechtsprechung des EuGH ist allerdings zu entnehmen, dass dieser aus Gründen effektiven Rechtsschutzes von einer extensiven Auslegung des Verantwortlichkeitsbegriffs ausgeht. Die Anforderungen an den Mitwirkungsakt sind demzufolge als überaus gering anzusehen.[618] Insbesondere ist es nach Rechtsauffassung des Gerichtshofs nicht erforderlich, dass alle Beteiligten Zugang zu den betroffenen personenbezogenen Daten haben.[619] Vielmehr ist es als ausreichend zu erachten, wenn ein Verantwortlicher einen anderen Verantwortlichen zur Datenverarbeitung „ermuntert".[620]

Der Profilinhaber entscheidet durch die Wahl des Netzwerks über das „Ob" einer Datenerhebung, während das „Wie" den Netzwerkbetreibern obliegt. Dabei ist unbedingt zu beachten, dass der Einfluss der Beteiligten auf die Verarbeitung der Daten keineswegs gleich groß sein muss.[621] Vielmehr ist jeder äquivalent-kausale Mitwirkungsakt, der eine Bagatellgrenze überschreitet, als ausreichend zu erachten. Dies bestätigt der EuGH auch in seiner Entscheidung zu den sog. Social-Plug-Ins von Facebook, in der er über die Verantwortlichkeit des Betreibers eines Mode-Onlineshops zu entscheiden hatte, der einen Social-Plug-In von Facebook in Form eines „Gefällt mir"-Buttons in seinen Onlineshop integriert hatte, was zur Datenverarbeitung durch Facebook führte.[622] In dieser auf die Rechtsprechung zu Facebook-Fanpages aufbauenden Entscheidung geht der Gerichtshof davon aus, dass in der Einbindung eines solchen Plug-Ins ein erheblicher Einfluss auf die Erhebung und Übertragung personenbezogener Daten zu sehen ist, die ausreicht, um eine gemeinsame Verantwortlichkeit von Plug-In-Nutzer und Netzwerkbetreiber anzunehmen.[623] Damit macht der Gerichtshof deutlich, das bereits die Mitwirkung an (kleinen) Teilen der Datenverarbeitung durch

---

[618] Vgl. *Däubler*, in: ders./Wedde/Weichert/Sommer, EU-DSGVO und BDSG, 2. Aufl. 2020, Art. 26 DSGVO Rn. 4.

[619] EuGH, Urt. v. 05.06.2018, ULD Schleswig-Holstein/Wirtschaftsakademie Schleswig-Holstein, C-210/16 Rn. 38, EU:C:2018:388; Urt. v. 10.07.2018, Zeugen Jehovas, C-25/17 Rn. 69, EU:C:2018:551.

[620] EuGH, Urt. v. 10.07.2018, Zeugen Jehovas, C-25/17 Rn. 72, EU:C:2018:551; dazu *Spoerr*, in: BeckOK Datenschutzrecht, 40. Ed. 2022, Art. 26 DSGVO Rn. 27; in der englischsprachigen Fassung des Urteils findet sich das Verb *„to encourage"*, das sich zutreffend auch mit „ermutigen" oder „animieren" übersetzen ließe.

[621] EuGH, Urt. v. 05.06.2018, ULD Schleswig-Holstein/Wirtschaftsakademie Schleswig-Holstein, C-210/16 Rn. 43, EU:C:2018:388; *Däubler*, in: ders./Wedde/Weichert/Sommer, EU-DSGVO und BDSG, 2. Aufl. 2020, Art. 26 DSGVO Rn. 5b; *Kartheuser/Nabulsi*, MMR 2018, 717 (718); *Spoerr*, in: BeckOK Datenschutzrecht, 40. Ed. 2022, Art. 26 DSGVO Rn. 29.

[622] EuGH, Urt. v. 29.07.2019, Fashion ID, C-40/17, EU:C:2019:629.

[623] EuGH, Urt. v. 29.07.2019 Rn. 77 f., Fashion ID, C-40/17, EU:C:2019:629; vgl. *Sigel/Bilsdorfer*, VBlBW 2021, 11 (13 f.).

Dritte für eine Verantwortlichkeit i.S.d. Art. 26 Abs. 1 Satz 1 DSGVO ausreichen kann.

Im Falle staatlicher Öffentlichkeitsarbeit in sozialen Netzwerken ist bereits in der konkreten Entscheidung zugunsten eines sozialen Netzwerks und der anschließenden Profilerrichtung, die eine „Einbettung“ des Profils in das Netzwerk nach sich zieht, ein erheblicher Einfluss auf die Datenerhebungsmöglichkeiten des Netzwerks zu sehen. Sie geht bei weitem über die Einbettung eines Plug-Ins hinaus und begründet damit erst recht eine gemeinsame Verantwortlichkeit.

Dies gilt insbesondere im Hinblick auf externe, nichtregistrierte Profilbesucher, da diese in keiner vorherigen (Vertrags-) Beziehung zum Netzwerkbetreiber standen und die Erhebung ihrer personenbezogenen Daten erst durch das (gezielte) Aufsuchen des Profils ermöglichten. Nicht selten lösen die staatlichen Auftritte in den sozialen Netzwerken die amtlichen Websites im Hinblick auf ihre Aktualität und Informationsdichte nahezu gänzlich ab, da die Reichweite und Bedienbarkeit für die sozialen Netzwerke sprechen. Das Aufsuchen der Netzwerke kann für den interessierten Bürger daher beinahe unumgänglich sein. Dieser Umstand fand auch in der Rechtsprechung des EuGH zu Facebook-Fanpages und Facebook-Plug-Ins besondere Berücksichtigung und lässt sich daher auf die anderen Netzwerke, die diesen Mechanismus ebenfalls unterstützen, übertragen.[624] Im Urteil des Gerichtshofs zur Verarbeitung personenbezogener Daten durch die Zeugen Jehovas paraphrasiert er diesen Gedanken mit der „Ermunterung“ zur Datenverarbeitung.[625]

Gerade im Falle staatlicher Öffentlichkeitsarbeit, die einen Zugang nicht von der einen synallagmatischen Vertrag darstellenden Registrierung in einem privaten Netzwerk abhängig machen kann, aber eine Verarbeitung der personenbezogenen Daten durch die Netzwerkbetreiber dennoch zulässt, ist die Einbindung nichtregistrierter Profilbesucher besonders wichtig und charakterisierend. Der hoheitliche Accountinhaber schafft den potenziellen Besuchern des Netzwerks gegenüber durch seine Präsenz einen Anreiz zum Aufsuchen des Netzwerkprofils und ermöglicht den Netzwerkbetreibern so die Verarbeitung der personenbezogenen Daten. Damit lässt sich auch in den anderen Netzwerken eine (gemeinsame) Verantwortlichkeit der Profilinhaber für die Verarbeitung personenbezogener Daten annehmen.[626] Auf ein-

[624] EuGH, Urt. v. 05.06.2018, ULD Schleswig-Holstein/Wirtschaftsakademie Schleswig-Holstein, C-210/16 Rn. 41, EU:C:2018:388; Urt. v. 29.07.2019, Fashion ID, C-40/17 Rn. 77 u. 83, EU:C:2019:629.

[625] EuGH, Urt. v. 10.07.2018, Zeugen Jehovas, C-25/17 Rn. 72, EU:C:2018:551.

[626] So auch *Brink*, DSB 2020, 43 (44 f.); *Knebel/Schoss*, DÖV 2016, 105 (106); vgl. *Piltz*, DSB 2020, 30 (31); a.A. *Bilsdorfer*, Polizeiliche Öffentlichkeitsarbeit in sozialen Netzwerken, 2019, S. 147 f.

fachgesetzlicher Ebene bringt die gemeinsame Verantwortlichkeit nach Art. 26 Abs. 1 Satz 2 DSGVO die Pflicht, eine transparente Vereinbarung zwischen Profilinhaber und Netzwerkbetreiber zu treffen, mit sich. Grundrechtlich sind auch die anderen sozialen Netzwerke mithin von erheblicher Relevanz.

cc) Verfassungsrechtliche Verantwortlichkeit der Profilinhaber

Anders als bei privaten Profilinhabern in den sozialen Netzwerken könnte sich eine Verantwortlichkeit bei staatlichen Accounts auch aus verfassungsrechtlichen Erwägungen ergeben. Während die DSGVO als Konkretisierung grundrechtlicher Freiheiten und (mittelbarer) Bindungen grds. nicht zwischen privater und hoheitlicher Verantwortlichkeit unterscheidet, könnte sich zusätzlich zu der einfachgesetzlich normierten Verantwortlichkeit noch eine Zurechenbarkeit aus der grundrechtlichen Dimension des Datenschutzrechts ergeben. Bei der Veranstaltung seiner Öffentlichkeitsarbeit ist ein staatlicher Funktionsträger über Art. 1 Abs. 3 GG an die Grundrechte des Grundgesetzes gebunden und unterliegt über Art. 51 Abs. 1 GRCh auch den Grundrechten der Charta, sofern es sich bei der Veranstaltung von Öffentlichkeitsarbeit in den sozialen Netzwerken um die Durchführung von Unionsrecht handeln sollte.

Im Hinblick auf die an dieser Stelle im Vordergrund stehenden datenschutzrechtlichen Implikationen und die Reichweite der DSGVO-Bestimmungen ist – gerade auch hinsichtlich der großzügigen Rechtsprechung des EuGH zur Schlüsselvorschrift aus Art. 51 Abs. 1 GRCh und die „Recht auf Vergessen II“-Rechtsprechung des Bundesverfassungsgerichts – davon auszugehen, dass der Anwendungsbereich der Unionsgrundrechte hinsichtlich der Verarbeitung personenbezogener Daten eröffnet ist.[627]

Eine für die Verantwortlichkeit staatlicher Profilinhaber wichtige Gemeinsamkeit beider Grundrechtssphären ist darin zu sehen, dass es für das Vorliegen eines Eingriffs bzw. einer Beeinträchtigung des Grundrechts keines formalen Rechtsakts bedarf. Vielmehr lassen Grundgesetz und Charta mittelbar-faktische Eingriffswirkungen ausreichen, um ein Rechtfertigungserfordernis zu begründen.[628] Dies gilt gerade auch im Hinblick auf die Teilnahme des Staates an modernen Kommunikations- und Informationstechnologien.[629] Von einem mittelbaren Grundrechtseingriff kann dabei auch die Rede sein, wenn ein Verhalten nicht von einem Hoheitsträger selbst ausgeht, sondern diesem zugerechnet wird. Dies ist gerade im Bereich des Daten-

[627] *Bilsdorfer*, Polizeiliche Öffentlichkeitsarbeit in sozialen Netzwerken, 2019, S. 270.

[628] Vgl. grundlegend *Schwerdtfeger*, in: Meyer/Hölscheidt, GRCh, 5. Aufl. 2019, Art. 52 Rn. 27.

[629] Vgl. BVerfGE 105, 279 (301 f.); *Engeler*, MMR 2017, 651 (655).

schutzrechts und der informationellen Selbstbestimmung unverzeihlich, da ein umfassender Grundrechtsschutz andernfalls nicht gewährleistet würde. Das Verhalten eines Privaten ist dem Staat zurechenbar, wenn der Staat auf den durch das Privathandeln herbeigeführten Grundrechtseingriff unmittelbar abzielt.[630] Daneben ist es auch als ausreichend zu erachten, wenn der von einem Privaten ausgehende Grundrechtseingriff für den Hoheitsträger vorhersehbar war und in Kauf genommen wurde.[631] Insofern lassen sich Parallelen zu der nicht unumstrittenen Rechtsfigur des „Zweckveranlassers" ziehen.[632] Eine Zurechnung ist demnach gegeben, wenn sich der Eingriff durch das auf einer vom Staat geschaffenen Situation basierende „herausgeforderte" Verhalten eines Privaten realisiert.[633]

Sehr ähnlich verhält es sich auch bei der Aktivität staatlicher Stellen in sozialen Netzwerken. Wie an obiger Stelle bereits ausgeführt veranlasst der Profilinhaber eines Netzwerks bereits durch die Einrichtung seines Accounts den Besuch des Netzwerks, der zu der Verarbeitung personenbezogener Daten und damit zum Grundrechtseingriff von Seiten des Netzwerks führt. Dieser Mechanismus ist für die staatlichen Betreiber eines Netzwerkprofils vorhersehbar und wird – nicht zuletzt auch aufgrund von Alternativlosigkeit – billigend in Kauf genommen.[634] Der durch die Netzwerkbetreiber vollzogene Eingriff in die Persönlichkeitsrechte der Profilbesucher ist dem staatlichen Profilinhaber damit grundrechtlich zuzurechnen. Auch unter diesem Gesichtspunkt ist daher von einer erhöhten Grundrechtsrelevanz der Aktivität staatlicher Stellen in sozialen Netzwerken auszugehen.

dd) Exkurs: Existenz einer datenschutzrechtlichen Rechtsgrundlage

Während es an dieser Stelle um die Frage gehen soll, inwiefern sich aufgrund der grundrechtlichen Relevanz staatlicher Öffentlichkeitsarbeit in den sozialen Netzwerken das Erfordernis einer gesetzlichen Grundlage aus dem allgemeinen rechtsstaatlichen und demokratiesichernden Gesetzesvorbehalt ergeben könnte, aktiviert der soeben festgestellte Eingriff in die Grundrechte der Profilbesucher den grundrechtlichen „datenschutzspezifischen" Gesetzesvorbehalt, der sich auch in Art. 6 Abs. 3 DSGVO wiederfindet und dort eine ausdrückliche Normierung erfahren hat. Als datenschutzrechtliche Ermächtigungsgrundlage für die Verantwortlichkeit an der Verarbeitung per-

[630] Zur Zurechnung privater Grundrechtseingriffe vgl. *Peine*, in: Merten/Papier, HGR Bd. III, 2009, § 57 Rn. 36 f.

[631] *Voßkuhle/Kaiser*, JuS 2009, 313 (313).

[632] Vgl. dazu *Bilsdorfer*, Polizeiliche Öffentlichkeitsarbeit in sozialen Netzwerken, 2019, S. 134 f.

[633] *Hillgruber*, in: Isensee/Kirchhof, HStR Bd. IX, 3. Aufl. 2011, § 200 Rn. 85.

[634] Vgl. *Bilsdorfer*, Polizeiliche Öffentlichkeitsarbeit in sozialen Netzwerken, 2019, S. 373 f.

sonenbezogener Daten kommt derzeit Art. 6 Abs. 1 lit. e, Abs. 2 DSGVO i.V.m. § 3 BDSG bzw. den entsprechenden Regelungen der Landesdatenschutzgesetze[635] in Betracht. Diese Vorschriften erlauben die Verarbeitung personenbezogener Daten, wenn diese zur Erfüllung einer öffentlichen Aufgabe erfolgt. Wie bereits verschiedentlich gezeigt handelt es sich bei der Öffentlichkeitsarbeit von Hoheitsträgern um eine notwendige Staatsaufgabe, die sich kompetenzrechtlich als Annex zu den normierten Aufgabenzuweisungen begreifen lässt.[636]

Die Verarbeitung personenbezogener Daten im Zuge staatlicher Öffentlichkeitsarbeit lässt sich mithin zumindest in der Theorie auf die Vorschriften der DSGVO und die Datenschutzgesetze des Bundes bzw. der Länder stützen. Es bestehen allerdings nicht unerhebliche Zweifel daran, dass die Regelungen in den Landesdatenschutzgesetzen sowie im Bundesdatenschutzgesetz den Vorgaben des Art. 6 Abs. 2 und 3 DSGVO genügen. Sie geben letztlich nur den Inhalt der Öffnungsklausel selbst wieder, ohne spezifische Vorgaben für die Verarbeitung der Daten zu beinhalten.[637] Damit bewegen sie sich unterhalb des Charakters einer Generalklausel und sind jedenfalls nicht in der Lage, eine Ermächtigungsgrundlage für gezielte Eingriffe in die Grundrechte der Betroffenen darzustellen.[638]

In Anbetracht der Tatsache, dass sich im Bereich der staatlichen Öffentlichkeitsarbeit ebenfalls keine ausdrücklichen Rechtsgrundlagen finden lassen, die die Informationsmaßnahmen staatlicher Stellen normativ erfassen und konkretisieren, besteht auch unter datenschutzrechtlichen Gesichtspunkten ein erhöhtes Maß an Rechtsunsicherheit. Es ist indes davon auszugehen, dass der Unionsgesetzgeber dies beim Verfassen der DSGVO so nicht vor Augen hatte, sondern auf detaillierte Regelungen der Mitgliedsstaaten, die Zweck und Ausmaß der Verarbeitungen erkennen lassen, abgezielt hatte. Es spricht daher einiges dafür, dass es derzeit keine ausreichende Rechtsgrundlage für die Verarbeitung personenbezogener Daten im Zuge staatlicher Öffentlichkeitsarbeit in sozialen Netzwerken gibt.

ee) Zwischenergebnis

Betreibt ein Hoheitsträger in einem sozialen Netzwerk Öffentlichkeitsarbeit, ist er für die Verarbeitung der personenbezogenen Daten mit dem Betreiber des Netzwerks gemeinsam verantwortlich i.S.d Art. 26 DSGVO. Gleichzeitig ergibt sich seine Verantwortlichkeit auch aus einer grundrechtlichen Perspektive, da sich der Hoheitsträger die gezielte und vorhersehbare Verarbei-

[635] Vgl. § 3 LDSG SH, § 4 LDSG BW, § 3 DSG NRW, Art. 4 BayDSG.
[636] BVerfGE 44, 125 (147); 105, 279 (301); 138, 102 (113 f.); 148, 11 (27 f.).
[637] Vgl. *Wolff*, in: BeckOK Datenschutzrecht, 40. Ed. 2021, § 3 BDSG Rn. 30 ff.
[638] *Wolff*, in: BeckOK Datenschutzrecht, 40. Ed. 2021, § 3 BDSG Rn. 18.

tung durch die Netzwerkbetreiber verfassungsrechtlich zurechnen lassen muss. Die Aktivität in einem sozialen Netzwerk ist im Hinblick auf Art. 8 GRCh und das Recht auf informationelle Selbstbestimmung als Bestandteil des allgemeinen Persönlichkeitsrechts aus Art. 2 Abs. 1 i.V.m. Art. 1 Abs. 1 GG mithin von erhöhter grundrechtlicher Relevanz.[639] Zudem existiert derzeit wohl keine datenschutzrechtliche und unionsrechtskonforme Rechtsgrundlage für die Verarbeitung personenbezogener Daten, wenngleich die staatlichen Stellen für diese verantwortlich sind.

b) Wettbewerbsfreiheit

Auch wenn einleuchtend ist, dass die staatlichen Stellen nicht auf alle verfügbaren sozialen Netzwerke gleichzeitig zurückgreifen können, wirkt sich die Entscheidung zugunsten eines Netzwerks als solche auf alle Anbieter sozialer Netzwerke unmittelbar aus. Eine erhöhte grundrechtliche Relevanz staatlicher Öffentlichkeitsarbeit in sozialen Netzwerken könnte sich daher auch unter dem Gesichtspunkt der Wettbewerbsfreiheit von Netzwerkbetreibern ergeben, deren Netzwerke die staatlichen Stellen für ihre Öffentlichkeitsarbeit nicht nutzen. Die für diese Überlegung ausschlaggebende Wettbewerbsfreiheit findet sich nicht ausdrücklich im Grundgesetz wieder. Vielmehr ist sie nach der Rechtsprechung des Bundesverfassungsgerichts eine Ausprägung der Berufsfreiheit aus Art. 12 Abs. 1 GG im Sinne eines Teilhaberechts am freien Wettbewerb.[640] Das Bundesverwaltungsgericht neigt dazu, die Wettbewerbsfreiheit aus Art. 2 Abs. 1 GG abzuleiten.[641] Unabhängig von der konkreten Herleitung besteht Einigkeit dahingehend, dass die Wettbewerbsfreiheit ein Abwehrrecht gegen ungerechtfertigte Behinderungen am Eintritt in den Wettbewerb und Eingriffe in die freie Teilhabe am Wettbewerb darstellt.[642] Mit diesem weiten Schutzbereich korrelierend sind die Eingriffe in die Wettbewerbsfreiheit häufig nicht in finalen Rechtsakten, sondern in faktisch limitierenden Maßnahmen von staatlicher Seite zu sehen.[643]

---

[639] Vgl. zur Grundrechtskompatibilität polizeilicher Öffentlichkeitsarbeit in den sozialen Netzwerken und insbesondere auch zu der Frage, ob das Betreiben einer polizeilichen Fanpage bei Facebook einen mittelbar-faktischen Grundrechtseingriff darstellt, ausf. *Bilsdorfer*, Polizeiliche Öffentlichkeitsarbeit in sozialen Netzwerken, 2019, S. 382 ff.

[640] BVerfGE 32, 311 (317); 46, 120 (137); 105, 252 (265).

[641] BVerwG, NJW 1982, 2513 (2515); NJW 1988, 2191 (2193); krit. *Manssen*, in: v. Mangoldt/Klein/Starck, GG, 7. Aufl. 2018, Art. 12 Rn. 70.

[642] Vgl. *Brenner*, in: Merten/Papier, HGR Bd. V, 2013, § 115 Rn. 18; *di Fabio*, in: Dürig/Herzog/Scholz, GG, 96. EL 2021, Art. 2 Abs. 1 Rn. 116; *Kämmerer*, in: v. Münch/Kunig, GG Bd. I, 6. Aufl. 2012, Art. 12 Rn. 76.

[643] BVerfGE 86, 28 (37); *Frevert*/*Wagner*, NVwZ 2011, 76 (81); *Manssen*, in: v. Mangoldt/Klein/Starck, GG, 7. Aufl. 2018, Art. 12 Rn. 70.

Fraglich ist, ob in der Nutzung eines sozialen Netzwerks für Maßnahmen der staatlichen Öffentlichkeitsarbeit und der damit einhergehenden Nicht-Nutzung anderer Netzwerke ein (mittelbarer) Eingriff in die Wettbewerbsfreiheit Letzterer zu sehen ist. Ein mittelbarer Eingriff überschreitet die Bagatellgrenze zum Grundrechtseingriff dabei regelmäßig dadurch, dass das Staatshandeln ein hinreichendes Maß an Finalität und Intensität aufzuweisen vermag.[644] Bezweckt eine staatliche Stelle ein bestimmtes Verhalten nämlich gezielt, kann die Eingriffsqualität der Maßnahme nicht von der Wahl einer dem klassischen Grundrechtseingriff unterfallenden Rechtsform abhängig gemacht werden. Liegt einer Handlung daher ein bestimmtes Maß an Finalität zugrunde, hat es sich an den Grundrechten messen zu lassen. Dies ist im Hinblick auf die Nutzung sozialer Netzwerke jedoch durchaus fragwürdig, da es den staatlichen Stellen nicht darum geht, einzelne Anbieter zu bevorzugen und Bei der Wahl eines Netzwerks stehen vielmehr praktische Erwägungen wie die Reichweite und seine Bedienbarkeit im Vordergrund. Das für einen Grundrechtseingriff ausreichende Maß an Finalität ist mithin nicht als gegeben anzusehen.

Der Eingriffscharakter staatlichen Realhandelns kann sich darüber hinaus aber auch aus der besonderen Eingriffsintensität einer faktischen Maßnahme ergeben.[645] Wirkt sich die Maßnahme für den Betroffenen so aus wie ein rechtsförmiges Ge- oder Verbot, sodass die kognitive und voluntative Komponente des Staatshandelns überlagert wird, ist der Eingriffscharakter der Handlung anzunehmen.[646] Maßgeblich für die Aktivität staatlicher Stellen in sozialen Netzwerken ist damit, wie schwerwiegend die wettbewerbsrechtlichen Auswirkungen auf die Grundrechtspositionen der anderen Netzwerkbetreiber zu bewerten sind. Ein Verdrängungswettbewerb oder die Etablierung einer Monopolstellung würde in jedem Fall einen Grundrechtseingriff nach sich ziehen.

Es ist durchaus davon auszugehen, dass die Aktivität staatlicher Stellen in einem sozialen Netzwerk mit einer gesteigerten Nutzung des Netzwerks einhergeht.[647] Außerdem ist es nicht auszuschließen, dass die von staatlicher Seite aus genutzten Netzwerke in den Augen der Bevölkerung eine Art „Gütesiegel“[648] verliehen bekommen, da das Netzwerk durch die hoheitliche Nutzung vertrauenserweckend und sicherer als andere Anbieter wirken kann.

---

[644] *Bethge*, in: Merten/Papier, HGR Bd. III, 2009, § 58 Rn. 38; *Detterbeck*, Allgemeines Verwaltungsrecht, 20. Aufl. 2022, § 7 Rn. 299; *Frevert/Wagner*, NVwZ 2011, 76 (81); *Manssen*, Staatsrecht II, 18. Aufl. 2022, § 7 Rn. 167; *Voßkuhle/Kaiser*, JuS 2009, 313 (313); ausf. zum mittelbar-faktischen Grundrechtseingriff vgl. 2. Kapitel B.II.2.a).

[645] Ausf. 2. Kapitel B.II.2.a); exemplarisch zur staatlichen Öffentlichkeitsarbeit vgl. *Frevert/Wagner*, NVwZ 2011, 76 (81).

[646] BVerfGE 110, 177 (191); 118, 1 (20).

[647] Vgl. *Frevert/Wagner*, NVwZ 2011, 76 (80).

[648] *Wewer*, ZRP 2016, 23 (23).

Gleichwohl ist zu berücksichtigen, dass die vom Staat genutzten Netzwerke keine zwingende Registrierung voraussetzen, sondern auch von Personen, die kein Profil in dem entsprechenden Netzwerk besitzen, aufgerufen werden können.[649] Damit „zwingt" die öffentliche Hand die Interessenten ihrer Öffentlichkeitsarbeit nicht dazu, sich in einem Netzwerk anzumelden und dementsprechend einen synallagmatischen Vertrag mit dem Netzwerkbetreiber abzuschließen. Zudem bleibt die Nutzung aller anderen Netzwerke nach wie vor möglich. Ein etwaiger Schutz vor privater Konkurrenz entzieht sich zudem bereits dem Schutzbereich der Wettbewerbsfreiheit.[650] Es ist daher insgesamt nicht davon auszugehen, dass ein hinreichend schwerer Eingriff in die Wettbewerbsfreiheit der von staatlicher Seite aus nicht „berücksichtigten" Netzwerkbetreiber gegeben ist, der wiederum zu einer Aktivierung des grundrechtlichen Gesetzesvorbehalts geführt hätte.[651]

In Ermangelung eines Eingriffs in die Wettbewerbsfreiheit der nicht berücksichtigten Netzwerkbetreiber hat sich die Entscheidung der staatlichen Stellen allein am Gleichheitssatz aus Art. 3 Abs. 1 GG messen zu lassen. Für eine Verletzung des Gleichheitssatzes wäre das Vorliegen einer willkürlichen Ungleichbehandlung der verschiedenen Netzwerkbetreiber erforderlich.[652] Diese ist allerdings nicht gegeben, wenn die festgestellte Ungleichbehandlung auf einen zu ihr in einem angemessenen Verhältnis stehenden sachlichen Grund zurückzuführen und damit gerechtfertigt ist.[653] Maßgeblich ist damit, ob es für die Nutzung der ausgewählten Netzwerkanbieter von Seiten des Staates sachliche Gründe gibt.

Für die Wahl eines sozialen Netzwerks zum Zwecke staatlicher Öffentlichkeitsarbeit lassen sich dabei mehrere Auswahlkriterien heranziehen, die eine unterschiedliche Behandlung der Netzwerkanbieter zu rechtfertigen vermögen. Insbesondere sind die Größe eines Netzwerks und die damit einhergehende Reichweite der dort veröffentlichten Informationen für die staatliche Öffentlichkeitsarbeit von großer Bedeutung. Sie stellen das zentrale Kriterium für die Nutzung eines sozialen Netzwerks dar. Auch ein Blick auf die anderen das Netzwerk nutzenden Personen des öffentlichen Lebens und Hoheitsträger anderer Nationalitäten sind triftige Erwägungsgrunde für die Wahl eines Netzwerks. Hat sich das Netzwerk in anderen Ländern bereits

---

[649] *Wewer*, ZRP 2016, 23 (23).

[650] BVerfGE 34, 252 (256); 55, 261 (269); *di Fabio*, in: Dürig/Herzog/Scholz, GG, 96. EL 2021, Art. 2 Abs. 1 Rn. 118; *Manssen*, in: v. Mangoldt/Klein/Starck, GG Bd. I, 7. Aufl. 2018, Art. 12 Rn. 70.

[651] *Frevert/Wagner*, NVwZ 2011, 76 (81).

[652] Vgl. zur Prüfungsintensität des Gleichheitssatzes *Heun*, in: Dreier (Hrsg.), GG Bd. I, 3. Aufl. 2013, Art. 3 Rn. 22.

[653] BVerfGE 81, 208 (224); 82, 126 (146); 99, 165 (178); 102, 68 (87); ausf. *Heun*, in: Dreier (Hrsg.), GG Bd. I, 3. Aufl. 2013, Art. 3 Rn. 22.

bewährt und ermöglicht es aufgrund seiner Reichweite womöglich sogar einen internationalen Austausch, ist dies bei der Entscheidung als berücksichtigungswürdig einzustufen.

Wie bereits gezeigt greifen die Hoheitsträger und staatlichen Stellen für ihre Öffentlichkeitsarbeit auf die großen Universalnetzwerke wie Facebook, Instagram sowie Twitter zurück und schließen sich dem internationalen Vorbild an. Auf diese Weise stellen sie eine größtmögliche Reichweite sicher und erleichtern den Zugang zu ihren Informationen für die bereits in den sozialen Netzwerken registrierten Menschen. Außerdem ermöglichen es die von staatlichen Stellen genutzten Netzwerke (Facebook allerdings nur über seine sog. Fanpages) auch nicht registrierten Nutzern, die Beiträge der staatlichen Funktionsträger einzusehen und sich so zu informieren. Die Nutzung der prominenten Netzwerkanbieter durch die staatlichen Stellen folgt daher sachlichen Gründen und stellt keine willkürliche Ungleichbehandlung bei der Auswahl nicht berücksichtigter (kleinerer) Netzwerkbetreiber dar.[654]

Auch wenn die Auswahl bestimmter Netzwerkanbieter von Seiten des Staates nicht unerhebliche Folgen zugunsten der ausgewählten und zulasten der nicht berücksichtigten Netzwerkbetreiber hat, bewegt sich diese Entscheidung einer staatlichen Stelle im Hinblick auf die Wettbewerbsfreiheit der von staatlicher Seite aus nicht berücksichtigten Netzwerkbetreiber unterhalb der grundrechtlichen Eingriffsschwelle. Für die Ungleichbehandlung der sozialen Netzwerke ist in der Optimierung der Informationsreichweite zusätzlich ein sachlicher Grund zu sehen. Die faktische Signalwirkung einer staatlichen Nutzung ist indes nicht zu unterschätzen. Von der Auswahl eines sozialen Netzwerks geht daher eine nicht unerhebliche grundrechtliche Relevanz aus.

c) Informationsfreiheit

Die grundrechtliche Relevanz staatlicher Aktivität in sozialen Netzwerken könnte sich auch unter dem Gesichtspunkt der positiven sowie negativen Informationsfreiheit der Adressaten und Nutzer sozialer Netzwerke ergeben. Während ein individueller Eingriff in die Informationsfreiheit aus Art. 5 Abs. 1 Satz 1 Alt. 2 GG für sich genommen den grundrechtlichen Gesetzesvorbehalt (in diesem Fall aus Art. 5 Abs. 2 GG) aktivieren kann, macht die staatliche Öffentlichkeitsarbeit in sozialen Netzwerken im Hinblick auf ihre Bedeutung für die Informationsfreiheit als solche eventuell eine gesetzliche Regelung erforderlich.

[654] So auch *Frevert/Wagner*, NVwZ 2011, 76 (80).

aa) Die positive Informationsfreiheit

Das Grundrecht auf (positive) Informationsfreiheit schützt das Recht, sich ungehindert aus allgemein zugänglichen Quellen zu unterrichten.[655] Es ist die zentrale Voraussetzung für die Bildung einer eigenen Meinung und der Meinungsäußerungsfreiheit damit gewissermaßen vorgelagert.[656] Daher handelt es sich bei der Informationsfreiheit als eigenständiges Kommunikationsgrundrecht um ein für den demokratischen Verfassungsstaat konstitutives Recht, das eine freie und gut informierte Öffentlichkeit zum Ziel hat.[657] Die zentrale Voraussetzung für die Eröffnung des sachlichen Schutzbereichs und damit *bottleneck* der positiven Informationsfreiheit ist das Vorliegen einer allgemein zugänglichen Informationsquelle. Inwiefern eine Informationsquelle allgemein zugänglich ausgestaltet wird, entscheidet letztlich der Träger der Informationsquelle, dem damit eine entscheidende Rolle für die Eröffnung des sachlichen Schutzbereichs zukommt.

Das Bundesverfassungsgericht geht davon aus, dass eine Quelle allgemein zugänglich ist, wenn sie „technisch geeignet und bestimmt ist, der Allgemeinheit, d.h. einem individuell nicht bestimmbaren Personenkreis, Informationen zu verschaffen."[658] Ist eine allgemein zugängliche Informationsquelle gegeben, umfasst der sachliche Schutzbereich der Informationsfreiheit den gesamten Informationsprozess, der von der Kenntnisnahme bis zur Aufarbeitung und Speicherung der Informationen reicht.[659] Das Grundrecht der positiven Informationsfreiheit tritt zumeist in seiner Funktion als Abwehrrecht gegen staatliche Eingriffe in den Informationsprozess in Erscheinung. Es zwingt den Staat nicht dazu, eine konkrete Informationsquelle zu schaffen. Gleichwohl könnte die Öffentlichkeitsarbeit staatlicher Funktionsträger in den sozialen Netzwerken im Hinblick auf ihre Bedeutung für die Informationsfreiheit der sich Informierenden eine erhebliche grundrechtliche Relevanz besitzen.

---

[655] Zur Relevanz der Informationsfreiheit im Zusammenhang mit dem Grundrechtsproblem staatlicher Des- und Fehlinformation vgl. 2. Kapitel B.III.1.b).

[656] BVerfGE 27, 71 (81); *Fechner*, in: Stern/Becker, GR-Kommentar, 3. Aufl. 2019, Art. 5 Rn. 137; *Schulze-Fielitz*, in: Dreier (Hrsg.), GG Bd. I, 3. Aufl. 2013, Art. 5 Abs. 1–2 Rn. 83; *Starck/Paulus*, in: v. Mangoldt/Klein/Starck, GG Bd. I, 7. Aufl. 2018, Art. 5 Rn. 102.

[657] *Schmidt-Jortzig*, in: Isensee/Kirchhof, HStR Bd. VII, 3. Aufl. 2009, § 162 Rn. 34; *Schulze-Fielitz*, in: Dreier (Hrsg.), GG Bd. I, 3. Aufl. 2013, Art. 5 Abs. 1–2 Rn. 76 m.w.N.

[658] BVerfGE 27, 71 (83); 33, 52 (65); 90, 27 (32); 103, 44 (60); vgl. *Fechner*, in: Stern/Becker, GG, 3. Aufl. 2019, Art. 5 Rn. 142 f.

[659] BVerfGE 27, 71 (82 f.); *Schmidt-Jortzig*, in: Isensee/Kirchhof, HStR Bd. VII, 3. Aufl. 2009, § 162 Rn. 41; *Schulze-Fielitz*, in: Dreier (Hrsg.), GG Bd. I, 3. Aufl. 2013, Art. 5 Abs. 1–2 Rn. 83 ff.; vgl. auch *Grabenwarter*, in: Dürig/Herzog/Scholz, GG, 96. EL 2021, Art. 5 Abs. 1, Abs. 2 Rn. 1014 ff.

Dafür, dass es sich bei den über die Accounts der staatlichen Funktionsträger verbreiteten Informationen um aus allgemein zugänglichen Quellen stammende Informationen i.S.d. Art. 5 Abs. 1 Satz 1 Alt. 2 GG handelt, bedarf es keiner aufwändigen Ausführungen. Der Accountinhaber als Träger der Information wendet sich durch das Veröffentlichen der Beiträge in den sozialen Netzwerken gezielt an die Abonnenten des Accounts und verschafft seine Informationen damit einem nicht bestimmbaren Personenkreis. Selbst eine vorherige Registrierung, die in den von den staatlichen Stellen genutzten Netzwerken nicht einmal zwingend erforderlich ist, stünde einer allgemeinen Zugänglichkeit der in den Netzwerken verbreiteten Inhalte nicht im Wege. Ein zu bewältigender technischer Aufwand und das Erfordernis einer Gegenleistung haben nämlich keinen negativen Einfluss auf die Charakterisierung einer Informationsquelle als allgemein zugänglich.[660]

Die über die sozialen Netzwerke verbreiteten Informationen der amtlichen Funktionsträger zielen gerade auf eine weitreichende Information der Öffentlichkeit ab. Sie sind darauf ausgerichtet, dem Bürger als Informationsquelle zu dienen.[661] Der Rückgriff auf ein neuartiges Medium wirkt sich nicht auf die Zugänglichkeit einer Informationsquelle aus. Durch die Öffentlichkeitsarbeit in den sozialen Netzwerken schaffen die staatlichen Stellen mithin allgemein zugängliche Informationsquellen, was dazu führt, dass die in den sozialen Netzwerken verbreiteten Inhalte in den sachlichen Schutzbereich der Informationsfreiheit aus Art. 5 Abs. 1 Satz 1 Alt. 2 GG fallen und vor staatlichen Eingriffen zu schützen sind.[662] Unter diesem Gesichtspunkt weist die Aktivität staatlicher Stellen in den sozialen Netzwerken eine grundrechtliche Relevanz auf.

bb) Negative Informationsfreiheit

Die Informationsfreiheit aus Art. 5 Abs. 1 Satz 1 Alt. 2 GG besitzt zudem eine negative Komponente, die die Freiheit umfasst, sich aufgedrängten Informationen zu verschließen.[663] Aus ihr leitet sich daher auch ein Abwehr-

---

[660] Vgl. *Schmidt-Jortzig*, in: Isensee/Kirchhof, HStR Bd. VII, 3. Aufl. 2009, § 162 Rn. 40; *Schulze-Fielitz*, in: Dreier (Hrsg.), GG Bd. I, 3. Aufl. 2013, Art. 5 Abs. 1–2 Rn. 80.

[661] Ausdrücklich für soziale Netzwerke auch *Bilsdorfer*, Polizeiliche Öffentlichkeitsarbeit in sozialen Netzwerken, 2019, S. 182 f.; *Fechner*, in: Stern/Becker, GR-Kommentar, 3. Aufl. 2019, Art. 5 Rn. 144; *Starck/Paulus*, in: v. Mangoldt/Klein/Starck, GG Bd. I, 7. Aufl. 2018, Art. 5 Rn. 109.

[662] Ein Eingriff in die Informationsfreiheit durch das Blockieren eines Accounts in einem sozialen Netzwerk stellt selbstverständlich einen individuellen und rechtfertigungsbedürftigen Eingriff in die Informationsfreiheit dar, der den grundrechtlichen Individualgesetzesvorbehalt aktiviert, vgl. dazu *Kalscheuer/Jacobsen*, NJW 2018, 2358 (2359); *Tschorr*, NVwZ 2020, 1488 (1489).

[663] *Dörr*, in: Merten/Papier, HGR Bd. IV, 2011, § 103 Rn. 63; *Fechner*, in: Stern/Becker,

recht gegen aufgedrängte (staatliche) Informationszumutungen ab, das gerade im Hinblick auf moderne Kommunikationstechniken vermehrt an Bedeutung gewinnt.[664] Allerdings ist nicht in jeder staatlicherseits übermittelten Information ein Eingriff in die negative Informationsfreiheit zu sehen. Vielmehr ist bei der Beurteilung im Hinblick auf die Eingriffswirkung der Informationsmaßnahme eine gewisse Zumutbarkeitsschwelle zu beachten, die sich auch durch das Verhalten des Grundrechtsträgers verschieben kann: Begibt dieser sich bewusst in den Einwirkungsbereich potentiell unerwünschter Informationen, wirkt sich dies auf die Eingriffswirkung des staatlichen Handelns aus.[665]

(1) Abonnenten

Im Falle staatlicher Öffentlichkeitsarbeit in sozialen Netzwerken stellt sich die Frage nach einem Eingriff in die negative Informationsfreiheit jedenfalls nicht, wenn ein Adressat die Informationen gezielt aufsucht und einen staatlichen Account abonniert, um entsprechende Veröffentlichungen zur Kenntnis nehmen zu können. In diesen Fällen begibt sich der Adressat bewusst in den Einwirkungsbereich staatlichen Informationshandelns, sodass es deshalb bereits an einem Grundrechtseingriff fehlt.[666] Der Eingriff in die negative Informationsfreiheit lässt sich dabei auch ohne Rückgriff auf die umstrittene Rechtsfigur des Grundrechtsverzichts bzw. „Grundrechtsausübungsverzichts" verneinen.[667] Die negative Informationsfreiheit setzt nämlich bereits definitionsgemäß einen Abwehrwillen des Grundrechtsträgers gegen den Informationszufluss voraus, sodass ein Eingriff in den Grundrechtsschutzbereich bei Fehlen dieses voluntativen Elements nicht als gegeben angesehen werden kann. Sucht der Betroffene die staatlichen Informationen bewusst auf, wird sein Wille nicht negiert, sondern vielmehr respektiert, sodass es am Staatsabwehrwillen gegen die Informationen und dem Eingriff in den Schutzbereich der negativen Informationsfreiheit fehlt.[668]

Ebenso verhält es sich auch beim Abonnement eines staatlichen Accounts in einem sozialen Netzwerk. Das gezielte Abonnieren eines staatlichen Ac-

---

GR-Kommentar, 3. Aufl. 2019, Art. 5 Rn. 149; *Kühn*, Bürgerbeeinflussung durch Berichterstattung staatlicher Stellen, 2018, S. 277 f.; *Schulze-Fielitz*, in: Dreier (Hrsg.), GG Bd. I, 3. Aufl. 2013, Art. 5 Abs. 1–2 Rn. 84; krit. *Gramm*, Der Staat 30 (1991), 51 (75).

[664] *Dörr*, in: Merten/Papier, HGR Bd. IV, 2011, § 103 Rn. 63; *Starck/Paulus*, in: v. Mangoldt/Klein/Starck, GG Bd. I, 7. Aufl. 2018, Art. 5 Rn. 104.

[665] *Dörr*, in: Merten/Papier, HGR Bd. IV, 2011, § 103 Rn. 63; diese Differenzierung findet sich – wenn auch in etwas anderem Kontext – ebenfalls bei *Mandelartz*, DÖV 2009, 509 (515 f.); *ders./Grotelüschen*, NVwZ 2004, 647 ff.

[666] *Dörr*, in: Merten/Papier, HGR Bd. IV, 2011, § 103 Rn. 63.

[667] Vgl. *Merten*, in: ders./Papier, HGR Bd. III, 2009, § 73 Rn. 3 u. 24..

[668] Vgl. *Merten*, in: ders./Papier, HGR Bd. III, 2009, § 73 Rn. 13.

counts kann nur mit dem Fehlen eines Staatsabwehrwillens einhergehen. Andernfalls müsste sich der Abonnent den Vorwurf widersprüchlichen Verhaltens – *venire contra factum proprium* – gefallen lassen. Vielmehr entschließt sich der Nutzer bewusst dazu, dem Adressatenkreis des Informationshandelns beizutreten, sodass kein Eingriff in den Schutzbereich der negativen Informationsfreiheit gegeben ist.[669]

(2) Rezipienten ohne Abonnement

Fraglich ist allerdings, wie die Rechtslage für Personen zu beurteilen ist, die ein Konto in einem von staatlichen Funktionsträgern genutzten Netzwerk besitzen und kein Abonnement staatlicher Accounts vorgenommen haben. Über die algorithmische Erstellung des „Newsfeed" oder der „Timeline" ist es durchaus möglich, von Maßnahmen staatlicher Öffentlichkeitsarbeit Kenntnis zu nehmen und damit Adressat staatlichen Informationshandelns zu werden, ohne dass dem die bewusste Entscheidung, die staatlichen Informationen wahrnehmen zu wollen, vorgeschaltet ist.[670] Reagiert ein „befreundeter" Netzwerknutzer etwa auf den Beitrag eines Hoheitsträgers, ist es (je nach Größe des Freundeskreises) nicht unwahrscheinlich, dass der Beitragsinhalt auch Dritten erscheint, die bisher in keiner Beziehung zu dem staatlichen Account standen. Existiert in diesem Fall ein Abwehrwille des Dritten gegen das Informationshandeln des Staates, könnte von einem Eingriff in die negative Informationsfreiheit auszugehen sein. Entscheidend ist jedoch, inwiefern dem Informationshandeln in diesen Fällen hinsichtlich seiner Intensität überhaupt eine Eingriffswirkung zukommen kann. Wie bereits gezeigt gibt es im Rahmen der negativen Informationsfreiheit eine zu überschreitende Zumutbarkeitsschwelle, die je nach Art und Weise der Information sowie ihrer Wahrnehmungssphäre variiert und die Schwelle zum Grundrechtseingriff festlegt.

So ist anerkannt, dass staatliche Informationen im öffentlichen Raum auch bei entgegenstehendem Staatsabwehrwillen des Betroffenen keinen Eingriff in die negative Informationsfreiheit darstellen, solange sie den Betroffenen nicht zur dezidierten Auseinandersetzung zwingen, sondern nur eine faktische Konfrontation darstellen, denen der Grundrechtsträger ohne Weiteres ausweichen kann.[671] Zum einen ließe sich daher anführen, dass sich

---

[669] *Merten* geht davon aus, dass bei fehlendem Staatsabwehrwillen bereits der Schutzbereich einschlägiger Grundrechte nicht eröffnet ist, sodass die Grundrechtsbindung aus Art. 1 Abs. 3 GG in diesen Fällen entfällt, vgl. *Merten*, in: ders./Papier, HGR Bd. III, 2009, § 73 Rn. 15.

[670] Vgl. dazu auch *Friehe*, in: Uhle (Hrsg.), Information und Einflussnahme, 2018, S. 86 (108 f.).

[671] *Dörr*, in: Merten/Papier, HGR Bd. IV, 2011, § 103 Rn. 64; *Fikentscher/Möllers*, NJW 1998, 1337 (1342).

ein Nutzer sozialer Netzwerke auch ohne Abonnement staatlicher Accounts wissentlich in den Wirkungsbereich staatlicher Öffentlichkeitsarbeit begibt und die Wahrnehmung entsprechender Informationen bewusst in Kauf nimmt. Gerade wenn man die sozialen Netzwerke in ihrer Funktion als digitale „Marktplätze“[672] betrachtet, scheint der Vergleich zu öffentlichen Bereichen, in denen rein faktisch konfrontierenden Informationen keine Eingriffswirkung zukommt, naheliegend.

Grundrechtsphänomenologisch ließe sich bei der Aktivität in sozialen Netzwerken insofern von einer Betroffenheit der äußeren Sozialsphäre ausgehen, was dafür spricht, dem Informationshandeln nur eine geringe Eingriffsintensität zu attestieren. Andererseits nimmt der Nutzer eines sozialen Netzwerks durch die Wahl seiner Abonnements bewusst Einfluss auf die ihm präsentierten Informationen. Entscheidet sich der Nutzer gegen ein Abonnement staatlicher Accounts, handelt es sich bei Informationen dieser Accounts um Fremdkörper auf dem nutzereigenen „Marktplatz“. Demnach ließe sich auch argumentieren, dass aufgrund der eigenhändigen Nutzerselektion die Privat- und nicht die Sozialsphäre eines Nutzers berührt wird, was das Staatshandeln wiederum intensiver erscheinen lässt.[673]

Unabhängig davon, ob nun die Privat- oder nur die Sozialsphäre der Rezipienten betroffen ist, steht fest, dass sich ein Nutzer in den sozialen Netzwerken mit den ihm präsentierten Staatsinformationen nicht dezidiert auseinandersetzen muss. Vielmehr handelt es sich bei der Staatsinformation nur um vereinzelt auftretende Beiträge, denen sich ein Netzwerknutzer ohne Weiteres durch die Änderung der individuellen Netzwerkeinstellungen entziehen kann. Damit ist es jedem Nutzer möglich, sich wiederkehrendem Staatshandeln in den sozialen Netzwerken zu entziehen. Die Intensität der Öffentlichkeitsarbeit staatlicher Stellen in einem sozialen Netzwerk bewegt sich damit insgesamt unterhalb der Eingriffsschwelle in die negative Informationsfreiheit der Rezipienten.[674] Gleichwohl berührt die Aktivität staatlicher Stellen in sozialen Netzwerken die negative wie die positive Informationsfreiheit aus Art. 5 Abs. 1 Satz 1 Alt. 2 GG, weshalb sie ein gewisses Maß an grundrechtlicher Relevanz aufweist.

---

[672] OLG München, MMR 2018, 760 (760).

[673] Das E-Mail-Postfach wird im Allgemeinen der Privatsphäre zugerechnet, vgl. *Dörr*, in: Merten/Papier, HGR Bd. IV, 2011, § 103 Rn. 69; allerdings hinkt der Vergleich eines E-Mail-Postfachs mit der Aktivität in einem sozialen Netzwerk, da sich die in den sozialen Netzwerken zuvörderst praktizierte Massenkommunikation strukturell von der mit E-Mails betriebenen Individualkommunikation unterscheidet.

[674] So wohl auch *Kühn* im Hinblick auf staatliche Berichterstattung, vgl. *Kühn*, Bürgerbeeinflussung durch Berichterstattung staatlicher Stellen, 2018, S. 278.

2. Allgemeinpolitische Bedeutung der Aktivität staatlicher Stellen in sozialen Netzwerken

Nachdem soeben die grundrechtliche Relevanz staatlicher Öffentlichkeitsarbeit abseits individueller Grundrechtseingriffe dargelegt wurde, soll nun die allgemeinpolitische Bedeutung staatlicher Öffentlichkeitsarbeit in sozialen Netzwerken behandelt werden, um der Frage nachzugehen, inwiefern dies eine (spezial-) gesetzliche Grundlage für das Informationshandeln des Staates erforderlich machen könnte. Dass staatliche Öffentlichkeitsarbeit als solche von allgemeinpolitischer Bedeutung ist, steht außer Frage. Wie bereits im Zusammenhang mit dem Nutzen und der Legitimität staatlicher Öffentlichkeitsarbeit ausgeführt,[675] geht das Bundesverfassungsgericht sogar davon aus, dass die Information der Bevölkerung von Seiten des Staates ihren Ursprung in den höchsten Maximen unserer Verfassung hat.[676] Die besondere Bedeutung staatlichen Informationshandelns wurde ihr damit gewissermaßen in die Wiege gelegt.

Ungeachtet dessen geht das Bundesverfassungsgericht und ihm folgend die verwaltungsgerichtliche Rechtsprechung davon aus, dass es in den meisten Fällen keiner bereichsspezifischen Rechtsgrundlage bedarf.[677] Die Kritik an dieser Rechtsprechung behält ihre Berechtigung selbstverständlich auch für die Aktivität staatlicher Stellen in sozialen Netzwerken.[678] Zudem könnte der Rückgriff auf soziale Netzwerke die allgemeinpolitische Bedeutung staatlicher Öffentlichkeitsarbeit noch vergrößern. Auch dies würde neben der grundrechtlichen Relevanz des Handelns die (Bestimmtheits-) Anforderungen an eine Rechtsgrundlage nach der Wesentlichkeitstheorie des Bundesverfassungsgerichts erhöhen.

a) Missbrauch amtlicher Autorität und Ressourcen

Die allgemeinpolitische Bedeutung staatlicher Öffentlichkeitsarbeit in sozialen Netzwerken und das Interesse an einer gesetzlichen Fixierung könnte sich unter dem Gesichtspunkt einer Gefahr des Missbrauchs amtlicher Autorität durch die Nutzung staatlicher Accounts in sozialen Netzwerken ergeben.[679] Alle in dieser Untersuchung behandelten Grenzziehungen dienen in ihrer Gesamtheit neben dem Schutz subjektiver Rechte letztlich auch dem Ziel, den Missbrauch amtlicher Autorität durch informatives Handeln der

---

[675] Vgl. 1. Kapitel A.IV.

[676] Grundlegend BVerfGE 44, 125 (147).

[677] Vgl. ausf. 2. Kapitel A.II.1.b).

[678] Vgl. 2. Kapitel B.II.3.d).

[679] Ausf. dazu *Friehe*, in: Uhle (Hrsg.), Information und Einflussnahme, 2018, S. 86 (90 f.).

Hoheitsträger und damit ein unzulässiges Einwirken auf die Freiheit der gesellschaftlichen Willensbildung zu verhindern.

Von einem Missbrauch amtlicher Autorität ist auszugehen, wenn ein Hoheitsträger in seiner Funktion als Amtswalter unter Verstoß gegen die ihm obliegenden (parteipolitischen) Neutralitäts- und Sachlichkeitspflichten zugunsten oder zulasten politischer Parteien wirbt oder seinen Einfluss, seine Reichweite und seine Amtsmacht zu anderen (privaten) Zwecken missbraucht. Selbstverständlich ist bei der Beurteilung eines Missbrauchs zu beherzigen, dass jede private oder parteipolitische Äußerung eines Amtsträgers von der Amtsträgereigenschaft profitiert und mithin keineswegs jede Äußerung eines Hoheitsträgers in seiner Funktion als Parteipolitiker als Missbrauch zu bewerten ist. Ein Missbrauch manifestiert sich vielmehr in einem Verstoß gegen die bei staatlichem Informationshandeln von Verfassungs wegen geltenden Neutralitäts- und Sachlichkeitsvorgaben, die an anderer Stelle vertieft werden sollen.[680]

Der Umstand, dass die Grenzen staatlicher Öffentlichkeitsarbeit ihren Ursprung in den höchsten Verfassungsmaximen haben, legt die allgemeinpolitische Bedeutung der staatlichen Öffentlichkeitsarbeit bereits nahe.[681] Die Kommunikationsstrukturen in sozialen Netzwerken erfordern darüber hinaus eine besonders gründliche Überwachung dieser äußerungsrechtlichen Grenzziehungen, da andernfalls die Gefahr einer systematischen Ungleichbehandlung von Regierungs- und Oppositionsparteien zulasten Letzterer besteht. Die Gefahr des (unterschwelligen) Missbrauchs amtlicher Autorität spricht für ein erhöhtes Maß an allgemeinpolitischer Bedeutung.

Neben der Gefahr eines Autoritätsmissbrauchs durch hoheitliche Äußerungen ist eine besonders große Gefahr systematischer Ungleichbehandlung zulasten der Oppositionsparteien in der zweckwidrigen Verwendung öffentlicher Mittel zugunsten der die Regierung tragenden Parteien zu sehen. Die dem Staat zur Verfügung stehenden Mittel sind ihm „zur Verwendung für das allgemeine Wohl anvertraut".[682] Nutzt der Staat die ihm überlassenen Mittel zweckwidrig zugunsten einer Partei, verstößt er gegen die Vorgaben der Verfassung und verzerrt den parteipolitischen Wettbewerb.[683] Da die zweckwidrige Mittelverwendung den regierungstragenden Parteien zugutekommt, ist im Missbrauch staatlicher Mittel zu parteipolitischen Zwecken zugleich ein Grund für die staatliche Pflicht zu (partei-) politischer Neutralität zu sehen.[684] Darüber hinaus verstößt eine zweckwidrige Mittelverwendung zugunsten

[680] Vgl. 3. Kapitel.

[681] Vgl. dazu auch *Drefs*, Die Öffentlichkeitsarbeit des Staates und die Akzeptanz seiner Entscheidungen, 2019, S. 133 ff.

[682] BVerfGE 44, 125 (143).

[683] Vgl. BVerfGE 138, 102 (115).

[684] Zur Herleitung der parteipolitischen Neutralitätspflicht vgl. §. Kapitel, A.III.1.

einzelner Parteien gegen den in § 6 HGrG[685] sowie § 7 BHO[686] und den Landeshaushaltsordnungen verankerten Grundsatz der Wirtschaftlichkeit und Sparsamkeit staatlichen Handelns. Die Einhaltung haushaltsrechtlicher Vorgaben ist in jedem Fall von allgemeinpolitischer Bedeutung. Gleichermaßen ist ein Verstoß gegen die Vorgaben der Parteienfinanzierung von allgemeinpolitischer Bedeutung.

Während die Verwendung staatlicher Mittel im analogen Raum seit jeher einer strengen Prüfung unterliegt, scheint diese Überwachung im digitalen Raum bisweilen in Vergessenheit zu geraten.[687] Allerdings ist die Unterhaltung eines Accounts in den sozialen Netzwerken mit nicht unerheblichem Personalaufwand verbunden, der sich je nach Anspruch an die Qualität der dort veröffentlichten Beiträge stetig erhöht.[688] Dies bestätigt nicht zuletzt auch ein Blick auf die dem Bundespresseamt im Haushaltsplan zur Verfügung gestellten Mittel.[689] Wird von staatlicher Seite aus – etwa durch das Bundespresseamt oder staatlich finanzierte ministerielle bzw. behördliche Accounts in den sozialen Netzwerken – zugunsten einer (Regierungs-) Partei geworben, unterläuft dies die Bestimmungen zur chancengleichen Parteifinanzierung, die von allgemeinpolitischer Bedeutung sind. Auch wenn die Frage danach, wann ein unter Verstoß gegen die parteipolitische Neutralitätspflicht die Chancengleichheit der Parteien verletzendes „Werben" zugunsten einer Partei gegeben ist, nicht immer leicht zu beantworten ist, ergibt sich aus der Gefahr des damit einhergehenden Verstoßes gegen die Bestimmungen zur Parteifinanzierung die allgemeinpolitische Bedeutung staatlicher Öffentlichkeitsarbeit in sozialen Netzwerken.

b) Regelungen des Medienstaatsvertrag und ratio legis des NetzDG

Zuletzt zeigen auch die Entwürfe zur Neufassung des Medienstaatsvertrages[690], dass die Kommunikation in sozialen Netzwerken von allgemeinpoli-

---

[685] Gesetz über die Grundsätze des Haushaltsrechts des Bundes und der Länder v. 19.08.1969, BGBl. I S. 1273, zuletzt geändert durch Art. 10 des Gesetzes zur Neuregelung des bundesstaatlichen Finanzausgleichssystems ab dem Jahr 2020 und zur Änderung haushaltsrechtlicher Vorschriften vom 14.08.2017, BGBl. I S. 3122.

[686] Bundeshaushaltsordnung vom 19.08.1969, BGBl. I S. 1284, zuletzt geändert durch Art. 212 Elfte ZuständigkeitsanpassungsVO vom 19.06.2020, BGBl. I S. 1328.

[687] Eine löbliche Ausnahme stellen die Ausführungen von *Friehe* dar, vgl. *Friehe*, in: Uhle (Hrsg.), Information und Einflussnahme, 2018, S. 86 (88 f.).

[688] *Friehe*, in: Uhle (Hrsg.), Information und Einflussnahme, 2018, S. 86 (89 f.)

[689] 2022 beliefen sich die Soll-Ausgaben lt. Bundeshaushaltsplan (Kapitel 0432) auf etwa 160 Mio. Euro, vgl. https://www.bundeshaushalt.de/static/daten/2022/soll/BHH%202022%20gesamt.pdf, zuletzt abgerufen am 20.07.2022.

[690] Exemplarisch Gesetz zum Staatsvertrag zur Modernisierung der Medienordnung in Deutschland vom 8. September 2020, GVOBl. SH, S. 582.

tischer Bedeutung ist. Während sich der Rundfunkstaatsvertrag als Vorgänger des Medienstaatsvertrages noch auf Bestimmungen zum privaten und öffentlichen Rundfunk beschränkte, enthält der am 7. November 2020 in Kraft getretene Medienstaatsvertrag Vorgaben für sog. Medienintermediäre, zu denen sich laut Gesetzesbegründung auch die sozialen Netzwerke zählen lassen müssen.[691] Diese zeichnen sich dadurch aus, dass sie journalistisch-redaktionelle Angebote Dritter in allgemein zugänglicher Weise aggregieren, selektieren und präsentieren. Der Sinn und Zweck ausdrücklicher Bestimmungen für Medienintermediäre wie soziale Netzwerke kann nur auf die wachsende Bedeutung der Netzwerke als neuartige Kommunikationsmedien zurückzuführen sein. Die Landesgesetzgeber sahen in der Sicherung der Meinungsvielfalt gegenüber Manipulationen einen Anlass für die Regulierung in den §§ 91 ff. MStV.[692]

Die Regulierungsvorgaben gelten nach § 2 Abs. 1 Nr. 16 MStV jedoch nur für Intermediäre, die zumindest „auch journalistisch-redaktionelle Angebote Dritter" beinhalten. In dieser Tatbestandsvoraussetzung ist ein Abgrenzungskriterium zu rein privaten Angeboten zu sehen, deren Einfluss auf die Meinungsvielfalt als gering zu betrachten ist.[693] Unabhängig davon, dass diese Unterscheidung durchaus kritisch zu betrachten ist,[694] geht der Gesetzgeber augenscheinlich davon aus, dass den als Medienintermediäre i.S.d. Medienstaatsvertrags zu qualifizierenden sozialen Netzwerken eine besondere Bedeutung für die Meinungsbildung der Gesellschaft zukommt. Zu diesen zählen in jedem Fall die in dieser Untersuchung im Vordergrund stehenden, auf Massenkommunikation ausgerichteten sozialen Onlinenetzwerke.

Der potentiellen Gefährdung der Meinungsbildung und -vielfalt soll durch Transparenzvorgaben hinsichtlich der Selektions-, Zugangs- und Präsentationskriterien sowie durch ausdrückliche Diskriminierungsverbote begegnet werden. Dass der Medienstaatsvertrag dabei manche rundfunkspezifischen Regelungen wie z.B. die ausnahmsweise Veranstaltung von Rundfunk durch politische Parteien wie gehabt auf diesen begrenzt und nicht für die Medienintermediäre übernimmt, vgl. § 68 Abs. 2 MStV, dürfte weniger auf die Bedeutung sozialer Netzwerke als auf die inhaltliche Vielfalt der Intermediäre zurückzuführen sein. Anders als diesen liegt dem Rundfunk nach wie vor die Vorstellung zugrunde, bei diesem handele es sich um ein Medium begrenzter Vielfalt, das staatlicherseits durch vielfaltssichernde und entgegenwirkende Vorgaben „vor sich selbst" geschützt werden müsse.

Auch das Netzwerkdurchsetzungsgesetz[695] hat die Bedeutungen und Gefahren (privater) Kommunikation in sozialen Netzwerken erkannt. Die *ratio*

---

[691] Ausf. *Siara*, MMR 2020, 523 (525).

[692] *Siara*, MMR 2020, 523 (525).

[693] *Siara*, MMR 2020, 523 (525).

[694] Dazu bereits *Ory*, ZUM 2019, 139 (149 f.).

[695] Gesetz zur Verbesserung der Rechtsdurchsetzung in sozialen Netzwerken (Netz-

legis ist in der Verbesserung der Rechtsdurchsetzung in sozialen Netzwerken zu sehen, die im Hinblick auf die neuartige „Debattenkultur“ nach Auffassung des Gesetzgebers zwingend notwendig sei.[696] Auch wenn der Anwendungsbereich des Gesetzes primär Einfluss auf das Rechtsverhältnis zwischen dem Netzwerkbetreiber und den Nutzern nimmt, haben auch die aus dem von Manipulationsversuchen geprägten britischen und amerikanischen Wahlkampf gezogenen Erkenntnisse Einfluss auf den Entwurf des Gesetzes gehabt. Zu einem großen Teil geht es in diesem Zusammenhang um die Verhinderung der Verbreitung von „Fakenews“.[697] Die Regulierung des Einsatzes von „Social Bots“ hat indes noch keinen Eingang in das Gesetz gefunden.[698]

Gleichzeitig können aber auch von staatlicher Kommunikation in sozialen Netzwerken nicht minder große Gefahren für die demokratische Willensbildung ausgehen. Auf diese Gefahren wurde teilweise sogar schon eigeninitiativ von den Netzwerken reagiert, ohne dass diese einer Pflicht unterlagen.[699] Wenn die Wahlbeeinflussung durch Private oder Parteien den Gesetzgeber aber dazu animiert, Kontrollmechanismen zu etablieren, dann muss dies konsequenterweise erst recht auch für Beeinflussungen durch staatliche Öffentlichkeitsarbeit gelten. Während sich die Rechts- bzw. Verfassungswidrigkeit bewusster Des- und Fehlinformation der Bürger durch staatliche Stellen aus der Eingriffswirkung in die Meinungsbildungsfreiheit und den hohen Anforderungen an eine potentielle Ermächtigungsgrundlage als Ausfluss des grundrechtlichen Gesetzesvorbehalts ergibt,[700] kann auch die Öffentlichkeitsarbeit unterhalb der Eingriffsschwelle (schleichende) Auswirkungen auf den Willensbildungsprozess in der Bevölkerung haben. Demzufolge ist es nur konsequent, auch die allgemeinpolitische Bedeutung staatlicher Öffentlichkeitsarbeit in den sozialen Netzwerken anzuerkennen.

3. Ergebnis zur Übertragbarkeit der Vorgaben

Es bleibt damit festzuhalten, dass die Kommunikation staatlicher Stellen in sozialen Netzwerken unabhängig von individuellen Grundrechtseingriffen, die den grundrechtlichen Gesetzesvorbehalt aktivieren, von allgemeinpolitischer Bedeutung ist und insgesamt ein hohes Maß an grundrechtlicher Re-

---

werkdurchsetzungsgesetz) v. 01.09.2017, BGBl. I S. 3352, zuletzt geändert durch Artikel 274 der Verordnung vom 19. Juni 2020, BGBl. I S. 1328.

[696] Vgl. nur BT-Drs. 18/12356, S. 1 ff.

[697] Vgl. dazu *Laude*, Automatisierte Meinungsbeeinflussung, 2021, S. 285.

[698] Ausf. *Laude*, Automatisierte Meinungsbeeinflussung, 2021, S. 285.

[699] Zuletzt geriet das Netzwerk Twitter in den Fokus der Öffentlichkeit, als sich die Plattform dazu entschloss, die Beiträge des amtierenden Präsidenten Donald Trump mit Fact-Checking- und Warnhinweise zu kennzeichnen, vgl. MMR-Aktuell 2020, 430131.

[700] Vgl. dazu 2. Kapitel D.III.1.c).

levanz besitzt. Dies spricht dafür, die staatliche Öffentlichkeitsarbeit in sozialen Netzwerken allein im Hinblick auf die Nutzung der sozialen Netzwerke als „wesentliche Entscheidung" zu charakterisieren, die eine Normierung nach der Wesentlichkeitstheorie erforderlich macht. Sowohl die in den Persönlichkeitsgrundrechten wurzelnden datenschutzrechtlichen Erwägungen als auch die positive und negative Informationsfreiheit der Adressaten sprechen für die Brisanz der staatlichen Aktivität in sozialen Netzwerken, die eine gesetzliche Ausgestaltung erfordert.

Dabei geht es an dieser Stelle weniger um die Fixierung ausdrücklicher Äußerungsbefugnisnormen, deren Erfordernis sich primär aus dem grundrechtlichen Gesetzesvorbehalt ergibt, sondern vielmehr um institutionell-organisatorische Entscheidungen zugunsten der Öffentlichkeitsarbeit in sozialen Netzwerken und den sich daraus ergebenden Folgen. Klarstellungen über die datenschutzrechtliche Verantwortlichkeit der staatlichen Accountbetreiber und „Guidelines" für die Nutzung der Netzwerke zum Zwecke der Missbrauchsverhinderung würden darüber hinaus zur Rechtssicherheit beitragen. Mit anderen Worten wäre es wünschenswert, wenn der Gesetzgeber allgemeine Vorgaben für die Nutzung sozialer Netzwerke erlässt oder eine Verordnungsermächtigung schafft, wobei es sich dabei um eine Materie handelt, die als Annex zu den etwaigen Kompetenztiteln zu begreifen ist.

D. Das Transparenzgebot

I. Die Bedeutung des Transparenzgebots für die staatliche Öffentlichkeitsarbeit

Während die Kompetenzordnung des Grundgesetzes und der Landesverfassungen ebenso wie der Grundsatz vom Vorbehalt des Gesetzes zu den bekanntesten Verfassungsvorgaben für staatliches Handeln zählen, handelt es sich bei dem sog. Transparenzgebot um einen Verfassungsgrundsatz, dem im Allgemeinen wenig Aufmerksamkeit gewidmet wird.[701] Für die staatliche Öffentlichkeitsarbeit ist es allerdings von nicht zu unterschätzender Bedeutung, wenngleich es auch in spezifischen Untersuchungen nicht selten in Vergessenheit zu geraten scheint und nur sehr vereinzelt Anklang findet.[702] Wie bereits dargestellt[703] dient die Öffentlichkeitsarbeit des Staates zu großen Teilen dazu, im Verhältnis von Hoheitsträger und Bürger ein größtmögliches

[701] Eine vorbildliche Ausnahme stellt insofern *Mast*, Staatsinformationsqualität, 2020, S. 324 ff., dar.

[702] Vgl. *Gersdorf*, Parlamentsfernsehen des Deutschen Bundestages, 2008, S. 59 f.; *ders.*, AfP 2016, 293 (294); *Möllers*, AfP 2013, 457 (461).

[703] Vgl. dazu 1. Kapitel A.IV.

Maß an Transparenz herbeizuführen und Letzterem die Beweggründe für hoheitliche Maßnahmen darzulegen. Sie entspricht damit einem demokratischen Kernanliegen.[704] Mit den Worten des Bundesverfassungsgerichts setzt eine „verantwortliche Teilhabe der Bürger an der politischen Willensbildung des Volkes [...] voraus, daß der Einzelne von den zu entscheidenden Sachfragen, von den durch die verfaßten Staatsorgane getroffenen Entscheidungen, Maßnahmen und Lösungsvorschlägen genügend weiß, um sie beurteilen, billigen oder verwerfen zu können."[705]

Die allgemeine Bedeutung der Transparenz staatlichen Handelns wird durch einen Blick in die Vorschrift des Art. 1 Abs. 2 EUV deutlich, in dem sich die Mitgliedsstaaten der Europäischen Union die Offenheit und Bürgernähe, kurzum die Transparenz staatlichen Handelns zur Leitidee – gerade auch im europäischen Integrationsprozess – gemacht haben.[706] In Art. 15 AEUV werden die wesentlichen Elemente des Transparenzgebots zudem eingehend aufgeführt. Auch wenn das Grundgesetz eine ausdrückliche Erwähnung des Transparenzgebots nicht kennt, ist es als rechtsstaatliches und demokratiesicherndes Prinzip in der Verfassung anerkannt.[707]

Das Demokratieprinzip aus Art. 20 Abs. 2 GG fordert eine Rückbindung von Herrschaft an das souveräne Volk, deren Ausgangspunkt der wiederkehrende Wahlakt ist.[708] Allerdings ist der Wahlakt bei weitem nicht das einzige Instrument der dynamischen Wechselwirkung zwischen Staatsgewalt und Öffentlichkeit. Sie ist vielmehr von einem ständigen Austausch geprägt, deren wesensnotwendiger Bestandteil auch die Öffentlichkeitsarbeit staatlicher Funktionsträger ist. Sie ist in der Lage, die Bevölkerung mit den für ihre Beobachtungs- und Steuerungsfunktion erforderlichen Informationen zu versorgen und auf ein hohes Maß an Transparenz staatlichen Handelns hinzuwirken.[709]

Die Öffentlichkeitsarbeit des Staates als wesentliches Instrument des demokratischen Transparenzgebots unterliegt dabei ihrerseits – wie jegliches

---

[704] *Drefs*, in: Dreier/Fischer/van Raay u.a. (Hrsg.), Informationen der öffentlichen Hand – Zugang und Nutzen, 2016, S. 96; *Gersdorf*, AfP 2016, 293 (294); *Gusy*, DVBl. 2013, 941 (942 f.); *Martini*, Blackbox Algorithmus, 2019, S. 68.

[705] BVerfGE 44, 125 (147).

[706] *Calliess*, in: ders./Ruffert, EUV/AEUV, 6. Aufl. 2022, Art. 1 EUV Rn. 83 ff.; *Martini*, Blackbox Algorithmus, 2019, S. 68.

[707] *Bröhmer*, Transparenz als Verfassungsprinzip, 2004, S. 34 f.; *Drefs*, in: Dreier/Fischer/van Raay u.a. (Hrsg.), Informationen der öffentlichen Hand – Zugang und Nutzen, 2016, S. 956 f.; *Martini*, Blackbox Algorithmus, 2019, S. 69 f.

[708] *Bröhmer*, Transparenz als Verfassungsprinzip, 2004, S. 39; *Drefs*, in: Dreier/Fischer/van Raay u.a. (Hrsg.), Informationen der öffentlichen Hand – Zugang und Nutzen, 2016, S. 97; *Klein/Schwarz*, in: Dürig/Herzog/Scholz, GG, 96. EL 2021, Art. 38 Rn. 68; *Morlok*, in: Dreier (Hrsg.), GG Bd. II, 3. Aufl. 2015, Art. 38 Rn. 51 ff.

[709] *Bröhmer*, Transparenz als Verfassungsprinzip, 2004, S. 138.

Staatshandeln – eigenen Transparenzanforderungen.[710] Sie kann ihrer Aufgabe nur gerecht werden, wenn es dem Bürger tatsächlich möglich ist, konkrete Rückschlüsse auf den Mittler einer Information bzw. Urheber einer Mitteilung oder Äußerung zu treffen. Außerdem rührt das Transparenzerfordernis für staatliche Öffentlichkeitsarbeit daher, dass der Staat durch seine Öffentlichkeitsarbeit bewusst rechtfertigungsbedürftig in den gesellschaftlichen Meinungs- und Willensbildungsprozess eingreift.[711] Tut er dies, muss es dem Adressaten der Information ohne erheblichen Aufwand möglich sein, die Verantwortlichkeit einer staatlichen Stelle für den Inhalt einer Maßnahme zu ermitteln. Die Anforderungen des Transparenzgebots verlangen von einer staatlichen Äußerung mithin, dass zum einen die Staatlichkeit und zum anderen der konkrete Akteur nach außen erkennbar wird.[712]

In den meisten Fällen der herkömmlichen Öffentlichkeitsarbeit des Staates ist es ohne Weiteres möglich, konkrete Rückschlüsse auf den Urheber einer Information zu ziehen. Gerade bei den klassischen Erscheinungsformen wie mündlichen Erklärungen, Flugblättern, Plakaten und Broschüren lässt sich die federführende Einheit im Staat zumeist ohne Weiteres erkennen. Für die neuartigen Kommunikationsmöglichkeiten des Staates und insbesondere für die sozialen Netzwerke spielt das Transparenzgebot indes eine größere Rolle, da die Urheberschaft einer Information oder Mitteilung hinter dem Schleier digitaler Netzwerkprofile nicht immer kurzerhand in Erfahrung gebracht werden kann und die Gefahr von Intransparenz birgt. Gleichzeitig bieten die sozialen Netzwerke alle Voraussetzungen für ein transparentes Informationshandeln staatlicher Funktionsträger.

II. Die Übertragbarkeit der Vorgaben auf die Kommunikation in sozialen Netzwerken

Ganz grundsätzlich sind die sich aus dem Transparenzgebot als inhaltsunabhängige Grenze staatlichen Handelns ergebenden Anforderungen an staatliche Öffentlichkeitsarbeit auf die Aktivität staatlicher Stellen in sozialen Netzwerken übertragbar. Auch in den sozialen Netzwerken kann die Öffentlichkeitsarbeit des Staates ihren Zweck nur erfüllen und zur rechtsstaatskonformen sowie demokratiesichernden Aufklärung der Bevölkerung beitragen, wenn sie sich ihrerseits an die Transparenzvorgaben für staatliches Handeln hält. Allerdings bieten die sozialen Netzwerke eine Gelegenheit, staatlicher-

---

[710] So auch *Gersdorf*, Parlamentsfernsehen des Deutschen Bundestages, 2008, S. 60; *Mast*, Staatsinformationsqualität, 2020, S. 336 ff.

[711] *Gersdorf*, AfP 2016, 293 (294); vgl. zum Begriff der „öffentlichen Meinung" *Drefs*, in: Dreier/Fischer/van Raay u.a. (Hrsg.), Informationen der öffentlichen Hand – Zugang und Nutzen, 2016, S. 94 f.

[712] So auch *Mast*, Staatsinformationsqualität, 2020, S. 336 f.

seits nahezu unmerklich in den Willensbildungsprozess des Volkes einzugreifen und demokratische Grundprinzipien ins Wanken zu bringen.[713]

Bewegt sich der Staat informierend in den sozialen Netzwerken, muss er sich daher zu erkennen geben und die Verantwortlichkeit für den verbreiteten Inhalt zu tragen.[714] Insbesondere ist es ihm versagt, sich hinter undurchsichtigen Accountstrukturen zu verstecken, was – primär unter privaten Nutzern – die Hemmschwelle für beleidigende und unzutreffende Informationsverbreitungen rasant absinken lässt. Vielmehr muss bei staatlichen Informationsmaßnahmen in den sozialen Netzwerken erkennbar sein, auf wen die Informationen zurückzuführen, bzw. wem diese zurechenbar sind. Dies gilt vor allem, weil staatliche Funktionsträger mit den sozialen Netzwerken auf eine algorithmenbasierte Verbreitungsform zurückgreifen, die auf ihrer Kehrseite mit einer nicht steuerbaren Reichweite einhergeht und im Bereich des grundrechts- und insbesondere meinungsbildungsrelevanten Staatshandelns erhebliche Eingriffsintensität besitzt.[715] Im Einzelfall kann das rechtsstaatliche Transparenzinteresse sogar dazu führen, dass Hoheitsträger einem rechtsstaatlichen Auskunftsanspruch ausgesetzt sind.[716]

Die Transparenzanforderungen sind mithin zwingend an die Gegebenheiten der neuen Kommunikationsstrukturen anzupassen und im Vergleich zu den bisherigen Transparenzvorgaben weiterzuentwickeln. Um herauszuarbeiten, welchen Anforderungen ein staatlicher Account in den sozialen Netzwerken unterliegt, bietet es sich an, wie im Rahmen der Abgrenzung staatlicher und privater Profile in sozialen Netzwerken, mit der das Transparenzgebot eng verzahnt ist, zwischen den verschiedenen Arten der Accounts zu unterscheiden. Accounts von Staatsorganen, Behörden, Gerichten oder anderen juristischen Personen des öffentlichen Rechts (1.) sind im Hinblick auf die Transparenz der Autorenschaft eines Beitrags anders zu behandeln als personenbezogene Accounts (2.).

1. Accounts staatlicher Organe, Behörden, Institutionen und juristischer Personen des Öffentlichen Rechts

Wird der Account in einem sozialen Netzwerk nicht von einer einzelnen Person, sondern einer staatlichen Stelle wie etwa einem Verfassungsorgan, einer Behörde, einem Gericht oder einer juristischen Person des Öffentlichen Rechts betrieben, ist von vorneherein klar, dass die in dem sozialen Netzwerk getätigten Aussagen ursprünglich von einer natürlichen Person stammen

---

[713] Zur Kennzeichnungspflicht automatisierter Kommunikation in den sozialen Netzwerken vgl. grundlegend *Laude*, Automatisierte Meinungsbeeinflussung, 2021, S. 314 ff.

[714] So auch *Mast*, Staatsinformationsqualität, 2020, S. 337.

[715] *Martini*, Blackbox Algorithmus, 2019, S. 71.

[716] *Martini*, Blackbox Algorithmus, 2019, S. 71.

müssen und der staatlichen Stelle „nur" zugerechnet werden. Die Accountinhaber sind von Natur aus um ihrer Handlungsfähigkeit willen auf natürliche Personen angewiesen. Bereits im Rahmen herkömmlicher Öffentlichkeitsarbeit mussten ihnen die Äußerungen von natürlichen Personen – in Wahrnehmung ihrer Amtsfunktion – zugerechnet werden. Nichts anderes kann insofern für die Kommunikation in den sozialen Netzwerken gelten. Die Transparenzanforderungen sind in diesen Fällen als gering einzustufen, da im Falle einer der Behörde, dem Kollegialorgan oder der juristischen Person des öffentlichen Rechts zuzurechnenden Äußerung die Verantwortlichkeit für eine Informationsmaßnahme im Außenverhältnis feststeht.

Auch wenn eine Äußerung nur kraft Zurechnung zu einer behördlichen Äußerung wird, ist die Autorenschaft nach außen ohne Weiteres erkennbar. Anders als bei den durch natürliche Personen getätigten Äußerungen bedarf es bei Beiträgen in sozialen Netzwerken grundsätzlich keiner Transferleistung mehr. Wird eine Informationsmaßnahme über den Netzwerkaccount einer staatlichen Stelle veröffentlicht, bestehen auch keinerlei Zweifel daran, dass die Behörde als Profilinhaber für die Äußerung verantwortlich ist. Es besteht überdies in der Regel gar kein Interesse daran, den behördeninternen Initiator nach außen kenntlich zu machen. Selbst wenn es sich um einen intern fehlerhaft zustande gekommenen Beitrag handeln sollte, ist dieser mit Veröffentlichung der staatlichen Stelle insgesamt und nicht einzelnen, möglicherweise interne Kompetenzen überschreitenden Personen zuzurechnen. Die interne Verantwortlichkeitsverteilung ist für die Adressaten einer Äußerung auch bei den bisherigen Informationsmaßnahmen der staatlichen Stellen nicht ohne Weiteres zugänglich gewesen.

Insofern lässt sich auch in diesem Zusammenhang rechtsgedanklich auf die zivilrechtliche Stellvertretung und die in diesem Zusammenhang entwickelten Grundsätze des Handelns unter fremden Namen zurückgreifen.[717] Die für eine (über tatsächliches Empfinden hinausgehende) Zurechnung erforderliche Ermächtigung als Pendant zur stellvertretungsrechtlichen Vertretungsmacht wird bei den meisten Personen, die einen Zugang zu dem Behörden- oder Ministeriumsprofil in einem sozialen Netzwerk besitzen, gegeben sein. Häufig wird es sich dabei in größeren Behörden und anderen staatlichen Stellen um Mitarbeiter der Presse- bzw. der PR-Abteilung handeln, deren Hauptaufgabe darin besteht, die Accounts in den sozialen Netzwerken zu verwalten. Sollte es einmal an der Berechtigung des Initiators fehlen, ist die Zurechnung über einen entsprechenden Rechtsscheintatbestand möglich, da regelmäßig von einer bewussten Weitergabe der Zugangsdaten an einen größeren Personenkreis auszugehen ist, was eine Rechtsscheinzurechnung der Äußerungen zur Folge hat.[718]

---

[717] Vgl. bereits 1. Kapitel A.III.2.; s.a. *Borges*, NJW 2011, 2400 (2400).

[718] Vgl. BGH NJW, 2011, 2421 (2422); *Borges*, NJW 2011, 2400 (2402).

Die Äußerungen, die auf einem Profil einer staatlichen Stelle in den sozialen Netzwerken erscheinen, sind dieser damit regelmäßig zuzurechnen, sodass die Stelle nach außen als Verantwortliche auftritt. Da sich der Rezipient des Umstands bewusst ist, dass eine natürliche Person hinter der einer Behörde oder juristischen Person des Öffentlichen Rechts zuzurechnenden Informationsmaßnahme stehen muss, ist dem Transparenzgebot, das den Verantwortlichen für die Adressaten einer staatlichen Informationsmaßnahme erkenntlich machen soll, in den Fällen von Behörden und anderen staatlichen Stellen damit in den sozialen Netzwerken in aller Regel entsprochen.

2. Personenbezogene Accounts

Auch wenn dies auf den ersten Blick verwunderlich erscheint, ist die Wahrung des Transparenzgebots bei personenbezogenen Accounts schwieriger als bei Accounts von Behörden, staatlichen Organen oder juristischen Personen. Dies ist dem Umstand geschuldet, dass auch die personenbezogenen Accounts staatlicher Funktionsträger in den sozialen Netzwerken nur selten vom Amtsträger selbst betreut und verwaltet werden. Vielmehr gibt es auch in diesen Fällen häufig PR-Teams, die sich mit der Verwaltung der Netzwerkaccounts beschäftigen und auf diesen aktiv gestaltend tätig werden. Wie hoch der Anteil an Accounts ist, die tatsächlich und nur vom Accountinhaber selbst verwaltet werden, lässt sich kaum bestimmen. Sollte ein personenbezogener Account – wie es für private Accounts vorgesehen ist – vom Inhaber selbst betrieben werden, birgt dies keine Schwierigkeiten im Hinblick auf die Transparenz staatlichen Handelns, da die Urheberschaft der Information unmittelbar zu erkennen ist. Wird der Account nun aber von einem PR-Team verwaltet, stellt sich die Frage, inwiefern die auf dem Profil getätigten Äußerungen dem Accountinhaber zuzurechnen sind.

Auch hier ist indes davon auszugehen, dass die zivilrechtlichen Stellvertretungsregelungen inklusive der Rechtsfortentwicklung des Handelns unter fremden Namen rechtsgedankliche Anwendung finden, sodass die von Mitgliedern des PR-Teams veröffentlichten Beiträge dem Accountinhaber zuzurechnen sind. Im Zusammenhang mit dem unbefugten Betreten eines Abgeordnetenbüros im Bundestag und damit in einem offensichtlich andersartigen Zusammenhang stellte das Bundesverfassungsgericht jüngst Folgendes fest: „Überträgt ein Verfassungsorgan die Ausübung einer verfassungsrechtlichen Befugnis auf einen Dritten, stellt sich dessen Handeln als das Handeln des Verfassungsorgans selbst dar.“[719] Nichts anderes kann für das Informationshandeln von Hoheitsträgern in den sozialen Netzwerken gelten. Bei Letzterem wird die für eine (unmittelbare) Zurechnung sprechende Weisungsdichte zudem höher sein als bei der dem Beschluss zugrundeliegenden

[719] BVerfG, NVwZ 2020, 1102 (1102).

Aufgabenübertragung des Bundestagspräsidenten auf die Polizei nach Art. 40 Abs. 2 Satz 1 GG.

Die aus den rechtsgedanklich anzuwendenden Grundsätzen des Handelns unter fremden Namen folgende Zurechnung der Äußerungen und Beiträge findet allerdings keine Anwendung, wenn für die Adressaten nach außen erkennbar ist, dass nicht der hoheitliche Accountinhaber selbst, sondern Mitglieder des PR-Teams (für diesen) kommunizierend tätig werden, da von einer die Zurechnung begründenden „Identitätstäuschung“[720] – dem Rezipienten ist bewusst, dass ein äußerungsrechtliches Dreipersonenverhältnis besteht – keine Rede sein kann. Vielmehr kommen in diesem Fall die Grundsätze der zivilrechtlichen Stellvertretung in rechtsgedanklicher Anwendung zum Tragen, da offenkundig eine Erklärung im fremden Namen abgegeben wird. Diese ist dem Accountinhaber in aller Regel zuzurechnen, da die Mitglieder des PR-Teams zur Netzwerkaktivität ermächtigt worden sind. Gleiches gilt, wenn sich eine den Account verwaltende Person über das mit dem amtlichen Accountbetreiber im Innenverhältnis Besprochene hinwegsetzt. Ein derartiger „Missbrauch der Vertretungsmacht“ schlägt prinzipiell nicht auf die Zurechnung der Äußerungen durch, sondern betrifft nur das Innenverhältnis, mithin zwischen Hoheitsträger und Verwalter des Accounts in den sozialen Netzwerken. Im Ergebnis findet daher eine rechtliche Zurechnung der getätigten Äußerungen statt, unabhängig davon, ob nach außen zu erkennen ist, dass der Beitrag nicht vom Accountinhaber selbst stammt.

Auch wenn damit feststeht, dass der Accountinhaber stets für die auf einem staatlichen Profil erstellten Beiträge einzustehen hat, stellt sich die Frage, ob das verfassungsrechtliche Transparenzgebot die erkennbare Unterscheidung eigenhändiger und fremdgestalteter Beiträge gebietet.[721] Häufig ist die unmittelbare Urheberschaft eines Beitrags für die Adressaten nicht erkennbar, sodass diese davon ausgehen (müssen), dass jeder Beitrag eigenhändig vom Accountinhaber verfasst wird, was indes bei weitem nicht der Realität staatlicher Öffentlichkeitsarbeit entspricht.

Gegen eine Pflicht zur Offenlegung der Äußerungsumstände spricht, dass die Verantwortlichkeit das zentrale Kriterium für möglichen Rechtsschutz gegen Äußerungen ist und dass nach dem soeben Aufgezeigten feststeht, wer für eine Äußerung rechtlich (wie politisch) einzustehen hat. Überdies ist es

---

[720] Vgl. zur zivilrechtlichen Unterscheidung von Identitäts- und Namenstäuschung ausf. *Stadler*, BGB AT, 20. Aufl. 2020, § 30 Rn. 9; dass es sich bei der Aktivität staatlicher Stellen in sozialen Netzwerken um einen Fall der Identitäts- und nicht um einen Fall der Namenstäuschung handelt, ergibt sich aus der Amtsträgereigenschaft des Accountinhabers, der öffentlich-rechtlichen Natur der dort veröffentlichten Inhalte und der damit einhergehenden Autorität der Beiträge. Der Name und die Amtsbezeichnung des staatlichen Accountbetreibers sind eben nicht nur „Schall und Rauch“.

[721] So jedenfalls *Mast*, Staatsinformationsqualität, 2020, S. 337.

häufig auch bei den herkömmlichen Erscheinungsformen staatlicher Öffentlichkeitsarbeit so, dass Äußerungen eines Hoheitsträgers nicht ausschließlich von diesem selbst verfasst werden, sondern zu großen Teilen aus der Feder mehrerer Mitarbeiter stammen. Niemand würde auf die Idee kommen, dass ein Hoheitsträger bei den herkömmlichen Erscheinungsformen staatlicher Öffentlichkeitsarbeit die konkrete Urheberschaft der von ihm getätigten Äußerungen offenlegen muss und preiszugeben hat, wie sich die Textbausteine etwa einer Rede zusammensetzen. Vielmehr ist es auch in diesen Fällen allemal als ausreichend zu erachten, wenn feststeht, wer die inhaltliche Verantwortlichkeit für eine Informationsmaßnahme trägt.

Allerdings haben sich die Kommunikationsstrukturen durch den Einsatz der sozialen Netzwerke grundlegend verändert, sodass sich Äußerungen dort nicht mit Pressekonferenzen, Ansprachen oder Beiträgen in Druckerzeugnissen vergleichen lassen. Vielmehr ist die Kommunikation von Schnelllebigkeit und gefühlter Ebenbürtigkeit geprägt. Findet ein Dialog in den sozialen Netzwerken zwischen einem Nutzer und dem vermeintlichen staatlichen Accountinhaber statt, so ist es für Ersteren von Bedeutung, ob der Accountinhaber selbst oder ein Mitarbeiter des Accountinhabers tätig wird. Dies kann bei rein sachlich gehaltenen Informationen von geringer Bedeutung sein. Es ist jedoch nicht ausgeschlossen, dass sich der Hoheitsträger (wiederum vermeintlich) auch in hitzigen Debatten einschaltet und an ihnen teilnimmt. Greift der Hoheitsträger durch seine Netzwerkaktivität in den grundrechtlich geschützten Kommunikationsvorgang ein, befindet er sich in einem höchst grundrechtssensiblen Bereich, in dem hohe Anforderungen an die Transparenz staatlichen Handelns zu stellen sind. Dies hätte zur Folge, dass die Adressaten der Äußerungen darüber zu informieren sind, ob der Accountinhaber selbst oder ein Dritter mit ihnen kommuniziert.

Wann es sich bei den im Netzwerk verbreiteten Beiträgen und Kommentaren des Hoheitsträgers um sachlich gehaltene Informationen handelt, die nur ein sehr geringes Maß an Grundrechtsrelevanz besitzen, und wann von einer Einwirkung in den grundrechtlich verbürgten Willensbildungs- und Kommunikationsprozess die Rede sein kann, ist abseits eindeutiger Fälle pauschal kaum zu sagen. In Anbetracht der Bedeutung des Meinungsbildungsprozesses sind die Transparenzanforderungen in den sozialen Netzwerken für personenbezogene Accounts gleichwohl insgesamt als hoch einzustufen. Das bedeutet, dass für den Adressaten der Informationen erkennbar sein muss, ob sich der Accountinhaber selbst oder ein Dritter, regelmäßig ein Mitarbeiter und Mitglied des PR-Teams, zu Wort meldet.[722] Diesen Transparenzanforderungen kann dadurch entsprochen werden, dass im Impressum des Accounts entsprechende Kürzel festgelegt werden, die am Ende eines

[722] Vgl. *Mast*, Staatsinformationsqualität, 2020, S. 337 f.

Beitrags anzugeben sind und aus denen sich ergibt, ob der Accountinhaber selbst oder ein Mitglied des PR-Teams den Beitrag verfasst haben.[723]

3. Ergebnis

Das Transparenzgebot ist in den sozialen Netzwerken von besonderer Bedeutung und entfaltet eine weitreichendere Wirkung als in den bisherigen Formen staatlicher Öffentlichkeitsarbeit. Dadurch, dass sich der Staat bei der Kommunikation in sozialen Netzwerken in einen grundrechtssensiblen wie meinungsmächtigen Bereich staatlichen Handelns begibt, sind erhöhte Transparenzanforderungen zu berücksichtigen. Diesen wird von staatlicher Seite aus entsprochen, wenn die Beiträge personenbezogener Accounts in den sozialen Netzwerken erkennen lassen, ob der Accountinhaber selbst den Inhalt des Beitrags verfasst hat oder nicht und dieser durch einen Dritten erstellt wurde. Etwas Anderes gilt für Accounts von Behörden, Organen und juristischen Personen des Öffentlichen Rechts, bei denen mit der nach außen erkennbaren Verantwortlichkeit für die geteilten Inhalte bereits das erforderliche Maß an Transparenz gegeben ist.

E. Zusammenfassung

Die äußerungsunspezifischen Grenzen staatlicher Öffentlichkeitsarbeit entfalten ihre Wirkung für jegliche Form staatlichen Handelns und gelten daher auch in den sozialen Netzwerken. Im Hinblick darauf, dass die Kommunikation dort strukturelle Unterschiede zu den herkömmlichen Erscheinungsformen aufweist, sind die Vorgaben für das Informationshandeln anzupassen. Dabei lässt sich nicht pauschal sagen, dass die Grenzen der Äußerungsbefugnisse enger zu fassen sind. Vielmehr hat die Beurteilung der Rechtmäßigkeit einer Äußerung stets vor dem Hintergrund der Besonderheiten neuartiger Netzwerkkommunikation zu geschehen.

Hinsichtlich der Äußerungskompetenzen führt dies dazu, dass es Fälle gibt, in denen die Kompetenzgrenzen weiter zu ziehen sind und Kompetenzüberschreitungen nicht unmittelbar die Rechts- bzw. Verfassungswidrigkeit einer Äußerung zur Folge haben. Insbesondere gilt dies für Situationen, in denen die Hoheitsträger auf Äußerungen von Nutzern reagieren (müssen) und dabei streng genommen Erwägungen treffen, die außerhalb ihres Zuständigkeitsbereichs liegen. Die netzwerkspezifische Kommunikation weist ein genuin-verringertes Maß an Eingriffsintensität und Meinungsrelevanz

---

[723] Dieses Vorgehen findet sich bereits teilweise in den sozialen Netzwerken, vgl. die Beiträge des FDP-Vorsitzenden und Bundesfinanzministers Christian Lindner unter https://www.twitter.com/c_lindner, zuletzt abgerufen am 20.07.2022.

auf, was anlassbezogene Kompetenzerweiterungen in engen Grenzen – es darf keinesfalls zum Unterlaufen der verfassungsrechtlichen Zuständigkeitsverteilungen führen – zulässt. Von besonderer Relevanz ist in den sozialen Netzwerken zudem die – bisher erst vereinzelt anerkannte – äußerungsrechtliche Zuständigkeit zum Schutz der freiheitlich-demokratischen Grundordnung, die ihren Kompetenzinhabern ein Mandat zur Reaktion auf Gefahren für die freiheitlich-demokratische Grundordnung verleiht.

Grundrechtsdogmatisch wirkt sich die Wahl der sozialen Netzwerke als Kommunikationsplattform staatlicher Funktionsträger vor allem auf die Eingriffsintensität hoheitlicher Informationsmaßnahmen aus. Die Reichweite einer in den sozialen Netzwerken veröffentlichten Information sowie die unbegrenzte Veröffentlichungsdauer und der Verlust der Steuerbarkeit haben zur Folge, dass Informationsmaßnahmen in den sozialen Netzwerken ein genuin-erhöhtes Eingriffspotential zukommt. Zusätzlich ist es staatlichen Funktionsträgern durch den Einsatz emotionalisierenden Bildmaterials möglich, auf die eingriffsintensitätserhöhende Suggestivkraft ihrer Beiträge einzuwirken. Als Reflex auf die Eingriffswirkung eines Netzwerkbeitrags ist für die verfassungsrechtliche Rechtfertigung des Grundrechtseingriffs häufig eine gesetzliche Grundlage vonnöten. Die an der Rechtsprechung des Bundesverfassungsgerichts hinsichtlich der Akzeptanz kompetenzieller Aufgabenzuweisungen als hinreichende Ermächtigungsgrundlagen geübte Kritik ist dabei auf die Aktivität staatlicher Funktionsträger in den sozialen Netzwerken zu übertragen. Das genuin-erhöhte Eingriffspotential staatlicher Informationsmaßnahmen in den sozialen Netzwerken zwingt den Rechtsanwender vielmehr dazu, den grundrechtlichen Gesetzesvorbehalt (wieder) ernst zu nehmen und rechtsstaatlichen Standards genügende Befugnisregelungen zu fordern. Der Vielschichtigkeit der Aktivität staatlicher Stellen in sozialen Netzwerken geschuldet wäre es ratsam, äußerungsspezifische Generalklauseln zu etablieren, der sich konkrete Vorgaben für das Informationshandeln im Generellen und die Aktivität in den sozialen Netzwerken im Speziellen entnehmen lassen.

Als netzwerkspezifisches Grundrechtsproblem der Meinungsbildungsfreiheit aus Art. 5 Abs. 1 Satz 1 GG ist in diesem Kontext überdies das staatliche Des- und Fehlinformationshandeln in den Blick zu nehmen. Von ihm geht ein erhebliches Bedrohungspotential für die Meinungsbildung ihrer Rezipienten aus. Da eine verfassungsrechtliche Rechtfertigung nur in den seltensten Fällen in Betracht zu ziehen ist, kommt der Frage nach dem Vorliegen eines Grundrechtseingriffs eine erhebliche Bedeutung zu. Es erscheint grundsätzlich angezeigt, zwischen verhaltenslenkender und unspezifischer (Fehl-) Information zu differenzieren, wobei Letztere die Voraussetzungen eines Grundrechtseingriffs regelmäßig nicht erfüllt. Im Hinblick auf die genuin erhöhte Eingriffswirkung der Öffentlichkeitsarbeit in sozialen Netzwerken sind dort indes keine erhöhten Anforderungen an die Finalität des staatlichen Handelns zu stellen. Vielmehr ist es angesichts der intensitätspotenzierenden Kommunikationsstrukturen für das Vorliegen eines des- bzw. fehlinformativen Grundrechtseingriffs als ausreichend zu erachten, wenn der Accountbetreiber die Fehlerhaftigkeit der von ihm verbreiteten Informationen ex ante kannte oder zumindest hätte kennen können.

Auch der allgemeine Grundsatz vom Vorbehalt des Gesetzes ist auf die Aktivität staatlicher Stellen in sozialen Netzwerken anzuwenden, da es sich auch bei diesem Prinzip um ein staatlichem Handeln immanenten Grundsatz handelt. Unabhängig davon, dass sich aus individuellen Grundrechtseingriffen dem grundrechtlichen Gesetzesvorbehalt folgend das Erfordernis einer gesetzlichen Grundlage für staatliches Handeln ergeben kann, besagt der allgemeine Grundsatz vom Vorbehalt des Gesetzes, dass alle wesentlichen Entscheidungen vom Gesetzgeber zu treffen sind und zielt dabei darauf ab, dass bei staatlichem Handeln mit Grundrechtsrelevanz sowie Entscheidungen von allgemein-politischer Bedeutung eine Normierung erforderlich ist.

Die besondere grundrechtliche Bedeutung staatlicher Öffentlichkeitsarbeit ergibt sich unter anderem aus der datenschutzrechtlichen Relevanz des Rückgriffs auf soziale Netzwerke zum Zwecke der staatlichen Öffentlichkeitsarbeit. Neben den Netzwerkbetreibern sind nämlich auch die Profilinhaber als für die Verarbeitung personenbezogener Daten Verantwortliche i.S.d. Datenschutz-Grundverordnung zu behandeln. Daneben ist die Aktivität staatlicher Stellen auch unter dem Gesichtspunkt der positiven sowie negativen Informationsfreiheit von besonderer Bedeutung. Zum einen eröffnet ein Hoheitsträger durch die Veröffentlichung von Informationen in den sozialen Netzwerken den sachlichen Schutzbereich der positiven Informationsfreiheit, indem er eine allgemein zugängliche Informationsquelle schafft. Zum anderen sind die staatlichen Beiträge in der Lage, die negative Informationsfreiheit mancher Netzwerknutzer zu berühren, wenngleich sich die Intensität des staatlichen Handelns dabei unterhalb der Grundrechtseingriffsschwelle bewegt. Darüber hinaus spricht mit der Gefahr eines Missbrauchs amtlicher Mittel durch parteiergreifende Öffentlichkeitsarbeit auch die allgemein-politische Bedeutung der Aktivität staatlicher Stellen in sozialen Netzwerken für eine normative Fixierung der Vorgaben und Grenzen.

Das Transparenzgebot als Ausdruck eines demokratischen Kernanliegens verpflichtet den Staat neben der Information der Bevölkerung auch dazu, staatlichem Handeln im Einzelfall ein Gesicht zu geben. Dies muss erst recht auch für die der Information der Bevölkerung dienende Öffentlichkeitsarbeit des Staates gelten. In den sozialen Netzwerken bedeutet diese, dass der Urheber eines Beitrags für die Adressaten erkennbar sein muss. Während dies bei den Accounts juristischer Personen des Öffentlichen Rechts, Behörden oder Gerichten ohne Weiteres möglich und üblich ist, besteht bei personenbezogenen Accounts das Problem, dass die Adressaten der über personenbezogene Accounts geteilten Beiträge häufig davon ausgehen, dass der Accountinhaber persönlich die Inhalte in den Netzwerken verfasst, wenngleich dies häufig nicht der Realität entspricht. Da das Informationshandeln des Staates – insbesondere in den sozialen Netzwerken – aber von enormer Relevanz für die Willensbildung der Adressaten ist, bedarf es konkreter Transparenzvorgaben, die den Urheber eines Beitrags nach außen erkennen lassen. Nur wenn die Information der Bevölkerung ihrerseits transparent ist, kann sie ihrer Bedeutung gerecht werden.

Alles in allem zeigt sich damit, dass die inhaltsunabhängigen Grenzen staatlicher Öffentlichkeitsarbeit grundsätzlich ihre Wirkung auch in den sozialen Netzwerken beanspruchen. Dies ist im Hinblick auf ihre Allgemeingültigkeit auch wenig überraschend. Allerdings sind sie in mancher Hinsicht an die neuartigen Kommunikationsstrukturen anzupassen. Festzuhalten bleibt dabei allerdings, dass es sich mehr um punktuelle Anpassungen als um strukturelle Änderungen handelt.

3. Kapitel

Die äußerungsspezifischen Grenzen staatlicher Öffentlichkeitsarbeit und ihre Übertragbarkeit auf die Aktivität in sozialen Netzwerken

Nachdem zunächst die äußerungsunspezifischen Grenzen staatlicher Öffentlichkeitsarbeit behandelt wurden, soll es im Folgenden um die äußerungsspezifischen Grenzen staatlicher Öffentlichkeitsarbeit und ihre Übertragbarkeit auf die Aktivität staatlicher Stellen in sozialen Netzwerken gehen. Zu den äußerungsspezifischen Grenzen der staatlichen Öffentlichkeitsarbeit zählen zum einen Grenzen, deren Anwendungsbereich sich allein auf staatliches Informationshandeln beschränkt. Im Mittelpunkt steht dabei die staatliche Neutralitätspflicht, die sich als bedeutsamste Grenze staatlicher Öffentlichkeitsarbeit bezeichnen lässt. Sie wurde von Rechtsprechung und Literatur in einem langen, kasuistischen Prozess für das Informationshandeln von Hoheitsträgern entwickelt. Neben der Neutralitätspflicht als die das staatliche Äußerungsrecht prägende Grenze fallen aber auch bestimmte äußerungsspezifische Ausprägungen von allgemeinen Vorgaben staatlichen Handelns unter den im Folgenden zu erörternden Begriff der äußerungsspezifischen Grenze staatlicher Öffentlichkeitsarbeit. Schwerpunktmäßig soll es im weiteren Verlauf um das äußerungsspezifische Sachlichkeitsgebot gehen, das von enormer Bedeutung für das staatliche Informationshandeln ist und in einem nahezu unauflösbaren Wechselwirkungsverhältnis zur staatlichen Neutralitätspflicht steht. Die hier in Rede stehenden äußerungsspezifischen Grenzen staatlicher Öffentlichkeitsarbeit eint, dass ihr Anknüpfungspunkt immer der konkrete Inhalt eines staatlichen Kommunikationsaktes ist. Darin liegt der Unterschied zu den inhaltsunabhängigen Grenzen staatlicher Öffentlichkeitsarbeit, die ihre Wirkung prinzipiell gleichsam für alle Formen staatlichen Handelns entfalten.

A. Die staatliche Neutralitätspflicht

Die „notorische Vieldeutigkeit des Neutralitätsbegriffs“ hat weder Rechtsprechung noch Literatur davon abgehalten, diesen immer wieder zu erwähnen und in den juristischen Diskurs um staatliches Informationshandeln einzubringen bzw. in den Vordergrund zu stellen.[1] Der Begriff der Neutralität lässt sich angesichts seiner lateinischen Wortherkunft (*ne-utrum*) als „keiner Interessengruppe angehörend“ definieren. Neutral verhält sich demnach, wer sich keiner bestimmten Interessengruppe zu- oder abwendet.[2] Die Weite dieses Begriffsverständnisses bringt es mit sich, dass im Recht verschiedene Ausprägungen der Neutralität existieren. Fokussiert man den Blick auf das staatliche (Informations-) Handeln, wird der Begriff der staatlichen Neutralität konturenschärfer, bleibt aber dennoch weit. Insbesondere gibt es nicht „die eine Staatsneutralität“, sondern vielmehr verschiedene Ausprägungen des staatlichen Objektivitätsgrundsatzes.[3] Darüber hinaus variieren die Begrifflichkeiten in der Rechtsprechung und in der Literatur. Teilweise ist von einer staatlichen Neutralitätspflicht und teilweise von einem Neutralitätsgebot die Rede.[4] In einem ersten Schritt soll untersucht werden, inwiefern es sich bei den Vorgaben für das staatliche Informationshandeln um eine „Pflicht“ im Rechtssinne handelt (I.). Im Anschluss daran sollen die für das Informationshandeln staatlicher Stellen bedeutendsten Erscheinungsformen staatlicher Neutralitätsvorgaben dargestellt werden (II.). Der Fokus soll dabei auf der die staatliche Öffentlichkeitsarbeit in besonderem Maße prägenden der parteipolitischen Neutralitätspflicht liegen, die insofern eine eigenständige Untersuchung verdient (III.). Abschließend ist die Anwendbarkeit der für die Öffentlichkeitsarbeit maßgeblichen Ausprägungen des Neutralitätsgrundsatzes auf die Aktivität staatlicher Stellen in den sozialen Netzwerken zu diskutieren und zu untersuchen, ob mit der Wandlung der Kommunikationsstrukturen auch eine Anpassung der Neutralitätsvorgaben einhergeht (IV.).

I. Staatliche Neutralität als Rechtspflicht

Das Bestehen einer Rechtspflicht setzt für gewöhnlich das Vorliegen konkreter Handlungs- oder Duldungsvorgaben voraus, aus denen sich eine rechtsqualitative Pflicht zum Befolgen dergleichen ergibt. Allerdings kennt das Grundgesetz als die für das Recht der staatlichen Öffentlichkeitsarbeit zu großen Teilen maßgebliche Rechtsquelle weder den Begriff der Neutralität noch den Terminus der Neutralitätspflicht.[5] Ausdrückliche Rechtspflichten sind nur vereinzelt vorgesehen, vgl. Art. 6 Abs. 2 GG, Art. 12a GG, Art. 33

---

[1] *Kuch*, AöR 142 (2017), 491 (492).

[2] Grundlegend *Schlaich*, Neutralität als verfassungsrechtliches Prinzip, 1972, S. 218 ff.; vgl. auch *Eder*, „Rote Karte“ gegen „Spinner“?, 2017, S. 32 f.

[3] Ähnlich *Mast*, Staatsinformationsqualität, 2020, S. 356.

[4] Exemplarisch BVerfGE 138, 102 (111 f.).

[5] Auf einfachgesetzlicher Ebene findet sich eine (parteiische) Neutralitätspflicht für Beamte z.B. in § 60 Abs. 1 BBG oder in § 33 Abs. 1 BeamtStG.

Abs. 1 GG, Art. 44 Abs. 1 Satz 1 Alt. 2 GG, Art. 53 GG. Das Grundgesetz ist vielmehr geprägt von den Kategorien der Kompetenz- und Befugnisnormen. Möchte man Rechtspflichten darunter kategorisieren, handelt es sich bei ihnen um imperative Befugnisregelungen, die für ihren Adressaten keinen Initiativspielraum vorsehen und unter Sanktionsvorbehalt stehen. Die Rechtspflicht ist mithin als eine besondere Kategorie der Befugnis – mit einer Pflicht geht zwangsläufig auch die Befugnis zu pflichtgemäßem Handeln oder Unterlassen einher – zu verstehen.

Die ausdrückliche Normierung einer Rechtspflicht ist allerdings keine konstitutive Voraussetzung für das Bestehen derselben. Vom Vorliegen einer Rechtspflicht ist überdies auszugehen, wenn der Adressat im Rahmen seines Initiativ- und Handlungsspielraums zu einem bestimmten Handeln oder Unterlassen gezwungen ist. Dieser Zwang muss nicht auf einen gesetzgeberischen Willen zurückzuführen sein, sondern kann auch Ausfluss gewichtiger Rechtsgüter oder Werte sein, die eine andere Entscheidung verbieten. So liegt der Fall bei den vielseitigen Neutralitätspflichten des Staates. Von ihnen ist in verschiedenen Zusammenhängen die Rede, ohne dass diese eine ausdrückliche Normierung erfahren haben. Sie sind vielmehr Ausdruck fundamentaler Werteentscheidungen, die dem Staat ein Handeln entgegen strenger Neutralität und Objektivität verbieten.[6] Allerdings kann von einem allgemeinen verfassungsrechtlichen Grundsatz staatlicher Neutralitätspflicht nicht die Rede sein.[7] Vielmehr sind Inhalt und Ausmaß der staatlichen Neutralitätspflicht vom jeweiligen Sachbereich und den diesen prägenden Wertungen abhängig. Die Neutralitätspflicht ist mithin formaler Natur, da sie auf Maßstäbe verweist, ohne das „rechte Maß" zu enthalten.[8] Zudem gibt es Sachbereiche, in denen dem Staat eine thematische Positionierung erlaubt ist und wo insofern nicht von einer staatlichen Pflicht zur Neutralität die Rede sein kann. Neutralitätspflichten greifen bei abstrakter Betrachtung zumeist nur dort, wo besonders sensible und bedeutsame Entscheidungen des Einzelnen zu treffen sind, die sich frei von staatlicher Einflussnahme zu vollziehen haben.

Teilweise wird der Begriff der Neutralitätspflicht allerdings auch kritisch gesehen.[9] So wird vertreten, dass der Begriff der Neutralitätspflicht im Zusammenhang mit beamtenrechtlichen Maßnahmen seine Berechtigung habe, da er dort eine einfachgesetzliche Kodifizierung gefunden habe, weshalb im Umkehrschluss der Rechtspflichtcharakter auf andere Hoheitsträger nicht

---

[6] Vgl. *Schlaich*, Neutralität als verfassungsrechtliches Prinzip, 1972, S. 219.

[7] *Ingold*, VerwArch 108 (2017), 240 (256); *Nellesen*, Äußerungsrechte staatlicher Funktionsträger, 2018, S. 50; *Schlaich*, Neutralität als verfassungsrechtliches Prinzip, 1972, S. 43 f.

[8] *Schlaich*, Neutralität als verfassungsrechtliches Prinzip, 1972, S. 219.

[9] Vgl. *Dişçi*, Der Grundsatz politischer Neutralität, 2019, S. 186 f.

zu übertragen sei.[10] Im Zusammenhang mit der politischen Neutralitätspflicht werde besonders deutlich, dass der Begriff der Rechtspflicht im Neutralitätskontext unangebracht sei: Aufgrund der politischen Prägung anderer Ämter sei in diesen Fällen nicht von einer Rechtspflicht auszugehen, wohingegen das Beamtentum mit all seinen Besonderheiten den Charakter einer Rechtspflicht rechtfertige.[11]

Dem ist entgegenzuhalten, dass die Annahme einer staatlichen Neutralitätspflicht im Sinne einer Rechtspflicht nicht dazu führt, dass es Hoheitsträgern verwehrt wird, politische Entscheidungen zu treffen und ihr Amt politisch zu führen. Insbesondere folgt aus der Annahme einer bestehenden Neutralitätspflicht gerade nicht eine pauschale Pflicht zur politischen Monotonie.[12] Die Existenz einer Neutralitätspflicht hindert einen Hoheitsträger nicht pauschal daran, wertend tätig zu werden. Der Pflichtcharakter des Neutralitätsgrundsatzes ist auf die der Neutralität zugrundeliegende und ohne Weiteres als Rechtspflicht zu qualifizierende Idee der Gleichbehandlung zurückzuführen.[13] Sie verpflichtet in ihrer (engen) Erscheinungsform als Neutralitätspflicht dazu, Maßnahmen und damit insbesondere auch äußerungsrechtliche Maßnahmen staatlicher Öffentlichkeitsarbeit anhand gleichbehandelnder, diskriminierungsfreier Kategorien zu orientieren, ohne sich dabei mit Bestrebungen zu identifizieren und diesen damit Vorrang gegenüber anderen zu gewähren. Insofern weist die allgemeine Neutralitätspflicht – bis auf die fehlende Kodifizierung – keine wesensverschiedenen Unterschiede zur beamtenrechtlichen Neutralitätspflicht nach § 60 Abs. 1 BBG oder § 33 BeamtStG auf.

Aus der Anerkennung einer Neutralitätspflicht staatlicher Funktionsträger ergibt sich „nur" das Verbot gleichbehandlungswidriger Einflussnahme durch staatliches Handeln. Dabei handelt es sich streng genommen nicht einmal um eine ausdrückliche Erwähnung verdienende Besonderheit. In den Fällen, in denen eine Neutralitätspflicht angenommen wird, gründet die Besonderheit darin, dass der betroffene Sachbereich aufgrund der ihm durch die Verfassung zukommenden Wertung eine äußerst gründliche Gleichbehandlung fordert. Der Begriff der Neutralitätspflicht darf daher in seiner Gesamtheit nicht überinterpretiert werden. In den Bereichen, in denen sich der Staat aufgrund der besonderen Sensibilität von in den (Sach-) Bereich des Einzelnen fallenden Entscheidungen neutral zu verhalten hat, sollte von einem Verstoß gegen die staatliche Neutralitätspflicht immer dann die Rede sein, wenn ein rechtswidriger Eingriff in die den Bereich schützenden Grund-

[10] So *Dişçi*, Der Grundsatz politischer Neutralität, 2019, S. 186 f.

[11] *Dişçi*, Der Grundsatz politischer Neutralität, 2019, S. 188.

[12] In diese Richtung *Dişçi*, Der Grundsatz politischer Neutralität, 2019, S. 186 f.

[13] *Nettesheim*, in: Isensee/Kirchhof, HStR Bd. III, 3. Aufl. 2005, § 61 Rn. 20; vgl. auch *Eder*, „Rote Karte" gegen „Spinner"?, 2017, S. 33.

rechte oder grundrechtsgleichen Rechte gegeben ist. Damit ist in der Neutralitätspflicht nur eine die Gleichbehandlung in den Vordergrund stellende Ausprägung der (Grund-) Rechtsbindung zu sehen, der sich abstrakt noch keine über die Gleichbehandlung der Beteiligten hinausgehenden Vorgaben für das staatliche Handeln entnehmen lassen. Außerdem droht der Pflichtcharakter durch das Verwenden anderer Begrifflichkeiten wie etwa Neutralitätsgrundsatz, Neutralitätsanforderung oder Neutralitätsprinzip indes nicht zu verwässern.

Kommt man zu dem Ergebnis, dass in einer bestimmten Materie oder Angelegenheit eine Neutralitätspflicht für Hoheitsträger existiert, bedeutet dies jedoch keinesfalls, dass sich das staatliche Handeln als solches verbietet. Gleichermaßen ist es einem Repräsentanten des Staates nicht versagt, in den einschlägigen Sachbereichen (die erforderlichen) Entscheidungen zu treffen. Vielmehr besteht im Rahmen der Entscheidungsfindung und -begründung die *Pflicht*, alle widerstreitenden Positionen in diskursiv angemessener Weise zu berücksichtigen und gleich zu behandeln.[14] Es geht bei der Neutralitätspflicht mithin um die Abwehr eines fremden und die „Hervorkehrung des jeweils vom Sachgebiet her gebotenen Handlungs- und Entscheidungsmaßstabes".[15] Gezielte Beeinflussungen oder Beeinträchtigungen sind mit der Pflicht zur angemessenen Berücksichtigung und Gleichbehandlung der pluralistischen Wertevorstellungen nicht vereinbar. In der juristischen Debatte um das Bestehen und die Reichweite der staatlichen Neutralitätspflichten stellen ebendiese Beeinflussungen regelmäßig den Ausgangspunkt der Auseinandersetzung dar.

II. Erscheinungsformen staatlicher Neutralitätspflichten

Bei einem Blick in die das Recht der staatlichen Öffentlichkeitsarbeit prägenden Gerichtsentscheidungen und die maßgebliche Literatur wird schnell klar, dass es sich bei der parteipolitischen Neutralitätspflicht um den die äußerungsspezifischen Grenzen staatlicher Öffentlichkeitsarbeit prägenden Grundsatz staatlicher Informationstätigkeit handelt. Gleichwohl ist die parteipolitische Ausprägung des Neutralitätsgrundsatzes bei weitem nicht die einzige Erscheinungsform einer Neutralitätspflicht unter dem Grundgesetz. Wie gezeigt bestehen staatliche Neutralitätspflichten dort, wo der Einzelne für sich individuelle und sensible Entscheidungen zu treffen hat, die sich frei von einer staatlichen Einflussnahme zu vollziehen haben.

---

[14] *Nettesheim*, in: Isensee/Kirchhof, HStR Bd. III, 3. Aufl. 2005, § 61 Rn. 20.

[15] *Schlaich*, Neutralität als verfassungsrechtliches Prinzip, 1972, S. 41, 219.

1. Die Neutralität der Rechtsprechung

Zentraler Aspekt der rechtsprechenden Gewalt ist die persönliche und sachliche Unabhängigkeit ihrer Richter, die im 19. Jahrhundert Eingang in die Rechtspraxis gefunden hat.[16] Als Grundlage der Unabhängigkeit wird regelmäßig Art. 97 Abs. 1 GG bemüht, der im Wesentlichen an die Regelungen der Weimarer Reichsverfassung anknüpft.[17] Allerdings beinhaltet auch die Vorschrift des Art. 97 Abs. 1 GG keine ausdrückliche Pflicht des einzelnen Richters zur Neutralität und fügt sich damit bestens in das Grundgesetz sowie die von ihm ausgehenden Neutralitätsvorgaben ein. Aus der Regelung in Art. 97 Abs. 1 GG wird jedoch die Gewährleistung eines sachlich unabhängigen Richters abgeleitet.[18] Die sachliche Unabhängigkeit entfaltet ihre Schutzrichtungen dabei in alle Richtungen. Unter dem Aspekt der Gewaltenteilung ist die Unabhängigkeit gegenüber Exekutive und Legislative von besonderer Bedeutung, wobei auch innerhalb der Judikative eine Unabhängigkeit des einzelnen Richters von anderen Richtern und Gerichten existiert.[19] Neben der staatlichen Einflussnahme soll die Unabhängigkeit des Richters diesen auch vor etwaigen Einwirkungen Dritter sowie eigener Sympathien bewahren.

Häufig ist in diesem Kontext vom Grundsatz der Unparteilichkeit des Richters als Ausfluss der richterlichen Unabhängigkeit die Rede. Bisweilen wird die Voraussetzung der Unparteilichkeit des Richters nicht allein aus der richterlichen Unabhängigkeit abgeleitet, sondern auch als Bestandteil des Rechts auf den gesetzlichen Richter nach Art. 101 Abs. 1 S. 2 GG interpretiert.[20] Dies ist insofern dienlich, als dass es sich bei Art. 101 Abs. 1 S. 2 GG um ein subjektives Recht grundrechtsgleicher Natur handelt. Die Vorgaben des Art. 97 Abs. 1 GG werden so „verfassungsbeschwerdefähig".[21] Ein Verstoß gegen die Unparteilichkeit ist anzunehmen, wenn ein Richter nicht die ihm obliegende Distanz, Sachlichkeit und Unparteilichkeit wahrt.[22] In diesem Zusammenhang spricht das Bundesverfassungsgericht ausdrücklich von der Gewähr für Neutralität gegenüber allen Verfahrensbeteiligten.[23] Es anerkennt mithin eine richterliche Pflicht zur erforderlichen Neutralität. Mate-

---

[16] *Classen*, in: v. Mangoldt/Klein/Starck, GG Bd. III, 7. Aufl. 2018, Art. 97 Rn. 1.

[17] *Classen*, in: v. Mangoldt/Klein/Starck, GG Bd. III, 7. Aufl. 2018, Art. 97 Rn. 1.

[18] *Classen*, in: v. Mangoldt/Klein/Starck, GG Bd. III, 7. Aufl. 2018, Art. 97 Rn. 5; *Papier*, NJW 2001, 1089 (1089); *Sodan*, in: Isensee/Kirchhof, HStR Bd. V, 3. Aufl. 2007, § 113 Rn. 22; vgl. auch *Nellesen*, Äußerungsrechte staatlicher Funktionsträger, 2018, S. 50.

[19] Grundlegend *Sodan*, in: Isensee/Kirchhof, HStR Bd. V, 3. Aufl. 2007, § 113 Rn. 25.

[20] So z.B. *Conen/Tsambikakis*, in: MüKo StPO Bd. I, 2014, Vor § 22 Rn. 1 f.

[21] *Schulze-Fielitz*, in: Dreier (Hrsg.), GG Bd. III, 3. Aufl. 2018, Art. 101 Rn. 41.

[22] *Degenhart*, in: Isensee/Kirchhof, HStR Bd. V, 3. Aufl. 2007, § 114 Rn. 7; *Schulze-Fielitz*, in: Dreier (Hrsg.), GG Bd. III, 3. Aufl. 2018, Art. 101 Rn. 15.

[23] BVerfGE 133, 168 (202).

riell beinhaltet das Verfassungsprinzip der richterlichen Unabhängigkeit damit die sich im subjektiven Recht auf den gesetzlichen Richter manifestierende Pflicht für den Richter, jede Entscheidung frei von Ingerenzen zu treffen.[24]

Terminologisch kommt die – historisch auf eine Abwehr vor monarchischen Übergriffen zurückzuführende[25] – Vorschrift des Art. 97 Abs. 1 GG der staatlichen Neutralitätspflicht unter den Regelungen des Grundgesetzes am nächsten, spricht sie doch ausdrücklich von der Unabhängigkeit der Richter und damit von einem der Neutralität zumindest ähnelnden Begriff.[26] Sie hebt die richterliche Unabhängigkeit im Vergleich zu den anderen Objektivitätsgrundsätzen durch ausdrückliche Erwähnung hervor, da nach dem Rechtsstaatsverständnis der Verfassung sichergestellt werden muss, dass sich derjenige, der im Streitfall über die Interpretation eines Gesetzes entscheidet, nur von abstrakten Regeln und nicht von eigenen oder fremden Interessen leiten lassen soll.[27]

Einfachgesetzlich findet sich eine Pflicht zur Wahrung der richterlichen Unabhängigkeit in § 39 DRiG, die wiederum durch die prozessrechtlichen Ausschlussmöglichkeiten befangener oder parteilicher Richter abgesichert wird.[28] Die richterliche Unabhängigkeit ist damit keineswegs allein Selbstzweck, sondern vielmehr essentieller Bestandteil des auf Gleichbehandlung fußenden Rechtsstaatsprinzips und Ausdruck eines fairen Verfahrens des Einzelnen. Die Bedeutsamkeit beschränkt sich dabei zudem nicht nur auf den Gerichtssaal und das prozessuale Verhalten des Richters. Vielmehr können private Äußerungen und die Aktivität eines Richters in den sozialen Netzwerken im Konflikt zur Unabhängigkeit und Unparteilichkeit der Rechtsprechung stehen.[29]

Es bedarf keiner dezidierten Auseinandersetzung mit der Neutralitätspflicht des Richters, um zu erkennen, dass sich ihre Relevanz für den Bereich der staatlichen Öffentlichkeitsarbeit in sozialen Netzwerken in Grenzen hält. Zwar beschränkt sich der Wirkungskreis der Unabhängigkeit nicht auf

---

[24] *Degenhart*, in: Isensee/Kirchhof, HStR Bd. V, 3. Aufl. 2007, § 114 Rn. 7; *Papier*, NJW 2001, 1089 (1090 f.).

[25] *Papier*, NJW 2001, 1089 (1089).

[26] Vgl. *Gusy*, NVwZ 2015, 700 (700).

[27] *Classen*, in: v. Mangoldt/Klein/Starck, GG Bd. III, 7. Aufl. 2018, Art. 97 Rn. 6; *Papier*, NJW 2001, 1089 (1090 f.).

[28] Vgl. etwa §§ 22 ff. StPO; §§ 41 ff. ZPO; § 54 Abs. 1 VwGO; vgl. für das Verwaltungsverfahren §§ 20 f. VwVfG.

[29] Vgl. den Beschluss des BGH vom 12.01.2016, NStZ 2016, 218 ff.: Dort nahm das Gericht die Befangenheit eines Strafrichters an, der auf seinem privaten Facebookprofil ein Bild veröffentlicht hatte, auf dem dieser ein T-Shirt mit der Aufschrift „Wir geben Ihrer Zukunft ein Zuhause: JVA" trug und das dieser mit den Worten „Das ist mein 'Wenn du raus kommst, bin ich in Rente'-Blick" kommentierte.

Handlungen im Prozess, sondern erfasst gleichermaßen Äußerungen sowie anderes Verhalten außerhalb des Gerichtssaals. Gleichwohl handelt es sich bei ihr nicht um eine Grenze des staatlichen Informationshandelns, um die es hier gehen soll. Der Grundsatz der Unabhängigkeit und Unparteilichkeit des Richters soll vielmehr sicherstellen, dass allen Prozessbeteiligten die Teilnahme an einem fairen Verfahren ermöglicht wird, was im Falle eines Neutralitätsverstoßes wiederum im Ausschluss eines Richters oder gar in der Aufhebung einer Entscheidung münden kann. Die den Prozessausschluss begründende Äußerung eines Richters ist indes nicht rechtswidrig. Sie kann im Fall privater Äußerungen sogar Ausfluss grundrechtlicher Meinungsfreiheit sein. Darin liegt ein wesentlicher Unterschied zu den in dieser Untersuchung im Vordergrund stehenden Grenzziehungen staatlicher Öffentlichkeitsarbeit.

2. Die religiös-weltanschauliche Neutralität

Ausgangspunkt[30] der deutschen religionsverfassungsrechtlichen Ordnung ist der Grundsatz der religiös-weltanschaulichen Neutralität des Staates.[31] Allerdings führt auch die Suche nach der Kodifizierung dieses Objektivitätsgrundsatzes innerhalb des Verfassungstexts ins Leere. Gleichwohl handelt es sich bei dieser Ausprägung der staatlichen Neutralitätspflicht um einen der bekanntesten Verfassungsgrundsätze des Grundgesetzes. Dies ist auf die stetig andauernde und immer wieder auflebende Diskussion um Grenzen und Reichweite der religiös-weltanschaulichen Neutralität des Staates zurückzuführen.[32] Ihre Omnipräsenz hat die Debatte um staatliche Neutralitätspflichten der höchstpersönlichen Dimension der Religions- und Weltanschauungsfreiheit zu verdanken. Das Bundesverfassungsgericht hebt die höchstpersönliche Dimension staatlichen Handelns im Bereich der Religions- und Weltanschauungsfreiheit hervor, indem es davon ausgeht, dass das Grundgesetz „von Offenheit gegenüber der Vielfalt weltanschaulich-religiöser Überzeugungen [gekennzeichnet ist] und […] dies auf ein Menschenbild [gründet], das von der Würde des Menschen und der freien Entfaltung der Persönlichkeit in Selbstbestimmung und Eigenverantwortung geprägt ist."[33] Für den Staat bedeutet dies, dass er sich „neutral zu verhalten [hat] und nicht

---

[30] Zu den verfassungsgeschichtlichen Wurzeln der religiös-weltanschaulichen bzw. konfessionellen Neutralitätspflicht vgl. grundlegend *Schlaich*, Neutralität als verfassungsrechtliches Prinzip, 1972, S. 26 ff.

[31] *Korioth/I. Augsberg*, JZ 2010, 828 (829).

[32] Der 68. Deutsche Juristentag hat 2010 ein Gutachten zu diesem Thema erstellen lassen, vgl. *Waldhoff*, Neue Religionskonflikte und staatliche Neutralität, Gutachten D zum 68. Deutschen Juristentag, 2010. Allerdings haben sich seitdem eine Fülle neuer Fragen gestellt, vgl. nur *Leitmeier*, NJW 2020, 1036 ff.

[33] BVerfGE 41, 29 (50); 108, 282 (299 f.).

seinerseits den religiösen Frieden in der Gesellschaft"[34] gefährden darf. Insbesondere darf er „sich nicht mit einer bestimmten Religionsgemeinschaft identifizieren".[35]

Normativer Anknüpfungspunkt für die staatliche Neutralitätspflicht ist ein auf den ersten Blick diffus zusammengeworfen wirkendes Konglomerat an Grundgesetzbestimmungen, vgl. Art. 4 Abs. 1, Art. 3 Abs. 3, Art. 33 Abs. 3, Art. 140 GG i.V.m. Art. 136 Abs. 1, Abs. 4 und Art. 137 Abs. 1 WRV.[36] Unter ihnen ragt die Vorschrift des Art. 140 i.V.m. Art. 137 Abs. 1 WRV heraus, der sich entnehmen lässt, dass keine Staatskirche besteht.[37] Der deskriptiv formulierten, aber präskriptiv zu verstehenden Bestimmung liegt die Idee einer prinzipiellen Trennung zwischen Staat und Kirche, mithin einer säkularen Gesellschaft, zugrunde.[38] Allerdings handelt es sich dabei nicht um eine laizistische Trennung, sondern vielmehr um ein religionsfreundliches und an Gleichberechtigung sowie Pluralismus orientiertes Modell.[39] Der vom Grundgesetz gewählte Ansatz für das Verhältnis von Religion bzw. Weltanschauung und Staat sieht kein Verbot jeglicher Berührung im Sinne einer „Kontaktsperre" vor.[40] Allerdings zwingt das vom Verfassungsgeber gewählte Verhältnis den Staat „als Heimstatt aller Staatsbürger"[41] zur strikten, sich in der Gleichbehandlung aller Religionsgesellschaften manifestierenden Neutralität.[42]

Der religiös-weltanschaulichen Neutralität lassen sich verschiedene Direktiven für den Umgang des Staates mit Glaubensrichtungen und Weltanschauungen entnehmen.[43] Die prägendste Ausformung der Neutralitätspflicht und zugleich in der Theorie für Maßnahmen staatlicher Öffentlichkeitsarbeit von enormer Bedeutung ist das Identifikationsverbot[44], das auch

---

[34] BVerfGE 93, 1 (16 f.); 102, 370 (383); 105, 279 (294).

[35] BVerfGE 153, 1 (37) unter Verweis auf E 30, 415 (422); 93, 1 (17); 108, 282 (299 f.); s.a. *Jasper*, Religiös und politisch gebundene öffentliche Ämter, 2015, S. 205 f.

[36] Vgl. BVerfGE 153, 1 (36 f.); 105, 279 (294); 108, 282 (299 f.); grundlegend *Morlok*, in: Dreier (Hrsg.), GG Bd. I, 3. Aufl. 2013, Art. 4 Rn. 161 ff.; s. a. *Jasper*, Religiös und politisch gebundene öffentliche Ämter, 2015, S. 205; *Jung*, Das kommunale Amtsblatt – Inhalt, Ausgestaltung, Präsentation, 2021, S. 43; *Milker*, JA 2017, 647 (650); *Nellesen*, Äußerungsrechte staatlicher Funktionsträger, 2018, S. 46.

[37] *Korioth/I. Augsberg*, JZ 2010, 828 (830).

[38] *Korioth/I. Augsberg*, JZ 2010, 828 (829 f.); *Mückl*, in: Isensee/Kirchhof, HStR Bd. VII, 3. Aufl. 2009, § 159 Rn. 61 f.

[39] Grundlegend *Unruh*, in: v. Mangoldt/Klein/Starck, GG Bd. III, 7. Aufl. 2018, Art. 137 WRV Rn. 7 ff.; *Korioth/I. Augsberg*, JZ 2010, 828 (830).

[40] *Unruh*, in: v. Mangoldt/Klein/Starck, GG Bd. III, 7. Aufl. 2018, Art. 137 WRV Rn. 8.

[41] BVerfGE 19, 206 (216); 108, 282 (299).

[42] *Morlok*, in Dreier (Hrsg.), GG Bd. III, 3. Aufl. 2018, Art. 137 WRV Rn. 17; *Mückl*, in: Isensee/Kirchhof, HStR Bd. VII, 3. Aufl. 2009, § 159 Rn. 67.

[43] Ausf. *Mückl*, in: Isensee/Kirchhof, HStR Bd. VII, 3. Aufl. 2009, § 159 Rn. 68 ff.

[44] *Morlok*, in Dreier (Hrsg.), GG Bd. III, 3. Aufl. 2018, Art. 137 WRV Rn. 17; *Mückl*, in: Isensee/Kirchhof, HStR Bd. VII, 3. Aufl. 2009, § 159 Rn. 70.

der EGMR unmittelbar aus der Religionsfreiheit ableitet.[45] Der Staat kann in der gesellschaftlich ausgetragenen Auseinandersetzung der Religionen und Weltanschauungen seiner Integrationsfunktion nur gerecht werden, wenn er selbst nicht Partei ergreift.[46] Es ist ihm mithin untersagt, in selbstdarstellender Weise Sympathien und Abneigungen publik zu machen. Grundrechtsdogmatisch handelt es sich bei staatlichen (Be-) Wertungen zudem um informelle Eingriffe in das Grundrecht der Religions- und Weltanschauungsfreiheit, Art. 4 Abs. 1 u. Abs. 2 GG, die abstrakt betrachtet in den seltensten Situationen einer verfassungsrechtlichen Rechtfertigung zugänglich sein dürften, sondern aufgrund des mit dem Grundrechtseingriff einhergehenden Verstoßes gegen das grundlegende Prinzip der staatlichen Neutralität als verfassungswidrig einzustufen sein dürften.

Etwas anderes muss von Verfassungs wegen für anlassbezogene Warnungen gelten, die dem Schutz der körperlichen und seelischen Unversehrtheit Gefährdeter zu dienen bestimmt sind.[47] Auch ein neutraler Staat ist nicht gehindert, sich sachlich mit dem Verhalten einer religiösen oder weltanschaulichen Gruppierung auseinanderzusetzen und ihr Verhalten anhand weltlicher Kriterien zu beurteilen.[48] Allerdings ist auch in diesen Fällen die strenge Neutralitätspflicht dergestalt zu berücksichtigen, dass die Anforderungen an die Verfassungskonformität der konkreten Warnungsmaßnahme als hoch anzusehen sind.[49] In Anbetracht der Tatsache, dass die staatliche Öffentlichkeitsarbeit in sozialen Netzwerken nicht von religiösen oder weltanschaulichen Beiträgen geprägt ist, soll es im Folgenden vornehmlich nicht weiter um den Grundsatz der religiös-weltanschaulichen Neutralitätspflicht gehen, wenngleich es sich bei ihr um eine grundrechtlich fundierte Grenze staatlicher Öffentlichkeitsarbeit handelt.[50]

3. Neutralität im Asylrecht

Nach Art. 16a Abs. 1 GG genießen politisch Verfolgte in Deutschland Asyl. Da das Grundgesetz den Begriff der politischen Verfolgung nicht weiter definiert, ist er vom Normanwender grundsätzlich auszufüllen. Das Bundesverfassungsgericht geht im Allgemeinen davon aus, dass ein Fall politischer Verfolgung vorliegt, wenn ein Ausländer aus politischen Gründen „Verfolgungsmaßnahmen mit Gefahr für Leib und Leben oder Beschränkungen

---

[45] Vgl. nur EGMR, Urt. v. 15.01.2013 – 48420/10, 59842/10, 51671/10, 36516/10, Rn. 81 (Eweida ua/United Kingdom); *Walter*, in: Dörr/Grote/Marauhn (Hrsg.), EMRK/GG Bd. I, 3. Aufl. 2022, Kapitel 17 Rn. 165 m.w.N.

[46] *Mückl*, in: Isensee/Kirchhof, HStR Bd. VII, 3. Aufl. 2009, § 159 Rn. 70.

[47] *Muckel*, in: Merten/Papier, HGR Bd. IV, 2011, § 96 Rn. 42; vgl. BVerfGE 105, 279 ff.

[48] BVerfGE 102, 370 (394); 105, 279 (294).

[49] Vgl. nur BVerfGE 105, 279 (294 ff.).

[50] Vgl. aber *Ingold*, VerwArch 108 (2017), 240 (257).

seiner persönlichen Freiheit ausgesetzt" ist.[51] Dies entspricht der Handhabung des Parlamentarischen Rates, der das Asylrecht dem Ausländer gewähren wollte, „der in seinem eigenen Land nicht mehr leben kann, weil er durch das politische System seiner Freiheit, seines Lebens oder seiner Güter beraubt wird".[52] Es soll jedem zugutekommen, der in Anknüpfung an asylerhebliche Merkmale, also wegen seiner Rasse, seiner Religion, Nationalität, Zugehörigkeit zu einer bestimmten sozialen Gruppe oder wegen seiner politischen Überzeugung entweder qualifizierten Rechtsbeeinträchtigungen ausgesetzt ist oder solche Maßnahmen begründet befürchtet.[53]

Das Asylrecht wird dabei notwendigerweise unabhängig von Herkunft, politischer Gesinnung und politischer Richtung des Verfolgerstaats gewährt.[54] Deutschland als aufnehmender Staat muss sich den Asylsuchenden gegenüber demnach neutral verhalten.[55] Die Neutralität des Asylrechts geht dabei sogar so weit, dass auch Feinde der Demokratie in den Genuss des Asylgrundrechts kommen, sofern diese keine Gefahr für die öffentliche Sicherheit in der Bundesrepublik Deutschland darstellen und die freiheitlich-demokratische Staatsform bekämpfen.[56] Damit sticht auch im Bereich der Neutralität des Asylrechts die gleichbehandlungsrechtliche Komponente der staatlichen Neutralitätspflichten heraus: Dort, wo es um grundlegende Fragen und Vorhaben wie die Gewährung politischen Asyls geht, ist es dem Staat von Verfassungs wegen untersagt, anhand höchstpersönlicher Entscheidungen zu differenzieren.

4. Neutralität des Familienbegriffs

Nach Art. 6 Abs. 1 GG stehen Ehe und Familie unter dem besonderen Schutze des Staates. Der Schutzgehalt der Vorschrift äußert sich in einem umfassenden Ordnungsauftrag, der die besonderen Strukturen, Leistungen und Lasten von Ehe und Familie angemessen berücksichtigt und diese gegenüber anderen Verfassungsgütern hervorhebt.[57] Für die Familie ergibt sich aus der Verfassungsnorm des Art. 6 Abs. 1 GG insbesondere eine Pflicht des Staates zur Abwehr beeinträchtigender Wirkungen in das Familienleben unmittelbarer und mittelbarer Natur.[58] Der Familie kommt damit eine beson-

---

[51] BVerfGE 9, 174 (180 f.); 15, 249 (251); 54, 341 (357).

[52] Parlamentarischer Rat, 18. Sitzung des Hauptausschusses v. 4. Dezember 1948, Sten.Ber., S. 217 f.

[53] BVerfGE 80, 315 (334 f.); *U. Becker*, in: v. Mangoldt/Klein/Starck, GG Bd. I, 7. Aufl. 2018, Art. 16a Rn. 43; *Wittreck*, in: Dreier (Hrsg.), GG Bd. I, 3. Aufl. 2013, Art. 16a Rn. 54.

[54] BVerfGE 54, 341 (356 f.).

[55] *Hailbronner*, in: Merten/Papier, HGR Bd. V, 2013, § 123 Rn. 37.

[56] *Randelzhofer*, in: Isensee/Kirchhof, HStR Bd. VII, 3. Aufl. 2009, § 153 Rn. 19 f.

[57] Ausf. *Robbers*, in: v. Mangoldt/Klein/Starck, GG Bd. I, 7. Aufl. 2018, Art. 6 Rn. 20.

[58] *Ipsen*, in: Isensee/Kirchhof, HStR Bd. VII, 3. Aufl. 2009, § 154 Rn. 74 ff.

dere Bedeutung unter dem Grundgesetz zu. Allerdings ist der Verfassungsbegriff der „Familie" ob seines divergierenden Gebrauchs genauer zu bestimmen.[59] Das Bundesverfassungsgericht versteht unter dem Begriff der Familie „die umfassende Gemeinschaft von Eltern und Kindern"[60] (sog. Kleinfamilie[61]), wobei es unerheblich ist, ob die Kinder von den Eltern abstammen und ob sie ehelich oder unehelich geboren wurden.[62]

Damit hat sich das Bundesverfassungsgericht für eine wertneutrale, von gelebter Gemeinschaft geprägte Definition und gegen eine Begrenzung auf die aus einer Ehe hervorgegangene Familie entschieden.[63] Sobald der Staat sich also dem aus Art. 6 Abs. 1 GG folgenden Schutzauftrag widmet und die Familie in besonderer Weise schützt oder fördert, ist es ihm untersagt, zwischen verschiedenen Familienkonstellationen wertend zu unterscheiden. Er hat seinen Entscheidungen vielmehr die Neutralität des Familienbildes zugrunde zu legen und unterliegt mithin einer (begrifflichen) Neutralitätspflicht.[64]

5. Zwischenergebnis

Kurzum lässt sich damit feststellen, dass der Staat verschiedenen enumerativ nicht zu bezeichnenden Neutralitätspflichten unterliegt, deren Gemeinsamkeit in ihrem Ursprung liegt. Dort, wo der Einzelne selbst höchstpersönliche Entscheidungen trifft oder auf wegweisende Entscheidungen des Staates angewiesen ist, die für eine freiheitlich-demokratisch geprägte Gesellschaft von besonderer Relevanz sind, verbieten sich formelle wie informelle Einwirkungen des Staates. Dieses Verbot manifestiert sich in einer Pflicht zur Gleichbehandlung und Achtung der freien Entfaltung der Persönlichkeit. Die prominenteste Ausprägung ist die religiös-weltanschauliche Neutralitätspflicht des Staates. Daneben ist die Neutralität der Rechtsprechung als Verfassungsgrundsatz anerkannt, der in Art. 97 Abs. 1 GG sogar einen unmittelbaren Anknüpfungspunkt im Wortlaut des Grundgesetzes gefunden hat. Daneben haben sich noch die Neutralität des Asylrechts und die Neutralität des Fa-

---

[59] *Ipsen*, in: Isensee/Kirchhof, HStR Bd. VII, 3. Aufl. 2009, § 154 Rn. 67.

[60] BVerfGE 10, 59 (66); 48, 327 (339); 80, 81 (90)

[61] *Steiner*, in: Merten/Papier, HGR Bd. IV, 2011, § 108 Rn. 42.

[62] BVerfGE 18, 97 (105 f.); 106, 166 (176); 108, 82 (112); zur Diskussion über Erweiterungen des Familienbegriffs vgl. *Ipsen*, in: Isensee/Kirchhof, HStR Bd. VII, 3. Aufl. 2009, § 154 Rn. 70.

[63] *Ipsen*, in: Isensee/Kirchhof, HStR Bd. VII, 3. Aufl. 2009, § 154 Rn. 67; *Robbers*, in: v. Mangoldt/Klein/Starck, GG Bd. I, 7. Aufl. 2018, Art. 6 Rn. 77; *Steiner*, in: Merten/Papier, HGR Bd. IV, 2011, § 108 Rn. 42 f.; ausf. zum Familienbegriff *Brosius-Gersdorf*, in: Dreier (Hrsg.), GG Bd. I, 3. Aufl. 2013, Art. 6 Rn. 100 ff.

[64] Ausf. *Brosius-Gersdorf*, in: Dreier (Hrsg.), GG Bd. I, 3. Aufl. 2013, Art. 6 Rn. 137.

milienbildes „etabliert“, die sich ohne Weiteres der Pflicht zur Gleichbehandlung im Bereich des Höchstpersönlichen zuordnen lassen.[65]

III. Die politische Neutralitätspflicht des Staates

Die für das staatliche Äußerungsrecht wichtigste Ausprägung staatlicher Neutralitätspflichten ist die politische Neutralitätspflicht. Sie ist eine der wenigen fundamentalen Konstanten in der bisweilen regelrecht als case law[66] verstandenen Handhabung der Rechtsprobleme staatlicher Öffentlichkeitsarbeit durch die Gerichte. Sie verbietet es Staatsorganen, sich mit einer politischen Partei zu identifizieren und auf die politische Willensbildung der Bevölkerung einzuwirken. Das durch die mit der Informalität einhergehende Flexibilität geprägte staatliche Informationshandeln ist besonders anfällig für Konflikte mit der (partei-) politischen Neutralitätspflicht, da seine Rechts- und Auswirkungen bis heute häufig unterschätzt werden. Dies gilt für die Kommunikation staatlicher Funktionsträger in sozialen Netzwerken in besonderem Maße. Dabei hilft bereits ein Blick auf die Erwägungsgründe der angezeigten Neutralitätspflicht, um die Bedeutsamkeit strenger Neutralitätspflichten bei informellem wie rechtsförmigem Staatshandeln zu illustrieren.

1. Grundlagen der (partei-) politischen Neutralitätspflicht

Wie gezeigt bestehen Neutralitätspflichten des Staates dort, wo es um höchstpersönliche Entscheidungen geht, die sich frei von staatlicher Beeinflussung vollziehen sollen. Die politische Neutralität hat ihren Ursprung in der das verfassungsrechtliche Demokratieprinzip prägenden Idee freier Willensbildung in der Bevölkerung (a). Die höchstpersönliche Entscheidung, in der sich der demokratiesichernde Grundsatz freier Willensbildung punktuell manifestiert, ist der Wahlakt, der durch den Grundsatz der Freiheit der Wahl nach Art. 38 Abs. 1 Satz 1 GG auch hinsichtlich staatlicher Neutralitätsanforderungen besonderen Schutz genießt (b). Eine weitere Manifestierung des Demokratiegrundsatzes aus Art. 20 Abs. 2 S. 1 GG ist im Recht der Parteien auf Chancengleichheit und gerechte Teilhabe am politischen Wettbewerb aus Art. 21 Abs. 1 GG zu sehen, das aufgrund seines subjektivrechtlichen Charakters regelmäßig den normativen Anknüpfungspunkt für die parteipolitische Neutralitätspflicht darstellt (c). Daneben zwingt auch der besondere Gleichbehandlungsgrundsatz aus Art. 3 Abs. 3 GG den Staat zur politischen Neutralität (d). Schließlich vermögen auch die hergebrachten Grundsätze des Berufsbeamtentums im Falle ihrer Anwendbarkeit über Art. 33 Abs. 5 GG eine politische Neutralitätspflicht zu begründen (e.).

---

[65] *Wittreck*, in: Dreier (Hrsg.), GG Bd. I, 3. Aufl. 2013, Art. 16a Rn. 82.

[66] Vgl. *Nellesen*, Äußerungsrechte staatlicher Funktionsträger, 2018, S. 4 f.

Der (partei-) politischen Neutralitätspflicht staatlicher Stellen und insbesondere regierungsamtlicher Hoheitsträger liegt denknotwendig die Abgrenzbarkeit verschiedener Sprecherrollen als Ausfluss der verfassungsrechtlichen Dichotomie von staatlicher und privater bzw. parteipolitischer Sphäre zu Grunde.[67] Nur wenn es sich bei der in den Blick genommenen Verlautbarung um eine Maßnahme staatlicher Öffentlichkeitsarbeit handelt, entfaltet die politische Neutralitätspflicht ihre begrenzende Wirkung. Zudem soll der Grundsatz der politischen Neutralitätspflicht ganz bewusst nicht auf parteipolitische Auseinandersetzungen beschränkt werden, da die Parteien hinsichtlich der politischen Willensbildung der Bevölkerung keine Monopolstellung innehaben.[68] Gleichwohl darf nicht darüber hinweggetäuscht werden, dass das Recht der politischen Neutralitätspflicht zu großen Teilen durch die Vermittlerrolle der Parteien und von ihrer Eigenschaft des Sprachrohrs der Gesellschaft geprägt ist. Schließlich ist „[i]n der Wettbewerbsdemokratie des Grundgesetzes […] das Parteienrecht Wettbewerbsrecht".[69] Befasst man sich mit der Pflicht zur politischen Neutralität, führt kein Weg an der parteipolitischen Neutralität und der Aufgabe der Verfassungsgerichte, die Lauterkeit der Wettbewerbsdemokratie sicherzustellen, vorbei.[70]

a) Freie Willensbildung als Grundlage des freiheitlichen Demokratieprinzips

Bei dem die gleichnamige Herrschaftsform garantierenden Demokratieprinzip handelt es sich um Grund und Grenze staatlicher Neutralitätspflicht zugleich.[71] In seiner Funktion als die politische Neutralitätspflicht begründende Grenze staatlicher Öffentlichkeitsarbeit ist dem Demokratieprinzip das Verbot der Einwirkung auf die politische Willensbildung der Bevölkerung zu entnehmen. Die Staatsgewalt kann nur in der vom Grundgesetz in Art. 20 Abs. 2 Satz 1 GG vorgesehenen Art und Weise von der Bevölkerung ausgehen, wenn sich die Entscheidungen der Bevölkerung offen, unreglementiert

---

[67] Grundlegend zur Notwendigkeit und Zweckmäßigkeit der schwierigen Abgrenzung staatlicher und privater Sprecherrollen 1. Kapitel, A.III.2.a); vgl. auch auf. *Payandeh*, Der Staat 55 (2016), 519 (529 ff.).

[68] *Dişçi*, Der Grundsatz politischer Neutralität, 2019, S. 50 ff.; *Möstl*, in: Uhle (Hrsg.), Information und Einflussnahme, 2018, S. 49 (65 ff.); *Nellesen*, Äußerungsrechte staatlicher Funktionsträger, 2018, S. 65.

[69] *Morlok*, in: FS Tsatsos, 2003, S. 408 (408); vgl. dazu auch *Oebbecke*, NVwZ 2007, 30 (30).

[70] *Huber*, in: FS Morlok, 2019, S. 551 (552 f.); vgl. auch *Ingold*, VerwArch 108 (2017), 240 (257); zur parteipolitischen Komponente ausf. 3. Kapitel, A.III.1.c).

[71] Vgl. *Grzeszick*, in: Dürig/Herzog/Scholz, GG, 96. EL 2021, Art. 20 (Demokratie) Rn. 18; *Möstl*, in: Uhle (Hrsg.), Information und Einflussnahme, 2018, S. 49 (54 f.); vgl. zu der die staatliche Öffentlichkeitsarbeit fordernden Komponente des Demokratieprinzips 1. Kapitel, A.IV. 1.

und frei von Einflüssen des Staates vollziehen.[72] Die Entscheidungen richten sich dabei allein nach gesellschaftlichen Regeln, die durch die bedeutsamen Freiheitsverbürgungen der Kommunikationsgrundrechte garantiert werden.[73] Die Staatsfreiheit des Willensbildungsprozesses ist mithin ungeschriebene, aber konstitutive Voraussetzung für eine freiheitlich-demokratisch legitimierte Staatsgewalt.[74]

Ausdruck dieses Demokratieverständnisses ist die vielfach rezipierte Aussage des Bundesverfassungsgerichts, dass sich in einer Demokratie die Willensbildung vom Volk zu den Staatsorganen und nicht umgekehrt von den Staatsorganen zum Volk vollziehen muss.[75] Dabei beschränkt sich die Willensbildung keineswegs auf den punktuellen Wahlakt, der über Art. 38 Abs. 1 Satz 1 GG einen zusätzlichen, bereichsspezifischen Schutz genießt. Vielmehr erstreckt sich die Freiheit der Willensbildung auf das gesamte von Wechselwirkung und Parteiaktivität geprägte Dauerverhältnis zwischen Volk und zu politischer Neutralität verpflichteter Staatsgewalt, dessen Ausfluss nach der Vorstellung des Verfassungsgebers ein freier und offener Meinungsbildungsprozess sein muss.[76]

Es liegt auf der Hand, dass eine absolute Trennung zwischen willensausführendem Staat und willensbildendem Volk weder möglich noch zielführend und vom Grundgesetz daher gar nicht vorgesehen sein kann.[77] Wie gezeigt ist der einzelne Bürger so wie die ihn bei seiner Willensbildung unterstützenden Institute der Presse und des Rundfunks nämlich auf ein gewisses staatlicher-

---

[72] BVerfGE 9, 162 (165); 20, 56 (97 f.); 44, 125 (139); 138, 102 (109); BVerwG, NVwZ 2018, 433 (435); *Drefs*, Die Öffentlichkeitsarbeit des Staates und die Akzeptanz seiner Entscheidungen, 2019, S. 137 f.; *Grzeszick*, in: Dürig/Herzog/Scholz, GG, 96. EL 2021, Art. 20 (Demokratie) Rn. 17 f.; *Nellesen*, Äußerungsrechte staatlicher Funktionsträger, 2018, S. 51; *Tschorr*, NJW 2020, 3755 (3758); *Wahnschaffe*, NVwZ 2016, 1767 (1768); den Freiheitsaspekt betont auch *Iben*, Staatlicher Schutz vor Meinungsrobotern, 2021, S. 36 f.

[73] *Drefs*, Die Öffentlichkeitsarbeit des Staates und die Akzeptanz seiner Entscheidungen, 2019, S. 137; *Iben*, Staatlicher Schutz vor Meinungsrobotern, 2021, S. 36.

[74] BVerfGE 69, 315 (346); 78, 350 (363); 85, 264 (284 ff.; 287); *Drefs*, Die Öffentlichkeitsarbeit des Staates und die Akzeptanz seiner Entscheidungen, 2019, S. 137 f.; *Dreier*, in: ders. (Hrsg.), GG Bd. II, 3. Aufl. 2015, Art. 20 (Widerstandsrecht) Rn. 76; *Grzeszick*, in: Dürig/Herzog/Scholz, GG, 96. EL 2021, Art. 20 (Demokratie) Rn. 17; *Nellesen*, Äußerungsrechte staatlicher Funktionsträger, 2018, S. 51; *Sachs*, in: ders (Hrsg.), GG, 9. Aufl. 2021, Art. 20 Rn. 18; vgl. zum Grundsatz der Staatsfreiheit politischer Willensbildung auch *Dişçi*, Der Grundsatz politischer Neutralität, 2019, S. 124 f. und S. 137 f.

[75] Grundlegend BVerfGE 20, 56 (98 f.); vgl. auch *Kuch*, AöR 142 (2017), 491 (496 f.); *Laude*, Automatisierte Meinungsbeeinflussung, 2021, S. 211 ff.

[76] Grundlegend BVerfGE 44, 25 (139); vgl. auch *Drefs*, Die Öffentlichkeitsarbeit des Staates und die Akzeptanz seiner Entscheidungen, 2019, S. 138 f.; zur wechselseitigen Beziehung von Staat und Gesellschaft vgl. *Schmitt Glaeser*, in: Isensee/Kirchhof, HStR Bd. III, 3. Aufl. 2005, § 38 Rn. 1 ff.

[77] *Nellesen*, Äußerungsrechte staatlicher Funktionsträger, 2018, S. 52.

seits zu bedienendes Informationsniveau angewiesen.[78] Es wäre daher falsch, davon auszugehen, dass jede staatliche Informationsmaßnahme einen rechtswidrigen Eingriff in die Freiheit der Willensbildung darstellt und im Widerspruch zum Demokratieprinzip steht.

Auf der anderen Seite ist es nicht von der Hand zu weisen, dass jede Informationsmaßnahme die potentielle Gefahr ungewollter staatlicher Beeinflussung des vorrechtlichen Willensbildungsprozesses birgt. Die Grenze von demokratiesichernder Öffentlichkeitsarbeit ist dann überschritten, wenn ein Hoheitsträger lenkenden oder steuernden Einfluss auf die öffentliche Meinungsbildung in der Bevölkerung nimmt.[79] Tut er dies, verstößt er gegen die ihm als Ausfluss freier Willensbildung der Bevölkerung obliegende politische Neutralitätspflicht. Die für eine geordnete Willensbildung unverzichtbare Bündelung und Ordnung der diversen Meinungsströmungen in der Bevölkerung darf von Verfassungs wegen nicht dem Staat obliegen, sondern muss primär von den qua Verfassungsauftrag als konstituierendes Bindeglied zwischen Staat und Volk dienenden Parteien wahrgenommen werden, die ob ihrer Staatsfreiheit dazu befugt sind, auf den Willensbildungsprozess einzuwirken.[80] Überschreitet der Staat durch sein Informationshandeln die Schwelle zur Beeinflussung der Willensbildung, verletzt er seine Pflicht zu politischer Neutralität und handelt dem Demokratieprinzip aus Art. 20 Abs. 2 S. 1 GG zuwider.

b) Die Freiheit der Wahl als Grundlage politischer Neutralität

Bei den Wahlrechtsgrundsätzen des Art. 38 Abs. 1 Satz 1 GG handelt es sich um elementare Voraussetzungen der dem Demokratieverständnis des Grundgesetzes zugrunde gelegten repräsentativen Demokratie, die der Spezifizierung des Prinzips der Volkssouveränität zu dienen bestimmt sind.[81] Da die Parlamentswahl als staatlich reglementierter Akt der punktuellen Manifestation des Volkswillens dient, der dann die Grundlage für die Zusammensetzung der repräsentativen Volksvertretung darstellt, steht der Wahlakt unter einem besonderen verfassungsrechtlichen Schutz.[82] Die Parlaments-

[78] Vgl. auch *Dişçi*, Der Grundsatz politischer Neutralität, 2019, S. 138 f.; *Iben*, Staatlicher Schutz vor Meinungsrobotern, 2021, S. 37; *Meyer*, in: Isensee/Kirchhof, HStR Bd. III, 3. Aufl. 2005, § 46 Rn. 24.

[79] Ausf. BVerwG, NVwZ 2018, 433 (435).

[80] Vgl. BVerfGE 20, 56 (101 f.); 44, 125 (140); *Grzeszick*, in: Dürig/Herzog/Scholz, GG, 96. EL 2021, Art. 20 (Demokratie) Rn. 17; *Nellesen*, Äußerungsrechte staatlicher Funktionsträger, 2018, S. 52.

[81] BVerfGE 99, 1 (13); *Morlok*, in: Dreier (Hrsg.), GG Bd. II. 3. Aufl. 2015, Art. 38 Rn. 56; *Nellesen*, Äußerungsrechte staatlicher Funktionsträger, 2018, S. 52; zu den Wahlrechtsgrundsätzen im Einzelnen vgl. *Meyer*, in: Isensee/Kirchhof, HStR Bd. III, 3. Aufl. 2005, § 46 Rn. 1 ff.

[82] *Eder*, „Rote Karte" gegen „Spinner"?, 2017, S. 40; *Magiera*, in: Sachs (Hrsg.), GG,

wahl ist als Ausgangspunkt der demokratiesichernden Legitimationskette von Volk zu Staatsgewalt die wichtigste unmittelbare Verbindung zwischen der gesellschaftlichen Sphäre und der Staatsorganisation.[83]

Der verfassungsrechtliche Schutz des Wahlakts gründet auf den von der Freiheit und Gleichheit der Wahl geprägten Wahlrechtsgrundsätzen des Art. 38 Abs. 1 Satz 1 GG. Während der Grundsatz der Wahlgleichheit vor allem das Stimmverhältnis und ihre Gewichtung unter den Wählern betrifft und damit seinen Ursprung in der gesellschaftlichen Sphäre findet,[84] betrifft der Grundsatz der Freiheit der Wahl das Verhältnis von Bürger und Staatsgewalt.[85] Letzterer gewährleistet dem Bürger neben der zumeist weniger diskussionswürdigen freien Willensverwirklichung in erster Linie die ungestörte Willensbildung frei von staatlichen Einflüssen, da nur eine freie Wahl legitimierender Natur sein kann.[86] Demnach lässt sich auch aus der (Staats-) Freiheit der Wahl nach Art. 38 Abs. 1 Satz 1 GG eine Pflicht zur politischen Neutralität für Amts- und Hoheitsträger entnehmen.[87]Zu dieser Neutralitätspflicht stehen staatliche Maßnahmen politisch werbender oder diskreditierender Natur, von denen ein Einfluss auf die Wahlentscheidung des Einzelnen ausgehen kann, in klarem Widerspruch.

Ein besonderes Augenmerk muss dabei auf der Öffentlichkeitsarbeit staatsleitender Stellen liegen, die bereits aufgrund des Aufmerksamkeits- und Autoritätsvorsprungs „von Natur aus" ein Konfliktpotential zur Freiheit der Willensbildung und Wahlentscheidung aufweist.[88] Die besondere Sensibilität

---

9. Aufl. 2021, Art. 38 Rn. 77; *Meyer*, in: Isensee/Kirchhof, HStR Bd. III, 3. Aufl. 2005, § 45 Rn. 1 ff.; *Morlok*, in: Dreier (Hrsg.), GG Bd. II. 3. Aufl. 2015, Art. 38 Rn. 51; *Nellesen*, Äußerungsrechte staatlicher Funktionsträger, 2018, S. 60; zur Bedeutung des Wahlakts in der repräsentativen Demokratie vgl. *Studenroth*, AöR 125 (2000), 257 (257 f.).

[83] *Eder*, „Rote Karte" gegen „Spinner"?, 2017, S. 40; *Meyer*, in: Isensee/Kirchhof, HStR Bd. III, 3. Aufl. 2005, § 45 Rn. 1 ff.; *Morlok*, in: Dreier (Hrsg.), GG Bd. II. 3. Aufl. 2015, Art. 38 Rn. 51; *Müller*, in: v. Mangoldt/Klein/Starck, GG Bd. II, 7. Auf. 2018, Art. 38 Rn. 126.

[84] Vgl. zur konstituierenden Funktion als Wettbewerbsrecht *Morlok*, in: Dreier (Hrsg.), GG Bd. II. 3. Aufl. 2015, Art. 38 Rn. 99 ff.; vgl. auch *Meyer*, in: Isensee/Kirchhof, HStR Bd. III, 3. Aufl. 2005, § 46 Rn. 29 ff., der eine prinzipielle Differenzierung zwischen Gleichheit und Freiheit sowie den damit verbundenen Grundsätzen der Unmittelbarkeit, Geheimheit und Allgemeinheit vornimmt.

[85] *Meyer*, in: Isensee/Kirchhof, HStR Bd. III, 3. Aufl. 2005, § 46 Rn. 23.

[86] BVerfGE 44, 125 (139); *Eder*, „Rote Karte" gegen „Spinner"?, 2017, S. 41; *Meyer*, in: Isensee/Kirchhof, HStR Bd. III, 3. Aufl. 2005, § 46 Rn. 23; *Morlok*, in: Dreier (Hrsg.), GG Bd. II. 3. Aufl. 2015, Art. 38 Rn. 86; *Studenroth*, AöR 125 (2000), 257 (258 f.).

[87] *Eder*, „Rote Karte" gegen „Spinner"?, 2017, S. 42; *Studenroth*, AöR 125 (2000), 257 (259; 265 f.); vgl. *Morlok*, in: Dreier (Hrsg.), GG Bd. II. 3. Aufl. 2015, Art. 38 Rn. 94.

[88] *Meyer*, in: Isensee/Kirchhof, HStR Bd. III, 3. Aufl. 2005, § 46 Rn. 23; *Morlok*, in: Dreier (Hrsg.), GG Bd. II. 3. Aufl. 2015, Art. 38 Rn. 94; *Müller*, in: v. Mangoldt/Klein/Starck, GG Bd. II, 7. Auf. 2018, Art. 38 Rn. 139; *Nellesen*, Äußerungsrechte staatlicher Funktionsträger, 2018, S. 60 f.

der politischen Neutralitätspflicht als Ausfluss der Wahlfreiheit ergibt sich daraus, dass die staatlichen Maßnahmen und Äußerungen aufgrund ihrer örtlichen, zeitlichen und sachlichen Nähe zur Wahl sowie der basalen Manipulationsanfälligkeit der gesellschaftlichen Willensbildung in der Vorwahlzeit besonders beeinflussend wirken können.[89] Letztlich handelt es sich bei dem Verbot der Wahlbeeinflussung und der Staatsfreiheit der Wahl mithin um eine besondere Ausprägung des Grundsatzes der (staats-) freien Willensbildung in einer Demokratie, die Hoheitsträger hinsichtlich örtlicher und zeitlicher Wahlnähe zu besonderer Neutralität und Zurückhaltung verpflichtet.

c) Die Chancengleichheit der Parteien als Grundlage staatlicher Neutralitätspflicht

Dem Recht auf Chancengleichheit der Parteien aus Art. 21 Abs. 1 GG ist im Zusammenhang mit dem Grundsatz der politischen Neutralität ein hoher Stellenwert beizumessen (aa). Gleichwohl wäre es verfehlt, aus der besonderen Stellung der Parteien im parteidemokratischen Verfassungsstaat darauf zu schließen, nur sie seien Begünstigte der politischen Neutralitätspflicht staatlicher Funktionsträger (bb).

aa) Politische Parteien als Begünstigte

Beim Grundsatz der Chancengleichheit der Parteien aus Art. 21 Abs. 1 GG handelt es sich um eine besonders wichtige Grundlage der (partei-) politischen Neutralitätspflicht staatlicher Stellen, da sie als subjektives Recht der Parteien und ihrer Mitglieder häufig den Anknüpfungspunkt (gerichtlicher) Rechtsstreitigkeiten und Rügen darstellt. Bereits dieser Umstand unterstreicht die Bedeutung der „Multifunktionsnorm"[90] aus Art. 21 Abs. 1 GG für den von der Parteiendemokratie geprägten Parlamentarismus unter dem Grundgesetz. Das Recht auf Chancengleichheit ist dogmatisch als spezielle Ausprägung des in Art. 3 Abs. 1 GG enthaltenen allgemeinen Gleichheitssatzes zu betrachten.[91] Inwiefern es zur Begründung der Chancengleichheit der Parteien – wie bisweilen durch Rückgriff auf Art. 3 Abs. 1 GG oder Art. 38 Abs. 1 Satz 1 GG suggeriert – weiterer Verfassungsnormen bedarf, ist umstritten.[92]

---

[89] Vgl. *Studenroth*, AöR 125 (2000), 257 (258 f.).

[90] Neben dem rügefähigen Grundsatz der Chancengleichheit ist der Norm aus Art. 21 Abs. 1 GG auch die Betätigungs- und Gründungsfreiheit (Satz 2) sowie die Transparenz- und Rechenschaftspflicht zu entnehmen (Satz 4), vgl. zur Vielschichtigkeit ausf. *Kunig*, in: Isensee/Kirchhof, HStR Bd. III, 3. Aufl. 2005, § 40 Rn. 16 ff.

[91] Ausf. *Kunig*, in: Isensee/Kirchhof, HStR Bd. III, 3. Aufl. 2005, § 40 Rn. 93.

[92] Vgl. *Morlok*, in: Dreier (Hrsg.), GG Bd. II, 3. Aufl. 2015, Art. 21 Rn. 78; *Payandeh*,

Während gute Gründe dafür sprechen, dass Art. 21 Abs. 1 GG hinsichtlich des dort ausdrücklich konstituierten Mehrparteiensystems bereichsspezifische Gleichheitserwägungen zu entnehmen sind, die keiner Heranziehung der allgemeinen Gleichbehandlungsnorm des Art. 3 Abs. 1 GG oder des besonderen Gleichheitssatzes der Wahlrechtsgrundsätze aus Art. 38 Abs. 1 Satz 1 GG bedürfen,[93] ist nicht von der Hand zu weisen, dass es sich bei Art. 21 Abs. 1 GG verfassungsdogmatisch – allein der Regelungsstandort ist ein gewichtiges Argument gegen den Grundrechtscharakter der Vorschrift – nicht um ein Individualgrundrecht handelt.[94] Möchte der Grundsatz der Chancengleichheit daher in seiner Funktion als verfassungsbeschwerdefähiges Grundrecht in Erscheinung treten, muss die objektiv-rechtliche Gewährleistung aus Art. 21 Abs. 1 GG grundrechtlich fundiert werden, was am besten durch Heranziehung des allgemeinen Gleichheitssatzes aus Art. 3 Abs. 1 GG bewerkstelligt wird.[95]

Das Zusammenwirken der beiden Verfassungsnormen hat im Ergebnis eine parteipolitische Aufladung des Gleichheitsgrundsatzes zur Folge, die sich in besonderen Anforderungen an staatliches Handeln auf Ebene der verfassungsrechtlichen Rechtfertigung möglicher Grundrechtseingriffe manifestiert.[96] Die Symbiose aus Art. 21 Abs. 1 GG und Art. 3 Abs. 1 GG ist dabei auch aus gleichheitsrechtlicher Perspektive zwingend, da Art. 3 Abs. 1 GG allein – insbesondere in seiner Funktion als grundrechtliches Willkürverbot – den Besonderheiten der Parteiendemokratie nicht gerecht werden kann und somit auf eine parteienrechtliche Ausstrahlungswirkung angewiesen ist.[97] In seiner Funktion als parteiwettbewerbliche Maxime tritt der

Der Staat 55 (2016), 519 (539); ausf. zur divergierenden Herleitung des Grundsatzes der Chancengleichheit der Parteien vgl. *Streinz*, in: v. Mangoldt/Klein/Starck, GG, Bd. II, 7. Aufl. 2018, Art. 21 Rn. 119.

[93] *Kunig*, in: Isensee/Kirchhof, HStR Bd. III, 3. Aufl. 2005, § 40 Rn. 93; *Lipphardt*, Die Gleichheit der politischen Parteien vor der öffentlichen Gewalt, 1975, S. 117 f.; vgl. auch *Ferreau*, NVwZ 2017, 1259 (1260).

[94] *Barczak*, NVwZ 2015, 1014 (1015); *Eder*, „Rote Karte" gegen „Spinner"?, 2017, S. 49 f.; *Morlok*, in: Dreier (Hrsg.), GG, Bd. II, 3. Aufl. 2015, Art. 21 Rn. 49; zwischen Satz 1 und Satz 2 differenzierend *Streinz*, in: v. Mangoldt/Klein/Starck, GG Bd. II, 7. Aufl. 2018, Art. 21 Rn. 75.

[95] *Eder*, „Rote Karte" gegen „Spinner"?, 2017, S. 50 u. S. 55 f.; *Gusy*, NVwZ 2015, 700 (701); *Morlok*, in: Dreier (Hrsg.), GG, Bd. II, 3. Aufl. 2015, Art. 21 Rn. 50 u. 81; *Streinz*, in: v. Mangoldt/Klein/Starck, GG Bd. II, 7. Aufl. 2018, Art. 21 Rn. 121; wohl auch *Ipsen/Koch*, in: Sachs (Hrsg.), GG, 9. Aufl. 2021, Art. 21 Rn. 33; das Bundesverfassungsgericht greift überdies zur Herleitung des Rechts auf Chancengleichheit auch im Rahmen eines Organstreitverfahrens auf die grundrechtliche Komponente des Art. 3 Abs. 1 GG zurück, vgl. nur BVerfGE 85, 264 (296).

[96] *Eder*, „Rote Karte" gegen „Spinner"?, 2017, S. 57 ff.

[97] *Ipsen/Koch*, in: Sachs (Hrsg.), GG, 9. Aufl. 2021, Art. 21 Rn. 33; vgl. auch *Kunig*, in: Isensee/Kirchhof, HStR Bd. III, 3. Aufl. 2005, § 40 Rn. 93; *Morlok*, in: Dreier (Hrsg.), GG, Bd. II, 3. Aufl. 2015, Art. 21 Rn. 78.

Grundsatz der Chancengleichheit dann als formales Verbot der (ungerechtfertigten) Ungleichbehandlung zulasten einzelner Parteien in Erscheinung.[98] Allerdings folgt aus dem Verbot der Ungleichbehandlung nicht die Pflicht zur Nivellierung vorgefundener Unterschiede in der Parteienlandschaft.[99] Vielmehr verbietet der Grundsatz der Chancengleichheit dem Staat – insbesondere dem Gesetzgeber – „nur" die in formaler Gleichbehandlung mündende Veränderung der parteilichen Wettbewerbschancen.

Trotz des strikten Charakters des Grundsatzes der Chancengleichheit der Parteien sind einzelne Ungleichbehandlungen verfassungsrechtlich zulässig.[100] Ziel der Verfassungsnorm des Art. 21 Abs. 1 GG ist die Chancengleichheit im politischen Wettbewerb und nicht die Gleichheit aller politischen Kräfte.[101] Die prominenteste Ausnahme von der staatlichen Pflicht zur Gleichbehandlung ist im Grundsatz der abgestuften Chancengleichheit des § 5 Abs. 1 PartG zu sehen, der bei der Gewährung öffentlicher Leistungen eine Differenzierung anhand der Ergebnisse vorangegangener Wahlen zulässt.[102] Für die Verfassungskonformität des Abweichens von der Pflicht zur formalen Gleichbehandlung bedarf es indes besonders gewichtiger Gründe.[103] Zumeist ist der Grund in einem Ressourcenkonflikt zu sehen, der ein Abweichen vom formalen Grundsatz strikter Gleichheit zu rechtfertigen vermag.[104]

Ein weiterer besonders wichtiger Grund für die Ungleichbehandlung zulasten einzelner Parteien ist etwa in der staatspolitischen Funktionsfähigkeit von Parlament und Regierung zu sehen, die ihren einfachgesetzlichen Ausdruck beispielsweise in den wahlrechtlichen Sperrklauseln gefunden hat.[105] Nur wenn schwerwiegende Gründe die unterschiedliche Handhabung politischer Parteien gebieten, ist differenzierendes Staatshandeln zulässig. Das

---

[98] *Kunig*, in: Isensee/Kirchhof, HStR Bd. III, 3. Aufl. 2005, § 40 Rn. 93; *Morlok*, in: Dreier (Hrsg.), GG, Bd. II, 3. Aufl. 2015, Art. 21 Rn. 82; *Streinz*, in: v. Mangoldt/Klein/Starck, GG Bd. II, 7. Aufl. 2018, Art. 21 Rn. 123; i.E. auch *Ipsen/Koch*, in: Sachs (Hrsg.), GG, 9. Aufl. 2021, Art. 21 Rn. 34.

[99] Ausdr. BVerfGE 20, 56 (118); 69, 92 (109); 73, 40 (88 f.).

[100] *Morlok*, in: Dreier (Hrsg.), GG, Bd. II, 3. Aufl. 2015, Art. 21 Rn. 85; krit. *Streinz*, in: v. Mangoldt/Klein/Starck, GG Bd. II, 7. Aufl. 2018, Art. 21 Rn. 126.

[101] *Eder*, „Rote Karte" gegen „Spinner"?, 2017, S. 56 f.; vgl. auch *Gusy*, NVwZ 2015, 700 (703).

[102] Zur Verfassungskonformität der Vorschrift BVerfGE 24, 300 (354 ff.); ausf. *Ipsen*, ParteienG, 2. Aufl. 2018, § 5 Rn. 3 ff.; vgl. auch *ders./Koch*, in: Sachs (Hrsg.), GG, 9. Aufl. 2021, Art. 21 Rn. 37; *Kunig*, in: Isensee/Kirchhof, HStR Bd. III, 3. Aufl. 2005, § 40 Rn. 96; *Streinz*, in: v. Mangoldt/Klein/Starck, GG Bd. II, 7. Aufl. 2018, Art. 21 Rn. 125.

[103] BVerfGE 24, 300 (341); 73, 40 (88 f.); 111, 382 (389); *Morlok*, in: Dreier (Hrsg.), GG, Bd. II, 3. Aufl. 2015, Art. 21 Rn. 85.

[104] *Kunig*, in: Isensee/Kirchhof, HStR Bd. III, 3. Aufl. 2005, § 40 Rn. 97; *Streinz*, in: v. Mangoldt/Klein/Starck, GG Bd. II, 7. Aufl. 2018, Art. 21 Rn. 127.

[105] Ausf. dazu *Kunig*, in: Isensee/Kirchhof, HStR Bd. III, 3. Aufl. 2005, § 40 Rn. 98.

Verbot staatlicher Ungleichbehandlung ist dabei keinesfalls auf rechtsförmliches oder fiskalisches Handeln zu beschränken. Vielmehr weist auch informelles Staatshandeln ein Konfliktpotential zum Grundsatz der Chancengleichheit auf. Dem Staat ist die parteiergreifende Einflussnahme auf die politische Willensbildung der Bevölkerung als Ausdruck faktischer Ungleichbehandlung politischer Parteien strengstens untersagt.[106] Die politische Neutralitätspflicht staatlicher Stellen kann mithin getrost als Kehrseite des parteilichen Rechts auf Chancengleichheit aus Art. 21 Abs. 1 GG (und Art. 3 Abs. 1 GG) angesehen werden.[107]

bb) Exkurs: Politische Vereinigungen ohne Parteistatus als Begünstigte der politischen Neutralitätspflicht

Aus dem Umstand, dass das Recht auf gerechte Teilhabe am und Chancengleichheit im politischen Wettbewerb aus dem auf Parteien zugeschnittenen Art. 21 Abs. 1 GG abgeleitet wird, folgt indes nicht, dass die Pflicht zur politischen Neutralität nur Vereinigungen gegenüber besteht, die einen Parteienstatus innehaben.[108] Auch wenn den Parteien durch ihre explizite Hervorhebung im Verfassungstext und aufgrund ihres Wirkens an der Schnittstelle staatlicher und gesellschaftlicher Willensbildung von Verfassungs wegen ein besonderes Gewicht im gesellschaftlichen Meinungsbildungsprozess beigemessen wird, unterliegt der Staat seiner politischen Neutralitätspflicht auch Wählervereinigungen und anderen Organisationen gegenüber, die keine Parteiqualität aufweisen; unabhängig davon, ob diese sich eine Teilnahme an einer Wahl zum Ziel gemacht haben.[109] Für sie findet die politische Neutralitätspflicht ihren Ursprung nicht in der Norm des Art. 21 Abs. 1 GG (und Art. 3 Abs. 1 GG). Verfassungsrechtlicher Anknüpfungspunkt für Organisationen und Wählervereinigungen ohne Parteienstatus sind die – im Übrigen auch für die Parteien und ihren demokratischen Willensbildungsprozess konstitutiven – Kommunikationsgrundrechte der Art. 5 Abs. 1 und Art. 8 Abs. 1 GG.[110]

---

[106] *Ipsen/Koch*, in: Sachs (Hrsg.), GG, 9. Aufl. 2021, Art. 21 Rn. 35.

[107] *Nellesen*, Äußerungsrechte staatlicher Funktionsträger, 2018, S. 54 unter Verweis auf *Volkmann*, Politische Parteien und öffentliche Leistungen, 1993, S. 158; vgl. auch BVerfGE 44, 125 (144); 138, 102 (110 f.); *Dişçi*, Der Grundsatz politischer Neutralität, 2019, S. 181 f.; *Gusy*, NVwZ 2015, 700 (703); *Wahnschaffe*, NVwZ 2016, 1767 (1768).

[108] Zur Rechtsnatur der Parteien vgl. bereits 1. Kapitel A.III.1.d).

[109] So auch *Barczak*, NVwZ 2015, 1014 (1019); *Bilsdorfer*, Polizeiliche Öffentlichkeitsarbeit in sozialen Netzwerken, 2019, S. 70 ff.; *Dişçi*, Der Grundsatz politischer Neutralität, 2019, S. 50 ff., 266; *Kuch*, AöR 142 (2017), 491 (523 f.); *Milker*, JA 2017, 647 (649 f.); *Nellesen*, Äußerungsrechte staatlicher Funktionsträger, 2018, S. 54 f.; vgl. auch *Hillgruber*, in Kluth (Hrsg.), „Das wird man ja wohl noch sagen dürfen.“, 2015, S. 81; a.A. BVerwG, NVwZ 2018, 433 (435).

[110] *Barczak*, NVwZ 2015, 1014 (1019); *Dişçi*, Der Grundsatz politischer Neutralität,

Die den Staat zu politischer Neutralität zwingende Freiheit der politischen Willensbildung beschränkt sich nicht auf die politische Aktivität der Parteien.[111] Sie kann auch durch andere Gruppierungen gefördert werden, die es sich zum Auftrag gemacht haben, im Interesse ihrer Mitglieder auf die öffentliche Meinungsbildung einzuwirken.[112] Gleiches gilt für die Freiheit der Wahl nach Art. 38 Abs. 1 Satz 1 GG, da hinsichtlich der Teilnahme am Wahlakt kein Monopol der politischen Parteien besteht.[113] Entschließt sich eine politische Organisation dazu, an einer Wahl teilzunehmen und sich bzw. Mitglieder ihrer Organisation zur Wahl zu stellen, kommt sie in den Genuss des grundrechtsgleichen Rechts aus Art. 38 Abs. 1 Satz 1 GG, das den Staat neben den Kommunikationsgrundrechten als Ausdruck der freien Willensbildung in der gesellschaftlichen Sphäre zur politischen Neutralität zwingt.[114] Damit ist den neutralitätsbegründenden Verfassungsgrundsätzen abseits von Art. 21 Abs. 1 GG eine Pflicht des Staates zu politischer Neutralität auch gegenüber allen nicht parteigebundenen Bürgern zu entnehmen.[115]

2019, S. 51; *Ferreau*, NVwZ 2017, 1259 (1261 f.); *Hillgruber*, in Kluth (Hrsg.), „Das wird man ja wohl noch sagen dürfen.“, 2015, S. 81; *Milker*, JA 2017, 647 (649 f.); *Wahnschaffe*, NVwZ 2016, 1767 (1769 ff.); vgl. auch großzügig *Ingold*, VerwArch 108 (2017), 240 (258 f.); *Kuch*, AöR 142 (2017), 491 (496); grds. krit. aber in diesem Punkt zustimmend *Putzer*, DÖV 2015, 417 (425).

[111] Auch wenn sich die Entscheidung des BVerfG, NVwZ 2020, 1824 (1825) anders liest, da das Gericht dort davon ausgeht, dass die besonderen Neutralitätsanforderungen ausweislich ihrer Herleitung auf den Wettbewerb der Parteien beschränkt sind, ist an der Übertragbarkeit der politischen Neutralitätspflicht auf politische Vereinigungen ohne Parteistatus festzuhalten. Bei der in Rede stehenden Entscheidung ging es um die Äußerung eines Oberbürgermeisters gegenüber einer Einzelperson, die sich in ihrer Wissenschaftsfreiheit und ihren Persönlichkeitsrechten verletzt sah. Überdies enthält der Nichtannahmebeschluss des Gerichts fragwürdige Aussagen (Das Gericht geht davon aus, dass die Neutralitätspflicht sich auf den politischen Wettbewerb beschränke und keine Anwendung finde, wenn der Bürgermeister in seiner Funktion als Repräsentant der Gemeinde auftrete), die nahelegen, dass das Gericht durch den Beschluss keine endgültigen Aussagen über das Verhältnis der Neutralitätspflicht gegenüber politischen Vereinigungen treffen wollte.

[112] *Dişçi*, Der Grundsatz politischer Neutralität, 2019, S. 51.

[113] BVerfGE 20, 56 (114); 85, 264 (284); *Dişçi*, Der Grundsatz politischer Neutralität, 2019, S. 52; *Milker*, JA 2017, 647 (650); *Morlok*, in: Dreier (Hrsg.), GG, Bd. II, 3. Aufl. 2015, Art. 21 Rn. 26; *Wahnschaffe*, NVwZ 2016, 1767 (1771).

[114] Vgl. zum Gleichlauf von Wählervereinigungen und Parteien im Hinblick auf den personellen Schutzbereich des Art. 38 Abs. 1 Satz 1 GG nur *Klein/Schwarz*, in: Dürig/Herzog/Scholz, GG, 96. EL 2021, Art. 38 Rn. 161.

[115] *Barczak*, NVwZ 2015, 1014 (1019); *Dişçi*, Der Grundsatz politischer Neutralität, 2019, S. 58 f.; *Kuch*, AöR 142 (2017), 491 (523 f.); *Milker*, JA 2017, 647 (649); *Nellesen*, Äußerungsrechte staatlicher Funktionsträger, 2018, S. 54 ff.; *Wahnschaffe*, NVwZ 2016, 1767 (1771).

d) Das Differenzierungsverbot des Art. 3 Abs. 3 GG als Grundlage politischer Neutralität

Nach Art. 3 Abs. 3 GG darf niemand wegen seiner politischen Anschauung benachteiligt oder bevorzugt werden. Bei der Vorschrift handelt es sich um ein sog. spezielles Diskriminierungs-[116] bzw. Differenzierungsverbot[117]. Die Besonderheit im Vergleich zum Gleichheitssatz des Art. 3 Abs. 1 GG ist darin zu sehen, dass die vom Diskriminierungsverbot in Art. 3 Abs. 3 GG erwähnten Gründe für eine gerechtfertigte Ungleichbehandlung prinzipiell nicht in Betracht kommen.[118] Das Differenzierungsverbot verbietet seiner Konzeption nach grundsätzlich nicht nur die ungerechtfertigte, sondern jede Ungleichbehandlung aufgrund eines in der Vorschrift genannten Grundes.[119] Gleichwohl können in der Theorie auch Diskriminierungen, die an ein in Art. 3 Abs. 3 GG aufgeführtes Kriterium anknüpfen, entsprechend anderen vorbehaltslos gewährleisteten Grundrechten ausnahmsweise gerechtfertigt sein, sofern verfassungsimmanente Sachgüter oder Wertungen die Ungleichbehandlung erfordern.[120] Bei lebensnaher Betrachtung ist dies jedoch weitestgehend selten der Fall, da die in der Verfassungsnorm enthaltenen Benachteiligungsverbote ihren Ursprung in besonders sensiblen Merkmalen wie der Religion, dem Glauben, der Herkunft, der Heimat und der politischen Anschauung finden, die allesamt eine nicht zu übersehende Nähe zur Menschenwürdegarantie des Art. 1 Abs. 1 GG aufweisen und der Rechtfertigung eines Eingriffs entgegenstehen.[121] Anders als dies teilweise zu beobachten ist, herrscht zwischen den in Art. 3 Abs. 3 GG abschließend aufgelisteten Merkmalen keine Hierarchie.[122]

Für die Begründung einer politischen Neutralitätspflicht staatlicher Stellen ist das Differenzierungsmerkmal der „politischen Anschauung" von Bedeutung. Der Begriff des Politischen ist dabei weit auszulegen[123] und gegeben,

---

[116] BVerfGE 102, 254 (346); *Boysen*, in: v. Münch/Kunig, GG Bd. I, 7. Aufl. 2021, Art. 3 Rn. 115; *Langenfeld*, in: Dürig/Herzog/Scholz, GG, 96. EL 2021, Art. 3 Abs. 3 Rn. 14; *Uerpmann-Wittzack*, in: Merten/Papier, HGR Bd. V, 2013, § 128 Rn. 1.

[117] *Heun*, in: Dreier (Hrsg.), GG Bd. I, 3. Aufl. 2013, Art. 3 Rn. 117; *Langenfeld*, in: Dürig/Herzog/Scholz, GG, 96. EL 2021, Art. 3 Abs. 3 Rn. 14.

[118] *Uerpmann-Wittzack*, in: Merten/Papier, HGR Bd. V, 2013, § 128 Rn. 3.

[119] *Uerpmann-Wittzack*, in: Merten/Papier, HGR Bd. V, 2013, § 128 Rn. 3.

[120] *Baer/Markard*, in: v. Mangoldt/Klein/Starck, GG Bd. I, 7. Aufl. 2018, Art. 3 Rn. 432 ff.; *Boysen*, in: v. Münch/Kunig, GG Bd. I, 7. Aufl. 2021, Art. 3 Rn. 132.

[121] *Heun*, in: Dreier (Hrsg.), GG Bd. I, 3. Aufl. 2013, Art. 3 Rn. 117.

[122] *Baer/Markard*, in: v. Mangoldt/Klein/Starck, GG Bd. I, 7. Aufl. 2018, Art. 3 Rn. 437 f.

[123] *Nußberger*, in: Sachs (Hrsg.), GG, 9. Aufl. 2021, Art. 3 Rn. 306; eine Grenze wird jedoch im Falle eines aktiven Kampfes gegen die freiheitlich-demokratische Grundordnung gezogen, der bereits tatbestandlich nicht mehr als schützenswerte politische Anschauung betrachtet werden kann, vgl. *Baer/Markard*, in: v. Mangoldt/Klein/Starck, GG Bd. I, 7. Aufl. 2018, Art. 3 Rn. 523; ausf. auch 3. Kapitel A.III.2.b).cc).

wenn es um die Organisation, Zuweisung und Ausübung nicht nur staatlicher, sondern auch politischer Macht geht.[124] Ein Verstoß gegen das Differenzierungsmerkmal der politischen Anschauung ist jedenfalls gegeben, wenn ein Grundrechtsträger staatlicherseits wegen seiner politischen Anschauung benachteiligt bzw. bevorzugt wird, wobei Letzteres wiederum eine Perspektivfrage ist.[125] Anders ausgedrückt untersagt Art. 3 Abs. 3 GG dem Staat die positive als auch negative Bewertung politischer Ansichten oder politischer Gruppierungen. Der Staat hat sich vielmehr politisch neutral zu verhalten und von auf politischen Anschauungen basierenden Ungleichbehandlungen abzusehen.[126] Damit ist auch Art. 3 Abs. 3 GG eine staatliche Pflicht zu politischer Neutralität zu entnehmen.[127]

e) Die hergebrachten Grundsätze des Berufsbeamtentums des Art. 33 Abs. 5 GG als Grundlage politischer Neutralität

Nach Art. 33 Abs. 5 GG ist das Recht des öffentlichen Dienstes unter Berücksichtigung der hergebrachten Grundsätze des Berufsbeamtentums zu regeln und fortzuentwickeln. Sein Anwendungsbereich erstreckt sich prinzipiell auf Berufsbeamte und Richter, wobei für Letztere aus Art. 33 Abs. 5 nichts anderes folgen kann als aus Art. 97 Abs. 2 GG.[128] Regierungsmitglieder unterliegen den Grundsätzen hingegen nicht und auch die Anwendbarkeit auf den Bürgermeister als kommunaler Repräsentant wird teilweise bestritten.[129] Der Anwendungsbereich des Art. 33 Abs. 5 GG ist damit im Ver-

[124] *Baer/Markard*, in: v. Mangoldt/Klein/Starck, GG Bd. I, 7. Aufl. 2018, Art. 3 Rn. 532; *Nellesen*, Äußerungsrechte staatlicher Funktionsträger, 2018, S. 58.

[125] *Jasper*, Religiös und politische gebundene öffentliche Ämter, 2015, S. 81; inwiefern es sich beim Differenzierungsverbot des Art. 3 Abs. 3 GG um ein „Anknüpfungs-“ oder „Begründungsverbot“ handelt und ob jede Unterscheidung oder nur Bevorzugungen und Benachteiligungen verboten sind, ist umstritten. Dies kann im Falle staatlichen Äußerungshandelns allerdings dahinstehen, da positive wie negative Werturteile des Staates über politische Positionen und ihre Anhänger stets Bevorzugung und Benachteiligung zugleich sind, *Nellesen*, Äußerungsrechte staatlicher Funktionsträger, 2018, S. 58 f.; ausf. zur Diskussion des „Anknüpfungs-“ und „Begründungsverbots“ vgl. *Heun*, in: Dreier (Hrsg.), GG Bd. I, 3. Aufl. 2013, Art. 3 Rn. 120 ff.

[126] *Nellesen*, Äußerungsrechte staatlicher Funktionsträger, 2018, S. 59.

[127] Wie bereits oben gezeigt wird das Diskriminierungsverbot aus Art. 3 Abs. 3 GG auch zur Herleitung der religiös-weltanschaulichen Neutralität herangezogen, vgl. 3. Kapitel A.II.2.

[128] Ausdr. BVerfGE 38, 139 (151); *Jachmann-Michel/Kaiser*, in: v. Mangoldt/Klein/Starck, GG Bd. II, 7. Aufl. 2018, Art. 33 Rn. 42; *Nellesen*, Äußerungsrechte staatlicher Funktionsträger, 2018, S. 62.

[129] BVerfGE 76, 256 (344); *Brosius-Gersdorf*, in: Dreier (Hrsg.), GG Bd. II, 3. Aufl. 2015, Art. 33 Rn. 173; *Jachmann-Michel/Kaiser*, in: v. Mangoldt/Klein/Starck, GG Bd. II, 7. Aufl. 2018, Art. 33 Rn. 42; *Nellesen*, Äußerungsrechte staatlicher Funktionsträger, 2018, S. 62.

gleich zu den anderen Grundlagen der politischen Neutralitätspflicht staatlicher Stellen, die abgesehen von Art. 97 GG alle Erscheinungsformen der Staatsgewalt adressieren, enger gezogen. Auch wenn ein abschließender Katalog der hergebrachten Grundsätze nicht existiert, ist der beamtenrechtliche Grundsatz der politischen Neutralität allgemein anerkannt.[130] Dieser Grundsatz hat in § 60 BBG und dem auch auf Landesebene geltenden § 33 Abs. 1 BeamtStG sogar eine ausdrückliche Normierung einfachgesetzlicher Natur erfahren.

Ihm ist trotz seines vergleichsweise kleinen Anwendungsbereichs die Idee eines parteipolitisch neutralen Beamten als Repräsentant des Staates zu entnehmen. Diesem ist es untersagt, durch die Unparteilichkeit seines Handelns die Amtsführung zu beeinträchtigen, sodass bereits der bloße Eindruck der Parteilichkeit mit Art. 33 Abs. 5 GG unvereinbar ist.[131] Auch dieser verfassungsrechtliche Ansatz deckt sich mit dem auf den bisher angeführten Grundlagen basierenden Grundsatz der politischen Neutralitätspflicht des Staates und ist daher trotz seines beschränkten Anwendungsbereichs zur Begründung des verfassungsrechtlichen Neutralitätsgrundsatzes staatlicher Stellen heranzuzuziehen.

f) Zusammenfassung

Ohne eine ausdrückliche Erwähnung im Verfassungstext zu finden, lässt sich die staatliche Pflicht zu (partei-) politischer Neutralität an mehreren Stellen des Grundgesetzes aus der Verfassung ableiten. Den wichtigsten Faktor stellt dabei das Demokratieprinzip dar, Art. 20 Abs. 2 Satz 1 GG. Eine essentielle Komponente des vom Grundgesetz vorausgesetzten Demokratieverständnisses und damit wesentlicher Bestandteil des Demokratieprinzips ist die Freiheit der Willensbildung in der Bevölkerung. Nur wenn sich der Staat einer Einflussnahme auf den Willensbildungsprozess entzieht, kann von einer Meinungsbildung die Rede sein, die ihren Ursprung in der gesellschaftlichen Sphäre findet und sich dann hin zu den Staatsorganen vollzieht.

In engem Zusammenhang mit der Freiheit demokratischer Willensbildung steht die Freiheit der Wahl nach Art. 38 Abs. 1 Satz 1 GG, bei der es sich um eine besondere Ausprägung oder gar zwingende Folge der demokratiesichernden Freiheit der Willensbildung handelt. Auch wenn sich die Freiheit

[130] Vgl. BVerfGE 7, 155 (162); *Battis*, in: Sachs (Hrsg.), GG, 9. Aufl. 2021, Art. 33 Rn. 73; *Brosius-Gersdorf*, in: Dreier (Hrsg.), GG Bd. II, 3. Aufl. 2015, Art. 33 Rn. 178 u. Rn. 186; *Ingold*, VerwArch 108 (2017), 240 (256); *Jachmann-Michel/Kaiser*, in: v. Mangoldt/Klein/Starck, GG Bd. II, 7. Aufl. 2018, Art. 33 Rn. 47; *Nellesen*, Äußerungsrechte staatlicher Funktionsträger, 2018, S. 62; *zu Hohenlohe*, VerwArch Bd. 107 (2016), 62 (65).

[131] Grundlegend *Jachmann-Michel/Kaiser*, in: v. Mangoldt/Klein/Starck, GG Bd. II, 7. Aufl. 2018, Art. 33 Rn. 47.

der Wahl im konkreten Wahlakt besonders sichtbar manifestiert, beschränkt sich ihr Wirkungskreis nicht auf diesen; vielmehr ist der Freiheit der Wahl eine Pflicht staatlicher Stellen zur politischen Neutralität zu entnehmen, die eine freie Willensbildung in der Gesellschaft garantieren soll und mit zunehmender Nähe zum Wahltermin eine besondere Bedeutung erhält. Die vielleicht prominenteste Grundlage politischer Neutralitätspflicht ist im Recht auf Chancengleichheit der Parteien aus Art. 21 Abs. 1 GG i.V.m. Art. 3 Abs. 1 GG zu sehen. Die besondere Relevanz der Vorschrift ist in ihrer subjektivrechtlichen Qualität und „Verfassungsbeschwerdefähigkeit" für ihre Grundrechtsträger zu sehen. Auch dem grundrechtlichen Differenzierungsverbot aus Art. 3 Abs. 3 GG und den hergebrachten Grundsätzen des Berufsbeamtentums aus Art. 33 Abs. 5 GG ist eine Pflicht zu politischer Neutralität zu entnehmen.

Es bleibt damit festzuhalten, dass es die höchsten Verfassungsmaximen sind, die den Staat zu politischer Neutralität zwingen. Trotz der herausragenden Bedeutung des Art. 21 Abs. 1 GG in der Rechtsprechung zur politischen Neutralitätspflicht darf nicht der Fehler gemacht werden, diese auf das politische Wirken der Parteien zu begrenzen. Zwar handelt es sich bei ihnen zweifelsfrei um besonders meinungsmächtige Katalysatoren der gesellschaftlichen Willensbildung, die durch Art. 21 Abs. 1 GG auch eine Erwähnung an prominenter Stelle des Verfassungstexts gefunden haben. Die Neutralitätspflicht zwingt den Staat gleichwohl zu politischer Zurückhaltung gegenüber allen Zusammenschlüssen von Wählern und politischen Organisationen mit dem Unterschied, dass die Grundlage politischer Neutralität in diesen Fällen nicht Art. 21 Abs. 1 GG, sondern die aus dem Demokratieprinzip sowie Art. 3 Abs. 3 GG und Art. 33 Abs. 5 GG folgende Freiheit der gesellschaftlichen Willensbildung ist, die sich wiederum in der subjektivrechtlichen Wahrnehmung der Kommunikationsfreiheiten manifestiert und im Falle der Absicht einer Wahlteilnahme darüber hinaus in Art. 38 Abs. 1 Satz 1 GG zu sehen ist.

2. Vorgaben der politischen Neutralitätspflicht für staatliche Öffentlichkeitsarbeit

Es liegt auf der Hand, dass staatliche Öffentlichkeitsarbeit in einem latenten Konfliktverhältnis zum Grundsatz der politischen Neutralitätspflicht steht. Wie gezeigt dient staatliche Öffentlichkeitsarbeit der Staatspflege und damit der Stärkung des Vertrauens in die staatlichen Stellen und ihre Entscheidungsträger. Bei diesen handelt es sich aufgrund der vom Grundgesetz bewusst vorgesehenen Wechselwirkung zwischen der Obrigkeit und den Parteien als Sprachrohr der Gesellschaft in aller Regel um (hochrangige) Parteipolitiker. Steigt das Vertrauen in die Entscheidungsträger, hat dies regelmäßig auch Einfluss auf parteipolitische Sympathien. Gleichwohl steht fest, dass nicht jede staatliche Äußerung, die mittelbaren Einfluss auf den Wettbewerb der politischen Gruppierungen und Parteien mit sich bringt, einen Verstoß gegen den Grundsatz (partei-) politischer Neutralität darstellen kann. Allerdings zwingt die Sensibilität des Wechselwirkungsverhältnisses und die ihm immanente Missbrauchsgefahr staatlicher Ämter zu einer Reglementierung der staatlichen Öffentlichkeitsarbeit unter dem Gesichtspunkt politischer Neutralität.

a) Allgemeine Vorgaben

Betrachtet man die staatliche Pflicht zu politischer Neutralität, lässt sich diesem Grundsatz im Kern ein Identifikations- und Bewertungsverbot entnehmen.[132] Prinzipiell muss der Staat für alle politischen Meinungen und die sie befürwortenden Gruppierungen offen sein. Er muss die vorgefundene Wettbewerbslage der Parteien und politischen Gruppierungen akzeptieren und von einer Einwirkung auf den politischen Wettbewerb absehen.[133] Es ist ihm untersagt, politische Gruppierungen, Parteien oder Meinungsinhalte durch Identifikation und Bewertung ungleich zu beschränken oder zu begünstigen.

aa) Das Identifikationsverbot mit politischen Parteien und Gruppierungen

Die bedeutsamste Ausprägung der politischen Neutralitätspflicht für staatliche Stellen ist im Identifikationsverbot hinsichtlich politischer Parteien und Gruppierungen zu sehen. Häufig wird das Identifikationsverbot auch als Verbot der Wahlwerbung bezeichnet,[134] wenngleich dieser Begriff fälschlicherweise den Anschein erweckt, als würde sich das Identifikationsverbot nur auf den Wahlakt bzw. die diesem unmittelbar vorausgehende Zeit beschränken. Vielmehr ist es jedoch so, dass sich der politischen Neutralitätspflicht unabhängig von einer zeitlichen Nähe zum Wahlakt ein Verbot der Identifizierung mit den am Willensbildungsprozess Beteiligten entnehmen lässt.[135] Parteien und andere Wählervereinigungen sehen sich stetig und un-

---

[132] Anschaulich ist die Aufteilung der sich aus der politischen Neutralitätspflicht ergebenden Vorgaben in absolute und temporäre Grenzen bei *Kühn*, Bürgerbeeinflussung durch Berichterstattung staatlicher Stellen, 2018, S. 255.

[133] Vgl. BVerfGE 44, 125, (140 f.); *Kühn*, Bürgerbeeinflussung durch Berichterstattung staatlicher Stellen, 2018, S. 255; *Nellesen*, Äußerungsrechte staatlicher Funktionsträger, 2018, S. 102.

[134] Vgl. BVerfGE 44, 125 (150); 63, 230 (243); *Barczak*, NVwZ 2015, 1014 (1018 f.); *Bilsdorfer*, Polizeiliche Öffentlichkeitsarbeit in sozialen Netzwerken, 2019, S. 59; *Mandelartz/Grotelüschen*, NVwZ 2004, 647 (649); *Studenroth*, AöR 125 (2000), 257 (264 f.); *Mast* spricht von „Eigenwerbung", *Mast*, Staatsinformationsqualität, 2020, S. 362 f.

[135] BVerfGE 140, 225 (227); BVerwG, NVwZ 2018, 433 (435); *Dişçi*, Der Grundsatz politischer Neutralität, 2019, S. 42 f.; *Ferreau*, NVwZ 2017, 1259 (1260); *Morlok*, in: Dreier

abhängig von einem auf Bundes- bzw. Landesebene stattfindenden Wahlkampf öffentlicher Beobachtung und Kritik ausgesetzt, sodass eine Beschränkung der Neutralitätspflichten auf die Vorwahlzeit, deren Bestimmung hinsichtlich des jeweils temporäre Identifikationsverbote nach sich ziehenden Zyklus wiederkehrender Landtagswahlen nahezu obsolet ist, nicht zu überzeugen vermag.[136]

Die als Folge des Identifikationsverbots zu begreifende Distanz zwischen Hoheitsträgern und Parteien bzw. anderen politischen Vereinigungen verpflichtet den Staat im Allgemeinen dazu, hoheitliche Mittel nicht zugunsten einer Partei oder politischen Vereinigung zu verwenden.[137] Im Besonderen bedeutet dies für die staatliche Öffentlichkeitsarbeit, dass sich jede Äußerung verbietet, der sich eine Identifikation mit einer politischen Gruppierung entnehmen lässt oder mit der ein Hoheitsträger für eine politische Partei wirbt.[138]

In den Schutzbereich des Identifikationsverbots fällt auch das Werben eines Hoheitsträgers bzw. eines Regierungsmitglieds um die eigene Wiederwahl.[139] Dies ist zwingend, um der Vorstellung vorzubeugen, bei der (anstehenden) Wahl handele es sich nur um eine Formalität, die im Falle eine Wiederwahl ohne die Unannehmlichkeit einer Zäsur fortgeführt werden könne.[140] Die erfolgreiche Wiederwahl setzt dabei denknotwendig die Entscheidung zugunsten der die Regierung tragenden Parteien voraus.[141] Das

---

(Hrsg.), GG Bd. II, 3. Aufl. 2015, Art. 21 Rn. 94; *Schürmann*, Öffentlichkeitsarbeit der Bundesregierung, 1992, S. 303; Zur Entstehung des Begriffs des Identifikationsverbots vgl. *Nellesen*, Äußerungsrechte staatlicher Funktionsträger, 2018, S. 105 m.w.N.

[136] *Payandeh*, Der Staat 55 (2016), 519 (540).

[137] BVerfGE 138, 102 (118); 148, 11 (33); 154, 320 (337 f.); *Dişçi*, Der Grundsatz politischer Neutralität, 2019, S. 42 f.; *Nellesen*, Äußerungsrechte staatlicher Funktionsträger, 2018, S. 105; *Putzer*, DÖV 2015, 417 (423).

[138] *Dişçi*, Der Grundsatz politischer Neutralität, 2019, S. 42 f.; *Kühn*, Bürgerbeeinflussung durch Berichterstattung staatlicher Stellen, 2018, S. 255; *Morlok*, in: Dreier (Hrsg.), GG Bd. II, 3. Aufl. 2015, Art. 21 Rn. 94; *Nellesen*, Äußerungsrechte staatlicher Funktionsträger, 2018, S. 105 f.

[139] Ausdrücklich BVerfGE 63, 230 (243); VGH Kassel, NVwZ-RR 2004, 58 (58 f.); *Kuch*, AöR 142 (2017), 491 (508); *Kühn*, Bürgerbeeinflussung durch Berichterstattung staatlicher Stellen, 2018, S. 259; *Mandelartz/Grotelüschen*, NVwZ 2004, 647 (649), *Mast*, Staatsinformationsqualität, 2020, S. 366; *Studenroth*, AöR 125 (2000), 257 (267 u. 274 f.).

[140] *Kuch*, AöR 142 (2017), 491 (509).

[141] *Uhlitz* vertritt die These, jede Form der regierungsamtlichen Öffentlichkeitsarbeit sei für die Regierungsparteien effektiver als parteipolitische Wahlwerbung, da sie nach außen den Eindruck parteipolitischer Neutralität erwecke, vgl. *Uhlitz*, RuP 1966, 12 (13); *Schürmann* stellt indes zutreffend fest, dass dies konsequenterweise die zweifelsfrei ungewollte Einstellung jeglicher Öffentlichkeitsarbeit zur Folge haben müsste und dass faktisch nicht messbar sei, inwiefern etwaige Regierungsvorteile durch die Pflicht zur Verteidigung getroffener Entscheidungen nivelliert werden, vgl. *Schürmann*, Öffentlichkeitsarbeit der Bundesregierung, 1992, S. 304.

Werben um diese Entscheidung ist gewissermaßen der Scheitelpunkt einer parteipolitischen Identifikation der Regierungsmitglieder und damit im Falle der über das unvermeidliche Maß hinausgehenden Anpreisung der eigenen Person, Partei und Wiederwahl wie gezeigt unzulässig.[142] Ein Konfliktpotential birgt neben ausdrücklicher amtlicher (Wahl-) Werbung in eigener Sache auch die konspirativere Erfahrungsberichterstattung, die eine Fortsetzung der bisher erbrachten Leistungen und Erfolge anregt.[143] Möchte sich ein Regierungsmitglied wahlkämpferisch betätigen, ist es ihm nur möglich, dies in seiner Funktion als Parteivertreter zu tun, was wiederum mit dem strikten Verbot des Rückgriffs auf staatliche Ressourcen einhergeht und den Wechsel der Sprecherrolle zur Folge hat.[144]

bb) Das Bewertungsverbot politischer Parteien und Gruppierungen als Kehrseite versagter Identifikation

Die zwingende Kehrseite des staatlichen Identifikationsverbots ist das staatliche Bewertungsverbot hinsichtlich politischer Gruppierungen und Parteien. Beim Identifikations- und Bewertungsverbot handelt es sich um zwei voneinander nicht trennbare Aussagen der (partei-) politischen Neutralitätspflicht: Wenn es dem Staat nicht erlaubt ist, sich mit politischen Gruppierungen und Parteien zu identifizieren, muss es ihm ebenso verwehrt sein, missliebige Gruppierungen durch Äußerungen zu diskreditieren. Gleichermaßen ist es mit der staatlichen Neutralitätspflicht nicht zu vereinbaren, wenn sich ein Hoheitsträger negativ zu den Anhängern von politischen Gruppierungen oder politischen Parteien äußert und diese herabwürdigt.[145] Der Begriff der negativen Bewertung ist daher zur Sicherstellung eines unverfälschten Willensbildungsprozesses weit auszulegen.[146]

Für einen Verstoß gegen die Neutralitätspflicht bedarf es keiner ausdrücklichen Denunziation einer Partei oder politischer Meinungsinhalte in Form einer Verzerrung der Willensbildung, der die Rechtswidrigkeit nach dem bisher Gesagten gewissermaßen auf die Stirn geschrieben ist. Bereits distanzierende Wahlempfehlungen zu Lasten einer Partei oder Äußerungen, die den Anschein erwecken, als sei eine politische Ansicht und die sie verfolgende Vereinigung unerwünscht, sind mit der Pflicht zur politischen Neutralität unvereinbar.[147] Unter diesem Gesichtspunkt sind etwa auch Aufforderungen

---

[142] Vgl. nur *Morlok*, in: Dreier (Hrsg.), GG Bd. II, 3. Aufl. 2015, Art. 21 Rn. 94.

[143] Dazu *Kühn*, Bürgerbeeinflussung durch Berichterstattung staatlicher Stellen, 2018, S. 260.

[144] Klarstellend *Kuch*, AöR 142 (2017), 491 (511 f.).

[145] *Mast*, Staatsinformationsqualität, 2020, S. 367 f.; *Nellesen*, Äußerungsrechte staatlicher Funktionsträger, 2018, S. 107 f.; vgl. auch *Barczak*, NVwZ 2015, 1014 (1019); *Möstl*, in: Uhle (Hrsg.), Information und Einflussnahme, 2018, S. 49 (54).

[146] Vgl. *Möstl*, in: Uhle (Hrsg.), Information und Einflussnahme, 2018, S. 49 (64).

[147] *Nellesen*, Äußerungsrechte staatlicher Funktionsträger, 2018, S. 108.; so lag der der

zur Teilnahme an Gegenveranstaltungen regelmäßig in der Lage, einen Verstoß gegen die Pflicht zur politischen Neutralität darzustellen.[148] Gleiches gilt für Aktionen, die sich nicht gegen eine politische Partei, sondern „nur“ gegen eine politische Gruppierung oder Ansicht richten.[149] Sobald sich ein Hoheitsträger über eine Partei oder eine andere politische Gruppierung äußert, ist es ihm versagt, negativ konnotierte Werturteile zu verlautbaren. Vielmehr ist er dazu verpflichtet, alle Parteien, Wählervereinigungen und sonstige politische Gruppierungen im Rahmen seiner Öffentlichkeitsarbeit neutral und damit grundsätzlich gleich zu behandeln.[150]

cc) Das Bewertungsverbot politischer Meinungsinhalte und Ansichten

Die Pflicht zu politischer Neutralität verbietet es Hoheitsträgern auch, bestimmte politische Meinungsinhalte und Ansichten in gleichheitswidriger Weise zu bewerten.[151] Anknüpfungspunkt dieses Bewertungsverbots sind –

Entscheidung des VGH Kassel vom 11.07.2017 zugrundeliegende Sachverhalt, in dem der Oberbürgermeister der Stadt Frankfurt sich dafür aussprach, die AfD von einer privaten Veranstaltung auszuladen, vgl. VGH Kassel, Beschl. v. 11.07.2017 – 8 B 1144/17 Rn. 31 – juris.

[148] So etwa VG Bayreuth, Beschl. v. 14.02.2020 – B 9 E 20.141 Rn. 51 – juris; einen Sonderfall stellt die Entscheidung des NdsStGH, Urt. v. 24.11.2020 – StGH 6/19, dar, da die Äußerung auf die Sonderkompetenz zum Schutz der freiheitlich-demokratischen Grundordnung gestützt wurde, vgl. dazu ausf. 3. Kapitel A.III.b).cc).(3.); vgl. in diesem Kontext auch die Entscheidung des VerfGH Berlin, Urt. v. 20. Februar 2019 – VerfGH 80/18 – Rn. 49 ff. – juris, in der das Gericht im Falle der nachträglichen Gutheißung einer Gegendemonstration davon ausging, es fehle an der parteilichen Bezugnahme; das VG Gera, KommJur 2011, 138, hält fälschlicherweise allein das rechtsstaatliche Sachlichkeitsgebot für einschlägig und ignoriert die Einbettung in den Neutralitätskontext; zu dieser Problematik aus der Sicht des Sachlichkeitsgebot vgl. 3. Kapitel, B.II.2.

[149] Vgl. dazu bereits im Kontext der Herleitung einer politischen Neutralitätspflicht 3. Kapitel A.III.1.c).bb); *Barczak*, NVwZ 2015, 1014 (1019); *Dişçi*, Der Grundsatz politischer Neutralität, 2019, S. 158 ff.; *Milker*, JA 2017, 647 (649 f.); *Möstl*, in: Uhle (Hrsg.), Information und Einflussnahme, 2018, S. 49 (67); krit. *zu Hohenlohe*, VerwArch Bd. 107 (2016), 62 ff.; a.A. wohl *Gärditz*, NWVBl. 2015, 165 (170 f.); *Putzer*, DÖV 2015, 417 (425 f.); Das BVerwG geht in seiner „DÜGIDA“-Entscheidung wie gezeigt fälschlicherweise davon aus, dass der Aufruf einen Verstoß gegen das Sachlichkeitsgebot – die Neutralitätspflicht ist nach Ansicht des Gerichts nicht auf politische Organisationen ohne Parteienstatus übertragbar – darstellt, vgl. BVerwG, NVwZ 2018, 433 (436).

[150] Das BVerfG hielt die kritischen Äußerungen des Bundesinnenministers Horst Seehofers über die AfD, in der er diese „als eine Partei, die sich gegen den Staat stelle, sich radikalisiert habe, übermütig geworden sei und ihre Maske fallen gelassen habe sowie durch ihr kollektives Maß an Emotionalität und ihre Wutausbrüche erschrecke“ bezeichnete, jüngst für eine unzulässige Parteinahme im politischen Willenskampf, vgl. BVerfGE 154, 320 (350 ff.).

[151] *Kuch*, AöR 142 (2017), 491 (512); vgl. auch *Schürmann*, Öffentlichkeitsarbeit der Bundesregierung, 1992, S. 307; *Bilsdorfer* wählt den Oberbegriff der politischen Strömung, vgl. *Bilsdorfer*, Polizeiliche Öffentlichkeitsarbeit in sozialen Netzwerken, 2019, S. 65 ff.

anders als beim Identifikations- und Bewertungsverbot politischer Parteien und Gruppierungen – keine personellen Zusammenschlüsse, deren Bedeutsamkeit sich aus der Mitwirkung an der Willensbildung in der Bevölkerung ergibt, sondern die politischen Ansichten und Meinungsinhalte als solche, die letztlich Grundlage entsprechender Vereinigungen sind. Das Verbot ist im Kern daher auch kommunikationsgrundrechtlicher Natur und findet seinen subjektivrechtlichen Ursprung nicht etwa in Art. 21 Abs. 1 GG (i.V.m. Art. 3 Abs. 1 GG), sondern in der die Freiheit der Willensbildung garantierenden Meinungsfreiheit aus Art. 5 Abs. 1 GG.[152] Sie untersagt es dem Staat, bei der Beurteilung, ob und wieweit eine Meinungsäußerung den Schutz der Meinungsfreiheit genießt, eigene Wertungen vorzunehmen und bestimmte Meinungsinhalte zu präferieren bzw. andere herabzusetzen.[153]

Genauso wenig ist es dem Staat erlaubt, eine in den Schutzbereich der Meinungsfreiheit fallende Ansicht als „gut oder schlecht" zu qualifizieren und damit bewertend in die Meinungsbildung der Bevölkerung einzugreifen.[154] Damit ist in dem Bewertungsverbot eine gleichheitsrechtliche Aufladung der an und für sich freiheitsrechtlich geprägten Meinungsfreiheit aus Art. 5 Abs. 1 GG zu sehen.[155]

Das Gleiche gilt für die Behandlung von über Art. 8 GG besonderen Schutz genießenden Versammlungen oder die Teilnahme Einzelner an politischen Veranstaltungen, die in den Schutzbereich des Art. 8 GG fallen. Weder der Anlass für eine Versammlung noch der dort etwa durch Kundgaben preisgegebene politische Meinungsinhalt dürfen Anlass für eine staatliche Ungleichbehandlung im Wege einer Bevorzugung bzw. Diskreditierung der Veranstaltung oder ihrer Teilnehmer sein. Vielmehr ist der Staat dazu verpflichtet, Meinungsäußerungen und ihre freiheitsrechtliche Verbreitung neutral zu behandeln. Im Rahmen staatlicher Öffentlichkeitsarbeit schlägt sich die Pflicht zur Neutralität und Gleichbehandlung politischer Anschauungen ähnlich wie bei politischen Parteien und Gruppierungen in einem äußerungsrechtlichen Bewertungsverbot nieder, das es dem Staat untersagt, durch Verlautbarungen politische Meinungsinhalte zu bevorzugen oder herabzuwürdigen.

Allerdings ist es offensichtlich, dass aus diesem Identifikationsverbot nicht die Pflicht zu „aseptischer Politikabstinenz" staatlicher Stellen abge-

---

[152] Dazu *Gärditz*, NWVBl. 2015, 165 (169).

[153] *Hillgruber*, in Kluth (Hrsg.), „Das wird man ja wohl noch sagen dürfen.", 2015, S. 80 f.; *Payandeh*, Der Staat 55 (2016), 519 (545); vgl. auch grundlegend *Kuch*, AöR 142 (2017), 491 (520 f.).

[154] *Bilsdorfer*, Polizeiliche Öffentlichkeitsarbeit in sozialen Netzwerken, 2019, S. 229; *Hillgruber*, in Kluth (Hrsg.), „Das wird man ja wohl noch sagen dürfen.", 2015, S. 80 f.

[155] Vgl. zur Natur der Meinungsfreiheit *Möstl*, in: Uhle (Hrsg.), Information und Einflussnahme, 2018, S. 49 (64 ff.).

leitet werden kann.[156] Sie würde vielmehr im Widerspruch zu der für eine freie Willensbildung der Bevölkerung unverzichtbaren Wechselwirkung zwischen Staat und Staatsvolk stehen.[157] Die Pflicht des Staates, politische Meinungsinhalte im Hinblick auf Art. 5 Abs. 1 GG strukturell gleich zu behandeln, bedeutet nicht, dass der Staat nicht am politischen Meinungsdiskurs mitwirken und politische Ansichten keinesfalls kritisieren kann.[158] Es liegt auf der Hand, dass das Treffen politischer Entscheidungen und die damit einhergehende Öffentlichkeitsarbeit zwangsläufig auch eine Identifikation mit Meinungsinhalten und Ansichten mit sich bringt, die dem Staat – anders als eine Identifikation mit politischen Parteien und Gruppierungen – prinzipiell nicht verwehrt sein kann.[159]

Diesen Umstand betonte das Bundesverfassungsgericht bereits in seiner Grundsatzentscheidung zur regierungsamtlichen Öffentlichkeitsarbeit im Jahr 1977. Dort stellte es fest, dass „sich die Aussagen der Öffentlichkeitsarbeit der Regierung mehr oder minder mit denen von Programmen und Stellungnahmen der die Regierung tragenden Parteien decken können und häufig decken werden. In einer Verfassungsordnung, die die politischen Parteien als Zwischenglieder zwischen dem Einzelnen und den verfaßten Staatsorganen, als Mittler, die die Verbindung zwischen dem Volk und der politischen Führung herstellen und aufrechterhalten, ausdrücklich anerkennt," liege dies schlichtweg nahe.[160]

Es wäre mithin missverständlich, auch für politische Meinungsinhalte von einem strikten Identifikationsverbot zu sprechen, da dieses in einem latenten Spannungsverhältnis zur Funktionsfähigkeit des Staates stünde. Das Bewertungsverbot politischer Meinungsinhalte ist daher in seiner gleichheitsrechtlichen Funktion zwangsläufig dahingehend zu verstehen, dass dem Staat eine Ungleichbehandlung aufgrund verschiedener Meinungsinhalte sowie politischer Ansichten versagt ist,[161] ohne dass ihm dadurch die Möglichkeit genom-

---

[156] *Gärditz*, NWVBl. 2015, 165 (169); vgl. auch *Barczak*, NVwZ 2015, 1014 (1019); *Möstl*, in: Uhle (Hrsg.), Information und Einflussnahme, 2018, S. 49 (64 f.); vgl. auch *Mast*, Staatsinformationsqualität, 2020, S. 363.

[157] „Der Prozess der politischen Willensbildung im demokratischen Staat vollzieht sich dabei nicht einseitig vom Volk hin zu den staatlichen Organen, sondern erfordert eine ständige Rückkopplung zwischen Staatsorganen und Volk.", RhPfVerfGH, NVwZ-RR 2014, 665 (666).

[158] *Möstl*, in: Uhle (Hrsg.), Information und Einflussnahme, 2018, S. 49 (65 f.).

[159] *Drefs* betont, dass die der Akzeptanzförderung dienende und für staatliche Entscheidungen werbende Öffentlichkeitsarbeit nur in begrenzten Ausnahmefällen zulässig sein soll, vgl. *Drefs*, Die Öffentlichkeitsarbeit des Staates und die Akzeptanz seiner Entscheidungen, 2019, S. 264 f.

[160] BVerfGE 44, 125 (149).

[161] Insofern deckt sich das Bewertungsverbot faktisch mit dem subjektivrechtlichen Differenzierungsverbot aus Art. 3 Abs. 3 GG, das dem Staat wie gezeigt eine Ungleich-

men wird, politische Entscheidungen zu treffen und Meinungsinhalten (konkludent) zu folgen.[162] Für die staatliche Öffentlichkeitsarbeit bedeutet dies, dass das äußerungsrechtliche Bewertungsverbot dem Staat die verlautbarende Diskreditierung oder Präferenz bestimmter Ansichten im politischen Diskurs durch Maßnahmen der staatlichen Öffentlichkeitsarbeit untersagt, wohingegen das Treffen politischer Entscheidungen und die damit einhergehende Bevorzugung einzelner Meinungsinhalte und Ansichten keinen Verstoß gegen das Bewertungsverbot darstellen kann.[163]

b) Besonderheiten

Von diesen Neutralitätsvorgaben für die Öffentlichkeitsarbeit staatlicher Stellen gibt es allerdings einzelne Ausnahmen, die an das Äußerungssubjekt, das Äußerungsobjekt und den Äußerungskontext anknüpfen.[164]

aa) Privilegierung des Bundespräsidenten

Es gehört zu den Kernaufgaben des Bundespräsidenten, in seiner Funktion als Staatsoberhaupt auf gesellschaftliche Entwicklungen einzugehen und sich

---

behandlung von Personen aufgrund ihrer politischen Ansichten prinzipiell untersagt. Allerdings ist die Neutralitätspflicht unabhängig von der Schnittmenge mit subjektiven (Grund-) Rechtseingriffen grundsätzlich objektivrechtlicher Natur und damit nicht mit Art. 3 Abs. 3 GG gleichzusetzen. Das Gleichheitsrecht aus Art. 3 Abs. 1 GG und das Differenzierungsverbot aus Art. 3 Abs. 3 GG können jedoch dazu in der Lage sein, einen Verstoß gegen die prima facie objektivrechtliche Neutralitätspflicht zu versubjektivieren und damit (verfassungs-) beschwerdefähig zu machen.

[162] Vgl. auch *Gärditz*, NWVBl. 2015, 165 (170).

[163] Einen Sonderfall stellt das „sachbezogene" Werben im Vorwege kommunaler Bürgerentscheide dar. In diesen Fällen sollen kommunale Funktionsträger von der Pflicht zu politischer Neutralität entbunden sein. So geht etwa das VG Darmstadt, NJOZ 2010, 592 (592), davon aus, dass „das Neutralitätsgebot bei Wahlen [...] auf dem Grundgedanken [beruht], dass in der Demokratie alle Staatsgewalt vom Volk ausgeht, die Ausübung der Staatsgewalt danach der Legitimation durch das Volk bedarf und sich im Wahlakt somit die Willensbildung vom Volk zu den Staatsorganen hin vollzieht und nicht umgekehrt. Daher ist es hierbei den Staatsorganen verwehrt, diese Willensbildung des Volkes bei Wahlen über die von ihrem Verhalten ohnehin stets ausgehenden Wirkungen hinaus durch besondere Maßnahmen zu beeinflussen. Bei einem Volksentscheid, d.h. auch bei einem Bürgerentscheid, handelt es sich jedoch gerade nicht wie bei einer Kommunalwahl um einen Grundakt demokratischer Legitimation, sondern um einen Akt kommunaler Entscheidungsfindung, dem kein höherer Rang zukommt als entsprechenden Beschlüssen des gemeindlichen Vertretungsorgans selbst."; einziger Maßstab für die Beurteilung der Verfassungsmäßigkeit soll daher das rechtsstaatliche Sachlichkeitsgebot sein, vgl. für Volksentscheide auch BayVerfGH NVwZ 1994, 529 (530); BremStGH NVwZ 1997, 264 (266).

[164] *Mast* spricht insofern von einer Niveaudivergenz, vgl. *Mast*, Staatsinformationsqualität, 2020, S. 368.

mit diesen in der Öffentlichkeit auseinanderzusetzen.[165] Die Öffentlichkeitsarbeit des Bundespräsidenten stellt die unmittelbare Ausübung von Staatsgewalt dar, die nach Art. 1 Abs. 3 GG und Art. 20 Abs. 3 GG rechtsstaatlichen wie grundrechtlichen Grenzen unterliegt,[166] zu denen grundsätzlich auch die Pflicht des Bundespräsidenten zu größtmöglicher Unparteilichkeit und Neutralität zählt.[167] Dieser soll als Oberhaupt des Staates und damit als „Oberhaupt" aller Bürger eine gewisse Distanz zu Parteiinteressen und gesellschaftlichen Gruppen wahren.[168] Sämtliche Befugnisse, die das Grundgesetz dem Bundespräsidenten zuweist, sind stets mit Blick auf das Gemeinwohl auszuüben. Eine sich an parteipolitischen Positionen orientierende Amtsführung ist mit der amtsimmanenten Gemeinwohlausrichtung unvereinbar.[169] Er hat sich im Rahmen interparteilicher Streitigkeiten und Diskussionen grundsätzlich zurückzuhalten und muss in Stellungnahmen die widerstreitenden Positionen angemessen berücksichtigen.[170]

Das aufgezeigte Identifikations- und Bewertungsverbot erstreckt sich mithin prinzipiell auch auf das Amt des Bundespräsidenten. Allerdings kann die Neutralitätspflicht seine Befugnis, einen politisch-moralischen Standpunkt zu vertreten und zu (tages-) politischen Fragen dezidiert Stellung zu beziehen, nicht gänzlich limitieren.[171] Dafür spricht bereits eine Auswahl der dem Bundespräsidenten von der Verfassung übertragenen Befugnisse, die zwangsläufig eine Bewertung der politischen Lage voraussetzen, vgl. Art. 63 Abs. 4, 68 Abs. 1, 81 GG.[172] Damit ist festzuhalten, dass der Bundespräsident prinzipiell einer Neutralitätspflicht unterliegt, die sich primär in Distanz und Gleichbehandlung politischer Parteien und Gruppen zu manifestieren hat,

---

[165] BVerfGE 136, 323 (332 f.); grundlegend zu den Aufgaben des Bundespräsidenten bereits 2. Kapitel A.I.4.a).dd).

[166] BVerfGE 136, 323 (333); *Fink*, in: v. Mangoldt/Klein/Starck, GG Bd. II, 7. Aufl. 2018, Art. 54 Rn. 4.

[167] *Eder*, „Rote Karte" gegen „Spinner"?, 2017, S. 100 ff.; *Herzog*, in: Dürig/Herzog/Scholz, GG, 96. EL 2021, Art. 54 Rn. 91; *Heun*, in: Dreier (Hrsg.), GG Bd. II, 3. Aufl. 2015, Art. 54 Rn. 12; *Stein*, ZaöRV 2009, 249 (252 f.); vgl. im Allgemeinen auch *Nettesheim*, in: Isensee/Kirchhof, HStR Bd. III, 3. Aufl. 2015, § 61 Rn. 20.

[168] BVerfGE 136, 277 (311); 323 (332); *Nierhaus/Brinktrine*, in: Sachs (Hrsg.), GG, 9. Aufl. 2021, Art. 54 Rn. 5; vgl. *Nettesheim*, in: Isensee/Kirchhof, HStR Bd. III, 3. Aufl. 2015, § 61 Rn. 20.

[169] *Eder*, „Rote Karte" gegen „Spinner"?, 2017, S. 100.

[170] Ausf. *Nettesheim*, in: Isensee/Kirchhof, HStR Bd. III, 3. Aufl. 2015, § 61 Rn. 20.

[171] *Heun*, in: Dreier (Hrsg.), GG Bd. II, 3. Aufl. 2015, Art. 54 Rn. 12; *Nellesen*, Äußerungsrechte staatlicher Funktionsträger, 2018, S. 151; *Nettesheim*, in: Isensee/Kirchhof, HStR Bd. III, 3. Aufl. 2015, § 61 Rn. 20; *Nierhaus/Brinktrine*, in: Sachs (Hrsg.), GG, 9. Aufl. 2021, Art. 54 Rn. 5; vgl. auch *Herzog*, in: Dürig/Herzog/Scholz, GG, 96. EL 2021, Art. 54 Rn. 91 f.

[172] *Nellesen*, Äußerungsrechte staatlicher Funktionsträger, 2018, S. 151; *Nettesheim*, in: Isensee/Kirchhof, HStR Bd. III, 3. Aufl. 2015, § 61 Rn. 20.

aber dem Amtsinhaber nicht das Recht nimmt, (gesellschafts-) politisch Stellung zu beziehen.

Dies wird gewährleistet, indem man dem Bundespräsidenten einen weiten Gestaltungsspielraum im Hinblick auf die Art und Weise seiner Beteiligung am gesellschaftlichen Diskurs beimisst.[173] Allerdings ist es ein schwieriges Unterfangen, konkrete Grenzziehungen für diesen Spielraum vorzunehmen, da zugleich feststeht, dass auch die von seiner Integrationsfunktion geprägte Äußerungsbefugnis des Bundespräsidenten nicht endlos sein kann. Nach der Vorstellung des Bundesverfassungsgerichts unterliegen die informationellen Maßnahmen des Bundespräsidenten nur einer eingeschränkten Überprüfbarkeit, die in der Literatur teilweise als Evidenzkontrolle qualifiziert wurde.[174] Das Gericht führt dazu in seiner „Spinner"-Entscheidung aus, dass es allein Sache des Bundespräsidenten sei, ob dieser sich an das Leitbild des „neutralen Bundespräsidenten" halte oder ob er sich dazu entscheide, bewusst in den politischen Diskurs einzugreifen.[175] Erst wenn durch ihn unter evidenter Vernachlässigung seiner Integrationsfunktion willkürlich Partei ergriffen werde, sei der Gestaltungs- und Einschätzungsspielraum des Bundespräsidenten überschritten.[176]

Diese Aussagen des Gerichts sind indes nicht frei von Kritik geblieben und überaus diskussionswürdig.[177] Die Entscheidung fußt allerdings auf der zutreffenden Annahme, dass der Bundespräsident, der anders als staatsleitende Regierungsmitglieder nicht Teilnehmer im parteipolitischen Wettbewerb um Wählerstimmen ist und nicht in den Anwendungsbereich des Art. 33 Abs. 5 GG fällt, besonderen äußerungsrechtlichen Restriktionen unterliegt, die seiner herausragenden Stellung als repräsentatives und auf Integration bedachtes Staatsoberhaupt gerecht zu werden haben.[178] Es ist richtig, dass die Vorgaben für staatliches Informationshandeln nicht schablonenartig auf Äußerungen des Bundespräsidenten übertragen werden können. Zwischen regierungsamtlicher und bundespräsidialer Öffentlichkeitsarbeit bestehen vielmehr gewichtige Unterschiede. Insbesondere ist dem Gericht auch zu-

---

[173] BVerfGE 136, 323 (331 f.); *Heun*, in: Dreier (Hrsg.), GG Bd. II, 3. Aufl. 2015, Art. 54 Rn. 12.

[174] Vgl. *Spitzlei*, JuS 2018, 856 (858); *Badenhausen/Löbel* sprechen von einer „gerichtliche[n] Minimalkontrolle", *Badenhausen/Löbel*, VR 2014, 357 (359).

[175] BVerfGE 136, 323 (336).

[176] BVerfGE 136, 323 (331 f., 336).

[177] Vgl. nur die divergierenden Reaktionen und Urteilsbesprechungen in der Literatur: *Badenhausen/Löbel*, VR 2014, 357 ff.; *Bäcker*, MIP 2015, 151 ff.; *Butzer*, in Kluth (Hrsg.), „Das wird man ja wohl noch sagen dürfen.", 2015, S. 37 ff.; *Cornils*, in: FS Hufen, 2015, S. 151 (155 ff.); *Eder*, „Rote Karte" gegen „Spinner"?, 2017, S. 110 f.; *Hillgruber*, JA 2014, 796 ff.; *Nellesen*, Äußerungsrechte staatlicher Funktionsträger, 2018, S. 152 ff.; *Putzer*, DÖV 2015, 417 ff.; *Tannenberger/Nemeczek*, NVwZ 2015, 215 ff.

[178] Vgl. BVerfGE 136, 323 (334 f.); *Eder*, „Rote Karte" gegen „Spinner"?, 2017, S. 107 f.

zustimmen, dass es sich bei dem Amt des Bundespräsidenten um ein Amt handelt, das eine besondere Prägung durch die Person des Amtsinhabers erhält.[179] Die Idee, dieser Besonderheit durch Spielräume für die Wahrnehmung der Amtsaufgaben gerecht zu werden, vermag ebenfalls zu überzeugen und findet mit den weit gefassten, bisweilen ungeschriebenen Kompetenzvorgaben des Grundgesetzes auch einen ertragreichen Nährboden.

Zweifel bestehen allerdings an der Konklusion des Gerichts, es existiere im Hinblick auf den von Verfassungs wegen zu respektierenden Gestaltungsspielraum des Amtsinhabers eine weniger strenge Neutralitätspflicht, deren Einhaltung das Bundesverfassungsgericht nur auf eine evidente Verletzung hin zu überprüfen habe. Es führt zwar aus, dass es „den verfassungsrechtlichen Erwartungen an das Amt des Bundespräsidenten und der gefestigten Verfassungstradition seit Bestehen der Bundesrepublik Deutschland entspricht […], dass der Bundespräsident eine gewisse Distanz zu Zielen und Aktivitäten von politischen Parteien und gesellschaftlichen Gruppen wahrt."[180] Allerdings sollen aus der Distanz nach der Rechtsauffassung des Gerichts „keine justiziablen Vorgaben für die Amtsausübung" folgen.[181] Eine Neutralitätspflicht gebe es daher für den Bundespräsidenten nicht, das Leitbild eines neutralen Amtsinhabers sei nur eine gesellschaftliche These.[182]

Dabei ist durchaus zweifelhaft, ob die Rechtskonstruktion des Gerichts, die Neutralität des Bundespräsidenten sei nur Tradition und letztlich nur eines verschiedener Leitbilder für die Amtsführung, zu überzeugen vermag.[183] Das Gericht verkennt nämlich die Gefahren, die sich aus parteiischen Äußerungen des Bundespräsidenten ergeben können. Sie sind in der Lage, massiv auf den demokratischen Wettbewerb einzuwirken und diesen zu verzerren, da sich die Rezipienten häufig – anders als bei Regierungsmitgliedern – darüber im Klaren sein dürften, dass der Bundespräsident keine eigenen,

---

[179] Vgl. auch *Butzer*, in Kluth (Hrsg.), „Das wird man ja wohl noch sagen dürfen.", 2015, S. 44 f.; krit. zur Kategorie der „Verfassungserwartung" *Cornils*, in: FS Hufen, 2015, S. 151 (157); allerdings ist nicht von der Hand zu weisen, dass auch die Amtsführung des Bundeskanzlers sowie der Ministerien durch die entsprechenden Amtsinhaber massiv beeinflusst wird. In der grundgesetzlich vorgesehenen Parteiendemokratie steht bei der politischen Staatsleitung jedoch – anders als beim Amt des Bundespräsidenten – nicht die persönliche, sondern vielmehr die parteiliche Amtsprägung der Regierungsmitglieder im Vordergrund, vgl. *Isensee*, in: ders./Kirchhof, HStR Bd. XII, 3. Aufl. 2014, § 268 Rn. 92: „Der Bereich der Bundesregierung, von Verfassungs wegen konzipiert als ressortdifferenzierte Handlungseinheit, ist faktisch parzelliert unter den Koalitionspartnern, mit politischen Interventionsverboten für die jeweils andere Seite.".

[180] BVerfGE 136, 323 (332).

[181] BVerfGE 136, 323 (332).

[182] *Butzer*, ZG 2015, 97 (109).

[183] Vgl. zum Amtsethos als Verfassungserwartung *Isensee*, in: ders./Kirchhof, HStR Bd. XII, 3. Aufl. 2014, § 268 Rn. 96.

parteipolitischen Zwecke verfolgt.[184] Die Stellung des Bundespräsidenten in der Verfassung wie in der Wahrnehmung der Bevölkerung verleiht dessen Äußerungen, die – wenn auch nur mittelbar – parteipolitisches Gewicht besitzen, eine besondere Autorität.[185] Eine bloße Evidenzkontrolle hinsichtlich eklatanter Neutralitätsverstöße kann dieser verfassungsrechtlich vorgesehenen Autorität nicht gerecht werden. Ebenso wenig vermag die geringere Mittelausstattung des Bundespräsidenten eine Absenkung der Neutralitätsvorgaben für das Informationshandeln zu rechtfertigen, da der Haushalt dem Staatsoberhaupt mit dem Bundespräsidialamt und seinen medialen Verbreitungsmöglichkeiten die für eine hinreichende Einflussnahme erforderlichen Strukturen zur Verfügung stellt.[186]

Vielmehr ist der Bundespräsident daher trotz der ihm durch das Amt verliehenen Gestaltungsspielräume dem Grunde nach zu (partei-) politischer Neutralität verpflichtet.[187] Eine bloße Willkürkontrolle auf evidente Vernachlässigung seiner Integrationsfunktion wird dieser rechtsstaatlichen Verpflichtung nicht gerecht.[188] Überdies ist das Vorgehen des Gerichts auch im Hinblick auf die verfassungsrechtlich garantierte Rechtsweggarantie aus Art. 19 Abs. 4 GG mehr als misslich.[189]

Beherzigt man dies, scheint es, als sei die Absenkung der Neutralitätspflicht für den Bundespräsidenten und die damit einhergehende Beschränkung des gerichtlichen Prüfungsmaßstabs auf die politische Brisanz des der Entscheidung zugrundeliegenden Sachverhalts zurückzuführen. Auch wenn es nachvollziehbar ist, dass die Richter gewisse Sympathien für die deutliche Missbilligung der NPD-Mitglieder durch den Bundespräsidenten empfan-

---

[184] *Cornils*, in: FS Hufen, 2015, S. 151 (157); *Eder*, „Rote Karte" gegen „Spinner"?, 2017, S. 107 f.; *Nellesen*, Äußerungsrechte staatlicher Funktionsträger, 2018, S. 156.

[185] Diesen Umstand betont auch *Cornils* und weist auf den damit einhergehenden Widerspruch in den Ausführungen des BVerfG hin, vgl. *Cornils*, in: FS Hufen, 2015, S. 151 (157).

[186] *Eder*, „Rote Karte" gegen „Spinner"?, 2017, S. 108; *Nellesen*, Äußerungsrechte staatlicher Funktionsträger, 2018, S. 155.

[187] Zutreffend deckt *Eder* auch einen Widerspruch in der Rechtsprechung des Bundesverfassungsgerichts auf, das dem Bundespräsidenten zunächst eine unmittelbare (Grund-) Rechtsbindung attestiert und sich diesbezüglich auf eine Evidenzkontrolle beschränkt: „Für den, der die Chancengleichheit der Parteien beachten muss, kann parteipolitische Neutralität indes nicht zugleich ein bloßes ‚Leitbild' sein.", *Eder*, „Rote Karte" gegen „Spinner"?, 2017, S. 111; i.E. auch *Mast*, Staatsinformationsqualität, 2020, S. 370; a.A. wohl *Badenhausen/Löbel*, VR 2014, 357 (359).

[188] Vgl. auch *Putzer*, DÖV 2015, 417 (421); grundlegend zur Neutralitätspflicht des Bundespräsidenten wie bereits gezeigt *Nettesheim*, in: Isensee/Kirchhof, HStR Bd. III, 3. Aufl. 2015, § 61 Rn. 20 f.

[189] *Eder*, „Rote Karte" gegen „Spinner"?, 2017, S. 110 f.; *Nellesen*, Äußerungsrechte staatlicher Funktionsträger, 2018, S. 154; vgl. auch *Hillgruber*, JA 2014, 796 (798).

den, vermag die Nachvollziehbarkeit einzelner Äußerungen das Absenken demokratiesichernder Standards auf ein Minimum nicht zu rechtfertigen.[190] Ein Interesse an der Möglichkeit zur Missbilligung rechtsextremer Parteien und ihrer Mitglieder hätte sich nicht in einer allgemeinen Reduktion der Neutralitätspflichten und ihrer Überprüfbarkeit niederschlagen müssen, sondern in einer an den *Wunsiedel*-Beschluss[191] des Ersten Senats des Bundesverfassungsgerichts angelehnten – ihrerseits keinesfalls unumstrittenen[192] – „Bereichsausnahme" für rechtsextremistische Ansichten.[193]

Die besondere Stellung des Bundespräsidenten im Staat manifestiert sich nicht in einer besonders niedrigen Neutralitätsschwelle, sondern vielmehr in einem ausnehmend weiten Zuständigkeitsbereich für integrative Äußerungen, die auf die Vielschichtigkeit der dem Bundespräsidenten von Verfassungs wegen zugewiesenen Funktionen zurückzuführen ist.[194] Es sind kaum gesellschaftspolitische Themen denkbar, zu denen sich der Bundespräsident rein kompetenziell nicht äußern dürfte. Die Möglichkeit des Amtsinhabers, in Wahrnehmung des ihm durch die Verfassung zugewiesenen besonders weiten Zuständigkeitsbereichs im Sinne der Integration des Gemeinwesens zu wirken, erfordert allerdings keine Ausnahmen von der Pflicht zu politischer Neutralität. Denn auch die Achtung einer (partei-)politischen Neutralitätspflicht hindert den Bundespräsidenten nicht daran, unmissverständliche Worte gegen gemeinwohlfeindliche Bestrebungen in der Gesellschaft zu finden.

bb) Privilegierung staatsleitender und politisch geprägter Ämter

Wie sich bereits im Rahmen der Abgrenzung von hoheitlichen und privaten bzw. parteipolitischen Äußerungen und der Charakterisierung staatlicher Accounts in sozialen Netzwerken gezeigt hat, sind bestimmte Staatsämter nahezu untrennbar mit der Mitgliedschaft in einer Partei und einer führenden Position in derselben verbunden. Dies führt dazu, dass es den Rezipienten schwerfallen kann, trennscharf zwischen den Sprecherrollen zu unterscheiden, was auch das Bundesverfassungsgericht anerkannt hat.[195] Aller-

[190] Vgl. auch *Butzer*, in Kluth (Hrsg.), „Das wird man ja wohl noch sagen dürfen.", 2015, S. 48 f.; *ders.*, ZG 2015, 97 (114 f.); gleiches gilt für die Entscheidung des saarländischen VerfGH, vgl. VerfGH Saarland, Urt. v. 08.07.2014 – Lv 5/14 Rn. 43 – juris; vgl. krit. insgesamt auch *Krüper/Kühr*, ZJS 2014, 477 (484).

[191] BVerfGE 124, 300.

[192] *Hillgruber*, JA 2014, 796 (798); vgl. auch *Putzer*, DÖV 2015, 417 (421).

[193] So auch *Butzer*, in Kluth (Hrsg.), „Das wird man ja wohl noch sagen dürfen.", 2015, S. 49; *ders.*, ZG 2015, 97 (114 f.); *Hillgruber*, JA 2014, 796 (798); krit. auch *Krüper/Kühr*, ZJS 2014, 477 (484).

[194] Vgl. dazu ausf. 2. Kapitel. A.I.4.a).dd).

[195] BVerfGE 138, 102 (118); BVerfGE 148 11 (32); 154, 320 (339).

dings führen die Schwierigkeiten nicht zu einer Redundanz der Unterscheidung. Gerade in den sozialen Netzwerken ist eine Trennbarkeit durch die Einwirkungsmöglichkeiten auf die Gestaltung des Netzwerkaccounts besonders gut zu realisieren und begegnet daher nicht nur keinen rechtlichen, sondern auch geringen tatsächlichen Bedenken.[196] Gleichwohl ist die (bewusste) Verschränkung von politischer und staatlicher Sphäre in einigen Ämtern nicht von der Hand zu weisen. Es ist daher im Folgenden zu untersuchen, ob die politische Prägung staatsleitender Ämter sich – wenn sie schon nicht einen Verzicht der Abgrenzung staatlicher und privater Äußerungen zur Folge hat – zumindest auf die sich aus der politischen Neutralitätspflicht ergebenden Grenzen für staatliche Öffentlichkeitsarbeit auswirkt.[197]

(1) Politische Prägung staatsleitender Ämter

Dass es unter dem Grundgesetz Ämter gibt, die bewusst eine (partei-) politische Prägung erhalten, ist bereits an mehreren Stellen herausgearbeitet worden und soll an dieser Stelle noch einmal ins Gedächtnis gerufen werden.[198] Es ist mittlerweile anerkannt, dass Regierungsmitglieder in der Bevölkerung regelmäßig in einer „Doppelrolle" als Parteimitglied und Hoheitsträger wahrgenommen werden, die eine strikte Trennung beider Sphären in tatsächlicher Hinsicht nicht zulässt.[199] Gleichwohl ist die Einteilung verschiedener Sprecherrollen richtig und wichtig.[200] Sie zwingt zur Berücksichtigung der parteipolitischen Aufladung staatsleitender Ämter und der Bedeutung der Parteien im demokratischen Verfassungsstaat. Staatsleitung bedeutet „politische Führung, die verantwortliche Leitung des Ganzen der inneren und äußeren Politik".[201] Sie eröffnet staatlichen Hoheitsträgern teilweise einen nicht unerheblichen Gestaltungsspielraum, der nicht nur (partei-) politisch gefüllt werden kann, sondern sogar muss.[202] In einem auf die Mitwirkung der

---

[196] Vgl. 1. Kapitel, A.III.3.

[197] Vgl. dazu auch *Mast*, Staatsinformationsqualität, 2020, S. 369 f.

[198] Grundlegend zum Verfassungsrecht als „politisches Recht" *Isensee*, in: ders./Kirchhof, HStR Bd. XII, 3. Aufl. 2014, § 268 Rn. 90 ff.; s.a. *Payandeh*, Der Staat 55 (2016), 519 (529 ff.); *Mast*, Staatsinformationsqualität, 2020, S. 362 f. und bereits treffend *Leisner*, Öffentlichkeitsarbeit der Regierung im Rechtsstaat, 1966, S. 155 ff.

[199] Erstmals BVerfGE 138, 102 (118); vgl. aber bereits Sondervotum BVR *Rottmann* BVerfGE 44, 125 (185 ff.); Sondervotum BVRin *Wallrabenstein* z. BVerfG, Urt. v. 15.06.2022 – 2 BvE 4/20 – juris; grundlegend *Kuch*, AöR 142 (2017), 491 (498 ff.); *Payandeh*, Der Staat 55 (2016), 519 (531 f.); vgl. auch *Friehe*, in: Uhle (Hrsg.), Information und Einflussnahme, 2018, S. 86 (102 f.).

[200] Dazu grundlegend 1. Kapitel, A.III.2.a).

[201] BVerfGE 105, 279 (301).

[202] *Friehe*, in: Uhle (Hrsg.), Information und Einflussnahme, 2018, S. 86 (102 f.); *Payandeh*, Der Staat 55 (2016), 519 (530 f.; 533); vgl. dazu auch *Kuch*, AöR 142 (2017), 491 (501 f.); zum Näheverhältnis der Parteien und Regierungsmitglieder auch *Eder*, „Rote

Parteien an der politischen Willensbildung ausgerichteten Demokratieverständnis ist es vorgesehen, dass die Amtsführung durch parteipolitische Schwerpunktsetzung geprägt ist.[203] Untrennbar damit verbunden ist der Umstand, dass die politischen Entscheidungen der staatsleitenden Organe im Widerspruch zu den Vorstellungen anderer Parteien stehen – auch dies ist von Verfassungs wegen vorgesehen.[204]

Isensee bringt dies auf den Punkt, indem er davon ausgeht, dass „die eigentliche Entscheidung brisanter Probleme […] zumeist nicht in den staatsamtlichen, verfaßten Kollegien Bundesregierung, Bundestag oder Bundesrat [fällt], sondern im Feld der führenden Parteien, die ihre eigenen esoterischen und exoterischen, formellen und informellen, parteiinternen und parteiübergreifenden Entscheidungsgremien wie Entscheidungsprozeduren" entwickelt haben.[205] Als Folge komme „[d]en von Verfassungs wegen zuständigen Staatsorganen […] vielfach nur noch die Funktion zu, die auf Parteiebene vorgefertigten Entscheidungen förmlich zu bestätigen."[206] Nach *Isensee* verschiebt die „verfassungsrechtlich bewirkte (partei)politische Synchronisation der Regierung mit der Parlamentsmehrheit […] die verfassungsrechtlich intendierte Linie der Gewaltenteilung zwischen Regierung und Parlament auf die Linie zwischen Regierung (mitsamt ihres parlamentarischen Fundaments) und der parlamentarischen Opposition."[207]

Die staatsleitenden Amtsinhaber sind damit von Natur aus keine politisch vollkommen neutral agierenden (Verfassungs-) Organe.[208] Sie müssen sich um ihrer Handlungs- und Entscheidungsfähigkeit willen gegen politische Ansichten und damit mittelbar auch gegen die Parteien und Vereinigungen wenden können, deren politische Meinungsinhalte sie nicht teilen, sondern zu-

---

Karte" gegen „Spinner"?, 2017, S. 129, 131; vgl. auch *Mast*, Staatsinformationsqualität, 2020, S. 363.

[203] *Payandeh*, Der Staat 55 (2016), 519 (531); *Eder*, „Rote Karte" gegen „Spinner"?, 2017, S. 131.

[204] *Eder*, „Rote Karte" gegen „Spinner"?, 2017, S. 131; *Wieland*, in: FS Morlok, 2019, S. 533 (547 f.); *Gusy*, NVwZ 2015, 700 (702); *Nellesen*, Äußerungsrechte staatlicher Funktionsträger, 2018, S. 195.

[205] *Isensee*, in: ders./Kirchhof, HStR Bd. XII, 3. Aufl. 2014, § 268 Rn. 92.

[206] *Isensee*, in: ders./Kirchhof, HStR Bd. XII, 3. Aufl. 2014, § 268 Rn. 92.

[207] *Isensee*, in: ders./Kirchhof, HStR Bd. XII, 3. Aufl. 2014, § 268 Rn. 93.

[208] *Barczak*, NVwZ 2015, 1014 (1019); *Butzer*, ZG 2015, 97 (114 f.); *Eder*, „Rote Karte" gegen „Spinner"?, 2017, S. 136; *Friehe*, in: Uhle (Hrsg.), Information und Einflussnahme, 2018, S. 86 (103); *Hillgruber*, in: Kluth (Hrsg.), „Das wird man ja wohl noch sagen dürfen.", 2015, S. 49; *Isensee*, in: ders./Kirchhof, HStR Bd. XII, 3. Aufl. 2014, § 268 Rn. 92; *Mast*, Staatsinformationsqualität, 2020, S. 83; *Nellesen*, Äußerungsrechte staatlicher Funktionsträger, 2018, S. 196; *Nettesheim*, in: Isensee/Kirchhof, HStR Bd. III, 3. Aufl. 2015, § 61 Rn. 20 f.; *Studenroth*, AöR 125 (2000), 257 (268); *Vierhaus*, Umweltbewußtsein von oben, 1994, S. 484 f.; vgl. auch *Payandeh*, Der Staat 55 (2016), 519 (531 f.).

rückweisen.[209] Mithin kann eine Pflicht zu „aseptischer Politikabstinenz" nie das Ziel staatlicher Neutralitätspflicht sein.[210] Dies gilt insbesondere für Regierungsmitglieder auf Bundes- und auf Landesebene. Ihnen obliegt als „Gravitationszentrum politischer Gestaltung und Leitung"[211] die ungeschriebene Aufgabe der Staatsleitung. Die politische Prägung der hoheitlichen Aufgabenwahrnehmung erstreckt sich aber auch auf die (Ober-) Bürgermeister der Gemeinden, denen bei ihrer Aufgabenwahrnehmung eine besonders unmittelbare, da auf örtliche Verwurzelung und Legitimation zurückzuführende Repräsentations- und Integrationsfunktion zukommt.[212] Diese bleibt hinsichtlich seiner Rolle als Oberhaupt der Kommunalverwaltung und sein Auftreten im (partei-) politischen Wettbewerb zwar unterhalb der bundespräsidialen Stellung im Verfassungsstaat,[213] ist aber dennoch von politischen Entscheidungen gezeichnet, sodass von einer allumfassenden, politischen Stellungnahmen prinzipiell im Weg stehenden Neutralitätspflicht keine Rede sein kann.[214]

Regierungsmitglieder und kommunale Wahlbeamte eint mithin, dass sie keine dem Bundespräsidenten vergleichbare Ausnahmestellung im Staatsgefüge haben, aber ihre Positionen dennoch von politischer Prägung gezeichnet sind.[215] Gleichermaßen ergibt sich aus dem parteipolitischen Einschlag einzelner Amtsfunktionen, dass ein mögliches Absenken der Neutralitätsanforderungen nur für die Formen der Amtsausübung angezeigt ist, in denen eine politische Prägung von Verfassungs wegen vorgesehen ist. Insbesondere ist daher zwischen der administrativen und der gubernativen Aufgabenwahr-

---

[209] *Eder*, „Rote Karte" gegen „Spinner"?, 2017, S. 136 f.

[210] *Gärditz*, NWVBl. 2015, 165 (169).

[211] *Stern*, Staatsrecht Bd. I, 2. Aufl. 1984, S. 1009.

[212] Das BVerwG betont die Parallele ausdrücklich, BVerwG, NVwZ 2018, 433 (434); vgl. dazu *zu Hohenlohe*, VerwArch Bd. 107 (2016), 62 (65 f. u. 82); so auch *Gärditz*, NWVBl. 2015, 165 (168 f.); vgl. auch *Mast*, Staatsinformationsqualität, 2020, S. 185.

[213] So auch *Ferreau*, NVwZ 2017, 1259 (1261); *Milker*, JA 2017, 647 (653); *Nellesen*, Äußerungsrechte staatlicher Funktionsträger, 2019, S. 219 f.; a.A. *zu Hohenlohe*, VerwArch Bd. 107 (2016), 62 (81 f.).

[214] *zu Hohenlohe*, VerwArch Bd. 107 (2016), 62 (79 f.); *Gärditz*, NWVBl. 2015, 165 (168 f.); Vgl. auch *Mast*, Staatsinformationsqualität, 2020, S. 369; Dass das Bundesverfassungsgericht in einem Nichtannahmebeschluss vom 8. September 2020 davon ausgeht, ein „nicht im Kontext des politischen Wettbewerbs" handelnder Oberbürgermeister sei in seiner Funktion als „oberster Repräsentant der kommunalen Selbstverwaltung" nicht an die Neutralitätspflicht gebunden, ist als unglückliche Ausdrucksweise zu deuten, vgl. BVerfG, Beschl. v. 08.09.2020 – 1 BvR 987/29 – Rn. 14; vgl. auch *Mast*, Staatsinformationsqualität, 2020, S. 197.

[215] Für das Amt des Bürgermeisters vgl. VGH Kassel, NVwZ-RR 2015, 508 (509); für die Regierungsmitglieder vgl. BVerfGE 138, 102 (112); jüngst BVerfG, Urt. v. 15.06.2022 – 2 BvE 4/20 Rn. 88 f. – juris; für beide *Payandeh*, Der Staat 55 (2016), 519 (532 f.); So auch *Gärditz*, NWVBl. 2015, 165 (169); a.A. *Hohenlohe*, VerwArch Bd. 107 (2016), 62 (80 f.).

nehmung durch Regierungsmitglieder zu unterscheiden.[216] Nur im Falle der administrativen Amtsausübung ist eine (partei-) politische Tendenz bei jeglicher Form der Aufgabenwahrnehmung vollends untersagt.[217]

Dies lässt sich auch auf die Amtsfunktionen des Bürgermeisters übertragen: Nimmt er seine Integrationsaufgabe wahr, ist eine (partei-) politische Prägung der Entscheidungsfindung und -begründung zulässig, wohingegen administrative Aufgaben unter Beachtung strenger Neutralitätspflichten wahrgenommen werden müssen.[218] Dass sich die Einteilung einzelner Aufgaben schwierig gestalten kann, zeigt sich am Beispiel des teilweise vorgesehenen Gemeinderatsvorsitzes.[219] Während die Beratungen der Gemeindevertretung als solche von politischen Ansichten gezeichnet sind, handelt es sich bei den gesetzlich vorgesehenen Aufgaben und Befugnissen des Vorsitzenden schwerpunktmäßig um administrative Elemente.[220] Insgesamt ist davon auszugehen, dass die politische Amtsprägung im Falle der Bundes- bzw. Landesregierungen und ihrer Mitglieder stärker ausgebildet ist, da – insbesondere in der Öffentlichkeitswahrnehmung – ein Großteil ihrer Aufgabenwahrnehmung in den Bereich politisch geprägten Staatsleitung fällt. Die Verteilung auf kommunaler Ebene ist trotz der Unterschiede in den Kommunalverfassungen insgesamt ausgeglichener.[221]

(2) Folgen für die äußerungsrechtliche Neutralitätspflicht

Wenn den staatsleitenden Ämtern von Verfassungs wegen eine (partei-) politische Prägung der Entscheidungsfindung nicht versagt werden kann, da diese in einer auf der Wechselwirkung von Staat und Gesellschaft aufbauenden Demokratie vorausgesetzt wird, ist zu untersuchen, wie sich dieser Umstand auf die politische Neutralitätspflicht der Amtsinhaber auswirkt. Es gilt das immanente Spannungsverhältnis zwischen politischer Prägung der staatsleitenden Entscheidungsfindung und der sich aus einer unbestrittenen (Grund-) Rechtsbindung nach Art. 1 Abs. 3, 20 Abs. 3 GG ergebenden Neutralitätspflicht in zufriedenstellender Art und Weise aufzulösen. Hilfreich ist

[216] Vgl. auch *zu Hohenlohe*, VerwArch Bd. 107 (2016), 62 (82); *Mast*, Staatsinformationsqualität, 2020, S. 370 f.; *Nellesen*, Äußerungsrechte staatlicher Funktionsträger, 2018, S. 200 f.

[217] In diese Richtung jüngst auch Sondervotum BVRin *Wallrabenstein* z. BVerfG, Urt. v. 15.06.2022 – 2 BvE 4/20 – juris.

[218] *Gärditz*, NWVBl. 2015, 165 (168).

[219] Vgl. § 40 Abs. 2 Satz 3 GO NRW; Art. 33 Abs. 2 BayGO; § 42 Abs. 1 SaarlKSVG.

[220] Vgl. dazu auch *Ferreau*, NVwZ 2017, 1259 (1261).

[221] So auch *Nellesen*, Äußerungsrechte staatlicher Funktionsträger, 2019, S. 225 f.; a.A. im Hinblick auf die erhöhte demokratische Legitimation der kommunalen Wahlbeamten *zu Hohenlohe*, VerwArch Bd. 107 (2016), 62 (80 f.), die für den Oberbürgermeister wie gezeigt Parallelen zum Amt des Bundepräsidenten zieht.

es, die Neutralitätspflicht trotz ihrer divergierenden Erscheinungsformen auf ihren Grundgedanken zurückzuführen, der in der demokratiesichernden Freiheit des gesellschaftlichen Willensbildungsprozesses von staatlicher Einflussnahme zu sehen ist.

Es ist daher zu fragen, ob eine Maßnahme staatsleitender Öffentlichkeitsarbeit aufgrund ihrer parteipolitischen Prägung eine Bedrohung für die freie Willensbildung darstellt oder nicht.[222] Dass sich „Aussagen der Öffentlichkeitsarbeit der Regierung mehr oder minder mit denen von Programmen und Stellungnahmen der die Regierung tragenden Parteien decken können und häufig decken werden" ist für sich genommen noch nicht problematisch.[223] Im Gegensatz zur Öffentlichkeitsarbeit nichtstaatsleitender Hoheitsträger, deren Aufgabenwahrnehmung von Verfassungs wegen eine geringere politische Prägung erfahren hat, und Äußerungen, die im Kontext administrativer Aufgabenwahrnehmung getätigt werden, gilt es vielmehr hinreichend zu berücksichtigen, dass das Informationshandeln integraler Bestandteil der Staatsleitungsaufgabe ist, sodass man der Gesellschaft und dem Inhaber eines politisch geprägten Amtes unrecht täte, Äußerungen vorschnell als Verstoß gegen die Neutralitätspflicht zu qualifizieren.[224]

Genau so wenig vermag es allerdings zu überzeugen, Verstöße gegen die Neutralitätspflicht nur einer Evidenz- bzw. Minimalkontrolle zu unterziehen oder ganze Tätigkeitsfelder von der Pflicht zu politischer Neutralität auszunehmen, da wie gezeigt gravierende Unterschiede zum Amt des Bundespräsidenten, der eine Ausnahmestellung im Verfassungsgefüge einnimmt, bestehen[225] und ein verfassungsgerichtlicher „Kontrollausfall"[226] im Hinblick

---

[222] *Payandeh* geht darüber hinaus und nimmt an, dass staatliche Funktionsträger, die in einem politischen Verfahren gewählt wurden, keiner umfassenden Neutralitätspflicht unterliegen, vgl. *Payandeh*, Der Staat 55 (2016), 519 (537). Allerdings ist dieses Ergebnis Ausfluss seiner Annahme, dass eine Unterscheidung der amtlichen und privaten Sprecherrollen „von Natur aus" fehlgeht. Da dem nicht zuzustimmen ist, ist auch das Absprechen der umfassenden Neutralitätspflicht letztlich zu weitgehend. Vielmehr ist bei der Frage, ob eine Neutralitätspflichtverletzung gegeben ist oder nicht, auf die politische Prägung eines Amtes Rücksicht zu nehmen und diese gebührend zu berücksichtigen. Sicherlich wird es praktisch in den seltensten Fällen zu unterschiedlichen Beurteilungen kommen, zumal *Payandeh* den spezifischen rechtlichen Grenzen für politisch geprägte Ämter eine „neutralisierende Wirkung" entnehmen will, ohne von der Existenz einer allgemeinen Neutralitätspflicht auszugehen, vgl. *Payandeh*, Der Staat 55 (2016), 519 (537 f.).

[223] BVerfGE 44, 125 (149); 138, 102 (115); RHPfVerfGH, NVwZ 2007, 200 (201); *Friehe*, in: Uhle (Hrsg.), Information und Einflussnahme, 2018, S. 86 (103); *Mast* geht daher davon aus, dass ein gewisses Maß an „Eigenwerbung" unvermeidbar und damit zulässig ist, vgl. *Mast*, Staatsinformationsqualität, 2020, S. 362 f.

[224] Vgl. auch die Ausführungen von *Mast* im Kontext des Sachlichkeitsgebots, *Mast*, Staatsinformationsqualität, 2020, S. 197 f.

[225] Dies betonte das BVerfG jüngst ausdrücklich für das Amt des Bundeskanzlers, vgl. BVerfG, Urt. v. 15.06.2022 – 2 BvE 4/20 Rn. 91 – juris.

[226] *Hillgruber*, JA 2014, 796 (798).

auf Art. 19 Abs. 4 GG nie Bestand haben kann.[227] Vielmehr ist es allein zielführend, den Verstoß gegen die politische Neutralitätspflicht bei Äußerungen, die der Staatsleitung und damit einer politisch geprägten Aufgabe dienen, anzunehmen, wenn eine im Folgenden zu bestimmende Erheblichkeitsschwelle überschritten wird.[228]

(a) Zulässigkeit politischer Kritik

Das Erreichen der Erheblichkeitsschwelle ist jedenfalls bei einer ins Gewicht fallenden „Häufung und Massivität offenkundiger Grenzüberschreitungen" anzunehmen.[229] Dies ist indes nicht der Fall, wenn es sich bei den in Rede stehenden Äußerungen „nur" um das entschiedene und sachliche Zurückweisen politischer Ansichten handelt. Eine auf Dialog ausgerichtete Kommunikation seitens der staatsleitenden Ämter ist für die Willensbildung der Bevölkerung vielmehr gerade unverzichtbar. Dies betonte das Bundesverfassungsgericht in seiner *Wanka*-Entscheidung, in der es die öffentliche Auseinandersetzung mit Regierungskritik durch politische Parteien im Wege staatlicher Öffentlichkeitsarbeit nicht per se als Verstoß gegen die politische Neutralitätspflicht zu bewertete.[230] Auch wenn einer staatsleitenden Informationsmaßnahme ablehnende Tendenzen oder gar entschiedene Kritik an politischen Meinungsinhalten und den diese vertretenden Vereinigungen und Parteien zu entnehmen ist, lässt sich daraus nicht zwangsläufig auf das Erreichen der Erheblichkeitsschwelle und einen Verstoß gegen die Neutralitätspflicht schließen.[231]

---

[227] A.A. jüngst Sondervotum BVRin *Wallrabenstein* z. BVerfG, Urt. v. 15.06.2022 – 2 BvE 4/20 – juris; großzügiger auch *Mast*, Staatsinformationsqualität, 2020, S. 369 f., der staatsleitende Ämter zu großen Teilen von der Pflicht zu politischer Neutralität ausnimmt; ebenfalls großzügig wie gezeigt *Payandeh*, Der Staat 55 (2016), 519 (537 f.); vgl. auch *Gärditz*, NWVBl. 2015, 165 (168 f.); krit. dazu *Ingold*, VerwArch 108 (2017), 240 (262 f.).

[228] In diese Richtung *Möstl*, in: Uhle (Hrsg.), Information und Einflussnahme, 2018, S. 49 (65).

[229] BVerfGE 44, 125 (155 f.); vgl. dazu auch *Schürmann*, Öffentlichkeitsarbeit der Bundesregierung, 1992, S. 356 f., der den Ausführungen des Gerichts u.a. entnimmt, dass ein Mindestmaß an Verbreitung gegeben sein müsse.

[230] BVerfGE 148, 11 (29 f.); jüngst bestätigend E 154, 320 (338); es geht überdies davon aus, dass die „Anwendung des Neutralitätsgrundsatzes auf regierungsamtliche Äußerungen […] den Mitgliedern der Bundesregierung die Wahrnehmung ihrer parlamentarischen Verantwortlichkeit [nicht erschwere] und […] zu [k]einer „Entpolitisierung" des Regierungshandelns" führe, vgl. BVerfGE 148, 11 (33 f.).

[231] Vgl. *Wieland*, in: FS Morlok, 2019, S. 533 (548 f.); *Mast* geht darüber hinaus davon aus, dass staatsleitende Amtsträger hinsichtlich konkreter Identifikations- und Kritikbelange von der Neutralitätspflicht gänzlich ausgenommen sind, vgl. *Mast*, Staatsinformationsqualität, 2020, S. 369 ff.

(b) Unzulässigkeit politischer Ablehnung und Werbung

Allerdings kann das rechtsstaatliche Sachlichkeitsgebot in diesen Fällen gewiss nicht die alleinige Schranke der Öffentlichkeitsarbeit sein, da auch sachliche Äußerungen – etwa das sachliche, aber bestimmte Werben für die eigene Wiederwahl – in einem diametralen Widerspruch zu der politischen Neutralitätspflicht stehen können.[232] Bei Berücksichtigung der politischen Prägung staatsleitender Ämter ist daher davon auszugehen, dass die Erheblichkeitsschwelle einer Neutralitätspflichtverletzung überschritten ist, wenn bei einer Äußerung nach außen erkennbar die Ablehnung einer politischen Vereinigung bzw. Partei oder das Werben für eine andere Partei im Vordergrund steht.[233] Eine willkürliche, d.h. nicht von Sachargumenten getragene Einflussnahme in die politische Auseinandersetzung von Seiten des Staates ist zudem unter keinerlei Gesichtspunkten mit der staatlichen Neutralitätspflicht zu vereinbaren. Dient eine Informationsmaßnahme hingegen dem politischen Diskurs und der Sachdebatte, kann auch die kontextbezogene und gezielte Kritik an sowie ein bewusstes Abstandnehmen von politischen Meinungsinhalten und den sie vertretenden Parteien sowie Vereinigungen rechtmäßig sein. Drängt sich mithin der Schluss auf, dass eine Kommunikationsmaßnahme allein von parteipolitischem Konkurrenzdenken und fernab diskursiver Bemühungen geleitet wird, ist ein Überschreiten der Erheblichkeitsschwelle anzunehmen. Es ist dann nicht mehr von einer politischen Prägung der Entscheidungsfindung und -begründung, sondern von einem Missbrauch der staatlichen Mechanismen auszugehen.

(c) Abgrenzung durch Kontextualisierung

Für die Abgrenzung von zulässiger Kritik und unzulässiger Ablehnung ist stets der Äußerungskontext und das Vorverhalten adressierter Parteien in den Blick zu nehmen. Zwar ist dem Bundesverfassungsgericht zuzustimmen, dass sich ein Hoheitsträger von unsachlicher Kritik nicht dazu verleiten lassen darf, von einem „Recht auf Gegenschlag" Gebrauch zu machen und sich auf das Niveau indiskursiver Äußerungen herabzulassen.[234] Ein staatlicher

[232] So auch *Nellesen*, der zutreffend darauf hinweist, dass es vorzugswürdig ist, die Neutralitätspflicht funktionsbezogen auszulegen, vgl. *Nellesen*, Äußerungsrechte staatlicher Funktionsträger, 2018, S. 200 ff.; krit. zur Vorgehensweise des BVerfG auch *Mast*, Staatsinformationsqualität, 2020, S. 372.

[233] *Schürmann* geht noch weiter und verlangt für das Erreichen der Erheblichkeitsschwelle eine „potentielle, nicht notwendigerweise nachgewiesene Auswirkung auf den Wahlerfolg einer Partei", vgl. *Schürmann*, Öffentlichkeitsarbeit der Bundesregierung, 1992, S. 358.

[234] Zu dem seinen Ursprung im Sachlichkeitsgebot habenden und sich damit nur mittelbar auf die politische Neutralitätspflicht auswirkenden „Recht auf Gegenschlag" vgl. 3. Kapitel B.II.2.; vgl. BVerfGE 148, 11 (30 f.); *Kuch*, JZ 2018, 409 (411); *Mast*, Staatsin-

Gegenschlag träfe Regierungskritiker aufgrund der Autorität und des Gewichts staatlicher Äußerungen ungleich härter.[235] Allerdings – und hier ist Kritik an der Rechtsprechung des Bundesverfassungsgerichts zu üben – darf die Neutralitätspflicht den staatsleitenden Amtsinhaber nicht daran hindern, bei entsprechendem Vorverhalten auch wertende Gesichtspunkte in ihre Kritik miteinfließen zu lassen.[236] Im Rahmen einer hitzigen Auseinandersetzung ist daher auch das unmissverständliche Zurückweisen einer politischen Ansicht und ihrer Vertreter nicht als unzulässige Ablehnung zu werten. Etwas Anderes gilt indes, wenn die Intensität allein auf die staatliche Positionierung zurückzuführen ist.

Ein derartiges Verständnis der Neutralitätspflicht entspricht der Idee eines der gesellschaftlichen Willensbildung zugrundeliegenden Parteienwettbewerbs.[237] Dieser kann – wie jeder Wettbewerb – nie gänzlich frei von äußeren Einflüssen sein, wobei die Schwelle zur Wettbewerbsverzerrung erst überschritten wird, wenn eine nicht unerhebliche Störung der Wettbewerbslage gegeben ist.[238] Wenn diese Maßstäbe im Rahmen der staatsleitenden Öffentlichkeitsarbeit berücksichtigt werden, kann ein gerechter Ausgleich zwischen einer fairen Wettbewerbsdemokratie auf der einen und der die staatsleitenden Ämter prägenden Parteiendemokratie auf der anderen Seite gefunden werden.

---

formationsqualität, 2020, S. 372 f.; *Michl*, NVwZ 2018, 491 f.; *Nellesen*, Äußerungsrechte staatlicher Funktionsträger, 2018, S. 201; das „Recht auf Gegenschlag" befürwortend wohl *Wieland*, in: FS Morlok, 2019, S. 533 (548 f.) unter Verweis auf SaarlVerfGH, Urt. v. 08.07.2014 – Lv 5/14.

[235] *Michl*, NVwZ 2018, 491 (492).

[236] Ablehnend BVerfGE 148, 11 (31); *Kuch* geht sogar davon aus, dass der Adressat dann häufig „nicht den vollen Schutz des verfassungsrechtlichen Neutralitätsgebots verdient", vgl. *Kuch*, JZ 2018, 409 (411). Dabei ist jedoch zu berücksichtigen, dass die Neutralitätspflicht des Staates auch eine objektiv-rechtliche Komponente hat und zu großen Teilen der Freiheit der gesellschaftlichen Willensbildung dient, die durch ein Recht zum unsachlichen Gegenschlag verzerrt zu werden droht. Möchte sich ein staatsleitender Hoheitsträger auf das Niveau unsachlicher Kritik begeben, besteht für diesen die Möglichkeit, in seiner Funktion als Parteipolitiker den Dialog zu suchen. Vgl. auch i.E. ähnlich *Mast*, Staatsinformationsqualität, 2020, S. 372 f.

[237] Grundlegend zum Verständnis des Parteienrechts als Wettbewerbsrecht in der „Wettbewerbsdemokratie des Grundgesetzes" vgl. *Morlok*, in: FS Tsatsos, 2003, S. 408 ff.; *ders.*, in: Dreier (Hrsg.), GG Bd. II, 3. Aufl. 2015, Art. 21 Rn. 77; vgl. auch *Huber*, in FS Morlok, 2019, S. 551 (552 f.); *Kluth*, in ders. (Hrsg.), „Das wird man ja wohl noch sagen dürfen.", 2015, S. 9 (9 f.).

[238] Vgl. *Kluth*, in ders. (Hrsg.), „Das wird man ja wohl noch sagen dürfen.", 2015, S. 9 (10 f.); *Huber*, in FS Morlok, 2019, S. 551 (552 f.); *Morlok*, in: Dreier (Hrsg.), GG Bd. II, 3. Aufl. 2015, Art. 21 Rn. 77; *Möstl*, in: Uhle (Hrsg.), Information und Einflussnahme, 2018; S. 49 (65); i.E. auch *Mast*, Staatsinformationsqualität, 2020, S. 365.

(3) Die Handungsfähigkeit der Regierung und das Ansehen Deutschlands als ungeschriebene Rechtfertigungsgründe

In seiner jüngsten Entscheidung zu den Äußerungsbefugnissen der Bundeskanzlerin hat der zweite Senat des Bundesverfassungsgerichts zwei zwingende Rechtfertigungsgründe für äußerungsspezifische Eingriffe in das Recht auf Chancengleichheit der Parteien etabliert. Zum einen handelt es sich dabei um den Schutz der Handlungsfähigkeit und Stabilität der Bundesregierung und zum anderen um das Ansehen und das Vertrauen in die Verlässlichkeit der Bundesrepublik Deutschland in der Staatengemeinschaft.[239] Die Aufgabe zur Wahrung dieser Verfassungsgüter obliegt zuvörderst dem Kollegialorgan der Bundesregierung und dem Bundeskanzler als ihr primärer Repräsentant. Bei der Frage, welcher Maßnahmen es zur Wahrung dieser Verfassungspositionen bedarf, kommt dem Bundeskanzler überdies ein nicht unerheblicher Einschätzungs- und Gestaltungsspielraum zu.[240] Inwiefern es sich dabei – neben den Aufnahmen für den Umgang mit verfassungsfeindlichen Bestrebungen – um die einzigen Rechtfertigungsgründe für Eingriffe in das Recht auf Chancengleichheit handelt, ist indes ungewiss. Auch wenn das Gericht andere Verfassungsgüter bisher noch nicht ausdrücklich als Rechtfertigungsgründe bezeichnet hat, liegt es nahe, dass die Rechtfertigungsgründe der Handungsfähigkeit der Regierung und des Ansehens Deutschlands ihren Ursprung in den konkreten Umständen des seitens des Gerichts zu entscheidenden Sachverhalts hatten und dass – je nach Fallgestaltung – weitere Rechtsgüter von Verfassungsrang dazu in der Lage sind, das Recht auf Chancengleichheit der Parteien einzuschränken.

In der streitgegenständlichen Entscheidung[241] diskutierte das Gericht eine mögliche Rechtfertigung des Eingriffs in das Recht auf Chancengleichheit der AfD im Hinblick auf die Funktionsfähigkeit der Bundesregierung und das Ansehen der Bundesrepublik Deutschland in der Staatengemeinschaft, kam jedoch zu dem Ergebnis, die Voraussetzungen einer verfassungsrechtlichen Rechtfertigung seien in beiderlei Hinsicht nicht erfüllt.[242] Dem Gericht zufolge reiche politische Kritik am Ausgang an einer Wahl nicht für eine das öffentliche Eintreten der Bundesregierung erfordernde Gefährdung der Stabilität der Bundesregierung aus.[243] Ferner fehle es dem Gericht zufolge an „objektiven Anknüpfungspunkten für eine Gefährdung der außenpolitischen Handlungsfähigkeit oder des Vertrauens in die Bundesrepublik

---

[239] BVerfG, Urt. V. 15.06.2022 – 2 BvE 4/20 Rn. 93 – juris.
[240] Vgl. insb. BVerfG, Urt. V. 15.06.2022 – 2 BvE 4/20 Rn. 103 – juris.
[241] Dazu 2. Kapitel A.I.4.a).bb).
[242] BVerfG, Urt. V. 15.06.2022 – 2 BvE 4/20 Rn. 154 ff. – juris.
[243] BVerfG, Urt. V. 15.06.2022 – 2 BvE 4/20 Rn. 157 – juris.

Deutschland, auf deren Grundlage der Eingriff in das Recht auf Chancengleichheit der Antragstellerin gerechtfertigt sein könnte."[244]

cc) Ausnahmen für Öffentlichkeitsarbeit zu verfassungsfeindlichen Bestrebungen

Während sich Äußerungen, die sich für oder gegen eine politische Ansicht oder Partei positionieren, nur schwer im Koordinatensystem der parteipolitischen Neutralitätspflicht verorten und nicht ohne Weiteres in theoretische Kategorien einordnen lassen, was regelmäßig eine Einzelfallbetrachtung unabdingbar macht, gibt es politische Ansichten und Vereinigungen, auf die sich die Neutralitätspflicht des Staates nicht gleichsam erstreckt. Vielmehr gibt es politische Positionen, die auch von staatlicher Seite (ohne Kontextbezug) scharf kritisiert und herabgesetzt werden dürfen. Die Rede ist von Bestrebungen, die sich die Abschaffung der freiheitlich-demokratischen Grundordnung zur Aufgabe gemacht haben und daher als verfassungsfeindlich einzustufen sind.

Die Idee eines „Sonderrechts gegen ‚rechts'"[245] hat das Bundesverfassungsgericht in seinem viel beachteten *Wunsiedel*-Beschluss[246] anklingen lassen, das als Grundlage der folgenden Untersuchungen dienen soll (1). Es bestehen allerdings Zweifel an einer pauschalen Übertragbarkeit der den Beschluss tragenden Erwägungen auf die staatliche Öffentlichkeitsarbeit und ihr Verhältnis zur politischen Neutralitätspflicht. Es wird sich zeigen, dass im Umgang mit politischen Gruppierungen und Parteien die Grundsätze der wehrhaften Demokratie hinreichend zu berücksichtigen sind und nicht unterlaufen werden dürfen (2). Eine besondere Ausnahme ist indes in der Wahrnehmung der Kompetenz zum Schutz der freiheitlich-demokratischen Grundordnung zu sehen (3.).

(1) Kernaussagen des Wunsiedel-Beschlusses

In seinem *Wunsiedel*-Beschluss hatte das Bundesverfassungsgericht die Frage zu beantworten, ob die Vorschrift des § 130 Abs. 4 StGB, die eine öffentliche Billigung, Verherrlichung oder Rechtfertigung der nationalsozialistischen Gewalt- und Willkürherrschaft in einer den öffentlichen Frieden oder die Würde der Opfer verletzenden Weise unter Strafe stellt, mit der Meinungsfreiheit aus Art. 5 Abs. 1 GG vereinbar ist. Zu diskutieren galt es, wie es sich auswirkt, dass sich die in Rede stehende Vorschrift gegen eine konkrete Meinung als solche richtet und damit – so auch das Bundesverfassungsgericht –

---

[244] BVerfG, Urt. V. 15.06.2022 – 2 BvE 4/20 Rn. 168 – juris.

[245] *Nellesen*, Äußerungsrechte staatlicher Funktionsträger, 2018, S. 111.

[246] BVerfGE 124, 300.

kein allgemeines Gesetz i.S.d. Art. 5 Abs. 2 GG ist.[247] Grundsätzlich untersagt der qualifizierte Gesetzesvorbehalt der Meinungsfreiheit nämlich inhaltsbezogenes Sonderrecht, das nicht meinungsneutral-allgemein ausgestaltet ist, sondern sich gegen bestimmte Überzeugungen, Haltungen und Ideologien richtet.[248] Auch wenn die Vorschrift des § 130 Abs. 4 StGB mit dem Schutze der Opfer des Nationalsozialismus einen überaus wichtigen Zweck verfolgt, tut sie dies „nicht in inhaltsoffener, allgemeiner Art [...], sondern bezogen allein auf Meinungsäußerungen, die eine bestimmte Haltung zum Nationalsozialismus ausdrücken."[249]

Prima facie kann die Vorschrift nicht dazu dienen, Äußerungen, die in den Schutzbereich der Meinungsfreiheit fallen, zu beschränken. Das Gericht geht dennoch davon aus, dass die Sanktionsnorm des § 130 Abs. 4 StGB als nichtallgemeines Gesetz verfassungskonform ist: „Angesichts des sich allgemeinen Kategorien entziehenden Unrechts und des Schreckens, die die nationalsozialistische Herrschaft über Europa und weite Teile der Welt gebracht hat, und der als Gegenentwurf hierzu verstandenen Entstehung der Bundesrepublik Deutschland ist Art. 5 Abs. 1 und 2 GG für Bestimmungen, die der propagandistischen Gutheißung des nationalsozialistischen Regimes in den Jahren zwischen 1933 und 1945 Grenzen setzen, eine Ausnahme vom Verbot des Sonderrechts für meinungsbezogene Gesetze immanent."[250] Die Vorschrift des Art. 5 Abs. 2 GG wolle und könne einem Einschreiten gegen diese einzigartige und geschichtlich zu begründende Konstellation nicht entgegenstehen.[251]

Einschränkend sei allerdings zu berücksichtigen, dass Art. 5 Abs. 2 GG nicht den staatlichen Zugriff auf die Gesinnung erlaube, sondern dem Staat ein Eingreifen erst gestatte, „wenn Meinungsäußerungen die rein geistige Sphäre des Für-richtig-Haltens verlassen und in Rechtsgutverletzungen oder erkennbar in Gefährdungslagen umschlagen."[252] Insbesondere sei dem Grundgesetz kein „allgemeines antinationalsozialistisches Grundprinzip" zu entnehmen.[253] Andernfalls wären Willkür und Ungerechtigkeit die Türen geöffnet.[254] Die Zurückdrängung gefährlicher Ideologien sei nicht die Aufgabe des Staates, sondern grundsätzlich die Aufgabe des demokratischen Prozes-

---

[247] BVerfGE 124, 300 (321).

[248] BVerfGE 111, 147 (155 f.); 124, 300 (322 f.); ausf. zur sog. Sonderrechtslehre *Starck/Paulus*, in: v. Mangoldt/Klein/Starck, GG Bd. I, 7. Auf. 2018, Art. 5 Rn. 275 ff.

[249] BVerfGE 124, 300 (325).

[250] BVerfGE 124, 300 (327 f.).

[251] BVerfGE 124, 300 (329).

[252] BVerfGE 124, 300 (330).

[253] BVerfGE 124, 300 (330).

[254] Dazu *Eder*, „Rote Karte" gegen „Spinner"?, 2017, S. 183; *Nellesen*, Äußerungsrechte staatlicher Funktionsträger, 2018, S. 113.

ses. Art. 5 Abs. 2 GG ermögliche es dem Gesetzgeber nur, spezifischen Auswirkungen solcher Ansichten Rechnung zu tragen – nicht aber inhaltlichen Einfluss auf die Willensbildung zu nehmen.[255] Dies manifestiere sich in der Vorschrift des § 130 Abs. 4 StGB dadurch, dass die Tatbestandsausgestaltung nicht an Ideen, sondern vielmehr an „die nach außen manifestierte Gutheißung der realen historischen Gewalt- und Willkürherrschaft, wie sie unter dem Nationalsozialismus ins Werk gesetzt wurde" anknüpfe, die sich auf den öffentlichen Frieden auswirke.[256]

Bei § 130 Abs. 4 StGB handelt es sich daher um eine Ausnahme von dem die staatliche Meinungsneutralität konstituierenden Grundsatz des Sonderrechtsverbots. Anders als die nach der Rechtsprechung des Bundesverfassungsgerichts als allgemein zu interpretierenden Strafrechtsnormen der §§ 86, 86a StGB[257], die an verbotene nationalsozialistische Organisationsstrukturen anknüpfen, liegt die Besonderheit im Falle des § 130 Abs. 4 StGB darin, dass der Tatbestand – zumindest teilweise – an das Gutheißen der nationalsozialistischen Gewalt- und Willkürherrschaft anknüpft, wenngleich weitere Umstände für eine Strafbarkeit hinzutreten müssen. Bei der einer derartigen Gutheißung innewohnenden Angriffshaltung gegenüber der Identität des deutschen Gemeinwesens kann das friedensbedrohende Potential allerdings grundsätzlich vermutet werden.[258] Damit handelt es sich wahrlich um einen verfassungsrechtlichen Sonderfall.

(2) Folgen für die äußerungsrechtliche Neutralitätspflicht

Auch wenn die Entscheidung des Bundesverfassungsgerichts nicht frei von Kritik geblieben ist,[259] erscheint es auf den ersten Blick nicht fernliegend, dass verfassungsfeindliche Ansichten und ihre Vertreter bei einer Bedrohung des öffentlichen Friedens ihren „Anspruch" auf Neutralität verlieren.[260] Grund-

---

[255] BVerfGE 124, 300 (331).

[256] BVerfGE 124, 300 (336).

[257] BVerfGE 111, 147 (155).

[258] *Ebert/Karaosmanoğlu*, DVBl. 2017, 375 (376); *Eder*, „Rote Karte" gegen „Spinner"?, 2017, S. 182; vgl. auch *Brüning*, Der Staat 41 (2002), 213 (236); *Mast*, Staatsinformationsqualität, 2020, S. 367.

[259] Grundlegend *Jestaedt*, in: Merten/Papier, HGR Bd. IV, 2011, § 102 Rn. 55; vgl. auch *Beyerbach*, JA 2015, 881 ff.; *Grabenwarter*, in: Dürig/Herzog/Scholz, GG, 96. EL 2021, Art. 5 Abs. 1, Abs. 2 Rn. 125 ff.; *Höfling/S. Augsberg*, JZ 2010, 1088 ff.; *Nellesen*, Äußerungsrechte staatlicher Funktionsträger, 2018, S. 112 f.; *Volkmann*, NJW 2010, 417 ff.; zustimmend *Degenhart*, JZ 2010, 306 (310); wohl auch *Starck/Paulus*, in: v. Mangoldt/Klein/Starck, GG Bd. I, 7. Auf. 2018, Art. 5 Rn. 280 unter Verweis auf verfassungsimmanente Schranken der Meinungsfreiheit.

[260] Dieser Umstand ist in der Rechtspraxis besonders relevant für den Umgang mit der NPD, die die Justiz in der Vergangenheit häufig beschäftigt hat, vgl. nur BVerfGE 136, 323; 138 (102); ThürVerfGH, NVwZ 2016, 1408 ff.; RhPfVerfGH, NVwZ 2008, 897 ff.; VG

sätzlich erweist sich das Erfordernis der Allgemeinheit nach Art. 5 Abs. 2 GG „als bereichsspezifische Ausprägung des rechtsstaatlichen Distanz-, Neutralitäts- und Gleichbehandlungsgebots",[261] die im absoluten Ausnahmefall keine Anwendung findet. Übertragen auf die politische Neutralitätspflicht staatlicher Öffentlichkeitsarbeit könnte dies bedeuten, dass Hoheitsträger für staatliches Informationshandeln im Zusammenhang mit verfassungsfeindlichen Bestrebungen, die den „*Wunsiedel*-Kriterien" entsprechen, nicht an die Pflicht zu politischer Neutralität gebunden sind.

(a) Der Schutz der „wehrhaften Demokratie"

Dies ist grundsätzlich zutreffend.[262] Allerdings muss sichergestellt werden, dass die verfassungsrechtlichen Schutzmechanismen der „wehrhaften Demokratie" durch die Zulässigkeit parteiischer Informationsmaßnahmen nicht unterlaufen werden.[263] Während die scharfe Kritik einzelner Vertreter von nationalsozialistischen Inhalten und deren Bezeichnung als verfassungsfeindlich bei Vorliegen der „*Wunsiedel*-Kriterien" vergleichsweise wenig Bedenken bereiten,[264] da das Bundesverfassungsgericht derartigen Ansichten – erfüllen sie auch wirklich die strengen Kriterien des die Ausnahme von Art. 5 Abs. 2 GG begründenden Beschlusses und sind sie nicht „nur" als Distanzierung von fundamentalen Verfassungswerten zu deuten – keinerlei Schutz gewähren möchte, sind im Zusammenhang mit politischen Parteien und Vereinen zwingend die besonderen Vorgaben der Art. 9 Abs. 2 und Art. 21 Abs. 2 GG zu berücksichtigen.

Sie sind unmittelbarer Ausdruck des Prinzips der „wehrhaften Demokratie" und enthalten über den Umgang mit Meinungsinhalten hinausgehende Vorgaben für die demokratiekonstituierende Parteien- und Vereinslandschaft. Die Deklarierung einer Partei als verfassungsfeindlich und die damit einhergehende Herabwürdigung der Institution wie ihrer Mitglieder

---

Gera, KommJur 2011, 138 ff.; vgl. darüber hinaus grundlegend zum Umgang des Staates mit der NPD nach dem NPD-Urteil des BVerfG *Hecker*, NVwZ 2018, 787 ff.

[261] *Höfling*/*S. Augsberg*, JZ 2010, 1088 (1092).

[262] So auch *Eder*, „Rote Karte" gegen „Spinner"?, 2017, S. 179 ff.; *Kloepfer*, NVwZ 2017, 913 (915); *Mast*, Staatsinformationsqualität, 2020, S. 367; i.E. auch *Streinz*, in: v. Mangoldt/Klein/Starck, GG Bd. II, 7. Aufl. 2018, Art. 21 Rn. 252d; krit. *Möstl*, in: Uhle (Hrsg.), Information und Einflussnahme, 2018, S. 49 (79); *Nellesen*, Äußerungsrechte staatlicher Funktionsträger, 2018, S. 112 f.

[263] Dies betont auch *Nellesen* und schließt daraus, dass eine Ausnahme von der politischen Neutralitätspflicht des Staates nicht zulässig ist, *Nellesen*, Äußerungsrechte staatlicher Funktionsträger, 2018, S. 113; vgl. auch *Eder*, „Rote Karte" gegen „Spinner"?, 2017, S. 167 f.; *Möstl*, in: Uhle (Hrsg.), Information und Einflussnahme, 2018, S. 49 (77 ff.).

[264] A.A. wohl *Nellesen*, Äußerungsrechte staatlicher Funktionsträger, 2018, S. 113; in diese Richtung aber RhPfVerfGH, NVwZ 2008, 897 (898).

kann daher nur zulässig sein, wenn die Verfassungsfeindlichkeit rechtsverbindlich durch das Bundesverfassungsgericht festgestellt wurde (sog. Parteienprivileg).[265] Dies ist Folge der besonderen Schutzwürdigkeit, die Parteien, auch wenn sie freiheitlichen Verfassungswerten feindlich gegenüberstehen, unter dem Grundgesetz genießen.[266] Sie kommen – wie alle anderen Parteien – bis zur gegenteiligen Feststellung durch das Bundesverfassungsgericht in den Genuss der staatlichen Neutralitätspflicht.

(b) Art. 21 Abs. 3 GG als Konsequenz des NPD-Verbotsverfahrens

Während im Umgang mit verfassungsfeindlichen Parteien lange Zeit ein „Alles oder Nichts"-Regime[267] herrschte, ist zu beachten, dass das Bundesverfassungsgericht mittlerweile dazu in der Lage ist, eine Partei als verfassungsfeindlich einzustufen, ohne sie zu verbieten.[268] Seit der durch das NPD-Verbotsverfahren[269] des Gerichts im Jahr 2017 angeregten Novelle des Art. 21 GG ist es nunmehr auch möglich, Parteien, die darauf ausgerichtet sind, die freiheitlich-demokratische Grundordnung zu beeinträchtigen oder zu beseitigen oder den Bestand der Bundesrepublik Deutschland zu gefährden, aber in Ermangelung der erforderlichen „Potentialität"[270] keine konkrete Gefahr für die aufgezählten Rechtsgüter darstellen, von der staatlichen Finanzierung auszuschließen.[271]

Normativ findet sich diese Reaktionsmöglichkeit nunmehr in Art. 21 Abs. 3 GG wieder.[272] Auch diese Entscheidung obliegt dem Bundesverfassungsgericht. Bis 2017 war ihm indes nur das Verhängen eines Parteiverbots möglich, was im Umgang mit verfassungsfeindlichen Parteien im Hinblick auf die Eingriffsintensität eines Parteiverbots erhebliche Schwierigkeiten bereitete. Zudem hat der EGMR in seiner Rechtsprechung hohe Anforderun-

---

[265] *Eder*, „Rote Karte" gegen „Spinner"?, 2017, S. 171 u. 183; zum Parteienprivileg ausf. *Klafki*, in: v. Münch/Kunig, GG Bd. I, 7. Aufl. 2021, Art. 21 Rn. 98 f.; vgl. zum Schutz gegen Umgehungsbemühungen *Streinz*, in: v. Mangoldt/Klein/Starck, GG Bd. II, 7. Aufl. 2018, Art. 21 Rn. 217 f.

[266] Grundlegend *Streinz*, in: v. Mangoldt/Klein/Starck, GG Bd. II, 7. Aufl. 2018, Art. 21 Rn. 215; vgl. auch *Nellesen*, Äußerungsrechte staatlicher Funktionsträger, 2018, S. 114.

[267] So auch *Ebert/Karaosmanoğlu*, DVBl. 2017, 375 (375).

[268] Zur verfassungsfeindlichen Zielsetzung als Oberbegriff für die Tatbestandsalternativen des Art. 21 Abs. 2 GG vgl. *Klafki*, in: v. Münch/Kunig, GG Bd. I, 7. Aufl. 2021, Art. 21 Rn. 101.

[269] BVerfGE 144, 120.

[270] BVerfGE 144, 120 (224 f.); *Streinz*, in: v. Mangoldt/Klein/Starck, GG Bd. II, 7. Aufl. 2018, Art. 21 Rn. 233a f.; vgl. auch *Ebert/Karaosmanoğlu*, DVBl. 2017, 375 (376 f.); *Klafki*, in: v. Münch/Kunig, GG Bd. I, 7. Aufl. 2021, Art. 21 Rn. 109 f.

[271] BVerfGE 144, 120 (241 f.); dazu ausf. *Ebert/Karaosmanoğlu*, DVBl. 2017, 375 (376 f.); *Streinz*, in: v. Mangoldt/Klein/Starck, GG Bd. II, 7. Aufl. 2018, Art. 21 Rn. 252a f.

[272] Eingefügt durch Gesetz v. 13.07.2017 (BGBl. I 2346).

gen für ein an Art. 11 EMRK zu messendes Parteiverbot entwickelt.[273] Geht das Gericht mittlerweile davon aus, dass eine Partei ihrer Philosophie nach auf die Abschaffung der freiheitlich-demokratischen Grundordnung ausgerichtet ist, aber in Ermangelung konkreter Wirkungsmöglichkeiten in der Gesellschaft keine potentielle Gefahr für den Verfassungsstaat darstellt, ist es nunmehr in der Lage, die Partei von der Staatsfinanzierung auszuschließen und damit auf ein wirksames Mittel zum Schutze der Demokratie unterhalb des von seinem *ultima ratio*-Charakter geprägten Parteiverbots zurückzugreifen.[274]

(c) Zulässigkeit der Bezeichnung als „verfassungsfeindlich"

Notwendige „Durchgangsfeststellung" des Parteienverbots wie des Ausschlusses von staatlicher Finanzierung ist indes die Existenz verfassungsfeindlicher Bestrebungen und ihrer Verfolgung durch die Partei sowie ihre Mitglieder. Beide Maßnahmen sind im Hinblick auf die Bedeutung der Parteien in der Demokratie des Grundgesetzes von vornherein nur angemessen, wenn einer Partei und ihren Mitgliedern eine kämpferische Haltung gegenüber der freiheitlich-demokratischen Grundordnung und damit eine politische Ausrichtung attestiert werden kann, die den „*Wunsiedel*-Kriterien" des Bundesverfassungsgerichts entspricht.[275] Wurde die Verfassungsfeindlichkeit durch das Gericht in einem Parteiverbots- oder Finanzierungsausschlussverfahren rechtsverbindlich festgestellt, muss es staatlichen Stellen auch erlaubt sein, eine vom Bundesverfassungsgericht als verfassungsfeindlich eingestufte Partei so zu bezeichnen,[276] wenngleich im Falle eines Verbots der Parteistatus überdies gänzlich aufgegeben wird.[277] Diese Erkenntnis wird im Ergebnis

---

[273] Vgl. EGMR, Urt. v. 13.02.2003 – 41340/98; 41342/98; 41343/98; 41344/98 (Refah Partisi u.a./Türkei).

[274] *Klafki*, in: v. Münch/Kunig, GG Bd. I, 7. Aufl. 2021, Art. 21 Rn. 109 f.

[275] Sich für hohe Anforderungen aussprechend: *Möstl*, in: Uhle (Hrsg.), Information und Einflussnahme, 2018, S. 49 (78).

[276] Das BVerfG hielt die Bezeichnung einer Partei als „verfassungsfeindlich" in einem Bericht des Verfassungsschutzes für gerechtfertigt, da der Entscheidung keinerlei sachfremde Erwägungen zugrunde lagen, vgl. BVerfGE 40, 287 (293) unter Verweis auf E 39, 334 (360); RhPfVerfGH, NVwZ 2008, 897 (898); wobei diese Entscheidungen mittlerweile im Hinblick auf die Entwicklungen um den mittelbar-faktischen Eingriffsbegriff nicht mehr haltbar sein dürften, vgl. zur Erwähnung eines Presseerzeugnisses in einem Verfassungsschutzbericht und der damit einher gehenden Eingriffswirkung BVerfGE 113, 63 (76 ff.); so auch *Eder*, „Rote Karte" gegen „Spinner"?, 2017, S. 173 ff. und *Streinz*, in: v. Mangoldt/Klein/Starck, GG Bd. II, 7. Aufl. 2018, Art. 21 Rn. 218; s.a. *Klein*, in: Dürig/Herzog/Scholz, GG, 96. EL 2021, Art. 21 Rn. 576; *Möstl*, in: Uhle (Hrsg.), Information und Einflussnahme, 2018, S. 49 (76); *Murswiek*, NVwZ 2006, 121 ff.

[277] *Klein*, in: Dürig/Herzog/Scholz, GG, 96. EL 2021, Art. 21 Rn. 575; ähnlich verhält es sich im Übrigen mit Vereinigungen, die zwar nicht den Schutz des Art. 21 GG genießen,

durch die Annahme einer ungeschriebenen Äußerungskompetenz der Regierungsmitglieder zur Verteidigung der freiheitlich-demokratischen Grundordnung gegen verfassungsfeindliche Bestrebungen gestützt.[278] Sie liefe ins Leere, wenn es den Kompetenzträgern nicht erlaubt wäre, eine vom Bundesverfassungsgericht als verfassungsfeindlich eingestufte Partei als solche in der Öffentlichkeit zu bezeichnen.[279]

Sollte das Bundesverfassungsgericht die verfassungsfeindliche Ausrichtung einer Partei noch nicht in rechtsverbindlicher Weise festgestellt haben, geht von kritischen Informationsmaßnahmen des Staates allerdings eine Umgehungsgefahr für das als Ausdruck der wehrhaften Demokratie zu verstehende Parteienprivileg des Art. 21 Abs. 4 GG aus,[280] was einen Verstoß gegen die parteipolitische Neutralitätspflicht zur Folge haben muss.[281]

---

sondern in den Schutzbereich des Art. 9 GG fallen. Nach Art. 9 Abs. 2 GG können Vereinigungen, die eine kämpferisch-aggressive Haltung gegenüber der freiheitlich-demokratischen Grundordnung besitzen, durch die Verbotsbehörde, vgl. § 3 Abs. 2 VereinsG, verboten werden. Erst nach rechtsverbindlicher Feststellung der Verfassungsfeindlichkeit bzw. nach Erlass des Vereinsverbots („Vereinsprivileg") kann eine Bezeichnung als „verfassungsfeindlich" rechtmäßig sein; vgl. auch *Streinz*, der die vorherige Feststellung der Verfassungsfeindlichkeit einer Partei im Rahmen einer Entscheidung zum Ausschluss von der Parteienfinanzierung für konstitutiv hält, *Streinz*, in: v. Mangoldt/Klein/Starck, GG Bd. II, 7. Aufl. 2018, Art. 21 Rn. 217.

[278] Zu dieser Aufgabe bereits 2. Kapitel A.I.4.a).aa).(3); vgl. auch NdsStGH, Urt. v. 24.11.2020 – StGH 6/19 Rn. 90 f. – juris; ähnlich *Nellesen*, Äußerungsrechte staatlicher Funktionsträger, 2018, S. 115.

[279] In dem der Entscheidung des NdsStGH zugrundeliegenden Sachverhalt bezeichnete der Ministerpräsident Niedersachsens Stephan Weil die NPD zwar nicht als verfassungsfeindlich, kritisierte aber das Vorgehen der Partei mit scharfen Worten („Die rechtsextreme NPD") und rief zu einer Gegendemonstration auf. Das Gericht ging davon aus, dass die Neutralitätspflicht des Regierungsmitglieds aufgrund der Gefahr für die freiheitlich-demokratische Grundordnung eingeschränkt war und die NPD derart scharfe Kritik darüber hinaus auch im Hinblick auf die Feststellungen des BVerfG im NPD-Verbotsverfahren dulden müsse, NdsStGH, Urt. v. 24.11.2020 – StGH 6/19 Rn. 90 u. 93 – juris; Grundlegend gleich 3. Kapitel A.III.2.b).cc).(3).

[280] Der Kritik, es käme durch die Befürwortung der Bereichsausnahme vom Grundsatz der (partei-) politischen Neutralitätspflicht zu einer schleichenden Aushöhlung der parteilichen Chancengleichheit (vgl. *Nellesen*, Äußerungsrechte staatlicher Funktionsträger, 2018, S. 115 unter Verweis aus *Bäcker*, MIP 2015, 151 [153]) und das scharfe Schwert der wehrhaften Demokratie drohe abzustumpfen (*Möstl*, in: Uhle (Hrsg.), Information und Einflussnahme, 2018, S. 49 (76 f.); s.a. ThürVerfGH, NVwZ 2016, 1408 [1412]), ist zu entgegnen, dass durch die für die Ausnahme konstitutive Entscheidung des Bundesverfassungsgericht die Grundsätze der wehrhaften Demokratie gebührend berücksichtigt und besonders hohe Anforderungen an das punktuelle Abweichen vom strikten Grundsatz politischer Neutralität gestellt werden.

[281] Zur Umgehungsgefahr und der materiell-rechtlichen Sperrwirkung des Parteienprivilegs grundlegend *Streinz*, in: v. Mangoldt/Klein/Starck, GG Bd. II, 7. Aufl. 2018,

(d) Unzulässigkeit anderer Beeinträchtigungen

Von der Möglichkeit, verfassungsfeindliche Parteien als solche bezeichnen zu dürfen, sind allerdings andere rechtserhebliche, über den Bereich faktischer Beeinträchtigungen hinausgehende Diskriminierungsvorhaben, die das Grundgesetz in seinem Katalog des Art. 21 Abs. 2 und Abs. 3 GG nicht vorsieht, strikt zu trennen[282]: Insbesondere ist es nicht erlaubt, verfassungsfeindlichen, aber nicht verbotenen Parteien staatliche Leistungen im Hinblick auf die ihnen durch das Bundesverfassungsgericht attestierten Bestrebungen zu versagen.[283] Dies gilt auch für Parteien, deren Verfassungsfeindlichkeit im Rahmen eines Finanzierungsausschlussverfahrens vor dem Bundesverfassungsgericht verbindlich festgestellt wurde, die in Ermangelung ihrer „Potentialität" aber nicht verboten wurden.[284]

(3) Die Kompetenz zum Schutz der freiheitlich-demokratischen Grundordnung als bereichsspezifische Einschränkung der Neutralitätspflicht

Aus der staatsleitenden Amtsfunktion als solche ergibt sich wie gezeigt keine vollumfängliche Absenkung des politischen Neutralitätsniveaus.[285] Allerdings ist eine bereichsspezifische Einschränkung der politischen Neutralitätspflicht anzunehmen, wenn die Inhaber staatsleitender Ämter von ihrer Kom-

---

Art. 21 Rn. 216 ff.; vor einem undefinierbaren Mittelweg und den durch faktische Beeinträchtigungen drohenden Diskriminierungsgefahren warnend *Eder*, „Rote Karte" gegen „Spinner"?, 2017, S. 174 f. u. 183; großzügiger *Payandeh*, Der Staat 55 (2016), 519 (543 f.).

[282] Der staatliche Umgang mit Parteien, die zwar nicht verboten, aber vom Bundesverfassungsgericht als verfassungsfeindlich eingestuft wurden, lässt sich treffend als Prinzip der „ablehnenden Duldung" umschreiben, s. *Kloepfer*, NVwZ 2017, 913 ff.

[283] VGH Kassel, NVwZ 2017, 886 (887 f.); *Hecker*, NVwZ 2018, 787 (789); *Möstl*, in: Uhle (Hrsg.), Information und Einflussnahme, 2018, S. 49 (75); *Payandeh*, Der Staat 55 (2016), 519 (542 f.); *Streinz*, in: v. Mangoldt/Klein/Starck, GG Bd. II, 7. Aufl. 2018, Art. 21 Rn. 252d; großzügiger *Kloepfer*, NVwZ 2017, 913 (914 f.).

[284] Paradebeispiel für dieses Verbot rechtserheblicher Ungleichbehandlung ist das nicht selten praktizierte Versagen des Zugangs zu öffentlichen Einrichtungen, auf den die Parteien nach § 5 Abs. 1 PartG und Ortsverbände nach den kommunalrechtlichen Vorschriften der Gemeindeordnungen grundsätzlich einen Anspruch haben, vgl. dazu den Fall der Gemeinde Wetzlar, die sich trotz verwaltungsgerichtlicher Entscheidung zugunsten der Partei weigerte, dieser die Stadthalle zur Verfügung zu stellen, BVerfG, NVwZ 2018, 819 ff.; staatliche Stellen haben sich im Umgang mit Parteien, denen „der deutsche Staat nicht indifferent, sondern ablehnend gegenüber[steht]" (*Hecker*, NVwZ 2018, 787 [789]; *Kloepfer*, NVwZ 2017, 913 [915]), auf weiche Steuerungsmittel zu beschränken, die an Feststellungen des Bundesverfassungsgerichts anknüpfen, und „um der politischen Freiheit willen" von rechtsverbindlichen Diskriminierungen abzusehen, BVerfGE 144, 20 (201) unter Verweis auf E 40, 287 (291); 47, 198 (228); 107, 339 (362); vgl. zu den „weicheren Steuerungsmitteln" gegen verfassungsfeindliche Parteien *Kloepfer*, NJW 2016, 3003 (3005 ff.).

[285] A.A. *Mast*, Staatsinformationsqualität, 2020, S. 369 f.

petenz zum Schutz der freiheitlich-demokratischen Grundordnung Gebrauch machen.[286] Die Kompetenz erteilt ihrem Inhaber die Aufgabe, sich kommunikativ in schützender Weise vor die freiheitlich-demokratische Grundordnung und ihre Institutionen zu stellen.[287] Im Rahmen der – für sich genommen eng auszulegenden – Kompetenz[288] ist die Neutralitätspflicht insoweit eingeschränkt.[289] Vom Kompetenzinhaber wird bei Vorliegen eines Angriffs auf die freiheitlich-demokratische Grundordnung eine über die sonst den Diskurs bestimmende Zurückhaltung hinausgehende Positionierung erwartet, der die Abneigung gegenüber der Gefahrenquelle unmissverständlich zu entnehmen ist. Da diese Positionierung regelmäßig die einen Verstoß gegen die politische Neutralitätspflicht begründende Erheblichkeitsschwelle überschreiten wird, von Verfassungs wegen her aber nicht nur geboten, sondern sogar erforderlich ist, sind die in Wahrnehmung dieser Sonderkompetenz getätigten Äußerungen von der Pflicht zu politischer Neutralität auszunehmen. Äußerungen negativen Charakters sind erst rechtswidrig und von der Kompetenz nicht mehr gedeckt, „wenn sie bei verständiger Würdigung der das Grundgesetz beherrschenden Gedanken nicht mehr verständlich sind und sich daher der Schluss aufdrängt, dass sie auf sachfremden Erwägungen beruhen und den Anspruch der betroffenen Partei auf gleiche Wettbewerbschancen willkürlich beeinträchtigen."[290]

Bei dieser bereichsspezifischen Einschränkung der politischen Neutralitätspflicht handelt es sich um eine besonders dringliche Ausprägung des Grundsatzes der wehrhaften Demokratie.[291] Sie beinhaltet die Befugnis, den Angriff auf die freiheitlich-demokratische Grundordnung oder ihre Institutionen eindeutig kenntlich zu machen und auf die Verfassungswidrigkeit dieses Vorgehens zu verweisen. In dieser von ihrer Dringlichkeit gekennzeichneten Konstellation ist es dem Kompetenzinhaber zudem unabhängig von einer vorherigen Feststellung durch das Bundesverfassungsgericht gestattet, von der Verfassungsfeindlichkeit des Angriffs auf die verfassungsfeindliche Gesinnung seiner Angreifer zu schließen und – sollte der Angriff unmittelbar auf die Anhänger oder Mitglieder einer politischen Partei zurückzuführen sein – diese als situationsbedingt verfassungsfeindlich zu bezeichnen.

Im Falle derart schwerer Gefahren für das geordnete Zusammenleben überwiegt das Interesse an einer unmissverständlichen Klarstellung des Verfassungswiderspruchs gegenüber einem möglichen Unterlaufen des sog. Par-

[286] Zur Herleitung und Begründung dieser Sonderkompetenz vgl. 2. Kapitel, A.I.4.cc).(2.); s.a. BVerfG, Urt. v. 15.06.2022 – 2 BvE 4/20 Rn. 116 – juris.

[287] NdsStGH, Urt. v. 24.11.2020 – StGH 6/19 Rn. 97 f. – juris.

[288] *Harding*, NVwZ 2021, 147 (148).

[289] Ausdrücklich NdsStGH, Urt. v. 24.11.2020 – StGH 6/19 Rn. 97 – juris.

[290] BVerfG, Urt. v. 15.06.2022 – 2 BvE 4/20 Rn. 116 – juris.

[291] NdsStGH, Urt. v. 24.11.2020 – StGH 6/19 Rn. 98 – juris.

teienprivilegs. Darüber hinaus besteht keine wirkliche Gefahr, Art. 21 Abs. 4 GG verwässern zu lassen, da sich die Einschätzung des Kompetenzinhabers auf die Verfassungsfeindlichkeit eines punktuellen Angriffs beschränkt und nicht die Partei als solche zu einem Verfassungsfeind erklärt. Denn aus der weitreichenden Befugnis folgt nicht, dass sich der Kompetenzinhaber darüber hinaus in beleidigender oder übermäßig herabsetzender Weise über die politische Vereinigung oder Partei äußern darf, von der die Gefahr für die freiheitlich-demokratische Grundordnung ausgeht. Die bereichsspezifische Einschränkung der politischen Neutralitätspflicht entbindet nicht von der Beachtung des rechtsstaatlichen Sachlichkeitsgebots.[292]

(4) Zusammenfassung

Eine meinungsspezifische Ausnahme von der politischen Neutralitätspflicht unterliegt damit insgesamt hohen Anforderungen. Wie gezeigt ist dem Grundgesetz kein antinationalsozialistisches Grundprinzip zu entnehmen, das an geistige Meinungsinhalte anknüpft und diese etwa verbietet.[293] Dem Staat ist es erst erlaubt, gegen politische Ansichten und deren Verbreitung vorzugehen, wenn von diesen eine realistische Gefahr für den Verfassungsstaat und seine Bevölkerung ausgeht – insbesondere wenn Äußerungen über die allgemeinen Spannungslagen des Meinungskampfes weit hinausgehen. Die *Wunsiedel*-Entscheidung markiert insofern die äußerste Grenze zulässiger Meinungspositionierung durch den Staat. Im Umgang mit politischen Ansichten und Parteien sind überdies die Grundsätze der wehrhaften Demokratie zu berücksichtigen, deren wichtigster Ausdruck die Verfassungsnorm des Art. 21 Abs. 4 GG ist.[294] Möchte sich ein Hoheitsträger im Rahmen seines Informationshandelns kritisch mit einer Partei auseinandersetzen und diese öffentlich als verfassungsfeindlich bezeichnen, ist dies nur möglich, wenn das Bundesverfassungsgericht die Partei im Rahmen eines Verfahrens nach Art. 21 Abs. 4 GG für verfassungsfeindlich erklärt hat.

In den Fokus gelangt das noch junge Verfahren nach Art. 21 Abs. 3 GG, in dem das Gericht eine Partei, die auf verfassungsfeindlichen Ansichten beruht, aber mangels „Potentialität" keine ernsthafte Gefahr für den Verfassungsstaat darstellt, von der staatlichen Finanzierung ausschließen kann. Die notwendige „Durchgangsfeststellung" der Verfassungsfeindlichkeit erlaubt es dem Staat, die Partei zukünftig in der Öffentlichkeit als verfassungsfeindlich zu bezeichnen. Fehlt es an der Feststellung durch das Gericht, ist es dem Staat nicht erlaubt, eine Partei der Verfassungsfeindlichkeit zu bezich-

[292] NdsStGH, Urt. v. 24.11.2020 – StGH 6/19 Rn. 100 – juris; zu den äußerungsspezifischen Vorgaben des rechtsstaatlichen Sachlichkeitsgebot vgl. 3. Kapitel B.II.

[293] A.A. mit guten Argumenten *Battis/Grigoleit*, NVwZ 2001, 121 (124); *dies.*, NJW 2004, 3459 ff.; großzügiger auch *Eder*, „Rote Karte" gegen „Spinner"?, 2017, S. 184.

[294] Vgl. *Volp*, NJW 2016, 459 (461).

tigen, da andernfalls eine Umgehung der materiellen Sperrwirkung des Parteienprivilegs droht.

Einen äußerungsrechtlichen Sonderfall stellt die Wahrnehmung der Kompetenz zum Schutz der freiheitlich-demokratischen Grundordnung und ihrer Institutionen dar. Im Rahmen dieser eng auszulegenden Kompetenz staatsleitender Funktionsträger ist der Kompetenzinhaber von der Pflicht zu politischer Neutralität in punktueller Weise ausgenommen. Ihm ist es gestattet, Angriffe auf die freiheitlich-demokratische Grundordnung als solche zu benennen und die Angreifer dafür nachhaltig zu kritisieren. Dies gilt insbesondere auch, wenn es sich dabei um politische Gruppierungen und Parteien handelt. Von ihnen darf sich der Kompetenzinhaber unmissverständlich distanzieren und auf die Verfassungswidrigkeit ihres Vorgehens verweisen. Aufgrund der hohen Anforderungen an die Gefahrenlage ist er sogar ohne vorherige Beteiligung des Bundesverfassungsgerichts dazu befugt, politische Parteien, von denen ein Angriff auf die freiheitlich-demokratische Grundordnung ausgeht, situativ als verfassungsfeindlich zu bezeichnen.

dd) Zeitliche Nähe zur Wahl als zusätzliche Grenze

Besonderheiten für die Beurteilung der Rechtmäßigkeit staatlicher Öffentlichkeitsarbeit und die Frage nach einem Verstoß gegen die (partei-) politische Neutralitätspflicht ergeben sich in der bisherigen Rechtsprechung und Literatur im Hinblick auf die zeitliche Nähe einer Äußerung zu einem anstehenden Wahltermin. Rückt man die demokratiesichernde Funktion der politischen Neutralitätspflicht in den Vordergrund, wird der Grund für eine besondere Handhabung staatlicher Äußerungen in zeitlicher Nähe zu einer Wahl deutlich: Die nach größtmöglicher Staatsfreiheit strebende Willensbildung der Bevölkerung ist in der regelmäßig von besonderer Anspannung und parteipolitischem Wahlkampf geprägten Vorwahlzeit als besonders sensibel und manipulationsanfällig einzustufen.

Gleichzeitig verleitet die gesamtgesellschaftliche Anspannung Hoheitsträger dazu, ihrem Amt in der Zeit vor dem Wahltermin eine besondere politische Prägung zu verleihen. Dass es sich dabei um eine von Verfassungs wegen kritisch zu betrachtende Verknüpfung handelt, ist einleuchtend und muss mithin im Rahmen der Vermessung äußerungsrechtlicher Grenzziehungen eine gebührende Berücksichtigung finden. In einem ersten Schritt soll daher im Folgenden die akute „Wahlkampfphase“ oder „Vorwahlzeit“ genauer definiert werden (1). Danach ist zu untersuchen, wo genau die äußerungsrechtlichen Grenzen staatlicher Öffentlichkeitsarbeit in der Vorwahlzeit zu ziehen sind und ob ein gänzliches Äußerungsverbot in der „heißen Phase des Wahlkampfes“[295] sinnvoll erscheint (2).

[295] BVerfGE 44, 125 (152).

(1) Die Vorwahlzeitund die „heiße Phase des Wahlkampfes"

Während Einigkeit darüber besteht, *dass* sich die zeitliche Nähe zum Wahltermin auf die Äußerungsgrenzen staatlicher Öffentlichkeitsarbeit auswirken muss,[296] ist unklar, *wann* von einem Beginn der Vorwahlzeit auszugehen ist. Das Bundesverfassungsgericht hat in seiner Grundsatzentscheidung zur Zulässigkeit regierungsamtlicher Öffentlichkeitsarbeit die Wahlanordnung des Bundespräsidenten nach § 16 BWG[297] als maßgeblichen Zeitpunkt für den Beginn der „heißen Phase des Wahlkampfes" und die damit einhergehenden Modifizierungen der politischen Neutralitätspflicht angesehen.[298] Mit diesem Maßstab hat sich das Bundesverfassungsgericht gegen eine starre Frist und für eine flexible Grenzziehung entschieden, die im Hinblick auf die Mannigfaltigkeit der Wahlen und ihren Verlauf prinzipiell zu begrüßen ist.[299]

Allerdings darf der Beginn der Vorwahlzeit keinesfalls mit der „heißen Phase des Wahlkampfes" gleichgesetzt werden, in der das rigide Erhöhen der Neutralitätsvorgaben angezeigt ist. Eine frühzeitige Wahlanordnung hätte sonst eine unangemessene Beeinträchtigung der staatlichen Öffentlichkeitsarbeit zur Folge, wohingegen bei einer kurzfristigen Wahlanordnung Gefahren für die Staatsfreiheit des demokratischen Willensbildungsprozesses entstehen könnten.[300] Die Wahlanordnung kann damit nur als Orientierungspunkt und frühestmöglicher Zeitpunkt einer „heißen Phase des Wahlkampfes" gewertet werden.[301] Da zwischen der Wahlanordnung und dem Wahltag regelmäßig noch ein äußerst großes Zeitfenster liegt, ist in Ersterer für gewöhnlich nur der Beginn der Vorwahlzeit zu sehen, an deren Ende sich die „heiße Phase des Wahlkampfes" vollzieht, der sich besondere Anforderungen an die staatliche Öffentlichkeitsarbeit entnehmen lassen.[302]

---

[296] A.A. statt vieler wohl *Payandeh*, Der Staat 55 (2016), 519 (540).

[297] Bundeswahlgesetz vom 23.07.1993 (BGBl. I S. 1288, ber. S. 1594), zuletzt geändert durch Art. 1 25. ÄndG vom 14.11.2020 (BGBl. I S. 2395).

[298] BVerfGE 44, 125 (152 f.).

[299] *Barczak* kritisiert, dass der Wahltermin auf Landesebene durch die Landesregierung festgesetzt wird, was zur Folge hat, dass diese selbst über die heiße Phase der Vorwahlzeit bestimmen könne, vgl. *Barczak*, NVwZ 2015, 1014 (1019); vgl. auch SaarlVerfGH, LKRZ 2010, 376 (379); vgl. aber treffend *Nellesen*, Äußerungsrechte staatlicher Funktionsträger, 2018, S. 233 f.

[300] *Nellesen* skizziert zutreffend, dass die Terminierung durch den Bundespräsidenten auf Bundesebene stark variiert und im Jahr 2005 beispielsweise nur 59 Tage betrug, wohingegen 2002 ganze 268 Tage Vorlaufzeit gegeben waren, vgl. *Nellesen*, Äußerungsrechte staatlicher Funktionsträger, 2018, S. 233; vgl. auch SaarlVerfGH, LKRZ 2010, 376 (379); *Mandelartz*, LKRZ 2010, 371 (373). Vor der Wahl zum 19. Schleswig-Holsteinischen Landtag 2017 wurde der Wahltag von der Landesregierung sogar etwa dreizehn Monate im Voraus beschlossen.

[301] *Nellesen*, Äußerungsrechte staatlicher Funktionsträger, 2018, S. 234.

[302] Teilweise wird sich für das Untersagen jeglicher Öffentlichkeitsarbeit in der Vorwahl-

Zur rechtssicheren Handhabung staatlicher Kommunikationsmaßnahmen im Vorfeld der Bundestags- oder einer Landtagswahl sowie der Wahlen auf kommunaler Ebene muss mit der „heißen Phase des Wahlkampfes" ein mehr oder minder fest umrissener Zeitraum feststehen, in dem staatliche Funktionsträger einem Gebot besonderer Zurückhaltung und strengeren Neutralitätspflichten unterliegen.[303]

Teilweise wird daher für die das staatliche Äußerungsrecht in besonderem Maße einschränkende „heiße Wahlkampfphase" ein Zeitraum von fünf Monaten ins Feld geführt.[304] Dem ist allerdings entgegenzuhalten, dass das Verschärfen der Neutralitätsgrenzen mit erheblichen Effektivitätseinbußen für die Aufgabenwahrnehmung staatlicher Stellen einhergeht.[305] Um die staatlichen Stellen nicht über Gebühr zu beeinträchtigen, ist eine vergleichsweise kurze Zeitspanne von drei Monaten als angemessen und ausreichend zu erachten.[306] Es ist davon auszugehen, dass der Willensbildungsprozess der Wähler in diesem Zeitraum besonders missbrauchsanfällig ist und dass Fehlvorstellungen – anders als bei Kommunikationsmaßnahmen im Vorfeld der „heißen Phase" – kaum noch revidierbar oder einer Rehabilitation zugänglich sind. Vielmehr geht von (partei-) politisch geprägten Äußerungen, die nach den oben aufgezeigten Maßstäben als mit der Neutralitätspflicht (noch) vereinbar einzustufen wären, in den drei Monaten vor der Wahl eine gesteigerte Brisanz aus, die besondere Neutralitätsanforderungen rechtfertigt.

---

zeit ausgesprochen, vgl. *Meyer*, in: Isensee/Kirchhof, HStR Bd. III, 3. Aufl. 2005, § 46 Rn. 24.

[303] *Dişçi*, Der Grundsatz politischer Neutralität, 2019, S. 224 f.; a.A. *Kühn*, der sich für eine individuelle Einteilung der Wahlkampfphasen ausspricht, vgl. *Kühn*, Bürgerbeeinflussung durch Berichterstattung staatlicher Stellen, 2018, S. 261; regelmäßig wird die Wahrung der äußerungsrechtlichen Neutralitätsgrenzen in dieser Zeit allerdings auch im Interesse der von ihnen betroffenen Hoheitsträger liegen, da die Gefahr besteht, dass eine den Neutralitätsverstoß rügende Auseinandersetzung vor den Verfassungs- und Verwaltungsgerichten ein schlechtes Licht auf die Beteiligten wirft.

[304] Vgl. *Dişçi*, Der Grundsatz politischer Neutralität, 2019, S. 223 f.; *Kühn*, Bürgerbeeinflussung durch Berichterstattung staatlicher Stellen, 2018, S. 261; *Mandelartz*, LKRZ 2010, 371 (373). Sie verweisen eindringlich auf eine Einigung der Regierungschefs auf Bundes- und Landesebene und die daran anknüpfende Staatspraxis. Vgl. dazu auch *Schürmann*, Öffentlichkeitsarbeit der Bundesregierung, 1992, S. 348 f.

[305] Bereits aus diesem Grund ist das Untersagen jeglicher Öffentlichkeitsarbeit nicht zu befürworten. Gerade in Verbindung mit den Unsicherheiten, die sich bei der Datierung einer „heißen" Wahlkampfphase ergeben, könnte dies eine ungerechtfertigte Zurückhaltung der staatlichen Funktionsträger zur Folge haben, die im Hinblick auf die Pflicht staatlicher Stellen zur Information der Bevölkerung durchaus kritisch zu sehen ist; a.A. *Meyer*, in: Isensee/Kirchhof, HStR Bd. III, 3. Aufl. 2005, § 46 Rn. 24.

[306] Vgl. SaarlVerfGH, LKRZ 2010, 376 (379); *Barczak*, NVwZ 2015, 1014 (1019); *Nellesen*, Äußerungsrechte staatlicher Funktionsträger, 2018, S. 234; *Schürmann*, Öffentlichkeitsarbeit der Bundesregierung, 1992, S. 350.

Gleichzeitig ist eine Zeitspanne von drei Monaten regelmäßig nicht dazu geeignet, die staatlichen Stellen systematisch an ihrer effektiven Aufgabenwahrnehmung zu hindern.

Außerdem darf die einer einheitlichen und angemessenen Handhabung wahlkampfbedingter Besonderheiten dienende Festlegung der „heißen" Vorwahlzeit nicht als drakonische Zäsur verstanden werden, die in einer Stichtagsregelung mündet.[307] Ein derartiges Verständnis hätte womöglich eine Hochkonjunktur staatlicher Informationskampagnen vor Beginn des dreimonatigen Zeitfensters mit anschließender Funkstille zur Folge. Insgesamt soll dem Beginn der Vorwahlzeit und seiner „heißen Phase des Wahlkampfes" in erster Linie eine indizielle Wirkung zukommen, die staatliche Funktionsträger zu gebotener Zurückhaltung mahnt und nicht dazu führen kann, dass Äußerungen von dem einen auf den anderen Tag als rechtswidrig einzustufen sind.[308] Vielmehr ist von einem graduellen Anstieg der Neutralitätsanforderungen in der Vorwahlzeit auszugehen, die auch nach dem Beginn der dreimonatigen „heißen Phase des Wahlkampfes" weiter steigen.[309] Je näher eine Äußerung an den Termin des Wahltags rückt, desto mehr Gewicht ist der Staatsfreiheit des gesellschaftlichen Willensbildungsprozesses beizumessen.[310]

Des Weiteren darf die Flexibilität und Indizwirkung der Anberaumung einer unmittelbaren Vorwahlzeit nicht durch eine Vermengung der Verfassungsräume und ihrer -organe gefährdet werden. Eine interföderale Verpflichtung zu informationeller Zurückhaltung in der Vorwahlzeit würde dazu führen, dass politisch geprägtes Informationshandeln abseits „wahlfreier Zeitkorridore"[311] nahezu gänzlich zu verstummen hätte.[312] Der Beginn einer heißen Wahlkampfphase kann damit seine Wirkung grundsätzlich nur für die

---

[307] *Kühn*, Bürgerbeeinflussung durch Berichterstattung staatlicher Stellen, 2018, S. 261.

[308] So auch *Gusy*, NVwZ 2015, 700 (703 f.); *Kühn*, Bürgerbeeinflussung durch Berichterstattung staatlicher Stellen, 2018, S. 261 u. 263; *Mast*, Staatsinformationsqualität, 2020, S. 374 f.; die zeitliche Komponente besonderer Grenzziehungen gänzlich in Frage stellend *Payandeh*, Der Staat 55 (2016), 519 (540).

[309] Vgl. RhPfVerfGH, NVwZ-RR 2014, 665 (666 f.); *Gusy*, NVwZ 2015, 700 (703 f.); *Kühn*, Bürgerbeeinflussung durch Berichterstattung staatlicher Stellen, 2018, S. 261; *Nellesen*, Äußerungsrechte staatlicher Funktionsträger, 2018, S. 234 f.

[310] *Nellesen*, Äußerungsrechte staatlicher Funktionsträger, 2018, S. 235; so auch *Möstl*, in: Uhle (Hrsg.), Information und Einflussnahme, 2018, S. 49 (73); vgl. auch BVerfGE 44, 125 (152).

[311] *Hufen*, LKRZ 2007, 41 (46).

[312] Der von Europawahl, Bundestagswahl, Landtagswahlen und Kommunalwahlen geprägte Wahlzyklus beinhaltet höchstens punktuelle Freiräume und hätte bei einer wechselseitigen Rücksichtnahmepflicht einen politisch geprägte Öffentlichkeitsarbeit gänzlich versagenden bundes- bzw. europaweiten Permanentwahlkampf zur Folge, vgl. eindringlich *Hufen*, LKRZ 2007, 41 (46 f.).

an der Wahl Beteiligten entfalten und die von der anstehenden Wahlentscheidung unmittelbar betroffenen Ämter zu publizistischer Abstinenz verpflichten.[313]

Allerdings darf der Grundsatz der Trennung föderaler Verfassungsräume nicht als Freibrief für grenzüberschreitende Wahlbeeinflussung fehlverstanden werden. Selbstverständlich ist das bewusste staatliche Eingreifen in den Wahlkampf eines anderen Bundeslandes oder auf Bundesebene sowie umgekehrt mit der politischen Neutralitätspflicht staatlicher Funktionsträger nicht vereinbar. Dies gilt im Besonderen für explizit ausgesprochene Wahlempfehlungen zugunsten oder zulasten einer politischen Gruppierung oder Partei.[314]

(2) Folgen für die Neutralitätspflicht

Fällt eine staatliche Äußerung in die „heiße Phase des Wahlkampfes", ist die Manipulationsanfälligkeit und Irritabilität des gesellschaftlichen Meinungsbildungsprozesses bei der Beurteilung der Rechtmäßigkeit einer Äußerung hinreichend zu berücksichtigen.[315] Während ausdrückliche Identifikationen und Beurteilungen politischer Gruppierungen und Parteien wie gezeigt unabhängig von ihrer Nähe zur Wahl als rechtswidrig einzustufen sind, können politisch geprägte Äußerungen, die in der regulären Auseinandersetzung der Parteien zulässig sind, in der „heißen Phase des Wahlkampfes" unzulässig und damit rechtswidrig sein. Die Vorwahlzeit wirkt mithin skalierend und ist sinnbildlich als „Durchlauferhitzer" politisch geprägter Äußerungen und Informationsmaßnahmen zu betrachten.

Von praktischer Relevanz ist die Publikation von Ergebnissen und Erfolgsberichten im unmittelbaren Vorfeld einer Wahl.[316] Während bei sachlich gehaltener Berichterstattung abseits der unmittelbaren Vorwahlzeit nicht von einem Verstoß gegen die politische Neutralitätspflicht auszugehen ist, geht von selbstdarstellenden Informationsmaßnahmen in der „heißen Phase des Wahlkampfes" eine beeinflussende Wirkung auf die Wahlentscheidung aus, die trotz ihrer Sachlichkeit auf eine parteiergreifende Eigenwerbung hinauslaufen, der der Wille, im Amt bleiben zu wollen, zu entnehmen ist.[317] Auf

---

[313] *Hufen*, LKRZ 2007, 41 (46 f.).

[314] Dazu bereits 3. Kapitel A.III.2.a).

[315] Vgl. auch *Dişçi*, Der Grundsatz politischer Neutralität, 2019, S. 217 f.

[316] BVerfGE 44, 125 (151 f.); exemplarisch ist der der Entscheidung des LVerfG SH, NordÖR 2018, 372 f., zugrundeliegende Sachverhalt, in dem die schleswig-holsteinische Bildungsministerin in einem an Schulleiter, Lehrer und Eltern gerichteten Schreiben drei Monate vor der Wahl die Errungenschaften der letzten Legislaturperiode bzw. des letzten (Schul-) Jahres in Erinnerung rief und sich bei allen Beteiligten bedankte.

[317] *Kühn*, Bürgerbeeinflussung durch Berichterstattung staatlicher Stellen, 2018, S. 262; *Vierhaus*, Umweltbewußtsein von oben, 1994, S. 483.

die Verbreitung bilanzierender Tätigkeits- und Erfahrungsberichte ist in der unmittelbaren Vorwahlzeit daher gänzlich zu verzichten.

Außerdem kann sich ein Verstoß gegen die politische Neutralitätspflicht aus der Quantität staatlicher Äußerungen in der „heißen Phase“ der Vorwahlzeit ergeben.[318] Insbesondere darf es nicht zu einem Gleichlauf staatlicher Informationsmaßnahmen und parteipolitischer Wahlkampfkampagnen oder gar einer „Informationsdominanz“ staatlicher Publikationen in der Vorwahlzeit kommen.[319] Das Fehlen eines konkreten Äußerungsanlasses rechtfertigt nach der Auffassung des Bundesverfassungsgerichts wohl sogar die Vermutung einer manipulativen Gesinnung.[320] Werden staatliche Informationsmaßnahmen, die für sich genommen politische Neutralität ausstrahlen, zu einem Faktor in der gesellschaftlichen und parteipolitischen Auseinandersetzung, spricht dies für einen Verstoß gegen die politische Neutralitätspflicht des Staates. Es wird insofern treffenderweise von einem Gebot äußerster Zurückhaltung in der unmittelbaren Vorwahlzeit gesprochen.[321]

Von diesem Gebot auszunehmen sind indes unaufschiebbare Informationsmaßnahmen wie etwa anlassbezogene Warnungen und amtliche Anzeigen.[322] In diesen Fällen überwiegt das Interesse der Bevölkerung an einer sachlich gehaltenen und kontemporären Information durch die staatlichen Stellen.[323] Gleiches muss für Publikationen gelten, auf deren Erscheinung der Staat keinerlei Einfluss hat.[324]

---

[318] BVerfGE 44, 125 (151).

[319] *Kühn*, Bürgerbeeinflussung durch Berichterstattung staatlicher Stellen, 2018, S. 262.

[320] BVerfGE 44, 125 (151 f.); *Hufen*, LKRZ 2007, 41 (46).

[321] BVerfGE 44, 125 (152); RhPfVerfGH, NVwZ-RR 2014, 665 (666); SaarlVerfGH, LKRZ 2010, 376 (378); *Barczak*, NVwZ 2015, 1014 (1019); *Dişçi*, Der Grundsatz politischer Neutralität, 2019, S. 217 f.; *Friehe*, in: Uhle (Hrsg.), Information und Einflussnahme, 2018, S. 86 (109); *Hufen*, LKRZ 2007, 41 (46); *Kerssenbrock*, NordÖR 2008, 58 ff.

[322] BVerfGE 44, 125 (153); 63, 230 (246); der VerfGH NRW hat in einer Entscheidung aus dem Jahr 1992 überdies Informationen, die als Erfüllung einer Staatsaufgabe zu qualifizieren sind, vom Gebot äußerster Zurückhaltung ausgenommen, vgl. VerfGH NRW, NVwZ 1992, 467 (468 f.). Dieser Unterscheidung ist allerdings entgegenzuhalten, dass es sich auch bei der staatlichen Selbstdarstellung prinzipiell um eine Staatsaufgabe handelt. Zudem sind auch nichtselbstdarstellende Informationspreisgaben dazu in der Lage, die Wahrnehmung des Informationsmittlers beim Rezipienten zu beeinflussen. Die Unterscheidung birgt ein ungeahntes Missbrauchsrisiko und vermag daher nicht zu überzeugen, vgl. auch *Kühn*, Bürgerbeeinflussung durch Berichterstattung staatlicher Stellen, 2018, S. 264 f.

[323] *Kühn*, Bürgerbeeinflussung durch Berichterstattung staatlicher Stellen, 2018, S. 263; *Schürmann*, Öffentlichkeitsarbeit der Bundesregierung, 1992, S. 362; vgl. auch *Nellesen*, Äußerungsrechte staatlicher Funktionsträger, 2018, S. 235.

[324] *Kühn*, Bürgerbeeinflussung durch Berichterstattung staatlicher Stellen, 2018, S. 268 ff.

(3) Zusammenfassung

Die zeitliche Nähe zum Wahltag wirkt sich damit in nicht unerheblicher Weise auf die Äußerungsrechte staatlicher Funktionsträger aus. Politisch geprägte Öffentlichkeitsarbeit staatlicher Stellen, die abseits der Vorwahlzeit keinen rechtlichen Bedenken begegnet und keinen Verstoß gegen die politische Neutralitätspflicht nach sich zieht, kann in der sog. „heißen Phase des Wahlkampfes" als rechtswidrig einzustufen sein. Dabei besitzt die „heiße Phase" in zweierlei Hinsicht (nur) indizielle Wirkung: Zum einen geht mit der Anerkennung dieser äußerungsrechtlichen Ausnahmesituation keine Stichtagregelung einher, die Äußerungen von dem einen auf den anderen Tag rechtswidrig werden lässt. Vielmehr ist davon auszugehen, dass die Neutralitätsanforderungen in den drei Monaten vor dem Wahltermin graduell ansteigen und in einem Gebot äußerster Zurückhaltung gipfeln. Zum anderen kann die zeitliche Annahme einer „heißen Phase" immer nur grassierend wirken und den Effekt politisch geprägter Äußerungen bis hin zur Verletzung der angemessenen Neutralitätspflicht verstärken. Anlassbezogene und ihrer Wirksamkeit halber auf Zeitnähe angewiesene Informationsmaßnahmen sowie informationelle Publikationen, die in keinerlei Hinsicht eine politische Prägung aufzuweisen vermögen, sind auch in der unmittelbaren Vorwahlzeit zulässig, da in diesen Fällen das auf ein Mindestmaß an staatlicher Interaktion angewiesene Informationsinteresse der Bevölkerung die Staatsfreiheit der gesellschaftlichen Willensbildung überwiegt. Dies ist auch der Grund, weshalb ein gänzliches „Äußerungsverbot" in der heißen Phase des Wahlkampfes nicht zu überzeugen vermag.

ee) Verbot reklamehafter Aufmachung

Neben die inhaltlichen Besonderheiten der politischen Neutralitätspflicht im Rahmen der Öffentlichkeitsarbeit des Bundespräsidenten und der staatsleitenden Ämter sowie im Umgang mit verfassungsfeindlichen Bestrebungen und in der Vorwahlzeit tritt noch eine formelle Besonderheit[325]: die Unzulässigkeit reklamehafter Aufmachung staatlicher Öffentlichkeitsarbeit. Bei ihr ergibt sich der Verstoß gegen die Pflicht zu politischer Neutralität nicht aus dem Inhalt einer Äußerung oder Kommunikationsmaßnahme, sondern bereits aus der äußeren Gestaltung der Informationsvermittlung. Ein Verstoß gegen die formelle Grenze des Werbeverbots ist anzunehmen, wenn der Inhalt einer Kommunikationsmaßnahme eindeutig hinter dem werbehaften Charakter und der reklamehaften Aufmachung einer Information zurück-

[325] *Kühn* spricht zutreffend von einer absolut-formellen Grenze, vgl. *Kühn*, Bürgerbeeinflussung durch Berichterstattung staatlicher Stellen, 2018, S. 258 f. unter Verweis auf *Mandelartz*, LKRZ 2010, 371 (372); vgl. auch *Dişçi*, Der Grundsatz politischer Neutralität, 2019, S. 233.

tritt.[326] In diesen Fällen steht bereits aufgrund der äußeren Umstände einer Öffentlichkeitsmaßnahme fest, dass staatliche Mittel und Möglichkeiten zugunsten der eigenen Wiederwahl und in einer den Parteiwettbewerb zu verzerren drohenden Art und Weise eingesetzt wurden.[327] Die Reklamehaftigkeit einer Informationsmaßnahme kann sich dabei insbesondere aus der einer Erhöhung des Bekanntheits- und Beliebtheitsgrades dienenden Sympathiewerbung ergeben.[328]

Allerdings ist bei der Beurteilung einer Kommunikationsmaßnahme zu berücksichtigen, dass ein gewisses Maß an Adressatenorientierung und die Wertschätzung ansprechender Gestaltung noch keinen Verstoß gegen die politische Neutralitätspflicht zur Folge haben kann – die Wirkung einer Informationsmaßnahme hängt seit jeher schließlich (auch) von ihrer „Präsentation" ab.[329] Es wäre daher zu weitgehend, von einem völligen Verbot selbstdarstellender Öffentlichkeitsarbeit auszugehen.[330] Vielmehr erscheint es angebracht, zwischen Sympathiewerbung und Primitivreklame auf der einen sowie selbstdarstellender Öffentlichkeitsarbeit auf der anderen Seite zu unterscheiden. Insbesondere folgt aus einer ansprechenden Aufmachung und dem Verwenden vorteilhafter Lichtbilder noch nicht die Verfassungswidrigkeit einer Kommunikationsmaßnahme.[331]

Eine sterile Informationspreisgabe kann heute nicht das Ziel effektiver Öffentlichkeitsarbeit durch staatliche Stellen sein.[332] Vielmehr ist für die Un-

---

[326] Erstmals BVerfGE 44, 125 (150 f.); *Kühn*, Bürgerbeeinflussung durch Berichterstattung staatlicher Stellen, 2018, S. 258 f.; *Mandelartz*, DÖV 2009, 509 (514 f.); zur Abgrenzung zulässiger Öffentlichkeitsarbeit von rein werbenden Maßnahmen vgl. bereits *Joerger*, Öffentlichkeitsarbeit, 1975, S. 12 f.; *Schürmann*, Öffentlichkeitsarbeit der Bundesregierung, 1992, S. 353.

[327] Vgl. BVerfGE 138, 102 (115) unter Verweis auf E 44, 125 (141 ff.); *Vierhaus*, Umweltbewußtsein von oben, 1994, S. 488; vgl. auch *Rottmann*, der zwar davon ausgeht, dass Reklameveröffentlichungen im Stile der „Primitivreklame" mit dem Ansehen des Staates nur „schwer vereinbar" und „eines Staates nicht würdig" seien, aber letztlich der Meinung ist, dass allein daraus nicht auf die Verfassungswidrigkeit einer Informationsmaßnahme zu schließen sei, Sondervotum BVR *Rottmann*, BVerfGE 44, 125 (191 ff.).

[328] *Mandelartz/Grotelüschen*, NVwZ 2004, 647 (649); *Schürmann*, Öffentlichkeitsarbeit der Bundesregierung, 1992, S. 354; dazu auch *Gramm*, Der Staat 30 (1991), 51 (62 f.).

[329] *Schürmann*, Öffentlichkeitsarbeit der Bundesregierung, 1992, S. 309; vgl. auch deutlich *Hufen*, LKRZ 2007, 41 (44); *Mandelartz*, DÖV 2009, 509 (514 f.); *Gramm* betont, dass auch der Staat „Hirn, Herz und Gemüt" ansprechen wolle, *Gramm*, Der Staat 30 (1991), 51 (59); a.A. *Vierhaus*, Umweltbewußtsein von oben, 1994, S. 495 f.

[330] In dieser Drastik allerdings *Vierhaus*, Umweltbewußtsein von oben, 1994, S. 493.

[331] So aber *Vierhaus*, der davon ausgeht, dass der Abdruck großformatiger Lichtbilder in den Publikationen der Bundesministerien und des BPA „verfassungsrechtlich unter keinen Umständen zu rechtfertigen" seien, vgl. *Vierhaus*, Umweltbewußtsein von oben, 1994, S. 494.

[332] Nachdrücklich in diese Richtung *Hufen*, LKRZ 2007, 41 (44 f.).

tersuchung der Reklamehaftigkeit einer Kommunikationsmaßnahme im Rahmen einer Gesamtschau der konkrete Inhalt einer Publikation ins Verhältnis zur Aufmachung zu setzen. Überwiegt der die Hoheitsträger in ein besonders gutes Licht rückende Anteil einer Publikation und verdrängt dieser das tatsächliche Informationsbedürfnis der Bevölkerung sowie den konkreten Informationsanlass oder wird die Informationspreisgabe nur als Anlass genommen, um unter dem Deckmantel staatlicher Öffentlichkeitsarbeit Amtsinhaber in ein gutes Licht zu rücken, ist von einem Verstoß gegen die politische Neutralitätspflicht auszugehen.[333]

Dabei können auch die Dauer und der Umfang einer Informations- bzw. Werbekampagne von besonderer Bedeutung sein.[334] Fehlt es gänzlich am Informationswert einer Kommunikationsmaßnahme des Staates und steht fest, dass diese allein der Beliebtheitssteigerung zu dienen bestimmt ist, so ist von einem Verstoß gegen die politische Neutralitätspflicht auszugehen.[335] In diesen Fällen vermag auch die Integrations- und Akzeptanzfunktion staatlicher Öffentlichkeitsarbeit eine Publikation nicht zu rechtfertigen, da Sympathiewerbung aufgrund ihrer wettbewerbsverzerrenden Wirkung nie ein angemessenes Mittel der Staatspflege sein kann.[336]

c) Zusammenfassung

Resümierend ist mithin festzuhalten, dass die (partei-) politische Neutralitätspflicht des Staates seine Funktionsträger grundsätzlich dazu zwingt, sich weder mit politischen Gruppierungen, Parteien oder Ansichten zu identifizieren noch diese öffentlich zu bewerten. Allerdings darf die auf die Staatsfreiheit der gesellschaftlichen Willensbildung zurückzuführende Beschränkung der staatlichen Öffentlichkeitsarbeit der politischen Entscheidungsfindung staatlicher Stellen und ihrer Begründung in der Öffentlichkeit nicht im Wege stehen. Dies gilt in besonderem Maße für die von Verfassungs wegen politisch geprägten Ämter bei der Wahrnehmung ihrer staatsleitenden Auf-

---

[333] Vgl. BVerfGE 44, 125 (151); BayVerfGH, NVwZ 1994, 993 (994); RHPfVerfGH, NVwZ 2007, 200 (201); *Kühn*, Bürgerbeeinflussung durch Berichterstattung staatlicher Stellen, 2018, S. 259; *Mandelartz*, DÖV 2009, 509 (514 f.); *ders.*, LKRZ 2010, 371 (372); *ders./Grotelüschen*, NVwZ 2004, 647 (649); *Schürmann*, Öffentlichkeitsarbeit der Bundesregierung, 1992, S. 311 f.; vgl. bereits *Joerger*, Öffentlichkeitsarbeit, 1975, S. 12 f.; zur Zulässigkeit eines eigenwerbenden Effekts auch *Mast*, Staatsinformationsqualität, 2020, S. 362; *Schürmann*, Öffentlichkeitsarbeit der Bundesregierung, 1992, S. 308 f.; *Hufen* spricht von „politikfreiem Entertainment“ und nimmt in diesem Fall einen Verstoß gegen die politische Neutralitätspflicht an, vgl. *Hufen*, LKRZ 2007, 41 (46).

[334] *Vierhaus*, Umweltbewußtsein von oben, 1994, S. 488.

[335] U.U. ist in diesem Fall auch von einem Verstoß gegen das Sachlichkeitsgebot auszugehen, vgl. zur Verwendung sympathieerhöhenden Bildmaterials ausf. 3. Kapitel B.III.1.

[336] *Vierhaus*, Umweltbewußtsein von oben, 1994, S. 489 f.

gaben. Eine Verletzung der ihnen obliegenden Neutralitätsvorgaben ist anzunehmen, wenn nicht mehr der politische Diskurs, sondern die ablehnende Haltung gegenüber politischen Gruppierungen und ihren Ansichten im Vordergrund steht.

Informationsmaßnahmen, die auf eine administrative Aufgabenwahrnehmung zurückzuführen sind, kommen hingegen nicht in den Genuss politischer Privilegierung. Nicht anders verhält es sich mit der Öffentlichkeitsarbeit des Bundespräsidenten. Seiner Öffentlichkeitsarbeit kommt aufgrund der einzigartigen Integrationsfunktion besonderes Gewicht für die politische Willensbildung in der Bevölkerung zu, das er weder zugunsten noch zu Lasten der am Willensbildungsprozess Beteiligten einsetzen darf.

Darüber hinaus existieren auch Besonderheiten, die dem Grunde nach für alle staatlichen Funktionsträger gleichermaßen gelten. Allen voran ist in diesem Zusammenhang der Umgang staatlicher Stellen mit verfassungsfeindlichen Bestrebungen zu nennen. Die Staatsfreiheit der gesellschaftlichen Willensbildung zwingt den Staat grundsätzlich zur Werte- und Meinungsneutralität, an deren äußerster Grenze die Grundsätze der wehrhaften Demokratie zu verorten sind.

Die Vorgaben der wehrhaften Demokratie hat der Staat auch im Rahmen seiner Öffentlichkeitsarbeit hinreichend zu berücksichtigen, da andernfalls demokratiegefährdende Umgehungsbestrebungen drohen. Die Bekämpfung verfassungsfeindlicher Bestrebungen und insbesondere politischer Parteien, die verfassungsfeindliche Tendenzen aufweisen, ist die Aufgabe des in der Gesellschaft wurzelnden politischen Diskurses, der frei von staatlicher Einflussnahme bleiben muss. Erst wenn das Bundesverfassungsgericht eine Partei für verfassungsfeindlich erklärt und damit eines der schärfsten Schwerter der wehrhaften Demokratie gezückt hat, darf auch im Rahmen staatlicher Öffentlichkeitsarbeit von einer verfassungsfeindlichen Partei und ihren Bestrebungen die Rede sein.

Eine weitere Besonderheit für die Neutralitätspflicht ergibt sich aus der zeitlichen Nähe einer Äußerung zu einem Wahltermin. Da die Willensbildung der Bevölkerung in der unmittelbaren Vorwahlzeit besonders manipulationsanfällig ist und Äußerungsinhalte einer Rehabilitation häufig nicht mehr (rechtzeitig) zugänglich sind, erhöhen sich in der „heißen Phase des Wahlkampfes“ die Neutralitätsanforderungen für staatliches Informationshandeln. Um einen schonenden Ausgleich zwischen Staatsfreiheit der gesellschaftlichen Willensbildung und effektiver Aufgabenwahrnehmung staatlicher Stellen zu erzielen, ist von einer dreimonatigen „heißen Phase“ auszugehen, in der besondere Neutralitätsanforderungen herrschen. Dabei ist allerdings zu berücksichtigen, dass die Vorwahlzeit in zweierlei Hinsicht (nur) von indizieller Wirkung ist: Zum einen ist in ihr keine Stichtagregelung zu sehen und zum anderen kann die zeitliche Annahme einer „heißen Phase“ immer nur grassierend wirken.

Zuletzt ist in dem Verbot reklamehafter Aufmachung staatlicher Öffentlichkeitsarbeit eine besondere Ausprägung der politischen Neutralitätspflicht zu sehen. Sie untersagt es dem Staat, durch als informative Öffentlichkeitsarbeit getarnte Werbemaßnahmen um Sympathie in der Bevölkerung zu buhlen. Die staatliche Öffentlichkeitsarbeit ist im Gegensatz zur parteipolitischen Mitwirkung am gesellschaftlichen Diskurs kein Instrument, um auf der Grundlage reklamehaftiger Sympathiewerbung Einfluss auf den Beliebtheitsgrad in der Bevölkerung zu nehmen.

Die Vorgaben der politischen Neutralitätspflicht für staatliche Öffentlichkeitsarbeit zeigen auf, welchen Spagat Hoheitsträger auf sich nehmen müssen. Fest steht damit in jedem Fall, dass – auch wenn die obigen Ausführungen helfen können, eine gewisse Struktur in die Prüfung einer Neutralitätspflichtverletzung zu bringen – die Rechtmäßigkeit einer Äußerungsmaßnahme stets eine Frage des von inhaltlichen, formellen und temporären Einflüssen gezeichneten Einzelfalls ist.

IV. Die Übertragbarkeit der Vorgaben auf die Kommunikation in den sozialen Netzwerken

Untersucht man die Übertragbarkeit der sich aus der politischen Neutralitätspflicht des Staates ergebenden Vorgaben für die staatliche Öffentlichkeitsarbeit, ist festzustellen, dass diese ihre Geltung prinzipiell auch für die Kommunikation in den sozialen Netzwerken beanspruchen. Dies verwundert nicht, wenn man die Neutralitätspflicht aus dem Blickwinkel ihrer Herleitung betrachtet. Die Staatsfreiheit der gesellschaftlichen Willensbildung gewährleistet einen vollumfassenden Schutz vor beeinflussenden Kommunikationsmaßnahmen und zwingt staatliche Funktionsträger damit auch bei der Kommunikation in den sozialen Netzwerken zu politischer Neutralität.

Allerdings weist das Informationshandeln in den sozialen Netzwerken wie gezeigt strukturelle Unterschiede zu den herkömmlichen Erscheinungsformen staatlicher Öffentlichkeitsarbeit auf. Insbesondere führen die Dokumentierungsfunktion der sozialen Netzwerke sowie die sich jeglicher Steuerung entziehende Reichweite der in den sozialen Netzwerken verbreiteten Informationen dazu, dass politische Aussagen in den sozialen Netzwerken stets ein nicht unerhebliches Gewicht besitzen.[337]

---

[337] *Schürmann* geht davon aus, dass die politische Neutralitätspflicht staatsleitender Funktionsträger nur aktiviert sein könne, wenn den Äußerungen ein Mindestmaß an Gewichtigkeit und Verbreitung zukomme, vgl. *Schürmann*, Öffentlichkeitsarbeit der Bundesregierung, 1992, S. 360 f.; Ausgangspunkt dieser Überlegungen ist die grundlegende Entscheidung des BVerfG zur Öffentlichkeitsarbeit der Bundesregierung aus dem Jahr 1977, in der dieses zur „Feststellung eines Verfassungsverstoßes eine ins Gewicht fallende Häufung und Massivität offenkundiger Grenzüberschreitungen" voraussetzte, s. BVerfGE 44, 125 (155 f.).

Im weiteren Verlauf gilt es daher zu untersuchen, welche Besonderheiten und Unterschiede sich aus der grundlegenden Veränderung der Kommunikationsstrukturen zu den bisher in Rechtsprechung und Literatur aufgestellten Neutralitätsanforderungen ergeben. Möglicherweise sind die Neutralitätsanforderungen in den sozialen Netzwerken im Hinblick auf die Nivellierung der Kommunikationsunterschiede zwischen staatlicher Öffentlichkeitsarbeit und dem Kommunikationsverhalten der anderen am politischen Diskurs Beteiligten kategorisch abzusenken (1.). Außerdem ist zu untersuchen, wie sich der Beginn der Vorwahlzeit und der Eintritt in die „heiße Phase des Wahlkampfes“ auf die Kommunikation in den sozialen Netzwerken auswirkt und ob es in der unmittelbaren Vorwahlzeit sogar zu einem Stillstand der staatlichen Kommunikation in den sozialen Netzwerken kommen muss (2.). Diskussionswürdig ist zuletzt auch, ob es sich bei einzelnen Auftritten staatlicher Stellen in den sozialen Netzwerken um einen Verstoß gegen das formelle Verbot reklamehafter Aufmachung staatlicher Öffentlichkeitsarbeit handelt (3.).

1. Absenken des Neutralitätsniveaus in Ermangelung subordinativer Relationen?

Teilweise wird für ein Absenken des Neutralitätsniveaus in den sozialen Netzwerken die Nivellierung des herkömmlichen Subordinationsverhältnisses zwischen Hoheitsträgern und den anderen an der politischen Willensbildung der Bevölkerung Beteiligten ins Feld geführt.[338] Die für sich genommen bereits fragwürdige Unterscheidung zwischen staatlichem Funktionsträger und Parteipolitiker im Bereich der politisch geprägten Ämter sei auf den neuartigen Kommunikationskanälen wie den sozialen Netzwerken nicht aufrechtzuerhalten, da alle an der gesellschaftlichen Willensbildung Beteiligten in den sozialen Netzwerken eine identische Ausgangssituation vorfinden würden.[339] Die Chancengleichheit der Parteien als Grundlage der politischen Neutralitätspflicht sei damit bereits aufgrund der gewählten Kommunikationsplattform, die einem Machtmissbrauch wesenhaft entgegenstehe, gewahrt.[340] Die konsequente Rechtsfolge könne dann nur in einem Absenken der Neutralitätspflicht für politische Äußerungen in den sozialen Netzwerken zu sehen sein.

Dem ist entgegenzuhalten, dass eine Annäherung der kommunikativen Ausgangspositionen staatlicher und parteipolitischer Diskursteilnehmer nicht mit einer rechtlichen Egalität gleichgesetzt werden darf. Überdies bestehen neben der grundrechtsdogmatischen Dichotomie von Grundrechts-

[338] Vgl. *Wieland*, in: FS Morlok, 2019, S. 533 (547 ff.).
[339] *Wieland*, in: FS Morlok, 2019, S. 533 (548).
[340] *Wieland*, in: FS Morlok, 2019, S. 533 (548).

berechtigung parteipolitischer Vertreter in den sozialen Netzwerken auf der einen und grundrechtsverpflichteter Amtsträger auf der anderen Seite erhebliche faktische Unterschiede im Hinblick auf die Reichweite der in den sozialen Netzwerken getätigten Äußerungen. Die Annahme einer empirisch nicht belegten Homogenität der kommunikativen Ausgangsposition ist mithin durchaus kritisch zu sehen.

Während beispielsweise *Saskia Esken* und *Lars Klingbeil* (SPD) als Vorsitzende der im Hinblick auf die absolute Mitgliederzahl seit jeher größten Partei in der Bundesrepublik Deutschland mit rund 100 000[341] bzw. 145 000[342] Followern bei Twitter eine vergleichsweise überschaubare Reichweite besitzen, hat der Account des bis Dezember 2021 amtierenden Regierungssprechers *Steffen Seibert* mit knapp einer Million[343] Follower im gleichen Netzwerk einen Einfluss- und Wirkbereich, der in keinem Verhältnis zu den führenden Oppositionspolitikern steht. Das Instagramprofil von Bundeskanzler *Olaf Scholz* verfügt über eine Reichweite von 1,9 Millionen Abonnenten und übersteigt die Accounts aller Parteipolitiker in diesem Netzwerk damit um ein Vielfaches.[344] Die Divergenz der Kommunikationsreichweite erhöht sich bei den Accounts staatlicher Funktionsträger auf kommunaler Ebene darüber hinaus in besonders drastischer Weise.[345] Während Amtsinhaber in den sozialen Netzwerken von ihrer amtsakzessorischen Reichweite und den damit einhergehenden Wirkungen einer Publikation profitieren, fehlt anderen Accounts diese Reichweite regelmäßig.[346]

---

[341] Der Account https://www.twitter.com/EskenSaskia besaß am 20.07.2022 eine Reichweite von ca. 100 000 Followern.

[342] Der Account https://www.twitter.com/larsklingbeil besaß am 20.07.2022 eine Reichweite von ca. 145 000 Followern.

[343] Der Account https://www.twitter.com/RegSprecherStS besaß am 20.07.2022 eine Reichweite von 985 000 Followern.

[344] Vgl. https://www.instagram.com/bundeskanzler, Stand 20.07.2022.

[345] Während der Facebookaccount des Oberbürgermeisters der Stadt Kiel Ulf Kämpfer (https://www.facebook.com/OB.Kiel) beispielsweise etwa 5 800 Follower besitzt, hat der aktive Twitteraccount des im Bürgermeisterwahlkampf unterlegenen Konkurrenten Andreas Ellendt (https://www.twitter.com/AndreasEllendt) 0 Follower, Stand 20.07.2022. Repräsentativer mag vielleicht das Verhältnis der Follower in der Stadt Köln sein: Die dort im September 2020 gewählte Henriette Reker (https://twitter.com/HenrietteReker) hat auf Twitter ca. 20 000 Follower, wohingegen der in der Stichwahl unterlegene Andreas Kossiski (https://twitter.com/AKossiski) nur eine Reichweite von ca. 1 000 Followern besitzt, Stand 20.07.2022.

[346] Natürlich gibt es auch Ausnahmen, aber selbst ein in den sozialen Netzwerken besonders aktiver, auf Digitalisierung ausgerichteter und öffentlichkeitswirksamer Parteipolitiker wie der FDP-Vorsitzende Christian Lindner (https://www.twitter.com/c_lindner) brachte es als Oppositionspolitiker mit der größten Reichweite in den sozialen Netzwerken „nur“ auf 473 010 Follower bei Twitter und damit weniger als die Hälfte des Regierungssprecher-Accounts, Stand 23.08.2021. Mittlerweile erreicht der Finanzminister mit seinem Account ca. 650 000 Abonnenten, Stand 20.07.2022.

Im politischen Diskurs finden amtliche Äußerungen damit für gewöhnlich bereits faktisch eine immens größere Beachtung. Diese ist – anders als es vormals bei den herkömmlichen Erscheinungsformen staatlicher Öffentlichkeitsarbeit der Fall war und in mancherlei Hinsicht auch heute noch der Fall ist – nicht zwingend Ausfluss eines staatlichen Ressourcenvorsprungs, da eine angemessene Bedienung der sozialen Netzwerke sowohl mit amtlichen als auch mit privaten bzw. parteipolitischen Mitteln erfolgreich möglich ist.[347] Gleichwohl wäre es verkehrt, von einer Ebenbürtigkeit der kommunikativen Ausgangsposition in den sozialen Netzwerken zu sprechen. Vielmehr scheint die amtliche Autorität eines Accounts und der dort verbreiteten Beiträge eine Anziehungswirkung im Sinne eines Amtsbonus nach sich zu ziehen.

Dass es sich bei den sozialen Netzwerken um neutrales Terrain handelt, ändert am faktischen Wirkungsgefälle der dort verbreiteten Beiträge wenig. Außerdem handelt es sich bei den von der staatlichen Öffentlichkeitsarbeit in den kritischen Blick genommenen politischen Gruppierungen und Parteien häufig nicht um die etablierten Mitglieder der bundesweiten Parteienlandschaft, sondern um einzelne Akteure, die zum einen erst recht keine auch nur annähernd mit den staatlichen Funktionsträgern vergleichbare Reichweite besitzen und zum andern besonders auf die politische Neutralitätspflicht und die Grundsätze der wehrhaften Demokratie angewiesen sind.

Hinzu kommt, dass Äußerungen von staatlichen Funktionsträgern, die auf ihren personenbezogenen Accounts verbreitet wurden, häufig zusätzlich von den Behördenaccounts geteilt oder durch eigene Beiträge weiterverbreitet werden. Dieses behördliche Sprachrohr ist allen nichtamtlichen Diskursteilnehmern vorenthalten. Auch wenn Reichweite als solche zweifelsfrei nicht ohne Weiteres mit Meinungsmacht gleichgesetzt werden darf, so ist sie dennoch als ein dem vermeintlichen Gleichlauf der staatlichen und privaten bzw. parteipolitischen Diskurspositionen entgegenstehendes und die Dichotomie staatlicher und privater Äußerungen aufrechterhaltendes Faktum zu sehen. Sie wirkt sich unmittelbar auf die das Neutralitätsgebot unter präventiven Gesichtspunkten rechtfertigende Missbrauchsgefahr staatlich-verzerrender Äußerungen aus.[348]

Die als Ausfluss der Akzeptanz unterschiedlicher Sprecherrollen zu begreifende Pflicht des Staates zu politischer Neutralität ist damit auch in den sozialen Netzwerken grundsätzlich aufrechtzuerhalten. Von dem Rückgriff auf die staatlichen Accounts der sozialen Netzwerke geht vielmehr sogar die zusätzliche Gefahr eines weiteren, neben die – parteipolitischen Äußerungen immanente – Amtsautorität und den allgemeinen Beliebtheits- und Präsenzvorsprung tretenden Wettbewerbsvorteils aus. Der Staat begegnet den an-

---

[347] So ist *Wieland* wohl zu verstehen, vgl. *Wieland*, FS Morlok, 2019, S. 533 (548).

[348] So i.E. auch BVerfGE 154, 320 (343).

deren am politischen Diskurs und der gesellschaftlichen Willensbildung Beteiligten damit – auch wenn dies für den Einzelnen bisweilen anders wirken mag – nicht prinzipiell auf einer das Absenken des Neutralitätsniveaus begründenden Augenhöhe.

Für die staatsleitenden Funktionsträger, die aufgrund der politischen Prägung ihrer Amtsfunktionen wie gezeigt in den Genuss einer Neutralitätsprivilegierung kommen,[349] ist indes davon auszugehen, dass die Öffentlichkeitsarbeit in den sozialen Netzwerken regelmäßig die die politische Neutralitätspflicht begründende Erheblichkeitsschwelle erreicht. Von den meinungsmächtigen und von enormer Reichweite geprägten Aktivitäten in den sozialen Netzwerken geht eine chancenmindernd in den Parteiwettbewerb eingreifende Wirkung aus,[350] die zur Folge hat, dass auch Inhaber eines politisch geprägten Amtes den sich aus der politischen Neutralitätspflicht ergebenden Vorgaben unterliegen.

2. Stillstand der staatlichen Kommunikation in den sozialen Netzwerken in der heißen Phase des Wahlkampfes?

Da das Neutralitätsniveau nach der hier vertretenen Rechtsauffassung prinzipiell auch für die Kommunikation in den sozialen Netzwerken aufrechterhalten werden muss, unterliegt es dem Gebot äußerster Zurückhaltung in der Vorwahlzeit.[351] Es ist zu diskutieren, ob und wie sich der Beginn der „heißen Phase des Wahlkampfes" auf die Aktivität staatlicher Stellen in den sozialen Netzwerken auswirkt. Grundsätzlich erscheint es sinnvoll, dazu eine Differenzierung zwischen aufgedrängter und aufgesuchter Kommunikation vorzunehmen (a), wenngleich die Einordnung staatlicher Öffentlichkeitsarbeit in den sozialen Netzwerken nicht unerhebliche Schwierigkeiten bereitet (b). Geht man indes davon aus, dass die Informationsmaßnahmen schwerpunktmäßig der aufgedrängten Kommunikation zuzuordnen sind, ist es angezeigt, bei der rechtlichen Beurteilung gleichwohl die Besonderheiten der netzwerkspezifischen Kommunikation in den Blick zu nehmen (c).

a) Unterscheidung zwischen aufgesuchter und aufgedrängter Kommunikation

Teilweise wird im Zusammenhang mit staatlicher Öffentlichkeitsarbeit, die in die „heiße Phase" der Vorwahlzeit fällt, zwischen aufgesuchter und aufgedrängter Kommunikation unterschieden.[352] Wie auch bereits im Zusammen-

---

[349] Vgl. 3. Kapitel, A.III.2.b).bb).

[350] Zum Erfordernis der chancenmindernden Wirkung und einem Mindestmaß an Verbreitung eindringlich *Schürmann*, Öffentlichkeitsarbeit der Bundesregierung, 1992, S. 360.

[351] Für staatliche Öffentlichkeitsarbeit im Internet allgemein, vgl. *Mandelartz/Grotelüschen*, NVwZ 2004, 647 (650).

[352] Allen voran *Mandelartz*, DÖV 2009, 509 (515 f.); *ders./Grotelüschen*, NVwZ 2004, 647 (650); vgl. auch *Dişçi*, Der Grundsatz politischer Neutralität, 2019, S. 220 f.

hang mit der negativen Informationsfreiheit der Rezipienten diskutiert,[353] macht es im Hinblick auf die Eingriffswirkung staatlichen Informationshandelns einen Unterschied, ob der Bürger staatliche Informationen gezielt aufsucht oder ob dieser mit den hoheitlichen Informationsmaßnahmen konfrontiert wird. Während aufgedrängten Informationsmaßnahmen regelmäßig eine erhöhte Reichweite zukommt, da sie auch Adressaten erreichen, die nicht bewusst mit der Staatskommunikation in Berührung kommen, ist aufgesuchte Öffentlichkeitsarbeit stets auf eine aktive Mitwirkung der Rezipienten angewiesen.[354]

Legt man der staatlichen Kommunikation in der „heißen Phase des Wahlkampfes" diese Diagnose zugrunde, erscheint es nicht abwegig, dass das Gebot äußerster Zurückhaltung auf die Erscheinungsformen der aufgedrängten Informationsmaßnahmen zu begrenzen ist.[355] Es erscheint vielmehr durchaus plausibel, dass die eine besondere Zurückhaltung staatlicher Kommunikatoren rechtfertigende Missbrauchsanfälligkeit des gesellschaftlichen Willensbildungsprozesses nur in diesen Fällen als gegeben anzusehen ist.[356] Sucht der Informationsadressat eine staatliche Publikation nämlich bewusst auf, ist er sich der amtlichen Qualität einer Kommunikationsmaßnahme und der davon ausgehenden Wirkung bewusst. Die Gefahr schleichender Meinungsbeeinflussung ist in diesen Fällen ungleich geringer als bei der aufgedrängten Kommunikation, die womöglich nicht einmal als solche identifiziert wird.

b) Staatliche Öffentlichkeitsarbeit in sozialen Netzwerken als aufgesuchte Kommunikation?

Prima facie ließe sich anführen, dass die staatliche Kommunikation im Internet generell – und damit auch die Öffentlichkeitsarbeit in den sozialen Netzwerken – als aufgesuchte Kommunikation zu qualifizieren ist.[357] Die Informationsmaßnahmen in den sozialen Netzwerken müssten dafür – anders als Broschüren, Plakate und Postwurfsendungen[358] – von den dort registrierten Nutzern stets bewusst und zielgerichtet aufgesucht werden. *Mandelartz/Grotelüschen* gehen insofern davon aus, dass die Informationsakquise

[353] Vgl. dazu 2. Kapitel, C.III.c).bb).

[354] *Mandelartz*, DÖV 2009, 509 (515 f.).

[355] So *Mandelartz*, DÖV 2009, 509 (516 f.).

[356] *Mandelartz* geht sogar davon aus, dass die aufgedrängte Öffentlichkeitsarbeit in der Vorwahlzeit gerade darauf abzielt, die Wahlentscheidung (unterbewusst) zu beeinflussen, wohingegen die aufgesuchte Öffentlichkeitsarbeit auf den interessierten, mündigen Bürger wartet, vgl. *Mandelartz*, DÖV 2009, 509 (516).

[357] So ausdrücklich *Mandelartz/Grotelüschen*, NVwZ 2004, 647 (650); unter Verweis auf diese auch *Jensen*, Rechtsprobleme regierungsamtlicher Öffentlichkeitsarbeit im Internet-Zeitalter, 2006, S. 172 f.; vgl. auch *Kühn*, Bürgerbeeinflussung durch Berichterstattung staatlicher Stellen, 2018, S. 273 ff.

[358] Diese Beispiele stammen von *Mandelartz*, DÖV 2009, 509 (515).

im Internet als solche stets einem bestimmten Zweck diene und daher am ehesten mit der als aufgesuchte Information zu qualifizierenden „schriftlichen Bitte um Zusendung einer Broschüre“ zu vergleichen ist.[359]

Diese – seinerzeit bereits pointierte, aber Zustimmung verdienende – Klassifizierung der Internet-Kommunikation im Allgemeinen und Netzwerkkommunikation im Besonderen kann allerdings heute keine Zustimmung mehr finden. Die Rolle des Internets im Allgemeinen und der sozialen Netzwerke im Speziellen hat sich seither vielmehr grundlegend verändert. Einem Großteil der Nutzer dienen die sozialen Netzwerke mittlerweile als originäre Quelle der individuellen Willens- und Meinungsbildung.[360] Angesichts tagespolitischer Geschehen ist in ihnen zu großen Teilen sogar die einzige und häufig zudem die gegenwartsnächste Informationsquelle für amtliche Stellungnahmen und Einordnungen zu sehen. Als digitale „Marktplätze“[361] für den Austausch von Informationen und Meinungen haben sie herkömmliche Informationsforen zudem stellenweise gänzlich ersetzt oder sind zumindest an ihre Seite getreten. Der netzwerkspezifische Newsfeed eines sozialen Netzwerks, in dem staatliche Äußerungen neben privaten, parteipolitischen und journalistischen Beiträgen erscheinen, ist damit weniger Ausdruck gezielter Informationssuche, sondern vielmehr algorithmische Frontalkonfrontation.

Hat ein Netzwerknutzer den Account eines Hoheitsträgers abonniert, vermengen sich die amtlichen Äußerungen mit den Beiträgen aller anderen abonnierten Nutzer wie den Publikationen werbender Unternehmen, Hinweisen auf journalistisch-redaktionell gestaltete Inhalte und privaten Äußerungen und Stellungnahmen einzelner Nutzer. Dieses Portfolio unterschiedlicher Beitragsarten ist geradezu charakteristisch für die Kommunikation sozialer Netzwerke und macht zugleich ihren Reiz aus. Staatliches Informationshandeln ist damit nur eine Erscheinungsform netzwerkspezifischer Kommunikation unter vielen.

Dies einer Klassifizierung staatlicher Öffentlichkeitsarbeit in den sozialen Netzwerken zugrunde gelegt, wäre es verfehlt, staatliche Netzwerkkommunikation generell als aufgesuchte Kommunikation einzustufen und von dem Gebot äußerster Zurückhaltung in der „heißen Phase des Wahlkampfes“ auszunehmen. Vielmehr handelt es sich – betrachtet man die Rolle des netzwerkspezifischen Newsfeeds für die Willensbildung der Bevölkerung – um

---

[359] *Mandelartz/Grotelüschen*, NVwZ 2004, 647 (650); *Jensen*, Rechtsprobleme regierungsamtlicher Öffentlichkeitsarbeit im Internet-Zeitalter, 2006, S. 172 f.; relativierend aber bereits *Dişçi*, Der Grundsatz politischer Neutralität, 2019, S. 220 f.

[360] So hat der Reuters Institute Digital News Report 2020 ergeben, dass (international) etwa ein Drittel der Bevölkerung für lokale Nachrichten und Informationen auf die sozialen Netzwerke zurückgreift, vgl. Reuters Institute for the Study of Journalism, Oxford, Digital News Report 2020, S. 10 f.

[361] OLG München, MMR 2018, 760.

ein Paradebeispiel der aufgedrängten Staatskommunikation. An dieser Einordnung ändert auch ein vorgeschaltetes Abonnement durch die einzelnen Rezipienten nichts. Selbst wenn dahinter die prinzipielle Akzeptanz staatlicher Informationskonfrontation durch ausgewählte Accountinhaber stehen mag, handelt es sich bei den einzelnen amtlichen Beiträgen nicht um „aufgesuchte" Informationen. Sie erscheinen den Informationsadressaten mit Abonnement im eigenen Newsfeed als einige unter vielen und weisen damit genau die eine Ungleichbehandlung aufgesuchter und aufgedrängter Kommunikation rechtfertigende Suggestivgefahr auf, da der Adressat – ungeachtet eines einmaligen, nicht selten lange Zeit zurückliegenden Subskriptionsvorgangs – keine eigene Suchaktivität entfalten muss.[362]

Der aufdrängende Charakter des staatlichen Informationshandelns wird noch deutlicher, wenn man sich das Verhältnis aller Netzwerknutzer ohne Abonnement eines staatlichen Accounts vor Augen führt, da durch die algorithmische Zusammensetzung des Newsfeeds auch externe Beiträge in den Informationshorizont gespielt werden.[363] Selbst wenn ein Netzwerknutzer mithin keinerlei unmittelbare Verbindung zu den Accounts staatlicher Funktionsträger aufweist, werden ihm mitunter entsprechende Äußerungen angezeigt. Bei der staatlichen Öffentlichkeitsarbeit handelt es sich daher nicht um aufgesuchte, sondern vielmehr um aufgedrängte Kommunikation, die dem Gebot äußerster Zurückhaltung – mit seinen bereichsspezifischen und im Folgenden für die sozialen Netzwerke zu spezifizierenden Ausnahmen[364] – in der Vorwahlzeit prinzipiell unterfällt.

c) Zulässigkeit netzwerkspezifischer Kommunikation in der „heißen Phase des Wahlkampfes"

Fraglich ist indes, ob die Annahme des Gebots äußerster Zurückhaltung für die staatliche Kommunikation in den sozialen Netzwerken zu einer Stilllegung der amtlichen Accounts in der „heißen Phase des Wahlkampfes" führen soll.[365] Im Hinblick darauf, dass die in der unmittelbaren Vorwahlzeit manipulationsanfällige Willensbildung in der Gesellschaft auch vor staatlicher Öffentlichkeitsarbeit in den sozialen Netzwerken keineswegs verschont bleibt und unter der Annahme, dass die Stilllegung der Netzwerkkommunikation in der Vorwahlzeit die Transparenz staatlichen Handelns wesentlich einschränke, wird sich teilweise für eine rigide Unterbrechung der Öffentlichkeitsarbeit in der „heißen Phase des Wahlkampfes" ausgesprochen.[366]

---

[362] Zum Erfordernis dieser eigenen Aktivität vgl. *Mandelartz*, DÖV 2009, 509 (515 f.).

[363] Vgl. auch *Friehe*, in: Uhle (Hrsg.), Information und Einflussnahme, 2018, S. 86 (108 f.).

[364] Dazu 3. Kapitel, A.III.2.b).dd).

[365] So *Friehe*, in: Uhle (Hrsg.), Information und Einflussnahme, 2018, S. 86 (107 f.).

[366] Vgl. *Friehe*, in: Uhle (Hrsg.), Information und Einflussnahme, 2018, S. 86 (108 f.).

Auch wenn dem Beeinflussungspotential zuzustimmen ist, wäre es übertrieben, die sozialen Netzwerke in der unmittelbaren Vorwahlzeit gänzlich von staatlicher Kommunikation zu befreien. Neben unaufschiebbaren Informationsmaßnahmen, die nach der herrschenden Auffassung zum Gebot äußerster Zurückhaltung weiterhin zulässig sein müssen, ist die Ausnahme vom Gebot äußerster Zurückhaltung auch auf die netzwerkspezifische Kommunikation staatlicher Funktionsträger auszuweiten. Sie ist Ausdruck einer besonderen Annexkompetenz zu den anerkannten Aufgaben eines Hoheitsträgers[367] und erstreckt sich auf das netzwerkspezifische Kommunikationsverhalten staatlicher Funktionsträger. Die netzwerkspezifische Kommunikation beinhaltet eine punktuelle Kompetenzerweiterung für Reaktionen auf tagespolitische Ereignisse oder an den Hoheitsträger gerichtete Nachrichten und Beiträge.

Die auf der Ebene der Aufgabenzuständigkeit zu berücksichtigende Besonderheit ist auch im Rahmen der politischen Neutralitätspflicht nicht außen vor zu lassen. Von der rigiden Pflicht zu äußerster Zurückhaltung in der heißen Phase der politischen Vorwahlzeit ist die netzwerkspezifische Kommunikation der Hoheitsträger unbeschadet der Unzulässigkeit parteiergreifender Informationsmaßnahmen und reklamehafter Selbstdarstellung auszunehmen.

Dies ergibt sich zum einen aus der andernfalls drohenden kategorischen Schlechterstellung der staatlichen Funktionsträger im Vergleich zu den parteipolitischen Wahlkampfteilnehmern. Werden jene in ihrer Rolle als Amtsinhaber etwa von diesen in den sozialen Netzwerken öffentlich angegangen und getadelt, muss auch Hoheitsträgern die Möglichkeit gegeben sein, nicht nur in parteipolitischer, sondern auch in amtlicher Form und über amtliche Accounts in den sozialen Netzwerken zu reagieren. Der „Umweg" über einen parteipolitischen Account stellt keine gleichsam effektive Reaktionsmöglichkeit dar. Gerade die – vom Gebot äußerster Zurückhaltung als am Wahlkampf unmittelbar Beteiligte betroffenen – Inhaber eines parteipolitisch geprägten Amtes sind nicht als politisches Neutrum zu verstehen, sondern müssen zu einem sachlichen und entschiedenen Zurückweisen ungerechtfertigter oder unangemessener Kritik berechtigt sein. Zum anderen ergibt sich die kategorische Ausnahme vom Gebot äußerster Zurückhaltung aus dem strukturellen Eingriffs- und Relevanzminus netzwerkspezifischer Kommunikation. Tagespolitisch motivierte Äußerungen und passive Reaktionen auf einzelne Beiträge und Nachrichten sind im Hinblick auf ihre Eingriffsintensität und Redundanz nicht mit proaktiver Öffentlichkeitsarbeit gleichzusetzen.

Allerdings ist wie im Rahmen der Kompetenzweite zwingend zu berücksichtigen, dass die Befugnis zu netzwerkspezifischer Kommunikation in der

---

[367] Zur Begründung der Kompetenz vgl. 2. Kapitel A.II.2.

„heißen Phase des Wahlkampfs" restriktiv zu handhaben ist. Insbesondere darf sie nicht als Deckmantel eigennütziger Wahlwerbung dienen. Sie ist auf Konstellationen zu begrenzen, in denen es einen konkreten Anlass für eine Kommunikationsmaßnahme gibt. Dies können etwa tagespolitische Ereignisse von erheblicher Relevanz sein, bei denen ein „Verstummen" aller staatlichen Funktionsträger in der Bevölkerung als unangemessen wirken würde. Gleiches gilt für öffentlich geäußerte Kritik an den Amtsinhabern und ihren politischen Entscheidungen oder mediale Konfrontationen. In diesen Fällen muss es einem staatlichen Funktionsträger trotz seiner prinzipiellen Zurückhaltungspflicht erlaubt sein, sich zu Wort zu melden.

Diese besondere Äußerungskompetenz darf indes nicht als „Einfallstor" für Gegenangriffe interpretiert werden. Möchte sich ein Amtsinhaber dezidiert, kritisch und pointiert mit an ihn gerichteten Informationsmaßnahmen auseinandersetzen, darf er dies von Verfassungs wegen nur in seiner Rolle als Privatperson bzw. Parteipolitiker. Aufgrund der Vermutungsregelung zulasten der hinter einem Amt stehenden Privatperson tut er gut daran, seine Sprecherrolle nach außen erkennbar zu machen, da andernfalls ein eindeutiger Verstoß gegen die parteipolitische Neutralitätspflicht droht.[368] Insgesamt erscheint es daher angemessen, auch für die staatliche Öffentlichkeitsarbeit in den sozialen Netzwerken von einem Gebot äußerster Zurückhaltung zu sprechen, das allerdings kein „Verstummen" staatlichen Kommunikationshandelns zur Folge hat. Vielmehr sind staatliche Funktionsträger dazu verpflichtet, von proaktiven Öffentlichkeitsmaßnahmen, die außerhalb der unmittelbaren Vorwahlzeit keinen Bedenken begegnen, abzusehen und die Öffentlichkeitsarbeit auf netzwerkspezifische Kommunikation zu beschränken.

3. Verstoß gegen das formelle Verbot reklamehafter Aufmachung

Bei der Betrachtung staatlicher Accounts in den sozialen Netzwerken stellt sich die Frage, ob die in hohem Maße auf Selbstdarstellung ausgelegten Maßnahmen staatlicher Öffentlichkeitsarbeit in den sozialen Netzwerken („Influencer in Uniform"[369]) mit dem Verbot reklamehafter Aufmachung staatlicher Öffentlichkeitsarbeit vereinbar sind. Gerade das auf den staatlichen Accounts veröffentlichte Bildmaterial nimmt bisweilen überhand und weist eine erhebliche Ähnlichkeit zu den auf reine Selbstdarstellung abzielenden Accounts privater Netzwerknutzer auf. Das Verbot reklamehafter Auf-

---

[368] Zur Herleitung der Vermutungsregel vgl. 1. Kapitel A.III.2.c).cc).

[369] *Reuter/Fanta/Bröckling/Hammer*, Influencer in Uniform: Wenn die Exekutive viral geht, Netzpolitik.org, Artikel v. 05.03.2018, abrufbar unter: https://www.netzpolitik.org/2018/wenn-die-exekutive-viral-geht-twitter-wird-zum-lieblings-werkzeug-der-deutschen-polizei, zuletzt abgerufen am 20.07.2022.

machung besagt indes, dass staatliche Kommunikationsmaßnahmen, deren Informationsgehalt hinter der dem Bekanntheits- und Beliebtheitsgrad dienenden Selbstdarstellung gänzlich zurücktritt, einen Verstoß gegen die politische Neutralitätspflicht darstellen.

Der ohnehin schmale Grat zwischen (zumindest auch) auf Staatspflege ausgerichteter zulässiger Öffentlichkeitsarbeit und unzulässiger Sympathiewerbung wird in den von Natur aus auf ein gewisses Maß an Selbstdarstellung angelegten sozialen Netzwerken erheblich verengt. Fest steht indes, dass nicht jede Veröffentlichung von Bildmaterial im Widerspruch zur politischen Neutralitätspflicht des Staates und dem diese konkretisierenden Verbot reklamehafter Aufmachung staatlicher Öffentlichkeitsarbeit stehen kann.[370] Greift ein Hoheitsträger für seine Kommunikation auf die sozialen Netzwerke zurück, müssen ihm die dort verfügbaren Kommunikationsmittel prinzipiell zur Verfügung stehen.[371]

Neben der zweifelsfrei zulässigen Veröffentlichung informationsakzessorischen Bildmaterials ist allerdings auch das Verbreiten von auf Sympathiewirkung abzielendem Bildmaterial nicht per se als rechtswidrig einzustufen, da dies für die Nutzung der sozialen Netzwerke bis zu einem gewissen Grad symptomatisch ist. Ein Verstoß gegen die politische Neutralitätspflicht kommt im Falle medienbasierter Staatskommunikation in den sozialen Netzwerken vornehmlich in Betracht, wenn sich Hoheitsträger schwerpunktmäßig vorteilhaften Bildmaterials bedienen, ohne dieses mit kontextuellen Informationen zu verknüpfen.[372] Selbstrühmenden Beiträgen ohne konkreten Informationsanlass ist ein erhebliches Maß an „Reklamehaftigkeit" des staatlichen Informationshandelns zu attestieren, da nicht die Informationsversorgung der Bevölkerung, sondern die Eigenwerbung im Vordergrund steht.

Diese Kommunikationsform tritt substituierend an die Stelle reklamehafter Broschüren und Plakate, die das Bundesverfassungsgericht besonders kritisch sieht und bei der Entwicklung dieser Neutralitätspflichtkomponente vor Augen hatte.[373] Zur Wahrung der politischen Neutralität bedarf es daher stets einer hinreichenden Konnexität zwischen dem visuellen und dem informativen Inhalt der Netzwerkkommunikation.[374] Dabei vermag das Vorliegen

---

[370] A.A. noch *Vierhaus*, Umweltbewußtsein von oben, 1994, S. 495 f.

[371] Explizit zur Verwendung von Bildmaterial im Internet vgl. *Mast*, Staatsinformationsqualität, 2020, S. 224; *Ossenbühl*, NVwZ 2011, 1357 (1361).

[372] Zum allgemeinen Erfordernis eines hinreichenden Kontextbezugs zwischen Bildmaterial und Netzwerkbeitrag vgl. auch die Ausführungen zum Verbot sachfremder Erwägungen als Ausprägung des rechtsstaatlichen Sachlichkeitsgebots 3. Kapitel B.III.1.a).

[373] Vgl. BVerfGE 44, 125 (151 f.).

[374] Das Erfordernis einer hinreichenden Konnexität ist auch aus dem Blickwinkel des Sachlichkeitsgebots von Bedeutung, vgl. dazu 3. Kapitel B.III.1.a).

eines beliebigen Informationsgehalts allein nicht jede Form der Selbstdarstellung zu rechtfertigen: Handelt es sich bei der mit einer selbstdarstellenden oder selbstrühmenden Publikation preisgegebenen Information nur um „Schall und Rauch“, sodass der Informationsgehalt durch das selbstdarstellende Bildmaterial verdrängt wird, ist aufgrund der besonderen Suggestivwirkung ein Verstoß gegen das Verbot reklamehafter Aufmachung staatlicher Öffentlichkeitsarbeit als Ausprägung der politischen Neutralitätspflicht durchaus naheliegend. Plakativ ließe sich sagen, dass die Information nicht dem Bild, sondern nur das Bild der Information folgen darf.

Das Gleiche muss letztlich aber auch für den Fall gelten, dass publikationswürdige Informationen, von denen sich eine erhöhte Resonanz zu versprechen ist, mit selbstdarstellenden Bildern versehen werden, die in keinem Zusammenhang zu der preisgegebenen Information stehen. In diesen Fällen werden – unabhängig von einer konkreten Nähe zum Wahltag – die Mittel staatlicher Öffentlichkeitsarbeit zugunsten der eigenen Beliebtheit eingesetzt.

Wann die Publikationsaktivität eines Hoheitsträgers in den sozialen Netzwerken die Grenze informationsbasierter und zulässiger Öffentlichkeitsarbeit hin zur Reklamehaftigkeit überschreitet, ist im Einzelfall festzulegen und abstrakt nur schwer zu bestimmen. Allerdings ist bei der Beurteilung in jedem Fall die Frequenz der Netzwerkaktivität gebührend zu berücksichtigen. Werden die sozialen Netzwerke in wiederkehrender Weise dazu genutzt, um durch sympathisches Bildmaterial und wohlwollende Selbstdarstellung systematisch für die hinter einem Hoheitsträger stehende Person zu werben, ist von einem Verstoß gegen das Verbot reklamehafter Öffentlichkeitsarbeit auszugehen. Der Einsatz von aus dem Privatleben eines Hoheitsträgers stammenden Bildmaterials auf staatlichen Accounts ist unter dem Gesichtspunkt des zuvor Gesagten besonders kritisch zu sehen, da die erforderliche Konnexität zwischen informationsbasierter Amtsführung und entsprechendem Bildmaterial nahezu nie gegeben sein wird.

In diesem Kontext gilt es stets zu berücksichtigen, dass nach der hier vertretenen Rechtsauffassung eine Trennung staatlicher und privater oder parteipolitischer Accounts geboten erscheint und dass Letztere den Amtsinhabern zur Verbreitung privater Informationen und privaten Bildmaterials, das auf einen Sympathiegewinn unter den Nutzern der sozialen Netzwerke abzielt, weitestgehend grenzenlos zur Verfügung stehen. Hoheitsträgern wird die adäquate Nutzung der sozialen Netzwerke durch eine Übertragung und Anpassung des Verbots reklamehafter Aufmachung staatlicher Öffentlichkeitsarbeit mithin keineswegs in anachronistischer und sich den Kommunikationsentwicklungen verschließender Art und Weise verwehrt.

Untersucht man die mediale Aktivität eines Hoheitsträgers hin auf seine „Reklamehaftigkeit“, sind daher Quantität und Qualität der Beiträge gebührend in den Blick zu nehmen. Werden die Netzwerke systematisch durch wiederkehrendes Bildmaterial zur positiven Selbstdarstellung genutzt, spricht dies für eine Reklamehaftigkeit der Staatskommunikation. Gleiches gilt in qualitativer Hinsicht für Bildmaterial, das in keinerlei Zusammenhang zur Amtsführung des Accountinhabers steht und keinen Informationskonnex aufweist oder den Informationsgehalt weitestgehend verdrängt. Ein Blick in die sozialen Netzwerke reicht indes aus, um zu erkennen, dass Verstöße gegen das Verbot reklamehafter Aufmachung staatlicher Öffentlichkeitsarbeit in quantitativer wie in qualitativer Hinsicht regelmäßig Hand in Hand gehen und simultan gegeben sind. Eine derartige Kommunikationspraxis des Staates ist mit der Pflicht zu politischer Neutralität nicht vereinbar.

4. Zusammenfassung

Wie die äußerungsunspezifischen Grenzen staatlicher Öffentlichkeitsarbeit entfaltet auch die politische Neutralitätspflicht als bedeutendste äußerungsspezifische Grenze ihre Wirkung für die staatliche Öffentlichkeitsarbeit in den sozialen Netzwerken. Der Forderung nach einem Absenken des Neutralitätsniveaus für die Kommunikation in den sozialen Netzwerken ist von vornherein entgegenzuhalten, dass eine Annäherung der kommunikativen Ausgangspositionen staatlicher und parteipolitischer Diskursteilnehmer nicht mit einer rechtlichen Egalität gleichzusetzen ist und dass neben der aufrechtzuerhaltenden Dichotomie staatlicher und privater Kommunikation hinsichtlich der Reichweite und Amtsautorität der in den Netzwerken getätigten Äußerungen eine fundamentale Diskrepanz besteht. Die Forderung, die Kommunikation auf den Accounts von Hoheitsträgern in der unmittelbaren Vorwahlzeit gänzlich einzustellen, überzeugt ebenfalls nicht. Auch wenn sich das Gebot äußerster Zurückhaltung in der „heißen Phase" der Vorwahlzeit grundsätzlich auf die Öffentlichkeitsarbeit in den sozialen Netzwerken erstreckt, ist zusätzlich zur Ausnahme unaufschiebbarer Informationsmaßnahmen eine restriktive Ausnahme zugunsten netzwerkspezifischer Kommunikation anzunehmen. Ihre verringerte Eingriffsintensität und die andernfalls drohende Schlechterstellung der Amtsinhaber rechtfertigen die Akzeptanz einer restriktiv auszulegenden Bereichsausnahme für passive Kommunikation in den sozialen Netzwerken.

Indes untersagt das Verbot reklamehafter Aufmachung staatlicher Öffentlichkeitsarbeit die Veröffentlichung selbstdarstellender Bildbeiträge in den sozialen Netzwerken in besonderem Maße. Sie treten an die Stelle des staatlichen Informationshandelns, das das Bundesverfassungsgericht bereits 1977 unter dem Gesichtspunkt ihrer Reklamehaftigkeit für höchstproblematisch hielt. Allerdings geht mit der Übertragung dieser Grenzziehung nicht das absolute Verbot der Publikation von Bildmaterial einher, da es den staatlichen Funktionsträgern andernfalls nicht möglich wäre, auf die Besonderheiten der netzwerkspezifischen Kommunikation zurückzugreifen. Von einer unzulässigen Reklamehaftigkeit ist auszugehen, wenn die Publikation von Bildmaterial in quantitativer Hinsicht die Überhand gewinnt oder qualitativ den für eine Informationsmaßnahme erforderlichen Informationskonnex vermissen lässt. Regelmäßig gehen fehlender Informationskonnex und erhöhtes Ausmaß selbstdarstellender Beiträge allerdings Hand in Hand.

V. Fazit

Der Staat ist in vielerlei Hinsicht zur Neutralität verpflichtet. Die für das Recht der staatlichen Öffentlichkeitsarbeit wichtigste Neutralitätspflicht ist die Pflicht staatlicher Funktionsträger zu politischer bzw. parteipolitischer Neutralität. Sie hat ihren Ursprung in mehreren prominenten Prinzipien und Rechtssätzen des Grundgesetzes, ohne selbst eine ausdrückliche Normierung gefunden zu haben. Elementare Grundlage der politischen Neutralitätspflicht ist die Staatsfreiheit des (politischen) Willensbildungsprozesses in der Bevölkerung. Die Meinungsbildung muss sich – frei von staatlich-lenkenden Beeinflussungen – von den Bürgern hin zur Obrigkeit entwickeln und nicht umgekehrt. Da die Parteien im Willensbildungsprozess der Bevölkerung eine konstitutive, im Grundgesetz nachdrücklich hervorgehobene Rolle spielen, genießen sie über den Grundsatz der Chancengleichheit aus Art. 21 Abs. 1 GG einen besonderen Schutz. Die politische Neutralitätspflicht verbietet es daher Hoheitsträgern, politische Parteien und andere Gruppierungen öffentlich zu bewerten oder sich mit diesen zu identifizieren. Auch politische Ansichten, die den Schutz der Meinungsfreiheit genießen, dürfen grundsätzlich staatlicherseits nicht gleichheitswidrig behandelt und öffentlich bewertet werden.

Allerdings sind bei diesem rigiden Verständnis der Pflicht zu politischer Neutralität bereichsspezifische Ausnahmen von der Neutralitätspflicht zwingend notwendig. Insbesondere ist es staatsleitenden Amtsträgern, deren Funktionen von Verfassungs wegen ein erhebliches Maß an politischer Prägung erfahren haben, erlaubt, politische Entscheidungen zu treffen und Stellung zu beziehen, ohne dabei gegen die Pflicht zu politischer Neutralität zu verstoßen. In diesem besonders relevanten Fall ist von einer Verletzung der Neutralitätspflicht erst beim Überschreiten einer im Einzelfall zu bestimmenden Erheblichkeitsschwelle auszugehen. Bewegt sich ein staatsleitender Amtsträger unterhalb dieser Schwelle, ist kein Verstoß gegen die politische Neutralitätspflicht anzunehmen.

Auch im Umgang mit verfassungsfeindlichen Bestrebungen und ihren Vertretern ist eine Ausnahme vom Grundsatz der politischen Neutralität zu sehen. Werden die Grundsätze der wehrhaften Demokratie hinreichend berücksichtigt, muss auch ein kritischer Umgang mit entsprechenden Personen und ihren politischen Ansichten zulässig sein, ohne dabei im Widerspruch zur politischen Neutralitätspflicht zu stehen. Gleichermaßen muss es neben

Befreiungen vom rigiden Grundsatz der staatlichen Neutralität auch situative Verschärfungen geben: In der „heißen Phase des Wahlkampfes" ist der Willensbildungsprozess in der Bevölkerung besonders missbrauchsanfällig, was eine Erhöhung der Grenzziehung des staatlichen Äußerungsrechts zur Folge hat. Abseits unaufschiebbarer Informationsmaßnahmen wie etwa anlassbezogener Warnungen ist in den drei Monaten vor dem Wahltag von einem allgemeinen Gebot äußerster Zurückhaltung auszugehen.

Greift man unter Zugrundelegung des soeben Gesagten die strukturellen Kommunikationsunterschiede in den sozialen Netzwerken auf, ergibt sich daraus ein punktuelles Anpassungserfordernis für die Grundsätze der politischen Neutralitätspflicht. Allerdings wäre es fatal, im Hinblick auf die Neuordnung der Kommunikationsmöglichkeiten auf ein prinzipielles Absenken des Neutralitätsniveaus zu schließen. Die theoretische Ebenbürtigkeit verschiedener Sprecherrollen wird durch faktische Unterschiede hinsichtlich Reichweite und (Amts-) Autorität konterkariert. Außerdem ist die Dichotomie zwischen grundrechtlicher Freiheit und Grundrechtsbindung zwingend aufrechtzuerhalten, da es sich bei den sozialen Netzwerken nicht um einen abgeschlossenen Kommunikationsraum handelt.

Vielmehr ist davon auszugehen, dass eine erhebliche Wechselwirkung zwischen den herkömmlichen Erscheinungsformen staatlicher Öffentlichkeitsarbeit und dem informellen Handeln in den sozialen Netzwerken besteht, die einem Absenken des Neutralitätsniveaus zwingend entgegensteht. Ein anderes Bild ergibt sich indes bei der Frage nach der Übertragbarkeit des Gebots äußerster Zurückhaltung in der Vorwahlzeit: Während feststeht, dass die herkömmlichen Erscheinungsformen staatlicher Öffentlichkeitsarbeit in der „heißen Phase des Wahlkampfes" erheblich reduziert und auf das tatsächlich notwendige Minimum beschränkt werden müssen, ist die netzwerkspezifische Kommunikation staatlicher Funktionsträger von dieser Restriktion kategorisch auszunehmen.

Die das Gebot äußerster Zurückhaltung rechtfertigende Meinungsrelevanz staatlichen Informationshandelns in der unmittelbaren Vorwahlzeit ist im Falle der anlassbezogenen Kommunikation in den sozialen Netzwerken nicht gleichermaßen gegeben. Außerdem wären Hoheitsträger im Falle einer absoluten Stilllegung sämtlicher Accounts ungleich schlechter gestellt als die anderen am Wahlkampf beteiligten Accountinhaber. Dabei ist der Begriff der netzwerkspezifischen Kommunikation wie bereits im Rahmen der bereichsspezifischen Kompetenzerweiterung für staatliche Öffentlichkeitsarbeit eng auszulegen, was zwar eine erhebliche Reduktion der Öffentlichkeitsarbeit in den sozialen Netzwerken, aber keine absolute Stilllegung zur Folge hat.

Von besonderer Relevanz für die politische Neutralität staatlicher Stellen in den sozialen Netzwerken ist das Verbot reklamehafter Informationsmaßnahmen, da die sozialen Netzwerke teilweise ihrer Konzeption nach auf ein gewisses Maß an Selbstdarstellung ausgerichtet sind und damit „von Natur aus“ in einem Konfliktverhältnis zur politischen Neutralität staatlicher Funktionsträger stehen. Auch wenn die Netzwerkspezifika bei der staatlichen Kommunikation gebührend zu berücksichtigen sind und keine prinzipiellen Bedenken an der Nutzung der sozialen Netzwerke bestehen, wird die Grenze des rechtlich Zulässigen überschritten, wenn nicht mehr das Informationshandeln als solches, sondern die vorteilhafte Selbstdarstellung im Vordergrund einer Kommunikationsmaßnahme steht.

Maßgeblich für die Grenzziehung auf dem schmalen Grat zwischen angemessener Netzwerknutzung und rein reklamehafter Aufmachung eines Accounts und der dort veröffentlichten Beiträge sind die Quantität und Qualität der auf einem Profil verbreiteten Beiträge. Dient der Netzwerkaccount eines Hoheitsträgers schwerpunktmäßig der positiven Selbstdarstellung durch Veröffentlichung vorteilhaften Bildmaterials, ist von einem Verstoß gegen das Verbot reklamehafter Aufmachung auszugehen. Gleiches gilt für einzelne Informationsmaßnahmen, der Informationsgehalt durch auf Sympathiewirkung abzielendes Bildmaterial in den Schatten gerückt wird. Regelmäßig sind die Verstöße in quantitativer wie qualitativer Hinsicht indes untrennbar miteinander verbunden.

In der Gesamtschau zeigt sich, dass – auch wenn die politische Neutralitätspflicht als wichtigste äußerungsspezifische Grenze staatlicher Öffentlichkeitsarbeit prinzipiell ihre Geltung für die Kommunikation in den sozialen Netzwerken beansprucht – punktuelle Unterschiede zu den herkömmlichen Erscheinungsformen staatlicher Öffentlichkeitsarbeit nicht von der Hand zu weisen sind. Im Hinblick auf die steigende, chronisch unterschätzte Bedeutung der Kommunikation in den sozialen Netzwerken und der Wechselwirkung zwischen herkömmlicher und neuartiger Öffentlichkeitsarbeit gilt es die Einhaltung der gewohnten wie angepassten Vorgaben zu überwachen.

B. Das rechtsstaatliche Sachlichkeitsgebot

Neben der politischen Neutralitätspflicht dominiert das sog. Sachlichkeitsgebot die rechtswissenschaftlichen Untersuchungen und die Rechtsprechung im Bereich der staatlichen Öffentlichkeitsarbeit. Auch wenn die Grenzen bisweilen zu verschwimmen scheinen, handelt es sich beim Sachlichkeitsgebot und der Neutralitätspflicht um zwei strikt voneinander zu trennende Vorgaben für staatliches Informationshandeln. Sie unterscheiden sich in ihrer Herleitung, ihren Vorgaben für Maßnahmen staatlicher Öffentlichkeitsarbeit und den Auswirkungen, die sich aus der Kommunikation in den sozialen Netzwerken ergeben.

I. Herleitung

Wie *Mast* treffend aufzeigt, hängt die Herleitung des Sachlichkeitsgebots vom Verständnis des Gebotsinhalts ab.[375] Während es teilweise als handlungsformunabhängige Ausprägung des sich auf alle Erscheinungsformen staatlichen Handelns erstreckenden Willkürverbots verstanden[376] und unter Hinzuziehung des Verhältnismäßigkeitsgrundsatzes hergeleitet wird[377], handelt es sich beim Sachlichkeitsgebot nach der hier vertretenen Rechtsauffassung um eine äußerungsspezifische Grenze staatlicher Öffentlichkeitsarbeit, die ihren Ursprung gesamtheitlich im Rechtsstaatsprinzip des Art. 20 Abs. 3 GG hat und neben dem Willkürverbot zu verorten ist. Unabhängig von seiner Herleitung ist das Gebot in jedem Fall als Grenze staatlicher Öffentlichkeitsarbeit anerkannt.[378]

1. Rechtsstaatsprinzip

Allen voran ist der Vorschrift des Art. 20 Abs. 3 GG die Bindung aller staatlichen Stellen an Recht und Gesetz zu entnehmen. Mit ihr korrespondieren eine Vielzahl ungeschriebener Rechtsgewährleistungen für das Verhältnis von Staat zu Bürger und für den Bereich der Staatsorganisation, denen allesamt die tragende Idee der Gerechtigkeit staatlichen Handelns zugrunde liegt.[379] Zu den sich aus dem Rechtsstaatsprinzip ergebenden Vorgaben für staatliches Handeln muss sich auch das Sachlichkeitsgebot zählen lassen. Bei ihm handelt es sich um die äußerungsspezifische Ausprägung des durch das Rechtsstaatsprinzip vornehmlich verbürgten Gerechtigkeitsgebots. Ausfluss dieses weitreichenden Gerechtigkeitsgedankens ist auch das allgemeingültige Willkürverbot, das darüber hinaus seinen Ursprung im Gleichheitssatz des Art. 3 Abs. 1 GG findet und vielfach zur Begründung des Sachlichkeitsgebots bemüht wird.[380]

---

[375] *Mast*, Staatsinformationsqualität, 2020, S. 198.

[376] So etwa BVerfG, NJW 1989, 3269 (3270); *Dişçi*, Der Grundsatz politischer Neutralität, 2019, S. 79 und S. 89 f.; vgl. dazu die Analyse von *Mast*, Staatsinformationsqualität, 2020, S. 198 m.w.N.

[377] Vgl. BVerwG, NVwZ 2018, 433 (435); *Bumke*, Die Verwaltung 37 (2004), 3 (21); *Ingold*, Desinformationsrecht, 2011, S. 55; *Kühn*, Bürgerbeeinflussung durch Berichterstattung staatlicher Stellen, 2018, S. 328.

[378] Häufig wird die Herleitung des äußerungsspezifischen Sachlichkeitsgebots daher gar nicht thematisiert, vgl. jüngst NdsStGH, Urt. v. 24.11.2020 – StGH 6/19 Rn. 100 – juris; *Eder*, „Rote Karte" gegen „Spinner"?, 2017, S. 157; *Landwers*, Behördliche Öffentlichkeitsarbeit im Recht, 2019, S. 126; *Zott*, Aktive Informationen des Staates im Internet – Mittelalterlicher Pranger oder modernes Steuerungsinstrument?, 2016, S. 185.

[379] Zur Idee rechtsstaatlicher Gerechtigkeit vgl. *Schmidt-Aßmann*, in: Isensee/Kirchhof, HStR Bd. II, 3. Aufl. 2004, § 26 Rn. 41.

[380] BVerfG, NJW 1989, 3269 (3270); *Dişçi*, Der Grundsatz politischer Neutralität, 2019,

Allerdings geht das Sachlichkeitsgebot bei weitem über den Inhalt des Willkürverbots hinaus.[381] Es beschränkt sich – anders als das Willkürverbot – nicht darauf, die Entscheidungserheblichkeit sachfremder Erwägungen zu untersagen, sondern beinhaltet in seiner Form, die es durch die Rechtsprechung und Literatur erhalten hat, konkrete Vorgaben für das Informationshandeln staatlicher Stellen. Auch wenn Parallelen sowie punktuelle Überschneidungen zwischen äußerungsrechtlicher Sachlichkeit und dem Verbot, Entscheidungen auf der Grundlage sachfremder Erwägungen zu treffen, existieren, tritt das Sachlichkeitsgebot in seiner äußerungsspezifischen Erscheinung neben das allgemeingültige Willkürverbot. Nur weil beide Rechtssätze der Gerechtigkeit staatlichen Handelns zu dienen bestimmt sind, sind sie nicht gleichzusetzen.[382] Im informationsrechtlichen Sachlichkeitsgebot ist mithin eine neben das den Staat bei allen seinen Handlungsformen bindende Willkürverbot tretende Ausprägung des Rechtsstaatsprinzips aus Art. 20 Abs. 3 GG zu sehen.

2. *Verhältnis zur staatlichen Neutralitätspflicht*

Beim Sachlichkeitsgebot und der Neutralitätspflicht handelt es sich um zwei eng verzahnte Rechtssätze, die im Hinblick auf ihren Ursprung und Aussagegehalt allerdings nicht gleichgesetzt werden dürfen. Auch wenn häufig nicht hinreichend trennscharf zwischen ihnen unterschieden wird, ist eine grundlegende Abgrenzung geboten, um den jeweiligen Anwendungsbereich bestimmen und die gegenseitige Wechselwirkung nachvollziehen zu können. Dies wird besonders deutlich, wenn man sich die subjektivrechtlichen Komponenten der Neutralitätspflicht und des Sachlichkeitsgebots vor Augen führt.

a) Divergenz von Herleitung und Aussagegehalt

So wie die rechtsdogmatische Herleitung des Sachlichkeitsgebots hinsichtlich des praktischen Anwendungsfalls vielfach für unerheblich gehalten wird, gerät auch die Untersuchung des Verhältnisses von Sachlichkeitsgebot und Neutralitätspflicht bisweilen in den Hintergrund. Nicht selten fehlt es hier an Konturenschärfe, was im Hinblick auf die die variierende Herleitung widerspiegelnde Divergenz der Anwendungsbereiche und Rechtssatzinhalte misslich ist.[383] Während die staatliche Pflicht zu politischer Neutralität ihren Ur-

---

S. 89 f.; *Sommermann*, in: v. Mangoldt/Klein/Starck, GG, 7. Aufl. 2018, Art. 20 Rn. 305; vgl. dazu auch *Mast*, Staatsinformationsqualität, 2020, S. 199 f.

[381] Vgl. mittlerweile ohne den Bezug zum Willkürverbot, sondern von einem Sachlichkeitsgebot als solches sprechend BVerfGE 105, 252 (272 f.); vgl. auch OVG Bremen, NJW 2010, 3738 (3738); so auch *Mast*, Staatsinformationsqualität, 2020, S. 200.

[382] A.A. wohl *Dişçi*, Der Grundsatz politischer Neutralität, 2019, S. 89 f.

[383] Vgl. beispielsweise BVerwG, NVwZ 2018, 433 (435 f.).

sprung wie gezeigt in der demokratiekonstituierenden Staatsfreiheit der gesellschaftlichen Willensbildung hat,[384] handelt es sich beim Sachlichkeitsgebot um eine äußerungsspezifische Ausprägung des im Rechtsstaatsprinzip aus Art. 20 Abs. 3 GG verankerten Gerechtigkeitsgedankens.

Damit liegen ihnen naturgemäß verschiedene Wertungen zugrunde, die sich unmittelbar auf ihre Anforderungen an die Maßnahmen staatlicher Öffentlichkeitsarbeit auswirken: Die politische Neutralitätspflicht untersagt es dem Staat, durch Bewertungen und Identifikationen im weiteren Sinne Einfluss auf den Willensbildungsprozess der Bevölkerung zu nehmen, da dieser sich vom Volk hin zu den Staatsorganen zu vollziehen hat. Das Sachlichkeitsgebot zwingt den staatlichen Funktionsträger unabhängig vom parteiergreifenden Charakter einer Informationsmaßnahme dazu, „weder unsachlich noch herabsetzend" zu kommunizieren.[385] Damit betrifft die Neutralitätspflicht primär den Inhalt und Aussagegehalt einer Informationsmaßnahme, wohingegen der Anknüpfungspunkt des Sachlichkeitsgebots in der Äußerungsform und dem kommunikativen Umgang mit den Adressaten und Rezipienten zu sehen ist.[386]

Auch wenn ein Verstoß gegen die (politische) Neutralitätspflicht nicht selten mit einem Verstoß gegen das Sachlichkeitsgebot einhergeht und eine Wechselwirkung zwischen Neutralität und Sachlichkeit nicht von der Hand zu weisen ist, da die Unsachlichkeit einer Äußerung die zu dem Verstoß gegen die Neutralitätspflicht führende herabsetzende Wirkung staatlichen Informationshandelns (mit-) begründen kann,[387] handelt es sich bei ihnen um zwei prinzipiell getrennt voneinander zu betrachtende Grenzziehungen des staatlichen Informationshandelns.[388]

---

[384] Grundlegend 3. Kapitel A.III.1.

[385] BVerfGE 105, 252 (272 f.); zu den sich aus dem Sachlichkeitsgebot ergebenden Anforderungen an Maßnahmen staatlicher Öffentlichkeitsarbeit vgl. sogleich II.

[386] So auch *Mast*, Staatsinformationsqualität, 2020, S. 375; vgl. auch BVerfGE 154, 320 (352); zum äußeren Aspekt des Sachlichkeitsgebots auch *Zott*, Aktive Informationen des Staates im Internet – Mittelalterlicher Pranger oder modernes Steuerungsinstrument?, 2016, S. 184.

[387] Die Wechselwirkung von Neutralitätspflicht und Sachlichkeitsgebot ist in der jüngeren Rechtsprechung des Bundesverfassungsgerichts gut zu erkennen, indem es dort zunächst feststellt, dass hoheitliche Äußerungen an der Neutralitätspflicht zu messen sind und anschließend davon ausgeht, dass „unsachliche, diskriminierende oder diffamierende Äußerungen über Parteien […] eine unzulässige einseitige Parteinahme im politischen Wettbewerb" darstellen können, vgl. BVerfGE 148, 11 (30); vgl. auch E 154, 320 (352).

[388] Hervorzuheben ist insofern der NdsStGH, der davon ausgeht, dass Äußerungen, die keinen Verstoß gegen die politische Neutralitätspflicht begründen, gleichwohl auf ihre Sachlichkeit hin zu überprüfen sind, NdsStGH, Urt. v. 24.11.2020 – StGH 6/19 Rn. 100 – juris; vgl. auch *Kalscheuer*, KommJur 2018, 121 (124); a.A. wohl *Dişçi*, Der Grundsatz politischer Neutralität, 2019, S. 91.

b) Divergenz hinsichtlich des subjektivrechtlichen Charakters

Der unterschiedliche Charakter der Beschränkungen wird überdies besonders deutlich, wenn man sich die subjektivrechtliche Qualität der Neutralitätspflicht und des Sachlichkeitsgebots vor Augen führt. Neben ihrem objektiven Gehalt als Handlungsmaßstab staatlicher Funktionsträger kommt der politischen Neutralitätspflicht unbestritten auch ein subjektivrechtlicher Gehalt zu, der sich schwerpunktmäßig in der Chancengleichheit der Parteien und bei fehlender Parteiqualität in den Kommunikationsgrundrechten der Betroffenen niederschlägt.[389] Diese subjektivrechtliche Komponente der Pflicht staatlicher Stellen zu politischer Neutralität ermöglicht dem (Grund-)Rechtsträger die Geltendmachung im Falle befangener Äußerungen mit Eingriffsqualität, da die zur Herleitung der staatlichen Neutralitätspflicht herangezogenen Rechtssätze ihrerseits ein subjektiv-öffentliches Recht verbürgen.[390]

Gänzlich anders verhält es sich hingegen beim rechtsstaatlichen Sachlichkeitsgebot. Im Gegensatz zur Neutralitätspflicht speist es sich allein aus dem allgemeinen Gerechtigkeitsgedanken des Art. 20 Abs. 3 GG und damit aus einem allgemeinverbindlichen Rechtssatz, der für sich genommen kein subjektiv-öffentliches Recht beinhaltet.[391] Dass dem Sachlichkeitsgebot in der äußerungsrechtlichen Rechtsprechung gleichwohl eine immense Bedeutung beigemessen wird, ist wiederum auf die bereits betonte Wechselwirkung zwischen subjektivrechtlich konnotierter Neutralitätspflicht und objektivrechtlichem Sachlichkeitsgebot zurückzuführen, bei der Erstere den subjektiven Anknüpfungspunkt für (gerichtlichen) Rechtsschutz darstellt und in Letzterer ein integraler Bestandteil der Ermittlung einer Pflichtverletzung zu sehen ist, was in Rechtsprechung und Literatur bisweilen bedauerlicherweise mit Kongruenz verwechselt wird.

Für die Frage, ob eine staatliche Informationsmaßnahme einen rechtsverletzenden Verstoß gegen die politische Neutralitätspflicht beinhaltet, kommt dem Sachlichkeitsgebot trotz seines genuin objektivrechtlichen Charakters damit eine erhebliche Bedeutung zu. Regelmäßig geht mit einem politisch motivierten Verstoß gegen das Sachlichkeitsgebot auch eine Verletzung der politischen Neutralitätspflicht einher.[392] Die Inkongruenz wird indes deutlich, wenn man sich vor Augen führt, dass ein Verstoß gegen die

---

[389] Vgl. auch *Mast*, Staatsinformationsqualität, 2020, S. 372.

[390] *Dişçi*, Der Grundsatz politischer Neutralität, 2019, S. 194 f.

[391] So wohl auch *Eder*, „Rote Karte" gegen „Spinner"?, 2017, S. 157; *Kühn*, Bürgerbeeinflussung durch Berichterstattung staatlicher Stellen, 2018, S. 329; *Mast*, Staatsinformationsqualität, 2020, S. 372 f.; a.A. wohl BVerwG, NVwZ 2018, 433 (435 f.).

[392] Ähnlich in diesem Punkt aber im Ergebnis strukturell divergierend *Dişçi*, Der Grundsatz politischer Neutralität, 2019, S. 91.

politische Neutralitätspflicht hingegen durchaus auch im Falle sachlicher Informationsmaßnahmen denkbar ist, wenn sich aus ihnen nämlich „nur" die Identifikation mit einer politischen Partei oder Vereinigung entnehmen lässt. Bekennt sich ein staatlicher Funktionsträger ausdrücklich zu einer Partei oder gibt eine Wahlempfehlung ab, hat dies regelmäßig einen Verstoß gegen die politische Neutralitätspflicht zur Folge, wohingegen ein Verstoß gegen das Sachlichkeitsgebot fernliegend ist.

Das rechtsstaatliche Sachlichkeitsgebot ist zur Entfaltung seiner individualrechtlichen Wirkung daher stets auf die Vorschaltung eines seinerseits subjektiv-öffentlichen Rechts angewiesen und insofern als eine die Konkordanz zwischen zulässiger Öffentlichkeitsarbeit und unzulässigem Neutralitätspflichtverstoß konkretisierende „Schranken-Schranke" zu verstehen.[393] Greift eine Informationsmaßnahme in den Schutzbereich eines subjektiv-öffentlichen Rechts ein, bemisst sich die Rechtmäßigkeit und Rechtfertigung der Äußerung neben dem rechtsstaatlichen Sachlichkeitsgebot beispielsweise auch nach der Verhältnismäßigkeit der informationellen Maßnahme.[394] Diese Annahme bestätigt sich bei einem Blick auf die Rechtswirkungen des Sachlichkeitsgebots im Zusammenhang mit Äußerungen, deren Eingriffswirkung sich nicht auf den politischen Wettbewerb, sondern andere Grundrechtssphären wie etwa die Berufs- oder Glaubensfreiheit bezieht: Auch hier wird das rechtsstaatliche Sachlichkeitsgebot von den Gerichten im Rahmen der Grundrechtsprüfung als ein – besonders bedeutsamer – Maßstab unter anderen Maßgaben herangezogen.[395]

Beim Sachlichkeitsgebot handelt es sich mithin um eine äußerungsspezifische Ausprägung des objektivrechtlichen Gerechtigkeitsgebots, das auf eine „subjektive Einkleidung" durch ein Individualrecht angewiesen ist. Dass es sich beim Sachlichkeitsgebot im Rahmen der politischen Neutralitätspflicht häufig um ein gewichtiges Kriterium handelt, ändert nichts daran, dass es sich bei ihnen um zwei voneinander zu trennende Rechtssätze handelt.[396]

3. Das Demokratieprinzip als untaugliche Grundlage des Sachlichkeitsgebots

Unter Zugrundelegung des soeben Festgestellten vermögen die vom Bundesverwaltungsgericht in seiner „DÜGIDA"-Entscheidung[397] angeführten Erwägungen im Zusammenhang mit der Herleitung des Sachlichkeitsgebots

[393] So auch *Möstl*, in: Uhle (Hrsg.), Information und Einflussnahme, 2018, S. 49 (71 f.).

[394] Vgl. *Möstl*, in: Uhle (Hrsg.), Information und Einflussnahme, 2018, S. 49 (71 f.)

[395] Vgl. BVerfGE 105, 252 (272); 205, 279 (295).

[396] Fehlerhaft wäre es daher von einem Alternativitätsverhältnis auszugehen, vgl. dazu auch treffend *Dişçi*, Der Grundsatz politischer Neutralität, 2019, S. 112 f.

[397] BVerwG, NVwZ 2018, 433 ff.

nicht zu überzeugen. In dem Urteil spricht das Gericht der politischen Neutralitätspflicht ihre Geltung für politische Vereinigungen ohne Parteistatus ab, um das den Oberbürgermeister in seiner Befugnis zur kommunalen Öffentlichkeitsarbeit beschränkende Sachlichkeitsgebot im Anschluss aus dem demokratiekonstituierenden Erfordernis einer staatsfreien Willensbildung in der Bevölkerung und damit aus dem die politische Neutralitätspflicht prägenden Verfassungsgrundsatz abzuleiten.[398] Weder die Verkürzung des Anwendungsbereichs der politischen Neutralitätspflicht auf politische Parteien noch die demokratische Aufladung des Sachlichkeitsgebots vermag zu überzeugen.[399]

Bei der Chancengleichheit der Parteien aus Art. 21 Abs. 1 GG handelt es sich wie gezeigt nur um eine Komponente der Neutralitätspflicht unter mehreren. Insbesondere steht den Parteien nicht das Monopol für die Mitwirkung an der politischen Willensbildung der Bevölkerung zu.[400] Vielmehr wirkt es widersprüchlich, politische Vereinigungen ohne Parteistatus in Ermangelung einer vergleichbaren Interessenlage aus dem Anwendungsbereich der Neutralitätspflicht auszunehmen, um dann dem Sachlichkeitsgebot unter Verweis auf die Staatsfreiheit der Willensbildung ein Verbot der lenkenden Einflussnahme auf den Kommunikationsprozess zu entnehmen.[401]

Konsequent wäre es gewesen, die Neutralitätspflicht auch auf politische Vereinigungen zu erstrecken, die nicht in den Genuss des besonderen Schutzes aus Art. 21 Abs. 1 GG kommen, sich aber gleichwohl auf die Kommunikationsgrundrechte berufen können.[402] Um der exponierten Stellung der Parteien im Meinungsbildungsprozess (Art. 21 GG) und dem Umstand, dass die in Rede stehende Vereinigung sich nicht auf die Teilnahme an einer Wahl ausgerichtet hat (Art. 38 Abs. 1 Satz 1 GG), gerecht zu werden, wäre die Anwendung eines abgestuften Neutralitätsmaßstabs für die Äußerungen des Bürgermeisters angemessen gewesen.

Die Ausführungen des Bundesverwaltungsgerichts haben indes eine unglückliche Vermengung der sich aus dem Sachlichkeitsgebot auf der einen und der Neutralitätspflicht auf der anderen Seite ergebenden Rechtsanforderungen zur Folge.[403] Kernelemente der auf den Äußerungsinhalt abzielen-

---

[398] BVerwG, NVwZ 2018, 433 (435 f.).

[399] Krit. auch *Mast*, Staatsinformationsqualität, 2020, S. 200 f.; a.A. *Dişçi*, Der Grundsatz politischer Neutralität, 2019, S. 90 ff.

[400] Vgl. den Exkurs unter 2. Kapitel A.III.1.c).bb).

[401] So aber BVerwG, NVwZ 2018, 433 (435 f.).

[402] So auch *Barczak*, NVwZ 2015, 1014 (1019); *Bilsdorfer*, Polizeiliche Öffentlichkeitsarbeit in sozialen Netzwerken, 2019, S. 70 ff.; *Kuch*, AöR 142 (2017), 491 (523 f.); *Milker*, JA 2017, 647 (649 f.); *Wahnschaffe*, NVwZ 2016, 1767 (1769 ff.); vgl. dazu grundlegend auch 3. Kapitel A.III.1.c).bb).

[403] *Mast*, Staatsinformationsqualität, 2020, S. 200; vgl. aber auch zustimmend *Dişçi*, Der Grundsatz politischer Neutralität, 2019, S. 92 f.

den Pflicht zur politischen Neutralität werden durch das Gericht unter dem Deckmantel des an und für sich primär den *Modus Operandi* der staatlichen Öffentlichkeitsarbeit betreffenden Sachlichkeitsgebots beleuchtet. Grund dafür ist womöglich die den politischen Vereinigungen gegenüber Parteien andernfalls drohende Ungleichbehandlung „zweiter Ordnung".[404] Dogmatisch überzeugend und – unabhängig von der Frage, ob die Äußerungen des Oberbürgermeisters im Bereich des Zulässigen zu verorten sind – zutreffend wäre es gewesen, eine Anwendbarkeit der Neutralitätspflicht anzunehmen und daneben zu untersuchen, ob das Informationshandeln des Amtsträgers – insbesondere der Aufruf zum Ausschalten der (Straßen-) Beleuchtung – gegen das rechtsstaatliche Sachlichkeitsgebot verstößt. Die Verkürzung des Anwendungsbereichs der politischen Neutralitätspflicht und die darauf zurückzuführende Demokratisierung des Sachlichkeitsgebots vermögen hingegen nicht zu überzeugen und werden der Interessenlage politischer Vereinigungen im Ergebnis nicht gerecht.

4. Exkurs: Das Richtigkeitsgebot

Dem Staat ist es grundsätzlich untersagt, unwahre Tatsachen und falsche Informationen zu verbreiten.[405] Diese äußerungsspezifische Vorgabe für staatliches Informationshandeln wird gemeinhin als Richtigkeitsgebot bezeichnet.[406] Die konkrete Herleitung des Gebots divergiert, da es teilweise aus dem Verhältnismäßigkeitsgrundsatz[407], aus dem Rechtsstaatsprinzip[408] und

---

[404] *Kuch*, AöR 142 (2017), 491 (524).

[405] BVerfGE 105, 252 (272 f.); 148, 50 (55); *Bilsdorfer*, Polizeiliche Öffentlichkeitsarbeit in sozialen Netzwerken, 2019, S. 232; *Bumke*, Die Verwaltung 37 (2004), 3 (21); *Gramm*, NJW 1989, 2917 (2920 f.); *Gusy*, NVwZ 2015, 700 (701); *Kühn*, Bürgerbeeinflussung durch Berichterstattung staatlicher Stellen, 2018, S. 329 f.; *Papesch*, Staatliche Informationstätigkeit im System des öffentlichen Rechts, 2000, S. 125 f.; *Schürmann*, Öffentlichkeitsarbeit der Bundesregierung, 1992, S. 312; *Zott*, Aktive Informationen des Staates im Internet – Mittelalterlicher Pranger oder modernes Steuerungsinstrument?, 2016, S. 187 ff.; vgl. auch *Eder*, „Rote Karte" gegen „Spinner"?, 2017, S. 157.

[406] Vgl. VG Köln, Beschl. v. 10.11.2017 – 7 L 2971/17 Rn. 5 – juris; VG Hannover, Beschl. v. 22.02.2019 – 6 B 5193/18 Rn. 134 – juris; *Bumke*, Die Verwaltung 37 (2004), 3 (21); *Guckelberger*, in: Hill/Schliesky (Hrsg.), Die Vermessung des virtuellen Raums, 2012, S. 79 (103); *Gusy*, NVwZ 2015, 700 (701); *Kühn*, Bürgerbeeinflussung durch Berichterstattung staatlicher Stellen, 2018, S. 329 f.; *Landwers*, Behördliche Öffentlichkeitsarbeit im Recht, 2019, S. 126; *Mast*, Staatsinformationsqualität, 2020, S. 236 ff.; *Schoch*, in: Isensee/Kirchhof, HStR Bd. III, 3. Aufl. 2005, § 37 Rn. 143; vgl. auch *Ingold*, Desinformationsrecht, 2011, S. 13.

[407] *Bumke*, Die Verwaltung 37 (2004), 3 (21); *Kühn*, Bürgerbeeinflussung durch Berichterstattung staatlicher Stellen, 2018, S. 329.

[408] *Gramm*, NJW 1989, 2917 (2920 f.); *Guckelberger*, in: Hill/Schliesky (Hrsg.), Die Vermessung des virtuellen Raums, 2012, S. 79 (103); *Mast*, Staatsinformationsqualität, 2020,

aus dem Sachlichkeitsgebot[409] selbst hergeleitet bzw. als Teil dessen verstanden wird. Im Zusammenhang mit der gesellschaftlichen Willensbildung lässt sich ein Verbot fehlerhafter Informationsverbreitung auch mit dem Demokratieprinzip aus Art. 20 Abs. 2 Satz 1 GG begründen.[410]

Unabhängig von der konkreten Herleitung ist die prinzipielle Geltung des Gebots dabei über jeden Zweifel erhaben.[411] Ebenso verhält es sich mit dem maßgebenden Gebotsinhalt, der einer Verbreitung erwiesen unwahrer Tatsachenbehauptungen entgegensteht.[412] Anders als es der Name des Gebots prima facie nahelegt, hat indes nicht jede Publikation einer wahrheitswidrigen Information die Verletzung des Richtigkeitsgebots zur Folge, da es dem Staat möglich sein muss, auch bei unvollständiger Sachkenntnis informativ tätig zu werden.[413] Gerade im Bereich staatlicher Warnungen und Empfehlungen ist zeitnahes Handeln für den Erfolg des staatlichen Informationshandelns von immenser Bedeutung. Gewiss ist bisweilen nur die Ungewissheit.[414] Die Forderung nach einer allumfassenden Pflicht zu objektiver, tatsächlicher Richtigkeit würde die staatliche Öffentlichkeitsarbeit daher in vielerlei Hinsicht lähmen. Es ist insofern zu befürworten, das Richtigkeitsgebot schwerpunktmäßig als Anforderung an die subjektive Komponente des staatlichen Informationshandelns zu verstehen.[415] Weder unbeabsichtigte

---

S. 241 ff.; *Papesch*, Staatliche Informationstätigkeit im System des öffentlichen Rechts, 2000, S. 125; *Zott*, Aktive Informationen des Staates im Internet – Mittelalterlicher Pranger oder modernes Steuerungsinstrument?, 2016, S. 189.

[409] *Eder*, „Rote Karte" gegen „Spinner"?, 2017, S. 157; vgl. auch *Ferreau*, NVwZ 2017, 1259 (1262); *Zott*, Aktive Informationen des Staates im Internet – Mittelalterlicher Pranger oder modernes Steuerungsinstrument?, 2016, S. 188.

[410] *Mast*, Staatsinformationsqualität, 2020, S. 241 ff.; *Kühn*, Bürgerbeeinflussung durch Berichterstattung staatlicher Stellen, 2018, S. 329; zur Bedeutung der demokratiesichernden Staatsfreiheit der gesellschaftlichen Willensbildung im Zusammenhang mit wahlbezogener Desinformation vgl. *Ingold*, Desinformationsrecht, 2011, S. 72 f.

[411] *Schoch*, NJW 2012, 2844 (2848), spricht in diesem Kontext sogar von einer „Selbstverständlichkeit".

[412] *Kühn*, Bürgerbeeinflussung durch Berichterstattung staatlicher Stellen, 2018, S. 329 f.; *Mast* geht davon aus, dass sich die Richtigkeitspflicht bei Informationshandeln, das der Vermittlung von Faktenwissen dient, bereits aus der Staatsaufgabe selbst ergibt, vgl. *Mast*, Staatsinformationsqualität, 2020, S. 253 ff.; es erscheint allerdings überzeugender, die Pflicht zur Richtigkeit auch in den Fällen, in denen die Aufgabenerfüllung auf die Richtigkeit der Informationen angewiesen ist, aus dem materiell-rechtlichen Richtigkeitsgebot abzuleiten und nicht bereits aus der formellen Aufgabe selbst.

[413] *Kühn*, Bürgerbeeinflussung durch Berichterstattung staatlicher Stellen, 2018, S. 330; *Guckelberger*, in: Hill/Schliesky (Hrsg.), Die Vermessung des virtuellen Raums, 2012, S. 79 (104); *Mast*, Staatsinformationsqualität, 2020, S. 256 f.; vgl. dazu auch ausf. VG Hannover, Beschl. v. 22.02.2019 – 6 B 5193/18 Rn. 134 – juris.

[414] *I. Augsberg*, Informationsverwaltungsrecht, 2014, S. 238 f.

[415] *Mast*, Staatsinformationsqualität, 2020, S. 260; krit. zum Rekurs auf „objektive" Wahrheit auch *I. Augsberg*, Informationsverwaltungsrecht, 2014, S. 204.

Falschmeldungen noch unverschuldete Fehlschlüsse oder Irrtümer führen mithin zwangsläufig zu einem Verstoß gegen das Richtigkeitsgebot. Der bewusste Dissens von Publikation und Richtigkeit hat indes regelmäßig einen rechtserheblichen Verstoß gegen das Richtigkeitsgebot zur Folge.[416]

In Anbetracht der Bedeutsamkeit sachlich zutreffender Informationstätigkeit von Seiten des Staates für das Vertrauen in die Öffentlichkeitsarbeit staatlicher Stellen und ihrer demokratiestabilisierenden Funktion unterliegt das Informationshandeln bei unklarer Sachlage und einer möglichen Unrichtigkeit des Kommunikationsinhalts allerdings erhöhten Rechtfertigungsanforderungen.[417] Insbesondere können Behauptungen „ins Blaue hinein" den verfassungsrechtlichen Anforderungen an genuin-hoheitliches Handeln nie genügen. Erforderlich ist vielmehr ein Rechtfertigungsgrund, der seinen Ursprung im öffentlichen Interesse hat und die mit einer potentiellen Fehlinformation der Rezipienten einhergehenden Folgen und Vertrauenseinbußen überwiegt, weshalb bei realistischer Betrachtung nur verfassungsimmanente Wertungen in Betracht zu ziehen sind. Das Bundesverfassungsgericht hat die Anforderungen an den Umgang mit nicht abschließend als richtig einzustufenden Informationen in seinem Glykol-Beschluss konkretisiert und festgestellt, dass die Verbreitung unzutreffender Informationen zum Zwecke des Gesundheitsschutzes der Bevölkerung rechtmäßig sein kann, wenn sich staatlicherseits um die Aufklärung bemüht und auf die mit der Informationspreisgabe einhergehenden Unsicherheiten hingewiesen wurde.[418] Damit misst das Gericht dem Richtigkeitsgebot auch eine prozedurale Komponente bei, die auf ein größtmögliches Maß an Transparenz und Rechtssicherheit angelegt ist.[419] Sie zwingt den Staat zu einer bestmöglichen Ermittlung und Überprüfung des Tatsachenmaterials auf seine Richtigkeit und Vollständigkeit,[420]

---

[416] Eine besonders eng auszulegende Ausnahme ist im sog. „Recht zur Lüge" zu sehen, dessen praktische Relevanz überschaubar ist, staatliche Funktionsträger im Einzelfall aber dazu befugt, erwiesen unwahre Tatsachenbehauptungen zu verlautbaren, vgl. dazu grundlegend *Mast*, Staatsinformationsqualität, 2020, S. 260 ff.

[417] *Kühn*, Bürgerbeeinflussung durch Berichterstattung staatlicher Stellen, 2018, S. 330; *Martini/Kühl*, JURA 2014, 1221 (1224); *Zott*, Aktive Informationen des Staates im Internet – Mittelalterlicher Pranger oder modernes Steuerungsinstrument?, 2016, S. 193 f.

[418] BVerfGE 105, 252 (272 f.); darüber hinaus kann auch eine nachträgliche Korrekturpflicht bestehen, vgl. BVerfGE 148, 40 (55).

[419] Vgl. dazu grundlegend *I. Augsberg*, Informationsverwaltungsrecht, 2014, S. 244 ff.; allerdings erscheint es auch gut vertretbar, die prozeduralen Anforderungen an das Informationshandeln aus allgemeinen Rechtsgedanken und Verfassungsgrundsätzen abzuleiten, die in einem engen Verhältnis zum Richtigkeitsgebot stehen. So etwa *Mast*, Staatsinformationsqualität, 2020, S. 252 f.

[420] *Kühn*, Bürgerbeeinflussung durch Berichterstattung staatlicher Stellen, 2018, S. 330; *Schoch*, in: Isensee/Kirchhof, HStR Bd. III, 3. Aufl. 2005, § 37 Rn. 143; die Vollständigkeit wird teilweise auch als eigenständiges Prinzip verstanden, das neben Sachlichkeits- und Richtigkeitsgebot tritt, vgl. *Mast*, Staatsinformationsqualität, 2020, S. 277 ff.

um Widersprüche von Publikation und Realität von vornherein zu vermeiden.[421] Darüber hinaus ist es zu befürworten, dass sich diese prozedurale Komponente des Richtigkeitsgebots auch auf bereits publizierte Informationen erstreckt. Im Falle nachträglich festgestellter Unrichtigkeit zwingt das Richtigkeitsgebot dazu, Korrekturen anzustreben und weitere Verbreitungen zu unterlassen.[422]

Während sich der Wirkungsbereich des Sachlichkeitsgebots in seiner kompetenzmoderierenden Funktion schwerpunktmäßig auf staatliche Wertungen bezieht, sind dem Richtigkeitsgebot primär Vorgaben für den Umgang mit dem Beweis zugänglichen Informationen und Tatsachen zu entnehmen, wobei auch die Preisgabe objektiv zutreffender Informationen sachlich vollzogen werden muss.[423] Die Einhaltung der Vorgaben des Richtigkeitsgebots entbindet nicht von der Pflicht zur sachlichen Informationsdarstellung und -verbreitung. Damit ist eine Verflechtung des Sachlichkeits- und des Richtigkeitsgebots nicht von der Hand zu weisen, da auch Werturteil und Tatsachenbehauptung nicht selten Hand in Hand gehen. Im Hinblick auf ihre Divergenzen erscheint es gleichwohl am überzeugendsten, die Gebote getrennt voneinander zu behandeln und das Richtigkeitsgebot nicht bloß als Teil des Sachlichkeitsgebots zu verstehen. Ihre konstitutive rechtsstaatliche Wirkung für die staatliche Öffentlichkeitsarbeit können sie nur entfalten, wenn sie beide gleichermaßen Berücksichtigung finden.

II. Vorgaben des Sachlichkeitsgebots für die staatliche Öffentlichkeitsarbeit

Wie es der Name des Sachlichkeitsgebots bereits nahelegt, untersagt das Gebot seinen Adressaten die Verbreitung unsachlicher Informationsmaßnahmen. Dabei erstreckt es sich auf alle Maßnahmen staatlicher Öffentlichkeitsarbeit unabhängig davon, ob es sich bei ihnen um Tatsachenbehauptungen oder Äußerungen wertenden Charakters handelt.[424] Das Bundesverwaltungs-

---

[421] Vgl. nur VG Karlsruhe, Beschl. v. 11.04.2017 – 6 K 7812/16 Rn. 40 f. – juris; VG Hannover, Beschl. v. 22.02.2019 – 6 B 5193/18 Rn. 134 – juris; ausf. auch *Papesch*, Staatliche Informationstätigkeit im System des öffentlichen Rechts, 2000, S. 126.

[422] *Kühn*, Bürgerbeeinflussung durch Berichterstattung staatlicher Stellen, 2018, S. 330.

[423] *Kühn*, Bürgerbeeinflussung durch Berichterstattung staatlicher Stellen, 2018, S. 330; *Porsch*, Warnungen und kritische Äußerungen als Mittel gemeindlicher Öffentlichkeitsarbeit, 1997, S. 172 f.; vgl. auch *Ossenbühl*, Umweltpflege durch behördliche Warnungen und Empfehlungen, 1986, S. 59; allerdings betont *Zott*, Aktive Informationen des Staates im Internet – Mittelalterlicher Pranger oder modernes Steuerungsinstrument?, 2016, S. 188, dass auch rechtliche Beurteilungen mit Wertungscharakter in den Anwendungsbereich des Richtigkeitsgebots fallen können.

[424] *Mast* geht wie sich zeigen wird treffenderweise davon aus, dass es sich beim Sachlichkeitsgebot um einen Fall der allumfassenden Kompetenzmoderierung handelt, da sich das

gericht und das Bundesverfassungsgericht gehen davon aus, dass eine staatliche Äußerung im Einklang mit dem rechtsstaatlichen Sachlichkeitsgebot steht, wenn „Werturteile nicht auf sachfremden Erwägungen [beruhen] und den sachlich gebotenen Rahmen nicht überschreiten".[425] Auch bei zutreffendem Inhalt dürfen Informationen schlichtweg „weder unsachlich noch herabsetzend formuliert sein."[426] Sie sind überdies auf „das zur Informationsgewährung Erforderliche zu beschränken."[427] Damit ist dem Sachlichkeitsgebot zum einen ein Verbot der Zugrundelegung sachfremder Erwägungen (1.) und zum anderen eine Pflicht zur Einhaltung des sachlich gebotenen Rahmens (2.) zu entnehmen.

1. Verbot sachfremder Erwägungen

Von einem Verstoß gegen das rechtsstaatliche Sachlichkeitsgebot ist auszugehen, wenn die Informationsmaßnahme einer staatlichen Stelle auf sachfremde Erwägungen zurückzuführen ist. Wann dies im Einzelnen der Fall sein soll, lässt sich der Rechtsprechung des Bundesverfassungsgerichts nicht ohne Weiteres entnehmen. Auch wenn das äußerungsspezifische Sachlichkeitsgebot durch das Gericht mittlerweile nicht mehr explizit aus dem Willkürverbot hergeleitet wird,[428] ist davon auszugehen, dass sich die Unzulässigkeit sachfremder Erwägungen als Komponente des Sachlichkeitsgebots weitestgehend mit dem Inhalt des allgemeingültigen Willkürverbots deckt.[429]

Für die in Rede stehende Öffentlichkeitsarbeit bedeutet dies, dass es dem Staat untersagt ist, Informationsmaßnahmen und Wertungen auf nicht im Wesentlichen zutreffende oder zumindest nachvollziehbar gewürdigte Tatsachen zu stützen und darüber hinaus unangebrachte Erwägungen in eine Maßnahme staatlicher Öffentlichkeitsarbeit miteinfließen zu lassen.[430] Das

---

Interesse an gebotener Rücksichtnahme und Zurückhaltung aus den Interessen der Rezipienten und dem Interesse an langfristig effektiver Öffentlichkeitsarbeit ergibt, vgl. zur Begründung des weiten Anwendungsfelds *Mast*, Staatsinformationsqualität, 2020, S. 205 ff.; dies wird auch durch die Rechtsprechung des BVerfG gestützt, vgl. BVerfGE 105, 252 (272 f.); teilweise wird der Anwendungsbereich hingegen auf Werturteile beschränkt, vgl. BVerwG, NVwZ 2018, 433 (435); OVG Münster, NVwZ-RR 2006, 273 (274); *Dişçi*, Der Grundsatz politischer Neutralität, 2019, S. 80; *Kalscheuer*, KommJur 2018, 121 (125 f.); *Schoch*, in: Isensee/Kirchhof, HStR Bd. III, 3. Aufl. 2005, § 37 Rn. 144.

[425] BVerfG, NJW 1989, 3269 (3270); BVerwG, NVwZ 2018, 433 (435 f.).

[426] BVerfGE 105, 252 (272 f.).

[427] BVerfGE 105, 252 (273).

[428] Vgl. BVerfGE 105, 252 (272) allerdings unter Verweis auf BVerfGE 57, 1 (8).

[429] Vgl. BVerfG, NJW 1989, 3269 (3270).

[430] BVerwG, Beschl. v. 11.11.2010 – 7 B 54/10 Rn. 14 – juris; OVG Bremen, NJW 2010, 3738 (3738); OVG Münster, NJW 1996, 3355 (3356); *Mast*, Staatsinformationsqualität, 2020, S. 205; *Schoch*, in: Isensee/Kirchhof, HStR Bd. III, 3. Aufl. 2005, § 37 Rn. 144; vgl. auch *Kühn*, Bürgerbeeinflussung durch Berichterstattung staatlicher Stellen, 2018, S. 331.

Vorliegen sachfremder Erwägungen ist mithin erst recht anzunehmen, wenn staatliche Funktionsträger ihre Reichweite in offensichtlich willkürlicher Weise für Informationsmaßnahmen nutzen, die keinerlei Bezug zu ihrem Aufgabenbereich aufweisen und damit bereits in kompetenzieller Hinsicht problematisch sind.[431]

Insgesamt ist dieser Komponente des Sachlichkeitsgebots – zumindest im Hinblick auf die praktische Relevanz und im Vergleich zur Einhaltung des sachlich gebotenen Rahmens – eine untergeordnete Rolle beizumessen.[432] Dies ist zum einen darauf zurückzuführen, dass die konkrete Sachfremdheit eines Äußerungshintergrunds von außen nur schwer zu bestimmen und daher nur wenig praktikabel ist. Zum anderen greift in den Fällen besonders gravierender Sachfremdheit das die Verbreitung unwahrer Informationen erfassende und materiell speziellere Richtigkeitsgebot,[433] sodass ein bedeutsames Feld unsachlichen Informationshandelns dem Anwendungsbereich des rechtsstaatlichen Sachlichkeitsgebots entzogen ist.

2. Einhaltung des sachlich gebotenen Rahmens

Der das Sachlichkeitsgebot in seiner Wahrnehmung prägende Aussagegehalt ist in der staatlichen Pflicht zur Einhaltung des „sachlich gebotenen Rahmens" zu sehen.[434] Demnach dürfen Informationsmaßnahmen wie gezeigt „weder unsachlich noch herabsetzend formuliert sein" und sind auf das „zur Informationsgewährung Erforderliche zu beschränken".[435] Abstrakt lässt sich dem Sachlichkeitsgebot mit *Mast* daher eine Mäßigungspflicht entnehmen, die der Vertrauenswürdigkeitssicherung dient und insgesamt kompetenzmoderierend wirkt.[436] Der Staat hat sich im Rahmen seines Informationshandelns zurückzuhalten und muss von übersteigerten Wertungen und emotionalen oder gar polemischen Aussagen absehen.[437]

---

[431] Vgl. dazu auch plastisch *Bilsdorfer*, Polizeiliche Öffentlichkeitsarbeit in sozialen Netzwerken, 2019, S. 261 f.

[432] In einer Entscheidung des saarländischen VerfGH zur Bezeichnung der NPD und ihrer Anhänger als „braune Brut" und „Nazis von heute" durch den Landesbildungsminister sah das Gericht einen sachlichen Zusammenhang zwischen den Äußerungen des Ministers und einem Schulprojekt, das sich gegen Rassismus richtete, als gegeben, vgl. VerfGH Saarland, Urt. v. 08.07.2014 – Lv 5/14 Rn. 43 – juris; vgl. krit. dazu *Krüper/Kühr*, ZJS 2014, 477 (484).

[433] Zum Richtigkeitsgebot vgl. 3. Kapitel B.I.4.

[434] BVerfG, NJW 1989, 3269 (3270); BVerwG, NVwZ 2018, 433 (435 f.).

[435] BVerfGE 105, 252 (272 f.).

[436] *Mast*, Staatsinformationsqualität, 2020, S. 205 f.

[437] *Dişçi*, Der Grundsatz politischer Neutralität, 2019, S. 80; *Eder*, „Rote Karte" gegen „Spinner"?, 2017, S. 158; *Ferreau*, NVwZ 2017, 1259 (1262); vgl. auch *Schürmann*, Öffentlichkeitsarbeit der Bundesregierung, 1992, S. 312 f.

Von einem Verstoß gegen das Sachlichkeitsgebot ist auszugehen, wenn der Staat seine Öffentlichkeitsarbeit tendenziös gestaltet oder in dekontextualisierender Art und Weise über das für eine objektive Informationsvermittlung erforderliche Maß hinausgeht.[438] Zu berücksichtigen ist allerdings, dass auch staatliche Werturteile in objektiv-emotionsloser Manier kundgetan werden können und unter dem Gesichtspunkt des rechtsstaatlichen Sachlichkeitsgebots nicht als solche zu beanstanden sind.[439] Der Staat ist keineswegs auf die Verlautbarung von Tatsachenbehauptungen beschränkt und kann dies auch gar nicht sein. Demzufolge begegnet auch das entschiedene Zurückweisen fehlerhafter Sachdarstellungen oder Behauptungen keinerlei Bedenken, sofern die Grenze des emotionalen Gegenangriffs nicht überschritten wird. Vielmehr muss es staatlichen Stellen bereits aus dem Blickwinkel eines diskursorientierten Demokratieverständnisses möglich sein, unzutreffende oder diffamierende Ausführungen kenntlich zu machen und unmissverständlich zu beanstanden, ohne dabei den Bereich des rechtlich zulässigen Staatshandelns zu verlassen.

Ein Verstoß gegen das rechtsstaatliche Sachlichkeitsgebot ist daher „erst" anzunehmen, wenn sich staatliche Funktionsträger im Rahmen ihrer Öffentlichkeitsarbeit tendenziös verhalten oder emotional wirkender Formulierungen bedienen, sodass die Äußerungen einem unbeteiligten Dritten als „unpässlich" erscheinen.[440] Für die genaue Bestimmung des sachlich gebotenen Rahmens ist dabei stets der konkrete Äußerungskontext einer Informationsmaßnahme in den Blick zu nehmen.[441] Im Einzelfall können daher auch couragierte Aussagen in den Bereich des rechtlich Zulässigen fallen, wobei die Grenze zum Rechtsverstoß jedenfalls überschritten wird, wenn der Staat seinerseits den Boden des besonnenen Diskurses und der objektiven Auseinandersetzung in emotionaler Weise verlässt.[442]

---

[438] BVerfGE 148, 11 (30 f.); 154, 320 (338).

[439] Der BremStGH geht insofern davon aus, dass das Sachlichkeitsgebot von staatlichen Organen „nicht verlangt, ihre eigene Auffassung zu unterdrücken, wohl aber, ihre Überzeugung in einer die Entscheidungsfreiheit der Stimmberechtigten respektierenden Weise zu äußern", vgl. BremStGH, NVwZ 1997, 264 (266).

[440] Zum Merkmal der „Unpasslichkeit" vgl. *Mast*, Staatsinformationsqualität, 2020, S. 206; vgl. auch *Ossenbühl*, NVwZ 2011, 1357 (1361); *Zott*, Aktive Informationen des Staates im Internet – Mittelalterlicher Pranger oder modernes Steuerungsinstrument?, 2016, S. 186.

[441] *Kühn*, Bürgerbeeinflussung durch Berichterstattung staatlicher Stellen, 2018, S. 332; *Porsch*, Warnungen und kritische Äußerungen als Mittel gemeindlicher Öffentlichkeitsarbeit, 1997, S. 173; dass eine Kontextualisierung von Bedeutung ist, ist auch den Überlegungen von *Möstl*, in: Uhle (Hrsg.), Information und Einflussnahme, 2018, S. 49 (72 ff.), zu entnehmen.

[442] Das BVerfG betont, dass dies unabweislich im Falle beleidigender und schmähkritiknaher Äußerungen der Fall sein soll, vgl. BVerfGE 136, 323 (335 f.); 138, 102 (113). In

Das Überschreiten des sachlich gebotenen Rahmens ist dabei in alle Affektionsrichtungen denkbar. Sowohl übermäßig humoristische als auch furchteinflößende Aussagen sowie ein aggressiver oder ausgesucht apathischer Kommunikationsstil stehen im Widerspruch zum rechtsstaatlichen Sachlichkeitsgebot. Gleiches gilt für eine ausschweifende Symbolwirkung des hoheitlichen Informationshandelns.[443]

Die Idee eines stets sachlich agierenden Staates und seiner Vertreter steht daher auch dem in diesem Zusammenhang vielfach diskutierten „Recht auf Gegenschlag“ von vornherein in grundlegender Weise entgegen.[444] Die Versagung der „kommunikativen Waffengleichheit“ ist Ausfluss der bedeutsamen Dichotomie grundrechtlicher Freiheit und grundrechtlicher Bindung, die auch bei provokativem Äußerungskontext nicht unterlaufen werden darf.[445] Dies zeigt bereits der Ursprung dieser Rechtsfigur: Die von der Rechtsprechung im Zusammenhang mit den strafgesetzlichen Beleidigungsdelikten und der Frage, wann von einer rechtfertigenden „Wahrnehmung berechtigter Interessen“ (§ 193 StGB) die Rede sein könne, entwickelte Idee des „Rechts auf Gegenschlag“ ist auf die besondere Stellung der Meinungsäußerungsfreiheit zurückzuführen.[446]

---

seiner Seehofer-Entscheidung geht es davon aus, dass die „Qualifizierung der [AfD] als eine Partei, die sich gegen den Staat stelle, sich radikalisiert habe, übermütig geworden sei und ihre Maske fallen gelassen habe sowie durch ihr kollektives Maß an Emotionalität und ihre Wutausbrüche erschrecke, […] den Rahmen einer entschiedenen, aber sachlichen Zurückweisung“ zuvor geäußerter Kritik überschreite, BVerfGE 154, 320 (352); zu großzügig ist der NdsStGH, der die äußerste Grenze des aus Sicht des Sachlichkeitsgebots Zulässigen erst auf der Ebene von Herabwürdigung und Diffamierung zieht, NdsStGH, Urt. v. 24.11.2020 – StGH 6/19 Rn. 100 – juris.

[443] So auch BVerwG, NVwZ 2018, 433 (436).

[444] Grundlegend BVerfGE 148, 11 (30 f.); NdsStGH, Urt. v. 24.11.2020 – StGH 6/19 Rn. 55 – juris; *Friehe*, NJW 2018, 934; *Michl*, NVwZ 2018, 491 f.; *Nellesen*, Äußerungsrechte staatlicher Funktionsträger, 2018, S. 201; a.A. SaarlVerfGH, Urt. v. 08.07.2014 – Lv 5/14 Rn. 44 f. – juris; *Porsch*, Warnungen und kritische Äußerungen als Mittel gemeindlicher Öffentlichkeitsarbeit, 1997, S. 173; noch bejahend BVerfGE 40, 287 (293); BVerwG, NJW 1984, 2591; OVG Münster, NJW 1983, 2402 (2403).

[445] Das Bundesverfassungsgericht lehnt das „Recht auf Gegenschlag“ ab, da es staatlichen Funktionsträgern im Falle anlassgebender Fehlinformationen nicht gestattet sein könne, ebenfalls unwahre Tatsachenbehauptungen zu verbreiten, vgl. BVerfGE 148, 11 (30 f.); krit. zu diesem Argumentationsmuster *Mast*, Staatsinformationsqualität, 2020, S. 217 f.; der NdsStGH betont, dass der besonderen Stellung staatlicher Funktionsträger im politischen Diskurs durch das Versagen eines „Rechts auf Gegenschlag“ Rechnung getragen werden müsse, vgl. NdsStGH, Urt. v. 24.11.2020 – StGH 6/19 Rn. 62 – juris.

[446] Grundlegend zur Bedeutung der Meinungsfreiheit für den Rechtfertigungsgrund des § 193 StGB vgl. BGHSt 12, 287 (293); BVerfGE 12, 113 (131); 42, 143 (152); vgl. *Regge/Pegel*, in: MüKo StGB Bd. IV, 4. Aufl. 2021, § 193 StGB Rn. 35.

Anders als im Anwendungsbereich des § 193 StGB kommt im Falle staatlicher Öffentlichkeitsarbeit nur der Adressat der Äußerungen in den Genuss grundrechtlicher Freiheit und ist daher – im Gegensatz zum Recht auf emotionalen Gegenschlag zwischen Privaten – besonders schutzbedürftig. Der strukturelle Unterschied steht einer Übertragung der strafrechtlichen Rechtsfigur damit prinzipiell im Weg.[447] Auch wenn staatliche Äußerungen als Reaktion auf das kommunikative Vorverhalten der Adressaten prima facie selbstverschuldet und damit geboten erscheinen mögen, darf in diesem Zusammenhang nicht vergessen werden, dass staatliches Informationshandeln aufgrund der ihm immanenten Amtsautorität seine Adressaten bei aller Kontextualisierung stets ungleich härter trifft.[448] Die Annahme eines „Rechts auf Gegenschlag" ginge mit einer strukturellen Überschreitung des rechtlich gebotenen Rahmens und damit einer Verletzung des Sachlichkeitsgebots einher, da das bestimmte Zurückweisen unbegründeter Kritik auch ohne die Anerkennung einer situativen Ausnahme des Sachlichkeitsgebots möglich ist.[449]

Anders als teilweise vertreten handelt es sich bei einem Aufruf zu einer friedlichen Gegendemonstration nicht um einen Verstoß gegen das rechtsstaatliche Sachlichkeitsgebot.[450] Überschreitet der sich äußernde Hoheitsträger durch seine Wortwahl, Formulierung und Symbolwirkung nicht den sachlich gebotenen Kommunikationsrahmen,[451] bemisst sich die Zulässigkeit eines Gegenaufrufs nach der auf die Kommunikationsgrundrechte zurückzuführenden politischen Neutralitätspflicht.[452] Dass für die rechtliche Beurteilung in der Rechtsprechung gleichwohl auf das Sachlichkeitsgebot Bezug genommen wird, ist darauf zurückzuführen, dass der Anwendungsbereich der Neutralitätspflicht bisweilen auf politische Parteien beschränkt wird, sodass bei Veranstaltungen von Vereinigungen ohne Parteistatus die politische Neutralitätspflicht fälschlicherweise nicht herangezogen wird.[453] Richtigerweise ist in diesen Fällen davon auszugehen, dass der Aufruf zur Gegendemonstration einen – allerdings sachlichen – Verstoß gegen die

[447] Ähnlich *Mast*, Staatsinformationsqualität, 2020, S. 216 f.; a.A. *Porsch*, Warnungen und kritische Äußerungen als Mittel gemeindlicher Öffentlichkeitsarbeit, 1997, S. 173.

[448] Zutreffend *Michl*, NVwZ 2018, 491 (492).

[449] So auch *Mast*, Staatsinformationsqualität, 2020, S. 218.

[450] So aber BVerwG, NVwZ 2018, 433 (436); VG Gera, KommJur 2011, 138 (140).

[451] Dies war allerdings in der prominenten DÜGIDA-Entscheidung des BVerwG im Hinblick auf die Symbolwirkung des „Lichter aus!"-Aufrufs anzunehmen, da dieser „die Ebene eines rationalen und sachlichen Diskurses" verlässt, vgl. BVerwG, NVwZ 2018, 433 (436).

[452] Zutreffend VerfGH Berlin, Urt. v. 20. Februar 2019 – VerfGH 80/18 – Rn. 45 ff. – juris; so auch *Gärditz*, NWVBl. 2015, 165 (170); vgl. auch *Ingold*, VerwArch 108 (2017), 240 (261).

[453] So BVerwG, NVwZ 2018, 433 (436); Vgl. dazu bereits krit. 3. Kapitel A.III.1.c).bb).

Pflicht zu politischer Neutralität darstellt, da sich nicht herabsetzender, übermäßig emotionaler oder gar diffamierender Formulierungen bedient wird, die ein Überschreiten des sachlich gebotenen Kommunikationsrahmens zur Folge hätten.[454] Damit handelt es sich bei dem Aufruf zur Beteiligung an einer Gegenveranstaltung um eine parteiergreifende Aussage, die im Widerspruch zur politischen Neutralitätspflicht staatlicher Funktionsträger steht und damit grundsätzlich rechtswidrig ist.[455]

Als Mäßigungsgebot steht das Sachlichkeitsgebot alles in allem jedweder Kommunikationsform entgegen, von der übermäßig negative oder andere nicht mäßigende Auswirkungen auf das Verhältnis von Staat und Bürger oder die Kommunikationsbeziehung zwischen Hoheitsträgern auszugehen drohen, ohne dass sich das kommunikative Vorverhalten der Adressaten darauf auswirkt. Die Vielfalt der einen Verstoß gegen das Sachlichkeitsgebot begründenden Affektivitätspalette propagiert dabei eine Entscheidungsfindung im Einzelfall. Zusätzlich ist für das kommunikative Verlassen des sachlich gebotenen Rahmens das Erreichen einer Erheblichkeitsschwelle zu fordern, da situationsangemessene Kommunikation bisweilen ihrer Effektivität halber auf eine Akzentuierung angewiesen sein kann. Überschreitet ein staatlicher Funktionsträger allerdings die Schwelle situationsbezogener Akzentuierung und verlässt durch emotionale oder ungehaltene Schwerpunktsetzung den Boden des nüchternen Diskurses, passiert er den sachlich gebotenen Kommunikationsrahmen.

3. Privilegierung staatsleitender Amtsträger?

Ähnlich wie im Kontext der politischen Neutralitätspflicht wird im Zusammenhang mit dem rechtsstaatlichen Sachlichkeitsgebot bisweilen vertreten, dass Inhaber staatsleitender Ämter weniger strengen Sachlichkeitsanforderungen unterliegen und in den Genuss einer Privilegierung kommen.[456] Für sie beschränke sich nach *Mast* das Sachlichkeitsgebot auf ein immer zu wahrendes Mindestniveau, das den staatsleitenden Amtsinhabern und damit vor allem Regierungsmitgliedern auf Bundes- wie Landesebene und kommuna-

[454] So liest sich auch der Beschluss des OVG Berlin-Brandenburg, Beschl. v. 14.09.2012 – OVG 1 S 127.12 Rn. 9 – juris; vgl. auch die Entscheidung des NdsStGH, Urt. v. 24.11.2020 – StGH 6/19 Rn. 100 f. – juris, in der das Gericht die Einhaltung des Sachlichkeitsgebots überprüft, obwohl der Ministerpräsident des Landes Niedersachsens in der konkreten Äußerungssituation weitestgehend von seiner politischen Neutralitätspflicht befreit war; a.A. wie gezeigt BVerwG, NVwZ 2018, 433 (436); a.A. auch *Gärditz*, NWVBl. 2015, 165 (170).

[455] Anders aufgrund der besonderen Sachverhaltskonstellation richtigerweise NdsStGH, Urt. v. 24.11.2020 – StGH 6/19 Rn. 97 f. – juris.

[456] Allen voran *Mast*, Staatsinformationsqualität, 2020, S. 210 ff., der von einer „Niveaureduzierung" spricht.

len Wahlbeamten weite Spielräume gewähre, die – in Anlehnung an die Indemnität der Abgeordneten des Deutschen Bundestages – womöglich bis hin zu beleidigenden Äußerungen reichen könne.[457]

Die Heranziehung der (wenn auch nur) indiziellen Wirkung des Art. 46 Abs. 1 Satz 1 Alt. 2 GG und entsprechender Normierungen in den Landesverfassungen der Länder vermag indes in zweifacher Hinsicht nicht zu überzeugen. Vielmehr lässt sich dem Statusrecht[458] die einer Privilegierung entgegenstehende Divergenz zwischen staatleitenden Amtsträgern auf der einen und Parlamentariern auf der anderen Seite entnehmen. Zum einen beschränkt sich der persönliche Anwendungsbereich auf die Mitglieder des Bundes- bzw. Landtags und damit von vornherein auf Mandatsträger, die bei der Wahrnehmung ihrer parlamentarischen Äußerungsrechte unmittelbar keine Hoheitsgewalt ausüben.[459] Parlamentarier genießen vielmehr eine einzigartige Stellung im Verfassungsstaat, die sich auch im Regelungskomplex des Art. 46 GG widerspiegelt und mit der Rechtsstellung hoheitlich agierender staatsleitender Amtsinhaber schlichtweg nicht zu vergleichen ist.[460] Zum anderen entfalten die in den Genuss der Indemnität kommenden Äußerungen der Abgeordneten regelmäßig keine mit den Äußerungen eines Regierungsmitglieds oder eines kommunalen Wahlbeamten vergleichbare Außenwirkung. Es besteht insofern ein kategorischer Unterschied zwischen parlamentarischen Verhandlungen und staatlicher Öffentlichkeitsarbeit, wenngleich auch Aussagen von Abgeordneten ihren Weg in die Öffentlichkeit finden mögen. Denn auch wenn der Rechtsfigur der Indemnität das Bekenntnis zum leidenschaftlich geführten Diskurs entnommen werden kann,[461] beschränkt sich dieses Privileg auf die Mitglieder des Parlaments, zwischen denen „Waffengleichheit" herrscht.

Egalität sucht man im Rahmen staatlicher Öffentlichkeitsarbeit hingegen vergeblich, da eine hoheitliche Äußerung, die in den immanenten Genuss amtlicher Autorität kommt, ihre Adressaten regelmäßig ungleich härter trifft als eine denkbare Replik. Gerade wenn man den staatsleitenden Amtsinha-

---

[457] *Mast*, Staatsinformationsqualität, 2020, S. 210; dieser betont, dass die unantastbare Untergrenze des Sachlichkeitsgebots erreicht sei, wenn staatliche Funktionsträgern sich in exzessiver und haltloser Weise äußern, vgl. *ders.*, Staatsinformationsqualität, 2020, S. 220.

[458] Vgl. *Trute*, in: v. Münch/Kunig, GG Bd. I, 7. Aufl. 2021, Art. 46 Rn. 3 u. 44.

[459] Zum engen persönlichen Anwendungsbereich des Art. 46 GG vgl. *Schulze-Fielitz*, in: Dreier (Hrsg.), GG Bd. II, 3. Aufl. 2015, Art. 46 Rn. 11; die Indemnität entfaltet ihre Wirkung auch, wenn ein Mitglied des Parlaments gleichzeitig ein Regierungsamt innehat und sich in seiner Funktion als Parlamentsmitglied äußert, vgl. *Trute*, in: v. Münch/Kunig, GG Bd. I, 7. Aufl. 2021, Art. 46 Rn. 9.

[460] Zur besonderen Stellung der Abgeordneten im Verfassungsstaat vgl. *Wiefelspütz*, in: Morlok/Schliesky/ders. (Hrsg.), Parlamentsrecht, 2016, § 12 Rn. 3; vgl. auch bereits 1. Kapitel A.III.1.a).

[461] *Mast*, Staatsinformationsqualität, 2020, S. 210.

bern aufgrund ihrer politischen Prägung hinsichtlich des Neutralitätsniveaus einen großzügigeren Spielraum zugesteht, darf dieser nicht durch unsachliches Informationshandeln über Gebühr in Anspruch genommen werden. Deshalb ist – anders als im Rahmen der politischen Neutralitätspflicht – davon auszugehen, dass staatsleitende Amtsinhaber dem Sachlichkeitsgebot bei jeder Äußerung unterliegen, die sie in ihrer Amtsfunktion tätigen. Bei den staatsleitenden Ämtern handelt es sich nicht um von rechtsstaatswidriger Unsachlichkeit geprägte Stellungen im Verfassungsstaat. Vielmehr folgt aus ihren wirkmächtigen Amtsfunktionen eine besondere Mäßigungspflicht im politischen Diskurs und im Kontakt mit der Öffentlichkeit.

III. Besondere Vorgaben für die Kommunikation in den sozialen Netzwerken

Dass das Verbreitungsmedium als solches keinen Einfluss auf die prinzipielle Geltung der Grenzen staatlicher Öffentlichkeitsarbeit hat, bestätigt sich auch bei einem Blick auf das rechtsstaatliche Sachlichkeitsgebot. Es wäre in hohem Maße widersprüchlich, wenn sich staatliche Funktionsträger durch die Wahl eines bestimmten Mediums dem Gebot sachgerechter Kommunikation und allgemeiner Mäßigung entziehen könnten.[462] Gleichwohl ist fraglich, wie sich die Besonderheiten der netzwerkspezifischen Kommunikation auf die Vorgaben des Sachlichkeitsgebots auswirken. Insbesondere die in den Netzwerken beliebte Verbreitung von Bildmaterial wirft die Frage nach der Übertragbarkeit der sich aus dem Sachlichkeitsgebot ergebenden Vorgaben für staatliches Informationshandeln auf (1.). Zu untersuchen gilt es auch, wie sich das beschränkte Beitragsvolumen einiger Netzwerke auf den sprachlichen Duktus der netzwerkspezifischen Kommunikation auswirkt (2.).

1. Einsatz von Bildmaterial

Nachdem der Einsatz von Bildmaterial in den sozialen Netzwerken bereits auf der Ebene des Grundrechtseingriffs und im Zusammenhang mit dem Verbot reklamehafter Aufmachung staatlicher Öffentlichkeitsarbeit diskutiert wurde, ist nunmehr zu untersuchen, ob die Verwendung von Bildern (auch) aus dem Blickwinkel des rechtsstaatlichen Sachlichkeitsgebots kritisch zu sehen ist. Betrachtet man das Sachlichkeitsgebot in seiner Funktion als Mäßigungsgebot könnte dies dem Einsatz emotional wirkenden, affektiven Bildmaterials entgegenstehen und in einem latenten Spannungsverhältnis zu der Öffentlichkeitsarbeit in den auf visuelle Inhalte ausgerichteten Netzwerken stehen. Gleichermaßen könnte das Verbot sachfremder Erwägungen einer bildbasierten Öffentlichkeitsarbeit in den sozialen Netzwerken im Wege stehen.

[462] *Mast*, Staatsinformationsqualität, 2020, S. 214.

a) Sachbezug zwischen Bild und Beitragsinhalt

Keinerlei Anpassungen oder Modifikationen bedarf das rechtsstaatliche Sachlichkeitsgebot im Hinblick auf den erforderlichen Sachbezug zwischen dem Inhalt eines Beitrags in den sozialen Netzwerken und der Veröffentlichung zugehörigen Bildmaterials. Während dem Verbot der Zugrundelegung sachfremder Erwägungen bei den herkömmlichen Erscheinungsformen staatlicher Öffentlichkeitsarbeit eine untergeordnete Rolle beizumessen ist, steigt die Bedeutsamkeit dieser Gebotskomponente für das Verhältnis von Bildmaterial und Beitragsinhalt in den sozialen Netzwerken. Sie untersagt es staatlichen Funktionsträgern im Rahmen ihrer Kommunikation in den sozialen Netzwerken, Textbeiträge mit Bildmaterial zu versehen, das in keinerlei Beziehung zum Beitragsinhalt steht. Vielmehr erfordert es, dass zwischen Inhalt und Illustration ein hinreichender, auf sachliche Erwägungen zurückzuführender Konnex besteht.[463] Gerade in den auf visuelle Motive und Eigendarstellung ausgerichteten sozialen Netzwerken ist dieser Faktor von Bedeutung, da Bild- und insbesondere Fotomaterial nicht selten genutzt wird, um reizlose Textinhalte aufzuwerten und die Sympathiewirkung einer Aussage zu erhöhen.

Eine optische Adressatenorientierung als solche – etwa durch die Veröffentlichung einer Videosequenz anstelle eines Textbeitrags – führt noch nicht zu einem Verstoß gegen das Sachlichkeitsgebot. Gleiches gilt für visuelle Untermalungen von inhaltlichen Kernaussagen, die den erforderlichen Sachbezug zwischen Beitragsinhalt und visueller Darstellung aufweisen. Hingegen ist vom Fehlen des erforderlichen Sachbezugs auszugehen, wenn das Bildmaterial der anlasslosen Verharmlosung, Beschönigung oder Dramatisierung zu dienen bestimmt ist.[464] Gleiches gilt für die Verwendung von Bildmaterial, das allein dazu dient, den Autor sympathisch wirken zu lassen, ohne einen Sachbezug zum Beitragsinhalt aufzuweisen.[465] Anders als bei der

---

[463] Vgl. *Mast*, Staatsinformationsqualität, 2020, S. 224.

[464] Auch das wettbewerbsrechtliche Sachlichkeitsgebot für bestimmte Berufsgruppen (z.B. (Zahn-) Ärzte) steht Sympathiewerbung nicht per se im Weg, sofern der Informationscharakter einer Werbungsmaßnahme nicht in den Hintergrund gedrängt wird, vgl. BGH, GRUR 2004, 164 (166); OLG Hamm, GRUR-RR 2005, 396 (397).

[465] Beispielsweise zu nennen ist das während der Corona-Pandemie veröffentlichte Bild des lächelnden Ministerpräsidenten Schleswig-Holsteins Daniel Günther in einem Liegestuhl mit der Bildunterschrift: „Die Inzidenz fast runter auf zehn, die Temperatur über 20 und die Impfquote bei fast 50 Prozent – drei Tendenzen, die es heute Mittag möglich gemacht habe, das Telefon mal kurz auf stumm zu schalten. Die Richtung stimmt.", https://www.instagram.com/p/CP3P7EPAFGY/; gleiches gilt für Aufnahmen des in die Ferne schauenden Ministerpräsidenten auf einem Boot mit der Bildunterschrift: „Wichtigste Ziele für uns in der Bund-Länder-Konferenz gestern waren Antworten auf die steigenden Inzidenzzahlen und zugleich Perspektiven für den Tourismus bei uns im Land. […]", https://www.instagram.com/p/CMxakOzAO_U/, jeweils zuletzt abgerufen am 20.07.2022.

Verwendung beitragsakzessorischen Bildmaterials, das für sich genommen sogar einen Mehrwert im Rahmen der staatlichen Öffentlichkeitsarbeit haben kann,[466] wird in diesen Fällen die besondere Suggestiv- und Anziehungswirkung visueller Abbildungen über Gebühr ausgenutzt, sodass die Informationsmaßnahme in ihrer Gesamtheit nicht mehr als sachlich einzustufen ist. Gleichermaßen fehlt es an dem erforderlichen Sachbezug zwischen Bildmaterial und Textbeitrag, wenn die optische Darstellung allein der Erhöhung der Zugriffszahlen zu dienen bestimmt ist.[467]

Nach dem soeben Gesagten liegt es auf der Hand, dass es eine nicht unerhebliche und aus praktischer Sicht besonders relevante Schnittmenge von Publikationen gibt, die sowohl gegen das Verbot reklamehafter Aufmachung als besondere Ausprägung der politischen Neutralitätspflicht als auch gegen das Verbot sachfremder Erwägungen verstoßen.[468] Das Verbot reklamehafter Aufmachung ist insofern als speziellere Grenze staatlicher Öffentlichkeitsarbeit und besondere Ausprägung des allgemeinen rechtsstaatlichen Sachlichkeitsgebots zu verstehen, bei deren Verletzung aufgrund des selbstdarstellenden Charakters der streitgegenständlichen Maßnahmen sogar von einem Verstoß gegen die politische Neutralitätspflicht auszugehen ist. Darüber hinaus sind indes verschiedene Konstellationen außerhalb des (partei-) politischen Kontextes denkbar, bei denen der fehlende Sachbezug zwischen Bildmaterial und Textbeitrag einen Verstoß gegen das Sachlichkeitsgebot zur Folge hat, ohne dass aufgrund der Reklamehaftigkeit einer Informationsmaßnahme eine Verletzung der politischen Neutralitätspflicht in Rede steht.

b) Einsatz affektiven Bildmaterials

Neben dem fehlenden Sachbezug von Bildmaterial zu Beitragsinhalt kann auch das veröffentlichte Bildmaterial als solches „unsachlich" sein. Selbst wenn sich der Begriff der Sachlichkeit auf den Inhalt und Duktus von Textbeiträgen oder das Verhältnis von Beitragsinhalt und Bildmaterial zu beschränken scheint und für das Bildmaterial selbst prima facie sehr vage wirkt,

---

[466] *Mast*, Staatsinformationsqualität, 2020, S. 224 unter Verweis auf *Wollenschläger*, VerwArch 102 (2011), 20 (48); *Wollenschläger* geht davon aus, dass die mit der Plastizität einhergehende Erhöhung des Informationsgehalts staatlicher Öffentlichkeitsarbeit die sich aus der Suggestivkraft ergebenden Gefahren überwiegt.

[467] Zutreffend *Mast*, Staatsinformationsqualität, 2020, S. 224, der zudem auf das Phänomen des „Clickbaiting" hinweist.

[468] Zur Relevanz des Verbots reklamehafter Aufmachung staatlicher Öffentlichkeitsarbeit in den sozialen Netzwerken vgl. 3. Kapitel A.IV. 3.; a.A. allerdings *Mast*, Staatsinformationsqualität, 2020, S. 225, der wie gezeigt davon ausgeht, dass das Sachlichkeitsgebot nur begrenzt Wirkung für die Öffentlichkeitsarbeit staatsleitender Amtsinhaber entfalte und daraus schließt, dass diesen auch die Verwendung sachfremden Bildmaterials erlaubt ist, sofern die Grenze der Pietätslosigkeit und Vulgarität nicht überschritten werde.

begrenzt er das bildbasierte Informationshandeln des Staates in seiner Funktion als Pflicht zur Einhaltung des sachlich gebotenen Rahmens. Abseits eindeutiger Fälle wie der Veröffentlichung von Bildmaterial, das den Vorschriften des Jugendschutzgesetzes[469] zuwider läuft, ist von einem Verstoß gegen das Sachlichkeitsgebot auszugehen, wenn der Bildinhalt eines staatlichen Netzwerkbeitrags aus der Sicht des objektiven Durchschnittsrezipienten unpassend erscheint.[470] Dies ist dann der Fall, wenn die Affektivität eines Bildbeitrags den informativen Mehrwert der Veröffentlichung überwiegt und bei einer Gesamtbetrachtung inadäquat wirkt.[471] Ist die staatlich autorisierte Veröffentlichung visuellen Inhalts schwerpunktmäßig darauf ausgelegt, beim Rezipienten Emotionen aller Art hervorzurufen oder zu provozieren, wird der sachlich gebotene Rahmen des Informationshandelns überschritten.

Gewiss muss das Augenmerk bei der rechtlichen Sachlichkeitsprüfung einer Veröffentlichung auf der Beurteilung der Affektivität liegen. Gebührender Berücksichtigung bedarf der Umstand, dass es veröffentlichungswürdiges Bildmaterial gibt, das naturgemäß ein erhöhtes Maß an Affektivität und emotionalisierender Wirkung beinhaltet und in keinem Widerspruch zum rechtsstaatlichen Sachlichkeitsgebot steht.[472] Allerdings hat sich der Staat im Rahmen seiner Öffentlichkeitsarbeit im Gegensatz zu privaten Akteuren in den sozialen Netzwerken gleichwohl auch im Falle naturgemäß gefühlsbetont anmutender Bildinhalte weitestgehend zurückzuhalten, um

[469] Vgl. etwa § 15 JuSchG (Jugendschutzgesetz vom 23. Juli 2002 [BGBl. I S. 2730], zuletzt geändert durch Artikel 2 des Gesetzes vom 22. Oktober 2020 [BGBl. I S. 2229]).

[470] Zum Merkmal der „Unpasslichkeit" in Anlehnung an *Mast*, Staatsinformationsqualität, 2020, S. 206 bereits 3. Kapitel B. II.2.; *Wollenschläger*, VerwArch 102 (2011), 20 (48), geht davon aus, dass bildbasierte Öffentlichkeitsarbeit stets „adäquat" wiedergegeben werden muss.

[471] Affektive Bilder ohne hinreichenden Informationsgehalt sind beispielsweise Fotos von Mahlzeiten, vgl. nur https://www.instagram.com/p/CP-fkwUh0Nc/, die Aufnahme des Ministerpräsidenten Schleswig-Holsteins Daniel Günther im Trikot des einzigen Fußballbundesliga-Teams im Bundesland nach einer verlorenen Relegation, vgl. https://www.instagram.com/p/CPd6oL_A2cl/; das Bild des bayrischen Ministerpräsidenten Markus Söder, der aus einer Tasse mit dem Aufdruck „May the forth be with you" trinkt und der Fußballnationalmannschaft nach einer verlorenen Partei weiterhin viel Erfolg wünscht, https://www.instagram.com/p/CQK3Ur6BpHf/; gleiches gilt für Aufnahmen des privaten Hundes der Bundeslandwirtschaftsministerin Julia Klöckner, https://www.instagram.com/p/CRLpfOAJ1V7/ und Aufnahmen von Bundesaußenminister Heiko Maas, wie dieser nach einer Niederlage der deutschen gegen die englische Fußballnationalmannschaft seinem britischen Amtskollegen, mit dem er zuvor öffentlichkeitswirksam eine Wette abgeschlossen hatte, eine Kiste saarländischen Biers überreicht, https://www.twitter.com/HeikoMaas/status/1410645737042481152/photo/1, jeweils zuletzt abgerufen am 20.07.2022.

[472] Beispielsweise zu nennen sind an dieser Stelle etwa Traueranzeigen, Aufnahmen von Naturkatastrophen oder den Folgen militärischer Einsätze.

den sachlich gebotenen Rahmen des Informationshandelns durch affektive Veröffentlichungen nicht zu überschreiten.

Eine Überschreitung des sachlich gebotenen Rahmens ist auch bei der Verwendung von Bildern in alle Richtungen denkbar. Ein besonders plastisches Beispiel ist die bereits im Rahmen der Eingriffsintensität bildbasierter Öffentlichkeitsarbeit thematisierte Veröffentlichung lebensmittelrechtlicher „Ekellisten" und des akzessorischen Bildmaterials.[473] Bei den auf den Fotografien abgelichteten Lebensmittelrechtsverstößen drängt sich die Frage nach der Inadäquanz einer Veröffentlichung in dringlicher Art und Weise auf.[474] Dem Staat geht es in diesem Fall schwerpunktmäßig um die – für sich genommen legitime – Breitenwirkung einer Informationsmaßnahme und die damit einhergehende Lenkungsfunktion der Veröffentlichung.[475] Diese muss allerdings Ausfluss effektiver Öffentlichkeitsarbeit sein und darf nicht auf die Affektivität veröffentlichter Fotografieren zurückzuführen sein. Da eine Warnung der Öffentlichkeit auch durch textbasierte Informationsmaßnahmen und Hinweise – wie sie etwa einer Veröffentlichung nach § 40 Abs. 1a LFGB zugrunde liegen – möglich und nicht offensichtlich ineffektiver gewesen wäre, wird durch das gezielte Hervorrufen eines übermäßigen Ekelgefühls der sachlich gebotene Rahmen des staatlichen Informationshandelns überschritten.[476]

Auch wenn es sich bei der nur vereinzelt aufgetretenen Veröffentlichung von Ekellisten um ein Extrembeispiel handelt, das seinen Weg zudem nicht in die Kommunikation der sozialen Netzwerke gefunden hat, widersprechen auch andere, bisweilen diametrale Affekte dem rechtsstaatlichen Sachlichkeitsgebot. Dieses steht Bildveröffentlichungen, die einen positiven Einfluss auf die Wahrnehmung in der Bevölkerung haben, wie gezeigt – bei hinreichendem Kontext zwischen Beitragsinhalt und Bildmaterial – nicht prinzipiell entgegen. Die Grenze zur schwerpunktmäßigen Affektivität des verwendeten Bildmaterials wird allerdings überschritten, wenn staatlicherseits beispielsweise ausnahmslos humoristisch wirkende[477] oder auf Ironie abzie-

---

[473] Vgl. bereits 2. Kapitel B.II.2.c).bb).(3).; zum prominenten Fall der „Pankower Ekelliste" vgl. grundlegend *F. Becker/Blackstein*, NJW 2011, 490 (490 f.).

[474] *Guckelberger*, in: Hill/Schliesky (Hrsg.), Die Vermessung des virtuellen Raums, 2012, S. 79 (110); vgl. auch *Zott*, Aktive Informationen des Staates im Internet – Mittelalterlicher Pranger oder modernes Steuerungsinstrument?, 2016, S. 295.

[475] Vgl. dazu *F. Becker/Blackstein*, NJW 2011, 490 (492).

[476] Krit. auch *Guckelberger*, in: Hill/Schliesky (Hrsg.), Die Vermessung des virtuellen Raums, 2012, S. 79 (110); *Holzner*, NVwZ 2010, 489 (490 f.); *Zott*, Aktive Informationen des Staates im Internet – Mittelalterlicher Pranger oder modernes Steuerungsinstrument?, 2016, S. 295; a.A. wohl *Schoch*, NJW 2012, 2844 (2848).

[477] Beispielsweise zu nennen ist ein Videobeitrag der Bundeslandwirtschaftsministerin Julia Klöckner, der einen Lachanfall der Ministerin im Rahmen eines Interviews zeigt und als „Outtake" zu deuten ist, https://www.instagram.com/stories/highlights/17881073305804395/?hl=de, zuletzt abgerufen am 20.07.2022.

lende Abbildungen veröffentlicht werden.[478] Dasselbe gilt für andere Affekte wie Mitleid, Sehnsucht oder Furcht. Staatliche Funktionsträger haben sich von Verfassungs wegen auf das für ihre Informationsvermittlung unabdingbare Höchstmaß an emotionaler Sachlichkeit zu beschränken – dies muss sich zwangsläufig auch auf die Verwendung von Bildern beziehen.

c) Zusammenfassung

Das Überschreiten des sachlich gebotenen Rahmens kann sich bei der Veröffentlichung von Bildern in den sozialen Netzwerken damit aus der Verwendung affektiven Bildmaterials und aus dem Fehlen des Sachbezugs zwischen Textbeitrag und Bild ergeben. Wie so häufig ist davon auszugehen, dass im Falle streitbefangener Bildveröffentlichungen in den sozialen Netzwerken die ihrerseits einen Verstoß gegen das Sachlichkeitsgebot begründenden Grenzen kumulativ überschritten werden. Gerade in dem für die Kommunikation der sozialen Netzwerke so bedeutsamen Bereich sympathieerhöhender Öffentlichkeitsarbeit ist es nicht selten der Fall, dass das Bildmaterial als solches die Grenze der zulässigen Affektivität überschreitet und zudem in keinerlei sachbezogenem Kontext zu dem akzessorisch veröffentlichten Textbeitrag steht. In diesen für die Kommunikation in sozialen Netzwerken bedeutsamen Fällen der Bildveröffentlichung ist davon auszugehen, dass der sachlich gebotene Rahmen staatlichen Informationshandelns überschritten wird.

2. Duktus staatlicher Kommunikation in sozialen Netzwerken

Neben der Veröffentlichung von Bildmaterial ist auch die den Großteil staatlicher Öffentlichkeitsarbeit in sozialen Netzwerken ausmachende textbasierte Kommunikation aus der Sicht des Sachlichkeitsgebots in den Blick zu nehmen. Dabei stellt sich die Frage, ob es für den Duktus besondere Vorgaben gibt, die von den Direktiven abweichen, die sich dem rechtsstaatlichen Sachlichkeitsgebot für die bisherigen Kommunikationsformen entnehmen lassen. Möglicherweise liegt dem Festhalten an den herkömmlichen Sachlichkeitsanforderungen an staatliches Informationshandeln in den sozialen Netzwerken ein anachronistisches Kommunikationsverständnis zugrunde, das Effektivitätsverluste zur Folge hat.[479] Ein Anknüpfungspunkt für die Verlagerung des sachlich gebotenen Kommunikationsrahmens könnte in der netzwerkspezifischen Beschränkung der Zeichenzahl für einen Beitrag zu sehen sein, aus dem die Zulässigkeit pointierter Zuspitzung folgt (a). Nutzt ein

---

[478] Vgl. *Eggers*, Quick Guide Social-Media-Recht der öffentlichen Verwaltung, 2020, S. 78 f.

[479] Vgl. dazu *Mast*, Staatsinformationsqualität, 2020, S. 227 f.

staatlicher Funktionsträger die sozialen Netzwerke zum Zweck der netzwerkspezifischen Kommunikation, ist zudem stets der konkrete Äußerungsanlass in den Blick zu nehmen (b).

a) Beschränkte Zeichenzahl

Es ist nicht von der Hand zu weisen, dass sich die Begrenzung der Beitragslänge auf die sich aus dem Sachlichkeitsgebot ergebenden Vorgaben für das staatliche Informationshandeln auswirkt. Darauf wies das Bundesverfassungsgericht in einem für sich genommen vergleichsweise unspektakulären Nichtannahmebeschluss[480] im September 2020 hin: In der vom emeritierten Professor für Politikwissenschaften Konrad Löw bemühten Verfassungsbeschwerde ging es um einen Bürgerbrief des Münchener Bürgermeisters, in dem dieser sich von den wissenschaftlichen Thesen Löws ausdrücklich distanzierte.[481] Während das Gericht davon ausging, dass die Rechtsausführungen des Beschwerdeführers erhebliche Zulässigkeitsmängel aufwiesen, führte es überdies auch aus, dass die Verfassungsbeschwerde materiell-rechtlich in keinerlei Hinsicht erfolgversprechend sei, da die streitgegenständlichen Äußerungen nicht hinreichend kontextualisiert würden.[482]

In diesem Zusammenhang betonte es – ähnlich wie in einem *Obiter Dictum* –, dass „bei einer Äußerung in einem sozialen Medium, das auf starke Vereinfachung und Verkürzung zielt, eine pointiertere und gröbere Zuspitzung zulässig [sei] als in einem die Ausstellung begleitenden wissenschaftlich kuratierten Katalog."[483] Damit greift es den die Kommunikation in den sozialen Netzwerken prägenden Umstand auf, dass die Länge eines Textbeitrags dort bisweilen stark begrenzt ist.[484] Dass sich dies unweigerlich auch auf den Duktus der staatlichen Öffentlichkeitsarbeit auswirken muss, ist richtig und Teil des Erfolgskonzepts der staatlichen wie privaten Kommunikation in sozialen Netzwerken.[485]

Staatlichen Funktionsträgern ist es in den sozialen Netzwerken gestattet, auf die Darlegung der konkreten Äußerungsumstände zu verzichten und von ausführlichen Begründungen der dort getätigten Aussagen abzusehen. Vielmehr können sich die Betreiber staatlicher Accounts auf die Veröffentlichung von Kernaussagen sowie prägnanten Thesen beschränken und zusätzlich auf umfängliche und erläuternde Pressemitteilungen verweisen, ohne einen Verstoß gegen das Sachlichkeits- oder Richtigkeitsgebot fürchten zu müssen.[486]

---

480 BVerfG, NVwZ 2020, 1824.

481 Vgl. ausf. BVerfG, NVwZ 2020, 1824 (1824 f.).

482 BVerfG, NVwZ 2020, 1824 (1825).

483 BVerfG, NVwZ 2020, 1824 (1825).

484 Zu den Modalitäten der einzelnen Netzwerke vgl. 1. Kapitel, B.II.2.

485 Vgl. *Mast*, Staatsinformationsqualität, 2020, S. 229 f.

486 Vorbildfunktion hat in dieser Hinsicht die Öffentlichkeitsarbeit des BVerfG, das in

Ein Absenken der auf die Freiheit der gesellschaftlichen Willensbildung zurückzuführenden Neutralitätsanforderungen folgt daraus wie gezeigt gerade nicht.[487]

Die Beschränkung der Zeichenzahl wirkt sich auf alle Erscheinungsformen staatlicher Öffentlichkeitsarbeit in den sozialen Netzwerken und ihren Kommunikationsduktus aus. Besonders deutlich werden die Unterschiede zwischen herkömmlicher Öffentlichkeitsarbeit und Informationshandeln in den sozialen Netzwerken allerdings bei der netzwerkunspezifischen Kommunikation.[488] Äußert sich ein staatlicher Funktionsträger in den sozialen Netzwerken in einer Art und Weise, die außerhalb der sozialen Netzwerke als zugespitzt und ungenügend eingestuft würde, überschreitet er damit in den sozialen Netzwerken nicht zwangsweise den sachlich gebotenen Kommunikationsrahmen. Die Grenze der Unsachlichkeit wird erst überschritten, wenn die Prägnanz und Pointierung nicht (mehr) Ausdruck beschränkten Kommunikationsvolumens, sondern auf wertende und emotionalisierende Elemente der in Rede stehenden Äußerungen zurückzuführen sind. Insbesondere darf die Beschränkung des Beitragsvolumens nicht dazu führen, dass staatliche Funktionsträger im Falle komplexer Sachverhalte oder brisanter Themen die Kommunikation in den sozialen Netzwerken und die damit einhergehende Zulässigkeit erhöhter Zuspitzung ausnutzen. Bei der sich durch ihren proaktiven und offiziellen Charakter auszeichnenden netzwerkunspezifischen Kommunikation dienen die sozialen Netzwerke wie bereits gezeigt häufig nur als zusätzliches, neben andere Verbreitungsformen tretendes Publikationsmedium, dessen Verwendung nicht die sich aus dem Sachlichkeitsgebot ergebenden Grenzen staatlicher Öffentlichkeitsarbeit unterlaufen darf.[489]

Insbesondere folgt aus der faktischen Begrenzung des Beitragsvolumens nicht die Befugnis des Betreibers eines staatlichen Accounts, in sozialen Netzwerken wertende Abkürzungen zu nutzen, die sich bei den privaten Akteuren der Netzwerke besonderer Beliebtheit erfreuen.[490] Gleiches gilt für eine vollkommene Adaption des netzwerkspezifischen Sprachstils privater Nutzer. Vielmehr sollten sich staatliche Funktionsträger durch die Wahl der Sprache

---

seinen Netzwerkbeiträgen zumeist einen Leitsatz veröffentlicht und zusätzlich auf die entsprechende Pressemitteilung zur Entscheidung verweist; allerdings hat das Gericht bekannt gegeben, anlässlich seines 70. Geburtstags ein Instagram-Profil zu erstellen, um Video-Clips zu verbreiten, vgl. Pressemitteilung Nr. 60/2021 v. 19.07.2021.

[487] Vgl. 3. Kapitel A.IV. 1.

[488] Zum Begriff der netzwerkunspezifischen Kommunikation vgl. 1. Kapitel, B.IV. 1.

[489] Ähnlich auch *Mast*, Staatsinformationsqualität, 2020, S. 233.

[490] Beispiele für diese inoffiziellen Abkürzungen sind etwa BTW (= „by the way“), LOL (= „laughing out loud“), OMG (= „oh my God“), THX (= „thanks“), WTF (= „what the fuck?“); vgl. dazu *Mast*, RuP 53 (2017), 216 ff.; *Milker*, JA 2017, 647 (654).

ihre Sonderrolle in den sozialen Netzwerken stetig vor Augen führen.[491] Der Rückgriff auf standardisierte Abkürzungen stellt indes kein Überschreiten des rechtlich gebotenen Rahmens dar, da es sich um ein im allgemeinen Schriftverkehr anerkanntes Phänomen handelt.[492] In den sozialen Netzwerken findet es seine Legitimität in der Kürze der Textbeiträge und nimmt keinen Einfluss auf die Förmlichkeit einer Kommunikationsmaßnahme. Bei den inoffiziellen Abkürzungen und dem besonderen Sprachstil in den sozialen Netzwerken handelt es sich hingegen um Formulierungen mit wertendem Charakter, die auf Sympathieerhöhung abzielen und regelmäßig den sachlich gebotenen Kommunikationsrahmen überschreiten.[493]

Dass entsprechende Redewendungen in den sozialen Netzwerken auf breite Akzeptanz stoßen, ist kein tragfähiges Argument dafür, den sachlichen Kommunikationsrahmen zu erweitern.[494] Im Gegensatz zu den privaten Nutzern der Netzwerke genießen hoheitliche Accounts keine grundrechtliche (Narren-) Freiheit.[495] Vielmehr ist die kommunikative Dichotomie zwischen Grundrechtsbindung und -freiheit in den auf Prägnanz ausgelegten Netzwerken aufrecht zu erhalten und vor Verwässerungen durch die Verwendung unseriöser Formulierungen zu bewahren, zumal der Rückgriff auf netzwerktypische Ausdrücke keinen nennenswerten Mehrwert für das staatliche Informationshandeln mit sich bringt.[496] Das Sachlichkeitsgebot steht der Verwendung wertender Abkürzungen und Formulierungen in seiner ein Mindestmaß an Seriosität sichernden Funktion als Mäßigungsgebot entgegen. Pointierte Formulierungen in gebotener Kürze sind hingegen erlaubt. Dies gilt für die netzwerkunspezifische gleichermaßen wie für die netzwerkspezifische Kommunikation.

---

[491] *Mast*, Entgrenztes Gezwitscher, VerfBlog 2020/7/06, https://www.verfassungsblog.d e/ entgrenztes-gezwitscher/, zuletzt abgerufen am 20.07.2022.

[492] Dies gilt auch für „Hashtags", also Worte oder Wortketten, denen ein Rautenzeichen („#") vorangestellt ist, was dazu führt, dass die markierten Wörter in besonderer Weise gekennzeichnet werden. Bei einem Klick auf das Wort wird eine Seite geöffnet, die alle Nachrichten erfasst, in denen der „Hashtag" verwendet wurde. „Hashtags" dienen der der Kontextualisierung und besseren Nachverfolgung, ohne Emotionsgehalt zu beinhalten.

[493] *Bilsdorfer*, Polizeiliche Öffentlichkeitsarbeit in sozialen Netzwerken, 2019, S. 265 ff.

[494] *Mast*, RuP 53 (2017), 216 (217); vgl. aber auch *Milker*, JA 2017, 647 (654), der betont, dass der Staat nur Gehör finden kann, wenn er die sprachlichen Gegebenheiten adaptiert.

[495] Vgl. *Bilsdorfer*, Polizeiliche Öffentlichkeitsarbeit in sozialen Netzwerken, 2019, S. 258; *Mast*, RuP 53 (2017), 216 (217).

[496] Vgl. zur sprachlichen Gebundenheit des Staates *P. Kirchhof*, in: Isensee/ders., HStR Bd. III, 3. Aufl. 2004, § 20 Rn. 20; vgl. auch *Möstl*, in: Uhle (Hrsg.), Information und Einflussnahme, 2018, S. 49 (72).

b) Sachlichkeit netzwerkspezifischer Kommunikation

Staatlichen Funktionsträgern ist es im Rahmen ihrer Kommunikation in den sozialen Netzwerken mithin grundsätzlich erlaubt, zugespitzt(er) und pointiert(er) zu formulieren. Zwangsläufig gilt dies damit auch für die netzwerkspezifische Kommunikation staatlicher Accountinhaber.[497] Sie orientiert sich in einem besonderen Maße an den Netzwerkspezifika wie dem Beitragsvolumen und ist regelmäßig von Natur aus auf erhöhte Prägnanz ausgerichtet. Zur Bestimmung des sachlich gebotenen Kommunikationsrahmens der netzwerkspezifischen Kommunikation ist überdies stets der konkrete Äußerungskontext besonders in den Blick zu nehmen. Im Gegensatz zur netzwerkunspezifischen Kommunikation, die wie die herkömmlichen Erscheinungsformen staatlicher Öffentlichkeitsarbeit primär einseitiger und proaktiver Natur ist und teilweise „nur" neben andere Publikationsformate tritt,[498] ist die netzwerkspezifische Kommunikation naturgemäß auf einen konkreten Äußerungsanlass zurückzuführen, der sich neben der Äußerungskompetenz auch auf den Duktus der staatlichen Kommunikation auswirken kann. Sind Äußerungen in den sozialen Netzwerken auf tagespolitische Geschehen zurückzuführen oder dienen sie der Teilnahme an einem Dialog, ist dies bei der Bestimmung des sachlich gebotenen Kommunikationsrahmens hinreichend zu berücksichtigen.[499]

Im Rahmen einer hitzigen Debatte in den sozialen Netzwerken können wertende Aussagen daher vom Sachlichkeitsgebot gedeckt sein, die ohne den entsprechenden Kontextbezug als herabsetzend und damit unzulässig einzustufen wären. Gleiches gilt beispielsweise für humorvolle Äußerungen, die ohne Anlass im Widerspruch zum Sachlichkeitsgebot stehen würden.[500] Allerdings verbietet es sich staatlichen Funktionsträgern nach wie vor, die sozialen Netzwerke für schwerpunktmäßig emotional-suggestives Informationshandeln zu nutzen, da es sich auch bei der anlassbezogenen Kommu-

---

[497] Zum Begriff der netzwerkspezifischen Kommunikation vgl. bereits 1. Kapitel B.IV.2.

[498] Zum Begriff der netzwerkunspezifischen Kommunikation vgl. bereits 1. Kapitel B.I.1.

[499] Vgl. auch *Möstl*, in: Uhle (Hrsg.), Information und Einflussnahme, 2018, S. 49 (74), der davon ausgeht, dass eine im Kontext von Frage und Antwort getätigte Aussage größere Spielräume genießt als einseitige Verlautbarungen staatlicher Funktionsträger; i.E. ähnlich auch *Mast*, Staatsinformationsqualität, 2020, S. 233 f.

[500] Vgl. bereits *Gramm*, Der Staat 30 (1991), 51 (60); eine absolute Grenze ist allerdings bei der Unzulässigkeit von Scherzerklärungen zu sehen, da bei einer entsprechenden Veröffentlichung auch ein Verstoß gegen das Richtigkeitsgebot anzunehmen ist, von dem auch im Falle netzwerkspezifischer Kommunikation keine Ausnahmen zuzulassen sind, vgl. dazu auch *Bilsdorfer*, Polizeiliche Öffentlichkeitsarbeit in sozialen Netzwerken, 2019, S. 258 ff.

nikation staatlicher Funktionsträger um die unmittelbare Ausübung von Hoheitsgewalt handelt, mit der sich rein affektiv wirkende Maßnahmen nicht vereinbaren lassen. Es ist insofern davon auszugehen, dass Informationsmaßnahmen, die aufgrund ihres proaktiven und offiziellen, quasi-förmlichen Charakters als netzwerkunspezifische Kommunikation einzustufen sind, durch einen netzwerkspezifischen Deckmantel nicht ihren Grenzziehungen entzogen werden können.

Die prinzipielle Fortgeltung des Sachlichkeitsgebots für die auf soziale Netzwerke ausgerichtete Kommunikation ist dabei Ausdruck der staatlichen Sonderrolle im öffentlichen Diskurs und auf die Dichotomie grundrechtlicher Freiheit sowie grundrechtlicher Bindung zurückzuführen.[501] Die Berücksichtigung des Äußerungsanlasses bei der Bestimmung des sachlichen Kommunikationsrahmens beschränkt sich damit auf eine kontextualisierende Auslegung der preisgegebenen Verlautbarungen. Für ein sog. „Recht auf Gegenschlag“ ist aus den bereits angeführten Erwägungen auch im Falle netzwerkspezifischer Kommunikation kein Raum.

Beispielsweise kann eine Kontextualisierung der netzwerkspezifischen Öffentlichkeitsarbeit in den sozialen Netzwerken allerdings die Verwendung von „Emojis“ und „Emoticons“[502] legitimieren.[503] Bei ihnen handelt es sich um Netzwerkspezifika, die – anders als bei der netzwerkunspezifischen Kommunikation – im Rahmen der netzwerkspezifischen Kommunikation angebracht erscheinen, sofern das die netzwerkspezifische Kommunikation auslösende Vorverhalten dies zulässt. Allerdings ist zur Bestimmung des sachlich gebotenen Kommunikationsrahmens und der Zulässigkeit von „Emojis“ und „Emoticons“ stets eine genaue Überprüfung der konkreten Äußerungsumstände im Einzelfall erforderlich.

c) Zusammenfassung

Die sich aus dem Sachlichkeitsgebot ergebenden Anforderungen an staatliches Informationshandeln ändern sich gegenüber den herkömmlichen Erscheinungsformen staatlicher Öffentlichkeitsarbeit im Falle der Kommunikation in den sozialen Netzwerken. Die netzwerkimmanente Beschränkung der Zeichenzahl führt dazu, dass Äußerungen, die unter anderen Umständen als überspitzt oder polemisch eingestuft würden, innerhalb des sachlich gebotenen Kommunikationsrahmens zu verorten sind. Auch Maßnahmen der netzwerkunspezifischen Kommunikation unterliegen damit weniger stren-

---

[501] Vgl. *Mast*, Staatsinformationsqualität, 2020, S. 231.

[502] Bei „Emoticons“ und „Emojis“ handelt es sich um Zeichenfolgen bzw. kleine Bilder wie Smileys, die in einen Textbeitrag eingefügt werden können und Gefühlszustände ausdrücken sollen.

[503] Vgl. *Mast*, Staatsinformationsqualität, 2020, S. 225, 232 f.

gen Grenzziehungen des Sachlichkeitsgebots, wenngleich die Zulässigkeit von Zuspitzungen und Verkürzungen nicht darüber hinwegtäuschen darf, dass für schwerpunktmäßig emotionalisierende Beiträge staatlicher Funktionsträger auch in den sozialen Netzwerken kein Platz ist.

Im Zusammenhang mit der neuartigen netzwerkspezifischen Kommunikation ist für die Bestimmung des sachlichen Kommunikationsrahmens stets der konkrete Äußerungsanlass in den Blick zu nehmen. Der Duktus der netzwerkspezifischen Kommunikation hat sich an dem ausschlaggebenden Vorverhalten zu orientieren, sodass bei hinreichender Veranlassung wertende Aussagen vom Sachlichkeitsgebot gedeckt sein können, die ohne Kontextbezug – etwa außerhalb der sozialen Netzwerke oder als netzwerkunspezifische Kommunikationsmaßnahmen – als rechtswidrig einzustufen wären. Rein emotional-suggestive Informationsmaßnahmen sind allerdings auch im Falle entsprechenden Vorverhaltens nie mit den Vorgaben des Rechtsstaatsprinzips vereinbar. Die sich in den sozialen Netzwerken großer Beliebtheit erfreuenden „Emoticons" können bei entsprechendem Vorverhalten allerdings in den sachlich gebotenen Kommunikationsrahmen fallen.

IV. Fazit

Beim Sachlichkeitsgebot handelt es sich um eine äußerungsspezifische Grenze staatlicher Öffentlichkeitsarbeit, die ihren Ursprung im Gerechtigkeitsgedanken des Rechtsstaatsprinzips hat und in einem Wechselwirkungsverhältnis zur (politischen) Neutralitätspflicht des Staates steht. Anders als die Pflicht zu politischer Neutralität besitzt das Sachlichkeitsgebot für sich genommen nicht die Qualität eines subjektiv-öffentlichen Rechts, sondern ist auf eine subjektivrechtliche Einkleidung angewiesen, sodass es sich am ehesten mit der Rechtsfigur einer sog. „Schranken-Schranke" vergleichen lässt. Es besagt, dass staatlichen Informationsmaßnahmen keine sachfremden Erwägungen zugrunde liegen dürfen und dass der sachlich gebotene Kommunikationsrahmen nicht überschritten werden darf. Letztere Vorgabe ist für die Maßnahmen staatlicher Öffentlichkeitsarbeit von besonderer Bedeutung. Sie verbietet es staatlichen Funktionsträgern, sich in tendenziöser oder affektiver Manier zu äußern und über das zur Informationsvermittlung Erforderliche hinauszugehen. Dies gilt – anders als im Rahmen der politischen Neutralitätspflicht, bei der sich die politische Prägung mancher Amtsfunktionen auf das Neutralitätsniveau auswirkt – auch für Inhaber staatsleitender Ämter.

Wie bei den anderen Grenzziehungen staatlicher Öffentlichkeitsarbeit besteht an der prinzipiellen Übertragbarkeit der Äußerungsvorgaben auf die Öffentlichkeitsarbeit in den sozialen Netzwerken kein Zweifel. Allerdings ergeben sich für das in den sozialen Netzwerken allseits beliebte und damit auch für das Kommunikationshandeln des Staates bedeutsame Verwenden von Bildmaterial besondere Vorgaben. Zwischen dem verwendeten Bildmaterial und den akzessorischen Textbeiträgen muss ein hinreichender Sachzusammenhang gegeben sein. An der erforderlichen Konnexität fehlt es insbesondere, wenn anlasslos und um der Sympathieerhöhung oder Aufmerksamkeit willen ein reizloser Textbeitrag „aufgewertet" wird.

Darüber hinaus kann auch die Verwendung affektiven Bildmaterials selbst den sachlich gebotenen Kommunikationsrahmen überschreiten. Nimmt man die textbasierten Beiträge staatlicher Öffentlichkeitsarbeit in den sozialen Netzwerken aus der Sicht des Sachlichkeitsgebots in den Blick, ist bei der rechtlichen Beurteilung die Beschränkung des Beitragsvolumens hinreichend zu berücksichtigen. Das Bundesverfassungsgericht selbst hat betont, dass staatlicherseits in den sozialen Netzwerken ein erhöhtes Maß an Polemik und Prägnanz an den Tag gelegt werden darf. Für die netzwerkspezifische Kommunikation gilt es zudem stets den konkreten Äußerungskontext zu berücksichtigen. Bei entsprechendem Äußerungsanlass können wertende Aussagen innerhalb des sachlich gebotenen Kommunikationsrahmens zu verorten sein, die ohne Veranlassung als rechtswidrig einzustufen wären.

C. Zusammenfassung

Die sowohl Rechtsprechung als auch Literatur zur staatlichen Öffentlichkeitsarbeit prägenden äußerungsspezifischen Grenzziehungen staatlichen Handelns sind die politische Neutralitätspflicht und das rechtsstaatliche Sachlichkeitsgebot. Beide sind eng miteinander verzahnt und stehen in einem häufig fehlgedeuteten Wechselwirkungsverhältnis zueinander. Subjektivrechtlicher Anknüpfungspunkt ist die politische Neutralitätspflicht, die ihren Ursprung in der Idee einer staatsfreien Willensbildung der Bevölkerung hat. Von besonderer Bedeutung ist das Recht auf Chancengleichheit der Parteien aus Art. 21 Abs. 1 GG, wobei sich der Schutzbereich der politischen Neutralitätspflicht auch auf politische Vereinigungen ohne Parteistatus erstreckt. Sie verbietet es staatlichen Funktionsträgern grundsätzlich, sich mit politischen Parteien oder Gruppierungen zu identifizieren oder diese zu bewerten. Sowohl der Begriff der Identifikation als auch der Begriff der Bewertung sind in Anbetracht der Fragilität des gesellschaftlichen Willensbildungsprozesses weit auszulegen.

Besonderheiten ergeben sich insbesondere für Inhaber staatsleitender Ämter, da ihre Amtsfunktionen von Verfassungs wegen ein erhöhtes Maß an politischer Prägung aufweisen und damit „von Natur aus" politisch motiviert sind. In diesen Fällen ist eine Verletzung der Neutralitätspflicht erst bei Erreichen einer im Einzelfall zu bestimmenden Erheblichkeitsschwelle anzunehmen. Auch im Zusammenhang mit verfassungsfeindlichen Bestrebungen ergeben sich Besonderheiten, da die Grundsätze der wehrhaften Demokratie nicht durch Maßnahmen des informalen Staatshandelns unterlaufen werden dürfen. In zeitlicher Hinsicht werden die allgemeinen Vorgaben für die staatliche Öffentlichkeitsarbeit zudem in der „heißen Phase des Wahlkampfes" angezogen, da der gesellschaftliche Willensbildungsprozess in dieser Zeit besonders beeinflussbar ist. Die Manipulationsanfälligkeit wirkt sich auch auf die äußere Aufmachung staatlicher Öffentlichkeitsarbeit aus, da die politische Neutralitätspflicht einer schwerpunktmäßig reklamehaften Gestaltung des Informationshandelns, die sachdienliche Inhalte in den Hintergrund drängt, entgegensteht.

Nimmt man nun die strukturellen Unterschiede zwischen den herkömmlichen Erscheinungsformen staatlicher Öffentlichkeitsarbeit und der Kommunikation in den sozialen Netzwerken in den Blick, sind mögliche Anpassungen zu diskutieren. Zu verwerfen gilt es indes die Idee, dass die theoretische Gleichrangigkeit aller Netzwerknutzer ein prinzipielles Absenken des Neutralitätsniveaus zur Folge hat. Dieser Ansatz verkennt die bedeutsame Dichotomie grundrechtlicher Freiheit und grundrechtlicher Bindung, die gerade dort, wo eine Unterscheidung der Sprecherrollen schwierig zu bestimmen und das Missbrauchspotential amtlicher Autorität enorm ist, aufrechterhalten werden muss, zumal von einer tatsächlichen Gleichrangigkeit nicht ausgegangen werden kann.

Auch in den sozialen Netzwerken finden die Grundsätze der politischen Neutralitätspflicht daher prinzipiell Anwendung, wenngleich es punktuelle Abweichungen von den allgemeinen Vorgaben gibt. So ist etwa davon auszugehen, dass der Beginn der unmittelbaren Vorwahlzeit nicht dazu führt, dass staatliche Funktionsträger die Kommunikation in den sozialen Netzwerken flächendeckend einzustellen haben und sich aus den sozialen Netzwerken gänzlich zurückziehen müssen. Insbesondere darf die von Passivität geprägte netzwerkspezifische Kommunikation in den sozialen Netzwerken auch während der „heißen Phase des Wahlkampfes" aufrechterhalten werden, da von ihr die eine Einstellung der Öffentlichkeitsarbeit rechtfertigende Wirkung auf die manipulationsanfällige Willensbildung in der Bevölkerung nicht zu erwarten ist.

Eine besondere Berücksichtigung fordert zudem das Verbot der reklamehaften Aufmachung staatlicher Öffentlichkeitsarbeit, da die Aktivität in den sozialen Netzwerken „von Natur aus" auf ein erhöhtes Maß an Selbstdarstellung ausgerichtet ist. Nutzt ein staatlicher Funktionsträger seinen Account in den sozialen Netzwerken schwerpunktmäßig zur Selbstinszenierung, sodass der sachdienliche Informationsgehalt der Beiträge bei einer Gesamtschau in qualitativer wie quantitativer Hinsicht in den Hintergrund gerückt wird, ist von der Reklamehaftigkeit eines Accounts auszugehen, die einen Verstoß gegen die politische Neutralitätspflicht begründet. Die Kommunikation in den sozialen Netzwerken gewährt den Betreibern staatlicher

Accounts damit neuartige Spielräume, die bei der rechtlichen Beurteilung zu berücksichtigen sind.

Ähnlich verhält es sich mit dem Sachlichkeitsgebot, das seinen Ursprung – anders als die politische Neutralitätspflicht und anders als teilweise befürwortet – im Rechtsstaats- und nicht im Demokratieprinzip des Grundgesetzes hat. Der Trugschluss ist auf die bereits angedeutete Wechselwirkung zwischen Neutralitätspflicht und Sachlichkeitsgebot zurückzuführen, bei der sich der Äußerungsinhalt vereinfacht dargestellt nach der Pflicht zu politischer Neutralität bemisst und die Äußerungsform eine Frage des Sachlichkeitsgebots ist. Die Bedeutsamkeit der Vorgaben des Sachlichkeitsgebots ist darauf zurückzuführen, dass überspitzte und herabwürdigende Kommunikationsformen den Äußerungsinhalt einer Aussage in neutralitätspflichtverletzender Weise beeinflussen oder sogar überlagern können. Insgesamt verlangt das Gebot, dass Äußerungen eines staatlichen Funktionsträgers auf sachgemäße Erwägungen zurückzuführen sind und dass diese den sachlich gebotenen Kommunikationsrahmen nicht überschreiten.

Letzteres ist der Fall, wenn der Staat seine Öffentlichkeitsarbeit tendenziös gestaltet und sich übersteigerter Wertungen oder gar polemischer Aussagen bedient, wobei ein Verstoß gegen das Sachlichkeitsgebot in alle Affektionsrichtungen denkbar ist. Als Mäßigungsgebot steht das Sachlichkeitsgebot jedweder Kommunikationsmaßnahme entgegen, von der negative, nicht mäßigende Auswirkungen auf das Verhältnis von Staat und Bürger oder die Kommunikationsbeziehung zwischen Hoheitsträgern auszugehen drohen. Während die politische Prägung staatsleitender Amtsfunktionen zu einem Absenken des politischen Neutralitätsniveaus führt, da es sich bei den Amtsinhabern nicht um politische Neutra handelt, wirkt sich Amtsinhaberschaft auf das Niveau des Sachlichkeitsgebots nicht in privilegierender Weise aus.

Es ergeben sich allerdings Besonderheiten im Zusammenhang mit der staatlichen Kommunikation in den sozialen Netzwerken. Zum einen erweist sich die allseits beliebte Verbreitung von Bildern als problematisch, da der Einsatz positiven Bildmaterials – wie bereits im Rahmen der politischen Neutralitätspflicht gezeigt – häufig dazu dient, reizlose Informationen mit aufmerksamkeitserhöhenden Illustrationen zu versehen. Fehlt es am hinreichenden Sachbezug zwischen Informationsbeitrag und Bildmaterial, hat dies einen Verstoß gegen das Sachlichkeitsgebot zur Folge. Darüber hinaus kann auch das Bildmaterial selbst im Widerspruch zu den Vorgaben des Sachlichkeitsgebots stehen. Verbreitet ein staatlicher Funktionsträger schwerpunktmäßig affektive Bilder, überschreitet er damit unter Umständen den sachlich gebotenen Kommunikationsrahmen.

Neben der Bebilderungspraxis wirkt sich die Verwendung der sozialen Netzwerke aber auch auf den Duktus der staatlichen Öffentlichkeitsarbeit aus. Das beschränkte Beitragsvolumen lässt zugespitzte und polemische Äußerungen zu. Im Rahmen der netzwerkspezifischen Kommunikation kann der Kreis des sachlich Gebotenen noch weiter ausgedehnt werden, wenn der konkrete Äußerungskontext dies zulässt. Herabsetzende Äußerungen, die ohne den Kontextbezug als unsachlich einzustufen wären, können so als rechtmäßig eingestuft werden. Dabei sind indes hohe Anforderungen an die Kontextualisierung zu stellen, um einer strukturellen Vernachlässigung des Sachlichkeitsgebots in den sozialen Netzwerken entgegenzuwirken.

Bei einer Gesamtbetrachtung fällt somit auf, dass die strukturellen Unterschiede zwischen herkömmlicher Öffentlichkeitsarbeit und der Kommunikation in den sozialen Netzwerken nicht unerhebliche Auswirkungen auf die äußerungsspezifischen Grenzen staatlicher Öffentlichkeitsarbeit haben, selbst wenn die prinzipielle Anwendbarkeit der äußerungsspezifischen Grenzziehungen auf die dortige Kommunikation über jeden Zweifel erhaben ist. Gerade in den von Schnelllebigkeit und extremem Starrsinn geprägten sozialen Netzwerken sind die kompetenzmoderierenden Grenzen der staatlichen Öffentlichkeitsarbeit unabdingbar. Die einzelnen Ausprägungen dieser Grenzen, die Ausfluss eines mittlerweile überholten Erscheinungsbilds staatlichen Informationshandelns und auf ein anachronistisches Kommunikationsverhältnis von Staat und Bürger sowie innerstaatlicher Beziehungen zurückzuführen sind, bedürfen punktueller Anpassungen, denen der Balanceakt zwischen dem auf technische Entwicklungen zurückzuführenden Mehrwert staatlicher Öffentlichkeitsarbeit in den sozialen Netzwerken und ihrer rechtssicheren Handhabe aus der Sicht der äußerungsspezifischen Grenzen gelingen muss. Dies kann in Anbetracht der faktischen Irreparabilität eingetretener Rechtsverstöße und -verletzungen nur geschehen, wenn sich die am Diskurs Beteiligten darauf besinnen und im Falle der Zuwiderhandlung ein die zuvor aufgestellten Grundsätze achtender Rechtsschutz gewährleistet wird.

Schlussbetrachtung und Zusammenfassung in Thesen

„Das Problem besteht […] darin, dass die Opposition von heute die Regierung von morgen sein und dann die Öffentlichkeitsarbeit betreiben will, die sie eigentlich kritisieren müsste.“[1]

Nur so lässt es sich erklären, dass der Öffentlichkeitsarbeit staatlicher Stellen im Allgemeinen und der Aktivität in den sozialen Netzwerken im Besonderen bisher vergleichsweise wenig Aufmerksamkeit geschenkt wurde. Gepaart mit der strukturellen Bagatellisierung der Meinungsmacht und Eingriffsintensität staatlicher Kommunikation in den sozialen Netzwerken lässt sich der Umgang derzeit getrost als defizitär beschreiben. Mit einem sich an den dogmatischen Grundlagen der herkömmlichen Erscheinungsformen staatlichen Informationshandelns sowie ihren Grenzen orientierenden Ansatz lassen sich indes zufriedenstellende Ergebnisse erzielen. Insbesondere bedarf es weder für das staatliche Informationshandeln in seinen herkömmlichen Erscheinungsformen noch für seine netzwerkspezifischen Ausprägungen eines verfassungsrechtlichen Sonderregimes. Die folgenden Thesen können einen Anhaltspunkt für den künftigen Umgang mit staatlichem Informationshandeln innerhalb der sozialen Netzwerke darstellen.

1. Für die notwendige Typisierung staatlicher Accounts in den sozialen Netzwerken ist in Ermangelung weiterer Einwirkungsmöglichkeiten auf die äußere Profilgestaltung die Accountbeschreibung als „Impressum“ von besonderer Bedeutung. Lässt sich dieser weder der amtliche noch der private bzw. parteipolitische Charakter eindeutig entnehmen, ist im Zweifel von einem staatlichen Account auszugehen.[2]

2. Das Informationshandeln in den sozialen Netzwerken lässt sich netzwerkspezifische und netzwerk*un*spezifische Kommunikation aufteilen. Bei der netzwerk*un*spezifischen Kommunikation nutzt der Hoheitsträger seinen Account in den sozialen Netzwerken zur zusätzlichen Verbreitung von Regierungserklärungen, amtlichen Stellungnahmen oder Warnungen und bedient sich netzwerkspezifischer Publikationsmechanismen, ohne dass dieser Rückgriff Auswirkungen auf den originären Charakter einer Informationsmaßnahme hat. In den Bereich der netzwerkspezifischen Kommunikation

[1] *Mandelartz*, DÖV 2009, 509 (517).

[2] 1. Kapitel, A.III.2.c).

fallen vor allem die auf Interaktion ausgelegten Aktivitäten wie das Kommentieren fremder Beiträge und das für die sozialen Netzwerke charakteristische auf positive Selbstdarstellung ausgelegte Informationshandeln.[3]

3. Die Unterscheidung von netzwerkspezifischer und netzwerk*un*spezifischer Kommunikation ist bei der Bestimmung hoheitlicher Äußerungskompetenzen zu berücksichtigen. Im Bereich der netzwerkspezifischen Kommunikation ist eine anlassbezogene Kompetenzerweiterung anzunehmen. Reagiert ein Hoheitsträger auf aktuelle Ereignisse von überragender Bedeutung oder explizit an ihn gerichtete Aufforderungen, ist in außerhalb der amtsspezifischen Sachzuständigkeit zu verortenden Reaktionen kein rechtswidriges Überschreiten seiner Aufgabenzuweisungen zu sehen, wenn die thematisierte Sachmaterie nicht einem anderen Funktionsträger abschließend zugewiesen wird.[4]

4. Staatlichem Informationshandeln in den sozialen Netzwerken kommt gemeinhin eine erhöhte Eingriffswirkung zu. Zum einen weisen die von der Öffentlichkeitsarbeit in den sozialen Netzwerken ausgehenden Grundrechtsbeeinträchtigungen insgesamt ein erhöhtes Maß an Finalität aufweisen, da sich ein Hoheitsträger der Reichweite seiner Äußerungen durchaus bewusst ist und dies bei seiner Aktivität in den sozialen Netzwerken zu berücksichtigen hat. Zum anderen ist die konkrete Eingriffswirkung bei den Adressaten der Öffentlichkeitsarbeit auch gemeinhin als erheblich einzustufen. Dies ist wiederum auf die enorme Reichweite der staatlichen Öffentlichkeitsarbeit in den sozialen Netzwerken als solche und die „Dokumentierungswirkung" der Netzwerke zurückzuführen.[5]

5. Für staatliches Informationshandeln in den sozialen Netzwerken mit Eingriffswirkung bedarf es aufgrund des grundrechtlichen Gesetzesvorbehalts einer befugnisrechtlichen Ermächtigungsgrundlage. In Anbetracht von Vielfalt und Schnelllebigkeit spricht vieles dafür, zum Zwecke der verfassungsrechtlichen Rechtfertigung kommunikativer Grundrechtseingriffe äußerungsrechtliche Generalklauseln zu etablieren.[6]

6. Staatliche Des- und Fehlinformationen sind an der von Art. 5 Abs. 1 Satz 1 Alt. 1 GG geschützten Meinungsbildungsfreiheit zu messen. Während die von Desinformationsabsicht getragene Verbreitung fehlerhafter Information stets einen Grundrechtseingriff darstellt, müssen sonstige Fehlinformationen eine Erheblichkeitsschwelle überschreiten, um eine Rechtfertigungspflicht auszulösen. In Anbetracht der intensitätspotenzierenden Kommunikationsstrukturen ist es allerdings als ausreichend zu erachten, wenn der Accountbetreiber die Fehlerhaftigkeit der von ihm verbreiteten Infor-

---

[3] 1. Kapitel, B.IV.

[4] 2. Kapitel, A.II.

[5] 2. Kapitel, B.II.2.c).

[6] 2. Kapitel B.II.3.d).

mationen ex ante kannte oder zumindest hätte kennen können. Die Anforderungen an eine verfassungsrechtliche Rechtfertigung des Grundrechtseingriffs sind gemeinhin als hoch einzustufen.[7]

7. Die Kommunikation staatlicher Stellen in sozialen Netzwerken ist unabhängig von individuellen Grundrechtseingriffen von allgemeinpolitischer Bedeutung und besitzt insgesamt ein hohes Maß an grundrechtlicher Relevanz. Dies spricht dafür, die staatliche Öffentlichkeitsarbeit in sozialen Netzwerken als „wesentlich" zu charakterisieren, was nach der Wesentlichkeitstheorie eine gesetzliche Fixierung erforderlich macht. Dabei geht es – anders als beim grundrechtlichen Gesetzesvorbehalt – weniger um die Fixierung ausdrücklicher Äußerungsbefugnisnormen, sondern um institutionell-organisatorische Entscheidungen zugunsten der Öffentlichkeitsarbeit in sozialen Netzwerken und den sich daraus ergebenden Folgen.[8]

8. Dadurch, dass sich der Staat bei der Kommunikation in sozialen Netzwerken in einen grundrechtssensiblen wie meinungsmächtigen Bereich staatlichen Handelns begibt, sind zudem erhöhte Transparenzanforderungen zu berücksichtigen. Diesen wird von staatlicher Seite aus entsprochen, wenn die Beiträge personenbezogener Accounts in den sozialen Netzwerken erkennen lassen, ob der Accountinhaber selbst den Inhalt des Beitrags verfasst hat oder nicht und dieser durch einen Dritten erstellt wurde.[9]

9. a) Die politische Neutralitätspflicht verbietet es staatlichen Funktionsträgern grundsätzlich, sich im Rahmen ihrer Öffentlichkeitsarbeit mit Parteien und politischen Vereinigungen zu identifizieren oder diese zu bewerten. Dieser Grundsatz gilt samt seinen Besonderheiten im Zusammenhang mit den von Verfassungs wegen politisch geprägten Ämtern und dem Umgang mit verfassungsfeindlichen Bestrebungen auch für die Kommunikation in den sozialen Netzwerken.[10]

b) Bestrebungen, die staatlichen Funktionsträger bei der Kommunikation in den sozialen Netzwerken im Hinblick auf die Nivellierung des herkömmlichen Subordinationsverhältnisses zwischen Hoheitsträgern und den anderen an der politischen Willensbildung der Bevölkerung Beteiligten von ihrer Pflicht zu politischer Neutralität zu entbinden, vermögen nicht zu überzeugen. Vielmehr sprechen die Dichotomie grundrechtlicher Freiheit und staatlicher Grundrechtsbindung sowie der faktische Reichweitenvorsprung amtlicher Accounts gegen ein strukturelles Absenken des Neutralitätsniveaus in den sozialen Netzwerken.[11]

[7] 2. Kapitel, B.III.
[8] 2. Kapitel, C.III.
[9] 2. Kapitel, D.II.
[10] 3. Kapitel, A.III.
[11] 3. Kapitel, A.IV. 1.

10. a) Netzwerkspezifische Besonderheiten der staatlichen Neutralitätspflicht ergeben sich zum einen im Hinblick auf die „heiße Phase des Wahlkampfes". In den drei Monaten vor dem Wahltermin hat sich die Öffentlichkeitsarbeit staatlicher Funktionsträger auch in den sozialen Netzwerken grundsätzlich auf ein notwendiges Minimum zu beschränken. Die verringerte Eingriffsintensität und die andernfalls drohende Schlechterstellung der Amtsinhaber rechtfertigen allerdings die Akzeptanz einer restriktiv auszulegenden Bereichsausnahme für netzwerkspezifische Kommunikation, da diese nicht mit der meinungsrelevanten und proaktiven Öffentlichkeitsarbeit gleichzusetzen ist.[12]

b) Zum anderen ist das Verbot reklamehafter Aufmachung staatlicher Öffentlichkeitsarbeit für die Kommunikation in den sozialen Netzwerken weiterzuentwickeln. Von einer unzulässigen Reklamehaftigkeit ist vor allem auszugehen, wenn die Publikation von Bildmaterial in quantitativer Hinsicht die Überhand gewinnt oder qualitativ den für eine Informationsmaßnahme erforderlichen Informationskonnex vermissen lässt. Nicht selten gehen fehlender Informationskonnex und erhöhtes Ausmaß selbstdarstellender Beiträge indes Hand in Hand.[13]

11. Beim Sachlichkeitsgebot handelt es sich um einen Rechtsgrundsatz, der eng mit der politischen Neutralitätspflicht verzahnt und dennoch strikt von dieser zu unterscheiden ist. Es hat seinen Ursprung nicht im Demokratie-, sondern vielmehr im Rechtsstaatsprinzip als äußerungsspezifische Ausprägung des Gerechtigkeitsgebots.[14]

12. a) Netzwerkspezifische Besonderheiten des Sachlichkeitsgebots ergeben sich erneut im Zusammenhang mit dem Einsatz von Bildmaterial in den sozialen Netzwerken. Das Überschreiten des sachlich gebotenen Kommunikationsrahmens kann sich aus der Verwendung affektiven Bildmaterials und aus dem Fehlen des Sachbezugs zwischen Textbeitrag und Bild ergeben. Gerade in dem für die Kommunikation der sozialen Netzwerke so bedeutsamen Bereich sympathieerhöhender Öffentlichkeitsarbeit ist es nicht selten der Fall, dass das Bildmaterial als solches die Grenze der zulässigen Affektivität überschreitet und zudem in keinerlei sachbezogenem Kontext zu dem akzessorisch veröffentlichten Textbeitrag steht.[15]

b) Auch die Anforderungen an den Duktus staatlicher Öffentlichkeitsarbeit sind für die Kommunikation in den sozialen Netzwerken weiterzuentwickeln. Die netzwerkimmanente Beschränkung der Beitragszeichenzahl führt dazu, dass Äußerungen, die unter anderen Umständen als überspitzt oder verkürzt eingestuft würden, innerhalb des sachlich gebotenen Kom-

[12] 3. Kapitel, A.IV. 2.
[13] 3. Kapitel, A.IV. 3.
[14] 3. Kapitel, B.I.
[15] 3. Kapitel, B.III.1.

munikationsrahmens zu verorten sind. Im Zusammenhang mit der netzwerkspezifischen Kommunikation ist für die Bestimmung des sachlichen Kommunikationsrahmens stets der konkrete Äußerungsanlass in den Blick zu nehmen, sodass bei hinreichender Veranlassung wertende, polemische oder gar überspitzte Aussagen vom Sachlichkeitsgebot gedeckt sein können.[16]

[16] 3. Kapitel, B.III.2.

Literaturverzeichnis

Alexy, Robert: Theorie der Grundrechte, 9. Auflage, Frankfurt a.M. 1986.

Angelov, Miroslav: Vermögensbildung und unternehmerische Tätigkeit politischer Parteien, Berlin 2006.

Auer-Reinsdorff, Astrid/Conrad, Isabell: Handbuch IT- und Datenschutzrecht, 3. Auflage, München 2019.

Augsberg, Ino: Informationsverwaltungsrecht, Tübingen 2014.

ders./Augsberg, Steffen: Kombinationsgrundrechte: Die Verkoppelung von Grundrechtstatbeständen als Herausforderung für die Grundrechtsdogmatik, AöR 132 (2007), S. 539–581.

Augsberg, Steffen: Der Staat als Informationsmittler. Robin Hood oder Parasit der Wissensgesellschaft?, DVBl. 2007, S. 733–741.

ders.: Von der Solange- zur Soweit-Rechtsprechung: Zum Prüfungsumfang des Bundesverfassungsgerichts bei richtlinienumsetzenden Gesetzen, DÖV 2010, S. 153–160.

ders.: Die politischen Parteien als zentrale Akteure des demokratischen Wettbewerbs, JURA 2018, S. 1110–1118.

Bäcker, Alexandra: Ein Lehrstück bundespräsidialer Sachlichkeit – Zu den Grenzen der Redefreiheit des Bundespräsidenten, MIP 2015, S. 151–153.

Badenhausen, Elisabeth/Löbel, Janek: Anmerkung zu BVerfG, Urteil vom 10. Juni 2014 – 2 BvE 4/13, VR 2014, S. 357–359.

Barczak, Tristan: Die parteipolitische Äußerungsbefugnis von Amtsträgern, NVwZ 2015, S. 1014–1020.

Battis, Ulrich/Grigoleit, Klaus J.: Neue Herausforderungen für das Versammlungsrecht?, NVwZ 2001, S. 121–129.

dies: Rechtsextremistische Demonstrationen und öffentliche Ordnung – Roma locuta?, NJW 2004, S. 3459–3462.

BeckOK Datenschutzrecht, hrsg. v. Wolff, Heinrich A./Brink, Stefan, 40. Edition, München 2022 (zit.: *Bearbeiter*, in: BeckOK Datenschutzrecht, 40. Ed. 2022).

BeckOK Grundgesetz, hrsg. v. Epping, Volker/Hillgruber, Christian, 51. Edition, München 2022 (zit.: *Bearbeiter*, in: BeckOK GG, 51. Ed. 2022).

BeckOK Kommunalrecht Nordrhein-Westfalen, hrsg. v. Dietlein, Johannes/Heusch, Andreas, 16. Edition, München 2021 (zit.: *Bearbeiter*, in: BeckOK Kommunalrecht NRW, 16. Ed. 2021).

Becker, Florian: Behördliche Informationspflichten und Verfassungsrecht, Anmerkung zu BVerfG, Beschluss vom 21. März 2018 – 1 BvF 1/13, NVwZ 2018, S. 1032–1034.

ders.: Öffentliches Recht und Privatrecht, NVwZ 2019, S. 1385–1392.

ders./Blackstein, Ylva: Aktive staatliche Verbraucherinformation über das Internet, NJW 2011, S. 490–494.

ders./Harms, Emma: Rechtsstaatliche Anforderungen an einfachgesetzliche Regelungen von Gastroampeln, Smileysystemen und Nährstoffprofilen, in: Möstl, Markus (Hrsg.), Europäisierung des Lebensmittelrechts. Verrechtlichung der Lebensmittelwirtschaft, Frankfurt a.M. 2017, S. 83–110.

Beckmann, Klaus: Die Klassifizierung von Eingriffsnormen als Verwaltungsakt und Realakt, NVwZ 2011, S. 842–847.
Bethge, Herbert: Der Grundrechtseingriff, VVDStRL Band 57 (1998), S. 7–52.
Beyerbach, Hannes: Rechtsextreme Versammlungen – (auch) eine dogmatische Herausforderung, JA 2015, S. 881–887.
Bilsdorfer, Mascha C.: Polizeiliche Öffentlichkeitsarbeit in sozialen Netzwerken, Tübingen 2019.
Birkner, Thomas: Regierungskommunikation und staatliche Öffentlichkeitsarbeit aus kommunikationshistorischer Perspektive, in: Raupp, Juliana/Kocks, Jan N./Murphy, Kim (Hrsg.), Regierungskommunikation und staatliche Öffentlichkeitsarbeit, Wiesbaden 2018, S. 73–94.
Böckenförde, Ernst Wolfgang: Die Entstehung des Staates als Vorgang der Säkularisation, in: ders., Staat, Gesellschaft, Freiheit: Studien zur Rechtsphilosophie, Staatstheorie und Verfassungsgeschichte, Frankfurt a.M. 1976, S. 42–64.
ders.: Die Organisationsgewalt im Bereich der Regierung, 2. Auflage, Berlin 1998.
Böhm, Monika: Information, Empfehlung und Warnung als Instrumente des Umweltrechts, JA 1997, S. 794–799.
Boehme-Neßler, Volker: Electronic Government: Internet und Verwaltung – Visionen, Rechtsprobleme, Perspektiven, NVwZ 2001, S. 374–380.
Borges, Georg: Rechtsscheinhaftung im Internet, NJW 2011, S. 2400–2403.
Borucki, Isabelle/Jun, Uwe: Regierungskommunikation im Wandel – Politikwissenschaftliche Perspektiven, in: Raupp, Juliana/Kocks, Jan N./Murphy, Kim (Hrsg.), Regierungskommunikation und staatliche Öffentlichkeitsarbeit, Wiesbaden 2018, S. 25–46.
Braun, Werner/Jantsch, Monika/Klante, Elisabeth: Kommentar zum Abgeordnetengesetz des Bundes – unter Einschluß des Europaabgeordnetengesetzes und der Abgeordnetengesetze der Länder, Berlin 2001.
Brauneck, Jens: Digitalsteuer: Endlich angemessene Steuern für Google, Apple, Facebook und Co. in der EU?, EuZW 2018, S. 624–631.
Bräutigam, Peter: Das Nutzungsverhältnis bei sozialen Netzwerken, MMR 2012, S. 635–641.
Brink, Stefan: Twexit: Warum öffentliche und private Stellen ihre Auftritte in „sozialen Medien" prüfen sollten, DSB 2020, S. 43–45.
Bröhmer, Jürgen: Transparenz als Verfassungsprinzip, Tübingen 2004.
Brüning, Christoph: Das Grundrecht der Versammlungsfreiheit in der „streitbaren Demokratie" – Rechtsextremistische Demonstrationen im Streit der Gerichte, Der Staat Band 41 (2002), S. 213–243.
Bumke, Christian: Publikumsinformation, Die Verwaltung Band 37 (2004), S, 3–33.
Burgi, Martin: Kommunalrecht, 6. Auflage, München 2019.
Busse, Volker: Geschäftsordnung Bundesregierung, 3. Online-Auflage, Baden-Baden 2018.
Butzer, Hermann: Frei von der Leber weg? Die Äußerungsbefugnisse des Bundespräsidenten und von Mitgliedern der Bundesregierung gegenüber extremistischen Parteien, in: Kluth, Winfied (Hrsg.), „Das wird man ja wohl noch sagen dürfen." – Staatliche Organe und die Pflicht zur Neutralität, Halle an der Saale 2015, S. 37–50.
ders.: Im Streit – Die Äußerungsbefugnisse des Bundespräsidenten, ZG 2015, S. 97–127.
Calliess, Christian/Ruffert, Matthias (Hrsg.): Kommentar zum EUV/AEUV – Das Verfassungsrecht der Europäischen Union mit Europäischer Grundrechtecharta, 6. Auflage, München 2022 (zit.: *Bearbeiter*, in: Callies/Ruffert, EUV/AEUV, 6. Aufl. 2022).
Coelln, Christian von: Offenheit demokratischer Willensbildung und Staatsferne des öffentlich-rechtlichen Rundfunks. Der Staat als Garant oder Gefahr?, in: Uhle, Arnd (Hrsg.): Information und Einflussnahme, Berlin 2018, S. 11–48.

Cornils, Matthias: Parteipolitische Neutralität des Bundespräsidenten: Wahlrechtsprägende Verfassungserwartung, nicht Amtspflicht, in: Geis, Max-Emanuel/Winkler, Markus/Bickenbach, Christian (Hrsg.): Von der Kultur der Verfassung, Festschrift für Friedhelm Hufen zum 70. Geburtstag, München 2015, S. 151–166.

Degenhart, Christoph: Staatspresse in der Informationsgesellschaft, AfP 2009, S. 207–215.

ders.: Anmerkung zu BVerfG, Beschluss vom 4. November 2009 – 1 BvR 2150/08, JZ 2010, S. 306–310.

Detterbeck, Steffen: Allgemeines Verwaltungsrecht, 20. Auflage, München 2022.

Dişçi, Duygu: Der Grundsatz politischer Neutralität – Grenzen der Äußerungsbefugnis politischer Amtsträger, Berlin 2019.

Dörr, Oliver/Grote, Rainer/Marauhn, Thilo (Hrsg.): EMRK/GG Konkordanzkommentar Band I, 3. Auflage, Tübingen 2022 (zit.: *Bearbeiter*, in: EMRK/GG Bd. I, 3. Aufl. 2022, Kapitel Rn.).

Drefs, Felix: Information über öffentliches Handeln – Zur verfassungsrechtlich gebotenen Transparenz staatlicher Tätigkeit, in: Dreier, Thomas/Fischer, Veronika/van Raay, Anne/Spiecker gen. Döhmann, Indra (Hrsg.), Informationen der öffentlichen Hand – Zugang und Nutzen, Baden-Baden 2016, S. 90–105.

ders.: Die Öffentlichkeitsarbeit des Staates und die Akzeptanz seiner Entscheidungen, Baden-Baden 2019.

Dreier, Horst (Hrsg.): Grundgesetz Kommentar Band I, 3. Auflage, Tübingen 2013 (zit.: *Bearbeiter*, in: Dreier, GG Bd. I, 3. Aufl. 2013).

ders. (Hrsg.): Grundgesetz Kommentar Band II, 3. Auflage, Tübingen 2015 (zit.: *Bearbeiter*, in: Dreier, GG Bd. II, 3. Aufl. 2015).

ders. (Hrsg.): Grundgesetz Kommentar Band III, 3. Auflage, Tübingen 2018 (zit.: *Bearbeiter*, in: Dreier, GG Bd. III, 3. Aufl. 2018).

Duckstein, Ronny/Gramlich, Ludwig: Kommunale Homepages als „öffentliche Einrichtungen"?, SächsVBl. 2004, S. 121–128.

Dürig, Günter (Begr.)*/Herzog, Roman/Scholz, Rupert* (Hrsg.): Grundgesetz Kommentar, Loseblattsammlung, 96. Ergänzungslieferung, München 2021 (zit.: *Bearbeiter*, in: Dürig/Herzog/Scholz, GG, 96. EL 2021).

Ebert, Björn P./Karaosmanoğlu, Cem: Anmerkung zu BVerfG, Urteil vom 17. Januar 2017 – 2 BvB 1/13, DVBl. 2017, S. 375–378.

Eckhoff, Rolf: Der Grundrechtseingriff, Köln 1992.

Eder, Christian: „Rote Karte" gegen „Spinner"?, Berlin 2017.

Eggers, Christian W.: Quick Guide Social-Media-Recht der öffentlichen Verwaltung, Wiesbaden 2020.

Engel, Thorsten: Die staatliche Informationstätigkeit in den Erscheinungsformen Warnung, Empfehlung und Aufklärung, Diss. Bochum 2000.

Engeler, Malte: Der staatliche Twitter-Auftritt, MMR 2017, S. 651–656.

Fabio, Udo di: Grundrechte im präzeptoralen Staat am Beispiel hoheitlicher Informationstätigkeit, JZ 1993, S. 689–697.

Faßbender, Kurt: Wettbewerbsrelevantes Staatshandeln und Berufsfreiheit: Quo vadis, Bundesverfassungsgericht?, NJW 2004, S. 816–818.

Faßmann, Manuel/Moss, Christoph: Instagram als Marketing-Kanal – Die Positionierung ausgewählter Social-Media-Plattformen, Berlin 2016.

Ferraeu, Frederik: Grenzen staatlicher Beteiligung am politischen Diskurs, NVwZ 2017, S. 1259–1263.

ders.: Disharmonie im Kommunalwahlkampf, JuS 2017, S. 758–764.

Fezer, Karl-Heinz/Büscher, Wolfgang/Obergfell, Eva Inés (Hrsg.): Lauterkeitsrecht: UWG Band I, 3. Auflage, München 2016 (zit.: *Bearbeiter*, in: Fezer/Büscher/Obergfell, Lauterkeitsrecht: UWG, Internationales Lauterkeitsprivatrecht Rn.).

Fickentscher, Toni: Die Gefährdung des Grundsatzes der freien Wahl durch fake news – Die Normierung einer Richtigstellungspflicht für politische Parteien, DVBl. 2021, S. 490–496.

Fikentscher, Wolfgang/*Möllers, Thomas*: Die (negative) Informationsfreiheit als Grenze von Werbung und Kunstdarbietung, NJW 1998, S. 1337–1344.

Franz, Thorsten: Einführung in die Verwaltungswissenschaft, Wiesbaden 2012.

Frevert, Tobias/*Wagner, Olav*: Rechtliche Rahmenbedingungen behördlicher Internetauftritte, NVwZ 2011, S. 76–82.

Frey, Michael: Kommunale öffentliche Einrichtungen im Internet, DÖV 2005, S. 411–420.

Friehe, Matthias: Facebook, Twitter und Regierung. Neue Medien und regierungsamtliche Kommunikation zwischen Öffentlichkeitsarbeit und Parteipolitik, in: Uhle, Arnd (Hrsg.): Information und Einflussnahme, Berlin 2018, S. 86–125.

ders.: Anmerkung zu BVerfG, Urteil vom 27. Februar 2018 – 2 BvE 1/16, NJW 2018, S. 934.

Frowein, Jochen A./*Peukert, Wolfgang*: EMRK-Kommentar, 3. Auflage, Kehl 2009.

Fuhse, Jan Arendt: Soziale Netzwerke – Konzepte und Forschungsmethoden, 2. Auflage, Konstanz/München 2018.

Gärditz, Ferdinand: Unbedingte Neutralität? Zur Zulässigkeit amtlicher Aufrufe zu Gegendemonstrationen durch kommunale Wahlbeamte, NWVBl. 2015, S. 165–171.

Gebhardt, Hartwig: Organisierte Kommunikation als Herrschaftstechnik, Publizistik Band 39 (1994), S. 175–189.

Gern, Alfons/*Brüning, Christoph*: Deutsches Kommunalrecht, 4. Auflage, Baden-Baden 2019.

Gersdorf, Hubertus: Die Staatsfreiheit des Rundfunks in der dualen Rundfunkordnung der Bundesrepublik Deutschland, Berlin 1991.

ders.: Parlamentsfernsehen des Deutschen Bundestages, Berlin 2008.

ders.: Staatliche Kommunikationstätigkeit, AfP 2016, S. 293–301.

Göschner, Rolf: Öffentlichkeitsaufklärung als Behördenaufgabe, DVBl. 1990, S. 619–629.

Grabenwarter, Christoph/*Pabel, Katharina*: Europäische Menschenrechtskonvention, 7. Auflage, München 2021.

Grabitz, Eberhard (Begr.)/*Hilf, Meinhard* (fortg.): Das Recht der Europäischen Union Band IV, 40. Auflage, München 2009 (zit.: *Bearbeiter*, in: Grabitz/Hilf, Das Recht der Europäischen Union Bd. IV, 40. Aufl. 2009).

dies./*Nettesheim, Martin* (Hrsg.): Das Recht der Europäischen Union Band I, Loseblattsammlung, 71. Ergänzungslieferung, München 2021 (zit.: *Bearbeiter*, in: Grabitz/Hilf/Nettesheim, Das Recht der Europäischen Union Bd. I, 71. EL 2021).

Gramm, Christof: Rechtsfragen der staatlichen Aids-Aufklärung, NJW 1989, S. 2917–2926.

ders.: Aufklärung durch staatliche Publikumsinformation. Staatshandeln als Aufklärung?, Der Staat Band 30 (1991), S. 51–80.

Groeben, Hans von der/*Schwarze, Jürgen*/*Hatje, Armin* (Hrsg.): Europäisches Unionsrecht Band I, 7. Auflage, Baden-Baden 2015 (zit.: *Bearbeiter*, in: von der Groeben/Schwarze/Hatje (Hrsg.), Europäisches Unionsrecht Bd. I, 7. Aufl. 2015).

Gröpl, Christoph: Staatsrecht I – Staatsgrundlagen, Staatsorganisation, Verfassungsprozess, 12. Auflage, München 2020.

ders./*Zembruski, Stephanie*: Äußerungsbefugnisse oberster Staatsorgane und Amtsträger, JURA 2016, S. 268–279.

Groß, Thomas: Öffentliche Verwaltung im Internet, DÖV 2001, S. 159–164.

Grube, Norbert: Die Darstellung Deutschlands durch die semi-staatliche Auslandsnachrichtenagentur „Deutsche Korrespodenz“ 1951–1967, in: Paulmann, Johannes (Hrsg.): Auswärtige Repräsentationen: deutsche Kulturdiplomatie nach 1945, Köln 2005, S. 289–311.

Guckelberger, Anette: Rechtliche Anforderungen an die aktive Informationsvorsorge des Staates im Internet, in: Hill, Hermann/Schliesky, Utz (Hrsg.): Die Vermessung des virtuellen Raums, Baden-Baden 2012.

Gusy, Christoph: Verwaltung durch Information – Empfehlungen und Warnungen als Mittel des Verwaltungshandelns, NJW 2000, S. 977–986.

ders.: Der transparente Staat, DVBl. 2013, S. 941–948.

ders.: Neutralität staatlicher Öffentlichkeitsarbeit – Voraussetzungen und Grenzen, NVwZ 2015, S. 700–704.

Harding, Nicolas: Die Charakterisierung staatlicher Accounts in sozialen Netzwerken, NJW 2019, S. 1910–1915.

ders.: Anmerkung zu NdsStGH, Urteil vom 24. November 2020 – StGH 6/19, NVwZ 2021, S. 147–148.

Härting, Niko/Gössling, Patrick: Gemeinsame Verantwortlichkeit bei einer Facebook-Fanpage, NJW 2018, S. 2523–2526.

Hebeler, Timo: Die Gefährderansprache, NVwZ 2011, S. 1364–1366.

Hecker, Wolfgang: Verweigerung der Stadthallennutzung gegenüber der NPD, NVwZ 2018, S. 787–791.

Heckmann, Dirk: Update on E-Government, ITRB 2011, S. 246–248.

Heintzen, Markus: Staatliche Warnungen als Grundrechtsproblem, VerwArch Band 81 (1990), S. 532–556.

Hill, Hermann: Akzeptanz des Rechts – Notwendigkeit eines besseren Politikmanagements, JZ 1998, S. 377–381.

Hillgruber, Christian: Zur Äußerungsbefugnis des Bundespräsidenten in Bezug auf politische Parteien, JA 2014, S. 796–798.

ders.: Zwischen wehrhafter Demokratie und „political correctness"; wieweit darf die politische Mehrheit die Spielregeln der politischen (Meinungs-)Bildung bestimmen? Die Reichweite der politischen Meinungsfreiheit, in: Kluth, Winfried (Hrsg.), „Das wird man ja wohl noch sagen dürfen." – Staatliche Organe und die Pflicht zur Neutralität, Halle an der Saale 2015, S. 77–88.

Höfling, Wolfram/Augsberg, Steffen: Grundrechtsdogmatik im Schatten der Vergangenheit – zugleich zum Wunsiedel-Beschluß des BVerfG, JZ 2010, S. 1088–1098.

Hofmann, Christian/Schulz, Sönke E./Brackmann, Franziska: Die öffentliche Verwaltung in den sozialen Medien? Zulässigkeit behördlicher Facebook-Fanseiten, ZD 2012, S. 122–126.

Hofmann-Riem, Wolfgang: Grundrechtsanwendung unter Rationalitätsanspruch, Der Staat Band 43 (2004), S. 203–233.

ders./Schmidt-Aßmann, Eberhard/Voßkuhle, Andreas (Hrsg.): Grundlagen des Verwaltungsrechts Band II, 2. Auflage, München 2012.

Hohenlohe, Diana zu: „Lichter aus als Zeichen gegen Intoleranz" – Zu den Grenzen der politischen Äußerungsbefugnis von (Ober-)Bürgermeistern, VerwArch Band 107 (2016), S. 62–85.

Holznagel, Bernd: Phänomen „Fake News" – Was ist zu tun? Ausmaß und Durchschlagskraft von Desinformationskampagnen, MMR 2018, S. 18–22.

Holzner, Thomas: Die „Pankower Ekelliste" – Zukunftsweisendes Modell des Verbraucherschutzes oder rechtswidriger Pranger?, NVwZ 2010, S. 489–494.

Hornung, Gerrit: Zwei runde Geburtstage: Das Recht auf informationelle Selbstbestimmung und das WWW, MMR 2004, S. 3–8.

Huber, Peter M.: Die Informationstätigkeit der öffentlichen Hand – ein grundrechtliches Sonderregime aus Karlsruhe?, JZ 2003, S. 290–297.

ders.: Medienbeteiligungen politischer Parteien, K&R 2004, S. 216–223.

ders.: Öffentlichkeitsarbeit von Amtsträgern, in: Krüper, Julian (Hrsg.), Die Organisation des Verfassungsstaats, Festschrift für Martin Morlok zum 70. Geburtstag, Tübingen 2019, S. 551–568.

Hufen, Friedhelm: Legitimität und Grenzen der Öffentlichkeitsarbeit von Landesregierungen, LKRZ 2007, S. 41–47.

Huff, Martin: Information ist auch eine Aufgabe des BVerfG – Anmerkungen zur Öffentlichkeitsarbeit, NJW 2001, S. 29551–2953.

ders.: Notwendige Öffentlichkeitsarbeit der Justiz, NJW 2004, S. 403–407.

Iben, Alexander: Staatlicher Schutz vor Meinungsrobotern, Baden-Baden 2021.

Ibler, Martin: Grundrechtseingriff und Gesetzesvorbehalt bei Warnungen durch Bundesorgane, in: Geis, Max-Emmanuel/Lorenz, Dieter (Hrsg.), Staat, Kirche, Verwaltung, Festschrift für Hartmut Maurer zum 70. Geburtstag, München 2001, S. 145–161.

Ingold, Albert: Desinformationsrecht, Berlin 2011.

ders.: Digitalisierung demokratischer Öffentlichkeiten, Der Staat Band 56 (2017), S. 491–533.

ders.: „Polizei 2.0“: Grenzen der behördlichen Öffentlichkeitsarbeit in sozialen Netzwerken, VerwArch Band 108 (2017), S. 240–265.

Isensee, Josef/Kirchhof, Paul (Hrsg.): Handbuch des Staatsrechts der Bundesrepublik Deutschland Band I, 3. Auflage, Heidelberg 2003 (zit: *Bearbeiter*, in: Isensee/Kirchhof, HStR Bd. I, 3. Aufl. 2003).

dies. (Hrsg.): Handbuch des Staatsrechts der Bundesrepublik Deutschland Band II, 3. Auflage, Heidelberg 2004 (zit: *Bearbeiter*, in: Isensee/Kirchhof, HStR Bd. II, 3. Aufl. 2004).

dies. (Hrsg.): Handbuch des Staatsrechts der Bundesrepublik Deutschland Band III, 3. Auflage, Heidelberg 2005 (zit: *Bearbeiter*, in: Isensee/Kirchhof, HStR Bd. III, 3. Aufl. 2005).

dies. (Hrsg.): Handbuch des Staatsrechts der Bundesrepublik Deutschland Band IV, 3. Auflage, Heidelberg 2006 (zit: *Bearbeiter*, in: Isensee/Kirchhof, HStR Bd. IV, 3. Aufl. 2006).

dies. (Hrsg.): Handbuch des Staatsrechts der Bundesrepublik Deutschland Band V, 3. Auflage, Heidelberg 2005 (zit: *Bearbeiter*, in: Isensee/Kirchhof, HStR Bd. V, 3. Aufl. 2005).

dies. (Hrsg.): Handbuch des Staatsrechts der Bundesrepublik Deutschland Band VI, 3. Auflage, Heidelberg 2008 (zit: *Bearbeiter*, in: Isensee/Kirchhof, HStR Bd. VI, 3. Aufl. 2008).

dies. (Hrsg.): Handbuch des Staatsrechts der Bundesrepublik Deutschland Band VII, 3. Auflage, Heidelberg 2009 (zit: *Bearbeiter*, in: Isensee/Kirchhof, HStR Bd. VII, 3. Aufl. 2009).

dies. (Hrsg.): Handbuch des Staatsrechts der Bundesrepublik Deutschland Band IX, 3. Auflage, Heidelberg 2011 (zit: *Bearbeiter*, in: Isensee/Kirchhof, HStR Bd. IX, 3. Aufl. 2011).

dies. (Hrsg.): Handbuch des Staatsrechts der Bundesrepublik Deutschland Band XII, 3. Auflage, Heidelberg 2014 (zit: *Bearbeiter*, in: Isensee/Kirchhof, HStR Bd. XII, 3. Aufl. 2014).

Janda, Timm: Open Government – Transparenz, Partizipation und Kollaboration als Staatsleitbild, in: Schliesky, Utz/Schulz, Sönke E. (Hrsg.), Transparenz, Partizipation, Kollaboration – Web 2.0 für die öffentliche Verwaltung, Kiel 2012, S. 11–40.

Jasper, Christian: Religiös und politisch gebundene öffentliche Ämter, Berlin 2015.

Jarass, Hans: Charta der Grundrechte der Europäischen Union, 4. Auflage, München 2021.

Jellinek, Georg: Allgemeine Staatslehre, 3. Auflage, Berlin 1914.

Jensen, Marco A.: Rechtsprobleme regierungsamtlicher Öffentlichkeitsarbeit im Internet-Zeitalter, Hamburg 2006.

Jesch, Dietrich: Gesetz und Verwaltung – Eine Studie zum Wandel des Gesetzmässigkeitsprinzips, Tübingen 1961.

Joerger, Gernot: Öffentlichkeitsarbeit, Stuttgart 1975.

Jung, Johanna: Das kommunale Amtsblatt – Inhalt, Ausgestaltung, Präsentation, Stuttgart 2021.

Jungherr, Andreas/Schoen, Harald: Das Internet in Wahlkämpfen, Wiesbaden 2013.

Kähler, Harro Dietrich: Das Konzept des sozialen Netzwerks: Eine Einführung in die Literatur, Zeitschrift für Soziologie 1975, S. 283–290.

Kalscheuer, Fiete: Was ein Amtsträger sagen darf und was nicht – Zu den Äußerungsbefugnissen von Hoheitsträgern, KommJur 2018, S. 121–126.

ders./Jacobsen, Annika: Das digitale Hausrecht von Hoheitsträgern – Unter welchen Voraussetzungen darf der Staat Twitter-Nutzer blockieren?, NJW 2018, S. 2358–2362.

Kant, Immanuel: Prolegomena zu einer jeden künftigen Metaphysik die als Wissenschaft wird auftreten können, Riga 1783.

Karlsruher Kommentar zur Strafprozessordnung, hrsg. v. Hannich, Rolf, 8. Auflage, München 2019 (zit.: *Bearbeiter*, in: KK-StPO, 8. Aufl. 2019).

Käß, Robert: Die Warnung als verwaltungsrechtliche Handlungsform, WiVerw 2002, S. 197–211.

Kelsen, Hans: Der soziologische und juristische Staatsbegriff, 2. Auflage, Tübingen 1928.

Kempen, Otto E.: Grundgesetz, amtliche Öffentlichkeitsarbeit und politische Willensbildung, Berlin 1975.

Kersten, Jens: Realakte und Praxen, in: Bultmann, Peter F. (Hrsg.), Allgemeines Verwaltungsrecht: Institute, Kontexte, System, Festschrift für Ulrich Battis zum 70. Geburtstag, München 2014, S. 239–256.

Kießling, Andrea: Die dogmatische Einordnung der polizeilichen Gefährderansprache in das allgemeine Polizeirecht, DVBl. 2012, S. 1210–1217.

Kirchhof, Ferdinand: Rechtspflicht zur Zusatzveröffentlichung kommunaler Normen, DÖV 1982, S. 397–403.

Kirchhof, Gregor: Nudging – zu den rechtlichen Grenzen informalen Verwaltens, ZRP 2015, S. 136–137.

Kirchhof, Paul: Verwalten durch mittelbares Einwirken, Köln [u.a.] 1977.

Klein, Hans H.: Verfassungstreue und Schutz der Verfassung, VVDStRL Band 37 (1979), S. 53–110.

Klement, Jan Henrik: Der Vorbehalt des Gesetzes für das Unvorhersehbare, DÖV 2005, S. 507–515.

Kloepfer, Michael: Über erlaubte, unerwünschte und verbotene Parteien, NJW 2016, S. 3003–3008.

ders.: Parteienfinanzierung und NPD-Urteil – Zum Ausschluss der staatlichen Teilfinanzierung für verfassungsfeindliche Parteien, NVwZ 2017, S. 913–920.

Kluth, Winfired: Demokratie als Wettbewerbsordnung. Zur Einführung in die Thematik, in: ders. (Hrsg.), „Das wird man ja wohl noch sagen dürfen." – Staatliche Organe und die Pflicht zur Neutralität, Halle an der Saale 2015, S. 9–12.

Knebel, Sophie V./Schoss, Robin C.: Umfang und Legitimationsprobleme staatlichen Informationshandelns im Internet, DÖV 2016, S. 105–112.

Knemeyer, Franz-Ludwig: Der Schutz der Allgemeinheit und der individuellen Rechte durch die polizei- und ordnungsrechtlichen Handlungsvollmachten der Exekutive, VVDStRL 35 (1976), S. 221–288.

Knirsch, Hanspeter: Offenbarungspflichten der öffentlichen Verwaltung, DÖV 1988, S. 25–28.

Kocks, Jan N.: Regierungs- und Parteienkommunikation im (digitalen) Wandel. Eine kommunikationswissenschaftliche Betrachtung, in: Borucki, Isabelle/Schünemann, Wolf J. (Hrsg.), Internet und Staat – Perspektiven auf eine komplizierte Beziehung, Baden-Baden 2019.

Kollmar, Frederike: Umfang und Reichweite gemeinsamer Verantwortlichkeit im Datenschutz, NVwZ 2019, S. 1740–1743.

Korioth, Stefan/Augsberg, Ino: Neue Religionskonflikte und staatliche Neutralität – Erfordern weltanschauliche und religiöse Entwicklungen Antworten des Staates?, JZ 2010, S. 828–834.

Kramer, Urs/Monsees, Carolin: Von Wein zur Malerei: (Staatliches) Informationshandeln am Beispiel der Internetdatenbank „Lost Arts", JURA 2016, S. 985–991.

Krebs, Walter: Vorbehalt des Gesetzes und Grundrechte, Berlin 1975.

Krüper, Julian/Kühr, Hana: Der Lebenszyklus politischer Parteien – Eine „evolutionäre" Einführung in das Parteienrecht – Teil 5/6, ZJS 2014, S. 477–489.

Kuch, David: Politische Neutralität in der Parteiendemokratie, AöR 142 (2017), S. 491–527.

ders.: Anmerkung zu BVerfG, Urteil vom 27. Februar 2018 – 2 BvE 1/16, JZ 2018, S. 409–411.

Kühling, Jürgen: Neues Bundesdatenschutzgesetz – Anpassungsbedarf bei Unternehmen, NJW 2017, S. 1985–1990.

ders.: Das „Recht auf Vergessenwerden" vor dem BVerfG – November(r)evolution für die Grundrechtsarchitektur im Mehrebenensystem, NJW 2020, S. 275–280.

ders.: Die Verantwortung der Medienintermediäre für die demokratische Diskursvielfalt, JZ 2021, S. 529–538.

Kühn, Marcel: Bürgerbeeinflussung durch Berichterstattung staatlicher Stellen, Berlin 2018.

Kunczik, Michael: Geschichte der staatlichen Öffentlichkeitsarbeit in Deutschland Regierungs-PR von gestern bis heute, in: Köhler, Miriam M./Schuster, Christian H. (Hrsg.), Handbuch Regierungs-PR. Öffentlichkeitsarbeit von Bundesregierungen und deren Beratern, Wiesbaden 2006, S. 35–48.

Landwers, Anne-Sophie: Behördliche Öffentlichkeitsarbeit im Recht, Baden-Baden 2019.

Lange, Klaus: Kommunalrecht, 2. Auflage, Tübingen 2019.

Laude, Lennart J.: Automatisierte Meinungsbeeinflussung, Tübingen 2021.

Leisner, Walter: Öffentlichkeitsarbeit der Regierung im Rechtsstaat, Berlin 1966.

Leitmeier, Lorenz: Das Kopftuchverbot für Rechtsreferendarinnen, NJW 2020, S. 1036–1038.

Lettmann, Sabine: Schleichwerbung durch Influencer Marketing – Das Erscheinungsbild der Influencer, GRUR 2018, S. 1206–1211.

Lück, Dominik/Penski, Florian: Aus Anlass von „topf Secret": Antragsbezogener Informationszugang als staatliches Informationshandeln?, DÖV 2020, S. 506–515.

Mafi-Gudarzi, Nima: Desinformation: Herausforderung für die wehrhafte Demokratie, ZRP 2019, S. 65–68.

Magnus, Hanno: Anmerkung zu LG Nürnberg-Fürth, Beschluss vom 7. Juni 2019 – 11 O 3362/19, MMR 2019, S. 542–544.

Manderlartz, Herbert: Öffentlichkeitsarbeit der Regierung – Begriff, Instrumente und Begrenzungen in der Vorwahlzeit, DÖV 2009, S. 509–517.

ders.: Grenzen regierungsamtlicher Öffentlichkeitsarbeit, LKRZ 2010, S. 371–374.

ders./Grotelüschen, Henning: Das Internet und die Rechtsprechung des BVerfG zur Öffentlichkeitsarbeit der Regierung, NVwZ 2004, S. 647–650.

Mangoldt, Hermann von (Begr.)/*Klein, Friedrich*/*Starck, Christian* (fortg.)/*Huber, Peter*/*Voßkuhle, Andreas* (Hrsg.): Grundgesetz Kommentar Band I, 7. Auflage, München 2018 (zit.: *Bearbeiter*, in: v. Mangoldt/Klein/Starck, GG Bd. I, 7. Aufl. 2018).

dies.: Grundgesetz Kommentar Band II, 7. Auflage, München 2018 (zit.: *Bearbeiter*, in: v. Mangoldt/Klein/Starck, GG Bd. II, 7. Aufl. 2018).

dies.: Grundgesetz Kommentar Band III, 7. Auflage, München 2018 (zit.: *Bearbeiter*, in: v. Mangoldt/Klein/Starck, GG Bd. III, 7. Aufl. 2018).

Manssen, Gerrit: Staatsrecht II, 18. Auflage, München 2021.

Martini, Mario: Blackbox Algorithmus – Grundfragen einer Regulierung Künstlicher Intelligenz, Berlin 2019.

ders./*Kühl, Benjamin*: Der informierende Staat als Katalysator der Meinungsbildung im digitalen Zeitalter, DÖV 2013, S. 573–584.

dies.: Staatliches Informationshandeln, JURA 2014, S. 122–1236.

Masing, Johannes: Parlamentarische Untersuchung privater Sachverhalte: Art. 44 GG als staatsgerichtetes Kontrollrecht, Heidelberg 1998.

Mast, Tobias: WTF, hier spricht die Polizei!!, RuP Band 53 (2017), S. 216–219.

ders.: Staatsinformationsqualität – De- und Rekonstruktion des verfassungsgerichtlichen Leitbilds öffentlicher staatlicher Informationstätigkeit und der entsprechenden Gebote, Berlin 2020.

ders.: Entgrenztes Gezwitscher, VerfBlog 2020/7/06, abrufbar unter https://www.verfassungsblog.de/entgrenztes-gezwitscher/, zuletzt abgerufen am 20.07.2022.

ders.: Gute Öffentlichkeitsarbeit und die Europäische Union, ZaöRV 2021, S. 443–478.

Maurer, Hartmut: Staatsrecht I, 6. Auflage, München 2010.

ders./*Waldhoff, Christian*: Allgemeines Verwaltungsrecht, 20. Auflage, München 2021.

Mayer, Fritz: Das Opportunitätsprinzip in der Verwaltung, Berlin 1963.

Merten, Detlef: Das konfuse Konfusionsargument, DÖV 2019, S. 41–47.

ders./*Papier, Hans-Jürgen* (Hrsg.): Handbuch der Grundrechte in Deutschland und Europa Band II, Heidelberg 2006 (zit.: *Bearbeiter*, in: Merten/Papier, HGR Bd. II, 2006).

dies. (Hrsg.): Handbuch der Grundrechte in Deutschland und Europa Band III, Heidelberg 2009 (zit.: *Bearbeiter*, in: Merten/Papier, HGR Bd. III, 2009).

dies. (Hrsg.): Handbuch der Grundrechte in Deutschland und Europa Band IV, Heidelberg 2011 (zit.: *Bearbeiter*, in: Merten/Papier, HGR Bd. IV, 2011).

dies. (Hrsg.): Handbuch der Grundrechte in Deutschland und Europa Band V, Heidelberg 2013 (zit.: *Bearbeiter*, in: Merten/Papier, HGR Bd. V, 2013).

Meyer, Jürgen/*Hölscheidt, Sven*: Charta der Grundrechte der Europäischen Union, 5. Auflage, Baden-Baden 2019 (zit.: *Bearbeiter*, in: Meyer/Hölscheidt, GRCh, 5. Aufl. 2019).

Michl, Fabian: Anmerkung zu BVerfG, Urteil vom 27.02.2018 – 2 BvE 1/16, NVwZ 2018, S. 491–492.

Milker, Jens: Äußerungen von Hoheitsträgern im Wahlkampf und darüber hinaus, JA 2017, S. 647–654.

ders.: Die Polizei auf Twitter – Brauchen wir ein Social-Media-Gesetz für staatliche Stellen?, NVwZ 2018, S. 1751–1758.

ders./*Schuster, Simon*: Keine Diskussion, kein Problem? – Die virtuelle (nicht-)öffentliche Einrichtung, NVwZ 2021, S. 377–380.

Möllers, Christoph: Staatsfreiheit – zu Grenzen eines spannungsreichen Rechtsbegriffs im Medienrecht, AfP 2013, S. 457–463.

Morlok, Martin: Parteienrecht als Wettbewerbsrecht, in: Häberle, Peter/Morlok, Martin/Skouris, Vassilios (Hrsg.): Festschrift für Dimitris Th. Tsatsos zum 70. Geburtstag, Baden-Baden 2003, S. 408–447.

ders./Schliesky, Utz/Wiefelspütz, Dieter (Hrsg.): Handbuch zum Parlamentsrecht, Baden-Baden 2016.
Möstl, Markus: Politische Parteien als Medienunternehmer, DÖV 2003, S. 106–113.
ders.: Demokratische Willensbildung und Hoheitsträger. Grund und Grenzen öffentlicher Äußerungsbefugnisse von Repräsentanten des Staates, in: Uhle, Arndt (Hrsg.): Information und Einflussnahme, Berlin 2018, S. 49–80.
Müller-Franken, Sebastian: Unzulässige Staatsmedien oder zulässige Informationstätigkeit?, AfP 2016, S. 301–308.
Münch, Ingo von/Kunig, Philip (Begr.)/*Kämmerer, Jörn A./Kotzur, Markus* (Hrsg.): Grundgesetz-Kommentar Band I, 7. Auflage, München 2021 (zit.: *Bearbeiter*, in: v. Münch/Kunig, GG Bd. I, 7. Aufl. 2021).
dies.: Grundgesetz-Kommentar Band II, 7. Auflage, München 2021 (zit.: *Bearbeiter*, in: v. Münch/Kunig, GG Bd. II, 7. Aufl. 2021).
Münchener Kommentar zum Bürgerlichen Gesetzbuch, hrsg. v. Säcker, Franz/Rixecker, Roland/Oetker, Hartmut/Limperg, Bettina, Band XIII, 8. Auflage, München 2021 (zit.: *Bearbeiter*, in: MüKo BGB Bd. XIII, 8. Aufl. 2021).
Münchener Kommentar zum Strafgesetzbuch, hrsg. v. Joecks, Wolfgang/Miebach, Klaus, Band IV, 4. Auflage, München 2021 (zit.: Bearbeiter, in: MüKo StGB Bd. IV, 4. Aufl. 2021).
Münchener Kommentar zur Strafprozessordnung, hrsg. v. Knauer, Christoph/Kundlich, Hans/Schneider, Hartmut, Band I, München 2014 (zit.: *Bearbeiter*, in: MüKo StPO Bd. I, 2014).
Murphy, Kim: Government Communications in a Digital Age – A Comparative Study of Online Government Communications in Germany and Great Britain, Baden-Baden 2019.
Murswiek, Dietrich.: Staatliche Warnungen, Wertungen, Kritik als Grundrechtseingriffe, DVBl. 1997, S. 1021–1030.
ders.: Das Bundesverfassungsgericht und die Dogmatik mittelbarer Grundrechtseingriffe. Zu der Glykol- und der Osho- Entscheidung vom 26.06. 2002, NVwZ 2003, S. 1–8.
ders.: Neue Maßstäbe für den Verfassungsschutzbericht – Konsequenzen aus dem JF-Beschluss des BVerfG, NVwZ 2006, S. 121–129.
Nellesen, Sebastian: Äußerungsrechte staatlicher Funktionsträger, Tübingen 2019.
Oebbecke, Janbernd: Amtliche Äußerungen im Bürgermeisterwahlkampf, NVwZ 2007, S. 30–33.
Ohler, Christoph: Der institutionelle Vorbehalt des Gesetzes, Archiv des öffentlichen Rechts (AöR) 131 (2006), S. 336–377.
ders.: Grundrechtliche Bindungen der Mitgliedstaaten nach Art. 51 GRCh, NVwZ 2013, S. 1433–1438.
Ory, Stephan: Der Medienstaatsvertrag – Neuer Wein in neuen Schläuchen?, ZUM 2019, S. 139–152.
Ossenbühl, Fritz: Umweltpflege durch behördliche Warnungen und Empfehlungen, Köln 1986.
ders.: Rechtliche Probleme der Zulassung zu öffentlichen Stadthallen, DVBl. 1973, S. 289–300.
ders.: Verbraucherschutz durch Information, NVwZ 2013, S. 1357–1363.
ders./Cornils, Matthias, Staatshaftungsrecht, 6. Auflage, München 2013.
Papesch, Eike: Staatliche Informationstätigkeit im System des öffentlichen Rechts (insbesondere bei der Erfassung und Steuerung von Gefahrenlagen), Marburg 2000.
Papier, Hans-Jürgen: Die richterliche Unabhängigkeit und ihre Schranken, NJW 2001, S. 1089–1094.

Payandeh, Mehrdad: Die Neutralitätspflicht staatlicher Amtsträger im öffentlichen Meinungskampf, Der Staat Band 55 (2016), S. 519–550.
Petri, Thomas: Datenschutzrechtliche Verantwortlichkeit im Internet – Überblick und Bewertung der neuen Rechtsprechung, ZD 2015, S. 103–106.
ders.: Anmerkung zu EuGH, Urteil vom 5. Juni 2018 – C-210/16, EuZW 2018, S. 534–541.
Philipp, Renate: Staatliche Verbraucherinformationen im Umwelt- und Gesundheitsrecht, Köln 1989.
Pille, Jens-Ullrich: Meinungsmacht sozialer Netzwerke, Baden-Baden 2016.
Piltz, Carlo: Twitter-Nutzer als Joint Controller?, DSB 2020, S. 30–31.
Porsch, Winfried: Warnungen und kritische Äußerungen als Mittel gemeindlicher Öffentlichkeitsarbeit, Würzburg 1997.
Purnhagen, Kai/Reisch, Lucia: „Nudging Germany"? Herausforderungen für eine verhaltensbasierte Regulierung in Deutschland, ZEuP 2016, S. 629–655.
Putzer, Max: Verfassungsrechtliche Grenzen der Äußerungsbefugnisse staatlicher Organe und Amtsträger, DÖV 2015, S. 417–426.
Quaritsch, Helmut: Probleme der Selbstdarstellung des Staates, Tübingen 1977.
Rauchhaus, Alexandra: Rundfunk und Staat, Berlin 2014.
Raupp, Juliana/Kocks, Jan N.: Regierungskommunikation und staatliche Öffentlichkeitsarbeit aus kommunikationswissenschaftlicher Perspektive, in: dies./Murphy, Kim (Hrsg.), Regierungskommunikation und staatliche Öffentlichkeitsarbeit, Wiesbaden 2018, S. 7–23.
Reinermann, Heinrich/Lucke, Jörn von: Electronic Government in Deutschland: Ziele, Stand, Barrieren, Beispiele, Umsetzung, 2. Auflage, Speyer 2002.
Reuter, Marcus/Fanta, Alexander/Bröcling, Marie/Hammer, Luca: Influencer in Uniform: Wenn die Exekutive viral geht, netzpolitik.org, Beitrag vom 15.03.2018, abrufbar unter https://www.netzpolitik.org/2018/wenn-die-exekutive-viral-geht-twitter-wird-zum-lieblings-werkzeug-der-deutschen-polizei/, zuletzt abgerufen am 20.07.2022.
Rußmann, Uta: Output-orientierte Forschungsansätze zur Analyse (digitaler) Regierungskommunikation und staatlicher Öffentlichkeitsarbeit, in: Raupp, Juliana/Kocks, Jan N./Murphy, Kim (Hrsg.), Regierungskommunikation und staatliche Öffentlichkeitsarbeit, Wiesbaden 2018, S. 167–184.
Samper, Rudolf/Honnacker, Heinz: Polizeiaufgabengesetz, 14. Auflage, Stuttgart 1987.
Schatzschneider, Wolfgang: Informationshandeln im Bundesstaat, NJW 1991, S. 3202–3203.
Schiedermair, Rudolf: Einführung in das bayrische Polizeirecht, München 1961.
Schlaich, Klaus: Neutralität als verfassungsrechtliches Prinzip, Tübingen 1972.
Schliesky, Utz: Verantwortung im E-Government, in: ders./Schulz, Sönke E. (Hrsg.), Transparenz, Partizipation, Kollaboration – Web 2.0 für die öffentliche Verwaltung, Kiel 2012, S. 1–10.
ders.: E-Government durch Recht, DVP 2013, S. 420–423.
Schlüter, Dorothee: Vom Kampfblatt zur Staatspropaganda: Die auswärtige Pressearbeit der NSDAP dokumentiert am Beispiel der NS-Wochenzeitschrift „Westküsten-Beobachter" aus Chile, Göttingen 2016.
Schmalenbach, Kirsten: Wenn der Staat lügt: Desinformation im demokratischen Rechtsstaat, NVwZ 2005, S. 1357–1361.
Schmidt, Jan-Hinrik: Social Media, 2. Auflage, Wiesbaden 2018.
Schmidt, Rolf: Staatliches Informationshandeln als Grundrechtseingriff, Grasberg bei Bremen 2004.
Schmidt-Aßmann, Eberhard: Das allgemeine Verwaltungsrecht als Ordnungsidee, 2. Auflage, Berlin 2004.

Schmidt-Bleibtreu, Bruno/Klein, Franz (Begr.)/*Hofmann, Hans/Henneke, Hans-Günter* (Hrsg.): Grundgesetz Kommentar, 14. Auflage, Köln 2018 (zit.: *Bearbeiter*, in: Schmidt-Bleibtreu/Hofmann/Henneke, GG, 14. Aufl. 2018).

Schoch, Friedrich: Die Schwierigkeiten des BVerfG mit der Bewältigung staatlichen Informationshandelns, NVwZ 2011, S. 193–198.

ders.: Amtliche Publikumsinformation zwischen staatlichem Schutzauftrag und Staatshaftung, NJW 2012, S. 2844–2850.

ders./Schneider Jens-Peter (Hrsg.): Verwaltungsrecht Band I (VwGO), Loseblattsammlung, 42. Ergänzungslieferung, München 2022 (zit.: *Bearbeiter*, in: Schoch/Schneider (Hrsg.), VwGO Bd. I, 42. EL 2022).

dies. (Hrsg.): Verwaltungsrecht Band III (VwVfG), Loseblattsammlung, 2. Ergänzungslieferung, München 2022 (zit.: *Bearbeiter*, in: Schoch/Schneider (Hrsg.), VwVfG Bd. III, 2. EL 2022).

Schönberger, Sophie: Vom Suchen und Finden der Macht im Verfassungsrecht – Neujustierungen im Verständnis von Art. 21 GG, JZ 2017, S. 701–707.

Schulz, Wolfgang/Dankert, Kevin: Die Macht der Informationsintermediäre – Erscheinungsformen, Strukturen und Regulierungsoptionen, Bonn 2016.

Schuppert, Gunnar F.: Verwaltungswissenschaft – Verwaltung, Verwaltungsrecht, Verwaltungslehre, Baden-Baden 2000.

Schürmann, Frank: Öffentlichkeitsarbeit der Bundesregierung, Berlin 1992.

ders.: Regierungsamtliche Öffentlichkeitsarbeit im Wahlkampf – Kritische Anmerkungen zu den Müllkampagnen-Urteilen des NRWVerfGH, NVwZ 1992, S. 852–856.

Schweiger, Wolfgang: Der (des)informierte Bürger im Netz, Wiesbaden 2017.

Siara, Carsten: Der Medienstaatsvertrag und die „neuen" Medien, MMR 2020, S. 523–526.

Sigel, Richard/Bilsdorfer, Cara M.: Möglichkeiten, Grenzen und ein Resümee zur Nutzung sozialer Netzwerke im Licht der Corona-Krise, VBlBW 2021, S. 11–15.

Smeddinck, Ulrich: Der Nudge-Ansatz – eine Möglichkeit, wirksam zu regieren?, ZRP 2014, S. 245–246.

Solmecke, Christian/Dam, Annika: Wirksamkeit der Nutzungsbedingungen sozialer Netzwerke – Rechtskonforme Lösung nach dem AGB- und dem Urheberrecht, MMR 2012, S. 71–74.

Spitzlei, Thomas: Die politische Äußerungsbefugnis staatlicher Organe, JuS 2018, S. 856–860.

Stadler, Astrid: Allgemeiner Teil des BGB, 20. Auflage, München 2020.

Staupe, Jürgen: Parlamentsvorbehalt und Delegationsbefugnis, Berlin 1986.

Stelkens, Paul/Bonk Heinz J./Leonhardt, Klaus (Begr.)/*Sachs, Michael/Schmitz, Heribert* (Hrsg.): Kommentar zum Verwaltungsverfahrensgesetz, 9. Auflage, München 2018 (zit.: *Bearbeiter*, in: Stelkens/Bonk/Sachs, VwVfG, 9. Aufl. 2018).

Stern, Klaus: Das Staatsrecht der Bundesrepublik Deutschland Band I, 2. Auflage, München 1984.

ders: Das Staatsrecht der Bundesrepublik Deutschland Band II, München 1980.

ders. (Hrsg.)/*Sachs, Michael/Dietlein, Johannes*: Das Staatsrecht der Bundesrepublik Deutschland Band IV/1, München 2006.

ders./Becker, Florian: Grundrechte-Kommentar, 3. Auflage, Köln 2018 (zit.: *Bearbeiter*, in: Stern/Becker (Hrsg.), GR-Kommentar, 3. Aufl. 2018).

Sternberger, Dolf: Verfassungspatriotismus, Frankfurt a.M. 1982.

Streinz, Rudolf (Hrsg.): EUV/AEUV, 3. Auflage, München 2018 (zit.: *Bearbeiter*, in: Streinz (Hrsg.), EUV/AEUV, 3. Aufl. 2018).

Strömbäck, Jesper: Four Phases of Mediatization: An Analysis of the Mediatization of Politics, International Journal of Press/Politics, Volume 13 Issue 3 (2008), S. 228–246.

Studenroth, Stefan: Wahlbeeinflussung durch staatliche Funktionsträger, AöR 125 (2000), S. 257–279.

Sunstein, Cass R./Reisch, Lucia: A Bill of Rights for Nudging, EuCML 2019, S. 93–96.

Tanneberger, Steffen/Nemeczek, Heinrich: Anmerkung zu BVerfG, Urteil vom 16. Dezember 2014 – 2 BvE 2/14, NVwZ 2015, S. 215–216.

Thaler, Richard H./Sunstein, Cass R.: Nudge. Wie man kluge Entscheidungen anstößt, 14. Auflage, Berlin 2019.

Thiel, Markus: Polizei- und Ordnungsrecht, 4. Auflage, Baden-Baden 2020.

Thimm, Caja: Digitale Partizipation – Das Netz als Arena des Politischen? Neue Möglichkeiten politischer Beteiligung im Internet, in: Kalina, Andreas/Krotz, Friedrich/Rath, Matthias/Roth-Ebner, Caroline (Hrsg.): Mediatisierte Gesellschaften – Medienkommunikation und Sozialwelten im Wandel, Baden-Baden 2018, S. 161–180.

Tief, Samira: Kommunikation auf Facebook, Twitter & YouTube. Verfassungsrechtlicher Schutz der Informationsintermediäre und ihrer Nutzer durch die Medienfreiheiten, Berlin 2020.

Tinnefeld, Marie-Theres: Die Wiederkehr der Wahrsager – Anmerkungen zum Informationsmonopol von Geheimdiensten, ZD 2013, S. 581–584.

Tschorr, Sophie: „@Polizei hat dich geblockt." Eine rechtliche Würdigung des Blockens durch die Polizei, NVwZ 2020, S. 1488–1491.

dies.: Verfassungsrechtliche Grenzen der twitternden Polizei im Rahmen von Großveranstaltungen und Versammlungen, NJW 2020, S. 3755–3759.

Uhlitz, Otto: Zur Frage des Staatsoberhauptes in den Ländern, DÖV 1966, S. 293–298.

ders.: Öffentlichkeitsarbeit der Regierung und Parteifinanzierung, Recht und Politik 1966, S. 12–15.

Vierhaus, Hans-Dieter: Umweltbewußtsein von oben, Berlin 1994.

Vogel, Klaus: Gesetzgeber und Verwaltung, VVDStrL Band 24 (1966), S. 125–182.

Volp, Daniel: Parteiverbot und wehrhafte Demokratie – Hat das Parteiverbotsverfahren noch eine Berechtigung?, NJW 2016, S. 459–464.

Voßkuhle, Andreas/Kaiser, Anna-Bettina: Grundwissen – Öffentliches Recht: Der Grundrechtseingriff, JuS 2009, S. 313–315.

dies.: Grundwissen – Öffentliches Recht: Informationshandeln, JuS 2018, S. 343–346.

Voßkuhle, Andreas/Kaufhold, Ann-Katrin: Grundwissen – Öffentliches Recht: Verwaltungsvorschriften, JuS 2016, S. 314–316.

Waldhoff, Christian: Neue Religionskonflikte und staatliche Neutralität: Erfordern weltanschauliche und religiöse Entwicklungen Antworten des Staates? Gutachten D zum 68. Deutschen Juristentag, in: Ständige Deputation des Deutschen Juristentages (Hrsg.), Verhandlungen des 68. Deutschen Juristentages Berlin 2010, Bd. 1: Gutachten, München 2010, S. D 1 – D 176.

dies.: Grundwissen Öffentliches Recht: Staatliches Informationshandeln, JuS 2018, S. 343–346.

Wahnschaffe, Thies: Zur Neutralitätspflicht staatlicher Hoheitsträger gegenüber Organisationen ohne Parteienstatus, NVwZ 2016, S. 1767–1771.

Weis, Cornelia: Fan-Pages der öffentlichen Hand – Teil eines rechtskonformen, sinnvollen E-Government?, in: Hill, Hermann/Martini, Mario/Wagner, Edgar (Hrsg.), Facebook, Google & Co., Baden-Baden 2013, S. 59–68.

Weth, Stephan/Herberger, Maximilian/Wächter, Michael/Sorge, Christoph (Hrsg.): Daten- und Persönlichkeitsschutz im Arbeitsverhältnis, 2. Auflage, München 2019 (zit.: *Bearbeiter*, in: Weth/Herberger/Wächter/Sorge (Hrsg.), Daten- und Persönlichkeitsschutz im Arbeitsverhältnis, 2. Aufl. 2019).

Wewer, Göttrik: Darf der Staat Facebook und Twitter nutzen?, ZRP 2016, S. 23–25.

Wieland, Joachim: Öffentlichkeitsarbeit der Regierung in Zeiten der Digitalisierung, in: Krüper, Julian (Hrsg.), Organisation des Verfassungsstaats, Festschrift für Martin Morlok zum 70. Geburtstag, Tübingen 2019, S. 533–550.

Witt, Dieter: Blickverhalten und Erinnerung bei emotionaler Anzeigenwerbung, Saarbrücken 1977.

Wolff, Heinrich A.: Privatheit und Öffentlichkeit – eine Positionsbestimmung in der digitalen Welt, in: Hill, Hermann/Martini, Mario/Wagner, Edgar (Hrsg.), Facebook, Google & Co., Baden-Baden 2013, S. 19–32.

Wollenschläger, Ferdinand: Staatliche Verbraucherinformation als neues Instrument des Verbraucherschutzes, VerwArch Band 102 (2011), S. 20–50.

Zott, Christine: Aktive Informationen des Staates im Internet – Mittelalterlicher Pranger oder modernes Steuerungsinstrument?, Baden-Baden 2016.

Register

Schriften zum Medienrecht und Kommunikationsrecht

herausgegeben von
Christian von Coelln, Karl-Nikolaus Peifer
und Karl-Eberhard Hain

Die Schriftenreihe enthält wissenschaftliche Arbeiten zum Medienrecht und zum Kommunikationsrecht in ihrer ganzen Breite. Sowohl aus privatrechtlicher als auch aus öffentlich-rechtlicher Perspektive werden Fragestellungen auf der Ebene des nationalen, des europäischen und des internationalen Rechts behandelt. Das Themenspektrum umfasst sowohl die klassischen Medien als auch verstärkt Probleme im Zusammenhang mit der Digitalisierung und Konvergenz der Medien.

ISSN: 2512-7365
Zitiervorschlag: SMKR

Alle lieferbaren Bände finden Sie unter *www.mohrsiebeck.com/smkr*

Mohr Siebeck
www.mohrsiebeck.com